马克思主义理论研究和建设工程重点教材

马克思主义发展史

（第二版）

《马克思主义发展史》编写组

高等教育出版社

人民出版社

图书在版编目（CIP）数据

马克思主义发展史／《马克思主义发展史》编写组
编. -- 2 版. -- 北京：高等教育出版社，2021.9（2025.5重印）
马克思主义理论研究和建设工程重点教材
ISBN 978-7-04-055418-2

Ⅰ．①马… Ⅱ．①马… Ⅲ．①马克思主义-发展史-
高等学校-教材 Ⅳ．①A81

中国版本图书馆 CIP 数据核字（2021）第 015259 号

责任编辑 朱丽娜　　封面设计 王 洋　　版式设计 于 婕　　责任校对 高 歌
责任印制 高 峰

出版发行	高等教育出版社	网　　址	http://www.hep.edu.cn
社　址	北京市西城区德外大街 4 号		http://www.hep.com.cn
邮政编码	100120	网上订购	http://www.hepmall.com.cn
印　刷	固安县铭成印刷有限公司		http://www.hepmall.com
开　本	787mm×1092mm　1/16		http://www.hepmall.cn
印　张	28.5	版　次	2013 年 7 月第 1 版
字　数	470 千字		2021 年 9 月第 2 版
购书热线	010-58581118	印　次	2025 年 5 月第 15 次印刷
咨询电话	400-810-0598	定　价	56.00 元

本书如有缺页、倒页、脱页等质量问题，请到所购图书销售部门联系调换

● 马克思主义理论研究和建设工程重点教材 ●

马克思主义理论研究和建设工程咨询委员会委员、审议专家

（以姓氏笔画为序）

目　录

绪　　论

马克思主义是由马克思恩格斯创立、由后继者不断丰富和发展的科学理论体系，是关于自然、社会和思维发展普遍规律的科学，是关于工人阶级及其政党的科学世界观的科学，是关于工人阶级和劳动人民革命、建设社会主义和共产主义的科学。马克思主义诞生于 170 余年前，最初只是众多社会主义派别和思潮中的一种，在与世界各国工人运动相结合的过程中，在同形形色色非科学社会主义学说论战所取得的理论胜利中，逐步发展成为指导国际共产主义运动和世界社会主义事业最有影响的理论。马克思对这一理论的形成作出了无人能够替代的重大贡献。恩格斯在 1886 年说："没有马克思，我们的理论远不会是现在这个样子。所以，这个理论用他的名字命名是理所当然的。"① 我们今天所说的马克思主义，不仅指马克思、恩格斯创立的基本观点和学说的体系，也包括他们的继承者对它的发展，即包括随着时代、实践和科学发展而发展着的马克思主义。学习马克思主义发展史，就是要了解掌握马克思主义波澜壮阔的发展进程，掌握马克思主义发展的基本规律，进一步深化对马克思主义的认识，坚定对马克思主义的信仰。

一、马克思主义发展史的研究对象

马克思主义发展史是以马克思主义的形成、传播和发展过程及其规律为研究对象的学科。由于马克思主义自诞生之日起就始终和工人运动紧密结合在一起，因此，研究马克思主义发展史，离不开研究马克思主义和工人运动相结合的历史。由于马克思主义的广泛传播，在和多个国家的国情和时代特征结合后又有了新的发展，因此，这种结合的历史过程，也应包括在马克思主义发展史的研究范围之内。

马克思主义发展史是历史科学和理论科学的有机统一。马克思主义发展史研究马克思主义怎样形成、传播和发展，研究马克思主义既一脉相承又与时俱进的历史进程，因而是一门历史科学。马克思主义发展史研究的不是一般历史，而是马克思主义理论发展的历史。它是马克思主义在不同历史时期和发展

---

① 《马克思恩格斯文集》第 4 卷，人民出版社 2009 年版，第 297 页。

阶段的理论形态、理论内容的动态展现，因而它又是一门理论科学。与马克思主义哲学史、马克思主义经济学说史、科学社会主义史等研究马克思主义某个组成部分发展历史的学科不同，马克思主义发展史是从整体上研究马克思主义发展历史的学科。

马克思主义诞生于19世纪40年代的欧洲，这是和欧洲的资本主义发展程度、工人运动状况、历史文化传统分不开的。没有资本主义和社会化大生产的出现、工人运动的兴起、科学文化成果的一定积累，产生不了马克思主义。19世纪德国的两位伟大思想家马克思和恩格斯是马克思主义的奠基者，他们为创立、传播、发展马克思主义付出了毕生的心血。他们开展了大量理论活动和革命实践活动，并亲自参与缔造工人阶级政党及其国际组织。他们撰写的《共产党宣言》《资本论》《反杜林论》等一系列经典著作，是马克思主义理论宝库中的璀璨明珠，将永载人类思想文化光辉史册。马克思、恩格斯在马克思主义发展史上树立起了一座不朽的丰碑。

除了马克思、恩格斯的奠基作用外，他们的战友和学生、一大批他们的学说和事业的继承者，也都对马克思主义的传播、发展作出过重要贡献。从一定意义上说，以马克思的名字命名的这个学说，是一个卓越的马克思主义者群体集体智慧的结晶，是无产阶级和广大劳动群众争取解放伟大实践经验的科学总结和理论升华。

在马克思、恩格斯逝世后，马克思主义经历了一段曲折。第二国际修正主义者背离了马克思主义，一度在工人运动中造成了恶劣影响和严重后果，但这股逆流，不久就被工人运动中以列宁为代表的坚定的马克思主义者所击退。一批思想家、理论家、工人运动的领袖依旧集结在马克思主义的光辉旗帜下，沿着马克思、恩格斯指引的正确航向继续前进。马克思主义的生命力是与时代、实践和科学的发展紧密联系的，因此它并没有因为马克思、恩格斯生命的终结而终结。

马克思主义虽然诞生于欧洲，但它的传播范围远远超出欧洲的界限。在20世纪的俄国和中国，马克思主义有了重大发展，结出了丰硕的成果。除了俄国和中国，马克思主义在世界上其他国家也得到广泛传播和发展。除此之外，国外还有一些马克思主义研究学派，包括"西方马克思主义"，对马克思主义文本进行了视角独特的解读，其中一些人根据马克思、恩格斯的观点对资本主义社会进行了分析和批判。但这些学派大多把马克思主义仅仅作为一种学术思想和人类思想文化成果，而不是作为指导工人运动的科学理论来研究。这些研究学派中一些人否定历史唯物主义原理，脱离工人运动、国际共产主义运动和社会主义实践，是马克思主义研究中的学院派。世界马克思主义研究，学派纷呈，思想驳杂，有的后来走到了马克思主义的反面，尽管如此，其研究中某些积极成果，也应纳入马克思主义发展史的研究范围。

马克思主义是一个严整的理论体系，它由哲学、政治经济学、科学社会主义三个主要部分组成，涉及经济、政治、文化、社会各个领域，涵盖自然科学、社会科学诸多学科。马克思主义基本原理反映了自然界、人类社会和思维发展的一般规律，是"放之四海而皆准"的普遍真理。一脉相承、世代相传和与时俱进，是它的重要特征。从《共产党宣言》发表到今天，170多年过去了，人类社会发生了翻天覆地的变化，但马克思主义所阐述的一般原理整体来说仍然是完全正确的。如辩证唯物主义和历史唯物主义的世界观和方法论，马克思主义立场、观点、方法，马克思主义关于世界的物质性及其发展规律，关于人类社会发展的自然性、历史性及其相关规律，关于人的解放和自由全面发展的规律，关于认识的本质及其发展规律等原理，马克思主义的实践观、群众观、阶级观、发展观、矛盾观等，始终是我们认识世界、把握规律、追求真理、改造世界的强大思想武器。我们要始终坚持、运用和发展。一部马克思主义发展史，就是马克思主义基本原理在坚持中发展、在发展中坚持的历史。

二、马克思主义发展史的特点

恩格斯说："我们的理论是发展着的理论，而不是必须背得烂熟并机械地加以重复的教条。"[1] 列宁也指出：马克思主义理论"对世界各国社会主义者所具有的不可遏止的吸引力，就在于它把严格的和高度的科学性（它是社会科学的最新成就）同革命性结合起来，并且不仅仅是因为学说的创始人兼有学者和革命家的品质而偶然地结合起来，而是把二者内在地和不可分割地结合在这个理论本身中"[2]。恩格斯和列宁在这里所概括的马克思主义的特点，贯穿于整部马克思主义发展史，这可以从以下四个方面来把握。

第一，马克思主义发展史是马克思主义随着时代变化和实践发展而不断创

① 《马克思恩格斯文集》第10卷，人民出版社2009年版，第562页。
② 《列宁专题文集　论马克思主义》，人民出版社2009年版，第297页。

新的历史。马克思主义不是书斋里的学问，而是工人阶级的战斗武器，它最鲜明的特点就是与时俱进。由于工人阶级的斗争实践是不断发展的，作为反映实践、指导实践的马克思主义理论，就必然随着实践的发展而不断发展。马克思主义理论固有自己的本质规定，有其相对稳定的方面，但创新是它的本质和灵魂，没有创新，也就没有马克思主义。马克思、恩格斯在他们的一生中，曾不止一次地对某些具体观点、结论进行补充、修改乃至摒弃，因为随着形势变化，它们已经部分或者完全失效，不作相应变动，就会对工人运动造成危害。例如，《共产党宣言》是科学社会主义第一部纲领性文献，它所阐发的基本原理是普遍真理，必须坚持，但它的个别论断已不适应实践的发展。在马克思、恩格斯为《共产党宣言》再版写的多个序言中，我们可以看到他们是如何对待自己的理论的，领悟到马克思主义与时俱进的创新精神。这种创新精神贯穿于马克思、恩格斯的全部著作，贯穿于马克思主义发展史。

第二，马克思主义发展史是马克思主义基本原理与各国具体实际相结合的历史。马克思主义基本原理虽是普遍真理，但由于不同国家的情况千差万别，在运用马克思主义指导实践时，必须结合各自国家的国情。那种脱离实际的、空洞的、僵化的理论，违背马克思主义的科学精神，只会把实践引向歧途。教条主义是马克思主义的大敌，在国际共产主义运动中不乏因教条主义错误导致革命失败的事例，中国共产党在历史上也曾深受教条主义之害。因此，必须坚持理论联系实际的创造性的马克思主义，坚决反对理论脱离实际的教条主义。只有这样，才能保证无产阶级革命事业和马克思主义理论的顺利发展。

第三，马克思主义发展史是吸收人类优秀文化成果并同各种错误理论和思潮斗争的历史。马克思主义的本质是批判的、革命的，马克思主义理论又是一个开放的体系。它对人类创造的所有优秀文化成果，都采取批判吸收的态度，马克思主义本身就是在批判吸收人类优秀文化成果包括资本主义创造的优秀文化成果的基础上产生的。马克思主义的发展从来没有离开过人类文明的大道，它是人类优秀文化成果的继承者，同时又是近代以来人类社会异彩纷呈的优秀文化成果的体现者。对于那些毒害工人阶级、危害工人运动的理论和思潮，马克思主义毫不留情地予以坚决揭露和彻底批判。工人运动内的各种机会主义错误理论和思潮对工人运动为害尤烈。因为它们披着各种伪装，甚至装扮成"马克思主义"，具有很强的欺骗性和迷惑性，对工人运动的腐蚀作用极为严重。马克思、恩格斯同蒲鲁东主义、巴枯宁主义、拉萨尔主义等机会主义进行了不懈斗争，这种斗争的理论成果成了他们著作中的一大亮点。马克思、恩格斯对错误理论和思潮进行不懈斗争的革命批判精神，为一代又一代马克思主义者所继承和发扬，成为马克思主义发展史上的一个优良传统。

第四，马克思主义发展史是马克思主义在曲折中前进的历史。马克思主义在传播和发展过程中，遇到过许多阻力，面临过不少挑战，正是在克服阻力和迎接挑战中，马克思主义得以不断前进。由于马克思主义和工人运动紧密结合，工人运动的状况、工人运动的发展态势，对马克思主义的传播和发展有很大影响。工人运动的发展不可能一帆风顺，有时处在高潮，有时则陷入低潮。一般地说，在工人运动处于高潮时，马克思主义的传播和发展就较为顺利，而在工人运动处于低潮时，马克思主义的传播和发展就会受到阻挠。但是，马克思主义的传播和发展受到阻挠、遇到挑战的时期，往往又是马克思主义理论研究和理论创新获得新的突破和发展的重要时期。因为应对阻挠、挑战就是面对新的问题，而"问题是创新的起点，也是创新的动力源"[1]。"理论创新只能从问题开始。"[2] 应答问题必然同各种理论观点展开争论，进行批判，从而加深对马克思主义普遍真理的认识，带来新的突破和发展。这些新的突破和发展又为马克思主义新一轮更加广泛的传播和更加深入的发展作了重要的理论准备，奠立了重要思想基础。这种革命理论和革命实践命运与共、相互依存的关系，是马克思主义发展史的一个特点，也是马克思主义的发展之所以会经历曲折又会迎来新的发展的根本原因。

三、马克思主义发展史的历史分期

马克思主义的形成、传播、发展，经历了若干重大的、具有标志性意义的发展阶段。大体来看，马克思主义发展史可以划分为四个主要历史时期。

第一个历史时期是马克思主义的创立及其科学理论体系逐步形成和完善的时期，时间跨度为 19 世纪 40 年代至 19 世纪末。这一时期，马克思、恩格斯经历了从唯心主义向唯物主义、从革命民主主义向共产主义的思想、立场转变。他们适应资本主义时代发展变化的要求和无产阶级斗争的需要，深入总结工人运动的经验，在批判地吸收德国古典哲学、英国法国古典政治经济学、法国和

---

[1]　习近平：《在哲学社会科学工作座谈会上的讲话》，《人民日报》2016 年 5 月 19 日。
[2]　习近平：《在哲学社会科学工作座谈会上的讲话》，《人民日报》2016 年 5 月 19 日。

英国的空想社会主义、法国复辟时代的历史理论等思想成果的基础上，经过艰苦的理论探索，创立了马克思主义，实现了人类思想史上的伟大革命。

在这一过程中，唯物史观的发现有着重大的意义。《1844 年经济学哲学手稿》和《神圣家族》是对唯物史观的初步探索，1845 年的《关于费尔巴哈的提纲》和《德意志意识形态》标志着唯物史观的基本形成。唯物史观揭示了生产关系一定要适应生产力发展这一人类社会发展的客观规律，并据此得出社会主义必将代替资本主义的结论，把社会主义建立在人类社会发展的历史必然性基础上，从而奠定了马克思主义的第一块理论基石。

唯物史观的创立，使马克思可以用科学的世界观和方法论研究资本主义及其生产方式。在《哲学的贫困》《1857—1858 年经济学手稿》《雇佣劳动与资本》《1861—1863 年经济学手稿》《资本论》等著作中，马克思对劳动价值论进行了科学探索，创立了剩余价值学说。剩余价值理论揭示了资本剥削的秘密，阐明了资本和雇佣劳动之间的关系，揭示了资本主义生产方式的运动规律，从而奠定了马克思主义的第二块理论基石。

以唯物史观和剩余价值理论这两大发现为基础，马克思、恩格斯通过对无产阶级斗争经验的总结，找到了社会主义革命的阶级力量和现实途径，使社会主义从空想转变为科学。这一时期，马克思、恩格斯撰写发表了科学社会主义的第一部纲领性文件《共产党宣言》，"这部著作以天才的透彻而鲜明的语言描述了新的世界观，即把社会生活领域也包括在内的彻底的唯物主义、作为最全面最深刻的发展学说的辩证法以及关于阶级斗争和共产主义新社会创造者无产阶级肩负的世界历史性的革命使命的理论"①。

马克思主义诞生后，在工人阶级中得到广泛传播，成为工人阶级进行革命斗争的思想指南。在马克思主义的指导下，工人阶级成立了自己的政党和国际组织，形成了强大的政治力量，展开了自觉反对资产阶级的斗争。19 世纪 70 年代至 90 年代，资本主义发生了历史性变化，开始从自由竞争阶段向垄断阶段过渡。在工人运动迅猛发展、自然科学与社会科学取得重大成果的同时，马克思主义外部的和内部的各种流派和思潮纷至沓来，给马克思主义提出了新的时代课题。一方面，马克思、恩格斯根据历史和时代变化的新要求，以及自然科学和社会科学中的新成果，通过创造性的研究不断开辟认识真理之路，不断

---

① 《列宁选集》第 2 卷，人民出版社 2012 年版，第 416 页。

丰富和完善马克思主义理论体系；另一方面，马克思、恩格斯始终坚持与各种错误思潮进行斗争，在斗争中丰富和发展马克思主义理论体系。无论是在马克思、恩格斯生前，还是在他们逝世后，马克思主义者同形形色色机会主义的斗争从未中断过。马克思、恩格斯及其战友和学生，正是通过这种斗争，捍卫了马克思主义，为马克思主义的传播和发展作出了重要贡献。

第二个历史时期是马克思主义由理论变为实践，并在与经济文化比较落后的国家的革命和建设实践相结合中取得世界性历史成就的时期，时间跨度为20世纪初至20世纪50年代。这一时期，资本主义从自由竞争阶段发展到帝国主义阶段，出现了许多新的特征。与此同时，工人运动高潮迭起，殖民地、半殖民地民族解放运动风起云涌，世界范围内出现了空前高涨的革命形势。马克思主义在新的历史条件下进一步丰富和发展。

列宁在对帝国主义的本质和特征深入研究的基础上，得出了无产阶级革命的新的结论。马克思、恩格斯曾认为，由于资本的国际联合，社会主义革命很难在一国取得胜利，各国无产阶级必须联合起来共同战斗，革命才有望取得成功。在新的历史条件下列宁的认识有了发展，他认为，在帝国主义时代，不同国家垄断资产阶级之间矛盾加剧，原先那种资本的国际联合已经破裂。同时，由于帝国主义的政治、经济发展不平衡，在资本主义国家中出现了薄弱环节，无产阶级革命有可能首先在那里突破。在列宁这一创新理论的指引下，俄国革命取得了伟大胜利，开创了人类历史的新纪元。列宁主义是帝国主义和无产阶级革命时代的马克思主义，列宁和他创立的学说以此为标志而载入马克思主义史册。

在苏维埃政权建立后，列宁对马克思主义的突出贡献，是从理论上解决了像俄国这样经济文化比较落后的国家，如何过渡到社会主义的问题。这一理论指明了经济文化比较落后的国家过渡到社会主义的必由途径。十月革命后不久，在经济极度困难、帝国主义干涉、被推翻的阶级疯狂反扑的情况下，苏维埃政权曾不得不采取高度集中、极为严格的战时共产主义政策。后来，由于形势好转，农民对余粮收集制普遍不满，列宁作出重大政治决断和政策调整，开始放弃战时共产主义政策，转而实行新经济政策。新经济政策的实质是，从极不正常条件下被迫实行的临时性政策措施，向正常的社会主义产品交换形式过渡。而在苏维埃俄国，正常的社会主义产品交换，又是在小农占人口多数的条件下巩固工农联盟并从社会主义向共产主义过渡的必然形式。

列宁晚年，对社会主义发展的一般规律以及不同国家的特殊规律进行了深入思考，得出了重要结论。他指出，世界历史发展的一般规律，不但不排斥个别发展阶段在发展形式或顺序上表现出的特殊性，反而以此为前提。西欧国家首先在资本主义制度下发展生产力，提高文化水平，然后进行革命。而像俄国这样经济文化比较落后的国家，可以改变发展顺序，先进行革命，然后在工农政权和苏维埃制度的基础上，发展生产力，提高文化水平，为向社会主义过渡创造前提。这一理论不但有力驳斥了那种认为俄国经济文化比较落后不该进行社会主义革命的论调，而且为经济文化比较落后的国家进行社会主义革命，提供了科学的理论依据。

列宁逝世后，在斯大林的领导下，苏联社会主义事业继续发展，积累了不少经验，建立了社会主义制度，形成了苏联政治经济体制。这种体制在特定的历史条件下发挥了积极作用，但也存在着十分明显的缺陷和弊端。

这一时期马克思主义的另一个重大发展，就是毛泽东思想的形成。中国和俄国，虽同属经济文化比较落后的国家，但中国是一个半殖民地半封建国家，社会矛盾更复杂，经济文化更落后，这是中国不同于俄国的地方。中国革命受十月革命影响很深，十月革命后，马克思主义在中国广泛传播，从此，中国先进分子探索救亡图存之路，从以西方为师转向以俄国为师。但俄国和中国毕竟处在不同社会发展阶段上，因此，在以俄国为师的同时，不能照抄照搬它的经验，这成了中国马克思主义者必须解决的重大课题。不少中国早期马克思主义者对此都进行过探讨，但从理论上系统解决这个问题的是毛泽东。毛泽东把马克思主义基本原理与中国革命的具体实际相结合，创造性地回答了中国的社会性质、革命性质、革命领导力量和依靠力量、革命主要方式、革命独特道路等一系列问题，创立了新民主主义理论，为中国民主革命的胜利提供了科学指针，建立起中华人民共和国，为与中国情况类似的其他国家，提供了重要借鉴。在马克思主义发展史上，毛泽东和列宁一样，以其独特的理论贡献，成为里程碑式的人物。

这一时期，受苏联和中国革命影响，在东欧、亚洲的某些地区乃至拉丁美洲，工人阶级推翻了旧的制度，建立起了由无产阶级政党领导的社会主义国家，形成了同资本主义世界相对立的社会主义阵营，打破了长期以来资本主义一统天下的政治格局，在世界范围内出现了一个社会主义大繁荣、马克思主义大发展的时期。

第三个历史时期是马克思主义在社会主义建设曲折前进中经受挑战并不断发展的时期，时间跨度为 20 世纪 50 年代初到 80 年代末 90 年代初。社会主义国家从 50 年代开始，进入探索社会主义发展道路和社会主义建设的新时期，取得了很多重要成就。新中国成立后，毛泽东针对中国生产力落后、生产关系方面存在着多种经济成分的复杂状况，提出了过渡时期和社会主义改造理论。中国在不长时间内，比较顺利地完成了国家对农业、手工业和资本主义工商业的社会主义改造任务，初步建立起社会主义制度。由于苏联在社会主义建设中体制弊端日益明显，毛泽东提出"以苏为鉴"和"第二次结合"，开始了自主探索社会主义建设道路的艰辛历程。毛泽东提出了正确处理人民内部矛盾的学说，以及中国工业化道路、社会主义现代化建设的目标和步骤、社会主义发展的长期性和阶段性、发展社会主义商品生产和商品交换等一系列重要思想，在实践中既取得了许多重大成就，但也出现了偏差和失误。这种探索，为后来中国特色社会主义道路的开辟，积累了宝贵经验。

这一时期，由于各社会主义国家未能处理好学习苏联政治经济体制和根据本国实际建设社会主义的关系，加之苏联实行大党大国主义，这些国家在建设社会主义的过程中出现了不同程度的曲折。

20 世纪 80 年代末至 90 年代初发生的苏东剧变，使国际共产主义运动遭受重大挫折。这一剧变的发生，有着历史和现实的、内部和外部的多方面原因。斯大林去世后，赫鲁晓夫全面否定斯大林，大肆揭露苏联社会主义建设中的"阴暗面"，在苏联国内外引起了一股反苏反共的浪潮，给国际共产主义运动造成了严重混乱。此后，特别是戈尔巴乔夫上台后，苏共日益严重地背离马克思列宁主义，推行"人道的民主的社会主义"，滑向资本主义的泥潭，导致苏共瓦解，苏联解体，东欧剧变，上演了一场葬送共产党、葬送社会主义制度、给人民带来大灾难的惨剧。

西方国家利用苏东剧变这一重大事件，对社会主义和马克思主义进行了肆意的歪曲、攻击和诽谤，认为马克思主义"消失了""过时了"，宣称社会主义"失败了"，共产主义理想已经"被埋葬了"。这一时期，马克思主义经受了严峻挑战，但苏共瓦解、苏东剧变，并不是马克思主义、社会主义的失败，也没能否定马克思主义、社会主义的科学真理性。相反，倒是再一次证明了一条真理：离开马克思主义的指导，背离科学社会主义道路，就一定会遭受失败。这一时期，中国共产党认真总结新中国成立以来社会主义建设正反两个方面的经验，积极汲取其他国家特别是苏联东欧等社会主义国家的教训，把马克思主义基本原理与当代中国的实际和时代的特征结合起来，团结带领人民进行建设中国特色社会主义新的伟大实践，使中国大踏步赶上了时代，实现了中华民族从站起来到富起来的伟大飞跃。

第四个历史时期是马克思主义从世界社会主义发展低潮中重新奋起的时期，时间跨度为 20 世纪 90 年代至今。苏东剧变使世界社会主义受到挫折和冲击，使马克思主义受到了前所未有的严峻挑战。但全世界的共产党人和马克思主义者并没有意志消沉、一蹶不振，而是痛定思痛，深刻反思苏东剧变的教训，认识到背离或放弃马克思主义，必然会葬送社会主义；僵化地教条式地对待马克思主义没有出路，会严重窒息社会主义的生机和活力。在国际环境十分险恶的情况下，现有的社会主义国家一直坚守自己的基本制度，结合本国实际，在实践上和理论上进行探索，取得了新的成果。

在苏东剧变后，各国共产党在组织上和党员人数上虽一时受到削弱，但许多国家的共产党很快又得到恢复甚至发展。国际金融危机的爆发和蔓延，使资本主义社会矛盾不断加剧，资本主义的制度弊端进一步显现，马克思主义赢得了越来越多群众的认同，不断扩大着自己的影响。西方政客关于社会主义行将终结、马克思主义行将消亡的预言并没有实现。正如在苏东剧变发生时邓小平所说："一些国家出现严重曲折，社会主义好像被削弱了，但人民经受锻炼，从中吸收教训，将促使社会主义向着更加健康的方向发展。因此，不要惊慌失措，不要认为马克思主义就消失了，没用了，失败了。哪有这回事！"①

在社会主义国家的实践中，中国特色社会主义的成就最为突出。中国自改革开放以来，中国共产党的全部理论和实践的鲜明主题都是坚持和发展中国特色社会主义。以邓小平为主要代表的中国共产党人科学总结了中国社会主义建设和世界社会主义发展的经验教训，把马克思主义基本原理与当代中国实际紧密结合起来，对一系列重大问题作出创造性回答，创立了邓小平理论，为它确定了基本思路和基本原则；在中共十三届四中全会以后，以江泽民为主要代表的中国共产党人准确把握时代特征，科学判断我们党所处的历史方位，形成了"三个代表"重要思想，成功地把中国特色社会主义推向 21 世纪。进入新世纪新阶段，以胡锦涛为总书记的党中央紧紧抓住重要战略机遇期，在全面建设小

---

① 《邓小平文选》第 3 卷，人民出版社 1993 年版，第 383 页。

康社会进程中推进实践创新、理论创新、制度创新，形成了科学发展观，成功地在新的历史起点上坚持和发展了中国特色社会主义。党的十八大以来，国内外形势变化和我国各项事业发展提出了一个重大时代课题：坚持和发展什么样的中国特色社会主义、怎样坚持和发展中国特色社会主义？以习近平同志为核心的党中央在领导全党全国人民续写坚持和发展中国特色社会主义这篇大文章中，从理论和实践结合上系统回答了这一新时代之问。

我们党坚持和发展的中国特色社会主义，是既坚持科学社会主义基本原则，又具有鲜明实践特色、理论特色、民族特色、时代特色的社会主义，是中国特色社会主义道路、理论、制度、文化四位一体的社会主义，是统揽伟大斗争、伟大工程、伟大事业、伟大梦想的社会主义，是植根于中国大地、反映中国人民意愿、适应中国和时代发展进步要求的社会主义。这一回答揭示了中国特色社会主义的理论渊源、历史根据、本质特征、独特优势、强大生命力。其中最重要最核心的内容，是党的十九大报告从理论指导层面概括的"八个明确"，同时根据践行"八个明确"的总体要求，形成了"十四个坚持"的基本方略。"八个明确"和"十四个坚持"相互贯通、互为补充、知行统一，构成逻辑严密、系统完整的习近平新时代中国特色社会主义思想。它继承和发展了马克思主义关于人类社会发展规律的思想、关于坚守人民立场的思想、关于人民民主的思想、关于生产力和生产关系的思想、关于政党建设的思想、关于文化建设的思想、关于社会建设的思想、关于人与自然关系的思想、关于世界历史的思想等，是马克思主义中国化最新成果，是21世纪中国的马克思主义。

在习近平新时代中国特色社会主义思想指导下，我国统筹推进"五位一体"总体布局，协调推进"四个全面"战略布局，"十二五"规划胜利完成，"十三五"规划顺利实施，中国综合国力显著提升，人民生活水平大幅提高，国际影响力日益增强，在国际事务中具有举足轻重的地位。中国特色社会主义的蓬勃发展，极大地增强了社会主义的力量，使处于低潮的世界社会主义重新焕发出生机和活力，充分展现了马克思主义发展的光明前景。

以上叙述的是马克思主义发展史的主线。此外，还有一些对马克思主义的理论、历史、文本文献进行研究的学术派别，在某些方面对马克思主义的传播、发展也作出了一定贡献，也应予以研究和关注。

四、学习马克思主义发展史的意义和方法

学习马克思主义发展史，对于我们深入理解什么是马克思主义、怎样对待

马克思主义，进一步坚定对马克思主义的信仰，有着十分重要的意义。

学习马克思主义发展史，可以帮助我们加深对马克思主义的理解。马克思主义发展史全方位展示了马克思主义的理论体系、发展历程和内在规律。学习马克思主义发展史，可以让我们历史地把握一个真理：只有坚持马克思主义基本原理和科学体系，坚持一切从实际出发、理论联系实际、在实践中检验和发展真理的思想精髓，坚持无产阶级和劳动人民的根本政治立场，坚定对共产主义的信仰，才是真正坚持马克思主义。

学习马克思主义发展史，可以帮助我们树立对待马克思主义的科学态度。马克思主义是发展的科学，必然随着时代的变化和实践的发展而发展，创新和发展是马克思主义的本质要求。一部马克思主义发展史，就是马克思主义创始人及其后继者立足于不断变化的实践进行新的探索，作出新的理论概括，又用创新理论指导发展的实践的历史。对待马克思主义，切忌把它在特定历史条件下作出的个别结论僵化和凝固化，而应当根据不同历史条件创造性地加以运用，那种只知背诵马克思主义词句，把马克思主义教条化的态度，不符合马克思主义。而借口时代条件发生了变化，宣扬"过时论"，否定马克思主义基本原理，我们也必须旗帜鲜明地加以反对。学习马克思主义发展史，就要学会用科学的态度对待马克思主义，以发展的马克思主义指导新的实践。

学习马克思主义发展史，有助于我们认清马克思主义的发展趋势和发展前景，从而坚定我们对它的信念。马克思主义在发展过程中屡遭挫折，但因它是科学真理，越挫越坚，终能走出困境，迎来新的发展机遇，这是一种历史的必然性。马克思主义在与各国国情相结合、与时代发展同进步、与人民群众共命运的过程中，展现了科学真理的强大力量和蓬勃生命力。认识这一点，可以大大增强我们对马克思主义的信心，激励我们为推进中国特色社会主义伟大事业而努力奋斗。

学习马克思主义发展史，除了要有刻苦钻研的精神外，还要注意学习方法。

第一，学习马克思主义发展史，要学会运用历史唯物主义的观点和方法分析问题。历史唯物主义是关于社会历史一般发展规律的科学，是科学的历史观，也是我们认识各种社会历史现象的根本方法。学习马克思主义发展史，不但要了解马克思主义形成、传播、发展的具体过程，而且要理清它的发展线索，把握它的发展规律，这就需要运用历史唯物主义这一科学的认识工具。马克思主义发展史上的许多现象很复杂，如果不了解这些现象背后的动因，是不可能真正认识清楚的。例如，为什么在帝国主义时代，军事的、封建的帝国主义国家的俄国，会成为列宁主义的故乡；为什么在半殖民地半封建国家的中国，会出现毛泽东思想和中国特色社会主义理论体系这种中国化马克思主义的理论形态。只有结合具体的时代背景和俄国、中国的具体国情进行分析，才能找到正确的答案。因此，历史唯物主义既是我们认识社会历史现象的指南，也是我们研究马克思主义发展史的指南。

第二，要从整体性上研究马克思主义发展史。这里说的整体性，既包括历史发展的整体性，也包括理论体系的整体性。历史发展的整体性是指，要从马克思主义发展的全部历史中去领会它的丰富和深刻内涵，而不能割断历史，截取其中某一发展阶段的内容，孤立地进行理解。尽管对各个历史时期和发展阶段进行学习很重要，但从整体上把握马克思主义发展史更是不可或缺的。要从马克思主义形成、传播和发展的全过程来把握马克思主义，否则就不可能对马克思主义发展史有完整全面的认识。

马克思主义发展史是由一系列相互衔接的发展阶段构成的历史过程，前一阶段是后一阶段发展的基础和前提，而后一阶段是前一阶段发展的继承和继续，两者有着内在的联系。如果把两者割裂开来，就不能正确地理解马克思主义发展史及其发展阶段。这是整体与部分的辩证统一关系。

理论体系的整体性，是指要从马克思主义发展各主要组成部分的相互联系、相互渗透、相互贯通上来研究，而不是仅从马克思主义某个组成部分的发展历史来研究，也不是将各组成部分作机械叠加来进行研究。

只有坚持从整体性上研究马克思主义发展史，才能全面彰显马克思主义形成、传播和发展的历史过程及贯穿于其中的完整的立场、观点和方法。

第三，学习马克思主义发展史要坚持理论联系实际。理论联系实际，是马克思主义形成、发展并始终保持蓬勃生命力的关键，也是学习马克思主义发展史必须坚持的一个重要原则。理论联系实际，首先是要真正掌握理论，而掌握理论的最好办法是认真研读马克思主义经典作家的原著。正如恩格斯所说："一个人如果想研究科学问题，首先要学会按照作者写作的原样去阅读自己要加以利用的著作，并且首先不要读出原著中没有的东西。"① 研读原著，不能仅

---

① 《马克思恩格斯文集》第 7 卷，人民出版社 2009 年版，第 26 页。

仅停留在书本上，不是简单从原著中寻找现成的答案，而是要把理论学习同深入实践结合起来，同解决实践中的问题结合起来，努力掌握马克思主义的立场观点方法和贯穿于其中的基本精神，不断解决现实发展中提出的新课题。这里的实际，不是个别实例、不是表面现象，而是实例、现象背后的本质和规律。总之，学习马克思主义发展史，要在理论与实际的结合上下工夫，不断提高运用马克思主义解决实际问题的能力。

第四，学习马克思主义发展史要立足当代，做到历史和现实的统一。马克思主义发展史是一门历史科学，但它研究的历史过程并没有结束，在新的时代背景和历史条件下还在继续发展。学习马克思主义发展史，既要有历史眼光，又要有现时代意识，要回顾、审视它以往的历史发展，更要关注它的现实境遇和未来前景。因为马克思主义是工人阶级的世界观，它的命运和工人阶级的命运、全人类的命运始终联结在一起。和时代同进步、和人民共命运，在现实斗争中继续谱写马克思主义发展史，是马克思主义的本质特征和必然要求。学习马克思主义发展史，不仅要立足当代，而且要面向未来，尤其要关注中国特色社会主义理论体系在现在和今后的发展，刻苦学习习近平新时代中国特色社会主义思想体系这一马克思主义中国化最新成果。这是坚持和发展马克思主义的基本要求，也是学习马克思主义发展史应有的科学态度。

第五，学习马克思主义发展史要有不畏艰难险阻、为追求真理而勇攀思想高峰的精神。马克思曾经写道："在科学上没有平坦的大道，只有不畏劳苦沿着陡峭山路攀登的人，才有希望达到光辉的顶点。"[1] 马克思为创立科学理论体系，毕生忘我工作，经常每天工作16个小时，付出了常人难以想象的艰辛，即使在多病的晚年，也仍然不断迈向新的科学领域和目标。马克思曾对友人说过，为写《资本论》，"我一直在坟墓的边缘徘徊。因此，我不得不利用我还能工作的每时每刻来完成我的著作"[2]。正是这种不畏艰难险阻、为追求真理而勇攀思想高峰的精神，使马克思最终达到了光辉的顶点。在他研究的每一个领域，都有独到的发现，都不是浅尝辄止。在马克思主义发展史上，马克思这种为追求真理而勇攀思想高峰的精神，一直得到传承和发扬光大。无产阶级的革命领袖都是以忘我的精神刻苦学习的典范。今天我们学习马克思主义发展史，

---

① 《马克思恩格斯全集》第43卷，人民出版社2016年版，第13页。
② 《马克思恩格斯文集》第10卷，人民出版社2009年版，第253页。

理应以马克思及其忠实后继者、坚定践行者为榜样，刻苦用功，熟读精思、学深悟透，力争逐步熟练掌握马克思主义立场、观点、方法，不断提高马克思主义理论素养。

思考题

1. 马克思主义发展史的特点是什么？
2. 马克思主义发展史可以划分为几个主要的历史时期？概述每个历史时期的主要内容。
3. 学习马克思主义发展史有什么重要意义？

第一章 马克思主义的诞生

无产阶级革命导师马克思和恩格斯适应时代发展和无产阶级斗争需要，继承人类文明成果，总结工人运动经验，创立了马克思主义这一科学理论体系，实现了人类思想史上的伟大革命。马克思主义从工人阶级中最先进部分的理论发展成对人类社会有着持久深刻影响的思想洪流，经历了一个历史过程。学习马克思主义发展史就是要对这个历史过程及其规律进行考察和研究，而首先要弄清楚的是，马克思主义为什么会产生，以及它是怎样产生的。

第一节 马克思主义诞生的条件

马克思主义产生于 19 世纪 40 年代并非偶然，而是有其深刻的历史背景的。它是在资本主义社会矛盾日益尖锐、人类先进思潮面临时代挑战而产生严重困惑的条件下，为了适应社会变革的需要，特别是适应工人阶级斗争需要而产生的。

一、马克思主义诞生的时代背景

1. 资本主义发生了历史性变化

19 世纪上半叶是欧洲乃至整个世界发生历史性变化的重要时期。这一时期的基本特点是，社会化大生产迅猛发展，资本主义生产方式在西欧主要国家已经确立了统治地位，资本主义基本矛盾即生产社会化和生产资料的资本主义私人占有之间的矛盾不断激化，无产阶级与资产阶级的斗争日趋尖锐，无产阶级已经发展为一支独立的政治力量登上了历史舞台。

自 18 世纪下半叶起，英、法、德等西欧国家相继发生大机器替代工场手工业的产业革命（亦称"工业革命"）。19 世纪 40 年代，英国基本完成了产业革命，法国产业革命蓬勃发展，相对落后的德国也于 19 世纪 30 年代开始了产业革命的进程。

产业革命的主要特征就是，以大机器生产替代分散的小规模的手工劳动，从而彻底改变了资本主义工场手工业时期生产力发展相对迟缓的状况。18 世纪

60 年代，纺纱机的发明和应用拉开了产业革命的序幕。18 世纪 80 年代，蒸汽机的发明和应用，使棉纺织业从工场手工业过渡到机器大工业，而棉纺织业生产方式的变革首先带动了轻工业部门的发展，如毛织、麻织、丝织、印刷等，进而又带动重工业、交通运输业的发展，并引发了采煤业和冶铁业的技术革命。19 世纪初期，出现了机器制造业，用机器制造机器，使大工业建立起与自己相适应的物质技术基础，从而改变了整个工业生产面貌。大机器及其生产方式大大提高了生产的社会化程度，把过去个体的、分散的生产资料变成了由许多人共同使用的生产资料，引起了分工和专业化的发展，使各个企业和各个部门间的相互联系日趋加强，从而使生产活动从个体活动变为社会活动，使产品成为许多人共同活动的结果。不仅如此，大机器及其生产方式还把过去狭小的地方市场汇聚成统一的国内市场，进而发展成为世界市场。

大机器及其生产方式的发展，进一步推动了科学技术在生产中的广泛运用，使人类的物质生产活动在深度和广度上都达到了空前水平，资本主义经济由此突飞猛进。率先进行和完成产业革命的英国，拥有先进的工业技术、较大规模的工厂和庞大的商船队，因而其社会生产能力获得了前所未有的提高；法国等国的产业革命同样对本国的经济发展产生了巨大推动作用。正如马克思和恩格斯所说："资产阶级在它的不到一百年的阶级统治中所创造的生产力，比过去一切世代创造的全部生产力还要多，还要大。自然力的征服，机器的采用，化学在工业和农业中的应用，轮船的行驶，铁路的通行，电报的使用，整个整个大陆的开垦，河川的通航，仿佛用法术从地下呼唤出来的大量人口——过去哪一个世纪料想到在社会劳动里蕴藏有这样的生产力呢？"①

产业革命不仅是生产技术和社会生产的革命，同时也是生产关系的重大变革，它所造就的以机器生产体系和雇佣劳动为标志的工厂制度，彻底摧毁了封建主义，从而使资本主义生产方式和资本主义制度占据了统治地位。其表现之一就是雇佣劳动者即无产者的数量激增，在自立人口中所占的比重越来越大。大机器及其生产方式的发展很快地排挤了以手工劳动为基础的个体劳动者，使劳动者最终失去了生产工具和小块工余耕作的土地，沦为无产阶级。例如，在英国，1851 年全国产业工人数量已达 480 万，占自立人口的 37%。同时，工厂制度还直接带动了工业中心城市的形成，从而把原来复杂的阶级关系简单化，

---

① 《马克思恩格斯文集》第 2 卷，人民出版社 2012 年版，第 405 页。

即社会日渐分化为无产阶级和资产阶级两大阶级，雇佣劳动制度得到了巩固和发展，资本主义生产方式得以最终确立。

产业革命确立了资本主义生产方式和资本主义制度的统治地位，同时也使得资本主义社会矛盾开始逐步激化起来，经济危机就是资本主义社会矛盾发展的结果。1825 年，在英国首先爆发了经济危机，1836 年和 1847 年，英国等西欧国家又相继遭受经济危机的冲击。随着产业革命的发展，经济危机越来越具有国际性。在经济危机期间，商品生产过剩、经济衰退、产品滞销、银根紧缩、工厂倒闭、大量工人失业。经济危机的周期性爆发表明，资本主义生产关系与生产力的发展已不相适应，开始由生产力发展的动力因素转变为阻碍因素。

资本主义社会化大生产引起的生产关系和其他社会关系的急剧变革，表明任何一种社会制度都是历史的范畴，它的存在是暂时的、相对的和有条件的，从而从根本上打破了以往占统治地位的形而上学和唯心主义的历史观。由于工业革命使物质生产在社会生活中的决定性作用日益显示出来，阶级斗争和物质利益之间的内在联系明显暴露，这就为人们科学地说明社会形态的物质基础和变革的动力提供了可能。同时，资本主义社会化大生产的发展，迅速地开拓和扩大了世界市场，使一切国家的生产和消费日益具有世界性，从而打破了以往那种地方和民族自给自足和闭关自守的状态，各民族间的相互交往和相互依赖日益加强。社会历史已由各民族的历史变为世界的历史。这种状况使得人们有可能突破狭隘的民族界限，通过对不同民族、不同国家社会历史的比较研究，发现其中的重复性和必然性，即发现社会发展的一般客观规律。

总之，工业革命所引起的资本主义经济的巨大发展以及社会关系的急剧变革，为马克思主义的产生提供了客观条件。

2. 无产阶级成为独立的政治力量

随着产业革命的深入发展，欧洲主要国家的阶级结构也发生了极其深刻的变化。产业革命不仅使资产阶级得以发展和壮大，同时造就了资产阶级的掘墓人——无产阶级。在资产阶级与封建统治阶级争夺统治权的斗争中，无产阶级是作为资产阶级的同盟军参加战斗的。在 1830 年的七月革命后，法国资产阶级逐渐丧失了其作为新兴阶级的革命性而与自己昔日的敌人——封建地主阶级谋求和解，共同对付无产阶级，这就使得无产阶级和资产阶级的矛盾日趋尖锐。19 世纪 30—40 年代，在当时几个主要资本主义国家发生的工人起义和工人运动，表明无产阶级反对资产阶级的斗争开始成为阶级斗争的主要形式，表明无产阶级已作为一个独立的政治力量登上了历史舞台。

1831 年 11 月 21 日，法国里昂爆发了工人阶级的第一次武装起义，工人们高喊着"工作不能生活，毋宁战斗而死"的战斗口号，与政府派来镇压起义的军队激战三天，占领了里昂市。起义最终失败，但充分显示了工人阶级的战斗力。1834 年 4 月 9 日，里昂工人举行了第二次武装起义，明确提出了"建立民主共和国"的政治要求，因而具有更为鲜明的政治性质。这次起义得到了法国其他城市工人阶级的积极响应和支持，并在整个欧洲的工人阶级中得到了广泛的同情和声援。起义最终被镇压，但它表明工人阶级已将斗争的矛头直接指向了资产阶级的政治统治，因而具有重大历史意义。接着，英国从 1837 年起开始了声势浩大的宪章运动，数百万工人阶级和劳动群众投身于这一争取普选权及其他政治权利的伟大斗争，并坚持十多年之久。宪章运动最终失败了，但它极大地锻炼和提高了英国工人阶级的组织性和战斗性，在这场运动中还产生了第一个工人阶级的独立政党——全国宪章派协会。列宁对宪章运动的意义给予了很高的评价，认为它是"世界上第一次广泛的、真正群众性的、政治上已经成型的无产阶级革命运动"①。继法国和英国之后，在 1844 年 6 月德国爆发了西里西亚纺织工人的起义。在起义中，工人阶级进一步提出了"反对私有制社会""反对资本主义剥削"的战斗口号，斗争矛头直指资本主义剥削制度。正如马克思所评价的那样，法国和英国的工人起义没有一次像西里西亚起义那样具有如此的理论性和自觉性，"西里西亚起义恰恰在开始时就具有了法国和英国的工人起义在结束时才具有的东西，那就是对无产阶级本质的意识"②。

法国、英国、德国爆发的无产阶级反对资产阶级的斗争表明，当资产阶级和封建地主阶级争夺统治权的斗争仍在进行时，无产阶级就已成为"为争夺统治而斗争的第三个战士"③。19 世纪 40 年代末，在这些国家中资产阶级与封建地主阶级的矛盾就由社会的主要矛盾逐步转化为次要矛盾，资产阶级与无产阶级的矛盾则上升为社会的主要矛盾。

上述工人革命运动充分说明，无产阶级反对资产阶级的阶级斗争已达到了一个新阶段，工业无产阶级已成为历史发展的强大动力。这些革命运动也表

① 《列宁全集》第 36 卷，人民出版社 2017 年版，第 292 页。
② 《马克思恩格斯全集》第 3 卷，人民出版社 2002 年版，第 390 页。
③ 《马克思恩格斯选集》第 4 卷，人民出版社 2012 年版，第 256 页。

明，无产阶级在实践上仍带有一定的自发性，在理论上仍没有达到科学的水平。无产阶级革命实践提出了创立无产阶级科学理论体系的时代性要求。马克思、恩格斯正是适应这一时代要求，积极参与无产阶级的斗争实践，系统总结无产阶级革命经验，批判吸取人类思想史上的优秀成果，在此基础上创立无产阶级的科学理论——马克思主义。

二、马克思主义的主要理论来源

马克思主义是在吸收人类优秀文化成果，特别是在吸收德国古典哲学、英国古典政治经济学、法国和英国空想社会主义成果的基础上形成的。马克思和恩格斯不仅汲取了上述成果中的精华，而且在新的时代条件下解决了由它们提出而没能解决的重大理论课题。因此，马克思主义的产生，是人类先进思想合乎逻辑的、必然发展的结果。

1. 德国古典哲学

德国古典哲学产生于 18 世纪末 19 世纪初，其奠基者是康德，经费希特、谢林，由黑格尔集其大成。费尔巴哈则一反前几位的唯心主义传统，高举反宗教神学和唯心主义的大旗，直截了当地恢复了唯物主义的王座。至此，德国古典哲学画上了句号。

德国古典哲学是它所处的欧洲资本主义，特别是德国资本主义发展特殊历史条件下的产物。德国古典哲学中所体现的深刻的辩证法思想，反映了英国产业革命与法国 1789 年大革命所引起的社会发展的新变化，体现了德国资产阶级的革命要求和迅速发展本国资本主义的强烈愿望；而它所采取的唯心主义和极度抽象思辨的形式，又表现了德国资产阶级的软弱性和妥协性的一面。德国古典哲学的这种二重性，集中体现在其创始者康德和集大成者黑格尔的哲学之中。

任何真正的哲学都是时代精神的精华。德国古典哲学作为欧洲哲学发展史上的一座理论丰碑，同样凝结着从康德、黑格尔到费尔巴哈这些伟大哲学家对时代的深刻思考。尽管这些思考主要都是从唯心主义或唯心史观的基础出发，因而具有很大的局限，但其中不乏符合时代精神的合理见解。

康德是德国古典哲学的奠基者和开创者，他的哲学是一个充满睿智和矛盾的思想体系。他是一个先验唯心主义者，他虽承认物自体的存在，但认为物自体不可知；他强调主体统觉的能力，提出"人为自然界立法"的著名命题。康德以其著名的"三大批判"(《纯粹理性批判》《实践理性批判》《判断力批判》),建构了一个"真善美"三者统一的哲学体系。虽然他没有找到实现这三者统一的现实基础,但不难看出他对未来人类社会发展的美好愿望。

在社会历史观上,康德从"人是目的"的观点出发,反对封建专制,强调人的平等、自由和独立。他提出,人类历史就是一个不断从恶走向善、从必然走向自由的历史。康德认为,人类追求理想的目的与由此造成的客观结果往往是相互矛盾的,如人都具有自由意志,都要为个人利益而奋斗,然而自由意志在为个人利益奋斗的过程中,必然相互作用和矛盾,其结果往往不是人们所预想的。人们都追求幸福,但结果可能是忧虑、恐惧和苦恼。康德不满社会现实,但反对用革命的方式变革社会,而主张用社会改良的方式改造社会,并由此来实现他心目中的理想社会。康德的辩证法最终为唯心主义、形而上学的体系所窒息。这正是德国资产阶级革命性和保守性这种二重性的集中表现。

黑格尔深刻的辩证法思想使得他的历史观远远超越了前人。正如恩格斯所指出的:"黑格尔的思维方式不同于所有其他哲学家的地方,就是他的思维方式有巨大的历史感做基础。形式尽管是那么抽象和唯心,他的思想发展却总是与世界历史的发展平行着……他是第一个想证明历史中有一种发展、有一种内在联系的人","这个划时代的历史观是新的唯物主义世界观的直接的理论前提"①。

黑格尔从辩证法的观点出发,把历史看作一个由低级阶段向高级阶段前进的过程,这一过程为历史内在规律所支配。在这种辩证的历史观的基础上,黑格尔对资本主义的市民社会及其经济关系进行了分析。他指出,劳动是"市民社会"的基础,但是由于人们所从事的劳动不同,受到了分工的制约,特别是受到资本的制约,因而必然会造成财富分配的不平等,并导致市民社会等级的划分。在这里黑格尔天才地看到了劳动的作用,并在一定程度上揭示了"市民社会"不同等级划分的经济根源。黑格尔还对资本主义社会固有的矛盾进行了深刻分析,指出随着资本主义的发展,出现了财富和贫困两极并行增长的趋势,这种情况必然导致劳动阶级的反抗。黑格尔虽然认识到两极分化在资本主义条件下是必然的过程,是资本主义无法通过自身来克服的,但他认为财富分配不均和两极分化有其历史的合理性,因而反对用革命的方式加以解决,而是

① 《马克思恩格斯选集》第2卷,人民出版社2012年版,第12—13页。

极力主张通过建立海外殖民地的方法来克服两极分化，这充分说明黑格尔所代表的是资产阶级的要求和利益。

作为当时最伟大的思想家的黑格尔，对资本主义历史地位和发展趋势这一时代课题也进行了深入的思考，并由此提出了他关于"世界历史"的观点。他认为，人类历史是由理性主宰的合乎规律的过程，并把历史归结为世界精神以民族精神的形式实现其自由的历史。按照黑格尔的历史辩证法，世界历史是一个不断由低级向高级发展的过程，永远不会有终点。由于他的唯心主义形而上学哲学体系的需要，他断言，日耳曼世界的最高发展阶段就是普鲁士的君主立宪国家，在这里，自由已经实现了它的概念和真理，世界历史的目标也就达到了。形而上学的唯心史观终于窒息了历史的辩证法。

从康德到黑格尔的德国古典哲学，贯穿着对历史发展所提出的时代课题的思考和探索，但充满着难以克服的矛盾。这表明，在资产阶级哲学的范围内，即便是最伟大的思想家也无法真正揭示资本主义社会的本质和社会历史发展的必然趋势，这是由资产阶级的阶级本质及其历史局限所决定的。作为资产阶级中激进民主主义者的费尔巴哈，虽然对黑格尔唯心主义以及宗教神学进行了尖锐的批判并恢复了唯物主义的权威，但在历史观上，他不仅没能突破唯心史观的束缚，而且由于抛弃了辩证法，使得他的历史观比黑格尔肤浅得多。这表明资产阶级哲学随着历史条件的变化已无力回应时代的挑战，也没有能力将它们的哲学再往前推进一步了。

2. 英国古典政治经济学

英国古典政治经济学是新兴资产阶级的经济理论体系，产生于 17 世纪中叶，完成于 19 世纪初期。其奠基者是威廉·配第，完成者是大卫·李嘉图。英国古典政治经济学的代表性著作是亚当·斯密的《国民财富的性质和原因的研究》和大卫·李嘉图的《政治经济学及赋税原理》等。

作为处于上升时期革命阶级的思想代表，英国古典政治经济学在特定的历史条件下，对资本主义生产方式进行了比较客观的、深入的探析，获得了一些重大的思想成果。但由于阶级立场和唯心主义历史观的局限，古典政治经济学家们的研究，是为了论证资本主义生产方式相对于封建主义生产方式的优越性，并由此证明资本主义生产方式是合乎自然的、永恒的生产方式。正如恩格斯所指出的那样，古典政治经济学这种"新的科学不是他们那个时代的关系和需要的表现，而是永恒的理性的表现，新的科学所发现的生产和交换的规律，不是这些活动的历史地规定的形式的规律，而是永恒的自然规律；它们是从人的本性中引申出来的"①。这就说明，古典政治经济学的主要缺陷是它的非历史性和抽象人性论。这种从唯心史观出发所作的分析，是不可能真正揭示资本主义生产方式的本质及其历史发展趋势的，但是，它对资本主义生产方式以及资本主义社会阶级斗争的研究，却为马克思主义科学地揭示资本主义生产方式的本质及其历史发展趋势，提供了必要的理论前提。

古典政治经济学的理论贡献主要表现在以下几个方面：

首先，它第一次研究和分析了资本主义生产关系的内部联系，初步探讨了资本主义经济的运动规律。古典经济学家强调，经济现象是由自发的和客观的经济规律支配和决定的，它操纵和引导着无数人的经济活动以及社会总劳动的分配等复杂的相互作用。亚当·斯密所说的那只"看不见的手"，实际上就是指商品经济中价值规律起着的自发的调节作用。马克思认为，古典政治经济学家关于经济规律客观性的思想，是他们的巨大功绩。"他们把这些形式看成社会的生理形式，即从生产本身的自然必然性产生的，不以意志、政策等等为转移的形式。这是物质规律；错误只在于，他们把社会的一个特定历史阶段的物质规律看成同样支配着一切社会形式的抽象规律。"②

其次，古典政治经济学最伟大的贡献，就是奠定了劳动价值论的基础，为政治经济学最终成为一门科学发挥了积极作用。配第首先提出了劳动价值论的思想，初步得出了价值是由生产商品时所耗费的劳动量所决定的结论。但他将价值与商品的交换价值混为一谈。斯密进一步推进了劳动价值论研究。他认为商品的价值是由生产商品所耗费的劳动决定的。他明确区分了使用价值和交换价值，不仅把交换价值的真实基础归结为生产商品时所耗费的劳动，而且把价值量归结为商品内部凝结的劳动量，为科学劳动价值论的发展作出了重要贡献。然而他并没有把劳动价值论贯彻始终。李嘉图在研究斯密价值学说的基础上，进一步正确阐述了使用价值和交换价值的关系，坚持和发展了劳动创造价值的科学观点。他研究了创造价值的不同种类劳动的转化问题和物化劳动在商品生产中的作用的问题，提出了必要劳动决定商品的价值量的重要观点。马克思指出，作为古典政治经济学的完成者，李嘉图把交换价值决定于劳动时间这

① 《马克思恩格斯文集》第9卷，人民出版社2009年版，第158页。
② 《马克思恩格斯全集》第33卷，人民出版社2004年版，第15页。

一规定作了最透彻的表述和发挥。李嘉图的劳动价值论的根本缺陷则是，他只从量的方面来考察价值，并将价值看成非历史的东西。

最后，古典政治经济学还在地租、利润和利息等具体形式上研究和探讨了剩余价值问题，并在一定程度上揭示了剩余价值的起源。如斯密从劳动决定价值和工资是劳动生产的一部分的观点出发，明确地指出了利润是工人劳动生产物的扣除部分。对此马克思给予了高度评价，认为斯密发现了剩余价值的真正起源。斯密还认识到，地租是土地所有者凭借土地所有权无偿占有工人所创造的剩余生产物中的余额，这一认识具有一定的科学性。但他将剩余价值与利润混同了起来，同时也将地租与工资、利润一起看作形成商品价值的源泉，从而掩盖了地租的剥削性质。李嘉图对地租、利润和工资等作了更为深入的分析，具体探讨了这三个经济范畴之间的关系。他认为工资、利润和地租之间存在着对立关系，并由此说明了资本主义社会工人阶级、资本家阶级和地主阶级这三大社会阶级之间相互对立和斗争的经济根源。马克思高度评价："李嘉图揭示并说明了阶级之间的经济对立——正如内在联系所表明的那样——这样一来，在经济学中，历史斗争和历史发展过程的根源被抓住了，并且被揭示出来了。"[1] 阶级斗争是阶级社会发展的直接动力，李嘉图对资本主义社会三大阶级经济利益互相对立的分析，有助于人们正确认识资本主义社会中的阶级关系和阶级斗争，从而揭示出资本主义社会的本质及其历史发展趋势。正因如此，古典政治经济学成为马克思主义的直接理论来源，它所取得的成果为马克思和恩格斯构建科学的政治经济学理论提供了重要的思想资源。

3. 法国和英国的空想社会主义

法国和英国空想社会主义的主要代表人物是圣西门、傅立叶和欧文。与作为新兴资产阶级思想代表的德国古典哲学、英国古典政治经济学不同的是，他们的学说反映了尚未成熟的无产阶级和劳动群众对资本主义制度的不满和愤慨情绪，以及要求摆脱资本主义剥削和向往未来理想社会制度的强烈愿望。这三位伟大的空想社会主义思想家对资本主义制度的批判以及对未来社会的设想，反映了他们对资本主义的历史地位以及发展趋势这一时代课题的探索和思考。

他们的主要贡献表现在相互联系的两个方面：首先，对资本主义制度作了猛烈的抨击。圣西门基于对法国大革命后社会状况的考察，认为资产阶级的这

---

① 《马克思恩格斯全集》第 34 卷，人民出版社 2008 年版，第 184 页。

场革命并没有解决法国社会的经济和政治问题，丝毫没有改变劳动者与"游手好闲者"之间的对立。资本主义制度是一个是非颠倒的奴役人的制度。傅立叶把资本主义称为"社会地狱"，是"复活的奴隶制"。在这个社会中，不仅创造了财富的工人越来越穷，而且，个人利益和集体利益之间的矛盾和冲突日益尖锐，使每个人都企图把自己的幸福建立在别人的痛苦之上。在傅立叶看来，必须消灭这个地狱，而不是改造它。欧文对资本主义批判得更为深刻，他认为，私有财产制度是过去和现在"人们所犯的无数罪行和所遭的无数灾祸的原因"，并且从发展生产力的角度指出，现存的资本主义制度不再与"力量无限的新的生产力"相适应，因而必须对它进行"巨大变革"。其次，在否定资本主义制度的基础上，提出建立公平、合理的理想社会的方案。这三位伟大的空想社会主义者的思想都包含着历史辩证法的因素。如圣西门和傅立叶把社会历史的发展视为一个由低级到高级的过程，其各个阶段相互联系。基于这种历史辩证法，圣西门提出了替代资本主义制度的"实业制度"，其长远目标是运用科学、艺术和工艺的知识满足人们的需要。傅立叶构想了一种能够使社会全体成员的情欲得到充分满足的"和谐制度"。欧文的"新和谐公社"的构想更为激进，在他看来，这个社会制度是以公有制为基础的共产主义劳动联合体，实行按需分配。他还身体力行，在英国和美国进行了共产主义实验。

三大空想社会主义者对资本主义制度的批判以及对未来社会的设想无疑包含着合理的成分，但由于他们的学说都是建立在唯心史观的基础上的，这就必然使他们的学说存在着内在矛盾和不彻底性。他们虽然意识到了社会历史由低级向高级发展的必然性，认为资本主义必将为社会主义所取代，但并没有发现推动社会发展的真正动因；他们虽然揭露了资本主义制度所造成的种种罪恶，但这种揭露和批判又是以 18 世纪法国启蒙学者抽象的"理性原则"和抽象的人性论为依据和出发点的，因而并不能真正揭示资本主义的本质；他们虽然提出了改造社会的种种方案，具体描绘了未来理想社会的美好愿景，但找不到改造现实社会和实现理想社会的现实途径；他们虽然对工人阶级的贫困和苦难充满了同情，但看不到工人阶级创造历史的作用及其在改造社会中的巨大力量；他们虽然对剥削阶级充满了厌恶，但又幻想借助剥削阶级和统治者的帮助来实现他们所设想的理想社会。所有这些都注定他们的学说必然会成为永远无法实现的乌托邦。因此，当工人阶级作为独立的政治力量展开反对资产阶级的斗争时，他们的学说便渐渐失去在群众中的影响，变成了阻碍工人运动发展的思潮。

德国古典哲学、英国古典政治经济学、法国和英国空想社会主义学说，代表了近代人类先进思想的发展水平，在不同程度上反映了资本主义发展所带来的社会变化的过程，体现了时代精神。阶级立场和历史条件的局限，使得它们难以真正揭示出社会历史发展的客观规律，因而也就无法科学地说明和解答资本主义的历史地位及发展趋势这一时代课题。随着资本主义的发展，上述理论和学说的历史局限日渐暴露出来，包含在它们理论中的革命性和先进性便逐渐消失，它们的学说以及建立在这些学说基础之上的各种理论学派纷纷解体。这表明，这些曾经代表人类先进思想的学说已完成它们的历史使命，它们被一种新的、更加科学的思想体系取代已是不可避免。

三、马克思和恩格斯的政治立场和思想的转变

1. 马克思政治立场和世界观的转变

卡尔·马克思于 1818 年 5 月 5 日出生于德国莱茵省特利尔市的一个开明的犹太人家庭。他的父亲是一位著名律师，信奉法国启蒙思想家所主张的理性主义原则。马克思深受其影响，这为青年马克思确立追求民主自由和为人类谋幸福的理想信念奠定了基本的思想基础。1835 年 10 月，马克思进入波恩大学攻读法学专业，一年后又转入柏林大学攻读法学专业，这是青年马克思思想发展的重要阶段。马克思潜心研究法学和哲学，意识到哲学与政治的重要性，并在爱德华·甘斯的影响下全力投入黑格尔哲学的"怀抱"，特别注重对其辩证法的研究。1837 年，马克思在读大学二年级时思想发生变化，这成为他青年时期思想发展的一个转折点。当时在柏林出现的名为"博士俱乐部"的青年黑格尔派组织，是聚集重视黑格尔辩证法的激进主义者的学术团体。马克思随后加入了"博士俱乐部"，积极投身于青年黑格尔运动。但马克思从来不是正统的黑格尔主义者，也与一般青年黑格尔派成员不同，他注重社会现实问题的研究，同情社会上受苦的劳动者，反对政教合一的德国的封建专制制度。马克思完成于 1841 年的博士论文《德谟克利特的自然哲学和伊壁鸠鲁的自然哲学的差别》，强调历史进程是哲学意识同经验世界相互作用的结果，提出"世界的哲学化同时也就是哲学的世界化"[①] 的论断。这篇博士论文的基本观点虽带有黑

---

① 《马克思恩格斯全集》第 1 卷，人民出版社 1995 年版，第 76 页。

格尔哲学的色彩，但它不仅体现了马克思"反对一切天上和地上的神"的革命民主主义和彻底无神论的倾向，而且反映了他反对因循守旧的保守观点，力图超越黑格尔哲学的独创精神。

马克思在《莱茵报》工作期间（1842 年 1 月—1843 年 3 月），是他从唯心主义世界观转向唯物主义世界观、从革命的民主主义转向共产主义的起点。马克思在《莱茵报》上发表的文章表明，他在用黑格尔的理性主义原则批判不公正的现实制度时，把人民与自由、国家和法联系在一起，反对普鲁士的专制制度，维护人民大众的利益。马克思积极参与关于出版自由的辩论，从而推动他对现实社会问题的关注。在积极参与"关于林木盗窃法"的辩论中，马克思看到了基于物质利益的阶级之间的冲突，并初步意识到普鲁士国家是维护特权等级利益的，并不是普遍利益的代表。如果说关于林木盗窃法的辩论使马克思初步看到了物质利益对国家和法律的支配作用，那么他通过对摩泽尔地区农民贫困状况的调查研究，思想又有了新的重要进展，进一步转向了唯物主义。马克思在《摩泽尔记者的辩护》一文中指出，摩泽尔地区农民贫困的原因是封建官僚制度，而当权者却矢口否认农民的生活状况与政府的管理有关。他说："人们在研究国家状况时很容易走入歧途，即忽视各种关系的客观本性，而用当事人的意志来解释一切。但是存在着这样一些关系，这些关系既决定私人的行动，也决定个别行政当局的行动，而且就像呼吸的方式一样不以他们为转移。"[1] 在这里，马克思指出了人的意志和行动背后客观的社会关系的作用，看到了这些客观关系对国家制度和管理原则的制约性，更进一步提出了探求国家生活客观基础的问题，这无疑是向历史唯物主义迈进了一步。

马克思在《莱茵报》工作时期的政治斗争实践和所接触到的大量社会事实，使他初步认识到物质利益在社会生活中的决定性作用，意识到社会关系的客观性，从而动摇了他对黑格尔关于理性国家和法的观念的信仰。于是，出于对普鲁士当局的失望和愤怒退出《莱茵报》后，马克思决定开始批判性地研究黑格尔的国家哲学和法哲学，以求解决长期以来困扰自己的国家与市民社会、政治与经济之间的关系问题。正如马克思在《〈政治经济学批判〉序言》中所回忆的："为了解决使我苦恼的疑问，我写的第一部著作是对黑格尔法哲学的

---

[1]　《马克思恩格斯全集》第 1 卷，人民出版社 1995 年版，第 363 页。

批判性的分析。"① 为此，马克思阅读了大量的历史学著作以及国家和法的理论著作，做了摘录（即"克罗茨纳赫笔记"），并撰写了《黑格尔法哲学批判》这部重要手稿。通过对现实和历史的深入思考，马克思在对黑格尔法哲学进行深入研究和批判的基础上，得出了与社会实际生活相一致的结论：市民社会不是国家理念的派生物，而是市民社会决定着国家和法。这是一个与黑格尔客观唯心主义历史观相反的结论，而这个结论是马克思摆脱黑格尔哲学的束缚、走向新历史观的极为重要的环节。马克思后来对此评论说："我的研究得出这样一个结果：法的关系正像国家的形式一样，既不能从它们本身来理解，也不能从所谓人类精神的一般发展来理解，相反，它们根源于物质的生活关系，这种物质的生活关系的总和，黑格尔按照 18 世纪的英国人和法国人的先例，概括为'市民社会'，而对市民社会的解剖应该到政治经济学中去寻求。"② 《黑格尔法哲学批判》为不久后马克思完成从唯心主义向唯物主义、革命民主主义向共产主义的根本转变奠定了基础，也为他创立唯物史观铺就了第一块基石。

如果说马克思在《黑格尔法哲学批判》中得出的结论是马克思的两个转变过程中的重要环节的话，那么他于 1844 年初发表在《德法年鉴》上的两篇重要文章《论犹太人问题》和《〈黑格尔法哲学批判〉导言》，则标志着马克思两个转变的基本完成。在这两篇文章中，马克思运用唯物主义的观点深刻地批判了青年黑格尔派在宗教和政治解放等问题上的唯心主义观点。他揭示出了宗教产生的社会根源和阶级根源，并批判了鲍威尔等人抽象地谈论人的解放的错误。马克思指出，宗教这种颠倒的世界观是劳者不获、获者不劳这种被颠倒的现实世界的产物；在阶级社会里，宗教起着维护剥削制度的作用，只有先消灭了人间的压迫，才能消灭宗教的压迫。马克思对宗教的上述观点，表明他已开始建立唯物主义的世界观。他用社会的客观现实说明宗教的作用及消灭宗教的根本途径，表明他接受了费尔巴哈唯物主义的影响，同时表明他已超越了费尔巴哈的宗教观。

马克思还明确地区分了政治解放和人的解放。他指出，鲍威尔等青年黑格尔派在批判宗教时抽象地谈人的解放，认为人的解放就是通过国家改革来实现的政治解放。实际上，他们讲的政治解放只是资产阶级革命，它并不谋求消灭

---

① 《马克思恩格斯文集》第 2 卷，人民出版社 2009 年版，第 591 页。
② 《马克思恩格斯文集》第 2 卷，人民出版社 2009 年版，第 591 页。

私有制，因而也不可能消灭宗教。可见，政治解放并不是人的真正解放，只有彻底消灭私有制的社会主义革命，才能够真正消灭宗教及其赖以产生和存在的根源，因而才能够实现人的真正的解放。在实现政治解放的方法和途径问题上，鲍威尔等人认为通过哲学的批判就能实现对国家的革命改造，就能实现政治解放。马克思指出这种用批判的武器代替武器的批判的做法，只是脱离社会实际的唯心主义幻想。思想的批判并不能代替变革社会现实的革命实践，进行武器的批判的社会力量也不是鲍威尔之类的所谓批判者，而是被他们所蔑视的无产阶级和广大劳动群众。"哲学把无产阶级当做自己的物质武器，同样，无产阶级也把哲学当做自己的精神武器。"[①] 对现存的私有制社会，只有将批判的武器和武器的批判结合起来，才能实现对其彻底的改造。明确地论证和申明无产阶级的历史地位和历史使命，既是马克思迈向唯物史观的重要一步，也是他已成为坚定的共产主义者的重要标志。

2. 恩格斯政治立场和世界观的转变

弗里德里希·恩格斯于 1820 年 11 月 28 日诞生于德国莱茵省巴门市。他的父亲是一个纺织厂的厂主，又是一个虔诚的基督徒。中学尚未毕业，在父亲的坚持下，恩格斯辍学经商。当恩格斯还是中学生时，就表现出了反对专制制度的革命民主主义倾向。他辍学来到资本主义较为发达、思想比较自由的不来梅当学徒后，很快就投入了具有鲜明自由主义和民主主义特点的青年德意志运动。"青年德意志"是 19 世纪 30 年代成立的一个文学团体，其成员的文艺作品和政治观点有反对封建专制、捍卫信仰和出版自由的资产阶级民主主义的倾向。当时酷爱文学的恩格斯在青年德意志运动的影响下，思想有了很大的提高，加速了他摆脱所受的宗教虔诚主义影响的进程。1839 年 3 月，恩格斯匿名发表了《伍珀河谷来信》一文，揭露了当时社会生活的各个阴暗面，抨击了宗教虔诚主义的伪善，指出虔诚主义是工厂制度的精神支柱，成为工厂主的护身符。

《伍珀河谷来信》是恩格斯思想独立发展的开始，他对宗教虔诚主义的批判，推动他走向与宗教信仰的彻底决裂。在这一过程中，青年黑格尔派的代表人物施特劳斯的著作《耶稣传》对恩格斯不仅有重要影响，而且将他引向了黑格尔哲学，并使他最终脱离了青年德意志运动，投身于青年黑格尔派。

[①]　《马克思恩格斯文集》第 1 卷，人民出版社 2009 年版，第 17 页。

1841年9月，恩格斯到柏林服兵役。在那里，他同"博士俱乐部"的核心成员鲍威尔兄弟、科本等人建立了密切的联系。当时普鲁士政府和德皇威廉四世为了扑灭自由思想特别是青年黑格尔运动，特意将已完全堕落成为封建专制制度辩护士的谢林请到柏林大学讲学，企图以谢林所讲授的天启哲学来抵消黑格尔辩证法思想的影响。恩格斯积极投身于这场思想斗争之中，并站在批判谢林哲学的最前列。他连续发表了《谢林论黑格尔》《谢林和启示》《谢林——基督哲学家，或世俗智慧变为上帝智慧》等著作，尖锐地抨击了谢林对黑格尔的攻击以及所宣扬的非理性主义、蒙昧主义，捍卫了黑格尔的辩证法。

由上可见，恩格斯从事社会活动和理论活动的初期，在政治上已是激进的革命民主主义者，并积极参加了反对普鲁士专制制度的斗争。在哲学上，他虽然也参加了青年黑格尔运动，但在一些重大原则上又与青年黑格尔派存在着严重的分歧。

1842年9月，恩格斯服兵役期满后，来到英国曼彻斯特，到他父亲与别人合营的工厂工作。当时曼彻斯特正是英国工业革命的中心之一，资本主义大工业正以迅猛的速度扩张和发展。在这里，他看到了工人阶级的悲惨境遇，决心为工人的解放探索出一条道路。在英国期间，恩格斯的政治立场和世界观开始发生根本性转变。如果说，马克思政治立场和世界观的转变是在当时经济相对落后的德国，在反对普鲁士封建专制制度的斗争的基础上，通过分析和批判德国唯心主义思辨哲学而完成的；那么，恩格斯政治立场和世界观的转变，则是在资本主义发达的英国，在研究资本主义经济和调查工人阶级状况的基础上，通过分析"哲学共产主义"和空想社会主义而完成的。恩格斯这一时期发表的一系列文章，充分表明他的政治立场和世界观所发生的重要变化。在《国内危机》《伦敦来信》等文章中，恩格斯深刻分析了英国资本主义经济发展，认识到经济、工业生产在社会存在和发展中的作用，指出各个政党是基于不同物质利益的阶级和阶层的集团。这说明恩格斯已由"哲学共产主义"转向了对社会经济关系和政治关系的分析研究。1843年11月，恩格斯在《新道德世界》上发表了题为《大陆上社会改革的进展》的文章，向英国工人介绍了法国、德国、瑞士等大陆国家的社会主义运动及社会主义学说，对法国空想社会主义学说作了深刻分析，并批判了德国"哲学共产主义"及其理论基础——青年黑格尔派哲学，认识到社会历史的发展不是决定于精神力量，而是决定于经济的物质力量。恩格斯的政治立场和世界观由此转向了共产主义和唯物主义。

　　1844 年年初，恩格斯在《德法年鉴》上发表的《国民经济学批判大纲》和《英国状况——评托马斯·卡莱尔的〈过去和现在〉》两篇文章，标志着他的"两个转变"的完成。《国民经济学批判大纲》对推动马克思政治经济学的研究产生过重要影响，马克思称它是"批判经济学范畴的天才大纲"[①]。这篇文章揭露了资产阶级政治经济学的阶级实质，批判了资产阶级私有制的不合理性，以及马尔萨斯关于资本主义危机是"工人人口过剩造成的"错误观点，指出了资本主义私有制是社会不良现象的根源，经济危机、工人陷入贫困和饥饿的根本原因在于资本主义私有制；同时强调了劳动是生产的主要因素，是财富的源泉，从而为进一步展开对资产阶级政治经济学的批判奠定了基础。同时，恩格斯在这篇文章中率先提出"两个和解"的思想，即人与自然的和解和人与社会的和解，这一思想对马克思形成自己的经济学观点和哲学观点产生了积极的影响。列宁曾高度评价恩格斯的《国民经济学批判大纲》，赞扬它"从社会主义的观点考察了现代经济制度的基本现象，认为那些现象是私有制统治的必然结果"[②]。在《英国状况——评托马斯·卡莱尔的〈过去和现在〉》一文中，恩格斯以唯物主义和无神论观点批判了卡莱尔的唯心主义历史观和宗教观，指出必须把人因宗教而失去的内容归还给人，把历史的内容还给历史，历史是人的启示，不是神的启示；他还第一次从政治经济学视角分析市民社会，认为资本主义私有制是一切灾祸的根源；他深刻批判了卡莱尔关于英雄及其思想决定一切的观点，强调生产的发展、物质利益才是社会发展的决定力量，而英雄人物或天才人物的真正社会使命是去唤醒别人，带动别人；他剖析了资本主义经济结构，分析了资本与劳动的关系，认为资本主义竞争规律中孕育着革命的规律，在资本主义自身的发展中孕育着社会主义的必然性。恩格斯的《英国状况》系列论文中的《十八世纪》一文，以英国的产业革命为研究和分析对象，在马克思主义发展史上第一次提出科学技术是生产力的观点，并以英国产业革命的客观事实为依据，系统且有力地论证了这一观点，为即将诞生的马克思主义理论体系增添了新的分析资本主义历史和现实的框架。

　　至此，正如马克思所说，恩格斯从另一条道路得出同他"一样的结果"，即完成了"两个转变"。正像恩格斯所说，当他于 1844 年夏天在巴黎拜访马克

---

① 《马克思恩格斯文集》第 2 卷，人民出版社 2009 年版，第 592 页。
② 《列宁专题文集　论马克思主义》，人民出版社 2009 年版，第 56 页。

思时，他们在一切理论领域中都显出意见完全一致，从此就开始了他们的"共同的工作"。

第二节　马克思、恩格斯对新世界观的 探索和唯物史观的基本形成

马克思和恩格斯各自完成了"两个转变"之后，就从不同的途径对新世界观进行了不懈的理论探索，其成果主要反映在《1844 年经济学哲学手稿》和《英国工人阶级状况》等手稿和著述中。这种理论探索为唯物史观的创立作了直接的理论准备。马克思和恩格斯在清算青年黑格尔运动和费尔巴哈哲学的过程中创立了"新唯物主义"。

一、马克思、恩格斯对政治经济学和新世界观的初步探索

1. 马克思对政治经济学和新世界观的初步探索

在巴黎期间，受恩格斯《国民经济学批判大纲》的影响，为了搞清楚社会经济关系特别是资本主义经济关系问题，马克思研读了大量政治经济学著作，如斯密、李嘉图、萨伊、詹姆斯·穆勒等许多经济学家的著作，并作了 7 本摘录札记（即《巴黎笔记》），在此基础上于 1844 年 4—8 月写成了《1844 年经济学哲学手稿》（以下简称《手稿》）。

《手稿》是马克思在完成思想转变过程中，系统阐述无产阶级的理论学说的第一次尝试。《手稿》的重大意义在于，马克思开始了对政治经济学的探索，并在对以往的哲学思想的批判中提出了新的哲学观点，为唯物史观、唯物辩证法的创立做了准备。

《手稿》中最重要的内容是异化劳动理论，这是马克思把哲学分析与政治经济学论证相结合所获得的重大成果。马克思在《手稿》中的异化观显然受到了黑格尔和费尔巴哈的影响，但与黑格尔将异化的主体视为神秘的绝对精神的客观唯心主义不同，也与费尔巴哈仅仅将异化限定在说明宗教的本质的范围内不同，马克思是从资本主义财产私有制决定的社会生活条件引申出异化概念的。在《手稿》中，异化作为一个哲学概念，其主要含义就是指主体在自己的劳动过程中，由于自身的活动而产生出自己的对立面，然后这个对立面又作为

一种外在的、异己的力量反对主体自身。马克思运用异化概念对资本主义社会进行了深入的分析，揭示了异化的种种表现形式，但他的着眼点主要是资本主义条件下的劳动问题。马克思指出，在资本主义财产私有制条件下劳动不仅具有创造性的一面，而且具有摧残人的一面。由此他提出了"劳动异化"的具体表现：第一，劳动产品与人相异化。劳动的产品作为一种异己的存在物同劳动者相对立，"对对象的占有竟如此表现为异化，以致工人生产的对象越多，他能够占有的对象就越少，而且越受自己的产品即资本的统治"①。第二，劳动本身与工人相异化。劳动是人的本质性的活动，或者说劳动这种"自由的有意识的活动"② 构成了人的内在本质。但在财产私有制条件下，劳动者并不能自由支配自己的劳动，而只是一种强制性和被迫性的活动，对工人来说是一种外在性的东西。第三，人和人的类本质相异化。人的类本质就是指一切人所共同具有的本质，这个类本质在马克思看来就是"自由的有意识的活动"即劳动。但在资本主义社会，异化劳动既从人那里剥夺了他所生产的对象，又把劳动本身变成了对人来说是外在的、强制性的活动，从而也就把人的类本质变成维持个人生活的手段。第四，人与人相异化。这是劳动者同自己的劳动产品、劳动活动以及人的类本质相异化所造成的必然结果。在资本主义条件下，工人阶级与资产阶级之间被压迫和压迫、被剥削和剥削、被统治和统治的对立关系，就是人与人相异化的集中体现。这样，马克思通过对异化劳动的深入分析，揭示了资本主义社会的阶级关系，揭示了无产阶级和资产阶级两大阶级之间的对抗。马克思指出，财产私有制和异化劳动之间的相互作用造成了资本主义社会的全面异化，尤其是阶级之间的严重对立，因此只有通过消灭私有制的共产主义革命，才能消灭劳动异化。

《手稿》中的异化劳动理论，在马克思创立唯物史观的过程中具有重大意义。首先，异化劳动理论朝着从劳动发展史中去寻找理解全部社会发展史的方面迈出了关键性的一步。其次，异化劳动理论由于揭示了劳动是人的本质，为马克思的科学实践观的形成以及对人的社会性本质的揭示开辟了道路。再次，异化劳动理论通过对社会与自然相互关系的分析，阐明了生产劳动是社会存在和发展的基础，初步揭示了生产劳动的内在矛盾，从而为马克思后来科学地说

---

① 《马克思恩格斯文集》第 1 卷，人民出版社 2009 年版，第 157 页。
② 《马克思恩格斯文集》第 1 卷，人民出版社 2009 年版，第 162 页。

明生产力与生产关系之间的辩证关系奠定了基础。

《手稿》也是马克思在政治经济学领域进行探索所取得的重要成果。在《手稿》中，马克思深入研究资本主义社会中的工资、利润和地租等经济范畴，揭示了资本主义社会基本阶级的相互关系。马克思在吸收英国古典政治经济学对上述经济范畴研究成果的基础上，进一步分析了资本主义社会财富的变化和生活状况的关系。马克思从英国古典政治经济学关于资本是积累起来的劳动这一论点出发指出，资本是对劳动及其产品的支配权，资本家拥有这种权力就是因为他是资本的所有者。这说明马克思已接近将资本理解为社会关系的思想了。此外，马克思还研究了资本主义财产私有制的本质，研究了需要、生产和分工、货币等问题，从不同方面揭露了资本主义生产方式的本质。《手稿》还揭示了古典政治经济学的根本局限，指出古典政治经济学从私有财产的事实出发，却将私有制看作永恒的，根本不研究它的起源，因而也就无法揭示私有制的本质。古典政治经济学"没有给我们提供一把理解劳动和资本分离以及资本和土地分离的根源的钥匙"①。

在《手稿》中，马克思的科学社会主义思想也有重要进展。马克思在《德法年鉴》上的文章中，已表述了他关于无产阶级的历史使命和关于人的解放等科学社会主义的思想，但由于这时马克思还没有进行政治经济学的研究，因而主要是在哲学基础上论证的。但要使社会主义理论变成科学，除了唯物史观的指导外，还要对资本主义经济现象进行深入分析。马克思说，共产主义革命运动，"必然在私有财产的运动中，即在经济的运动中，为自己既找到经验的基础，也找到理论的基础"②。这一重要认识，使马克思在创立科学社会主义的道路上迈出了决定性的一步。在《手稿》中，马克思把社会主义思想和异化劳动理论有机地结合起来，深刻地揭示了私有制和异化劳动基础上的阶级对立，论证了资本主义私有制的必然灭亡。他说："劳动和资本的这种对立一达到极端，就必然是整个关系的顶点、最高阶段和灭亡。"③

由以上的分析可以看出，《手稿》是马克思的思想发展过程中的一个转折点，在马克思主义发展史上占有重要地位。但也应看到，《手稿》从总体上来说，还只是马克思在形成自己科学理论体系过程中的初步探索，与后来形成的

① 《马克思恩格斯全集》第 42 卷，人民出版社 1979 年版，第 89 页。
② 《马克思恩格斯文集》第 1 卷，人民出版社 2009 年版，第 186 页。
③ 《马克思恩格斯文集》第 1 卷，人民出版社 2009 年版，第 172 页。

马克思主义科学理论相比，还不能算作成熟的马克思主义著作。《手稿》中还存留着较明显的黑格尔哲学，特别是费尔巴哈抽象人性论的痕迹，如对劳动的理解，对人的本质的理解，对共产主义必然性的论证，等等，都还带有抽象和理想化的特点。

2. 恩格斯对新世界观的初步探索

恩格斯从 1844 年秋天至 1845 年 3 月中旬，对在英国时收集和调查的材料进行了系统整理，并继续钻研了有关英国产业革命的书籍和报刊上的文章，打算撰写一本英国社会史方面的著作，以对产业革命产生的根源和引起的后果作系统考察。但在写作过程中，由于他首先重视的是有关英国工人阶级的劳动条件、生活状况及阶级斗争等方面的材料，因而改变了原先的写作计划，将英国工人阶级状况单独作为一个专题来加以研究。他感到这是对共产主义运动异常重要的课题，因为只有深入研究无产阶级的状况，科学说明其历史作用和地位，才能为社会主义理论奠定牢固的客观基础。为此恩格斯写出了《英国工人阶级状况》一书，用他自己的话来说，该书"主要是描述了资产阶级和无产阶级之间的相互关系以及这两个阶级之间的斗争的必然性"①。列宁认为，恩格斯第一个指出了"无产阶级不只是一个受苦的阶级"②，也是肩负实现社会主义的伟大历史使命的先进阶级。

第一，恩格斯通过对产业革命及其影响的分析，阐释了物质生产及其发展是社会历史发展的基础。恩格斯对英国工业革命及其所带来的社会后果的分析研究，是全面而细致的。早在《英国状况》一组文章中，他就指出，英国工业革命不只是一次重要的技术革命，同时也是社会关系的深刻革命，而"英国工业的这一次革命化是现代英国各种关系的基础，是整个社会的运动的动力"③。在《英国工人阶级状况》中，恩格斯对此又作了进一步的阐释。他把工业即资本主义社会的物质生产看成社会发展的基础，认为工业不仅决定了无产阶级的产生、状况、发展和使命，同时也是理解资产阶级及整个资本主义制度的产生和灭亡的关键。这表明，恩格斯形成了物质生产的发展是推动社会发展的根本动因的思想。

第二，通过对英国工人阶级状况的分析，恩格斯揭示了无产阶级推翻资本

① 《马克思恩格斯全集》第 42 卷，人民出版社 1979 年版，第 278 页。
② 《列宁专题文集 论马克思主义》，人民出版社 2009 年版，第 55 页。
③ 《马克思恩格斯文集》第 1 卷，人民出版社 2009 年版，第 105 页。

主义制度、争取人类解放的历史使命。在他看来，产业革命创造了物质和精神的条件，使无产阶级能够登上历史舞台，从事革命活动。机器大生产把许多工人聚集在一个厂房里共同劳动，让他们拥挤在城市里，这种劳动和生活条件迅速地推动了工人阶级意识的发展。工人们开始感到自己是一个整体，是一个阶级，意识到自己分散时是软弱的，但联合在一起就是一种力量。这推动了他们和资产阶级的分离，促进了无产阶级阶级意识的萌生。无产阶级之所以能承担推翻资本主义制度、争取人类解放的历史使命，还在于无产阶级的利益和人类的利益是一致的，无产阶级是能代表人类利益的最伟大的阶级。恩格斯称颂英国工人阶级"不仅仅是普通的英国人"，而且是认识到自己的利益和全人类的利益相一致的人，是伟大的人类大家庭的成员。

第三，通过对无产阶级和资产阶级之间关系的研究，恩格斯还阐明了无产阶级的阶级斗争是必然的、合理的。他说："工人必须设法摆脱这种非人的状况，必须争取良好的比较合乎人的身份的地位。如果他们不去和资产阶级本身的利益（它的利益正是在于剥削工人）作斗争，他们就不可能做到这一点。"①

总之，《英国工人阶级状况》标志着恩格斯开始从社会历史变化的根本动因和资本主义大工业发展的角度，对无产阶级的历史地位和历史使命有了较深入的认识。正如恩格斯在《关于共产主义者同盟的历史》中对他自己在这个时期的思想所回忆的："我在曼彻斯特时异常清晰地观察到，迄今为止在历史著作中根本不起作用或者只起极小作用的经济事实，至少在现代世界中是一个决定性的历史力量；这些经济事实形成了产生现代阶级对立的基础；这些阶级对立，在它们因大工业而得到充分发展的国家里，因而特别是在英国，又是政党形成的基础，党派斗争的基础，因而也是全部政治史的基础。"②

二、清算旧哲学影响，为新世界观的形成奠定基础

1. 彻底清算青年黑格尔派

1844 年夏天，恩格斯结束了在曼彻斯特的经商活动返回德国。在回国途中，他来到了法国首都巴黎，与马克思进行了历史性的会见。通过《德法年鉴》上的文章，他们发现了彼此世界观和政治立场的一致性。恩格斯与马克思

---

① 《马克思恩格斯文集》第 1 卷，人民出版社 2009 年版，第 448 页。
② 《马克思恩格斯文集》第 4 卷，人民出版社 2009 年版，第 232 页。

一起探讨了政治、经济和哲学等诸方面的问题。通过深入交谈，他们进一步相互加深了了解，在所有领域中都达到了完全一致的见解。共同的理想和相同的见解使这两位同样卓越的革命者和思想家紧密地联系在一起，并由此建立了终生不渝的伟大友谊。

1845 年 2 月，马克思、恩格斯合著的第一部理论巨著《神圣家族》在法兰克福出版。在这部著作中，他们对黑格尔思辨唯心主义进行了深刻的批判，揭露了思辨唯心主义的实质。他们还特别批判了青年黑格尔分子鲍威尔、施蒂纳等人的唯心史观。他们在清算青年黑格尔派的过程中阐述了哲学、政治经济学和科学社会主义的许多重要原理，在创立马克思主义科学体系方面迈进了一大步。

首先，揭露思辨哲学的秘密，唯物辩证地解决了思维和存在的关系问题。针对鲍威尔等人的"自我意识"哲学，马克思和恩格斯认为，思辨唯心主义的秘密就在于把概念独立化、实体化，即把本来是从个别事物中抽象出来的一般当作独立存在的本质，并把它看作客观事物的创造者，而客观具体事物只是一般这个独立存在的本质的简单存在形式。马克思和恩格斯以果实为例，具体地分析了思辨创造的三个步骤。第一步，先从现实的苹果、梨、草莓、扁桃中抽象出"果实"这个概念；第二步，想象"果实"这个抽象概念是一种独立存在的本质，是苹果、梨等的真正本质，并且"果实"是苹果、梨等的"实体"；第三步，就是宣布苹果、梨等具体水果是"果实"这个实体的简单存在形式，是它的样式。可见，青年黑格尔派的"自我意识"哲学在本质上是"以思辨的黑格尔的形式恢复基督教的创世说"①。马克思和恩格斯进一步揭露了青年黑格尔派宣扬"自我意识"哲学或"批判哲学"的目的，就是要把一切外部的感性的斗争都变成纯粹观念的斗争。

其次，批判青年黑格尔派的唯心史观，揭示了物质生产在社会历史中的决定作用。针对鲍威尔等人把历史的发展归结为"自我意识"的唯心史观，马克思和恩格斯指出，不是观念决定历史，而是物质生产决定历史。历史的发源地不是在天上的云雾中，而是在尘世的粗糙的物质生产中。马克思和恩格斯指出，人并没有创造物质本身。甚至人创造物质的这种或那种生产能力，也只是在物质本身预先存在的条件下才能进行。

---

① 《马克思恩格斯文集》第 1 卷，人民出版社 2009 年版，第 339 页。

　　再次，批判青年黑格尔派的英雄史观，指明人民群众是历史的创造者。鲍威尔等人将"英雄"等同于主动的"精神"，把"群众"等同于消极的"物质"，从而将精神与物质、英雄与群众根本对立了起来，甚至认为人类社会的历史就是英雄反对群众、精神反对物质的历史。针对这种英雄史观，马克思和恩格斯不仅强调了物质利益在历史发展中的重要作用，而且有力地论证了"历史活动是群众的活动，随着历史活动的深入，必将是群众队伍的扩大"①。马克思、恩格斯特别强调了工人阶级创造历史的伟大作用，指出无产阶级"能够而且必须自己解放自己"②。

　　列宁说："马克思在这里尖锐而明确地强调指出了自己的全部世界观的基本原则。"③ 在这些基本原则的指导下，马克思和恩格斯在创立唯物史观的道路上大大前进了一步。在《神圣家族》中，马克思和恩格斯虽仍然沿用"市民社会"这一概念来表述现实的社会关系，但赋予了它新的内容。他们在分析人对物质生产资料的依赖关系时，进一步认识到人们在物质生产过程中必然会发生一定的社会关系。列宁在读《神圣家族》时，特别摘录了表述这一思想的一段文字："对象是为人的存在，是人的对象性存在，同时也就是人为他人的定在，是他对他人的人的关系，是人对人的社会关系。"④ 列宁说："这一段话极有特色，因为它表明马克思如何接近自己的整个'体系'（如果可以这样说的话）的基本思想——即如何接近生产的社会关系这个思想。"⑤ 生产关系的概念既是唯物史观的核心概念，又是马克思主义政治经济学的核心概念，可以说是整个马克思主义中基础性的概念，马克思在这里对这一概念的表述虽然还比较思辨和晦涩，却表明他已十分接近这一概念及其所包含的思想内容了。马克思虽然强调了物质生产在社会历史中的作用，但这时还没有明确表达出自己关于生产力的思想。在完成《神圣家族》后不久，马克思进一步对政治经济学展开了深入研究，在 1845 年 3 月所写的《评弗里德里希·李斯特的著作〈政治经济学的国民体系〉》一文中，他明确地提出了关于生产力的理论，指出生产力就是指水力、蒸汽力、人力、马力等人们在劳动过程中用以改造自然界的人力与物

---

① 《马克思恩格斯文集》第 1 卷，人民出版社 2009 年版，第 287 页。
② 《马克思恩格斯文集》第 1 卷，人民出版社 2009 年版，第 262 页。
③ 《列宁全集》第 55 卷，人民出版社 1990 年版，第 20 页。
④ 《列宁全集》第 55 卷，人民出版社 1990 年版，第 13 页。
⑤ 《列宁全集》第 55 卷，人民出版社 1990 年版，第 13 页。

力，在本质上它是一种现实的物质力量。这可以说是马克思对《神圣家族》关于生产是社会生活的基础和决定性力量这一思想的深化和重要突破。同时，马克思在批判李斯特的生产力理论时，还初步考察了生产力与生产关系之间的辩证关系，涉及了生产力决定生产关系、生产关系适合生产力发展状况这一唯物史观的根本原理。当时马克思的表述还不够精确，但基本思想却是十分明白的。由此可见，《神圣家族》作为一部论战性的著作，在唯物史观的创立过程中占有重要地位。

在《神圣家族》中，马克思和恩格斯的经济思想也得到了一定的深化。除了他们接近于形成生产关系的思想，还有一点也很重要，即他们实现了从否定劳动价值论到肯定劳动价值论的初步转变。在此之前，不论是恩格斯的《国民经济学批判大纲》，还是马克思的《1844 年经济学哲学手稿》，都对英国古典经济学中的劳动价值论持否定的态度。但在《神圣家族》中，他们驳斥鲍威尔歪曲蒲鲁东关于劳动价值论的思想时，明确承认了劳动时间决定价值的观点。马克思、恩格斯指出："在直接的物质生产领域，确定某物品是否应当生产，即确定这种物品的价值，这主要取决于生产该物品所需要的劳动时间。"[1] 马克思、恩格斯对劳动价值论态度的转变具有十分重要的意义，因为后来马克思正是在劳动价值论的基础上形成了关于剩余价值的学说。

《神圣家族》对科学社会主义思想发展的重大意义，就在于它为社会主义理论奠定了唯物主义历史观的基础。马克思和恩格斯将唯物主义的基本原则与社会主义相结合，批判了鲍威尔等人将思想原则与物质利益、英雄人物和人民群众对立起来的唯心史观。鲍威尔等人夸大思想观念在历史中的作用，认为思想观念是推动历史发展的动力和决定性因素，马克思和恩格斯针对这种唯心主义观点，强调指出："'思想'一旦离开'利益'，就一定会使自己出丑。"[2] 历史上的阶级斗争归根到底都是围绕物质利益展开的，而并不是为了什么思想原则，法国大革命的历史就充分证明了这一点。在上述唯物史观的基础上，马克思和恩格斯论证了无产阶级的历史使命。他们指出，资本主义私有制的灭亡是历史的必然，这是由资本主义内在矛盾决定的，是资本主义自己把自己推向灭亡的，但这种历史的必然性必须通过无产阶级革命才能得以实现，这个革命就

---

① 《马克思恩格斯文集》第 1 卷，人民出版社 2009 年版，第 270 页。
② 《马克思恩格斯文集》第 1 卷，人民出版社 2009 年版，第 286 页。

是要推翻一切私有制，埋葬资本主义，实现共产主义。马克思和恩格斯坚信，无产阶级必将实现自己的使命，因为"它的目标和它的历史使命已经在它自己的生活状况和现代资产阶级社会的整个组织中明显地、无可更改地预示出来了"①。当无产阶级意识到自己的历史使命时，必定会承担起资本主义掘墓人和新社会建设者的历史重任。

2. 清算费尔巴哈哲学和"新唯物主义"纲领的提出

马克思的《关于费尔巴哈的提纲》（以下简称《提纲》）写于 1845 年春。它在马克思主义发展史上占有极为重要的地位，恩格斯称它是"包含着新世界观的天才萌芽的第一个文献"②。《提纲》的重大意义，首先在于它确立了科学的实践观，从而为唯物史观乃至整个马克思主义哲学提供了生长点和立足点。实践的观点是唯物史观基本和首要的观点。正是基于科学的实践观点，马克思在《提纲》中深刻地揭示了社会生活的实践本质，科学地说明了人的社会性本质，正确地阐述了社会实践是历史发展的动力。也正是在科学实践观的基础上，马克思解决了历史观的基本问题，即社会存在和社会意识的关系问题，进而阐明了实践在认识论中的基础地位和决定性意义。可以说，《提纲》提出了"新唯物主义"哲学的纲领。

《提纲》依据科学实践观，从根本上揭露了从前一切唯物主义，包括费尔巴哈唯物主义在内的根本缺陷。马克思在《提纲》第一条就指出："从前的一切唯物主义——包括费尔巴哈的唯物主义——的主要缺点是：对对象、现实、感性，只是从客体的或者直观的形式去理解，而不是把它们当做人的感性活动，当做实践去理解，不是从主体方面去理解。因此，结果竟是这样，和唯物主义相反，唯心主义却把能动的方面发展了，但只是抽象地发展了，因为唯心主义当然是不知道现实的、感性的活动本身的。费尔巴哈……不了解'革命的'、'实践批判的'活动的意义。"③ 这就是说，包括费尔巴哈的唯物主义在内的旧唯物主义由于不理解实践的意义，因而不能正确地解决主体和客体的关系，更看不到主体基于实践基础上的能动性，因而在本质上是一种消极、直观的唯物主义。

在马克思看来，实践既是认识论的重要范畴，更是历史观的重要范畴。他

---

① 《马克思恩格斯文集》第 1 卷，人民出版社 2009 年版，第 262 页。
② 《马克思恩格斯文集》第 4 卷，人民出版社 2009 年版，第 266 页。
③ 《马克思恩格斯文集》第 1 卷，人民出版社 2009 年版，第 503 页。

在《提纲》中用"实践"把历史观和认识论有机统一起来，不仅解决了真理标准问题，而且揭示了社会生活的本质："社会生活在本质上是实践的。凡是把理论诱入神秘主义的神秘东西，都能在人的实践中以及对这种实践的理解中得到合理的解决。"① 旧唯物主义既无法理解社会生活的实践本质，更看不到在实践基础上形成的社会关系，所以不能正确解决人的本质问题，他们把人的本质抽象地理解为"类"，归结为人的自然本质，而人在其现实性上，是一切社会关系的总和。旧唯物主义者同唯心主义者一样，将社会历史发展的动力看作精神的作用，而不是客观的社会实践的结果，从而在社会历史观的基本问题上仍旧是唯心主义的。

马克思的"新唯物主义"，克服了包括费尔巴哈唯物主义在内的旧哲学的局限性，把认识世界与改造世界统一起来。《提纲》的结尾提出，哲学家们只是用不同的方式解释世界，而问题在于改变世界。在这里，马克思公开声明了"新唯物主义"的无产阶级性质和实践性质，深刻地揭示了"新唯物主义"的基本特征，表明了其在哲学领域中实现的革命变革的实质。

《提纲》对旧唯物主义的批判清楚地表明，马克思在清算了青年黑格尔派之后，又开始了对费尔巴哈哲学的清算。马克思提出的科学实践观，为自己全面创立和阐发新世界观，特别是新历史观打下了坚实的基础，正是在这个意义上，恩格斯将《提纲》称为"历史唯物主义的起源"② 。此后马克思和恩格斯共同创作的《德意志意识形态》，则是对《提纲》的新世界观天才萌芽的深入发掘和系统阐发。

三、唯物史观的基本形成及其重大意义

1. 对唯物史观的系统阐述

1845 年 4 月初，恩格斯从家乡巴门迁居布鲁塞尔，再次与马克思会晤。唯物史观理论的系统制定，是马克思和恩格斯这次会晤的最大成果和成就。在《德意志意识形态》中，马克思和恩格斯深化、发挥了《提纲》的基本思想，进一步批判了青年黑格尔派、费尔巴哈哲学和德国"真正的社会主义"，确立了唯物史观的基本理论和基本原则，实现了哲学史上的伟大革命。

① 《马克思恩格斯文集》第 1 卷，人民出版社 2009 年版，第 505—506 页。
② 《马克思恩格斯文集》第 10 卷，人民出版社 2009 年版，第 647 页。

第一，阐明了唯物史观考察历史的出发点。在《德意志意识形态》中，马克思和恩格斯从科学的实践观点出发，论述了社会历史观的基本问题，提出不是意识决定生活，而是生活决定意识，这是社会存在决定社会意识命题的最初表述，从而彻底划清了唯物史观与唯心史观的原则界限。他们强调指出，费尔巴哈在自然观上是一个杰出的唯物主义者，但在历史观上，和一切旧唯物主义者一样仍然是一个唯心主义者，其根本原因就在于他缺乏科学的实践观点。由于不了解实践活动的意义，费尔巴哈就不能正确理解人的本质。他在考察人类历史时，虽然强调要从"人"出发，但他所说的"人"是抽象的，而不是现实的历史的人。费尔巴哈从抽象的人出发去考察历史，就不可能唯物主义地揭示社会历史的本质和规律。

与费尔巴哈相反，马克思和恩格斯强调指出，全部人类历史的第一个前提无疑是有生命的个人的存在，而人为了能够生存，"首先就需要吃喝住穿以及其他一些东西。因此第一个历史活动就是生产满足这些需要的资料，即生产物质生活本身"①。生产实践是人的最基本的活动，人们在生产实践中所发生的交往关系是最基本的社会关系。

第二，考察了分工及其在社会历史中的作用。马克思和恩格斯指出，人类生产活动从一开始就存在着分工。分工起初只是自然的分工，即性别的分工以及因体力和天赋差别而产生的分工等。后来随着生产的发展，在自然分工的基础上产生了真正的社会分工。"分工只是从物质劳动和精神劳动分离的时候起才真正成为分工"②；"因为分工使精神活动和物质活动、享受和劳动、生产和消费由不同的个人来分担这种情况不仅成为可能，而且成为现实"③。分工不仅使生产力、社会状况和意识三者之间的矛盾成为现实，而且导致了对人的强制性束缚。与分工同时出现的还有对劳动及其产品分配的不平等。分工最初就包含着劳动条件、劳动工具和材料的分配，也包含着积累起来的财富在各个私有者之间的分配，包含着财富和劳动之间的分裂以及所有制各种不同形式的区分。分工发展的不同阶段，也就是所有制的各种不同形式。"分工和私有制是相等的表达方式，对同一件事情，一个是就活动而言，另一个是就活动的产品

---

① 《马克思恩格斯文集》第 1 卷，人民出版社 2009 年版，第 531 页。
② 《马克思恩格斯文集》第 1 卷，人民出版社 2009 年版，第 534 页。
③ 《马克思恩格斯文集》第 1 卷，人民出版社 2009 年版，第 535 页。

而言。"①

通过对分工范畴的考察，马克思和恩格斯深刻地说明了生产活动与分工的相互关系。他们认为，正是在社会分工的基础上，才形成了其他社会活动形式以及不同的所有制形式，并造成阶级之间的对立。分工"首先引起工商业劳动同农业劳动的分离，从而也引起城乡的分离和城乡利益的对立。分工的进一步发展导致商业劳动同工业劳动的分离"②。随着分工的发展，人类历史上先后出现了部落所有制、古典古代公社所有制和国家所有制、封建的或等级的所有制以及资产阶级所有制等私有制形式。这说明，分工又是形成和制约生产关系和其他社会关系的现实基础。因此分工不仅与所有制有着不可分割的联系，而且也与阶级的产生有着极为密切的联系。在分工的范围内，私人关系必然地会发展为阶级关系，并作为这样的关系固定下来。马克思和恩格斯指出，物质劳动和精神劳动的最大一次分工，造成了城乡的分离和对立、阶级的对立。随着生产力和社会分工的发展，阶级关系也不断发生着变化。

第三，揭示了生产力与交往形式的辩证关系及其矛盾运动。对社会分工在社会历史发展过程中作用的考察，使马克思和恩格斯进一步看到，生产力的发展所引起的交往形式的改变，是通过分工和所有制的发展表现出来的。正是在这种认识的基础上，马克思和恩格斯揭示了生产力与交往形式（主要指以所有制为基础的生产关系）之间的矛盾运动及其一般的发展规律。

马克思和恩格斯指出，人们只要进行生产活动，立即就表现为双重关系：一方面表现为人与自然的关系，表现为一定的生产力；另一方面表现为人与人之间的关系，表现为交往形式。只有在揭示生产力与交往形式相互作用的基础上，才能从整体上把握社会生产，从而认识社会的发展规律。

在马克思和恩格斯看来，生产力与交往形式的辩证关系主要表现在两个方面。一方面，生产力决定交往形式的性质和状况。私有制是生产力发展到一定阶段上的产物，同样它也只有在大工业生产充分发展的条件下才能被消灭。不同历史发展阶段上的交往形式之间的区别，也是由生产力发展的不同水平和程度所决定的。另一方面，交往形式对生产力有能动的反作用，当交往形式适合生产需要的时候，它是生产的必要条件，是人们在生产中的自主活动条件，促

---

① 《马克思恩格斯文集》第1卷，人民出版社2009年版，第536页。
② 《马克思恩格斯文集》第1卷，人民出版社2009年版，第520页。

进着生产的发展；当交往形式成了生产力的桎梏时，就必然会阻碍生产力的发展。

生产力与交往形式的辩证关系集中体现了人类社会发展的历史辩证法，生产关系一定要适合生产力发展状况的规律是人类社会发展遵循的最基本的规律。对这一规律，马克思和恩格斯作出了明确的阐述：在生产力发展的一定阶段上所产生的交往形式，"起初是自主活动的条件，后来却变成了自主活动的桎梏，这些条件在整个历史发展过程中构成各种交往形式的相互联系的序列，各种交往形式的联系就在于：已成为桎梏的旧交往形式被适应于比较发达的生产力，因而也适应于进步的个人自主活动方式的新交往形式所代替"①。

第四，分析了市民社会（经济基础）和上层建筑的辩证关系及其矛盾运动。马克思和恩格斯通过对生产方式的分析，阐述了生产力在社会历史发展中的决定作用以及生产力与交往形式的辩证运动，从而得出了社会历史是自然历史过程的结论。但要完整地说明社会历史的发展，说明社会形态的更替和演变，还必须对政治、法律制度等政治上层建筑以及社会意识形态等观念上层建筑与生产方式的相互关系、相互作用进行分析。为此，马克思和恩格斯进一步研究了社会结构和政治结构与社会生产的关系，从而阐明了经济基础与上层建筑辩证关系的原理。他们指出，社会的交往形式，一方面，对生产而言是生产力借以运动的形式，另一方面，它在历史上的一切时代都构成国家及任何其他的观念上层建筑的基础。

马克思和恩格斯在谈到经济基础对观念上层建筑的决定作用时，提出了一个重要观点，即在阶级社会，每个时代占统治地位的思想，都是统治阶级的思想。他们说："统治阶级的思想在每一时代都是占统治地位的思想。这就是说，一个阶级是社会上占统治地位的物质力量，同时也是社会上占统治地位的精神力量。支配着物质生产资料的阶级，同时也支配着精神生产资料，因此，那些没有精神生产资料的人的思想，一般地是隶属于这个阶级的。占统治地位的思想不过是占统治地位的物质关系在观念上的表现，不过是以思想的形式表现出来的占统治地位的物质关系；因而，这就是那些使某一个阶级成为统治阶级的关系在观念上的表现，因而这也就是这个阶级的统治的思想。"② 政治法律思

---

① 《马克思恩格斯文集》第 1 卷，人民出版社 2009 年版，第 575—576 页。
② 《马克思恩格斯文集》第 1 卷，人民出版社 2009 年版，第 550—551 页。

想、道德、宗教、哲学等社会意识形态都是由社会经济基础所决定，受物质资料生产方式所支配的，它们的性质取决于在社会上占统治地位的生产关系的性质。

马克思和恩格斯在阐明经济基础决定上层建筑这一历史唯物主义基本原理的同时，对政治上层建筑和观念上层建筑在推动经济基础发展中的重大作用也作了充分肯定，从而坚持和发展了历史辩证法。

第五，表述了社会形态及其更替的基本观点。由于对生产力与生产关系、经济基础与上层建筑辩证运动规律的揭示，马克思和恩格斯形成了完整的关于社会形态的学说，指出社会有机体是各种关系和现象有机联系的整体，任何社会形态虽都具有其特殊的性质，但它们都遵循着生产关系一定要适合生产力状况和上层建筑一定要适合经济基础状况的一般规律而运行。通过运用这种唯物史观来考察人类社会发展的历史，马克思和恩格斯将人类社会历史划分为依次更替的五种社会形态：部落所有制、古典古代的公社所有制和国家所有制、封建的或等级的所有制、资本主义所有制和共产主义所有制。这样，马克思和恩格斯揭示出了社会形态更替的实质，是基于生产力发展基础之上的生产关系特别是生产资料所有制的更替。

第六，论证世界历史的思想。马克思和恩格斯基于唯物史观的基本原理科学地揭示了"世界历史"形成的客观必然性。他们指出："只有随着生产力的这种普遍发展，人们的普遍交往才能建立起来。"[1] 以大工业为标志的现代生产力的发展以及在此基础上形成的普遍交往是世界历史形成的客观条件。它们的相互作用构成世界历史形成的根本动力，从而决定世界历史的形成是一种客观的必然性，是一种自然历史过程。"大工业创造了交通工具和现代的世界市场，控制了商业，把所有的资本都变为工业资本，从而使流通加速（货币制度得到发展）、资本集中。"[2] "它首次开创了世界历史，因为它使每个文明国家以及这些国家中的每一个人的需要的满足都依赖于整个世界，因为它消灭了各国以往自然形成的闭关自守的状态。"[3] 世界历史是随着生产力的发展，各民族国家内外交往程度的不断提高，各民族、国家、地区间的相互作用、相互影响日益加强，逐渐形成相互依赖的整体性联系而产生的。

---

① 《马克思恩格斯文集》第 1 卷，人民出版社 2009 年版，第 538 页。
② 《马克思恩格斯文集》第 1 卷，人民出版社 2009 年版，第 566 页。
③ 《马克思恩格斯文集》第 1 卷，人民出版社 2009 年版，第 566 页。

马克思和恩格斯还从交往与分工的相互关系说明了普遍交往和世界历史的客观必然性。他们指出：从整个世界经济的发展来看，就一个国家或民族而言，生产力的发展将促使分工的发展，分工的发展又将导致交换的扩大和市场的拓展。交往的普遍发展必然会不断打破因交往而自然形成的不同民族之间的分工。交往普遍化和世界历史的形成是一个与人们相互影响的活动范围的扩大、与自然形成的不同民族之间的分工的彻底消灭相一致的过程，是一个不断地消灭人的活动的地域局限和民族局限的过程。"各个相互影响的活动范围在这个发展进程中越是扩大，各民族的原始封闭状态由于日益完善的生产方式、交往以及因交往而自然形成的不同民族之间的分工消灭得越是彻底，历史也就越是成为世界历史。"[1] 马克思和恩格斯认为，世界历史发展的必然趋势和最终结果是共产主义和人的解放。以社会化大工业为代表的生产力和资本主义生产方式的发展是世界历史形成的根本原因，资产阶级在世界历史的形成过程中发挥了十分革命的作用，然而这种革命的作用又具有很大的历史局限性。资本主义在世界的扩张也造成了对无产阶级的剥夺和广泛的贫困，造成了资本和劳动之间的尖锐对立。"许许多多人仅仅依靠自己劳动为生——大量的劳力与资本隔绝或甚至连有限地满足自己的需要的可能性都被剥夺——，从而由于竞争，他们不再是暂时失去作为有保障的生活来源的工作，他们陷于绝境，这种状况是以世界市场的存在为前提的。"[2] 而且，每一民族的资产阶级由于其私利无法真正摆脱特殊的民族利益，这就必然会阻碍世界历史的进程。因此，资本主义主导的世界历史只是世界历史短暂的一个阶段，随着世界历史的进展，主导这一历史进程的只能是无产阶级，世界历史的发展必然产生共产主义。马克思和恩格斯指出："一般说来，大工业到处造成了社会各阶级间相同的关系，从而消灭了各民族的特殊性。最后，当每一民族的资产阶级还保持着它的特殊的民族利益的时候，大工业却创造了这样一个阶级，这个阶级在所有的民族中都具有同样的利益，在它那里民族独特性已经消灭，这是一个真正同整个旧世界脱离而同时又与之对立的阶级。"[3] 无产阶级作为社会化大工业和世界历史的产物超越了民族独特性。"无产阶级只有在世界历史意义上才能存在，就像共产主

---

[1]　《马克思恩格斯文集》第 1 卷，人民出版社 2009 年版，第 540—541 页。
[2]　《马克思恩格斯文集》第 1 卷，人民出版社 2009 年版，第 539 页。
[3]　《马克思恩格斯文集》第 1 卷，人民出版社 2009 年版，第 567 页。

义——它的事业——只有作为'世界历史性的'存在才有可能实现一样。"① 这就是说，世界历史是无产阶级解放的必要的前提，无产阶级反对资产阶级的革命将从根本上改变世界历史的资本主义性质，并开创共产主义的世界历史进程。

马克思和恩格斯认为："共产主义对我们来说不是应当确立的状况，不是现实应当与之相适应的理想。我们所称为共产主义的是那种消灭现存状况的现实的运动。这个运动的条件是由现有的前提产生的。"② "共产主义和所有过去的运动不同的地方在于：它推翻一切旧的生产关系和交往关系的基础，并且第一次自觉地把一切自发形成的前提看做是前人的创造，消除这些前提的自发性，使这些前提受联合起来的个人的支配。因此，建立共产主义实质上具有经济的性质，这就是为这种联合创造各种物质条件，把现存的条件变成联合的条件。共产主义所造成的存在状况，正是这样一种现实基础，它使一切不依赖于个人而存在的状况不可能发生。"③ 所以，作为运动的共产主义即实际上的共产主义革命是实现个人自由发展的共同条件。

在马克思和恩格斯看来，每一个单独的个人的解放的程度是与历史完全转变为世界历史的程度一致的。世界历史为共产主义创造了条件，而只有到了共产主义，个人才能真正解放，从而获得全面的自由和发展。"在共产主义社会中，即在个人的独创的和自由的发展不再是一句空话的唯一的社会中，这种发展正是取决于个人间的联系，而这种个人间的联系则表现在下列三个方面，即经济前提，一切人的自由发展的必要的团结一致以及在现有生产力基础上的个人的共同活动方式。因此，这里谈的是一定历史发展阶段上的个人，而决不是任何偶然的个人，至于不可避免的共产主义革命就更不用说了，因为它本身就是个人自由发展的共同条件。"④ 只有在生产力高度发展的基础上消灭私有制、消灭异化劳动和旧式分工、建立"真正的共同体"，才能为实现人的全面发展提供根本条件。只有在共产主义社会才能实现人的自由全面发展。

综合以上分析，马克思和恩格斯对自己所发现的唯物史观作出了如下表述："这种历史观就在于：从直接生活的物质生产出发阐述现实的生产过程，

---

① 《马克思恩格斯文集》第1卷，人民出版社2009年版，第539页。
② 《马克思恩格斯文集》第1卷，人民出版社2009年版，第539页。
③ 《马克思恩格斯文集》第1卷，人民出版社2009年版，第574页。
④ 《马克思恩格斯全集》第3卷，人民出版社1960年版，第516页。

把同这种生产方式相联系的、它所产生的交往形式即各个不同阶段上的市民社会理解为整个历史的基础，从市民社会作为国家的活动描述市民社会，同时从市民社会出发阐明意识的所有各种不同的理论产物和形式，如宗教、哲学、道德等等，而且追溯它们产生的过程。"① 他们认为，唯物史观与唯心史观最本质的区别就在于，这种历史观不是从观念出发来解释实践，而是从实践出发来解释观念。

2. 唯物史观基本形成的重大意义

《德意志意识形态》是唯物史观基本形成的标志。这一伟大的科学发现不仅使马克思和恩格斯实现了哲学领域中的革命性变革，而且为他们创立完整的马克思主义理论体系奠定了牢固的世界观和历史观基础。正如恩格斯所说，唯物史观的发现，"不仅对于经济学，而且对于一切历史科学（凡不是自然科学的科学都是历史科学）都是一个具有革命意义的发现"②。

就哲学来说，唯物史观的伟大革命意义就在于：它使马克思主义哲学成为彻底的唯物主义一元论的世界观，克服了历史上一切旧唯物主义的不彻底性，以近乎完美的形式修补好了唯物主义整个大厦的上层，从而将唯心主义从它的最后避难所——社会历史领域中驱逐了出去。

就政治经济学来说，唯物史观为马克思主义政治经济学的创立奠定了牢固的历史观和方法论的科学基础，使马克思对政治经济学的研究进入了一个新境界。正如恩格斯所说，马克思主义的政治经济学"本质上是建立在唯物主义历史观的基础上的"③。《德意志意识形态》得以系统地阐述唯物史观，离不开马克思和恩格斯对政治经济学的研究，唯物史观的形成又促进了马克思和恩格斯的政治经济学观点的深化和发展。由于《德意志意识形态》主要是一本哲学著作，因而马克思和恩格斯没有过多地论述政治经济学的基本原理，但他们运用了政治经济学的基本范畴，如价值、货币、分工、交换、生产、消费、雇佣劳动、资本以及竞争与经济危机等，剖析了资本主义社会的阶级关系和经济运动。从这些范畴的运用，可以明显地看出他们在政治经济学领域中所获得的进步。当然，在一定意义上我们可以说，《德意志意识形态》中系统阐述的唯物史观，就是马克思和恩格斯研究政治经济学所取得的重大思想成果。因为他们

① 《马克思恩格斯文集》第 1 卷，人民出版社 2009 年版，第 544 页。
② 《马克思恩格斯文集》第 2 卷，人民出版社 2009 年版，第 597 页。
③ 《马克思恩格斯文集》第 2 卷，人民出版社 2009 年版，第 597 页。

所揭示的社会历史的本质、规律都深深植根于他们对社会经济事实和资本主义生产方式的科学分析之中。如果不能从经济理论上对资本主义社会作出初步的科学分析和说明，就谈不上唯物史观的伟大发现。唯物史观对政治经济学的革命性意义，在马克思随后发表的《哲学的贫困》和《雇佣劳动与资本》等著作中得到了集中的体现。

唯物史观的创立对科学社会主义理论的形成和发展也有重大意义。在《德意志意识形态》中，马克思和恩格斯在唯物史观基础上对共产主义作了深刻论证，他们通过对社会基本矛盾即生产力与生产关系辩证运动的分析，深刻地揭示了生产力的发展与资本主义私有制之间的尖锐对立，指出资本主义生产关系已成为生产力发展的桎梏，由此导致了阶级斗争的空前激化，社会革命不可避免。这种科学认识，使马克思和恩格斯与空想社会主义以及其他各种资产阶级、小资产阶级的社会主义思潮划清了原则界限。同时，马克思和恩格斯进一步提出了关于共产主义社会的一些重要论断。例如，共产主义的建立必须以生产力的巨大增长和高度发展以及世界历史的形成为前提，建立共产主义实质上具有经济的性质；共产主义是对固定分工、异化和私有制的扬弃；共产主义是每个人通过自己的联合而获得自由的"真正的共同体"，是建立在"自主活动"基础上的自由个性的实现；等等。

第三节　马克思主义的创立

由于官方的压力和出版商的阻挠，《德意志意识形态》在当时未能正式出版。因此，马克思于 1847 年发表的《哲学的贫困》，就成了第一部公开阐述马克思主义主要观点的重要文献。此后不久发表的《共产党宣言》，是马克思主义与国际工人运动相结合的产物，对马克思主义进行了系统的阐述。《共产党宣言》的问世，标志着马克思主义的正式创立。

一、马克思主义重要观点的初次公开阐述

1846 年，蒲鲁东出版了被马克思称为"小资产阶级社会主义法典"的《经济矛盾的体系，或贫困的哲学》一书，这使马克思和恩格斯感到批判蒲鲁东主义，清除其在工人运动中的消极影响成为十分迫切的任务。马克思在 1846

年年底致巴·瓦·安年科夫的信中尖锐地指出："在这部应使他名垂千古的著作中，蒲鲁东运用经过粗暴歪曲了的黑格尔的哲学方法来论证一种奇怪的、完全不正确的政治经济学体系，企图用形形色色的先验的魔法来论证一种自由个人联合的新社会主义体系。"① 1847年上半年，马克思撰写出《哲学的贫困》对蒲鲁东主义进行了全面的批判。

在《哲学的贫困》的"序言"中，马克思指出："蒲鲁东先生不幸在欧洲异常不为人了解。在法国，人家认为他理应是一位拙劣的经济学家，因为他在那里以卓越的德国哲学家著称。在德国，人家却认为他理应是一位拙劣的哲学家，因为他在那里以最杰出的法国经济学家著称。"② 马克思对《贫困的哲学》的批判，主要从蒲鲁东经济学和哲学两个方面展开。《哲学的贫困》也据此分为两章：第一章"科学的发现"和第二章"政治经济学的形而上学"。在第一章中，马克思通过批判蒲鲁东的价值论，肯定并初步改造了李嘉图价值论的合理内容，初步阐述了自己的劳动价值论。这就为剩余价值理论以及整个马克思政治经济学理论提供了基础。在第二章中，马克思通过批判蒲鲁东政治经济学方法论中的唯心主义和形而上学，阐述了历史唯物主义和唯物辩证法的基本原理，为创立马克思主义政治经济学奠定了方法论的基础。

马克思在深入批判蒲鲁东主义的过程中，创新性地阐述了马克思主义的基本原理。正如马克思所说："我们见解中有决定意义的论点，在我的1847年出版的为反对蒲鲁东而写的著作《哲学的贫困》中第一次作了科学的、虽然只是论战性的概述。"③

1. 批判蒲鲁东的价值理论，初步阐述科学的劳动价值论

蒲鲁东经济学思想的中心是他的价值理论，他认为"价值是经济结构的基石"，他把自己的价值理论吹嘘为一个科学发现，将极大地促进对资本主义经济体系的改造。蒲鲁东指责以往的经济学家既没有研究交换价值的起源，也没有研究交换价值和价值的矛盾，并想用自己虚构的所谓"构成价值"来综合两者以消除这一矛盾。

首先，马克思指出，蒲鲁东关于交换价值起源的观点是脱离了历史真实的先验性虚构。蒲鲁东认为，一切工业产品或自然产品所具有的那种维持人类生

---

① 《马克思恩格斯全集》第6卷，人民出版社1961年版，第669页。
② 《马克思恩格斯全集》第4卷，人民出版社1958年版，第75页。
③ 《马克思恩格斯文集》第2卷，人民出版社2009年版，第593页。

存的性能叫使用价值，而这些产品所具有的互相交换的性能则称为交换价值。由于人们对产品的需要是多方面的，而自己又不能生产那么多物品，于是便"建议"别人把一部分产品同自己的产品相交换，因此，交换是建议的结果。马克思指出，蒲鲁东根本不懂得分工和交换的历史性，在他看来，"分工和这种分工所包含的交换等都是凭空掉下来的"①。

交换是以一定的生产方式为基础的，因而与物质生产方式一样，交换也有它的历史，并经历了各个不同的阶段。马克思通过对交换发展历史的考察，揭示了交换在不同历史阶段的基本特征。他指出，交换价值的产生是一个由物质生产发展所决定的客观事实，并不取决于人们的意愿。在此基础上，马克思还批判了蒲鲁东将交换价值同稀少、把使用价值同众多混为一谈的错误观点，批判他把交换价值与需求等同，把使用价值与供给等同，从而随意杜撰出交换价值与使用价值的矛盾的谬论，指出这完全歪曲了古典政治经济学对使用价值和交换价值之间矛盾的解释。

其次，马克思着重批判了蒲鲁东价值论的核心——"构成价值"说，指出"'构成'价值是经济矛盾体系的基石"②。所谓"构成价值"，在蒲鲁东看来，就是指一切商品均按它所包含的劳动量来进行交换，只有这样它们的价值才会达到"构成状态"。蒲鲁东企图通过构成价值使一切劳动者获得平等报酬，把一切人都变成交换等量价值的劳动者，从而实现他的和平改造社会的幻想。马克思指出，蒲鲁东自我吹嘘的这个伟大科学发现，只是盗用李嘉图等经济学家的思想并加以歪曲的结果。其根本错误就在于混淆了商品价值与劳动价值。在资本主义条件下，劳动本身也是商品，"劳动的自然价格无非就是工资的最低额"③。工资最低额的存在，使得工人的劳动价值与工人生产的商品的价值并不相等，也就是说，物化在商品中的劳动量与劳动价值是两个完全不同的量。蒲鲁东忽视了这一客观的经济事实，认为产品中所包含的一定劳动量同劳动者的报酬，即工资，亦即同劳动价值是相等的，这实际上掩盖了资产阶级剥削的根源。马克思说："由劳动时间衡量的相对价值注定是工人遭受现代奴役的公式，而不是蒲鲁东先生所希望的无产阶级求得解放的'革命理论'。"④ 马克思由于

---

① 《马克思恩格斯全集》第 4 卷，人民出版社 1958 年版，第 78 页。
② 《马克思恩格斯全集》第 4 卷，人民出版社 1958 年版，第 88 页。
③ 《马克思恩格斯全集》第 4 卷，人民出版社 1958 年版，第 94 页。
④ 《马克思恩格斯全集》第 4 卷，人民出版社 1958 年版，第 95 页。

看到了劳动价值与工人生产的商品的价值之间的差额，因而为发现剩余价值理论开辟了道路。

马克思在驳斥蒲鲁东关于工资提高会引起物价同步上涨，工人贫困加剧的观点时指出，工资和利润都包括在商品价格之中，彼此处于相反的依赖关系。因此，"普遍提高工资就会使利润普遍降低，而商品的市场价格却不会有任何变化"[1]。这是因为，"利润和工资的提高或降低只是表示资本家和工人分享一个工作日的产品的比例，在大多数情况下不会影响产品的价格"[2]。马克思已经看到了资本家利润和剩余价值的来源何在，深刻揭露了蒲鲁东观点的改良主义和小资产阶级社会主义的本质。

《哲学的贫困》在创立马克思主义政治经济学的基本理论方面取得了重大进展，首先表现在对待劳动价值论的态度上。在此书中，马克思肯定了劳动价值论并且作出新的阐释。他指出，价值并非像李嘉图所理解的那样是一个自然范畴，而是一定的生产关系的理论抽象，所以它是一个历史范畴。价值规律随着商品生产的产生而产生，随着商品生产的消亡而失去其作用。其次，《哲学的贫困》对剩余价值理论作了初步分析。马克思当时虽然还未能将劳动与劳动力区分开来，但他明确地把作为商品的"劳动"的价值与"劳动"所创造的价值区别开来，指出工人劳动所创造的价值与他由于劳动从资本家那里所取得的报酬之间存在着一个差额，这个差额就是资本家积累财富的源泉。工人创造的超过劳动力价值的价值被资本家无偿占有，这就是剩余价值。马克思的这个重要思想，在他同一时期另一重要著作《雇佣劳动与资本》中有进一步的发挥。这样，马克思第一次科学地初步地揭露了资本家剥削工人的秘密之所在，从而揭示了无产阶级与资产阶级之间对立的经济根源。

在《哲学的贫困》中，马克思已初步阐述了关于剩余价值主要观点，这也是马克思运用唯物辩证法和唯物史观研究政治经济学所取得的初步的重要理论成果。正如他所说：在《哲学的贫困》这一时期"包含了经过 20 年的研究之后，在《资本论》中阐发的理论的萌芽"[3]。

2. 批判蒲鲁东经济学的方法论基础，阐述唯物史观和唯物辩证法基本理论

首先，在批判蒲鲁东政治经济学的哲学基础的过程中丰富了唯物史观基本

---

① 《马克思恩格斯文集》第 1 卷，人民出版社 2009 年版，第 649 页。
② 《马克思恩格斯文集》第 1 卷，人民出版社 2009 年版，第 650 页。
③ 《马克思恩格斯全集》第 25 卷，人民出版社 2001 年版，第 425 页。

理论和基本原则。蒲鲁东的小资产阶级社会主义是建立在黑格尔唯心主义的基础上的，因此他认为人类历史在本质上是观念和永恒理性发展的历史。针对这种唯心史观，马克思强调指出，人类社会的历史从本质上来说是物质生产发展的历史，推动社会发展和社会形态更替的根本动因不是观念的力量或永恒理性的自我发展，而是生产力以及生产力与生产关系的矛盾运动。他指出："社会关系和生产力密切相联。随着新生产力的获得，人们改变自己的生产方式，随着生产方式即谋生的方式的改变，人们也就会改变自己的一切社会关系。手推磨产生的是封建主的社会，蒸汽磨产生的是工业资本家的社会。"① 马克思充分肯定生产力中物的要素特别是生产工具的作用，说明生产工具不仅是某一时期生产力发展水平的物质标志，而且还是某一时期生产关系和社会形态的基本标志；但他更强调在生产力中人的因素的巨大作用，指出，"在一切生产工具中，最强大的一种生产力是革命阶级本身"②。与物的要素相比，人的因素在生产力中永远都是首要的因素。这说明马克思对生产力的认识较他在《德意志意识形态》中的看法更深化了。

在《德意志意识形态》中，马克思已形成生产关系的基本思想，但并没有提出生产关系的概念，而在《哲学的贫困》中则不仅提出了这一概念，而且对它作出了科学的界定。他指出，人们在生产过程中必然要形成一定的社会关系即生产关系，生产关系是生产活动的产物，同时也是物质生产活动得以实现的必然形式。生产关系是其他一切社会关系的基础。对生产力与生产关系的关系，马克思也作出了更为精确的表述，揭示出生产力对生产关系的决定作用。他说："生产力在其中发展的那些关系，并不是永恒的规律，而是同人们及其生产力的一定发展相适应的东西，人们生产力的一切变化必然引起他们的生产关系的变化吗？"③

马克思在《哲学的贫困》中，用"社会机体"这一范畴表达的自己对社会形态的理解，已接近"社会经济形态"这一唯物史观的重要概念。马克思指出，每一个社会中的生产关系都是一个统一的整体，而社会就是"一切关系在其中同时存在而又互相依存的社会机体"④。对这一思想，马克思在稍后，即

① 《马克思恩格斯文集》第 1 卷，人民出版社 2009 年版，第 602 页。
② 《马克思恩格斯文集》第 1 卷，人民出版社 2009 年版，第 655 页。
③ 《马克思恩格斯文集》第 1 卷，人民出版社 2009 年版，第 613 页。
④ 《马克思恩格斯文集》第 1 卷，人民出版社 2009 年版，第 603 页。

1847 年 12 月写的《雇佣劳动与资本》一文中有更为明确的表述，并进而科学地揭示了社会经济形态发展的客观规律。他说："各个人借以进行生产的社会关系，即社会生产关系，是随着物质生产资料、生产力的变化和发展而变化和改变的。生产关系总合起来就构成所谓社会关系，构成所谓社会，并且是构成一个处于一定历史发展阶段上的社会，具有独特的特征的社会。古典古代社会、封建社会和资产阶级社会都是这样的生产关系的总和，而其中每一个生产关系的总和同时又标志着人类历史发展中的一个特殊阶段。"[①] 至此，马克思关于生产力与生产关系的辩证运动的规律及社会形态的表述，达到了在《〈政治经济学批判〉序言》之前最为精确的水平。

其次，马克思在批判蒲鲁东研究经济学的形而上学方法时，阐述了辩证法的核心思想。他指出，蒲鲁东的形而上学方法的要害是不懂得辩证法的核心即矛盾的学说，将任何经济范畴都机械地划分为好和坏两个方面，并认为好和坏是经济范畴所固有的矛盾，矛盾的解决就是保存好的方面并消除坏的方面。马克思还批判了蒲鲁东将经济范畴看作蕴藏在永恒的人类理性中的自我运动的唯心主义观点，指出经济范畴只不过是生产方面的社会关系的理论表现。"所以，这些观念、范畴也同它们所表现的关系一样，不是永恒的。它们是历史的、暂时的产物。"[②] 生产力的发展必将使社会关系发生改变，随着社会关系的改变，经济范畴也必然随之变化或失去作用。马克思的这些论述深刻地说明了唯物辩证法和唯物史观是政治经济学最根本的方法。

3. 批判蒲鲁东的小资产阶级改良主义，阐述阶级斗争和无产阶级革命理论

蒲鲁东从自己的唯心史观和经济学观点出发，提出了一整套带有空想色彩的改良主义和无政府主义的政治主张。他反对用革命的手段推翻资本主义制度，反对工人阶级的一切经济和政治斗争。马克思在批判蒲鲁东小资产阶级改良主义时，阐述了关于阶级斗争和无产阶级革命的理论，丰富和发展了科学社会主义的基本原理。

首先，阐明了阶级斗争的伟大历史作用。针对蒲鲁东反对无产阶级斗争的谬论，马克思指出："当文明一开始的时候，生产就开始建立在级别、等级和阶级的对抗上……没有对抗就没有进步。这是文明直到今天所遵循的规律。到

---

① 《马克思恩格斯文集》第 1 卷，人民出版社 2009 年版，第 724 页。
② 《马克思恩格斯文集》第 1 卷，人民出版社 2009 年版，第 603 页。

目前为止，生产力就是由于这种阶级对抗的规律而发展起来的。"① 在阶级社会中，生产力与生产关系的矛盾必然表现为阶级斗争。阶级斗争是推动历史发展的直接动力。随着资本主义生产方式的发展，无产阶级和资产阶级之间的阶级斗争也日益激化，工人们开始联合起来，斗争形式也由经济斗争发展成为政治斗争，从而使无产阶级由"自在的阶级"变成了"自为的阶级"，进而又组织了自己强大的政党，它促使无产阶级在斗争中聚集和发展未来战斗的一切要素。无产阶级与资产阶级之间的斗争一旦达到最紧张的地步，就将成为全面的革命。马克思指出，正是无产阶级革命将引起社会的进步，引起对资产阶级社会的革命性改造。

其次，进一步阐明了无产阶级革命的直接目标和最终目的。马克思指出："因为政权正是市民社会内部阶级对抗的正式表现"②，因而无产阶级革命的直接目标就是夺取政权，并"创造一个消除阶级和阶级对抗的联合体来代替旧的市民社会"③。在这里，马克思认为，无产阶级政权不以阶级对立和阶级压迫为基础，而是以消灭阶级对立和阶级压迫为目标。随着无产阶级政权这一历史使命的完成，它也将最终走向消亡。这些论断实际上蕴含了无产阶级专政思想的萌芽，初步阐明了无产阶级革命的直接目标和最终目的这一科学社会主义的重要思想，这一思想稍后在《共产党宣言》中得到了明确的表述。

二、劳动价值论和剩余价值理论探索的初步成果

1847 年 12 月，马克思在创作《共产党宣言》的过程中，为宣传科学共产主义的思想，在布鲁塞尔德意志工人协会作了几场关于劳动和工资问题的演讲。1848 年初，他将演讲内容整理成文，准备结集在布鲁塞尔出版，但由于他被驱逐出比利时而未能实现。1849 年，这些论文以社论形式于 4 月 5—8 日和11 日在《新莱茵报》发表，标题为《雇佣劳动与资本》。直到 1880 年这部著作才作为单行本出版。《雇佣劳动与资本》是第一部系统叙述马克思政治经济学观点的著作，不仅在马克思主义政治经济学的创立过程中，而且在整个马克思主义理论体系的形成过程中都具有十分重要的地位。在这部著作中，马克思依据历史唯物主义的观点，深刻地剖析了资本主义经济关系，揭露了资本主义

① 《马克思恩格斯全集》第 4 卷，人民出版社 1958 年版，第 104 页。
② 《马克思恩格斯文集》第 1 卷，人民出版社 2009 年版，第 655 页。
③ 《马克思恩格斯文集》第 1 卷，人民出版社 2009 年版，第 655 页。

剥削的秘密和实质，深化了对科学劳动价值论的认识，并在此基础上揭示了资本主义剥削的实质，指出资本家无偿占有工人创造的剩余价值是资产阶级和工人阶级根本对立的经济根源。

1. 通过分析资本主义工资和雇佣劳动的本质揭示资本主义剥削的秘密

马克思指出，在资本主义社会，工资好像是资本家对工人的一定量劳动所支付的货币。但这只是一种表面现象，实际上，资本家用货币购买到的"是只能存在于人的血肉中的这种特殊商品价格的特种名称"①，即劳动力。马克思这时虽然仍未明确区分劳动和劳动力，此时事实上已经在不同的意义上使用劳动这个范畴。因此，马克思实际上已经揭示出，资本家付给工人工资所购买的工人的劳动，就是工人的劳动力。只有当工人的劳动力在资本家的工厂里使用时才存在，但劳动这时已经属于资本家，而不属于工人。资本家支付给工人的货币工资实际只是劳动力的价格。

马克思进一步揭露了雇佣劳动的本质："劳动并不向来就是雇佣劳动，即自由劳动。"② 雇佣劳动的特点是，工人的劳动力成了商品。工人逐日将自己的劳动力卖给生产资料的所有者即资本家，换得工资，以求生存；资本家购得劳动力，使之与生产资料相结合，生产出超过投入价值的价值，即剩余价值，以谋取利润。

劳动力并不从来就是商品，而是社会发展到一定历史阶段的产物。劳动力成为商品，需有两个条件：第一，工人不像奴隶或农奴人身依附于奴隶主或农奴主那样，只能在自家主人的驱使和强迫下劳动，而是已经获得了人身自由，有权自由地出卖劳动力给任何一个资本家；第二，工人也不像个体农业和手工业劳动者那样拥有自己的生产资料可借以谋生，而是除劳动力外一无所有，只能靠出卖劳动力过活。因此只有在资本主义社会，劳动力才成为商品，雇佣劳动是资本主义社会特有的产物。

工人的劳动力作为一种商品，与一切商品一样都有使用价值和价值。马克思具体分析了决定劳动力价值的具体因素③，指出劳动力的价值"是由生产费

---

① 《马克思恩格斯文集》第 1 卷，人民出版社 2009 年版，第 714 页。
② 《马克思恩格斯文集》第 1 卷，人民出版社 2009 年版，第 716 页。
③ 在《新莱茵报》上发表时不是"劳动力"而是"劳动"。为尊重事实，在引文中用"（力）"来表示。

用即为创造劳动（力）这一商品所需要的劳动时间来决定的"①。劳动力的费
用主要由三个要素来决定：一是为了使工人保持其为工人并把他训练成为工人
所需要的费用，二是养活工人家庭所必需的费用，三是维持工人生命所必需的
生活资料的价值。在确定了劳动力的价值之后，马克思进一步分析了工人与资
本家之间的交换。他指出，这一交换是按照等价交换的原则进行的，然而劳动
力商品由于具有不同于一般商品的特殊性，因此在等价交换的表象背后隐藏着
不等价交换的实质。因为"工人拿自己的劳动（力）换到生活资料，而资本家
拿他的生活资料换到劳动，即工人的生产活动，亦即创造力量。工人通过这种
创造力量不仅能补偿工人所消费的东西，并且还使积累起来的劳动具有比以前
更大的价值"②。工人创造的超过劳动力价值的价值被资本家无偿占有，这就是
剩余价值。这样，马克思揭露了资本家剥削工人的实质，论证了雇佣劳动与资
本对立的根本原因。

2. 揭示了资本的本质及其历史命运

马克思认为，资本虽然处处表现为物的形态，但它本身不是物，而是一种
社会生产关系，这种生产关系是社会生产力发展到一定阶段的必然伴随物。他
指出："资本不仅包括生活资料、劳动工具和原料，不仅包括物质产品，并且
还包括交换价值。资本所包括的一切产品都是商品。所以，资本不仅是若干物
质产品的总和，并且也是若干商品、若干交换价值、若干社会量的总和。"③ 因
此，投入生产中的产品和货币只有在一定的社会生产关系下才成为资本。"纺
纱机是纺棉花的机器。只有在一定的关系下，它才成为资本。脱离了这种关
系，它也就不是资本了，就像黄金本身并不是货币，砂糖并不是砂糖的价格
一样。"④

马克思揭示了资本的本质就是通过对工人劳动的支配而增殖的关系。在他
看来，资本之所以是资本，不是因为它是生产的手段，而是因为它使雇佣工人
的劳动成为资本增殖的手段。"资本的实质并不在于积累起来的劳动是替活劳
动充当进行新生产的手段。它的实质在于活劳动是替积累起来的劳动充当保存

---

① 《马克思恩格斯文集》第 1 卷，人民出版社 2009 年版，第 722 页。
② 《马克思恩格斯文集》第 1 卷，人民出版社 2009 年版，第 726 页。
③ 《马克思恩格斯文集》第 1 卷，人民出版社 2009 年版，第 725 页。
④ 《马克思恩格斯文集》第 1 卷，人民出版社 2009 年版，第 723 页。

并增加其交换价值的手段。"①

马克思通过阐述工资与利润此消彼长的变化规律，来进一步论证了雇佣劳动与资本二者利益的根本对立。他指出，在劳动创造的新价值已定的情况下，工资和利润是互成反比的。资本的份额即利润越增加，则劳动的份额即日工资就越降低；反之亦然。"利润增加多少，工资就降低多少；而利润降低多少，则工资就增加多少。"② 在个别资本家和工人的关系中是这样，整个资产阶级和工人阶级的关系也是这样。资本家是靠剥削雇佣工人来增加资本的，资本增加越快，资本家对工人的剥削就越残酷。因而，"生产资本的增加……就是积累起来的劳动对活劳动的权力的增加，就是资产阶级对工人阶级的统治力量的增加"③。它只表明，资本对雇佣劳动是剥削、统治、奴役的关系。这就是说，"资本的利益和雇佣劳动的利益是截然对立的"④。在资本主义社会无产阶级和资产阶级的利益是不可调和的，无产阶级要改变自己受剥削受奴役的地位，就只有通过阶级斗争和社会革命，推翻资本主义制度才能实现。

《雇佣劳动与资本》虽然是马克思早期最重要的政治经济学著作，但正如恩格斯所指出的那样，当时马克思还没有完成对资产阶级政治经济学的批判工作，这项工作到50年代末才宣告完成。这不仅表现在这时马克思还没有明确区分"劳动"和"劳动力"这两个对于科学劳动价值论来说最关键的两个范畴，同时对科学剩余价值论的阐述也仍然是初步的。但是这部著作在马克思主义创立阶段的意义，特别是对《共产党宣言》创作的意义是不可低估的。可以说，正是由于这部著作对雇佣劳动与资本的本质及其相互关系的分析，对科学剩余价值论的初步阐述，为马克思创作《共产党宣言》，为科学社会主义理论和马克思主义的公开问世奠定了科学的政治经济学的理论基础。

三、《共产党宣言》的发表标志着马克思主义的创立

1. 《共产党宣言》创作的过程

《共产党宣言》是马克思和恩格斯为世界上第一个国际性的无产阶级政

---

① 《马克思恩格斯文集》第1卷，人民出版社2009年版，第726页。
② 《马克思恩格斯文集》第1卷，人民出版社2009年版，第732页。
③ 《马克思恩格斯文集》第1卷，人民出版社2009年版，第728页。
④ 《马克思恩格斯文集》第1卷，人民出版社2009年版，第734页。

党——"共产主义者同盟"起草的政治纲领，于 1848 年 2 月在伦敦公开发表。《共产党宣言》是对马克思主义首次完整、系统的表述。马克思和恩格斯运用唯物史观和马克思主义的政治经济学说，对人类社会的历史特别是资本主义社会进行了深刻的剖析，并在总结工人运动经验的基础上，全面阐述了科学社会主义的基本思想，同时也对形形色色的社会主义思潮进行了深入的分析和批判，彻底划清了科学社会主义和形形色色的社会主义思潮的原则界限。《共产党宣言》的发表庄严地向世界宣告了马克思主义的正式诞生。《共产党宣言》这一马克思主义纲领性文献的形成经历了一个艰难的创作过程。

马克思和恩格斯不仅在理论上进行深入研究，而且积极地参加工人运动，力图把刚刚诞生的科学理论与无产阶级的革命运动结合起来，因为他们的理论是为无产阶级的解放作论证，是适应无产阶级革命实践的需要而产生的。他们为把当时仍处于分散状态的各国工人运动联合起来，通过大量工作创建了一个国际性的无产阶级政党。马克思和恩格斯于 1846 年 2 月在比利时的布鲁塞尔创立了共产主义通讯委员会，积极宣传自己的科学理论，用科学的世界观武装各国工人运动中的先进分子，并同工人运动中的各种错误思潮进行了坚决的斗争。他们批判了格律恩的"真正的社会主义"，特别是魏特林宣扬的平均共产主义，同时积极进行了对以德国流亡工人为主体、有多国工人代表参加的"正义者同盟"的改组和改造工作。1847 年 6 月，恩格斯参加了正义者同盟第一次代表大会。在与魏特林分子进行激烈斗争后，大会完成了预定的议程，取得了一系列重要成果，如决定将正义者同盟改名为共产主义者同盟，鲜明地体现了同盟的根本性质；大会还根据恩格斯的提议，用"全世界无产者，联合起来！"这个崭新的口号，取代了原有的"人人皆兄弟"这一阶级性十分模糊的旧口号；大会最重要的成果是通过了由恩格斯参与起草的《共产主义者同盟章程》。《共产主义者同盟章程》的第一条开宗明义地宣布："同盟的目的：通过传播财产公有的理论并尽快地求其实现，使人类得到解放。"① 同盟章程贯彻了马克思和恩格斯主张的共产主义原理，用无产阶级的组织原则——民主集中制，取代了同盟原来奉行的宗派和密谋性质的组织原则，从而向真正的无产阶级政党迈出了决定性的一步。

大会期间，恩格斯还向代表们详尽地阐述了他和马克思关于科学社会主义

---

① 《马克思恩格斯全集》第 42 卷，人民出版社 1979 年版，第 419 页。

的基本观点，并为同盟起草了纲领草案——《共产主义信条草案》。这是恩格斯第一次试图以正式文件的形式，从唯物史观出发来阐发马克思主义关于社会发展的基本观点，从而将马克思主义的基本原则贯彻于同盟的纲领之中。

1847 年 11 月 29 日，共产主义者同盟第二次代表大会于伦敦开幕。马克思和恩格斯分别作为布鲁塞尔和巴黎支部的当选代表参加了大会。会前，恩格斯曾写信给马克思，请他对《共产主义信条草案》再作仔细考虑，以便共同做好同盟纲领的起草工作。他还建议说，我们最好是抛弃《共产主义信条草案》那种教义式问答形式，并把它叫作《共产主义宣言》。因为其中必须或多或少地叙述历史，所以现有的形式是完全不适合的。在信中，恩格斯还向马克思介绍了由自己起草的、准备替代《共产主义信条草案》的《共产主义原理》的基本内容："我开头写什么是共产主义，接着写什么是无产阶级——它产生的历史，它和以前的劳动者的区别，无产阶级和资产阶级之间的对立的发展，危机，结论。其中也谈到各种次要问题，最后谈到了共产主义者的党的政策中应当公开的内容。"① 由于纲领关系到同盟的指导思想和将来的发展方向，是个十分重大的原则问题，为慎重起见，恩格斯与马克思约定，在前去伦敦开会的途中，先在比利时的奥斯坦德城会面，对同盟的纲领及其他有关重大问题进行仔细讨论。他们在所有讨论的重大原则问题上都取得了一致，决定在《共产主义原理》的基础上，由他们二人再共同创作出一个新的纲领草案。

在共产主义者同盟第二次代表大会上，马克思和恩格斯与各种错误思潮继续进行了不懈的斗争，在他们的努力下，大会终于正式通过了修改后的《共产主义者同盟章程》，修改后的章程更准确地体现了马克思和恩格斯的科学共产主义思想。如对共产主义者同盟的宗旨就作了这样崭新的表述："同盟的目的：推翻资产阶级，建立无产阶级统治，消灭旧的以阶级对立为基础的资产阶级社会和建立没有阶级、没有私有制的新社会"②，明确和科学地表述了无产阶级政党的目的和宗旨，强调和突出了无产阶级政党的最近目标和最终目标。

这次代表大会正式委托马克思和恩格斯起草党的纲领。会后，马克思和恩格斯就立即开始了这一工作，他们在奥斯坦德讨论的基础上进一步交换了意见。大会闭幕后，他们回到布鲁塞尔又继续进行了深入的研究，确定了纲领的

① 《马克思恩格斯文集》第 10 卷，人民出版社 2009 年版，第 56 页。
② 《马克思恩格斯文集》第 4 卷，人民出版社 2009 年版，第 236 页。

基本框架。12 月底，恩格斯前往巴黎，马克思则继续写作《共产党宣言》直到 1848 年 1 月完成。在征求恩格斯的意见后，马克思把定稿的《共产党宣言》于 2 月 1 日前寄往伦敦。1848 年 2 月底，《共产党宣言》作为共产主义者同盟的正式纲领在伦敦出版发行。

2. 对马克思主义的系统阐述

《共产党宣言》的发表标志着马克思主义的公开问世。列宁说："马克思恩格斯合著的，于 1848 年问世的《共产党宣言》，已对这个学说作了完整的、系统的、至今仍然是最好的阐述。"① 习近平也高度评价了《共产党宣言》，指出："《共产党宣言》的问世是人类思想史上的一个伟大事件。《共产党宣言》是第一次全面阐述科学社会主义原理的伟大著作。《共产党宣言》深刻阐述了马克思主义的科学世界观，深刻阐述了马克思主义政党的先进品格，深刻阐述了马克思主义政党的政治立场，深刻阐述了马克思主义政党的崇高理想，深刻阐述了马克思主义的革命纲领，深刻阐述了马克思主义政党的国际主义精神。《共产党宣言》是一部科学洞见人类社会发展规律的经典著作，是一部充满斗争精神、批判精神、革命精神的经典著作，是一部秉持人民立场、为人民大众谋利益、为全人类谋解放的经典著作。"②

首先，运用唯物史观揭示了资本主义的历史地位及其发展趋势。马克思和恩格斯在《共产党宣言》中运用唯物史观揭示了整个人类社会，特别是资本主义社会发展的客观规律，科学地解答了资本主义社会的历史地位及其发展趋势这一时代课题。他们指出，由于社会发展的客观辩证法，人类历史上的任何社会形态的产生和消亡都具有历史的必然性，因此这些社会形态都具有暂时的性质，资本主义社会也是如此，其根源就在于物质生产力的不断发展，以及由此所决定的生产关系和上层建筑的相应变化。

资本主义生产方式是在封建社会内部孕育和发展起来的，当封建主义的生产关系不能适应生产力的发展而成为阻碍生产力发展的桎梏时，资本主义的生产方式就取代了封建主义的生产方式。资产阶级作为新的生产方式的代表者在历史上起过十分革命的作用，它推翻了封建社会制度，并且创造了超过以往所有时代生产力总和的巨大生产力。资本主义社会化大生产的发展，迅速地开拓

---

① 《列宁专题文集　论马克思主义》，人民出版社 2009 年版，第 61 页。
② 习近平：《中国共产党是〈共产党宣言〉精神忠实传人》，《人民日报（海外版）》2018 年 4 月 25 日。

和扩大了世界市场，使一切国家的生产和消费都日益具有世界性，从而打破了以往那种地方和民族的自给自足和闭关自守状态，各民族间的多方面相互交往和相互依赖日益加强，社会历史已由各民族的历史变为世界的历史。然而，资本主义社会也仅仅是历史发展过程中的一个特定的阶段，随着社会化大生产的发展，资本主义私有制已无法容纳如此巨大的生产力，从而与生产力的发展产生了矛盾。生产的日益社会化与生产资料的私人占有是资本主义社会固有的内在矛盾，是资本主义制度无法克服的。资本主义频繁爆发的周期性经济危机表明："社会所拥有的生产力已经不能再促进资产阶级文明和资产阶级所有制关系的发展；相反，生产力已经强大到这种关系所不能适应的地步，它已经受到这种关系的阻碍；而它一着手克服这种障碍，就使整个资产阶级社会陷入混乱，就使资产阶级所有制的存在受到威胁。"① 资本主义的固有矛盾表现为要求摧毁资本主义私有制的无产阶级与企图维护旧的生产关系的资产阶级之间的阶级斗争。通过无产阶级反对资产阶级的阶级斗争和社会革命，资本主义必将为社会主义所取代。资本主义的灭亡和社会主义的胜利是历史的必然，这是资本主义自身的客观经济规律所导致的必然结果。

其次，深刻阐述了阶级斗争的理论并论证了无产阶级革命的必然性。马克思和恩格斯指出，迄今一切有文字记载的人类历史就是一部阶级斗争史，阶级斗争是阶级社会发展的直接动力。后来，恩格斯根据新的学术研究成果，在为《共产党宣言》写新版序言时指出，符合社会历史的情况是，一切阶级社会的历史都是阶级斗争的历史。现代资本主义社会并没有消除阶级、阶级矛盾和阶级斗争，它只不过是用新的阶级、新的压迫条件、新的斗争形式取代了旧的阶级、旧的压迫条件和旧的斗争形式。但与以往社会不同的是，资本主义社会使阶级和阶级矛盾简单化了，社会日益分裂为两大敌对阵营，即无产阶级和资产阶级。资产阶级不仅锻造了置自身于死地的武器，即现代生产力，而且还造就了运用这一武器来反对它自己的人——现代无产阶级。

无产阶级作为大工业的产物，是新的生产方式的代表者，因而是真正革命的阶级和未来社会的创造者。但在资本主义私有制度下，无产阶级的劳动成为资本家资本增殖的手段，资本则成为支配工人劳动的权力；无产阶级创造了社会财富，但自己却成为一无所有的赤贫者。无产阶级的这种历史地位和社会地

---

① 《马克思恩格斯文集》第 2 卷，人民出版社 2009 年版，第 37 页。

位决定了它必然成为资本主义私有制的掘墓人。社会化大工业的发展为消灭私有制和阶级对抗提供了客观的历史条件，无产阶级的革命运动则是大多数人的、为绝大多数人谋利益的自觉的独立运动。这些客观的和主观的条件，使得无产阶级的胜利和资产阶级的灭亡同样不可避免。

再次，预见了未来共产主义社会的重要特征。《共产党宣言》指出："在资产阶级社会里，活的劳动只是增殖已经积累起来的劳动的一种手段。在共产主义社会里，已经积累起来的劳动只是扩大、丰富和提高工人的生活的一种手段。"① "因此，在资产阶级社会里是过去支配现在，在共产主义社会里是现在支配过去。"② 并特别指出："代替那存在着阶级和阶级对立的资产阶级旧社会的，将是这样一个联合体，在那里，每个人的自由发展是一切人的自由发展的条件。"③ 后来，恩格斯晚年曾认为，如果用一句话来表述未来历史新纪元的话，那么除了《共产党宣言》中的这句话之外，没有更合适的了。

最后，制定了无产阶级革命的策略路线和无产阶级政党的建党纲领。马克思和恩格斯指出，无产阶级革命要取得胜利，首先必须建立自己的政党来组织和领导工人运动。共产党是无产阶级利益的根本体现者，共产党人没有任何同整个无产阶级不同的利益要追求。党的指导思想原则，决不是以这个或那个世界改革家所发现或发明的思想、原则为根据的，而是无产阶级反对资产阶级的阶级斗争以及无产阶级争取人类解放的革命运动经验的科学总结。

结合无产阶级及其政党的斗争纲领，马克思和恩格斯还提出了党的基本策略原理。他们指出，共产党及其领导的无产阶级革命运动的最近目的是，使无产阶级形成阶级，推翻资产阶级的政治统治，由无产阶级夺取政权。为实现这一最近目的，无产阶级并不拒绝参加资产阶级民主革命，与小资产阶级和反对封建专制的资产阶级建立联合的统一战线。但共产党和无产阶级必须坚持自己运动的未来方向，将最近目的和长远目标结合起来。因此，共产党人要不断培养工人阶级反对资产阶级的斗争意识，以便使工人能立即利用资产阶级取得统治后所必然带来的那些政治的社会的条件来进行反对资产阶级的斗争。当无产阶级达到最近目标即无产阶级变为统治阶级并争得民主之后，无产阶级必须运用自己的政治统治，逐步夺取资产阶级的全部资本，把一切生产资料都集中在

---

① 《马克思恩格斯文集》第 2 卷，人民出版社 2009 年版，第 46 页。
② 《马克思恩格斯文集》第 2 卷，人民出版社 2009 年版，第 46 页。
③ 《马克思恩格斯文集》第 10 卷，人民出版社 2009 年版，第 666 页。

国家手中，并且尽可能快地增加生产力的总量，以为实现无产阶级革命的最终目的——消灭一切阶级和阶级对立，消灭私有制，实现共产主义创造条件。

在《共产党宣言》中，马克思和恩格斯还严厉地驳斥了资产阶级对无产阶级革命和社会主义的种种诬蔑，对形形色色的社会主义思潮进行了分析和批判，其中特别对空想社会主义进行了剖析，深刻地说明了社会主义由空想发展为科学的历史必然性。

《共产党宣言》是科学社会主义的第一个伟大纲领，它用新世界观深刻地分析了历史和现实问题，充分体现了马克思主义理论与实践的统一、革命性和科学性的统一、认识世界和改造世界的统一等显著的特征。它的问世标志着国际共产主义运动进入了一个崭新的历史阶段，推动了人类社会的进步和发展。正如习近平所深刻指出的那样："《共产党宣言》一经问世，就在实践上推动了世界社会主义发展，深刻改变了人类历史进程。"①

四、马克思主义理论在 1848 年欧洲革命实践中的检验和充实

《共产党宣言》刚刚问世，一场波澜壮阔的革命风暴就席卷了整个欧洲大陆。马克思和恩格斯亲身参加了这场革命，并自觉地将《共产党宣言》中阐述的马克思主义原理运用于实际斗争，接受革命实践的检验。通过对 1848 年革命经验的总结，马克思和恩格斯把马克思主义学说，特别是无产阶级革命和无产阶级专政理论推到了一个新的阶段。概括起来说，马克思和恩格斯在《1848 年至 1850 年的法兰西阶级斗争》《中央委员会告共产主义者同盟书》《路易·波拿巴的雾月十八日》《德国农民战争》《德国的革命和反革命》等一系列光辉著作中，从多方面发展和深化了《共产党宣言》中的思想。

1. 提出了不同类型资产阶级革命的理论

马克思在分析德国三月革命的进程和特点时，将其与 1640 年英国革命和 1789 年法国大革命作了比较。他认为，由于资本主义社会经济发展状况的变化，资产阶级在不同时期的资产阶级革命中的地位、作用、影响以及革命进程就会不同。在早期的资产阶级革命中，资产阶级是领导阶级，无产阶级由于自身的不成熟，还没有成为独立的政治力量，因而资产阶级以整个被压迫阶级代

---

① 习近平：《中国共产党是〈共产党宣言〉精神忠实传人》，《人民日报（海外版）》2018 年 4 月 25 日。

表的面目领导了推翻封建专制的民主革命，起到了十分革命的作用。但到 19 世纪中期，当德国资产阶级进行革命时，它本身已成为同无产阶级以及与无产阶级相近的阶层相对峙的阶级。因此它在革命中妥协动摇，甚至投向反动势力，完全丧失了对革命的领导能力。这两种不同类型的资产阶级革命在所产生的影响方面也不大相同。早期的资产阶级革命并不是某一国度的革命，而是整个欧洲的革命。它们不是社会中某一阶级对旧政治制度的胜利，而是宣告了欧洲新社会政治制度的出现，反映了当时整个世界的要求。而德国的"三月革命决不是欧洲的革命，它不过是欧洲革命在一个落后国家里的微弱的回声。它不仅没有超过自己的世纪，反而比自己的世纪落后了半个世纪以上"①。1789 年的法国资产阶级一刻也没有抛弃自己的同盟者——农民，因为它知道，它的统治基础就是消灭农村中的封建制度，就是争取自由地占有土地的农民。而在 1848 年的德国革命中，资产阶级虽在一些地方废除了某些微不足道的封建义务，却恢复了一项主要的封建义务——徭役。资产阶级毫无良心地出卖了自己的天然盟友——农民。早期资产阶级革命在其进程上的特点是革命沿着上升的路线行进，出现的是一个比一个更革命的党派统治。而在 1848 年德国资产阶级革命中，革命的任务还没有完成，资产阶级就已开起倒车来了。资产阶级的背叛，导致了这次革命的失败。因此，这次革命是半途而废的革命。根据上述分析，马克思认为，德国资产阶级革命可能出现两种前途：或者是封建主义赢得胜利，使革命的成果化为乌有；或者是发生新的革命，由全社会最激进、最民主的阶级——工人、农民和小资产阶级来进行革命，充分实现人民主权，建立统一的民主共和国。无产阶级政党在资产阶级民主革命中的策略应该建立在第二种前途的实现上，把革命进行到底，而不是半途而废。

2. 发展了不断革命的策略思想

马克思和恩格斯认为，德国的资产阶级革命只是无产阶级革命的序幕，德国工人阶级在推翻封建的反动阶级之后，就应立即开始反对资产阶级本身的革命。他们在深刻总结 1848 年欧洲革命经验的基础上，共同起草了《中央委员会告共产主义者同盟书》，指出德国革命的失败，特别是巴黎工人六月起义的实践，充分证明了资产阶级的革命性已经越来越衰退了。小资产阶级民主派只期望通过改良措施赶快结束革命。而无产阶级的利益和任务，"却是要不断革

---

① 《马克思恩格斯文集》第 2 卷，人民出版社 2009 年版，第 74 页。

命，直到把一切大大小小的有产阶级的统治全都消灭，直到无产阶级夺得国家政权，直到无产者的联合不仅在一个国家内，而且在世界一切举足轻重的国家内都发展到使这些国家的无产者之间的竞争停止，至少是发展到使那些有决定意义的生产力集中到了无产者手中"①。对无产阶级来说"问题不在于改变私有制，而只在于消灭私有制，不在于掩盖阶级对立，而在于消灭阶级，不在于改良现存社会，而在于建立新社会"②。"不断革命论"作为无产阶级的战斗口号，就是把资产阶级民主革命进行到底并过渡到社会主义革命。

3. 深化和发展了马克思主义的国家学说和无产阶级专政理论

在《共产党宣言》中，马克思和恩格斯就已提出了无产阶级用暴力革命推翻资产阶级统治而建立自己的政治统治的思想，但他们尚未明确提出无产阶级专政的科学概念，也没有对打碎资产阶级国家机器和建立无产阶级专政之间的内在联系作出系统考察。在深刻总结 1848 年欧洲革命经验教训的基础上，马克思和恩格斯第一次明确提出，无产阶级革命必须打碎资产阶级国家机器，以便建立无产阶级专政，这样的思想极大地丰富和深化了科学社会主义的基本理论。

1848 年欧洲革命中的一个极为重要的事实是，当无产阶级起来革命时，立即就遭到反动统治阶级的国家机器的残酷镇压，巴黎工人六月起义就是在反动政权的镇压下而失败的。马克思在《路易·波拿巴的雾月十八日》一书中，结合法国革命的全部进程，具体考察了法国资产阶级国家机器产生、形成和越来越完备的历史，深刻揭示了军事官僚机器是资产阶级压迫和奴役无产阶级的工具。法国的政权形式，虽经过不断的变革，但"一切变革都是使这个机器更加完备，而不是把它摧毁。那些相继争夺统治权的政党，都把这个庞大国家建筑物的夺得视为胜利者的主要战利品"③。但是，真正的人民革命的先决条件，就是彻底打碎资产阶级的国家机器，无产阶级所需要的是同资产阶级国家完全不同类型的政权，是代表无产阶级根本利益的国家，因而决不能简单地掌握现成的资产阶级的国家机器。

在《1848 年至 1850 年的法兰西阶级斗争》一书中，马克思指出，巴黎工人六月起义的失败，使得资产阶级共和国现了原形，也使无产阶级认识到，

---

① 《马克思恩格斯文集》第 2 卷，人民出版社 2009 年版，第 192 页。
② 《马克思恩格斯文集》第 2 卷，人民出版社 2009 年版，第 192 页。
③ 《马克思恩格斯文集》第 2 卷，人民出版社 2009 年版，第 565 页。

"它要在资产阶级共和国范围内稍微改善一下自己的处境只是一种空想"①，因此无产阶级的革命战斗口号应该是："保证工人阶级专政，推翻资产阶级。"②无产阶级专政是无产阶级推翻资产阶级统治后所要建立的国家的实质，它是通向无阶级社会的过渡阶段。马克思对此作了极为明确的阐述："无产阶级的阶级专政，这种专政是达到消灭一切阶级差别，达到消灭这些差别所由产生的一切生产关系，达到消灭和这些生产关系相适应的一切社会关系，达到改变由这些社会关系产生出来的一切观念的必然的过渡阶段。"③ 通过无产阶级专政达到消灭阶级的目的是科学社会主义的一个核心观点。1852 年 3 月 5 日，马克思在致约·魏德迈的信中把自己关于无产阶级专政的思想概括为三点："（1）阶级的存在仅仅同生产发展的一定历史阶段相联系；（2）阶级斗争必然导致无产阶级专政；（3）这个专政不过是达到消灭一切阶级和进入无阶级社会的过渡……"④ 马克思的这一论述，概括了无产阶级专政的实质内容和历史使命，阐明了无产阶级专政的历史必然性，是对马克思主义阶级斗争学说和国家学说的新贡献。

4. 提出了无产阶级革命的同盟军问题

这个问题涉及工农联盟和无产阶级革命与被压迫民族解放运动的关系。马克思和恩格斯在深刻总结 1848 年欧洲革命经验的基础上，精辟地指出，无产阶级要取得革命的胜利就必须正确解决革命的同盟军问题，否则就不可能完成自己的历史使命。他们的这一理论极大地丰富和发展了《共产党宣言》中的有关思想。

在《共产党宣言》中，马克思和恩格斯就已充分认识到农民和小资产者正处在不断分化并行将转入无产阶级队伍的过渡阶段，因而实际上已提出了无产阶级必须把劳动者中的非无产阶级阶层吸引到自己方面来，使之成为自己的同盟的思想。经过 1848 年欧洲革命的洗礼后，马克思和恩格斯更加清楚地认识到农民是无产阶级的天然同盟军。诚然，农民作为一个具有两重性的阶级，既有革命的一面，又有保守的一面。在资产阶级民主革命中，农民曾是资产阶级的同盟者，因为他们所反对的敌人是共同的，即封建主阶级。然而，随着资产阶级统治地位的逐渐确立，农民和无产阶级都受到资本的剥削，因而"只有资本

---

① 《马克思恩格斯文集》第 2 卷，人民出版社 2009 年版，第 103 页。
② 《列宁全集》第 36 卷，人民出版社 2017 年版，第 178 页。
③ 《马克思恩格斯文集》第 2 卷，人民出版社 2009 年版，第 166 页。
④ 《马克思恩格斯文集》第 10 卷，人民出版社 2009 年版，第 106 页。

的瓦解，才能使农民地位提高；只有反资本主义的无产阶级的政府，才能结束农民经济上的贫困和社会地位的低落"①。同时，随着资产阶级革命性的衰落，为了与封建主阶级妥协，资产阶级在革命中往往出卖自己的同盟者——农民，1848年欧洲革命就充分证明了这一点。基于以上两个原因，"农民就把负有推翻资产阶级制度使命的城市无产阶级看做自己的天然同盟者和领导者"②。1848年欧洲革命还以充分的事实证明，工农联盟是夺取革命胜利的基本条件和前提，在一个农民占人口多数的国家中尤其如此。法国二月革命和六月巴黎工人起义的失败，一个基本原因就在于没有形成工农联盟，工人阶级没有得到农民的支持和响应。

1848年欧洲革命时期，也是马克思和恩格斯关于被压迫民族解放运动理论形成的重要时期，《共产党宣言》中关于无产阶级国际主义的思想因而被极大地丰富和发展了。《共产党宣言》已深刻揭示了私有制是造成民族压迫的根源，只有彻底消灭剥削制度的社会革命，才能消灭民族压迫和民族对抗等。在1848年革命时期，马克思和恩格斯着重强调了被压迫民族解放运动和欧洲民主革命之间存在着密切的联系和相互影响，并明确提出了被压迫民族解放斗争是欧洲革命的最好同盟军这一极为重要的理论观点。

思考题

1. 简述马克思主义诞生的社会历史条件。
2. 简述马克思主义的主要理论来源。
3. 为什么说《论犹太人问题》和《〈黑格尔法哲学批判〉导言》标志着马克思"两个转变"的基本完成？
4. 为什么说《关于费尔巴哈的提纲》是"包含着新世界观的天才萌芽的大纲"？
5. 为什么说《德意志意识形态》标志着唯物史观的基本形成？
6. 为什么说《哲学的贫困》为马克思剩余价值理论的创立奠定了基础？
7. 为什么说《共产党宣言》是马克思主义创立的标志？

---

① 《马克思恩格斯文集》第2卷，人民出版社2009年版，第160—161页。
② 《马克思恩格斯文集》第2卷，人民出版社2009年版，第570页。

第二章 在政治经济学研究中全面推进马克思主义

19 世纪 40 年代以后，马克思和恩格斯在创立唯物史观的同时，也在研究政治经济学。从《1857—1858 年经济学手稿》的创作到《资本论》第一卷德文第一版正式出版，标志着马克思科学的劳动价值论和剩余价值论的创立，也标志着马克思第二大科学发现的完成。马克思和恩格斯在政治经济学的研究中全面推进了马克思主义。

第一节 政治经济学领域的革命性变革

从 19 世纪 50 年代起，马克思开始把主要精力用于对政治经济学的研究，从写作《1857—1858 年经济学手稿》、《政治经济学批判》第一分册、《1861—1863 年经济学手稿》、《1863—1865 年经济学手稿》直到《资本论》第一卷出版，经过长达 10 余年的研究，马克思科学揭示了资本主义生产方式的运动规律，实现了政治经济学研究的革命性变革。

一、马克思对政治经济学研究对象和科学理论体系的探索

1. 对政治经济学研究对象的探讨

政治经济学作为一门独立的学科，研究的是人类社会历史中存在的各种社会生产关系，阐明的是人类社会历史中不同时期支配物质资料生产和交换以及与之相适应的产品分配和消费的规律。对政治经济学研究对象探讨是马克思实现政治经济学理论探索和创新的重要内容之一。

马克思在《1844 年经济学哲学手稿》中就意识到政治经济学这门科学所包含的强烈的社会历史性质和阶级性质，并力图把对资本主义私有制关系的剖析作为政治经济学研究的主题。19 世纪 40 年代后半期，随着唯物史观的创立，马克思对政治经济学的研究对象有了更深入的理解，在明确所有制和生产关系内在联系的基础上，他提出了政治经济学研究对象的确切内涵："政治经济学不是把财产关系的总和从它们的法律表现上即作为意志关系包括起来，而是从

它们的现实形态即作为生产关系包括起来。"①

19世纪50年代后半期，马克思在对政治经济学的深入研究中，特别是在《〈政治经济学批判〉导言》中第一次完整提出了政治经济学的研究对象问题，《1857—1858年经济学手稿》进一步发展了政治经济学研究对象的理论，提出一些重要的理论观点。

第一，对社会生产关系的内在结构，即社会生产关系运动中生产和分配、交换、消费之间的辩证关系进行深入分析。在马克思以前，某些资产阶级经济学家虽已研究过生产、分配、交换、消费的范畴，但是，他们的研究严重脱离了社会生产关系这一基本前提，把这些原本反映社会生产关系局部环节的范畴，看作是一般的自然关系。因此，他们的研究存在两个基本的错误倾向：一是把这些范畴并列起来，使社会经济运行过程变为一个无序列的非历史过程；二是把这些范畴割裂开来，使社会经济运行过程成为各环节互不相干的孤立片段。针对资产阶级经济学家的错误观点，马克思明确认为，政治经济学所研究的物质生产都是"一定社会性质的生产"。也就是说，不同社会形态的生产有某些"共同标志""共同规定"，即都表现为劳动者通过有目的的活动，改变自然界的物质存在形式，以适合人们某种需要的过程，即物质资料的生产过程；但在任何条件下，生产又都是社会的生产，人们只有结成一定的经济关系，才能同自然界进行物质交换。

马克思指出，在生产和分配、交换、消费之间的关系中，生产是社会经济运行过程的决定性因素。物质资料生产是人类社会存在和发展的基础，是人的最基本的实践活动。劳动者在生产过程中借助生产资料生产出能够满足人们需要的劳动产品，形成物质生产力，这种物质生产力又是通过人们在生产过程中结成的生产关系或财产关系实现的，因此，物质资料生产是生产力和生产关系的统一，它们构成物质资料的社会生产方式。分配是社会产品分归社会或国家、社会集团和社会成员的活动，它包括作为生产条件的生产资料和劳动力的分配，以及作为生产结果的产品的分配。分配是社会生产关系的一个重要方面，生产决定分配，生产关系决定分配关系，有什么样的生产关系，就有什么样的分配关系。分配对生产也有反作用，生产资料和劳动力的分配属于直接生产过程，这一分配方式决定了生产的性质。交换是人们相互交换活动或交换劳

---

① 《马克思恩格斯全集》第21卷，人民出版社2003年版，第56页。

动产品的过程，它包括人们在生产中发生的各种活动和能力的交换（如分工、协作），以及一般产品和商品的交换。交换是由生产过程中的分工决定的，没有分工，就不可能发生交换。生产决定着交换的性质，生产发展的程度决定着交换发展的程度。消费是人们使用物质资料以满足生产和生活需要的过程，它包括生产消费和个人消费。生产消费是生产过程中对生产资料和劳动力的消费，它是直接的生产过程，生产消费的结果是生产和再生产出新产品；个人消费是消费资料的消费，它不但实现了劳动力的再生产，而且实现了相应的生产关系的再生产，所以，消费关系是生产关系的具体体现。"一定的生产决定一定的消费、分配、交换和这些不同要素相互间的一定关系。"① 生产、分配、交换、消费这四个环节"构成一个总体的各个环节，一个统一体内部的差别"②。

第二，马克思关于政治经济学研究对象的理论在《资本论》中得到运用。在确定"政治经济学批判"研究对象时，马克思就提出：他要研究的是"形成资产阶级社会内部结构并且成为基本阶级的依据的范畴"③；后来，在《资本论》第一卷德文第一版"序言"中，马克思明确提出："我要在本书研究的，是资本主义生产方式以及和它相适应的生产关系和交换关系。"④ 这里所说的"生产方式"，实际上就是指劳动者与生产资料的结合方式和方法。由于在不同的社会形态下，劳动者与生产资料的结合方式和方法具有特殊性，社会结构必然被区分为各个不同的经济时期。《资本论》所研究的正是资本主义经济特有的雇佣劳动和资本结合的特殊生产方式，以及与这一方式相适应的生产关系和交换关系。资本主义生产关系和交换关系反映的是资本主义直接生产过程和交换过程中资本主义雇佣劳动和资本的特殊结合的社会历史性质和阶级关系。因此，《资本论》的研究对象实质上就是资本主义经济关系，也就是反映资本主义经济全过程的生产关系。

2. 对政治经济学科学理论体系的探索

从 1857 年到 1863 年，马克思对前十几年的政治经济学研究成果进行了总结。在对政治经济学体系长期探索的基础上，从 1857 年 7 月到 1858 年 5 月，马克思写下了一系列经济学手稿，包括《〈政治经济学批判〉导言》和

① 《马克思恩格斯文集》第 8 卷，人民出版社 2009 年版，第 23 页。
② 《马克思恩格斯文集》第 8 卷，人民出版社 2009 年版，第 23 页。
③ 《马克思恩格斯文集》第 8 卷，人民出版社 2009 年版，第 32 页。
④ 《马克思恩格斯文集》第 5 卷，人民出版社 2009 年版，第 8 页。

《1857—1858 年经济学手稿》，这是马克思自 1843 年以后的十几年间政治经济学研究的结晶。《〈政治经济学批判〉导言》和《1857—1858 年经济学手稿》对政治经济学理论体系的结构作了详尽的阐发，对劳动价值、货币、剩余价值和资本主义经济发展趋势等问题作了科学论述，标志着马克思主义政治经济学理论的基本形成。在《〈政治经济学批判〉导言》中，马克思为政治经济学原理部分的理论体系设计了著名的"五篇结构计划"。这就是："（1）一般的抽象的规定，因此它们或多或少属于一切社会形式……（2）形成资产阶级社会内部结构并且成为基本阶级的依据的范畴。资本、雇佣劳动、土地所有制。它们的相互关系。城市和乡村。三大社会阶级。它们之间的交换。流通。信用事业（私人的）。（3）资产阶级社会在国家形式上的概括。就它本身来考察。'非生产'阶级。税。国债。公共信用。人口。殖民地。向国外移民。（4）生产的国际关系。国际分工。国际交换。输出和输入。汇率。（5）世界市场和危机。"①《1857—1858 年经济学手稿》的《货币章》再次提及"五篇结构计划"并进行了必要补充。

《1857—1858 年经济学手稿》完成以后，马克思打算分册出版他的《政治经济学批判》著作。1859 年 6 月，马克思公开出版了《政治经济学批判》第一分册，对商品和货币理论第一次作了极为详尽且系统的探讨。在《政治经济学批判》"序言"中，马克思第一次公开宣布了他的"六册结构计划"，其内容依次为：资本、土地所有制、雇佣劳动、国家、对外贸易、世界市场；这也是马克思考察资产阶级经济制度的顺序。马克思把前三册看作是他全部著作的主要部分，因为这三册考察了资本主义社会内部结构的三个基本阶级的经济生活条件。《政治经济学批判》第一分册出版后不久，马克思即在家给几十个经过挑选的工人讲解政治经济学，希望政治经济学理论尽早地为工人阶级所掌握。由于《政治经济学批判》第一分册所涉的内容只是商品和货币部分，因而马克思打算将"资本"部分写成《政治经济学批判》第二分册。

1861 年 8 月，马克思以"《政治经济学批判》续"为标题，开始写作"资本"章。但是，在写作过程中，马克思不断地接触和发现新的理论问题，以至于"要是隔一个月重看自己所写的一些东西，就会感到不满意，于是又得全部

---

① 《马克思恩格斯文集》第 8 卷，人民出版社 2009 年版，第 32—33 页。

改写"①。1863 年 7 月，马克思实际完成的是一部包括 23 本笔记的内容丰富、卷帙浩繁的手稿。这部手稿现在被称为《1861—1863 年经济学手稿》。在这部手稿中，马克思进一步完善了劳动价值论，周详地阐述了剩余价值理论，分析了社会资本再生产理论、平均利润和生产价格理论、绝对地租理论等，并在更深的层次上，对资本主义经济运动趋势作了论述。在这部手稿的写作过程中，马克思决定以"资本论"为标题出版他的政治经济学著作，而把"政治经济学批判"作为副标题。《资本论·政治经济学批判》这一标题显著地表明：资本范畴，是马克思主义关于资本主义政治经济学理论体系的核心范畴；政治经济学理论和理论史批判之间的结合，是马克思主义政治经济学理论体系的最重要的特点。

从 1863 年 8 月到 1865 年底，马克思开始正式以"资本论"为标题进行写作。他结合当时资本主义发展的动态，在研究大量经济学文献和技术文献，以及收集大量的统计资料、议会文件、工业中的童工劳动和工人生活状况的官方报告的基础上，撰写了有关资本主义的生产过程、资本主义的流通过程和总过程的各种形式的一系列手稿，即《1863—1865 年经济学手稿》。在写作手稿过程中，马克思提出《资本论》"四卷结构计划"，即第一卷资本的生产过程，第二卷资本的流通过程，第三卷总过程的各种形式，第四卷理论史。在这期间，马克思写作的《资本论》第一册《资本的生产过程》手稿，除最后一章"直接生产过程的结果"外，成为 1866 年《资本论》第一卷德文版的基础。马克思写作的《资本论》第二册《资本的流通过程》、第三册《总过程的各种形式》成为恩格斯以后编辑出版《资本论》第二卷和第三卷的重要基础。

1865 年底，马克思开始了《资本论》第一卷的"最后加工"工作。1866 年 1 月 1 日开始誊写和润色，1867 年 3 月 28 日定稿，1867 年 9 月 14 日，《资本论》第一卷德文第一版在汉堡出版。《资本论》第一卷出版以后，马克思所阐释的理论很快就为国际工人运动的一些实践家和理论家所接受，他们认为《资本论》是他们的剑和铠甲，是进攻和防御的武器。1867 年以后，马克思为《资本论》第一卷的修订和翻译（特别是法文版的翻译）花费了艰巨的劳动。1871 年到 1873 年间，《资本论》第一卷第二版分 9 个分册出版。1884 年和 1890 年相继出版了德文第三版和德文第四版，德文第四版成为最通行的版本。

① 《马克思恩格斯文集》第 10 卷，人民出版社 2009 年版，第 180 页。

1872 年 9 月到 1875 年 11 月，经由马克思本人修订、校改的法文版《资本论》第一卷也分册出版了。法文版增加了一些新的内容，而且有许多问题阐述得更加完善，具有独立的科学价值。对《资本论》第一卷的修订和完善表明，马克思并没有把《资本论》中得出的理论看作是"终极真理"。相反，马克思总是根据资本主义经济发展的新情况和他对政治经济学理论研究的新进展，不断地完善和丰富自己的理论。

二、科学的劳动价值论的形成

马克思在批判地继承资产阶级古典政治经济学相关理论的基础上建立起了科学的劳动价值论。劳动价值论由此成为马克思对资本主义历史地位及其发展趋势进行探讨的基础，成为马克思在经济学上实现科学革命的最辉煌的成果之一。

在《1857—1858 年经济学手稿》中，马克思在"货币章"完成了创立科学劳动价值论的工作。其理论上的重要突破主要有以下四个方面。

第一，首次确定以商品作为价值理论研究的出发点。在对"价值"概念的研究中，马克思特别强调："有必要对唯心主义的叙述方式作一纠正，这种叙述方式造成一种假象，似乎探讨的只是一些概念规定和这些概念的辩证法。因此，首先是弄清这样的说法：产品（或活动）成为商品；商品成为交换价值；交换价值成为货币。"① 以此为基础，马克思首先从交换价值的外在形态揭示出价值的内容；并在阐明使用价值是交换价值的物质承担者的基础上，明确了使用价值和价值是商品这一物质存在和社会产物的两个因素。这样，商品就成为马克思劳动价值论研究的起点。

第二，首次揭示出商品的二重存在形式，深入探讨生产商品的劳动的性质。马克思认为，商品具有作为"自然存在"的形式和作为"纯经济存在"的"二重存在"形式。"在纯经济存在中，商品是生产关系的单纯符号，字母，是它自身价值的单纯符号。"② 商品的"二重存在"主要有两层含义：一是商品本身和商品价值的二重存在。商品本身指的是商品的"自然存在"，反映的是商品的特殊性；商品价值则是商品的社会关系，是商品经济关系上的质的规定性。"商品的自然差别必然和商品的经济等价发生矛盾"③，即商品的使用价值

---

① 《马克思恩格斯全集》第 30 卷，人民出版社，1995 年版，第 101 页。
② 《马克思恩格斯文集》第 8 卷，人民出版社 2009 年版，第 38 页。
③ 《马克思恩格斯文集》第 8 卷，人民出版社 2009 年版，第 38 页。

和价值的二因素及其矛盾。二是商品的内在价值和外在交换价值的二重存在。价值不仅是商品的一般交换能力，同时也是一种商品交换其他商品的比例的指数。在对商品的二重存在形式的分析中，马克思进一步揭示了生产商品的劳动的二重性质，即一种是抽象的、质上相同只是在量上不同的劳动，另一种是自然的、在质上不同的具体劳动。在对价值形式发展的分析中，马克思又进一步提出了劳动时间的二重含义，即一是商品生产各自特殊的劳动时间，二是决定交换价值的一般劳动时间，揭示了社会必要劳动时间的最本质的规定性。

第三，首次从商品价值的内在规定中推导出货币的起源和本质。马克思认为，在商品交换中，首先必须把商品物质的、自然的属性撇开，其次发生交换关系的两种商品的价值必须转化为交换价值。在观念上，商品的二重存在形式一方面是商品的自然存在形式，另一方面就是在质上不同于另一种商品存在的作为交换价值符号的形式。商品的这种"二重存在形式"首先在"观念上"发生了变化；然后，在现实的交换过程中，就进一步转化为"实际上"的二重存在形式，即一方面是作为交换的商品本身，另一方面是与交换的商品本身相分离的，并作为交换价值独立存在的特殊商品。这种特殊商品就是货币。因此，货币是商品内在矛盾发展的必然结果。据此，马克思初步得出了科学的劳动价值论的两点重要结论：（1）"产品的交换价值产生出同产品并存的货币。因此，货币同特殊商品的并存所引起的混乱和矛盾，是不可能通过改变货币的形式而消除的……同样，只要交换价值仍然是产品的社会形式，废除货币本身也是不可能的。"① （2）作为同其他一切商品相对立的特殊商品，作为其他一切商品的交换价值的化身的规定性，货币具有四个重要属性：商品交换价值的尺度、交换手段、在契约上作为商品的代表、同其他一切特殊商品并存的一般商品。马克思强调："所有这些属性都单纯来自货币是同商品本身相分离的和对象化的交换价值这一规定。"②

第四，首次形成价值形式发展性质的基本思路，但未作系统考察。马克思在论述货币的本质时说明了金银作为货币实际上是在自身的一定量的物质形式上表现了商品世界其他一切商品的价值。随后，他又从分析"最原始的物物交换"出发，探讨了货币的本质规定性。他认为："产品作为交换价值的规定，

---

① 《马克思恩格斯文集》第8卷，人民出版社2009年版，第43页。
② 《马克思恩格斯文集》第8卷，人民出版社2009年版，第43页。

必然造成这样的结果：交换价值取得一个和产品相分离即相脱离的存在。同各种商品本身相脱离并且自身作为一种商品又同这些商品并存的交换价值，就是货币。"① 从价值形式发展的历史来看，货币的最初形式是与物物交换的低级阶段相适应的，这种物物交换中已蕴含了货币的萌芽，只是随着交换关系的发展，价值形式才取得了它的基本形式：商品—作为劳动时间象征的一般产品（货币）—其他商品。价值形式发展的原因在于：在商品交换中，商品生产中的一定量的劳动时间，并不表现在商品自身上，而表现在与含有同一劳动时间的、与其他一切产品相等的、可兑换的特殊商品上。货币就是作为这一特殊商品而成为商品交换可兑换的媒介的。马克思对价值形式发展性质的论述，在他后来的著作中得到了进一步的发挥。

马克思的《1857—1858年经济学手稿》为建立科学的劳动价值论体系作了充分的理论准备。《1861—1863年经济学手稿》最突出的理论研究新成果，就是对生产价格理论的研究。马克思在《1861—1863年经济学手稿》中首次探明了从价值到生产价格的转化关系，周详地考察了这一转化的内在机制。在价值到生产价格的转化过程中首先遇到的是生产费用问题。马克思首次区分了三种不同含义的生产费用：一是为生产过程预付的商品中包含的劳动，二是商品生产本身所花费的东西，三是预付资本的价格加平均利润决定的价格。在这三种含义的生产费用中，只有第一种含义的生产费用，才是同剩余价值向利润形式的转化相适应的。以此为基础，马克思分析了生产费用在价值转化为生产价格中的两级转化形式，指出在价值转化为生产价格的同时，按价值计算的生产费用也必然转化为按生产价格计算的生产费用。

在论述价值向生产价格的转化中，马克思指出，商品的价值是成本价格加利润。随着利润转化为平均利润，商品的价值也就转化为生产价格，即成本价格加平均利润。生产价格的形成是以利润转化为平均利润为前提的。这是通过部门间的竞争实现的，结果是等量资本获得等量利润。马克思首次提出了两种不同形式的竞争理论，揭示了竞争机制在转化中的作用。马克思认为资本存在"两种平均化运动"，即同一生产领域内部的平均化运动和不同生产领域之间的平均化运动；与此相适应，存在着两种不同形式的竞争，即同一生产部门内部的竞争和不同生产部门之间的竞争。而后一种竞争则是生产价格形成的机制，

---

① 《马克思恩格斯文集》第8卷，人民出版社2009年版，第42页。

它是借助于资本转移来实现的。马克思还对平均利润率进行了分析，指出它的实质在于，"全部剩余价值必须不是按各个特殊生产领域生产多少剩余价值的比例，而是按各个预付资本的大小的比例在它们之间进行分配"①。在平均利润率形式中，各部门内的利润和剩余价值不仅在相对量上，而且在绝对量上都不一致。这时，利润和剩余价值的内在联系完全消失了。最后，竞争的作用使利润平均化，使商品的价值转化为平均价格。马克思在《1861—1863 年经济学手稿》中提出的生产价格理论，既是劳动价值论在资本主义经济关系发展到一定阶段的具体运用，同时又是考察资本的特殊形式、剩余价值的特殊形式以及地租理论的重要前提。

三、剩余价值学说的创立

剩余价值理论是马克思科学研究中继唯物史观之后的第二个伟大的发现。这一伟大的发现，"使明亮的阳光照进了经济学的各个领域，而在这些领域中，从前社会主义者也曾像资产阶级经济学家一样在深沉的黑暗中摸索。科学社会主义就是以这个问题的解决为起点，并以此为中心的"②。这一伟大的发现也成为马克思揭示资本主义生产方式奥秘的核心内容。

1. 对资产阶级古典学派"难题"的解决

17 世纪中叶以来，资产阶级古典政治经济学家就对剩余价值如何产生的问题作过一定程度的研究。但是，"所有经济学家都犯了一个错误：他们不是纯粹地就剩余价值本身，而是在利润和地租这些特殊形式上来考察剩余价值"③。例如配第和法国的重农学派，都把地租当作剩余价值的一般形式。斯密尽管对利润、地租和利息等范畴首次作了系统研究，但他也没有把剩余价值本身当作一个专门范畴同它在利润和地租中所具有的特殊形式区别开来。之后，李嘉图又对这些特殊形式作了进一步的探讨，但他专注于利润和地租、利息之间的量的关系的探讨，也没有发现剩余价值的一般范畴。经济学说史上诸多经济学家都犯有这个错误，除了他们的阶级局限性和缺少科学的劳动价值论之外，另一个重要原因就是他们所运用的方法论的错误。这一错误主要表现在两方面：第一，他们不能从经济现象中揭示出本质规定性，"他们都是粗略地抓住现成的

---

① 《马克思恩格斯全集》第 34 卷，人民出版社 2008 年版，第 71—72 页。
② 《马克思恩格斯文集》第 9 卷，人民出版社 2009 年版，第 212 页。
③ 《马克思恩格斯全集》第 33 卷，人民出版社 2004 年版，第 7 页。

经验材料，只对这些材料感兴趣"①。第二，他们只是孤立地看待经济运行中的个别现象，不能揭示出这些现象之间的内在联系及其转化关系。他们不通过任何中介环节，直接把剩余价值同更为具体的形式即利润、利息和地租等混淆起来，由此产生了一系列不连贯的说法、没有解决的矛盾和荒谬的东西。剩余价值和利润的关系、等量资本获得等量利润，成为资产阶级政治经济学古典学派在剩余价值理论研究上陷入绝境的两大"难题"。

19 世纪 40 年代初，马克思在开始研究政治经济学时，就站在无产阶级立场上，揭示了资本、利润等范畴的社会历史性。他在《1844 年经济学哲学手稿》中已指出："资金只有当它给自己的所有者带来收入或利润的时候，才叫做资本。"② 资本是"对他人劳动产品的私有权"，是"对劳动及其产品的支配权力"③。他还证明，工资是异化劳动的直接结果，工资和利润的对立是资本对工人劳动占有、奴役和剥夺的结果。马克思对利润的社会历史性质的深刻认识，为他进一步探讨利润的一般性奠定了重要基础。

随着唯物史观的创立及其在政治经济学研究中的运用，特别是政治经济学科学方法论的创立，马克思在《1857—1858 年经济学手稿》中第一次提出了剩余价值一般的概念。马克思在对资本主义生产过程的分析中，从利润、利息的具体形式中抽象出剩余价值这一内在的、本质的规定性，从而把剩余价值看作是利润和利息的纯粹形式，把剩余价值一般和剩余价值特殊完全区分开来了。马克思初步提出了剩余价值和利润的转化关系。他认为，"利润只是剩余价值的第二级的、派生的和变形的形式，只是资产阶级的形式，在这个形式中，剩余价值起源的痕迹消失了"④。这里的"第二级的"一词，不仅具有由原生的生产关系转化而来的意义，而且还具有在形式上脱离原生的生产关系，形成更高层次的"非原生的生产关系"的意义。利润作为剩余价值的"第二级的"转化形式，不仅说明剩余价值是利润的源泉，是利润的本质；而且还说明，在剩余价值转化为利润时，利润已较剩余价值具有更复杂、更具体的规定性。

在《1861—1863 年经济学手稿》中，马克思对剩余价值一般作了更广泛的探讨。他把剩余价值一般和剩余价值特殊的转化关系，看作是资本一般形式到

---

① 《马克思恩格斯全集》第 33 卷，人民出版社 2004 年版，第 70 页。
② 《马克思恩格斯文集》第 1 卷，人民出版社 2009 年版，第 130 页。
③ 《马克思恩格斯文集》第 1 卷，人民出版社 2009 年版，第 129—130 页。
④ 《马克思恩格斯全集》第 30 卷，人民出版社 1995 年版，第 599 页。

资本特殊转化过程的有机组成部分。他认为，首先必须在"资本一般"基础上揭示"一般形式的剩余价值"，然后才有可能在商业资本、借贷资本形式上揭示剩余价值"分支"——利润、利息等的本质。同时，马克思也把剩余价值一般向剩余价值特殊的转化过程，同价值到生产价格的转化过程联系在一起，从而说明剩余价值一般不只是一种逻辑运动中的存在，同时也是资本现实运动中的存在。剩余价值一般的提出，揭示了剩余价值的本质，解决了资产阶级政治经济学古典学派在剩余价值理论研究中的第一个难题。

面对资产阶级政治经济学古典学派的第二个难题，马克思在《1857—1858年经济学手稿》中，就已着重在劳动价值论的基础上探讨等量资本获得等量利润的问题，提出了剩余价值转化为利润、利润平均化和平均利润的重要思想，但还未能在价值和生产价格这一质的转化关系上理解这些问题。在《1861—1863年经济学手稿》中，马克思第一次对剩余价值到利润和利润到平均利润的"两种转化"过程作了系统的探讨和论述。马克思认为，在这"两种转化"过程中，平均利润和生产价格形成的重要机制就是部门间竞争所发生的资本转移。马克思还认为，资本有机构成的差别和资本周转时间的不同，是形成不同的个别利润率，从而引起利润平均化的"源泉"。等量资本获得等量利润的现实，不是在价值基础上完成的，而是在价值的转化形式——生产价格基础上完成的。随着价值转化为生产价格，市场价格据以"旋转"的中心也不再是价值，而是生产价格。生产价格理论的形成，说明了商品的价值与生产价格之间存在的差额，实质上主要只是部门内创造的剩余价值和取得的平均利润之间的差额，而这种差额归根到底是剩余价值在各生产部门之间重新分配的结果，由此解决了资产阶级政治经济学古典学派的第二个难题。

2. 剩余价值理论的系统阐发

劳动力商品理论的提出，是揭示剩余价值源泉、解开资本对雇佣劳动剥削历史之谜的基础。19世纪40年代后半期，马克思就认为，在资本和雇佣劳动的交换关系中，"工人拿自己的劳动力换到生活资料，而资本家拿他的生活资料换到劳动，即工人的生产活动，亦即创造力量。工人通过这种创造力量不仅能补偿工人所消费的东西，并且还使积累起来的劳动具有比以前更大的价值"①。直到《1857—1858年经济学手稿》中，马克思才首次提出劳动力商品

---

① 《马克思恩格斯文集》第1卷，人民出版社2009年版，第726页。

理论的基本内容。他首先把资本运动分为两个过程，第一个过程是工人拿自己的商品同资本的一定货币额相交换；第二个过程是资本占有劳动的价值增殖过程。在对第一个过程的分析中，马克思先区分了"劳动"和"劳动力"。他认为，"工人出卖的只是对自己劳动能力的定时的支配权"①，而"劳动能力"本身"根本不存在于工人之外……只是在可能性上，作为工人的能力存在"②。"劳动能力"所具有的"使用价值受到资本的推动，它就会变成工人的一定的生产活动"③，即实现创造价值和使价值得到增殖的过程。因此，劳动实质上只是劳动能力使用价值实际发挥作用的过程。然后，马克思又进一步区分了"劳动能力"价值和"劳动能力"使用价值，认为"劳动能力"商品的价值也是由工人本身生产所耗费的那个劳动量决定的。最后，在对资本运动第二个过程的分析中，马克思指出："在资本方面表现为剩余价值的东西，正好在工人方面表现为超过他作为工人的需要，即超过他维持生命力的直接需要的剩余劳动。"④ 这样，马克思已把剩余价值归结为剩余劳动，并把剩余劳动归结为"劳动能力"使用价值创造的价值超过"劳动能力"自身价值的余额。劳动力商品理论成为揭示剩余价值源泉的重要理论基点。

在《1861—1863年经济学手稿》中，马克思进一步丰富和发展了劳动力商品理论。马克思是在"货币转化为资本"总命题下，在对"资本总公式"（G—W—G′）的深入分析中，对劳动力商品存在的历史条件、劳动力商品价值和使用价值的特殊性作了周详论述的。这一论述深刻表明，G—W—G′运动形式是揭示劳动力商品实质的逻辑前提，而劳动力商品又是G—W—G′运动形式存在和发生作用的实际基础。G—W—G′运动形式和简单商品流通的W—G—W运动形式的本质区别就在于，前者包含着劳动力这一特殊商品的买和卖的过程。只有在劳动力商品存在并发生作用的基础上，G—W—G′的价值增殖才可能是不违背商品经济基本规律的经济过程。马克思劳动力商品理论的创立，深刻地揭示了剩余价值的源泉。在剩余价值生产过程中，工人出卖给资本家的是劳动力，而不是劳动；工人获得的工资只是劳动力价值或价格的转化形式，资本获得的是劳动力的使用价值，劳动力使用价值创造的价值大于劳动力价值的

---

① 《马克思恩格斯全集》第30卷，人民出版社1995年版，第251页。
② 《马克思恩格斯全集》第30卷，人民出版社1995年版，第223—224页。
③ 《马克思恩格斯全集》第30卷，人民出版社1995年版，第224页。
④ 《马克思恩格斯全集》第30卷，人民出版社1995年版，第286页。

部分，就是被资本无偿占有的剩余价值，即利润的原生形态。马克思正是在严格意义的劳动价值论基础上阐明剩余价值起源的。

剩余价值生产形式理论是马克思在创立剩余价值理论的过程中最先提出来的。在《1857—1858年经济学手稿》中，马克思首次提到"绝对剩余价值"和"相对剩余价值"概念，并初步分析了相对剩余价值产生的原因。他认为，资本为力图创造更多的剩余价值不停运动，而生产力一旦成为资本的生产力，就自然成了创造更多剩余价值的物质条件。其原因在于，"工人劳动的提高了的生产力，由于缩短了补偿对象化在工人身上的劳动……所必需的时间，因而表现为工人用在资本价值增殖……上的劳动时间延长了"①。马克思还探讨了剩余价值"相对量"的增大与"生产力乘数"，即生产力增长倍数之间的相互作用关系。但是，马克思这时还没从历史和逻辑的统一上，阐明这两种剩余价值生产形式的内在联系。

在《1861—1863年经济学手稿》中，马克思才首次对绝对剩余价值和相对剩余价值之间的内在联系作了考察。他认为，从现代资本主义工业发展历史来看，绝对剩余价值是以资本生产的已有的"现实条件"，如土地自然的富饶程度为基础的；所利用的也不是由资本所创造的，而是由资本直接遇到的那种生产力水平为基础的。这时，生产力的既定程度是前提。相反，相对剩余价值则以发展了的社会生产力和已提高的劳动生产率为前提。之后，在《资本论》第一卷中，马克思进一步以简单协作、工场手工业和机器大工业这一历史发展为主线，再现了绝对剩余价值向相对剩余价值转化的历史过程。在《1861—1863年经济学手稿》中，马克思还引入了超额剩余价值的概念。马克思认为，超额剩余价值的实质就是，"用超过该生产阶段平均水平的更有生产效率的劳动方法作为例外生产出来的那个商品的个别价值，低于这个商品的一般的或社会的价值"②。相对剩余价值"这一暂时的剩余价值是生产方式变化的直接结果"③。在这里，马克思首次把资本的一般的、必然的趋势同这种趋势的表现形式区别开来，搞清了绝对剩余价值生产向相对剩余价值生产过渡的现实转化机制和逻辑上的"中介"环节。

在阐明剩余价值生产的两种基本形式的基础上，马克思提出了劳动从属于

①《马克思恩格斯全集》第30卷，人民出版社1995年版，第297页．
②《马克思恩格斯文集》第8卷，人民出版社2009年版，第388页。
③《马克思恩格斯文集》第8卷，人民出版社2009年版，第389页。

资本的两种基本形式的理论。劳动从属于资本的理论是剩余价值生产形式理论的赓续，是马克思剩余价值理论的重要组成部分。在《1861—1863 年经济学手稿》中，马克思认为，与两种剩余价值形式相适应的是劳动从属于资本的两种单独的形式，一种是劳动对资本的形式从属，一种是劳动对资本的实际从属。劳动对资本的形式从属的典型形式，发生在资本主义经济关系建立的初期。这时，与新兴的资本主义经济关系相适应的社会化大生产还没建立起来，生产力的活动方式还没发生根本的变化，劳动和资本之间除了买卖关系之外，还不存在任何政治上或社会上固定的统治和从属关系。但是，随着社会生产力的发展，资本有可能在更大规模上应用自然力、科学和机器，这时，"不仅是形式上的关系发生了变化，而且劳动过程本身也发生了变化。一方面，只是现在才表现为特殊生产方式的资本主义生产方式，创造出一种已经改变了的物质生产形态。另一方面，物质形态的这种改变构成了资本关系发展的基础，因此与资本关系完全适合的形态只是与物质生产力的一定发展阶段相适应的"①。劳动和资本的关系进入了"实际"从属的阶段。劳动对资本的实际从属标志着资本主义经济关系已取得与自身发展相适应的物质基础，资本主义生产方式进入它的成熟阶段。在劳动实际从属于资本的阶段，劳动已完全成了一种"异己"的所有制，随着资本主义经济关系的发展，"资本家对这种劳动的异己的所有制，只有通过他的所有制改造为非孤立的单个人的所有制，也就是改造为联合起来的、社会的个人的所有制，才可能被消灭"②。劳动对资本的实际从属潜伏着资本主义经济关系自我扬弃的因素。因此，马克思所阐明的劳动从属于资本的理论，不仅揭示了雇佣劳动隶属于资本的经济实质，而且包含着资本所有制转化为"社会的个人的所有制"的思想，揭示了资本所有制最终崩溃的内在必然性。

剩余价值理论的创立，是马克思划时代的功绩。马克思"彻底弄清了资本和劳动的关系"③，揭示了剩余价值的真正来源，揭开了现代资本主义社会内部资产阶级对无产阶级剥削的秘密，"发现了现代资本主义生产方式和它所产生的资产阶级社会的特殊的运动规律"④。

---

① 《马克思恩格斯文集》第 8 卷，人民出版社 2009 年版，第 383—384 页。
② 《马克思恩格斯文集》第 8 卷，人民出版社 2009 年版，第 386 页。
③ 《马克思恩格斯文集》第 3 卷，人民出版社 2009 年版，第 460 页。
④ 《马克思恩格斯文集》第 3 卷，人民出版社 2009 年版，第 601 页。

第二节 《资本论》的问世

《资本论》是马克思在长期参加阶级斗争和科学实验、掌握大量的实际资料和思想材料、批判地吸收和发展人类优秀文化遗产（特别是英国资产阶级古典政治经济学）的基础上创作的一部划时代的巨著。

一、《资本论》第一卷的出版

1867 年 9 月 14 日，马克思经过 20 多年呕心沥血刻苦钻研而写成的划时代巨著《资本论》第一卷终于在德国汉堡正式出版。这一巨著的问世，标志着马克思主义政治经济学的诞生，《资本论》是马克思主义发展史上极其重要的里程碑。

马克思在《资本论》第一卷中，不仅更加全面系统地阐述了《1857—1858年经济学手稿》和《1861—1863 年经济学手稿》等著作中所创立的科学劳动价值论和剩余价值论，而且更加全面系统地揭示了资本主义经济运动的基本规律，并在此基础上深刻地揭示了资本主义生产方式的历史地位及其灭亡的客观必然性。

1. 科学地揭示资本主义生产方式的本质特征

第一，资本主义生产方式最本质的特征是劳动者与生产资料完全分离。资本主义生产方式的历史起点是资本的原始积累。马克思通过对资本原始积累过程的分析，深刻地揭示出："所谓原始积累只不过是生产者和生产资料分离的历史过程。"[①] 资本原始积累，一方面使大量的社会财富迅速集中在少数人手中，并转化为资本；另一方面，大批的直接生产者突然被剥夺了生产资料，变成一无所有的自由劳动者，这是资本主义生产的基本前提和本质特征。马克思指出，生产者和生产资料的分离过程是同资本主义以前各种生产关系的解体过程同时进行的，这是社会生产力发展的必然结果。随着生产力的发展，小生产的生产方式已无法与商品生产过程中的生产资料和资本的积聚以及劳动的日益社会化的历史必然趋势相适应。小生产生产方式被消灭的过程，同时也就是个人的分散的生产资料转化为社会的积聚的生产资料，多数人的小财产转化为少数人的大财产的过程。在这一过程中，广大劳动群众被剥夺了土地、生活资料

---

① 《马克思恩格斯文集》第 5 卷，人民出版社 2009 年版，第 822 页。

和工具，从而造成了生产者—生产资料的完全分离。资本主义生产方式就是在这一分离过程中产生的。

第二，资本主义生产是高度发达的社会化商品生产。马克思指出，资本主义生产的直接历史前提是简单商品生产，但它在本质上又不同于简单商品生产。资本主义生产是社会化的商品生产。在资本主义生产方式占统治地位的条件下，全部物质财富都采取商品的形式，"资本主义生产方式占统治地位的社会的财富，表现为'庞大的商品堆积'"①。商品是资本主义经济的细胞，商品交换成了资本主义经济中最常见、最普遍、最基本的现象。在资本主义社会里，不仅一切劳动产品成为商品，连工人的劳动力都变成了商品，商品关系已经渗透到社会生活的各个领域，到处都是商品买卖原则占统治地位。高度发达的商品生产，极大地促进了资本主义经济的发展，同时资本主义社会的一切矛盾也都由此发展起来。马克思正是从对商品这一包含着资本主义一切矛盾萌芽的基本细胞的分析入手，最终揭示了资本主义社会的内在矛盾及其发展规律。

第三，资本主义生产的实质是剩余价值的生产。剩余价值的生产是资本主义生产的实质。资本的本性就是在不断的运动中实现价值的增殖。资本主义生产的特征不仅是生产使用价值，而且是生产价值，更是生产剩余价值。马克思指出：剩余价值的生产"是资本主义生产的直接目的和决定性动机"②。马克思通过对劳动二重性、不变资本和可变资本、相对剩余价值和绝对剩余价值的分析，指出追求最大限度的剩余价值是资本主义生产的本质和根本目的。剩余价值规律是资本主义生产方式的绝对规律，它在资本主义的整个历史阶段始终起着支配作用，并且贯彻到资本主义生产、交换、分配和消费等一切主要方面。剩余价值规律作为资本主义的基本经济规律制约着资本主义生产方式产生、发展和灭亡的全部过程。

2. 科学地分析资本主义生产方式的历史作用及其根本局限性

第一，揭示资本主义生产方式的历史作用。马克思指出，资本主义是在封建社会内部孕育并发展起来的，是适应社会生产力发展的需要而建立的一种崭新的生产方式，因此它的历史使命就是发展生产力，从而在客观上为新的社会形态创造出必要的物质前提。资本主义创造了历史上前所未有的巨大生产力，

---

① 《马克思恩格斯文集》第 5 卷，人民出版社 2009 年版，第 47 页。
② 《马克思恩格斯文集》第 7 卷，人民出版社 2009 年版，第 272 页。

这首先要归结为剩余价值规律的作用。正是剩余价值的内在规律和竞争的外在压力，迫使资本家不顾一切自然和历史的限制，拼命地扩大再生产。资本对剩余价值的无限追求造成了无止境扩大生产的趋势。在这一过程中，资本发挥了极大的革命作用，它将个别劳动转化为社会劳动，极大地发展了协作和分工，并将科学纳入生产过程，形成了庞大的机器体系和生产机体，驱使巨大的自然力为人类需要服务，这必然使社会生产力获得空前发展。

资本主义生产方式也创造出了世界性的、内容广泛的人们之间的社会关系和联系。资本主义商品生产的发展使货币交换成为人们之间进行联系的唯一手段，使人们之间的联系变成了超越地域、血缘、民族和语言等一切原有界限的全面的社会关系，这样就为实现人的个性的全面发展创造了必要的条件。

资本主义生产方式在现实的生产过程中还改造了人的需要，生产出了具有广泛需要的人。马克思指出，资本主义生产方式虽然在本质上具有敌视人、压迫人的性质，并导致了人的需要畸形发展，但它所创造的巨大社会生产力和物质财富在客观上却为满足人们日益丰富和广泛的需要创造了必要的物质前提。

第二，揭示资本主义生产方式的根本局限性及其暂时性。通过对资本主义生产方式产生发展过程及其内在矛盾的分析，马克思深刻揭示出其根本的历史局限性和暂时性。他指出，这是由其自身的无法克服的内在矛盾决定的。马克思明确指出："资产阶级的生产，由于它本身的内在规律，一方面不得不这样发展生产力，就好像它不是在一个有限的社会基础上的生产，另一方面它又毕竟只能在这种局限性的范围内发展生产力，——这种情况是危机的最深刻、最隐秘的原因，是在危机中爆发的种种矛盾的最深刻、最隐秘的原因，资产阶级的生产就是在这些矛盾中运动，这些矛盾，即使粗略地看，也表明资产阶级生产只是历史的过渡形式。"[①] 一是，资本主义生产方式必然造成资本同劳动之间的对立，即无产阶级与资产阶级之间的根本对立，这是资本主义生产方式内在的根本的对立，同时也正是这种对立形式孕育了资本主义的掘墓人，即作为新的生产方式和社会形态的代表者——无产阶级。二是，资本主义生产方式必然造成生产社会化与生产资料私人占有之间的矛盾。资本主义被社会主义和共产主义所替代，正是由资本主义生产方式的这一内在矛盾的发展所导致的。马克思正是依据资本主义社会生产方式本质的内在矛盾及其运动方式与发展趋势来

---

① 《马克思恩格斯全集》第 35 卷，人民出版社 2013 年版，第 88 页。

揭示资本主义生产方式的局限性，以及它被社会主义和共产主义所取代的历史必然性的。

综上可见，马克思在《资本论》第一卷不仅系统阐述了科学的劳动价值论和剩余价值理论，而且科学地揭示了资本主义生产方式产生、发展和灭亡的历史必然性，体现了马克思主义政治经济学的高度革命性和科学性的统一。

二、《资本论》第二、三卷的创作与出版

《资本论》创作耗费了马克思毕生的心血和精力，但由于种种原因，马克思生前只出版了第一卷，但他写作了大量的手稿，特别是《1863—1865 年经济学手稿》奠定了《资本论》的框架和基础。1866 年马克思把第一卷手稿整理出版为《资本论》第一卷德文第一版。但《资本论》第一卷手稿的最后一章"直接生产过程的结果"没有用在正式出版的《资本论》第一卷中。剩下的《资本论》第二卷的第一稿和第三卷的手稿成为恩格斯后来整理出版《资本论》的依据和基础。

1883 年 3 月 14 日，马克思与世长辞，编辑、出版《资本论》第二、三卷的重要任务就落在了恩格斯的肩上。1883 年 3 月 15 日，恩格斯在整理马克思的遗物中第一次接触到《资本论》的手稿。当他开始着手编辑出版《资本论》第二、三卷时，要做的第一件工作就是辨认马克思的笔迹和誊清稿件。为了加快工作的进度，恩格斯聘请了一位助手，由自己口授，助手记录。在编辑《资本论》第二卷中，恩格斯发现，马克思的手稿是多份和零散的，这给编辑工作带来很大困难。恩格斯在给劳拉·拉法格的信中说道："第二卷要花去我非常多的劳动，至少第二册是这样。有一份完整的稿子，大约是 1868 年写的，但这只是一个草稿。此外至少还有三份甚至四份属于不同的较晚时期的修改稿，但其中没有一份是完成了的。要从中搞出一份定稿来，那可是一件吃力的事情！"[①] 在《资本论》第二卷的编辑中，恩格斯主要做了三个方面的工作：一是根据马克思的原意，对马克思写作的手稿作了编排，把它编成一部具有内在联系的完整的著作；二是为《资本论》第二卷制定了一个包括 3 篇 21 章 45 节的完整的结构；三是为了使叙述更为确切、逻辑更为严密，恩格斯对马克思的原稿作了一定的必要的加工和修改。经过辛勤劳动，1885 年《资本论》第二卷

---

① 《马克思恩格斯全集》第 36 卷，人民出版社 1975 年版，第 31 页。

出版了。《资本论》第三卷是恩格斯自 1885 年开始，用了 9 年的时间编辑出版的。恩格斯根据《资本论》第三卷所要阐释的内容从篇章结构上对马克思的手稿作出新的编排，具体分为 7 篇 52 章，并增写了各章节的标题，使第三卷成为系统的和尽可能完善的著作。与此同时，恩格斯通过加工整理材料，补写了正文的内容，弥补了手稿的不连贯性。此外，恩格斯还根据资本主义发展的新情况为第三卷写了序言并进行了增补，除了在正文中增补字句、段落、章节、注释外，还写了《价值规律和利润率》《交易所》两篇增补专论，使《资本论》第三卷具有了新的意义。

《资本论》第二、三卷的编辑、出版饱含着恩格斯的创造性劳动，他对马克思主义政治经济学作出了不可磨灭的重大贡献。《资本论》是马克思和恩格斯两人心血的共同结晶，"恩格斯出版《资本论》第 2 卷和第 3 卷，就是替他的天才朋友建立了一座庄严宏伟的纪念碑，无意中也把自己的名字不可磨灭地铭刻在上面了"①。

第三节　对唯物史观和唯物辩证法的科学论证和重大发展

《资本论》不仅系统阐述了马克思主义政治经济学的基本原理及其科学体系，同时也是对唯物史观和唯物辩证法在政治经济学研究中的运用和科学论证，极大地丰富和发展了马克思主义哲学，特别是使唯物史观由科学假设成为被科学地证明了的原理。

一、《资本论》对唯物史观的科学论证

在马克思主义发展史上，《资本论》第一卷不仅是马克思主义政治经济学的最重要的著作，而且也是马克思主义哲学的最主要的著作。因为，它把唯物史观作为科学的世界观和方法论应用于一种具体的社会形态，即资本主义社会的研究，应用于一门具体科学，即政治经济学的研究，从而使唯物史观得到了充分而严格的验证。因此，列宁得出一个极为重要的科学结论："自从《资本

---

① 《列宁专题文集　论马克思主义》，人民出版社 2009 年版，第 58 页。

论》问世以来，唯物主义历史观已经不是假设，而是科学地证明了的原理。"①

事实上，唯物史观的确立与马克思对政治经济学的研究以及对资本主义生产方式的剖析本来就是密不可分的。在《〈政治经济学批判〉序言》中，马克思对唯物史观的基本思想作了经典表述，并指出这是他从研究经济学中得出并一经得出就用以指导经济学研究的基本结论。这就是："人们在自己生活的社会生产中发生一定的、必然的、不以他们的意志为转移的关系，即同他们的物质生产力的一定发展阶段相适合的生产关系。这些生产关系的总和构成社会的经济结构，即有法律的和政治的上层建筑竖立其上并有一定的社会意识形式与之相适应的现实基础。物质生活的生产方式制约着整个社会生活、政治生活和精神生活的过程。不是人们的意识决定人们的存在，相反，是人们的社会存在决定人们的意识。社会的物质生产力发展到一定阶段，便同它们一直在其中运动的现存生产关系或财产关系（这只是生产关系的法律用语）发生矛盾。于是这些关系便由生产力的发展形式变成生产力的桎梏。那时社会革命的时代就到来了。随着经济基础的变更，全部庞大的上层建筑也或慢或快地发生变革。"② 《资本论》正是以上述唯物史观的基本思想为指导，通过深刻分析资本主义生产方式，揭示了资本主义社会发展的基本规律，同时也使唯物史观得到科学的验证和进一步的丰富发展。这主要表现在以下几个方面。

1. 论证生产力与生产关系的辩证关系

马克思在《资本论》中通过对资本主义生产方式的科学分析，证明唯物史观关于生产力与生产关系辩证关系的原理，深刻揭示出物质生产在社会生活中的决定作用。

马克思首先通过对劳动过程的分析，揭示了生产力与生产关系的辩证关系。他指出："劳动首先是人和自然之间的过程，是人以自身的活动来中介、调整和控制人和自然之间的物质变换的过程。"③ 劳动是人类社会存在和发展的基础和前提，因此研究劳动过程，分析物质生产并阐明其对社会发展的决定作用，这本身就是唯物史观的出发点和极为重要的理论内容。马克思在《资本论》中不仅十分重视对劳动过程的具体分析，而且由此进一步深刻地揭示了生产力范畴的内涵。他指出："劳动过程的简单要素是：有目的的活动或劳动本

---

① 《列宁专题文集　论辩证唯物主义和历史唯物主义》，人民出版社 2009 年版，第 163 页。
② 《马克思恩格斯文集》第 2 卷，人民出版社 2009 年版，第 591—592 页。
③ 《马克思恩格斯文集》第 5 卷，人民出版社 2009 年版，第 207—208 页。

身，劳动对象和劳动资料。"① 劳动过程诸要素的有机结合，就形成现实的生产力。影响生产力发展的因素是多种多样的。"劳动生产力是由多种情况决定的，其中包括：工人的平均熟练程度，科学的发展水平和它在工艺上应用的程度，生产过程的社会结合，生产资料的规模和效能，以及自然条件。"② 这些因素的不断改进和共同作用使得社会劳动生产力不断由低级向高级发展。

在马克思看来，在生产力的诸要素中劳动资料具有决定性意义，"劳动资料不仅是人类劳动力发展的测量器，而且是劳动借以进行的社会关系的指示器"③。劳动过程的诸要素在劳动生产中是以一定的方式有机地结合在一起的。这种结合的方式首先表现为生产资料的所有制。任何劳动生产都是和一定的所有制形式相联系的，"在任何财产形式都不存在的地方，就谈不到任何生产，因此也就谈不到任何社会"④。这说明，生产力必定是在一定的生产关系中实现的。马克思指出，生产关系就是"人们在他们的社会生活过程中、在他们的社会生活的生产中所处的各种关系"⑤。生产关系就是人们在生产过程中以生产资料所有制为基础形成的客观的社会关系。

生产力和生产关系是构成社会生产方式的两个基本方面。马克思在《资本论》中通过对资本主义生产方式的分析，深刻阐明生产力与生产关系的辩证统一关系，进一步证明资本主义社会同其他一切社会一样都遵循着生产关系一定要适合生产力发展状况的客观规律。

马克思通过具体分析资本主义生产关系形成与发展的过程，揭示出资本主义生产关系的产生是生产力发展的必然结果，从而具体验证了唯物史观关于生产力决定生产关系的基本原理。他指出：资本主义社会的经济结构是从封建社会的经济结构中产生的。《资本论》关于资本原始积累的分析，深入揭示了这一历史过程。在封建社会内部，由于商品生产两极化的内在规律，造就了资本主义生产的基本条件。所谓资本主义原始积累的过程就是生产者和生产资料相互分离的过程。"资本主义生产一旦站稳脚跟，它就不仅保持这种分离，而且以不断扩大的规模再生产这种分离。"⑥ 可见，资本主义生产关系是历史发展的

①　《马克思恩格斯文集》第 5 卷，人民出版社 2009 年版，第 208 页。
②　《马克思恩格斯文集》第 5 卷，人民出版社 2009 年版，第 53 页。
③　《马克思恩格斯文集》第 5 卷，人民出版社 2009 年版，第 210 页。
④　《马克思恩格斯文集》第 8 卷，北京：人民出版社 2009 年版，第 11 页。
⑤　《马克思恩格斯文集》第 7 卷，北京：人民出版社 2009 年版，第 994 页。
⑥　《马克思恩格斯文集》第 5 卷，北京：人民出版社 2009 年版，第 821—822 页。

产物，是社会生产力发展的必然结果。由于资本的本性是最大限度地追求剩余价值，剩余价值的一部分被用来扩大再生产，而资本家的竞争，又加剧了资本的集中，社会财富越来越集中于少数资本家手中，生产规模日益扩大，因此资本主义社会的生产必然是社会化大生产。然而，由于资本主义社会的生产资料为少数资本家私人占有，这就与社会化大生产形成不可调和的矛盾。同时，无产阶级的产生及其同资产阶级的矛盾，个别企业生产的有组织和整个社会生产的无政府状态矛盾的不断加剧，最终将导致资本主义生产关系的破裂，资本主义社会必将灭亡是生产力和生产关系矛盾运动的必然结果。马克思指出："资本的垄断成了与这种垄断一起并在这种垄断之下繁盛起来的生产方式的桎梏。生产资料的集中和劳动的社会化，达到了同它们的资本主义外壳不能相容的地步。这个外壳就要炸毁了。资本主义私有制的丧钟就要响了。剥夺者就要被剥夺了。"①

2. 科学论证经济基础与上层建筑的辩证关系

马克思在《资本论》中通过对资本主义社会经济基础与上层建筑矛盾运动的具体分析，科学地验证了唯物史观关于上层建筑一定要适合经济状况的规律。正如列宁所指出的，《资本论》"完全用生产关系来说明该社会形态的构成和发展，但又随时随地探究与这种生产关系相适应的上层建筑，使骨骼有血有肉"②。它使"读者看到整个资本主义社会形态是个活生生的形态：有它的日常生活的各个方面，有它的生产关系所固有的阶级对抗的实际社会表现，有维护资本家阶级统治的资产阶级政治上层建筑，有资产阶级的自由平等之类的思想，有资产阶级的家庭关系"③。

在《资本论》中，马克思具体分析了资产阶级意识形态对资本主义生产关系的依赖关系。例如宗教，在资本主义生产关系出现之前，由于生产力水平的低下，人们在物质生活生产过程中的内部关系，即他们彼此之间以及他们同自然的关系是很狭隘的。这种关系的狭隘性就观念地反映在自然宗教和民间宗教中。而在商品生产者的社会里，"一般的社会生产关系是这样的：生产者把他们的产品当做商品，从而当做价值来对待，而且通过这种物的形式，把他们的私人劳动当做等同的人类劳动来互相发生关系。对于这种社会来说，崇拜抽象

---

① 《马克思恩格斯文集》第5卷，人民出版社2009年版，第874页。
② 《列宁专题文集　论辩证唯物主义和历史唯物主义》，人民出版社2009年版，第162页。
③ 《列宁专题文集　论辩证唯物主义和历史唯物主义》，人民出版社2009年版，第162页。

人的基督教，特别是资产阶级发展阶段的基督教，如新教、自然神教等等，是最适当的宗教形式"①。道德也是如此。资产阶级一方面提倡所谓的天赋人权，鼓吹自由、平等、博爱，即对抽象人的崇拜，另一方面实际信奉的却是最粗俗的拜物教和最卑劣的个人主义。他们鼓吹的"勤劳""节欲"的美德，只是针对劳动者的，充分暴露出资产阶级道德的伪善。马克思认为，这是由资本无限制攫取剩余价值的本性所决定的，因为从总的方面来说，"这也并不取决于个别资本家的善意或恶意。自由竞争使资本主义生产的内在规律作为外在的强制规律对每个资本家起作用"②。

马克思在考察资本主义社会的经济基础和上层建筑的辩证关系时，深刻地揭示出资本主义的生产关系决定着它们的法权关系，指出资产阶级标榜的权利平等和公平，不过是商品生产关系的抽象表达。在资本主义条件下，产品的所有者必须按照价值尺度进行自由交换，才能使产品成为商品。"为了使这些物作为商品彼此发生关系，商品监护人必须作为有自己的意志体现在这些物中的人彼此发生关系，因此，一方只有符合另一方的意志，就是说每一方只有通过双方共同一致的意志行为，才能让渡自己的商品，占有别人的商品。可见，他们必须彼此承认对方是私有者。这种具有契约形式的（不管这种契约是不是用法律固定下来的）法的关系，是一种反映着经济关系的意志关系。这种法的关系或意志关系的内容是由这种经济关系本身决定的。"③资本主义的法权关系只是其生产关系的政治外壳和表现形式而已。

在《资本论》中，马克思不仅论证了资本主义社会经济基础即生产关系对上层建筑的决定作用，而且也对作为上层建筑的国家权力对经济基础的反作用进行着重研究。他指出，资产阶级的国家政权、法律制度对资本主义所有制的巩固和发展起了巨大的作用。如在资本主义原始积累过程中，国家权力对资本剥夺劳动者劳动资料的所有权起了巨大的作用，国家通过有组织的社会暴力对资本主义生产方式的确立和发展发挥过很大的作用。如英国的圈地运动迫使大批农民丧失生产资料，并使他们成为出卖劳动力的雇佣劳动者，这就是资产阶级利用国家暴力和法律的强制所造成的结果。资本主义生产方式一经确立，国家权力和法律对资本主义所有制的巩固和发展的作用就十分显著和重要。如

---

① 《马克思恩格斯文集》第 5 卷，人民出版社 2009 年版，第 97 页。
② 《马克思恩格斯文集》第 5 卷，人民出版社 2009 年版，第 312 页。
③ 《马克思恩格斯文集》第 5 卷，人民出版社 2009 年版，第 103 页。

"新兴的资产阶级为了'规定'工资，即把工资强制地限制在有利于赚钱的界限内，为了延长工作日并使工人本身处于正常程度的从属状态，就需要并运用国家权力"①。这是所谓原始积累的一个重要因素。这充分表明，资产阶级的国家权力和法律是适应资本主义生产关系的需要而产生的，是为其服务的。

3. 论证社会存在决定社会意识的原则

在《资本论》中，马克思通过对拜物教等资本主义社会特有的思想意识产生的社会经济根源的分析，科学地验证了唯物史观关于社会存在决定社会意识的根本观点。在资本主义社会中，商品和资本起着支配和决定性作用，因此人们将商品看成仿佛具有自己的生命并支配着人的神秘物而加以崇拜，就像宗教对神的崇拜一样。马克思将这种意识称为商品拜物教。

马克思深刻揭示出商品拜物教产生的根源："商品形式在人们面前把人们本身劳动的社会性质反映成劳动产品本身的物的性质，反映成这些物的天然的社会属性，从而把生产者同总劳动的社会关系反映成存在于生产者之外的物与物之间的社会关系。由于这种转换，劳动产品成了商品，成了可感觉而又超感觉的物或社会的物。"② 这就是说，商品拜物教的实质就是，它把人们自身的劳动的社会性质表现为商品的物的性质，把人们在生产中的社会关系表现为处于他们之外的物与物之间的关系。可见，商品拜物教这种社会意识实际上是对商品生产中的社会关系的一种颠倒和歪曲的反映。这样，马克思就深刻地说明，任何社会意识都是对社会存在的反映，即使是像商品拜物教这种从颠倒、虚幻的形式表现出来的观念也不过是对资本主义生产方式这种社会存在的反映。

4. 论证和揭示人类历史发展的一般趋势和规律

在深刻分析资本主义必然会被共产主义所代替的历史趋势的基础上，马克思不仅科学地说明了社会形态的更替和发展是基于生产力与生产关系矛盾运动的自然历史过程，而且还深入揭示人类历史发展的一般趋势。在为创作《资本论》而写的《1857—1858 年经济学手稿》中，马克思提出用人的发展状况以及和其相对应的社会发展形式来揭示人类历史发展一般趋势的思想。他指出："人的依赖关系（起初完全是自然发生的），是最初的社会形式，在这种形式下，人的生产能力只是在狭小的范围内和孤立的地点上发展着。以物的依赖性

---

① 《马克思恩格斯文集》第 5 卷，人民出版社 2009 年版，第 847 页。
② 《马克思恩格斯文集》第 5 卷，人民出版社 2009 年版，第 89 页。

为基础的人的独立性，是第二大形式，在这种形式下，才形成普遍的社会物质变换、全面的关系、多方面的需要以及全面的能力的体系。建立在个人全面发展和他们共同的、社会的生产能力成为从属于他们的社会财富这一基础上的自由个性，是第三个阶段。第二个阶段为第三个阶段创造条件。因此，家长制的，古代的（以及封建的）状态随着商业、奢侈、货币、交换价值的发展而没落下去，现代社会则随着这些东西同步发展起来。"①

需要强调的是，马克思这一理论是以生产方式的发展为基础，以人的发展状况为侧重点来阐述人类历史发展一般趋势及其规律的。他把人的发展状况看作是社会经济关系发展状况的一个侧面，力求通过对人的发展和人与自然相互作用，特别是个人与社会之间关系状况的分析来全面把握社会历史发展的一般趋势及其规律。

在以自然经济为基础的第一大社会形式中，由于生产力极端低下，人们只是在狭窄的范围内和孤立的地点上发展着，个人与社会的联系十分贫乏，只存在以自然血缘关系为基础的原始共同体。随着分工和交换的出现，以血缘为基础的原始共同体逐渐为地域共同体（如奴隶社会和封建社会的农业公社和城市公社）所取代。对地域共同体的特征，马克思在《资本论》中给予了十分明确的阐述："人都是互相依赖的：农奴和领主，陪臣和诸侯，俗人和牧师。物质生产的社会关系以及建立在这种生产的基础上的生活领域，都是以人身依附为特征的。"② 随着生产力的进一步发展，分工和交换逐渐扩大，导致共同体内部私有制的发展，自然经济条件下的劳动者与劳动条件的天然统一开始被破坏，商品经济逐渐取代了自然经济。商品经济最直接、最主要的后果，就是造成人的孤立化和人对物的依赖性，造成原始共同体的瓦解。

在以商品经济为基础的第二大社会形式中；人的发展也进入了第二个阶段。马克思指出，由于商品经济的繁荣以及分工和交换的发展，形成了一个货币对人统治的社会，即个人全面依赖于物的社会。特别是在典型的商品经济为基础的社会形式中，生产的目的不是创造使用价值，而是为了创造交换价值。这种生产方式造成原始共同体中的那种人的依赖关系彻底解体，并以此作为自己发展的基本前提。人不再直接地依赖别人或者依赖某种共同体，而是依赖于

① 《马克思恩格斯文集》第 8 卷，人民出版社 2009 年版，第 52 页。
② 《马克思恩格斯文集》第 5 卷，人民出版社 2009 年版，第 94—95 页。

物，依赖于商品和货币，这样，"人和人之间的社会关系可以说是颠倒地表现出来的，就是说，表现为物和物之间的社会关系"①。在以商品经济为基础的社会形式中，社会生产力的发展创造出巨大的物质财富，显示出人的本质性力量，人不再是自然必然性的奴隶，在社会经济生活中显示出人相对于自然的独立性；同时也形成了普遍的社会物质变换、全面的关系、多方面的需求和全面的能力体系。但这种人的独立性是不完全的，此时所形成普遍的社会物质变换、全面的关系、多方面的需求和全面的能力体系也是有局限性的，都是建立在人对物的依赖性的基础之上的。

马克思认为，在以产品经济为基础的第三大社会形式中，生产的发展和财富的增长必然和人的全面发展相一致，从而人类全部力量的全面发展成为目的本身，其基本特征就是"建立在个人全面发展和他们共同的、社会的生产能力成为从属于他们的社会财富这一基础上的自由个性"②。这种人的全面发展的自由个性"不是自然的产物，而是历史的产物。要使这种个性成为可能，能力的发展就要达到一定的程度和全面性，这正是以建立在交换价值基础上的生产为前提的，这种生产才在产生出个人同自己和同别人相异化的普遍性的同时，也产生出个人关系和个人能力的普遍性和全面性"③。正是社会化的商品生产赋予劳动以科学的性质，造就人自身能力和个人关系得以普遍和全面发展的客观条件，从而为未来社会全面发展的自由个性创造了自由时间和发展空间的前提和可能。

马克思关于人的发展状况和社会发展三大形式的理论具有十分丰富的内涵和深刻的内容，他在考察三大社会形态演进的过程中始终把下述序列看作是同步的过程：在人的发展形态上是从人的依赖关系到以物的依赖性为基础的人的独立性，再到全面的自由个性的发展；在经济发展形式上是从自然经济到商品经济，再到产品经济；在社会生活组织形式上是从自然共同体到经济政治共同体，再到自由人联合体，这是一个由必然到自由的过程，也是一个由低级到高级的合乎规律的过程。这样，马克思不仅全方位地揭示了人类历史发展的一般趋势及其规律，而且也为深入考察社会发展的历史过程提供了一个新的理论视角。

---

① 《马克思恩格斯全集》第 31 卷，人民出版社 1998 年版，第 426 页。
② 《马克思恩格斯文集》第 8 卷，人民出版社 2009 年版，第 52 页。
③ 《马克思恩格斯文集》第 8 卷，人民出版社 2009 年版，第 56 页。

在《资本论》及其手稿中马克思不仅以人的发展状况为着眼点考察了相应的社会形式的发展，而且更加着重对以生产关系或所有制为基础的社会形态的分析考察。马克思在著名的《〈政治经济学批判〉序言》中，在对唯物史观的基本观点作了经典表述后明确指出："大体说来，亚细亚的、古希腊罗马的、封建的和现代资产阶级的生产方式可以看做是经济的社会形态演进的几个时代。资产阶级的生产关系是社会生产过程的最后一个对抗形式，这里所说的对抗，不是指个人的对抗，而是指从个人的社会生活条件中生长出来的对抗；但是，在资产阶级社会的胎胞里发展的生产力，同时又创造着解决这种对抗的物质条件。因此，人类社会的史前时期就以这种社会形态而告终。"① 这是马克思在《资本论》中贯穿始终的基本观点。在这一唯物史观基本观点的指导下，马克思深入揭示了社会历史发展的一般规律，科学地分析了资本主义生产方式产生的历史必然性及其内在的矛盾的运动发展，论证了其必然灭亡并被未来共产主义所取代的历史必然性。

二、《资本论》对唯物辩证法的运用和丰富

《资本论》之所以能科学而深刻地揭示资本主义社会的本质及其规律，还在于马克思运用了唯物辩证的科学方法论。《资本论》的方法论的最大特色，就是把逻辑、辩证法和认识论有机统一起来。正如列宁所说："在《资本论》中，唯物主义的逻辑、辩证法和认识论不必要三个词：它们是同一个东西都应用于一门科学。"②

第一，从抽象上升到具体的方法。马克思认为，政治经济学的研究离不开科学抽象的方法，即以抽象思维为特征的、辩证的逻辑方法。为揭示资本主义生产方式的基本规律，马克思在《资本论》中通过对大量经验材料的研究和概括，形成各种科学概念或范畴，并根据它们的发展所表现出来的连贯性，将它们逻辑地联系起来，这就是从抽象到具体的方法。资本主义生产方式是一个从胚胎到成熟、从简单到复杂发展的客观过程，因而要在思维中把握和再现这一过程，就必须运用从抽象到具体的科学方法。

马克思指出，人们在思维中把握客观对象，要经历两条前后相继而又方向

---

① 《马克思恩格斯文集》第 2 卷，人民出版社 2009 年版，第 592 页。
② 《列宁专题文集 论辩证唯物主义和历史唯物主义》，人民出版社 2009 年版，第 145 页。

相反的道路。"在第一条道路上，完整的表象蒸发为抽象的规定；在第二条道路上，抽象的规定在思维行程中导致具体的再现。"① 马克思认为，后一种显然是科学上正确的方法。因为第一条道路正是资产阶级古典经济学所走的道路，事实证明是错误的。

马克思在《资本论》中对资本主义社会这一复杂整体的认识，就是遵循从抽象上升到具体的道路，从"商品"这个简单、抽象的规定开始自己的思维进程的。马克思从揭示商品的内部矛盾过渡到分析货币，再从货币过渡到资本，从资本过渡到剩余价值，从绝对剩余价值过渡到相对剩余价值，再从绝对剩余价值和相对剩余价值的综合考察，揭示出工资的本质、运动规律及其采取的各种形式。这就是《资本论》第一卷所展示的经济范畴由抽象到具体上升的基本过程。但第一卷还只是对资本主义这一复杂整体的一个侧面，即只是对资本主义生产过程所作的独立考察。对资本流通过程的考察是马克思在《资本论》第二卷中完成的，《资本论》第三卷则是将资本生产和流通过程综合起来加以考察，从而在思维中再现了资本主义这一总体。可见，在《资本论》中，从抽象上升到具体的方法不仅体现在对各种经济范畴的矛盾运动的考察中，而且也鲜明地体现在全书的逻辑结构中。

第二，逻辑与历史一致的方法。从抽象上升到具体的逻辑进程是和历史过程相符合的。这是马克思在《资本论》中所贯彻的唯物辩证法的方法论原则。恩格斯对这一原则曾作了十分简明的说明："历史从哪里开始，思想进程也应当从哪里开始，而思想进程的进一步发展不过是历史过程在抽象的、理论上前后一贯的形式上的反映；这种反映是经过修正的，然而是按照现实的历史过程本身的规律修正的。"②

马克思将这一方法论原则不仅运用于《资本论》的体系结构中，而且也体现于经济范畴的排列顺序上。如《资本论》第一卷中经济范畴的逻辑顺序是：商品与货币——资本与剩余价值——资本积累的一般趋势。这一顺序与资本主义产生、发展和灭亡的历史规律是一致的。但马克思并非处处都使逻辑拘泥于历史过程，而是抛开了历史中的偶然性，抓住了历史中本质的和必然的东西。对此马克思指出："把经济范畴按它们在历史上起决定作用的先后次序来排列

---

① 《马克思恩格斯文集》第 8 卷，人民出版社 2009 年版，第 25 页。
② 《马克思恩格斯文集》第 2 卷，人民出版社 2009 年版，第 603 页。

是不行的，错误的。它们的次序倒是由它们在现代资产阶级社会中的相互关系决定的，这种关系同表现出来的它们的自然次序或者符合历史发展的次序恰好相反。"① 这说明逻辑与历史的统一是有差别的统一，是本质上的一致。

第三，对资本主义社会矛盾运动的辩证分析。在揭示资本主义经济范畴从抽象上升到具体的过程中，马克思自始至终运用了矛盾分析方法，具体揭示出唯物辩证法的对立统一规律在资本主义社会中的具体体现。

资本主义社会的经济细胞——商品中包含着这个社会的一切矛盾的萌芽，马克思首先通过对商品交换过程的分析，揭示出商品内部包含着的使用价值和价值的矛盾，进而他又分析出商品的这种二重性根源于生产商品的劳动的二重性，即具体劳动和抽象劳动的矛盾。然后，马克思通过对货币这种商品交换中一般等价物的分析指出，货币的出现使商品之间的对立转化为商品与货币的对立。当劳动力也成为商品的时候，货币就转化为资本，这样商品与货币的矛盾就转化为资本主义社会中特有的矛盾，即资本与雇佣工人之间的矛盾。马克思进而通过对资本内部矛盾的分析，从不变资本和可变资本的矛盾中，揭示出资本主义剥削的秘密在于劳动力价值与劳动创造的价值之间的矛盾，即劳动力这种特殊商品能带来大于它自身价值的价值，这就是剩余价值。马克思在剩余价值理论的基础上深刻揭露了资本主义社会的基本矛盾，即生产的社会性与生产资料私人占有之间的矛盾，这一矛盾正是生产力和生产关系之间矛盾的集中体现。由于资本主义社会基本矛盾的对抗性质，只有通过无产阶级革命建立社会主义制度才能得以解决。这样，马克思通过资本主义各种经济范畴内部矛盾的辩证分析，论证了资本主义的灭亡是其自身固有的矛盾作用的必然结果。

总之，马克思在《资本论》中系统全面地阐述了资本主义基本矛盾的产生、发展和克服的过程，从而透彻地阐明了唯物辩证法关于对立面的统一和斗争的学说，阐明了唯物辩证法的实质。

此外，马克思在揭示资本主义经济范畴从抽象上升到具体的过程中，还运用了质量统一的分析方法，阐明了唯物辩证法质量互变规律在资本主义社会中的表现。他指出，在资本主义生产方式的发展过程中，由于生产力的发展，它已经历了简单协作、工场手工业、大机器工业三个不同阶段。同样，由于生产力的发展，必然会达到资本主义生产关系所不能容纳的程度，从而导致适合生产

① 《马克思恩格斯文集》第 8 卷，人民出版社 2009 年版，第 32 页。

力发展需要的新的生产关系的产生。从简单协作到工场手工业再到大机器工业这三个不同阶段，可以说是总的量变过程中的部分质变；而资本主义生产方式为社会主义生产方式所替代则是由于资本主义生产方式内部矛盾所引起的根本质变。

《资本论》在揭示资本主义经济范畴从抽象上升到具体的过程中，还深刻地证明了资本主义的发展也遵循着唯物辩证法的否定之否定规律。例如，马克思通过对生产资料与劳动者的结合、分离、再结合的历史过程的考察，揭示了这是一个客观的否定之否定过程。"从资本主义生产方式产生的资本主义占有方式，从而资本主义的私有制，是对个人的、以自己劳动为基础的私有制的第一个否定。但资本主义生产由于自然过程的必然性，造成了对自身的否定。这是否定的否定。这种否定不是重新建立私有制，而是在资本主义时代的成就的基础上，也就是说，在协作和对土地及靠劳动本身生产的生产资料的共同占有的基础上，重新建立个人所有制。"①

在《资本论》中，辩证法也就是马克思的认识论和逻辑。《资本论》的科学方法是马克思把唯物辩证法应用于政治经济学的研究所取得的伟大成果，是对唯物辩证法的丰富发展，正如恩格斯所指出的那样，这一科学方法的意义不亚于历史唯物主义基本观点的发现。

第四节　对科学社会主义的论证和深化

马克思研究政治经济学的根本目的就是将科学社会主义的理论深深植根于社会的客观经济事实之中，就是要通过对资本主义社会的经济分析，揭示社会主义取代资本主义的客观必然性。在这个意义上，《资本论》也是一部重要的科学社会主义著作。正如恩格斯所说：马克思剩余价值理论这一伟大科学发现，"是马克思著作的划时代的功绩。它使社会主义者早先象资产阶级经济学者一样在深沉的黑暗中摸索的经济领域，得到了明亮的阳光的照耀。科学的社会主义就是从此开始，以此为中心发展起来的"②。《资本论》通过对资本本性

---

① 《马克思恩格斯文集》第5卷，人民出版社2009年版，第874页。
② 《马克思恩格斯全集》第20卷，人民出版社1971年版，第222页。

和剩余价值产生过程的分析，不仅揭示了资本主义本质和内在矛盾及其必然灭亡的历史命运，而且深刻揭示了无产阶级和资产阶级对立的经济根源以及无产阶级的社会地位及其历史使命。

一、论证共产主义取代资本主义的历史必然性

1. 揭示资本主义灭亡的历史必然性

马克思认为，资本主义生产方式在历史上无疑曾经起到了十分革命的作用，有其不能否定的历史功绩。但另一方面，由于资本主义私有制的本质，它的革命作用和历史功绩无一不是在极端扭曲和异化的形式下实现的，因此它的革命作用和历史功绩又是有其界限的。这些界限在资本发展到一定阶段时，会使人们认识到资本本身就是生产力发展的最大限制，因而驱使人们利用资本本身来消灭资本。

资本的本性就是最大限度、无止境地追求剩余价值，这一本性从一开始就注定了资本主义生产方式的界限。资本追求剩余价值的贪欲在一定限度内创造了巨大的社会生产力，但同时也带来种种极为恶劣的后果。如它以野蛮的、掠夺式的经营方式极大地破坏了一切财富的两个源泉——劳动力和土地，后者表现为在资本的野蛮掠夺下所造成的土地资源的枯竭。可见，资本主义所带来的每一个进步都是以某种退步为代价的。造成这种矛盾的根源就是资本主义生产方式的内在矛盾的发展。

马克思通过对资本主义积累历史趋势的分析，深刻地揭露了资本主义生产方式固有的内在矛盾，指出其必然走向灭亡的历史命运。资本主义生产方式通过原始积累剥夺小生产者而得以确立之后，又通过资本的积累而获得迅速发展。在资本积累过程中，资本家之间的激烈竞争又加剧了资本集中的过程。少数资本家通过剥夺多数资本家，庞大的社会财富越来越集中在资本巨头的手中，这就可以在更大规模上实现扩大再生产，从而不断增加生产社会化的程度。此外，随着资本的集中，规模不断扩大的劳动协作形式日益发展，科学被日益自觉地应用于技术方面，土地日益得到有计划的开发利用，劳动资料日益变成只能大规模地共同使用的劳动资料，各国人民日益被卷入世界市场网，资本主义制度日益具有国际的性质。这一切都表明，资本主义生产的日益社会化乃是不可遏止的历史趋势。然而另一方面，随着资本的集中，生产资料却日益掌握在数量不断减少的资本巨头手中，他们为最大限度攫取剩余价值，在竞争

的压力下竭力扩大再生产，但又使整个社会生产处于无政府状态；同时随着资本积累的发展，相对过剩人口的规律使工人更加附属于资本，造成无产阶级贫困化的积累。这样势必会造成劳动人民购买商品能力的衰退，从而引发资本主义周期性的生产过剩危机，使生产力遭到严重破坏，激起无产阶级的激烈反抗。这一切深刻地证明："资本的垄断成了与这种垄断一起并在这种垄断之下繁盛起来的生产方式的桎梏。生产资料的集中和劳动的社会化，达到同它们的资本主义外壳不能相容的地步。这个外壳就要炸毁了。资本主义私有制的丧钟就要响了。剥夺者就要被剥夺了。"①

2. 揭示未来社会的基本经济特征

在科学揭示资本主义生产方式历史命运的同时对未来社会主义的经济特征进行了科学预测。马克思认为，未来社会必须以生产资料的社会占有为前提，即"在协作和对土地及靠劳动本身生产的生产资料的共同占有的基础上，重新建立个人所有制"②。在共产主义条件下，将在整个社会范围内有计划地组织社会生产和分配劳动，并形成消费资料的按劳动分配的制度，使劳动时间成为计量生产者个人在共同产品的个人消费部分所占份额的尺度。

共产主义还必须以高度发达的社会生产力和极高的劳动生产率为基础。在此基础上，劳动的性质也将发生根本变化。劳动不仅彻底摆脱了被奴役状态，而且劳动者也将成为把不同社会职能当作互相交替的活动方式的全面发展的个人。随着人们活动方法的改变，社会也将成为自由人的联合体。

马克思的上述预测是有充分的历史根据的，对此列宁曾有过明确的阐述。他说："这里所根据的是，共产主义是从资本主义中产生出来的，它是历史地从资本主义中发展出来的，它是资本主义所产生的那种社会力量发生作用的结果。马克思丝毫不想制造乌托邦，正像一个自然科学家已经知道某一新的生物变种是怎样产生以及朝着哪个方向演变才提出该生物变种的发展问题一样。"③

二、论证无产阶级的历史地位和使命

1. 揭示无产阶级和资产阶级对立的经济根源

历史上许多伟大的思想家，特别是三大空想社会主义者都曾对资本主义制

---

① 《马克思恩格斯文集》第 5 卷，人民出版社 2009 年版，第 874 页。
② 《马克思恩格斯文集》第 5 卷，人民出版社 2009 年版，第 874 页。
③ 《列宁专题文集　论社会主义》，人民出版社 2009 年版，第 25 页。

度的弊端进行过深刻的揭露和抨击，并对工人阶级抱有深深的同情，但他们并不了解无产阶级和资产阶级对立的深刻的经济根源，因而他们不能说明无产阶级的历史地位及其与资产阶级进行斗争的原因和本质。在《资本论》第一卷中，马克思通过对货币转化为资本和资本原始积累的分析，说明了资产阶级和工人阶级产生的历史过程，指出这两个阶级一开始就在经济上处于根本对立的地位。特别是通过对剩余价值生产过程的科学分析，马克思更进一步揭露资本主义剥削的秘密，指出无产阶级和资产阶级根本对立的深刻经济根源就是剩余价值生产。马克思通过对剩余价值两种生产方法的具体分析，深刻揭露了资本家对雇佣工人的残酷剥削，以及这种残酷剥削给雇佣工人带来的极大苦难。马克思通过对资本积累过程的科学分析，指出资本积累所必然造成的两极分化，必然会进一步加深资产阶级和无产阶级的阶级对立和冲突。总之，马克思以对剩余价值这一资本主义经济运动的绝对规律的科学分析为基础，深刻地说明只要资本主义制度存在，无产阶级就摆脱不了被剥削、被压迫的阶级地位；只有彻底推翻资本主义制度，用新的生产方式取代资本主义的生产方式，无产阶级才能由资本的奴隶变成社会的主人。

2. 阐明无产阶级的历史使命和斗争策略

马克思指出："这个阶级的历史使命是推翻资本主义生产方式和最后消灭阶级。这个阶级就是无产阶级。"[①] 马克思在以往的许多著作中多次对无产阶级的历史使命作出过阐述，但《资本论》的阐述是在对资本主义经济关系的深刻剖析的基础之上，并且是在对资本主义经济关系发展中无产阶级反对资产阶级斗争历史的总结基础上加以阐述的，因而这一阐述更为深刻和透彻。马克思指出，雇佣工人和资本家之间的斗争是同资本关系本身一起开始的。有了长时间斗争的经验，工人阶级才学会把机器和机器的资本主义应用区别开来，从而才得以将斗争的矛头直接指向资本主义生产方式本身。这标志着工人阶级开始走向成熟。马克思根据科学的剩余价值理论，高度评价工人阶级进行经济斗争的意义，认为这是无产阶级获得解放的一个先决条件。但他同时也强调，工人阶级应该在经济斗争中不断提高阶级觉悟，不断扩大和加强自己的阶级队伍，增加组织性，进而转向思想斗争和政治斗争，并使这些斗争形式得以综合利用。对无产阶级历史使命以及无产阶级革命道路和斗争策略的经济学论证，正是

---

① 《马克思恩格斯文集》第 5 卷，人民出版社 2009 年版，第 18 页。

《资本论》第一卷科学社会主义思想的集中体现。

第五节   《资本论》在马克思主义发展史上的地位

《资本论》是一部无产阶级政治经济学的光辉巨著，也是马克思主义的百科全书。在《资本论》中，马克思深刻阐述了劳动价值论，分析了剩余价值论，并深刻揭示了资本主义生产方式的运动规律及其内在矛盾，科学阐明了资本主义私有制向共产主义公有制过渡的客观必然性。正如列宁所说："马克思认为经济制度是政治上层建筑借以树立起来的基础，所以他特别注意研究这个经济制度。马克思的主要著作《资本论》就是专门研究现代社会即资本主义社会的经济制度的。"①

一、马克思主义政治经济学科学体系形成的重要标志

《资本论》是马克思实现经济科学革命的理论成果，也是马克思主义政治经济学形成的重要标志。

第一，《资本论》是马克思实现经济科学革命的理论成果。

在马克思主义发展史上，《资本论》是马克思实现经济科学革命的理论成果。从《资本论》的创作过程来看，正是在批判资产阶级政治经济学、构建政治经济学理论体系的过程中，《资本论》实现了政治经济学彻底的革命性变革。

从写作《1857—1858 年经济学手稿》开始，马克思在政治经济学领域进行了一场革命。手稿对政治经济学研究对象、研究方法，以及政治经济学理论体系的结构作了详尽的论述，对劳动价值论、货币理论、剩余价值论和资本主义经济发展趋势问题作了科学论述。手稿中的这些论述，标志着马克思主义政治经济学理论的基本形成。在这部手稿中，马克思为政治经济学原理部分的理论体系设计了著名的"五篇结构计划"。在 1859 年 6 月公开出版的《政治经济学批判》第一分册的"序言"中，马克思提出了更为清晰的"六册结构计划"，即"我考察资产阶级经济制度是按照以下的顺序：资本、土地所有制、雇佣劳

---

① 《列宁专题文集   论马克思主义》，人民出版社 2009 年版，第 69 页。

动；国家、对外贸易、世界市场"①。1862 年底，马克思把他正在写作的经济学著作正式定名为《资本论·政治经济学批判》。这表明资本范畴是马克思主义关于资本主义政治经济学理论体系的中心范畴；政治经济学理论和理论史批判之间的结合，是马克思政治经济学理论体系最重要的特点。之后，马克思又提出《资本论》"四卷结构"的计划，即第一卷资本的生产过程，第二卷资本的流通过程，第三卷总过程的各种形式，第四卷理论史。

从"五篇结构计划"到"六册结构计划"，再到"四卷结构"，是马克思主义政治经济学的形成过程，也是《资本论》的创作过程，反映了《资本论》是马克思实现经济科学革命的理论成果。它不仅说明马克思主义政治经济学是在大量吸收了前人经济学理论优秀成果，以及与马克思同时代经济学家有价值的理论成果的基础上形成的，而且说明马克思的政治经济学理论是要对商品经济特别是资本主义商品经济作出总体性的研究，即要从本质上、规律上探讨商品经济发展的全貌，同时也表明马克思的政治经济学理论体系是开放的、发展的，绝不是脱离人类经济思想发展的大道形成的，更不是脱离人类文明发展的大道形成的，而是随着人类经济思想史的发展而不断发展和完善起来的，是人类思想史和文明史的光辉结晶。

第二，《资本论》是马克思主义政治经济学诞生的标志。《资本论》不仅实现了政治经济学的革命性变革，而且形成了马克思主义政治经济学的科学理论体系，因此成为马克思主义政治经济学诞生的标志。

在《资本论》中，马克思解决了导致英国古典经济学破产的难题，完善了劳动价值论，阐述了剩余价值理论，建立起一个包括资本的生产过程、资本的流通过程和资本主义生产总过程在内的严密而宏大的经济学理论体系，深刻地揭示了资本主义生产方式的本质及其运动规律。正如恩格斯所指出的，"我们面前的这部著作，决不是对经济学的个别章节作零碎的批判，决不是对经济学的某些争论问题作孤立的研究。相反，它一开始就以系统地概括经济科学的全部复杂内容，并且在联系中阐述资产阶级生产和资产阶级交换的规律为目的"②。可见，《资本论》形成了完整的政治经济学的科学理论体系。

---

① 《马克思恩格斯文集》第 2 卷，人民出版社 2009 年版，第 588 页。
② 《马克思恩格斯文集》第 2 卷，人民出版社 2009 年版，第 600 页。

二、对唯物史观和科学社会主义进行了验证和经济学论证

在《资本论》中，马克思对剩余价值的产生、生产及生产过程、剩余价值实现和分配等问题的探讨，不仅运用了唯物史观和唯物辩证法揭示出资本主义生产方式的本质，而且也以对资本主义经济矛盾运动的分析，以对资本主义生产力与生产关系辩证矛盾运动的研究，丰富了唯物史观的内容，论证了唯物史观的科学性，使唯物史观在对资本主义经济现实的分析中得到逻辑展开和确证。

《资本论》运用唯物史观对剩余价值理论的分析，进一步为揭示社会主义取代资本主义的必然性提供了经济学的证明。唯物史观创立之前，马克思是从哲学原则出发，把共产主义看作某种哲学原则的实现，并论证了共产主义的合理性和历史必然性。如果说唯物史观的创立使马克思对共产主义有了科学的理解，那么剩余价值的发现则使马克思为社会主义从空想社会主义发展为科学社会主义提供了直接的理论依据。《资本论》对资本主义生产方式内在矛盾的研究，对资本主义剥削本质的揭露，对资产阶级和无产阶级之间尖锐的对抗性矛盾的论证，揭示了资本主义生产方式必然灭亡的历史命运，而未来社会则是"全面的自由个性的发展"的"自由人联合体"。唯物史观和剩余价值理论是科学共产主义必要的理论前提和基础，科学共产主义理论不仅仅是关于未来社会的描述，而且更重要的是它肩负着改变世界这一特殊的实践任务。

三、经受各种严峻挑战，充分显示出真理的力量

《资本论》经受了来自各个不同历史时期的各方面的理论挑战和论争，表现出强大的感召力和生命力，充分显示了真理的力量。1867年《资本论》第一卷问世之后，就受到了资产阶级学者的"缄默抵制"，他们不评论、不介绍、不攻击，要用沉默的方式置《资本论》于死地。马克思逝世以后，《资本论》第二、三卷问世，第一卷的各种文字版本也相继出版。《资本论》在工人运动中广泛传播。为了诋毁《资本论》，资产阶级学者转而对《资本论》进行"非难"和"攻击"。

19世纪末20世纪初，面对资本主义时代出现的一些新变化，《资本论》面临着新的挑战。奥地利资产阶级经济学家冯·庞巴维克首先发起了对《资本论》中阐述的劳动价值论的攻击，他一方面认为《资本论》第一卷与第三卷之间存在矛盾，马克思用第三卷的劳动价值论否定了第一卷的劳动价值论，另一

方面认为在决定商品价值的劳动中，复杂劳动是无法还原为简单劳动的。庞巴维克攻击和非难马克思劳动价值论的目的在于用边际效用论取代劳动价值论。与此同时，德国社会民主党内的修正主义者爱德华·伯恩施坦以庞巴维克的观点为依据，对《资本论》中的劳动价值论也提出了一系列"修正"的主张，甚至加以否定。一时间，宣扬马克思主义基本原理已经过时的论调、断言马克思主义理论已经被颠覆的奇谈怪论层出不穷。在事关马克思主义历史命运的重大问题上，一些理论家如奥地利经济学家鲁道夫·希法亭、德国社会民主党的领袖罗莎·卢森堡等旗帜鲜明地对庞巴维克、伯恩施坦的观点进行了批判，为捍卫和坚持马克思主义作出了重大贡献。

20 世纪初，英国剑桥学派的创始人马歇尔以其所建立的"均衡价格论"，集供求论、边际效用论、边际生产力论、生产费用论等各种学说为一体，试图用这种折中主义的庸俗的价值论来对抗马克思的劳动价值论。继马歇尔之后的凯恩斯把《资本论》诬蔑为"只是一册陈腐的经济学教本"[1]，认为"这本书不但在科学上是错误的，而且与现代世界已经没有关系或不相适应"[2]。但是，1929—1933 年的经济大危机之后西方学者为了找到反危机的出路，纷纷回过头来想从马克思《资本论》中寻找医治资本主义痼疾的良方。因此，西方资产阶级学者对《资本论》的态度发生了变化，谩骂少了、全盘否定不多见了，他们摆出和解的姿态，要把马克思凯恩斯化、把凯恩斯马克思化。英国的经济学家琼·罗宾逊提出，"重新学习""重新研究"马克思的《资本论》。于是，《资本论》走进了一些西方资本主义国家大学的课堂和研究场所。马克思的《资本论》在西方显示出了强大的理论威力。

20 世纪 80—90 年代以来，第三次科技革命深入发展，信息产业崛起，高新技术涌现，生产自动化极大发展，使资本主义社会发生了巨大变化，从而使马克思的《资本论》又面临着新的挑战。一些西方学者如阿尔文·托夫勒、约翰·奈斯比特又提出要用知识价值论、信息价值论取代劳动价值论。然而，人类社会发展中出现的需要解决的社会问题又重现了马克思《资本论》的重要价值。苏东剧变以后，人们意识到苏东社会主义的失败并不是马克思主义的失败，也不是社会主义的失败，而是背离马克思主义、背离社会主义的结果。在

---

[1] ［英］凯恩斯：《劝说集》，蔡受百译，商务印书馆 1962 年版，第 226 页。
[2] ［英］凯恩斯：《劝说集》，蔡受百译，商务印书馆 1962 年版，第 226 页。

西方,"马克思引起了轰动""马克思没有死""马克思的幽灵又回来了"的观点层出不穷。特别是 20 世纪 90 年代以来,在资本主义金融危机不断爆发的情况下,西方国家出现了"《资本论》热""马克思热""马克思的复兴""马克思的回归"等现象。越来越多的青年面对资本主义难以解决的困难和问题,越来越有兴趣了解这位一百多年前的伟大思想家,了解他在一百多年前所阐述的思想。由此可见,从 20 世纪 60 年代中期西方学者对马克思的理论提出"重新学习""重新研究"以后,经过将近半个世纪,经历了经济全球化浪潮和苏东剧变的考验,西方社会开始对马克思的理论作出重新评价、加以肯定。

在马克思主义发展史上,攻击和非难马克思的劳动价值论无疑是西方资产阶级学者反对马克思《资本论》、反对马克思主义政治经济学的一个重要方面。但是,马克思《资本论》的理论逻辑力量、科学精神和研究问题的方法又不断受到世界各国学者的重视,使人们进一步认识到马克思所探讨的人类社会发展规律的科学性和正确性。对当代人来说,马克思有着让人无法绕开的巨大身影。马克思的《资本论》穿过历史的长河,已经充分地显示出了它强大的感召力和生命力。

四、对人类历史发展进程产生了深远的影响

《资本论》历经社会发展实践的挑战和考验,具有历史发展的穿透力,在人类社会历史发展的实践中产生了巨大的威力。《资本论》是随着历史和时代的发展而不断发展的,它问世以后就成为工人阶级推翻资本主义制度的强大的思想武器。马克思在《资本论》中揭示的人类社会由低级向高级发展的历史规律折服了许多西方学者,就连一直对马克思持反对态度的美国资产阶级经济学家熊彼特也不得不承认,马克思的学说是把伟大和生命力联系在一起的。马克思在《资本论》中所揭示的人类社会发展规律在实践中得到了证实,20 世纪社会主义革命胜利的历史事实不仅证实了社会主义取代资本主义的历史必然性,而且还证实了人类社会由低级向高级发展的历史必然性。俄国十月社会主义革命的胜利,以及第二次世界大战后中国和世界上一大批国家社会主义革命的胜利无不是马克思《资本论》理论的胜利和证实。尽管 20 世纪 90 年代发生了苏联解体、东欧剧变,但是,俄国十月社会主义革命的深远意义是永存的,社会主义必然取代资本主义的意义是永存的,《资本论》中所揭示的人类社会发展的客观规律是科学的、正确的。

　　20 世纪以来，在《资本论》所揭示的人类社会发展规律指引下，社会主义从理论发展为实践，从一国实践发展为多国实践，并作为一种社会制度在经济文化落后国家建立起来，开创了人类社会最伟大变革的历史进程。在这个历史进程中，社会主义以它在革命、战争、建设、改革中经受的考验和磨炼，谱写了人类历史的辉煌篇章，特别是中国特色社会主义的成功实践，开辟了一条前人未曾走过的社会主义道路，为人类进步和社会发展作出了巨大的历史贡献，充分显示了马克思主义理论的巨大魅力和社会主义的强大生命力、创造力。

思考题

1. 马克思是如何阐述劳动价值论的？
2. 试论劳动价值论与剩余价值论的关系。
3. 试论《资本论》第一卷的主要理论贡献。
4. 马克思是如何揭示资本主义的本质和历史趋势的？
5. 为什么说《资本论》使唯物史观由假说变成了科学理论？
6. 如何理解唯物辩证法在《资本论》中的运用？
7. 试论马克思《资本论》的历史地位和当代意义。

第三章 马克思主义体系的丰富和发展

19 世纪 70 年代到 90 年代，是资本主义从自由竞争阶段向垄断阶段过渡的时期。这一时期，工人运动迅猛发展，资本主义发展中出现不少新的特点，自然科学和社会科学获得重大进展，向马克思主义提出一系列新的重大课题，马克思和恩格斯对这些问题进行深入回答。马克思逝世后，恩格斯不仅单独承担对国际共产主义运动指导的责任，而且根据新的历史条件对马克思主义作出创造性的发展，使马克思主义在多个领域得以丰富和拓展。

第一节 科学社会主义理论的发展

在同国际工人运动中各种机会主义流派进行斗争的过程中，在深刻总结无产阶级革命经验，特别是巴黎公社革命经验的基础上，马克思和恩格斯丰富和发展了科学社会主义理论。

一、马克思和恩格斯同形形色色的机会主义的斗争

1864 年 9 月，"国际工人协会"即第一国际（以下简称"国际"）在英国伦敦成立。由马克思起草的《国际工人协会成立宣言》和《国际工人协会共同章程》这两个文件，将《共产党宣言》阐述的基本原则运用于新的历史环境，成为"国际"的指导性纲领，有力保障了国际工人运动沿着正确方向发展。随着马克思主义在工人运动中的主导地位日益加强，机会主义与马克思主义的斗争也日渐激烈。蒲鲁东主义和巴枯宁主义是当时在"国际"中影响最广、危害最大的两种机会主义思潮，它们竭力反对马克思主义，宣扬无政府主义，鼓吹改良主义，给国际工人运动带来严重危害。从理论上清算工人运动中的机会主义思潮，成为马克思和恩格斯面临的重要问题。

马克思和恩格斯反对蒲鲁东主义的斗争由来已久。1847 年，马克思就在《哲学的贫困》中对蒲鲁东主义进行过全面的批判。第一国际成立后，蒲鲁东主义又成为第一国际中最大的机会主义流派，对"国际"产生很大的消极影响。马克思主义与蒲鲁东主义的斗争，主要围绕着关于"国际"的性质和任

务、无产阶级革命道路以及消灭私有制等方面展开。

蒲鲁东主义者主张将"国际"的任务仅仅限于经济范围，反对工人进行政治斗争，继续鼓吹蒲鲁东关于通过建立"交换银行"和"合作社"来实现社会主义的主张，力图按照蒲鲁东的小资产阶级改良主义来改变"国际"的性质。针对蒲鲁东主义的主张，马克思在《国际工人协会成立宣言》和《国际工人协会共同章程》中，对"国际"的性质和任务作出明确阐述和规定："国际"是无产阶级的战斗组织，它的根本任务是领导无产阶级进行革命斗争，夺取政权，取得经济解放并最终消灭阶级。马克思在第一国际日内瓦代表大会前夕，写了《给临时中央委员会代表的关于若干问题的指示》，其中除了重申"国际"的革命性质和任务外，还具体阐述了"国际"反对资本主义的策略。马克思坚决反对蒲鲁东主义将合作社运动当作改造资本主义制度唯一途径和方式的改良主义主张。针对蒲鲁东主义者要求保留土地私有制、反对实现土地集体所有制的主张，马克思同他们先后在 1867 年洛桑第二次代表大会和 1868 年布鲁塞尔第三次代表大会上展开了激烈辩论。马克思指出，小土地所有制在资本主义制度下必然破产，在无产阶级取得政权后，也不能保留，因为它必将阻碍农业大生产的发展，所以实行土地公有制既符合劳动人民的切身利益，也是社会经济发展的必然。在马克思的努力之下，布鲁塞尔大会以绝大多数票通过了包括全部土地在内的所有生产资料公有化的决议，沉重打击了蒲鲁东主义。

在第一国际的后半期，马克思和恩格斯与机会主义思潮的斗争主要体现在对巴枯宁的无政府主义的批判上。马克思和恩格斯先后写作《政治冷淡主义》《巴枯宁〈国家制度和无政府状态〉一书摘要》《论权威》《行动中的巴枯宁主义者》等著作，从理论上对巴枯宁主义进行彻底清算，保证了马克思主义对"国际"的指导。

巴枯宁主义是在激进革命词句掩饰下的小资产阶级思潮和机会主义政治派别，它的根本立足点和出发点是极端的个人主义。巴枯宁从唯心史观出发，认为任何权威和国家都是恶事，都是扼杀自由、反对人性的，是一切祸害的根源，因此要反对一切权威、一切国家。他认为，国家是私有制和不平等得以产生的基础，资本家就是由于国家的恩赐才拥有资本的。只要消灭了国家，资本就会自行消灭，阶级之间就会出现平等。巴枯宁还主张，废除国家的途径只能通过"全民暴动"，在一天之内消灭国家，然后实现自由和无政府状态的理想社会。

巴枯宁的无政府主义主张及其派别活动，在工人运动中产生了十分有害的影响。马克思和恩格斯一方面领导第一国际对巴枯宁派分裂"国际"和篡夺"国际"领导权的阴谋活动进行坚决斗争，另一方面从理论上对巴枯宁主义进行彻底批判，深化和发展了马克思主义的国家观。

针对巴枯宁反对和否定一切国家并主张将废除继承权作为革命起点的谬论，马克思阐明马克思主义的国家观，揭示了社会革命和国家消亡的经济前提。他指出，巴枯宁颠倒了继承权与私有制之间的因果关系，继承权作为一种法权关系是建立在私有制基础之上的，它不可能先于私有财产而存在，相反正是由于私有财产的存在，才使得以法律形式确定私有权成为必需，而继承权只是私有权的一部分。要实现社会平等，改变无产阶级的贫困状况，仅靠废除继承权是办不到的，最根本的是要通过无产阶级革命彻底改变造成贫富不均的资本主义制度。如果只把废除继承权作为革命的起点，就意味着引诱工人阶级离开攻击资本主义社会的革命阵地。

马克思进一步指出，无产阶级革命的最终目的是消灭阶级，进而消灭阶级统治的工具——国家。但是，它首先必须通过实现社会变革，打碎资产阶级的国家机器，建立无产阶级专政，在消灭私有制和阶级的基础上，实现国家的自行消亡。"只要其他阶级特别是资本家阶级还存在，只要无产阶级还在同它们进行斗争（因为在无产阶级掌握政权后无产阶级的敌人和旧的社会组织还没有消失），无产阶级就必须采用暴力措施，也就是政府的措施；如果无产阶级本身还是一个阶级，如果作为阶级斗争和阶级存在的基础的经济条件还没有消失，那么就必须用暴力来消灭或改造这种经济条件，并且必须用暴力来加速这一改造的过程。"①

在批判巴枯宁反对一切权威观点的过程中，恩格斯的《论权威》一文深刻论证了权威在社会生活中的地位和作用。他指出，权威和集中不是人为地按照主观意志随意确立的，而是社会经济政治发展的客观要求。在现代社会化大生产的条件下，权威是生产得以正常进行的组织保证，"想消灭大工业中的权威，就等于想消灭工业本身"②。在阶级社会中，政治权威总是同一定社会阶级的利益相联系的，推翻资产阶级专政，建立无产阶级专政，就需要革命的权威。恩

---

① 《马克思恩格斯文集》第 3 卷，人民出版社 2009 年版，第 403 页。
② 《马克思恩格斯文集》第 3 卷，人民出版社 2009 年版，第 336 页。

格斯还分析了权威与自治的关系，指出它们应用的范围是随着社会发展阶段的不同而改变的，不能将它们绝对化。"把权威原则说成是绝对坏的东西，而把自治原则说成是绝对好的东西，这是荒谬的。"① 恩格斯还指出权威和国家的不同含义。国家作为阶级统治的工具将随着阶级的消灭而归于消亡；权威则不同，它包括政治管理和经济管理两重含义。国家消亡了，原来意义上的政治管理或管理权威不存在了，而经济管理仍是必需的，当然其内容和形式也将不断发生变化。巴枯宁鼓吹要将国家和权威不加区别地统统消灭掉，实际上也否定了人类社会的存在和发展的基础，是开历史的倒车。

针对巴枯宁"完全放弃一切政治"，以及所谓进行政治斗争就等于承认资产阶级国家及其社会制度的荒谬观点，马克思和恩格斯深刻揭示了政治运动与阶级运动的相互关系。马克思指出，一切阶级运动本身必然是而且从来就是政治运动。在无产阶级反对资产阶级的斗争中，根本就不存在无产阶级政治和资产阶级政治之外的非政治道路。恩格斯尖锐地指出："向工人鼓吹放弃政治，就等于把他们推入资产阶级政治的怀抱。特别是在巴黎公社已经把无产阶级的政治行动提到日程上来以后，放弃政治是根本不可能的。"② 从事政治运动和政治斗争，是工人阶级获得解放的根本途径和手段。无产阶级决不能放弃任何一个同资产阶级展开政治斗争的机会。

二、对巴黎公社革命经验的科学总结

1871 年 3 月 18 日，法国巴黎工人阶级举行武装起义，建立了工人阶级的政权——巴黎公社，这是人类历史上第一次建立无产阶级专政的尝试。巴黎公社虽然失败了，但它的伟大实践为国际共产主义运动提供了极为宝贵的经验。马克思和恩格斯通过对巴黎公社革命经验的科学总结，进一步丰富和发展了科学社会主义关于无产阶级革命和无产阶级专政的理论，这些理论成果集中体现在马克思的《法兰西内战》一书中。

首先，深入分析巴黎公社革命爆发的原因。马克思依据唯物史观的基本理论，揭示了巴黎公社革命发生的深刻根源，指出法国无产阶级革命是资本主义基本矛盾发展的必然结果。他指出，这次革命是在 1866—1867 年世界性资本主

---

① 《马克思恩格斯文集》第 3 卷，人民出版社 2009 年版，第 337 页。
② 《马克思恩格斯文集》第 3 卷，人民出版社 2009 年版，第 224 页。

义经济危机的冲击以及路易·波拿巴穷兵黩武、对外扩张政策的连续失败，造成社会矛盾和阶级矛盾日渐激化的条件下发生的，这是巴黎公社革命爆发的客观历史条件。而它的主观条件则是具有光荣革命传统并在第一国际思想影响下日益觉醒的巴黎工人阶级。1870 年 3 月，"国际"巴黎支部联合会的建立，"国际"在巴黎组织的发展和壮大，标志着巴黎工人运动已经走上独立发展的道路，促进了马克思主义在巴黎工人中的传播，为巴黎公社革命提供了思想条件，培养了骨干力量。上述客观条件和主观条件使得巴黎公社革命的爆发成为必然。

其次，深化无产阶级暴力革命和打碎资产阶级国家机器的思想。马克思指出，巴黎公社的一条重要经验，就是巴黎工人阶级在革命的过程中，自始至终掌握着革命的武装，并用革命暴力打碎了旧的国家机器，保卫了巴黎公社这一新生的革命政权，维护了巴黎城的革命秩序，抵御了入侵并围困巴黎的普鲁士军队，使巴黎公社存在了 72 天。根据巴黎公社革命的这一宝贵经验，马克思进而指出："建立无产阶级专政，其首要条件就是无产阶级的大军。工人阶级必须在战场上赢得自身解放的权利。"① 但马克思和恩格斯同时也指出，公社所犯的一个致命错误，就是由于受到虚伪的资产阶级民主思想的影响，害怕承担篡夺政权和发动内战的恶名，从而没有利用手中的革命暴力及时地向盘踞在凡尔赛的反革命政府发动进攻，以巩固和扩大革命的成果，结果给敌人以喘息机会，重新集结反动军队进行反扑，扼杀了革命。

再次，从理论和实践的结合上进一步丰富无产阶级专政学说。马克思和恩格斯高度评价了巴黎公社的革命首创性，认为它是在炸毁旧的国家政权以后建立起来的新的真正民主的国家政权。马克思指出："一切旧有的政府形式都具有非常突出的压迫性。公社的真正秘密就在于：它实质上是工人阶级的政府，是生产者阶级同占有者阶级斗争的产物，是终于发现的可以使劳动在经济上获得解放的政治形式。"② 巴黎公社革命以自己的实践证明，工人阶级不能简单地掌握现成的国家机器，并运用它来达到自己的目的，而是必须彻底打碎资产阶级旧的国家机器，代之以无产阶级专政的国家政权。

马克思还指出，公社在政治、经济、教育等方面采取的措施，都鲜明地体

① 《马克思恩格斯文集》第 3 卷，人民出版社 2009 年版，第 619 页。
② 《马克思恩格斯文集》第 3 卷，人民出版社 2009 年版，第 158 页。

现了无产阶级专政的基本特点。如公社建立人民的武装并取代旧的常备军；实现政教分离，把教育从宗教和剥削阶级的束缚下解放出来；废除旧的官僚机构，成立新的国家机关即公社委员会；公社委员会不再是资产阶级议会式的，而是同时兼管立法和行政的机关。此外，在经济上还采取一些措施，如把企业主已逃跑或已停业的工厂和作坊交给工人协作社，禁止资本家扣发工人工资等。这一切都充分体现出公社在履行着一种新型国家政权的职能，是一种人民管理制度。

彻底废除官僚制度，防止社会公仆变为社会主人，这也是巴黎公社创造的具有深远历史意义的经验。马克思和恩格斯指出，公社代表了占人口大多数的被剥削群众的利益，体现出人民当家作主的民主原则。其具体表现就是用人民选举、监督并可以随时撤换的公仆取代旧机构的官吏，而且明确规定国家公职人员只应领取相当于工人工资的薪金。这些措施充分体现了社会主义民主的原则，摆正了国家公职人员的位置，保证了国家机关为人民服务的性质。"公社是由巴黎各区通过普选选出的市政委员组成的。这些委员对选民负责，随时可以罢免。其中大多数自然都是工人或公认的工人阶级代表。公社是一个实干的而不是议会式的机构，它既是行政机关，同时也是立法机关。警察不再是中央政府的工具，他们立刻被免除了政治职能，而变为公社的承担责任的、随时可以罢免的工作人员。其他各行政部门的官员也是一样。从公社委员起，自上至下一切公职人员，都只能领取相当于工人工资的报酬。从前国家的高官显宦所享有的一切特权以及公务津贴，都随着这些人物本身的消失而消失了。社会公职已不再是中央政府走卒们的私有物。不仅城市的管理，而且连先前由国家行使的全部创议权也都转归公社。"①

最后，通过总结巴黎公社经验，进一步探讨从资本主义向共产主义过渡的问题。在总结 1848—1850 年革命经验时，马克思就曾提出过无产阶级专政是一个过渡阶段的思想，但他并没有就这一过渡时期的特点和具体任务展开进一步的论述。巴黎公社只存在了短短的 72 天，当然不可能展现由资本主义向共产主义过渡的所有内容，但马克思从中发现能够反映无产阶级专政本质的东西。马克思认为，从资本主义向共产主义的过渡是一个长期的历史过程，并且要在这一过程中实现对环境和人的完全改造。马克思还对过渡时期的特点和任务进

---

① 《马克思恩格斯文集》第 3 卷，人民出版社 2009 年版，第 154—155 页。

行探讨，指出："工人阶级知道，他们必须经历阶级斗争的几个不同阶段。他们知道，以自由的联合的劳动条件去代替劳动受奴役的经济条件，只能随着时间的推进而逐步完成（这是经济改造）；他们不仅需要改变分配，而且需要一种新的生产组织，或者毋宁说是使目前（现代工业所造成的）有组织的劳动中存在着的各种生产社会形式摆脱掉（解除掉）奴役的锁链和它们的目前的阶级性质，还需要在全国范围内和国际范围内进行协调的合作。"① 马克思和恩格斯对过渡时期的探讨，后来在《哥达纲领批判》中得到更进一步的深化。

此外，马克思和恩格斯还在深刻总结巴黎公社革命失败的经验教训的基础上，强调建立独立的、以科学社会主义为指导的无产阶级政党的极端重要性。公社失败的重要原因之一，就是布朗基主义者和蒲鲁东主义者在公社中占据领导地位，他们在一系列重大原则问题上犯了严重错误，公社委员会内部矛盾重重，存在着原则性分歧，分散和削弱了领导力量，难以集中力量对付所面临的强敌。鉴于公社的这些严重教训，在 1871 年 9 月 17 日伦敦召开的"国际"代表会议上，马克思和恩格斯更进一步强调组建无产阶级政党工作的重要性。在 1872 年"国际"海牙代表大会上，马克思和恩格斯的思想又被补充进"国际"共同章程第七条。这表明马克思主义的无产阶级政党学说，经过巴黎公社的革命实践，已为更多的工人组织所接受，也为 19 世纪 70—80 年代欧美许多国家广泛建立无产阶级革命政党，奠定了思想基础。

巴黎公社革命是国际共产主义运动史上的一座丰碑。"公社的原则是永存的，是消灭不了的；这些原则将一再凸显出来，直到工人阶级获得解放。"②

三、对未来社会的科学预测

巴黎公社失败以后，德国工人运动出现了高涨形势。进入 19 世纪 70 年代，随着德国工人运动的发展和阶级斗争的尖锐，实现德国工人运动的统一和团结成为迫切需要解决的重大问题。但社会民主工党领导人威廉·李卜克内西和奥古斯特·倍倍尔等人，没有听取马克思和恩格斯关于在与拉萨尔派谈合并问题时不要放弃原则的告诫，匆忙与拉萨尔派举行了合并会谈，共同起草一个充满拉萨尔主义观点的纲领草案（即"哥达纲领"），并在报纸上公开发表。马克

---

① 《马克思恩格斯文集》第 3 卷，人民出版社 2009 年版，第 198—199 页。
② 《马克思恩格斯文集》第 3 卷，人民出版社 2009 年版，第 607 页。

思和恩格斯看到这个草案十分气愤，认为这是一个使党堕落的纲领。为肃清拉萨尔主义的影响，帮助李卜克内西、倍倍尔等社会民主工党主要领导人认清拉萨尔主义的实质，划清科学社会主义与拉萨尔主义的原则界限，1875 年 5 月，马克思抱病写了《对德国工人党纲领的几点意见》（即《哥达纲领批判》），对纲领草案进行系统的批判。马克思和恩格斯本来打算公开出版《哥达纲领批判》，但出于维护德国工人运动团结的大局考虑，同时"哥达纲领"在德国工人运动中没有产生太大的消极影响，因此当时没有公开发表《哥达纲领批判》。到 19 世纪 90 年代，德国社会民主党内出现了以福尔马尔为代表的右倾机会主义，对德国工人运动产生了很大的消极影响，为打击和遏制这股右倾机会主义的进一步蔓延，用马克思的科学社会主义指导国际工人运动的健康发展，恩格斯公开发表了《哥达纲领批判》。《哥达纲领批判》在批判拉萨尔机会主义观点的同时，对科学社会主义的一系列基本原理，特别是对未来共产主义社会发展两个阶段及其特征作了精辟的论述。

《哥达纲领批判》在全面彻底批判拉萨尔主义的同时，完整而科学地阐述了关于未来共产主义社会发展阶段及其特征的学说，使马克思主义关于共产主义社会的学说实现了一次重大的飞跃。

1. 对拉萨尔主义的批判

第一，马克思对拉萨尔主义的小资产阶级分配理论进行深入批判。针对拉萨尔的"劳动是一切财富的源泉"和所谓"不折不扣"地公平分配等错误观点，马克思指出，劳动不是一切财富的源泉，因为自然界同劳动一样也是使用价值，即物质财富源泉，劳动本身不过是一种自然力即人的劳动力的表现。在资本主义社会，资产阶级占有全部生产资料，工人只有得到资本家的雇佣才能进行劳动，才能创造财富。因此说劳动是一切财富的源泉，就掩盖了资本家对工人的剥削，回避了生产资料所有制这个根本问题。在生产资料私有制的条件下，所谓实行"不折不扣"的公平分配也只是一种空洞的幻想。

第二，批判拉萨尔主义关于"反动的一帮"的反动谬论，阐明工农联盟和无产阶级国际主义原则。拉萨尔主义认为，除了工人以外，"其他阶级都是反动的一帮"。马克思指出，这个观点是错误的，它混淆了敌友界限，根本否定了农民和小资产阶级的革命性。他强调发挥中间阶级特别是农民的革命作用，建立工农联盟的极端重要性。同时，马克思还批判了拉萨尔主义用狭隘民族主义对待工人运动的错误态度，指出它把工人阶级的任务和活动限制在本国范围内，根本不提德国工人阶级的国际职责，并企图用资产阶级的"各民族的国际的兄弟联合"这一口号，来代替《共产党宣言》提出的"全世界无产者联合起来"这一无产阶级国际主义口号。针对拉萨尔主义这种错误观点，马克思强调指出了坚持无产阶级国际主义原则的重要性。

第三，批判拉萨尔"铁的工资规律"的谬论，捍卫科学的剩余价值理论。马克思指出，"铁的工资规律"是拉萨尔主义的经济学理论基础。这个理论的实质在于，把资本主义特有的工资规律和无产阶级的贫困归因于人口的自然繁殖，说成是"自然规律"。这个观点根本否认了科学的劳动价值论和剩余价值论，不懂得工资只是雇佣工人劳动力的价值和价格的掩蔽形式，将工资看作劳动的价值和价格，这就掩盖了资本家剥削工人的实质，起到了为资本主义制度辩护的作用。

第四，批判拉萨尔的依靠国家帮助工人建立合作社的观点，坚持无产阶级革命理论。马克思指出，拉萨尔关于依靠国家帮助建立生产合作社以便建成社会主义的错误观点，就是要无产阶级和劳动群众不去推翻德意志帝国，而是乞求它恩赐社会主义。这样就从根本上否定了无产阶级革命的必要性，是一条资产阶级改良主义路线。实际上，这只是一种反动的空想，因为社会主义只有通过革命才能实现。

第五，批判拉萨尔主义关于"自由国家"的谬论，捍卫无产阶级专政的革命理论。马克思和恩格斯指出，拉萨尔主义的"自由国家"理论抹杀了国家的阶级本质，把实现"自由国家"作为统一后的德国工人党的奋斗目标，这就完全否定了通过无产阶级革命，建立无产阶级专政并最终实现共产主义的崇高目标。恩格斯指出，当无产阶级还需要国家的时候，它需要国家不是为了自由，而是为了镇压自己的敌人，一到有可能谈自由的时候，国家本身就不再存在了。在阶级社会里，自由是有阶级性的，而国家则是阶级压迫和阶级统治的工具，绝对没有超阶级的"自由国家"。随着阶级的消灭，作为阶级统治工具的国家便自行消亡，那时才有真正意义上的自由。

2. 科学阐述关于过渡时期的理论

马克思认为，在无产阶级革命过程中，必然要经历一个从资本主义向共产主义转变的过渡时期。他指出："在资本主义社会和共产主义社会之间，有一个从前者变为后者的革命转变时期。同这个时期相适应的也有一个政治上的过渡时期，这个时期的国家只能是无产阶级的革命专政。"① 无产阶级专政，是从资本主义到"共产主义革命转变时期"的根本特征。

关于过渡时期的思想，马克思和恩格斯在此之前曾有过多次论述。如恩格斯在《共产主义信条草案》、1852 年马克思致魏德迈的信，马克思在《1848 年至 1850 年的法兰西阶级斗争》《法兰西内战》等著述中，都涉及对过渡时期的看法。但《哥达纲领批判》与以往的提法有所不同，对其中的差异，列宁作了这样的分析："从前，问题的提法是这样的：无产阶级为了求得自身的解放，应当推翻资产阶级，夺取政权，建立自己的革命专政。""现在，问题的提法已有些不同了：从向着共产主义发展的资本主义社会过渡到共产主义社会，非经过一个'政治上的过渡时期'不可，而这个时期的国家只能是无产阶级的革命专政。"② 马克思揭示了过渡时期必然存在的客观根据，这就是社会主义经济因素不可能在资本主义社会内部全部和自动地形成，因此无产阶级通过革命建立自己的政权以后，必须运用无产阶级专政的力量对整个社会进行彻底的改造，消灭资本主义私有制，建立社会主义公有制，进而过渡到社会主义。

3. 提出共产主义社会发展阶段及其特征的理论

关于共产主义社会的一般特征，马克思和恩格斯在此前许多著作中也曾有过论述。《哥达纲领批判》的新贡献就在于，它明确地揭示并具体分析了共产主义社会发展阶段及其相互区别的特征。

马克思揭示出共产主义第一阶段，即社会主义的特征。他指出："我们这里所说的是这样的共产主义社会，它不是在它自身基础上已经发展了的，恰好相反，是刚刚从资本主义社会中产生出来的，因此它在各方面，在经济、道德和精神方面都还带着它脱胎出来的那个旧社会的痕迹。"③ 马克思还进一步具体阐明共产主义社会第一阶段的分配原则，即按劳分配原则的基本内容是"一种形式的一定量劳动同另一种形式的同量劳动相交换"④；也就是"每一个生产者，在作了各项扣除以后，从社会领回的，正好是他给予社会的。他给予社会的，就是他个人的劳动量"⑤。按劳分配原则具有两重性。从形式上看，这是一

---

① 《马克思恩格斯文集》第 3 卷，人民出版社 2009 年版，第 445 页。
② 《列宁专题文集 论马克思主义》，人民出版社 2009 年版，第 257 页。
③ 《马克思恩格斯文集》第 3 卷，人民出版社 2009 年版，第 434 页。
④ 《马克思恩格斯文集》第 3 卷，人民出版社 2009 年版，第 434 页。
⑤ 《马克思恩格斯文集》第 3 卷，人民出版社 2009 年版，第 434 页。

个平等的原则，生产者的权利是用劳动这个同一的尺度来计量的。但每个劳动者的情况是各不相同的，存在着体力和智力上的差别，还存在着家庭状况和子女数量的差别，所以在社会消费品分配所得的份额相同的条件下，每个劳动者的实际所得是不同的。因此，这种平等在内容上来说又是一种不平等。马克思认为，这种"同量劳动相交换"的分配原则，仍是一种资产阶级权利，这在共产主义第一阶段是不可避免的，因为"权利决不能超出社会的经济结构以及由经济结构制约的社会的文化发展"[1]。

马克思指出："在共产主义社会高级阶段，在迫使个人奴隶般地服从分工的情形已经消失，从而脑力劳动和体力劳动的对立也随之消失之后；在劳动已经不仅仅是谋生的手段，而且本身成了生活的第一需要之后；在随着个人的全面发展，他们的生产力也增长起来，而集体财富的一切源泉都充分涌流之后，——只有在那个时候，才能完全超出资产阶级权利的狭隘眼界，社会才能在自己的旗帜上写上：各尽所能，按需分配！"[2] 这一论述表明，共产主义社会各发展阶段的区别，就在于它们的成熟程度和发展程度不同，生产力发展状况的不同决定了社会生产关系以及人的自身发展程度上的巨大差别。马克思对共产主义社会发展阶段的分析的重大意义在于，科学地说明共产主义是一个由低级阶段向高级阶段不断发展的过程，共产主义社会的第一阶段——社会主义是一个相当长的历史阶段，这是由社会生产力发展的客观规律所决定的。因此无产阶级在社会主义社会的主要任务，就是解放进而大力发展社会生产力，为实现"按需分配"和人的全面自由发展创造物质基础。

第二节 《反杜林论》以及马克思主义
理论体系的进一步丰富

19 世纪 70 年代中期，国际共产主义运动内部展开了一场反对杜林主义、捍卫马克思主义理论的论战。在这场论战中，恩格斯创作出《反杜林论》，深入批判了杜林主义，第一次系统阐述马克思主义的三个组成部分及其相互联

---

[1] 《马克思恩格斯文集》第 3 卷，人民出版社 2009 年版，第 435 页。
[2] 《马克思恩格斯文集》第 3 卷，人民出版社 2009 年版，第 435—436 页。

系，论证并揭示出马克思主义完备而严整的科学理论体系。此外，马克思和恩格斯还从多方面丰富和完善了马克思主义的科学理论体系。

一、对杜林的批判和对马克思主义理论的系统阐述

19 世纪 70 年代上半期，在工人运动蓬勃发展、马克思主义广泛传播的同时，小资产阶级分子大量混入无产阶级队伍，各种反映小资产阶级立场、观点和要求的唯心主义哲学和冒牌社会主义主张应运而生。德国小资产阶级思想家杜林在这一历史条件下于 1871 年至 1875 年间，打着社会主义改革家的旗号，相继出版《国民经济学和社会主义批判史》《国民经济学和社会经济学教程，兼论财政政策的基础问题》《哲学教程——严格科学的世界观和人生观》等著作，对马克思主义发起全面攻击。杜林主义是一个公开反对马克思主义的、以折中主义哲学和庸俗经济学为理论基础的小资产阶级社会主义的理论体系。它的出现，不仅导致德国社会民主工党内部思想混乱，而且严重威胁到党的团结和统一。为使刚刚统一起来的党不致遭到分裂，提高党的理论水平，保证德国工人运动沿着正确方向发展，马克思和恩格斯决定公开回击杜林的进攻。当时，由于马克思正集中精力完成《资本论》的著述，就由恩格斯担负起批判杜林主义的责任。在马克思的支持帮助下，恩格斯从 1876 年 5 月至 1878 年 6 月，历时两年多写出《反杜林论》，从哲学、政治经济学和科学社会主义三个方面对杜林主义进行深刻的批判，全面系统地论证和阐述了马克思主义的基本原理，对清除杜林主义对工人运动的消极影响，推动社会主义运动的发展起到十分重要的作用。

1. 对马克思主义哲学的系统论述

在批判杜林的先验主义和形而上学的哲学观点的过程中，恩格斯对马克思主义哲学的基本观点及其内在联系作出全面论述。

第一，揭示马克思主义哲学的根本性质，划清它与旧哲学，特别是与旧唯物主义的原则界限。恩格斯指出，"现代唯物主义"即马克思主义哲学，是对两千年来哲学和自然科学发展的全部思想内容的概括和总结，特别是对现代自然科学的最新成就和现代社会现实进行深入研究和哲学概括的结果。它的本质特征是唯物辩证的自然观、唯物辩证的历史观和唯物辩证的思维观的有机统一。因此，现代唯物主义就不再是凌驾于其他科学之上的哲学，而是世界观和方法论。现代自然科学的发展和现代社会历史的发展，证明了唯心主义的荒谬

和形而上学唯物主义的根本缺陷，马克思主义哲学的产生是人类认识和哲学发展的必然结果。恩格斯还从马克思主义哲学的研究对象上阐明了它的本质规定性。他指出，马克思主义哲学与把思想、精神作为研究对象，自然和社会只被看作精神的附属物和产物的唯心主义不同，也与把自然、社会和思维当作孤立的、不变的研究对象的形而上学唯物主义不同，它是关于自然界、人类社会、人类思维运动和发展的一般规律的科学。在马克思主义哲学的科学理论体系中，唯物辩证的自然观、历史观和"关于思维及其规律的学说"① 构成了一个有机统一的整体。

第二，阐述马克思主义自然观的基本内容。世界的统一性在于它的物质性。恩格斯批判了杜林关于"世界统一于存在"的观点，认为他所谓"存在"的含义是模糊不清的，既可作唯物主义的解释，即把"存在"理解为物质的存在，也可作唯心主义的解释，即把它理解为精神的存在。所以杜林是在用"世界统一于存在"这种模棱两可的说法来掩盖其唯心主义和先验主义的实质。恩格斯指出："世界的真正的统一性在于它的物质性，而这种物质性不是由魔术师的三两句话所证明的，而是由哲学和自然科学的长期的和持续的发展所证明的。"②

运动是物质的存在方式。恩格斯指出，运动是物质的固有属性，二者是不可分割的，"无论何时何地，都没有也不可能有没有运动的物质"③。"没有运动的物质和没有物质的运动一样，是不可想象的"④。为更深刻地说明运动是物质的存在方式，恩格斯进一步揭示了运动与静止的辩证关系。他指出，运动是绝对的，静止是相对的，静止是运动的量度。"任何静止、任何平衡都只是相对的，只有对这种或那种特定的运动形式来说才是有意义的。"⑤ 绝对的、无条件的静止和平衡是不存在的。

时间和空间是运动着的物质的存在形式。恩格斯批判了杜林把物质运动与时间空间割裂开来的唯心主义观点，明确指出："一切存在的基本形式是空间和时间，时间以外的存在像空间以外的存在一样，是非常荒诞的事情。"⑥ 时间

---

① 《马克思恩格斯文集》第 9 卷，人民出版社 2009 年版，第 28 页。
② 《马克思恩格斯文集》第 9 卷，人民出版社 2009 年版，第 47 页。
③ 《马克思恩格斯文集》第 9 卷，人民出版社 2009 年版，第 64 页。
④ 《马克思恩格斯文集》第 9 卷，人民出版社 2009 年版，第 64 页。
⑤ 《马克思恩格斯文集》第 9 卷，人民出版社 2009 年版，第 64 页。
⑥ 《马克思恩格斯文集》第 9 卷，人民出版社 2009 年版，第 56 页。

和空间与运动着的物质是不可分割的，世界上万事万物的运动都处在一定的时间和空间之中。恩格斯还论证了时间和空间的无限性，指出："时间上的永恒性、空间上的无限性，本来就是，而且按照简单的词义也是：没有一个方向是有终点的，不论是向前或向后，向上或向下，向左或向右。"① 客观世界中每一个具体事物在时间和空间上都是有限的，但整个客观世界在时间和空间上是无限的。无限寓于有限之中，无限的世界是由无数的有限事物构成的。

第三，阐述唯物史观的基本原理。唯物史观是马克思主义哲学的核心组成部分，马克思主义哲学的创立过程首先是从发现和制定唯物史观开始的。与马克思主义自然观相比，唯物史观是较早完善起来的理论。由于这个原因，恩格斯的《反杜林论》在把阐述的重点放在唯物辩证的自然观的同时，全书始终贯穿着唯物史观的基本观点。特别是在阐述马克思主义的政治经济学和科学社会主义原理时，他着重说明了唯物史观对马克思主义这两个基本组成部分的基础作用。

一是关于唯物史观出发点的原理。恩格斯指出，与一切旧哲学相反，唯物史观不是从人的意识出发说明人的存在和人类历史，而是从人的存在，即从现实的社会物质生活条件出发来说明人的意识和人类历史。恩格斯指出："唯物主义历史观从下述原理出发：生产以及随生产而来的产品交换是一切社会制度的基础；在每个历史地出现的社会中，产品分配以及和它相伴随的社会之划分为阶级或等级，是由生产什么、怎样生产以及怎样交换产品来决定的。所以，一切社会变迁和政治变革的终极原因，不应当到人们的头脑中，到人们对永恒的真理和正义的日益增进的认识中去寻找，而应当到生产方式和交换方式的变更中去寻找；不应当到有关时代的哲学中去寻找，而应当到有关时代的经济中去寻找。"② 正是从这个基本观点出发，马克思和恩格斯创立了系统而完整的"关于历史过程的观点"③ 的理论体系，揭示出社会历史发展的基本规律以及社会发展的根本动力。恩格斯指出，唯物史观最基本的观点就是，"一切重要历史事件的终极原因和伟大动力是社会的经济发展，是生产方式和交换方式的改变，是由此产生的社会之划分为不同的阶级，是这些阶级彼此之间的

---

① 《马克思恩格斯文集》第9卷，人民出版社2009年版，第53页。
② 《马克思恩格斯文集》第9卷，人民出版社2009年版，第283—284页。
③ 《马克思恩格斯文集》第3卷，人民出版社2009年版，第509页。

斗争"①。

二是关于生产力与生产关系辩证关系的原理。恩格斯指出，社会生产力是一种不依人的意志为转移的客观力量，它决定着社会的生产关系或交换形式。一定社会历史时期的生产关系的产生和发展都是由生产力发展的要求所决定的。资本主义工业的发展，使"资产阶级摧毁了封建制度，并且在它的废墟上建立了资产阶级的社会制度，建立了自由竞争、自由迁徙、商品占有者平等的王国，以及其他一切资产阶级的美妙东西"②。由于资本主义生产关系的确立适应了社会生产力发展的需要，因而"资本主义生产方式现在可以自由发展了。自从蒸汽和新的工具机把旧的工场手工业变成大工业以后，在资产阶级领导下造成的生产力，就以前所未闻的速度和前所未闻的规模发展起来了"③。但是随着社会生产力的进一步发展，资本主义的生产关系就由推动生产力发展的形式变成了阻碍生产力发展的桎梏。"正如从前工场手工业以及在它影响下进一步发展了的手工业同封建的行会桎梏发生冲突一样，大工业得到比较充分的发展时就同资本主义生产方式对它的种种限制发生冲突了。新的生产力已经超过了这种生产力的资产阶级利用形式；生产力和生产方式之间的这种冲突，并不是像人的原罪和神的正义的冲突那样产生于人的头脑中，而是存在于事实中，客观地、在我们之外，甚至不依赖于引起这种冲突的那些人的意志或行动而存在着。"④ 生产力这种客观的社会力量决定着人们在生产中结成的客观的社会关系，因此生产力与生产关系的矛盾运动是一种客观的历史进程，决定着社会形态的依次更替。生产力决定生产关系，生产关系一定要适合生产力发展的要求，这是社会历史发展的基本规律。

三是关于经济基础与政治上层建筑辩证关系的原理。针对杜林关于政治暴力决定经济关系的历史唯心主义观点，恩格斯指出，在社会历史发展过程中，起决定作用的不是政治暴力，而是经济。他从目的和手段的关系的角度说明了经济与政治的关系。"暴力仅仅是手段，相反，经济利益才是目的。目的比用来达到目的的手段要具有大得多的'基础性'，同样，在历史上，关系的经济

---

① 《马克思恩格斯文集》第 3 卷，人民出版社 2009 年版，第 509 页。
② 《马克思恩格斯文集》第 3 卷，人民出版社 2009 年版，第 548 页。
③ 《马克思恩格斯文集》第 9 卷，人民出版社 2009 年版，第 284 页。
④ 《马克思恩格斯文集》第 9 卷，人民出版社 2009 年版，第 284—285 页。

方面也比政治方面具有大得多的基础性。"① 在人类历史上，一切社会权力和政治暴力都源于一定的社会经济条件，是由经济关系决定的。但是，社会权力和政治暴力一经产生，就会反作用于经济。恩格斯分析了作为阶级统治暴力工具的国家对经济发展起反作用的两种情况：一是在符合经济发展规律的情况和方向时，它起着加速经济发展的作用；二是在违反经济发展规律的方向时，它对经济发展起阻碍和延缓作用。恩格斯在这里深刻阐明了经济基础和政治上层建筑的辩证关系。

四是关于经济基础与道德观、平等观等观念上层建筑的辩证关系的原理。恩格斯在批判杜林所谓永恒不变的道德时指出，道德观念归根到底都是当时社会经济状况的产物，人们自觉或不自觉地总是从他们社会阶级地位所依据的实际关系中，即从他们进行生产和交换的经济关系中吸取自己的道德观念。因此道德是一个历史范畴，是随着社会历史和阶级关系的变化而变化的。在阶级社会中，道德是有阶级性的，永恒不变的适用于一切时代和一切阶级的道德观念是不存在的。道德和法一样，由社会的经济基础决定，并为经济基础服务。

恩格斯还分析了平等观念与经济基础之间的关系，他指出一切时代的平等观念都是历史的产物，都是一定社会经济关系的反映。"平等的观念，无论以资产阶级的形式出现，还是以无产阶级的形式出现，本身都是一种历史的产物，这一观念的形成，需要一定的历史条件，而这种历史条件本身又以长期的以往的历史为前提。"② 恩格斯考察了无产阶级平等观产生和发展的历史过程，他说："无产阶级平等要求的实际内容都是消灭阶级的要求。任何超出这个范围的平等要求，都必然要流于荒谬。"③

五是关于阶级、国家的原理。恩格斯指出，阶级随着私有财产的产生而产生，是生产力发展到一定阶段的产物，"社会分裂为剥削阶级和被剥削阶级、统治阶级和被压迫阶级，是以前生产不大发展的必然结果。只要社会总劳动所提供的产品除了满足社会全体成员最起码的生活需要以外只有少量剩余，就是说，只要劳动还占去社会大多数成员的全部或几乎全部时间，这个社会就必然划分为阶级"④。恩格斯又说，阶级的"这种划分是以生产的不足为基础的，它

---

① 《马克思恩格斯文集》第 9 卷，人民出版社 2009 年版，第 167 页。
② 《马克思恩格斯文集》第 9 卷，人民出版社 2009 年版，第 113 页。
③ 《马克思恩格斯文集》第 9 卷，人民出版社 2009 年版，第 113 页。
④ 《马克思恩格斯文集》第 9 卷，人民出版社 2009 年版，第 298 页。

将被现代生产力的充分发展所消灭。的确，社会阶级的消灭是以这样一个历史发展阶段为前提的，在这个阶段上，不仅某个特定的统治阶级的存在，而且任何统治阶级的存在，从而阶级差别本身的存在，都将成为时代错乱，成为过时现象"①。国家的产生和发展同样是与社会经济的发展状况相联系的。恩格斯指出，国家是阶级对立的产物，"到目前为止在阶级对立中运动着的社会，都需要有国家，即需要一个剥削阶级的组织，以便维护这个社会的外部生产条件，特别是用暴力把被剥削阶级控制在当时的生产方式所决定的那些压迫条件下（奴隶制、农奴制或依附农制、雇佣劳动制）"②。国家是当时独自代表整个社会的那个阶级的国家。随着社会生产力的充分发展，私有制和阶级对立的消灭，当不再有需要镇压的阶级的时候，"国家政权对社会关系的干预在各个领域中将先后成为多余的事情而自行停止下来。那时，对人的统治将由对物的管理和对生产过程的领导所代替"③。恩格斯强调指出，国家不是被废除的，而是自行消亡的。

第四，阐述马克思主义的思维观。恩格斯认为，人的思维在本质上是对自然和社会等客观实在的反映，是一个辩证的发展过程。在批判杜林形而上学地对待人的思维，鼓吹人的思维及其产物具有至上的意义和无条件的真理权的观点时，恩格斯阐述了思维至上性和非至上性的辩证关系。他指出，人的思维是充满矛盾的过程，一方面，作为整体的人类思维具有至上性，只要人类足够长久地延续下去，只要在认识器官和认识对象中没有给认识规定出界限，人的认识能力就是无限的，人类可以完全地认识世界；另一方面，人的思维又是非至上的，因为人的认识总是在有限地思维着的个人中实现的，这些个人的认识能力以及思维能力总要受到主客观条件的限制，不可能完全地认识世界。人类的思维和认识，就是在这种至上与非至上、有限和无限的矛盾运动中发展的，这个矛盾，只有通过人类生活的无限延续，才能得到解决。

在真理和谬误的关系问题上，恩格斯批判杜林把二者绝对对立起来的形而上学观点，揭示出二者的辩证关系。他指出，真理和谬误，正如一切在两极对立中运动的逻辑范畴一样，只是在非常有限的范围内才具有绝对的意义。也就是说，在是否正确反映具体对象这个认识论的领域中，真理和谬误的对立是绝

---

① 《马克思恩格斯文集》第 9 卷，人民出版社 2009 年版，第 298 页。
② 《马克思恩格斯文集》第 9 卷，人民出版社 2009 年版，第 297 页。
③ 《马克思恩格斯文集》第 9 卷，人民出版社 2009 年版，第 297 页。

对的，它们是两种不同质的认识，是不容混淆的。但是它们之间的对立又是相对的，如果越出一定的范围，即超出了真理的适用范围，真理和谬误就会相互转化。

在论述马克思主义真理观的过程中，恩格斯还阐明了自由与必然的辩证关系，他指出："自由就在于根据对自然界的必然性的认识来支配我们自己和外部自然。"① "自由不在于幻想中摆脱自然规律而独立，而在于认识这些规律，从而能够有计划地使自然规律为一定的目的服务。"② 当人们尚未认识客观规律时，就处在被盲目必然性支配的状态，即处在必然王国之中。但当人们在社会实践的基础上正确认识并利用这些客观规律来为自己的目的服务以后，人们便获得了自由。自由是一个历史的、相对的范畴，是一个基于实践的无限发展过程。

第五，阐述唯物辩证法的基本规律。在阐述马克思主义哲学的自然观、历史观和思维观后，恩格斯对在自然、社会历史和思维中普遍起作用的唯物辩证法的基本规律进行了分析和论证。他给辩证法下了一个科学的定义："辩证法不过是关于自然界、人类社会和思维的运动和发展的普遍规律的科学。"③

是否承认辩证矛盾的客观存在，是唯物辩证法与形而上学的本质区别和对立的焦点。杜林在攻击唯物辩证法时将辩证法主张的辩证矛盾与形式逻辑的逻辑矛盾混淆起来，根本否定矛盾的客观存在，污蔑辩证法的矛盾观点是背理的顶点。针对杜林这种形而上学的观点，恩格斯通过列举自然界、社会和思维方面的客观事实论证了唯物辩证法矛盾规律的客观性和普遍性。他指出，从简单的机械运动到高级的复杂的生命运动都充满了矛盾，运动本身就是矛盾。作为客观世界反映的思维和自然科学也充满了矛盾。因此，没有矛盾就没有世界。矛盾是一切事物和现象运动变化和发展的源泉和根本动力。形而上学之所以否定客观世界的运动和发展，根本的原因就是否定矛盾的客观存在。但"真正的、自然的、历史的和辩证的否定正是一切发展的推动力（从形式方面看）——对立面的划分，对立面的斗争和解决"④。矛盾规律即对立统一规律是唯物辩证法最根本的规律，否定了矛盾的客观存在和矛盾规律的客观性和普

---

① 《马克思恩格斯文集》第 9 卷，人民出版社 2009 年版，第 120 页。
② 《马克思恩格斯文集》第 9 卷，人民出版社 2009 年版，第 120 页。
③ 《马克思恩格斯文集》第 9 卷，人民出版社 2009 年版，第 149 页。
④ 《马克思恩格斯文集》第 9 卷，人民出版社 2009 年版，第 357 页。

遍性，也就否定了唯物辩证法。

在论述质量互变规律时，恩格斯指出，质量互变规律就是"单纯的量的变化到一定点时就转变为质的区别"①的规律。他用大量的事实证明了唯物辩证法的量变质变规律的普遍性和客观性。量变和质变是事物运动、变化和发展的两种基本形式，量变超过一定的限度就会改变事物的质，质变同样也会改变事物发展的量。量转化为质，质转化为量，是事物发展的普遍规律。

在论述否定的否定规律时，恩格斯着重论证了辩证的否定观。他指出，在辩证法中，否定是"扬弃"，是克服和保留的统一。通过辩证的否定，发展就不是简单地重复，而是使事物得到提高和改善。从实质上看，辩证否定是事物内部矛盾运动的必然结果，只有通过辩证的否定，矛盾对立面才能实现转化，事物的矛盾才能解决。恩格斯还用大量事实证明，否定的否定规律"是自然界、历史和思维的一个极其普遍的、因而极其广泛地起作用的、重要的发展规律"②。

2. 对马克思主义政治经济学重要原理的阐述

恩格斯在《反杜林论》中驳斥了杜林对马克思政治经济学理论的歪曲和攻击，充分肯定了马克思对政治经济学的创造性贡献和划时代的功绩，并以马克思的经济学思想为依据，阐述了马克思主义政治经济学的一些重要原理。

第一，恩格斯给政治经济学作出经典定义："政治经济学，从最广的意义上说，是研究人类社会中支配物质生活资料的生产和交换的规律的科学。"③他区分了狭义政治经济学和广义政治经济学，指出前者是资产阶级的政治经济学，后者是研究一切社会形态的政治经济学。然而，"政治经济学本质上是一门历史的科学。它所涉及的是历史性的即经常变化的材料；它首先研究生产和交换的每个个别发展阶段的特殊规律，而且只有在完成这种研究以后，它才能确立为数不多的、适用于生产一般和交换一般的、完全普遍的规律"④。因此，恩格斯认为，"政治经济学作为一门研究人类各种社会进行生产和交换并相应地进行产品分配的条件和形式的科学——这样广义的政治经济学尚待创造。到现在为止，我们所掌握的有关经济科学的东西，几乎只限于资本主义生产方式

---

① 《马克思恩格斯文集》第 9 卷，人民出版社 2009 年版，第 132 页。
② 《马克思恩格斯文集》第 9 卷，人民出版社 2009 年版，第 148 页。
③ 《马克思恩格斯文集》第 9 卷，人民出版社 2009 年版，第 153 页。
④ 《马克思恩格斯文集》第 9 卷，人民出版社 2009 年版，第 153—154 页。

的发生和发展"①。

第二，阐述生产、交换和分配的相互关系。在批判杜林割裂生产与分配的联系，宣扬庸俗的"分配决定论"时，恩格斯指出：不是分配决定生产和交换，相反，分配必须以产品的生产和生产关系的决定作用为前提。因而一定的产品分配和分配方式，"总是某一个社会的生产关系和交换关系以及这个社会的历史前提的必然结果"②。生产决定交换，生产和交换又决定分配，因而"随着历史上一定社会的生产和交换的方式和方法的产生，随着这一社会的历史前提的产生，同时也产生了产品分配的方式方法"③。分配方式是随着生产方式和交换方式的变化而变化的。当然，分配方式对生产方式和交换方式也具有一定的反作用。

第三，阐述劳动价值论。恩格斯指出，杜林在价值论上的根本错误在于混淆了价值与价格，他说："商品的价值是由体现在商品中的社会必要的、一般人的劳动决定的，而劳动又由劳动时间的长短来计量。劳动是一切价值的尺度。"④ 劳动本身却没有价值，价值本身也不能直接表现自己，必须通过商品的交换才能表现出来。价格是价值的货币表现，价格是以价值为基础的，决不能本末倒置，把二者混为一谈。此外，恩格斯还深刻地批判了杜林所宣扬的生产费用决定价值、工资决定价值等庸俗经济学观点，指出这些关于价值的谬论，完全是与马克思科学的劳动价值论相对立的，其目的是企图掩盖资本主义剥削的实质。

第四，阐述科学的剩余价值论及其意义。恩格斯指出，科学的剩余价值论是马克思最伟大的科学发现之一，是马克思经济理论的基石。他特别驳斥了杜林对马克思剩余价值理论的歪曲和攻击，并对这一理论及其重大意义作了深入的阐述。

杜林在攻击马克思关于资本和剩余价值的理论时，肆意歪曲马克思的观点，硬说马克思认为"资本是由货币产生的"。恩格斯指出，这纯粹是杜林的杜撰。虽然资本在现实中和历史上最初都是以货币形式表现出来的，但并不能由此说资本就是从货币产生的。货币作为资本流通形式和作为商品一般等价物

---

① 《马克思恩格斯文集》第 9 卷，人民出版社 2009 年版，第 156 页。
② 《马克思恩格斯文集》第 9 卷，人民出版社 2009 年版，第 160 页。
③ 《马克思恩格斯文集》第 9 卷，人民出版社 2009 年版，第 154 页。
④ 《马克思恩格斯文集》第 9 卷，人民出版社 2009 年版，第 199—200 页。

的流通形式是不同的。简单商品流通的目的是为买而卖，追求的是使用价值；资本流通的目的是为卖而买，追求的是价值增殖，即剩余价值。剩余价值的产生要以货币投入流通为条件，但流通本身并不产生剩余价值。货币转化为资本以及剩余价值产生的真正秘密在于劳动力成为商品。劳动力这一商品和其他商品一样，也具有价值和使用价值。劳动力商品的价值和其他商品的价值一样，是由生产和再生产这种特殊商品所必需的劳动时间决定的，也就是由生产、维持、发展和延续劳动力所必需的生活资料的价值决定的。劳动力这一商品的使用价值和其他商品不同，它的使用就是工人劳动的物化，也就是价值的创造，从而是价值和剩余价值的源泉。劳动力使用过程中创造的价值，大于它本身的价值。资本家无偿占有的正是雇佣劳动者所创造的超过劳动力价值的价值，即剩余价值。剩余价值是在劳动力使用过程中即生产过程中产生的。

恩格斯高度赞扬马克思剩余价值学说的伟大意义，指出"由于马克思以这种方式说明了剩余价值是怎样产生的，剩余价值怎样只能在调节商品交换的规律的支配下产生，所以他就揭露了现代资本主义生产方式以及以它为基础的占有方式的机制，揭示了整个现代社会制度得以确立起来的核心"①。

3. 对科学社会主义理论的全面阐发

科学社会主义是马克思主义科学理论体系极为重要的组成部分。杜林从小资产阶级社会主义的立场出发，以"社会主义改革家"自居，提出了一套所谓改革社会主义的方案和建立"新的共同社会结构"的设想，对科学社会主义发起猖狂进攻。恩格斯在驳斥和批判杜林的过程中，对科学社会主义理论作了全面而深入的阐发。

第一，社会主义由空想到科学的发展。社会主义思想源远流长，在资本主义产生的初期，作为其对立面的社会主义思想就产生了。恩格斯指出，在中世纪末期，除了封建贵族和资产阶级之间的矛盾外，还存在着剥削者和被剥削者之间的对立。自 16 世纪起就爆发了无产阶级先驱者的独立运动并产生了相应的理论，即空想社会主义。恩格斯具体分析了空想社会主义经历的三个发展阶段。

16 世纪和 17 世纪即资产阶级革命初期，空想社会主义就在英国和意大利产生了，英国的托马斯·莫尔和意大利的康帕内拉是其早期阶段的代表人物。

———————————

① 《马克思恩格斯文集》第 9 卷，人民出版社 2009 年版，第 214 页。

莫尔于 1516 年写的《乌托邦》一书，是空想社会主义产生的标志。莫尔在书中揭露了资本主义原始积累的罪恶，描述了"羊吃人"的悲惨情景，表达了社会下层劳动者对没有人剥削人、人压迫人的理想社会的向往。康帕内拉于 1602 年写了《太阳城》一书，揭露了当时意大利社会的黑暗，反映了劳动人民向往美好生活、要求消除贫富对立的愿望。《乌托邦》和《太阳城》都采取了文学游记的形式，虚构出一个理想的仙岛，那里实行财产公有，有计划地组织生产，按需要进行分配，大家过着幸福的生活。早期对未来社会主义理想制度的主张都较为粗疏，缺乏比较严密的理论论证，而且带有明显的小生产者思想的烙印。

18 世纪，空想社会主义发展到中期阶段。它此时的主要代表是摩莱里和马布利。那时，法国资本主义已进入工场手工业时期，不仅资本主义和封建制度的矛盾已经暴露，而且工人和工场主之间的斗争也逐渐发展起来。摩莱里和马布利的空想社会主义思想就是这个时期广大劳苦群众的利益、愿望和要求的反映。1755 年摩莱里写作的《自然法典》和 1776 年马布利出版的《论法制或法律的原则》都主张通过制定法律来废除私有制，实行财产公有，消灭贫富差别，实现人类平等，建立理想的社会。恩格斯指出，他们的学说已经包含直接共产主义的理论，他们提出的平等的要求已经不再限于政治权利方面，同时也扩大到个人的社会地位方面了。必须加以消灭的不仅是阶级特权而且是阶级差别本身。但是他们的学说带有明显的绝对平均主义和禁欲主义的特点，企图用平均和禁欲的方法来消灭阶级特权和阶级差别。因此，恩格斯把这种共产主义学说称作"苦修苦炼的、禁绝一切生活享受的、斯巴达式的共产主义"。

19 世纪初，空想社会主义发展到最高阶段。这一时期，资本主义的生产方式进入机器生产时期，资产阶级政治统治进一步得到加强和扩展。伴随资本主义发展而来的是社会问题的大量涌现和社会危机的空前加剧。随着现代产业工人阶级队伍的迅速壮大，其与资产阶级的矛盾逐步凸显。无产阶级反抗资产阶级的斗争也逐渐展开。正是在这一背景下，欧洲社会出现了三个伟大的空想主义者：圣西门、傅立叶和欧文。恩格斯认为，这三个人有一个共同点：他们都不是作为当时已经历史地产生的无产阶级利益的代表出现的。他们和 18 世纪启蒙学者一样，并不是想首先解放某一个阶级，而是想立即解放全人类。他们和启蒙学者一样，想建立理性和永恒正义的王国。但他们又认为按照启蒙学者提出的自由、平等、博爱的理论原则建立起来的理想化的国家并不那么理想，也应该像封建社会一样把它抛弃，建立一个真正的理想国。为建立一个真正的理想国家，圣西门等人一方面吸收了 16 世纪以来的空想社会主义思想家的思想材料，另一方面继承和发展了 18 世纪启蒙学者们的一些思想形式，构思了一套更加完备的理想社会方案，提出了比较系统的社会主义学说，这反映出当时被剥削阶级要求摆脱资本主义制度的愿望和要求。但是，正如恩格斯指出的那样，在这一历史时期，资本主义生产方式还不成熟，资产阶级和无产阶级之间的对立程度也不深。在英国刚刚产生的大工业，在法国还完全没有。同时，无产阶级刚刚从无财产的劳动群众中分离出来，还无力进行独立的政治行动。这种历史条件决定了三大空想社会主义者无法避免的历史局限性。恩格斯指出："不成熟的理论，是同不成熟的资本主义生产状况、不成熟的阶级状况相适应的。解决社会问题的办法还隐藏在不发达的经济关系中，所以只有从头脑中产生出来。社会所表现出来的只是弊病，消除这些弊病是思维着的理性的任务。于是，就需要发明一套新的更完善的社会制度，并且通过宣传，可能时通过典型示范，从外面强加于社会。这种新的社会制度是一开始就注定要成为空想的，它越是制定得详尽周密，就越是要陷入纯粹的幻想。"① 习近平在揭示马克思主义直接来源时，也对空想社会主义的历史局限性作出深刻分析："在马克思提出科学社会主义之前，空想社会主义者早已存在，他们怀着悲天悯人的情感，对理想社会有很多美好的设想，但由于没有揭示社会发展规律，没有找到实现理想的有效途径，因而也就难以真正对社会发展发生作用。"② 但三大空想社会主义者思想中的合理内容构成了马克思主义的直接理论来源之一。

恩格斯指出，科学社会主义的产生，不仅需要以资本主义的发展、工业无产阶级的形成，以及无产阶级和资产阶级两大社会阶级冲突的加剧作为经济和政治的先决条件，同时还需要一定的理论前提。唯物史观的发现，揭示了社会发展的客观规律，说明了社会形态的更替是在生产力和生产关系、经济基础和上层建筑矛盾推动下的自然历史过程。有了这样的科学理论依据，社会主义就不再是从头脑中发明出来，而是从无产阶级和资产阶级之间的斗争，从必然产生这两个阶级及其斗争的历史的经济过程中发现出来。此外，剩余价值理论的发现，揭示了资本主义的经济运动规律和历史地位，说明了资本主义灭亡的必

---

① 《马克思恩格斯文集》第 9 卷，人民出版社 2009 年版，第 274 页。
② 习近平：《在纪念马克思诞辰 200 周年大会上的讲话》，人民出版社 2018 年版，第 7—8 页。

然性。在这两大科学发现的基础上，马克思通过对无产阶级阶级斗争经验的总结，找到了实现社会主义的阶级力量和现实途径，于是，社会主义就被置于现实的基础之上，实现了由空想到科学的根本转变。

第二，资本主义生产方式的基本矛盾及其表现。恩格斯指出，资本主义生产方式的基本矛盾是生产的社会化和生产资料的私人占有之间的矛盾。随着资本主义的发展，"社会化生产和资本主义占有的不相容性，也必然越加鲜明地表现出来"①。恩格斯考察了资本主义生产方式基本矛盾的具体表现，他指出，一方面，在阶级关系上，"社会化生产和资本主义占有之间的矛盾表现为无产阶级和资产阶级的对立"②；另一方面，是"个别工厂中生产的组织性和整个社会中生产的无政府状态之间的对立"③。

资本主义生产方式基本矛盾发展的直接结果是导致了周期性的经济危机。恩格斯指出："在危机中，社会化生产和资本主义占有之间的矛盾剧烈地爆发出来……经济的冲突达到了顶点：生产方式起来反对交换方式，生产力起来反对已经被它超过的生产方式。"④ 这深刻地表明，资本主义生产关系已不适应生产力发展的需要，并成为生产力发展的桎梏。

第三，社会主义代替资本主义的历史必然性。恩格斯指出，资本主义生产方式基本矛盾的激化和经济危机的周期性爆发，表明社会生产力本身以日益增长的威力要求消除资本主义固有的矛盾，"要求摆脱它作为资本的那种属性，要求在事实上承认它作为社会生产力的那种性质"⑤。这就迫使资产阶级进行调整，使资本主义生产关系中出现了某些新因素，如大的生产机构和交通机构向股份公司和国有财产的转变，但这并不能消除生产力的资本属性。"现代国家，不管它的形式如何，本质上都是资本主义的机器，资本家的国家，理想的总资本家。它越是把更多的生产力据为己有，就越是成为真正的总资本家，越是剥削更多的公民。工人仍然是雇佣劳动者，无产者。资本关系并没有被消灭，反而被推到了顶点。但是在顶点上是要发生变革的。"⑥ 只有通过社会主义革命，无产阶级夺取国家政权，由全体劳动人民占有生产资料，才能消除资本主义生

① 《马克思恩格斯文集》第9卷，人民出版社2009年版，第287页。
② 《马克思恩格斯文集》第9卷，人民出版社2009年版，第288页。
③ 《马克思恩格斯文集》第9卷，人民出版社2009年版，第290页。
④ 《马克思恩格斯文集》第9卷，人民出版社2009年版，第293页。
⑤ 《马克思恩格斯文集》第9卷，人民出版社2009年版，第294页。
⑥ 《马克思恩格斯文集》第9卷，人民出版社2009年版，第295页。

产方式的固有矛盾。可见，社会主义取代资本主义，是社会化大生产的客观需要和资本主义生产方式基本矛盾运动的必然结果。

第四，未来社会主义社会的基本特征。恩格斯将未来社会主义的基本特征大致概括为五个方面：生产资料归全社会所有，国家以社会的名义占有物质生产资料；整个社会生产自觉地按计划进行；商品交换将被排除，因而也排除了产品向商品的转化和产品向价值的转化；消灭阶级和阶级差别，国家将自行消亡；消灭城乡差别等旧式分工，实现人的全面发展。

4. 对马克思主义三个主要组成部分及其内在联系的科学概括

在《反杜林论》中，恩格斯不仅分别论述了马克思主义哲学、政治经济学以及科学社会主义的基本原理，还阐明了马克思主义理论体系的基本结构和主要组成部分，揭示了其内在联系，论证了马克思主义是一个严整的科学理论体系。

马克思主义理论体系由三个主要部分即哲学、政治经济学和科学社会主义组成，这三个组成部分是相互联系、不可分割的有机整体。其中哲学是整个马克思主义理论体系的世界观、方法论基础；政治经济学是马克思主义理论体系的主干；科学社会主义则是其理论的核心部分，因此科学社会主义就成了马克思主义的另一个名称。恩格斯指出，唯物史观和剩余价值学说是马克思的两个伟大发现，是整座马克思主义理论大厦的两块基石，正是由于唯物史观和剩余价值的发现，社会主义才从空想变成了科学。

恩格斯对马克思主义三个组成部分及其内在联系的科学阐述，是《反杜林论》的一个显著特征，也是恩格斯对马克思主义的重要理论贡献。

二、马克思主义理论体系的进一步丰富

马克思主义是一个涉及多个领域、内容十分丰富的理论体系，除了它的主要组成部分——哲学、政治经济学、科学社会主义外，还涉及伦理学、法学、宗教学、文艺学以及军事学等社会科学众多领域，马克思和恩格斯在这些领域都进行过深入研究，有许多理论成果。现仅就马克思和恩格斯在文艺学和军事学两个重要领域所取得的成果作一概述。

1. 马克思主义的文艺观

马克思和恩格斯在创立马克思主义科学理论体系时，对文艺、美学也进行了深入探讨。他们深入研究文艺发展史，阅读文艺史上众多伟大作家和艺术家

的作品和文艺论著，揭示出文艺的本质及其规律，形成了马克思主义的文艺观。

首先，阐释文艺的社会本质。恩格斯认为，作为社会意识形态的文学艺术，只能是对社会存在和由物质生产方式所决定的社会生活的反映，是由社会的物质生产和一定的社会物质生活条件决定的精神生产的产品。他在《反杜林论》中考察了文艺与社会分工的相互关系，认为文艺是一定历史阶段的物质生活条件下的产物，是社会分工发展到一定阶段的产物，"生产力的提高、交往的扩大、国家和法的发展、艺术和科学的创立，都只有通过更大的分工才有可能，这种分工的基础是从事单纯体力劳动的群众同管理劳动、经营商业和掌管国事以及后来从事艺术和科学的少数特权分子之间的大分工"[1]。与政治法律观念、哲学、宗教、道德等意识形态上层建筑一样，文学艺术归根到底是一定社会经济关系的产物。文学艺术的发展在任何时候都必然受到经济基础的制约，有什么样的生产方式，就有什么样的与之相适应的文学艺术。随着经济基础的变革，作为上层建筑的文学艺术也必然会发生或快或慢的变化，因此文学艺术是以适应经济基础作为其生存和发展的条件的。但文学艺术又有其相对独立性，一方面，文学艺术作为人类的思想材料有历史继承性的特点。恩格斯指出，每一时代的精神生产"都具有由它的先驱传给它而它便由此出发的特定的思想材料作为前提"[2]。因而文学艺术往往表现出发展的连续性和相对稳定性。另一方面，文学艺术随着社会分工的发展已成为一种相对独立的精神活动部门，具有本身相对独立的特殊的运动规律。对后一点，恩格斯在其晚年予以特别强调，这对正确认识文学艺术的本质和发展规律有着特别重要的意义。

其次，揭示文学艺术发展的一般规律。马克思在其著作中明确提出了劳动创造美的命题，揭示了文学艺术与物质生产活动之间的内在联系。对此恩格斯也多次作出过说明，从而揭示了艺术发展不同于其他意识形态发展的特殊规律。他们认为，文学艺术发展过程中一定的繁盛时期决不是同社会的一般发展成比例的，因而也决不是同仿佛是社会组织的骨骼的物质基础的一般发展成比例的。在文学艺术本身的领域内，某些有重大意义的艺术形式只有在艺术发展的不发达阶段才可能产生。例如，古希腊的神话史诗就是生产力极端低下、人

---

① 《马克思恩格斯文集》第9卷，人民出版社2009年版，第189页。
② 《马克思恩格斯文集》第10卷，人民出版社2009年版，第599页。

的认识能力也十分有限的状况下的产物，但至今仍然能够给人们以艺术享受，甚至就某些方面来说还是一种规范和高不可及的范本。再如，欧洲文艺复兴时期出现了文学艺术的空前繁荣，但它却是在资本主义得以高度发展之前出现的，是资产阶级反对封建主义的激烈斗争所体现出来的进步的革命精神所催发的艺术花朵，反映了当时时代的需要。1890 年 6 月 5 日恩格斯在致保·恩斯特的信中，通过对挪威出现的文学繁荣原因的分析，具体阐述了艺术发展的不平衡规律。

再次，阐述文学艺术内部的特殊规律。在恩格斯看来，文学艺术是社会历史特别是现实生活的反映。在实践的社会生活中人们按照美的规律创造着美的事物，艺术的美就是对社会生活中美的反映。这是他和马克思对文艺美学本质的根本看法。但他们同时也认为，艺术美的创造并不是对生活中美的简单摹写，而是对现实美的典型化，由此便产生了艺术美高于现实美的艺术规律。典型化就是通过具体的个别的形象来反映现实一般的普遍存在着的面貌，就是指文艺反映生活现实的发展趋势及时代的深刻变化，这就必然要求创作者能通过典型环境中典型人物的塑造反映出时代的精神。恩格斯在 1885 年 11 月 26 日致敏·考茨基的信和 1888 年 4 月初致玛·哈克奈斯的信中，通过对他们各自的作品《旧和新》和《城市姑娘》的具体分析，深刻地说明了上述观点。

要做到使艺术美高于现实，创作者还必须有正确的世界观和审美情趣，只有这样才能正确地对待生活，创造出好的作品。恩格斯通过对歌德创作过程的分析，揭示了这一文艺创作的合乎规律的现象。

恩格斯深刻地分析了艺术形式与内容的辩证关系。他曾把"较大的思想深度和意识到的历史内容，同莎士比亚剧作的情节的生动性和丰富性的完美的融合"，称为戏剧的未来和艺术的理想。同时他也批评了"席勒式"的创作及其作品往往离开"意识到的历史内容"去追求所谓的"思想深度"，结果流于空泛、苍白和呆板，造成概念化和模式化的唯心主义弊病。艺术美来源于内容和形式两个方面，但内容是决定性的方面，形式则服务于内容，并对内容起着能动的反作用，因此片面追求形式美而忽视内容是不可取的。同样，只注重内容而轻视形式也是不对的，艺术创作只有做到内容和形式高度的和谐统一，才能产生出优秀的作品，这是艺术创作必须遵循的基本规律。

最后，阐述文学艺术的创作原则。恩格斯指出，现实主义是文学艺术创作最基本的原则。这种创作原则的实质就是要求文艺创作应以唯物史观和能动的反映论为指导，通过对现实关系的真实描写，反映社会生活的本质和历史发展的趋势。恩格斯十分重视文艺创作中的真实性问题，在他看来，现实生活是文艺内容的客观基础，真实地再现现实是文艺作品的前提条件。早在 1859 年致拉萨尔的信中，恩格斯就明确指出，"我们不应该为了观念的东西而忘掉现实主义的东西"①。在 1888 年致玛·哈克奈斯的信中，恩格斯创造性地提出"现实主义的真实性"② 的命题。这在美学思想发展史上第一次把现实主义和真实性联系起来，确立了马克思主义的现实主义文艺理论。

2. 马克思主义的军事理论

马克思主义军事理论，是马克思和恩格斯运用科学世界观和方法论，研究战争实践和军事问题的结果，是他们从无产阶级革命的需要和目的出发而确立的对待战争的根本观点和根本理论。恩格斯在马克思主义军事理论的创立中占有十分重要的地位。

从 19 世纪 40 年代开始，恩格斯先后发表大量的战争评论、军事论著、军事词条和有关书信，内容涉及历史的和现实的许多战争战役、军事将领、武器演变、作战方法、战略战术、训练教育、后勤给养、军事学术等诸多方面。特别是从 19 世纪 70 年代以后，恩格斯利用资本主义世界出现的相对"和平"时期，对既往的战争风云和未来的战争危机进行深入的研究和思考，提出了一系列富有理论深度和战略意义的重要观点，进一步深化和发展了马克思主义的军事理论。

第一，深刻阐述战争、暴力与经济的辩证关系。恩格斯在批判杜林的唯心主义暴力论时，运用唯物史观深刻地分析了暴力在历史上的作用，强调指出经济对战争和暴力的决定作用。战争无疑是一种暴力行为，而且是一种最尖锐最激烈的暴力冲突。从生产力和生产关系之间的矛盾出发来探寻战争的根源，是马克思主义研究战争和暴力的基本出发点。恩格斯认为，战争不仅根源于经济，而且必须以经济为基础。军队、武器和战术发展都要有一定的物质基础，要依靠一定的社会经济条件。军队的发展，不论是陆军还是海军，都需要"巨额的金钱"，尤其是现代海军军舰的建造更要耗费大量的物力和财力。"现代的军舰不仅是现代大工业的产物，同时还是现代大工业的样板，是浮在水上的工

---

① 《马克思恩格斯文集》第 10 卷，人民出版社 2009 年版，第 176 页。
② 《马克思恩格斯文集》第 10 卷，人民出版社 2009 年版，第 569 页。

厂——的确，主要是浪费大量金钱的工厂。"① 因此，"暴力还是由经济状况来决定的，经济状况给暴力提供配备和保持暴力工具的手段"②。

经济发展水平直接影响整个军事体系和作战方式。恩格斯考察了 14 世纪以来火器的改善使军队的作战体系和作战方法所发生的一系列变化。他认为，"军队的全部组织和作战方式以及与之有关的胜负，取决于物质的即经济的条件：取决于人和武器这两种材料，也就是取决于居民的质和量以及技术"③。他在这里运用唯物史观对经济和暴力的辩证关系以及军事发展变革作出了深刻分析。

第二，恩格斯在回顾和总结 19 世纪战争状况的基础上，从各国扩军备战的竞争中揭示了军国主义的前途和命运。他指出，1870 年的普法战争是一个重大转折点，这个转折点具有同以前的一切转折点完全不同的意义。首先是武器已经大大完善；其次也是最重要的，普法战争迫使欧洲大陆上的一切大国在国内采用更严格的普鲁士式的后备军制度，因而加重了军事负担，而在这种负担之下，它们过不了几年就一定要陷于崩溃。军国主义者使军队变成了国家的主要目的，变成了目的本身。军国主义统治着并且吞噬着欧洲。各资本主义国家进行着疯狂的军备竞赛，"使它们一方面不得不每年在陆军、海军、火炮等方面花费更多的金钱，从而越来越加速财政的崩溃；另一方面不得不越来越严格地采用普遍义务兵役制，结果使全体人民学会使用武器；这就使人民有可能在一定时机反对军事长官而实现自己的意志"④。军国主义的统治及其利益与人民群众的意志是根本对立的。

第三节　对古代社会和东方社会发展道路的研究

为了进一步深化对人类社会历史发展规律的研究，阐明资本主义必然被社会主义代替的历史趋势，马克思和恩格斯晚年十分重视对古代社会、东方社会发展道路的探索和研究。

---

① 《马克思恩格斯文集》第 9 卷，人民出版社 2009 年版，第 180 页。
② 《马克思恩格斯文集》第 9 卷，人民出版社 2009 年版，第 174 页。
③ 《马克思恩格斯文集》第 9 卷，人民出版社 2009 年版，第 178 页。
④ 《马克思恩格斯文集》第 9 卷，人民出版社 2009 年版，第 178 页。

一、古代社会的研究

19 世纪上半叶，社会的史前状态，全部成文史以前的社会组织，几乎还完全没有人知道。从 19 世纪 60 年代起，出现了不少研究人类史前社会的成果，如巴斯蒂安的《历史上的人》、巴霍芬的《母权论》、拉伯克的《文明的起源和人的原始状态》、麦克伦南的《原始婚姻》、摩尔根的《血亲制度和姻亲制度》等。特别是美国学者摩尔根发表于 1877 年的《古代社会》一书，在人类史和文化学史的研究上取得突破性进展。这些研究成果引起马克思、恩格斯的高度重视。

1879—1882 年，马克思在阅读其中某些著作的过程中，写了 5 篇笔记：《马·柯瓦列夫斯基〈公社土地占有制，其解体的原因、进程和结果〉（第一册，1879 年莫斯科版）一书摘要》《路易斯·亨·摩尔根〈古代社会〉一书摘要》《约翰·菲尔爵士〈印度和锡兰的雅利安人村社〉（1880 年版）一书摘要》《亨利·萨姆纳·梅恩〈古代法制史讲演录〉（1875 年伦敦版）一书摘要》《约·拉伯克〈文明的起源和人的原始状态〉（1870 年伦敦版）一书摘要》。这 5 篇笔记被称为马克思的《古代社会史笔记》，对历史唯物主义作了重要的丰富和发展。

第一，在理清原始社会氏族组织的社会结构基础上，完善了马克思主义关于社会结构的理论。马克思在晚年笔记中运用唯物史观对史前社会结构进行了剖析，揭示出其特殊性。马克思指出，史前社会两种生产的并存决定了史前社会结构的特殊性。在原始社会，作为社会结构基本单位的氏族组织，既受到物质资料生产的制约，更受到人自身生产（种的繁衍）的制约。这就是史前社会的一般社会结构。马克思十分赞成摩尔根关于"血缘家庭是第一个有组织的社会形式"的看法，并进一步揭示出氏族的起源和本质："但氏族必然从杂交集团中产生；一旦在这个集团内部开始排除兄弟和姊妹之间的婚姻关系，氏族就会从这种集团里面生长出来，而不会更早。氏族的前提条件，是兄弟和姊妹（嫡系的和旁系的）已经从其他血亲中区分出来。氏族一旦产生，就继续是社会制度的单位，而家庭则发生巨大的变化。"① 马克思根据摩尔根的研究指出，胞族、部落、部落联盟都是血缘亲属集团，它们在氏族的基础上发展起来并作为氏族制度的不同环节而靠血缘的纽带来维持。血缘亲属关系在史前社会结构

---

① 《马克思恩格斯全集》第 45 卷，人民出版社 1985 年版，第 499 页。

中是最基本的关系，这种关系排斥了以财产关系为基础的阶级关系。但是，随着生产力的发展和家庭形式的变化，人类社会逐步摆脱了血亲关系的束缚，使原始氏族组织的血亲色彩日趋淡化。他在论证氏族社会解体的必然性时指出："不管地域如何：同一氏族中的财产差别使氏族成员的利益的共同性变成了他们之间的对抗性；此外，与土地和牲畜一起，货币资本也随着奴隶制的发展而具有了决定的意义。"① 在马克思看来，在生产力发展基础上形成的财产差别，成为冲破血缘关系束缚的最强大的力量。这样，马克思就深刻揭示出两种生产以及在此基础上形成的血亲关系和财产关系相互制约、相互作用的历史过程，奠定了唯物史观关于史前社会结构理论的基础。

在理清原始社会氏族组织的社会结构基础上，马克思进一步揭示出了东方社会和其他不发达的社会形态在社会结构方面不同于西方的特殊性。他指出，随着社会生产和财产关系的发展，作为人类社会的"原生形态"的史前社会解体以后，血缘亲属关系在次生的社会结构中的影响和制约作用仍然会继续残留其中，并作为新的社会结构的构成要素长期共存下来。马克思在谈到东方社会和不发达社会形态时指出："但它们或者以个人尚未成熟，尚未脱掉同其他人的自然血缘联系的脐带为基础，或者以直接的统治和服从的关系为基础。它们存在的条件是：劳动生产力处于低级发展阶段，与此相应，人们在物质生活生产过程内部的关系，即他们彼此之间以及他们同自然之间的关系是很狭隘的。"② 在马克思看来，东方社会在人类社会发展总过程中是处于从公有制到私有制、从原生形态到次生形态的过渡时期，公社土地所有制随着经济因素的增长而瓦解的过程，使自身的结构具有了公有和私有的二重属性，这样，也就使得东方社会的社会结构及其演化方向具有了特殊性。由此，马克思尖锐地批评了西方学者把西方社会结构和发展道路简单套用到东方社会和其他不发达社会的"西方中心论"。马克思晚年笔记中对史前社会结构和东方社会结构的研究极大地完善和丰富了唯物史观，科学地揭示了东方社会和其他不发达社会形态社会结构的特殊性及其发展规律。

第二，进一步弄清了氏族组织和原始土地公有制解体后私有制和阶级的产生过程。早在《1844 年经济学哲学手稿》和《德意志意识形态》中，马克思

---

① 《马克思恩格斯全集》第 45 卷，人民出版社 1985 年版，第 522 页。
② 《马克思恩格斯文集》第 5 卷，人民出版社 2009 年版，第 97 页。

就对私有制的起源作了初步探索，但由于当时对史前社会的研究有限，并没有彻底地解决这一问题。直到晚年，他才在摩尔根、柯瓦列夫斯基等人的研究成果以及其提供的丰富材料基础上，基本解决了这一问题。

摩尔根的《古代社会》和柯瓦列夫斯基的《公社土地占有制，其解体的原因、进程和结果》，对史前社会的氏族公社所有制和农村公社所有制的发展过程进行了分析，在一定程度上说明了私有制的产生以及史前社会向文明社会的过渡。马克思依据唯物史观克服了其局限性并深入分析了私有制以及阶级产生和发展的过程。在马克思看来，最初产生于蒙昧时代中级阶段的普那路亚家庭的母系氏族，是氏族低级的、原始的形式。在这一阶段，世系按母系来计算，财产按母系来继承。当母系氏族走过了蒙昧时代的高级阶段和野蛮时代的低级阶段而进入它的全盛时期之后，其生命历程也就快结束了。到了野蛮时代中高级阶段，随着生产力的发展和第一次社会大分工的发生，导致了社会财富的增加和私有财产的出现，使得父系社会取代了母系社会，同时也导致社会开始产生阶级分裂。到了野蛮时代高级阶段，发生了第二次社会大分工，出现了商品生产。这时，财产私有得到了进一步巩固，土地也开始私有，从而最终导致氏族公社渐渐地瓦解。到了野蛮时代和文明时代交替时期，随着生产力进一步的发展和第三次社会大分工的发生，土地私有制被确立并得到了巩固，由此原始社会被奴隶社会所取代。

在《摩尔根（古代社会）一书摘要》中，马克思通过对希腊、罗马氏族制度的瓦解和奴隶制形成过程的研究，具体地说明了阶级的产生及其根源。他指出："不管地域如何：同一氏族中的财产差别使氏族成员的利益的共同性变成了他们之间的对抗性；此外，与土地和牲畜一起，货币资本也随着奴隶制的发展而具有了决定的意义。"[1] "同一氏族内部的财产差别把利益的一致变为氏族成员之间的对抗。"[2] 马克思通过对史前社会的研究，用具体的历史事实进一步论证了唯物史观关于阶级仅是一个经济的范畴，阶级的存在只是同一定的生产发展阶段相联系的科学论断，验证了唯物史观关于阶级起源和本质的观点。

马克思在晚年笔记中不仅论证了在生产力发展的一定阶段，私有制代替公有制的必然性，而且还深刻地提出了在生产力高度发展的未来社会，私有制必

----

① 《马克思恩格斯全集》第45卷，人民出版社1985年版，第522页。
② 《马克思恩格斯文集》第4卷，人民出版社2009年版，第184页。

然向公有制复归的论断。马克思摘录了摩尔根的论述，深刻地说明人类社会的发展是一个否定之否定的辩证发展过程。"人类的智慧在自己的创造物面前感到迷惘而不知所措了。然而，总有一天，人类的理智一定会强健到能够支配财富，一定会规定国家对它所保护的财产的关系，以及所有者的权利的范围。社会的利益绝对地高于个人的利益，必须使这两者处于一种公正而和谐的关系之中。只要进步仍将是未来的规律，像它对于过去那样，那么单纯追求财富就不是人类的最终的命运了。自从文明时代开始以来所经过的时间，只是人类已经经历过的生存时间的一小部分，只是人类将要经历的生存时间的一小部分。社会的瓦解，即将成为以财富为唯一的最终目的的那个历程的终结，因为这一历程包含着自我消灭的因素。……这将是古代氏族的自由、平等和博爱的复活，但却是在更高级形式上的复活。"① 摩尔根以自己的方式论证了人类社会发展的内在规律。马克思在说明农村公社有可能跨越资本主义"卡夫丁峡谷"并成为未来社会主义公有制基础时强调指出，公有制取代私有制就像私有制取代原始公有制一样是历史发展的必然，向集体生产和集体占有回复是人类社会合乎规律的结果。"'农村公社'的这种发展是符合我们时代历史发展的方向的，对这一点的最好证明，是资本主义生产在它最发达的欧美各国中所遭到的致命危机，而这种危机将随着资本主义的消灭，随着现代社会回复到古代类型的高级形式，回复到集体生产和集体占有而告终。"②

　　第三，进一步揭示了国家的本质和起源。这是马克思在晚年笔记中探讨的一个重点问题。在《德意志意识形态》等著作中，马克思深刻地揭示出国家是建立在经济基础之上并为其服务的政治上层建筑，是生产力与生产关系矛盾运动和阶级斗争的产物和结果。但是由于当时缺乏对史前社会的研究，使得他对国家的起源问题的理解缺乏具体的历史事实方面的根据。

　　马克思根据摩尔根等人的研究成果，深刻揭示出国家的产生根源于氏族社会晚期内部矛盾运动。通过马克思对摩尔根关于国家起源论述的摘录可以看到，他十分重视摩尔根关于国家起源的基本观点，认识到"在氏族的基础上不可能建立政治社会或国家"③。只有到了野蛮时代的高级阶段，由于生产力的发展以及私有制和阶级的产生，才导致氏族制度的瓦解和作为阶级矛盾不可调和

---

① 《马克思恩格斯文集》第 4 卷，人民出版社 2009 年版，第 198 页。
② 《马克思恩格斯文集》第 3 卷，人民出版社 2009 年版，第 579 页。
③ 《马克思恩格斯全集》第 45 卷，人民出版社 1985 年版，第 438 页。

的产物和表现的国家的产生，因此社会阶级利益和经济条件才是国家起源的根本原因。他还通过对梅恩在国家问题上的错误观点的批判，加深了对国家起源和本质问题的认识，指出，"在存在国家（在原始公社等之后）——即政治上组织起来的社会——的地方，国家决不是第一性的；它不过看来如此"①。经济条件是国家赖以形成的基础和前提，是第一性和决定性的因素，而国家是被决定的因素，是第二性的。"先是个性摆脱最初并不是专制的桎梏（如傻瓜梅恩所理解的），而是群体即原始共同体的给人带来满足和乐趣的纽带——从而是个性的片面发展。但是只要我们分析这种个性的内容即它的利益，它的真正性质就会显露出来。那时我们就会发现，这些利益又是一定的社会集团共同特有的利益，即阶级利益等等，所以这种个性本身就是阶级的个性等等，而它们最终全都以经济条件为基础。这种条件是国家赖以建立的基础，是它的前提。"②马克思进一步深刻地指出，国家是历史的范畴，有其形成发展和走向消亡的过程。"梅恩忽略了深得多的东西：国家的看来是至高无上的独立的存在本身，不过是表面的，所有各种形式的国家都是社会身上的赘瘤；正如它只是在社会发展的一定阶段上才出现一样，一当社会达到迄今尚未达到的阶段，它也会消失。"③马克思关于国家起源的私有制基础、它的阶级本质，以及国家的历史性和暂时性的论述，进一步丰富和深化了历史唯物主义的国家观。

后来恩格斯在马克思史前社会的研究成果的基础上，进一步进行深入系统研究，创作出《家庭、私有制和国家的起源》。

恩格斯对古代社会的历史早有涉猎，1869—1870年，他就研究过爱尔兰的历史。1878—1882年，他写了《马尔克》《论德意志人的古代历史》《法兰克时代》等论述欧洲原始社会史的论文。1884年，为实现马克思的遗愿，他撰写了《家庭、私有制和国家的起源》（以下简称《起源》）一书。该书是马克思主义研究古代社会的代表作，现将其内容概述如下。

第一，进一步阐明"两种生产"的理论。"两种生产"的理论并不是《起源》一书首先提出的，在《德意志意识形态》中，马克思和恩格斯就已经明确地指出，有两种生产，一种是"通过劳动而生产自己的生命"④的生产，另一

---

① 《马克思恩格斯全集》第45卷，人民出版社1985年版，第645页。
② 《马克思恩格斯全集》第45卷，人民出版社1985年版，第646—647页。
③ 《马克思恩格斯全集》第45卷，人民出版社1985年版，第646页。
④ 《马克思恩格斯文集》第1卷，人民出版社2009年版，第532页。

种是"通过生育而生产他人的生命"① 的生产。前一种生产是指物质生活资料的生产，后一种生产是指人自身的生产。恩格斯在《起源》一书中进一步发挥了这一观点。他说："根据唯物主义观点，历史中的决定性因素，归根结底是直接生活的生产和再生产。但是，生产本身又有两种。一方面是生活资料即食物、衣服、住房以及为此所必需的工具的生产；另一方面是人自身的生产，即种的繁衍。一定历史时代和一定地区内的人们生活于其下的社会制度，受着两种生产的制约。"② 两种生产的理论，科学地说明了人类社会存在和发展的基础。物质生活资料的生产和人自身的生产是相互制约、相互影响的辩证关系，这种关系在社会发展的不同阶段的表现和作用是不同的。在原始社会，由于生产力低下，人自身的生产在较大程度上支配着社会制度的形成和发展。但随着生产力的发展，特别是在私有制和阶级出现以后，人自身的生产就越来越服从于物质生活资料的生产，血缘关系也越来越受到所有制关系的制约。

第二，揭示家庭的起源和发展过程。恩格斯运用历史唯物主义的观点考察了家庭这个社会细胞的形成过程，论证了人类从原始杂乱性交向第一种家庭形式——血缘家庭过渡的主要动因是原始时代生产力的发展，家庭是为适应物质生活资料生产方式变化的需要而产生的。恩格斯还依次考察了从血缘家庭到普那路亚家庭、对偶制家庭和专偶制家庭的演变过程，指出这些家庭形式的演变过程也同样是与一定的生产力发展水平及生产关系的发展阶段相适应的。这说明，家庭的形式、性质、职能、发展方向以及与此相联系的伦理观念，归根到底是由经济关系所决定的。

第三，深刻分析私有制和阶级的产生过程。恩格斯指出，在生产力水平十分低下及血缘关系基础上形成的原始氏族公社制度，是一种原始公有制度，它曾在人类历史上存在过很长时间。生产、社会分工和交换的发展，导致私有制的产生，而私有制又是阶级矛盾产生的根源和破坏氏族公社制度的杠杆。这一过程是通过三次社会大分工逐步实现的。恩格斯指出，在第一次社会大分工，即牧业和农业分离的基础上产生了私有制和阶级；第二次社会大分工，即手工业和农业的分离；第三次社会大分工，即商业和其他产业的分离，不仅彻底摧毁了原始公有制度，而且最终确立了奴隶制度。

---

① 《马克思恩格斯文集》第 1 卷，人民出版社 2009 年版，第 532 页。
② 《马克思恩格斯文集》第 4 卷，人民出版社 2009 年版，第 15—16 页。

　　第四，阐述国家的起源、演变和消亡。恩格斯指出，随着私有制和阶级的产生，国家也随之产生了。国家是阶级矛盾不可调和的产物。"国家是承认：这个社会陷入了不可解决的自我矛盾，分裂为不可调和的对立面而又无力摆脱这些对立面。而为了使这些对立面，这些经济利益互相冲突的阶级，不致在无谓的斗争中把自己和社会消灭，就需要有一种表面上凌驾于社会之上的力量，这种力量应当缓和冲突，把冲突保持在'秩序'的范围以内；这种从社会中产生但又自居于社会之上并且日益同社会相异化的力量，就是国家。"① 国家在本质上是一个阶级压迫和统治另一个阶级的暴力工具，随着私有制和阶级的消灭，国家将自行消亡。

　　恩格斯对"两种生产"理论的研究，对家庭起源和发展过程的揭示，对私有制和阶级产生过程的分析以及对国家起源、演变和消亡的阐述，不仅是运用唯物史观分析古代社会的典范，而且也以这一研究弥补了之前关于史前社会研究方面的不足，丰富和发展了唯物史观，推动了马克思主义理论的深化和拓展，在马克思主义发展史上具有重要地位。

二、东方社会发展道路的理论探索

　　马克思和恩格斯在晚年对东方社会的历史和发展道路问题进行了深入研究，特别是马克思花费了大量的精力，查阅了关于东方社会历史的文献资料，做了大量摘录，写下了许多笔记。其目的，一方面希望通过对东方社会特殊性质、结构和发展道路的深入研究，解决社会发展过程中一般规律和特殊规律的相互关系，进一步丰富和深化唯物史观；另一方面，由于西方无产阶级革命暂时处于低潮，而东方社会反抗资本主义殖民统治的斗争却日益高涨，处于社会革命的前夜，在这种形势下必须正确估价西方无产阶级革命亟待解决的重大问题，因此，研究东方社会就成为时代的迫切需要。马克思和恩格斯的研究成果集中体现在他们关于东方社会发展道路特殊性的论述中。

　　1. 马克思对俄国农村公社跨越资本主义"卡夫丁峡谷"的设想

　　19 世纪中叶的俄国，是一个东方专制主义国家，在经济上远远落后于英、法等资本主义迅速发展的西欧国家。在 1853—1856 年发生的克里米亚战争中，俄国被英国和法国打败，国内社会矛盾空前激化。俄国统治者为维护自己的统

---

① 《马克思恩格斯文集》第 4 卷，人民出版社 2009 年版，第 189 页。

治，被迫于 1861 年实行农奴制改革。在一定意义上，农奴制改革是俄国由封建生产方式向资本主义生产方式过渡的转折点。在政治上，通过政治和法律制度的改革，俄国也开始由封建专制制度向资本主义君主立宪制转变。但俄国的这一改革并不彻底，它仍然保留着大量的农奴制残余，生产力和社会发展仍受到严重阻碍，在封建主义和资本主义的双重压迫下，人民群众的不满情绪日益高涨，俄国面临着更深刻的社会变革。

俄国社会所面临的巨大变革，提出了俄国向何处去的重大问题。从 19 世纪 60 年代起，一些民粹主义分子在赫尔岑和车尔尼雪夫斯基等人关于俄国社会发展独特道路的观点的基础上，继续对俄国社会出路的问题进行探索。民粹派根据俄国仍在全国范围内保留着较完整的农村公社这一事实，明确提出，资本主义不符合俄国的具体国情，俄国的农村公社优越于资本主义制度，在农村公社制度的基础上可以直接建成社会主义。但民粹派所理解的社会主义在本质上是一种"空想的农业社会主义"，错误地认为只要实现了土地国有化或农民集体耕作，就算是实现了社会主义。

马克思从 19 世纪 50 年代末和 60 年代初开始关注俄国社会的发展问题，为此，他自学俄文并研究了大量有关俄国历史和现实的文献。从 1877 年到 1882 年，他三次比较集中和较为系统地谈到俄国社会发展的非资本主义道路的可能性问题。

1877 年 11 月左右，马克思在致俄国《祖国纪事》杂志编辑部的信中，比较含蓄地谈到俄国有可能走一条不同于西欧资本主义国家的发展道路，批判了俄国民粹派理论家米海洛夫斯基把《资本论》中关于西欧资本主义起源的历史过程歪曲为一般发展道路的观点。一是西欧资本主义道路不能照搬到俄国。马克思引用《资本论》的原文说明，他关于资本主义起源的论述只限于西欧。但米海洛夫斯基"一定要把我关于西欧资本主义起源的历史概述彻底变成一般发展道路的历史哲学理论，一切民族，不管它们所处的历史环境如何，都注定要走这条道路……（他这样做，会给我过多的荣誉，同时也会给我过多的侮辱）"①。二是俄国有可能跨越资本主义历史阶段。马克思在这封信中对俄国能否跨越资本主义历史阶段，只作了一个比较含蓄的回答："如果俄国继续走它在 1861 年所开始走的道路，那它将会失去当时历史所能提供给一个民族的最好

---

① 《马克思恩格斯文集》第 3 卷，人民出版社 2009 年版，第 466 页。

的机会，而遭受资本主义制度所带来的一切灾难性的波折。"① 就是说，如果俄国能抓住当时历史提供给它的最好机会，就有可能避免遭受资本主义制度所带来的灾难性的后果。

1881 年，俄国女革命家查苏利奇写信给马克思，就俄国农村公社可能的命运，以及世界各国是否由于历史的必然性都应该经历资本主义生产各阶段等当时俄国民粹派热烈讨论的问题向他请教。对俄国社会发展道路这个重大问题，马克思进行了深入研究和思索，在准备给查苏利奇回信的过程中他曾拟写了 4 份草稿，但给查苏利奇的正式复信却十分简短，这表明马克思对这一问题的重视和极为慎重的态度。

首先，马克思具体分析了俄国农村公社所处的特殊历史环境。他指出，俄国是在全国范围内把农村公社保存到今天的欧洲的唯一国家。它不像东印度那样，是外国征服者的猎获物，同时，它也不是脱离现代世界孤立生存的。一方面，土地公有制使它有可能直接地逐步地把小块地个体耕作转化为集体耕作；另一方面，由于与控制着世界市场的西方生产同时存在，俄国可以不通过资本主义制度的"卡夫丁峡谷"，而把资本主义制度所创造的一切积极成果用到公社中来。

其次，马克思具体揭示出俄国农村公社的二重性及两种可能的命运。他指出，俄国农村公社虽然以土地公有制为基础，但同时又包含着私有制的因素。"不难了解，'农业公社'所固有的二重性能够赋予它强大的生命力，因为，一方面，公有制以及公有制所造成的各种社会联系，使公社基础稳固，同时，房屋的私有、耕地的小块耕种和产品的私人占有又使那种与较原始的公社条件不相容的个性获得发展。"② 由于农村公社内在的二重性矛盾的存在，使得它的发展有两种可能："或者是它所包含的私有制因素战胜集体因素，或者是后者战胜前者。先验地说，两种结局都是可能的，但是，对于其中任何一种，显然都必须有完全不同的历史环境。一切都取决于它所处的历史环境。"③

再次，马克思具体指明俄国农村公社可能跨越资本主义"卡夫丁峡谷"的前提条件。他指出：俄国"'农村公社'的这种发展是符合我们时代历史发展的方向的，对这一点的最好证明，是资本主义生产在它最发达的欧美各国中所

① 《马克思恩格斯文集》第 3 卷，人民出版社 2009 年版，第 464 页。
② 《马克思恩格斯文集》第 3 卷，人民出版社 2009 年版，第 574 页。
③ 《马克思恩格斯文集》第 3 卷，人民出版社 2009 年版，第 574 页。

遭到的致命危机，而这种危机将随着资本主义的消灭，随着现代社会回复到古代类型的高级形式，回复到集体生产和集体占有而告终"①。正是基于这种认识，马克思认为，俄国农村公社跨越资本主义历史阶段的发展是符合时代发展趋势的。

但是，必须指出的是，这种跨越还只是一种可能，要使这种可能变为现实，首先必须以俄国发生革命为前提。"要挽救俄国公社，就必须有俄国革命"②，即在农村公社没有被其内部的私有制瓦解之前，或资本主义在俄国的发展没有摧毁它之前，就爆发社会主义革命。"如果革命在适当的时刻发生，如果它能把自己的一切力量集中起来以保证农村公社的自由发展，那么，农村公社就会很快地变为俄国社会新生的因素，变为优于其他还处在资本主义制度奴役下的国家的因素。"③

在 1882 年《共产党宣言》俄文版序言中，马克思和恩格斯更进一步指出："《共产主义宣言》的任务，是宣告现代资产阶级所有制必然灭亡。但是在俄国，我们看见，除了狂热发展的资本主义制度和刚开始形成的资产阶级土地所有制外，大半土地仍归农民公共占有。""那么试问：俄国农民公社，这一固然已经大遭破坏的原始土地公有制形式，是能直接过渡到高级的共产主义的土地所有制形式呢？或者，它还必须先经历西方的历史发展所经历的那个瓦解过程呢？""对于这个问题，目前唯一可能的答复是：假如俄国革命将成为西方工人革命的信号而双方互相补充的话，那么现今的俄国公有制便能成为共产主义发展的起点。"④ 在这里，马克思和恩格斯把俄国爆发革命与西方无产阶级革命的相互补充看作是俄国农村公社可能跨越资本主义发展阶段的根本前提。

2. 恩格斯对俄国社会发展道路的探索

恩格斯一直十分关注俄国农村公社的命运问题。在 1875 年的《论俄国的社会问题》一文中，他就对俄国非资本主义发展道路的问题发表过自己的看法。他指出，俄国的公社所有制虽然日趋解体，"但是也不可否认有可能使这一社会形式转变为高级形式，只要它能够保留到条件已经成熟到可以这样做的时候，只要它显示出能够在农民不再是单独而是集体耕作的方式下向前发展；

① 《马克思恩格斯文集》第 3 卷，人民出版社 2009 年版，第 579 页。
② 《马克思恩格斯文集》第 3 卷，人民出版社 2009 年版，第 579 页。
③ 《马克思恩格斯文集》第 3 卷，人民出版社 2009 年版，第 582 页。
④ 《马克思恩格斯文集》第 2 卷，人民出版社 2009 年版，第 18 页。

就是说，有可能实现这种向高级形式的过渡，而俄国农民无须经过资产阶级的小块土地所有制的中间阶段"①。他还强调指出："如果有什么东西还能挽救俄国的公社所有制，使它有可能变成确实富有生命力的新形式，那么这正是西欧的无产阶级革命。"②

1894 年 1 月，恩格斯在《〈论俄国的社会问题〉跋》一文中，根据俄国社会发展的新情况，进一步探讨了俄国农村公社的命运和俄国社会发展道路的问题。他指出，自马克思 1877 年写给《祖国纪事》杂志编辑部的信到现在已有 17 年了，在这期间，"在俄国，无论是资本主义的发展还是农民公社的解体都大有进展"③。随着资本主义的发展，年轻的资产阶级会逐渐把国家完全掌握在自己手中，国家在所有重要的经济问题上都不得不屈从于它。"而在俄国国内目前情况下，这种改革的后果是谁也不能预测的。这样一来，俄国越来越快地转变为资本主义工业国，很大一部分农民越来越快地无产阶级化，旧的共产主义公社也越来越快地崩溃。"④

俄国农村公社是否还能得到挽救，关键在于它能否同西欧的转变相配合而成为共产主义发展的起点。恩格斯认为："要想保全这个残存的公社，就必须首先推翻沙皇专制制度，必须在俄国进行革命。"⑤ 俄国革命不仅可以使农民从农村的隔绝状态下解放出来，使他们认识外部世界，同时也可以认识他们自己，了解自己的处境和摆脱目前贫困的方法。"俄国革命还会给西方的工人运动以新的推动，为它创造新的更好的斗争条件，从而加速现代工业无产阶级的胜利；没有这种胜利，目前的俄国无论是在公社的基础上还是在资本主义的基础上，都不可能达到社会主义的改造。"⑥

尽管资本主义在俄国的发展加速了农村公社的崩溃，但恩格斯并没有因此而否定残存的农村公社对实现社会主义的重要意义。他指出："不仅可能而且毋庸置疑的是，当西欧各国人民的无产阶级取得胜利和生产资料转归公有之后，那些刚刚进入资本主义生产而仍然保全了氏族制度或氏族制度残余的国家，可以利用公有制的残余和与之相适应的人民风尚作为强大的手段，来大大

---

① 《马克思恩格斯文集》第 3 卷，人民出版社 2009 年版，第 398—399 页。
② 《马克思恩格斯文集》第 3 卷，人民出版社 2009 年版，第 399 页。
③ 《马克思恩格斯文集》第 4 卷，人民出版社 2009 年版，第 463 页。
④ 《马克思恩格斯文集》第 4 卷，人民出版社 2009 年版，第 466 页。
⑤ 《马克思恩格斯文集》第 4 卷，人民出版社 2009 年版，第 466 页。
⑥ 《马克思恩格斯文集》第 4 卷，人民出版社 2009 年版，第 466—467 页。

缩短自己向社会主义社会发展的过程，并避免我们在西欧开辟道路时所不得不经历的大部分苦难和斗争。"① 把这种可能性变为现实的必不可少的条件是，由目前还是资本主义的西方做出榜样和积极支持，即资本主义经济在自己的故乡和在它兴盛的国家被克服，落后国家看到怎样把现代工业的生产力作为社会财产来为整个社会服务。只有这样，落后的国家才能走上这种特殊的发展道路，完成社会改造。"这不仅适用于俄国，而且适用于处在资本主义以前的阶段的一切国家。"②

　　马克思和恩格斯有关俄国社会发展道路的论述，把唯物史观的基本原理运用于俄国这样的落后国家，指明落后国家和民族的特殊的社会发展道路，是对唯物史观和科学社会主义理论的重要补充和发展。

第四节　马克思主义哲学的新发展

　　唯物辩证的自然观和科学观，是马克思主义世界观的重要组成部分，恩格斯为创立马克思主义自然观和科学观作出了杰出贡献。恩格斯晚年所写的关于历史唯物主义的一系列信件，进一步阐发深化了唯物史观。他所撰述的《路德维希·费尔巴哈和德国古典哲学的终结》，对马克思主义哲学的发展作出了科学总结。

一、马克思主义自然观和科学观的系统化

　　在马克思和恩格斯看来，世界历史是自然史和社会史的统一，这是他们创立马克思主义哲学时所坚持的一项基本原则。他们早在清算以往旧哲学的过程中，就提出了唯物辩证的自然观的许多基本原理。由于创立唯物史观是他们当时更为迫切的任务，所以创立唯物辩证的自然观的任务一直没有完成。恩格斯在 19 世纪 50—60 年代曾为完成这一任务进行了比较深入的研究，他不仅研究了当时自然科学的最新成果，而且还作了初步的哲学概括。但因商务活动的繁忙和其他种种原因，恩格斯的研究时断时续。

---

① 《马克思恩格斯文集》第 4 卷，人民出版社 2009 年版，第 459 页。
② 《马克思恩格斯文集》第 4 卷，人民出版社 2009 年版，第 459 页。

直到 1870 年 9 月，恩格斯终于摆脱长达 20 年之久的经商活动，得以专心致力于自然科学的研究，开始了长达 8 年之久的他自称为"脱毛"的过程。关于他研究自然科学的目的和大致过程，他在《反杜林论》二版序言中作了这样的说明："马克思和我，可以说是唯一把自觉的辩证法从德国唯心主义哲学中拯救出来并运用于唯物主义的自然观和历史观的人。可是要确立辩证的同时又是唯物主义的自然观，需要具备数学和自然科学的知识。马克思是精通数学的，可是对于自然科学，我们只能作零星的、时停时续的、片断的研究。因此，当我退出商界并移居伦敦，从而有时间进行研究的时候，我尽可能地使自己在数学和自然科学方面来一次彻底的——像李比希所说的——'脱毛'，八年当中，我把大部分时间用在这上面。当我不得不去探讨杜林先生的所谓自然哲学时，我正处在这一脱毛过程的中间。"[①]

恩格斯创作《自然辩证法》的目的在于：第一，概括自然科学的新成就，创立系统的马克思主义自然观，以取代长期以来占统治地位的形而上学自然观，批判实证主义思潮，在自然科学领域确立唯物辩证法的影响和地位。第二，为自然科学研究提供崭新的马克思主义的科学世界观和方法论。第三，揭示自然界本身的辩证法以及自然界向人类社会过渡的辩证法，完整系统地阐明马克思主义关于整个客观世界辩证过程的科学观点。第四，恩格斯的直接目的，是为了批判自然科学中的各种形而上学、唯心主义思潮，反击资产阶级学者利用自然科学的新成就对马克思主义发起的种种攻击。

《自然辩证法》是第一次系统地阐述马克思主义自然观和科学观的开创性著作，是唯物辩证的自然观和科学观创立的主要标志。《自然辩证法》的创作尽管没有最终完成，但包含着博大精深的思想内容。

第一，揭示自然界向人类社会过渡的辩证法。自然界向人类社会的过渡问题，历来是自然科学和哲学研究的重大课题。恩格斯在研究天体、地球、生物、人类四大演化的基础上，在《劳动在从猿到人转变过程中的作用》一文中，提出并深刻论证了"劳动创造了人"的科学论断，从而科学地揭示了人类的起源和从自然界向人类社会过渡的辩证法，为自然辩证法和历史辩证法、自然史和社会史的统一提供了结合点和关节点。

恩格斯依据当时自然科学提供的材料，具体探讨了从猿到人的演变过程，

---

① 《马克思恩格斯文集》第 9 卷，人民出版社 2009 年版，第 13 页。

揭示了劳动在其中所起的决定作用。他指出，"劳动是整个人类生活的第一个基本条件，而且达到这样的程度，以致我们在某种意义上不得不说：劳动创造了人本身"①。自然科学用确凿的事实证明，动物物种不是一成不变的，而是不断由低级向高级进化的。从猿到人的演化经历了漫长的由量变到质变的过程。其中，劳动这一社会化的活动是促成这一转变的最根本和最关键的因素。在劳动过程中，人们结成各种社会关系，形成人类社会。由猿到人的演变过程充分说明，归根到底是劳动创造了人，劳动是人类和动物相区别的根本标志。劳动不仅是人的社会性本质的根本基础，而且充分体现出了人的活动与动物本能活动的本质差别——目的性和能动性。恩格斯指出，人类在劳动中诞生，在劳动中发展，人类不仅在劳动中改造自然，同时也改造了人自身，人类的历史就是一部生产实践即劳动发展的历史。恩格斯通过劳动在从猿到人演变过程中作用的考察，科学地揭示了自然界向人类社会过渡的辩证法，为研究人类的起源提供了根本的理论基础和方法论指导。

第二，系统阐述唯物辩证的自然观和科学观。在《自然辩证法》中，恩格斯对唯物辩证的自然观和科学观作了较《反杜林论》更为完整和系统的阐述。

恩格斯科学地揭示了自然界的辩证发展规律和辩证图景。他依据近代以来自然科学的伟大成就明确指出，以能量守恒与转化定律、细胞学说和生物进化论三大发现为代表的自然科学成果，论证了自然界的物质统一性，使"我们现在不仅能够说明自然界中各个领域内的过程之间的联系，而且总的说来也能说明各个领域之间的联系了，这样，我们就能够依靠经验自然科学本身所提供的事实，以近乎系统的形式描绘出一幅自然界联系的清晰图画"②。唯物辩证的自然观的创立，是自然科学发展的必然结果。

恩格斯用大量的自然科学的事实充分地证明"辩证法规律是自然界的实在的发展规律"③，指出辩证法的基本规律可以归结为下面三个规律：量转化为质和质转化为量的规律、对立的相互渗透的规律、否定的否定的规律。他还具体阐述了唯物辩证法的基本规律在自然界中的表现。

关于质量互变规律，恩格斯指出，自然界中一切事物的差别以及质的变化都是由于物质或运动的量的变化所引起的。"所以，没有物质或运动的增加或

① 《马克思恩格斯文集》第9卷，人民出版社2009年版，第550页。
② 《马克思恩格斯文集》第4卷，人民出版社2009年版，第300页。
③ 《马克思恩格斯文集》第9卷，人民出版社2009年版，第464页。

减少，即没有有关物体的量的变化，是不可能改变这个物体的质的。"① 在自然界中，由量变到质变具体表现为两种基本的形式，即运动量（或能量）的变化所引起的质变和物理量的变化所引起的质变。

恩格斯具体考察了质量互变规律在自然界各个领域中的表现。在力学中，相对物理或化学变化来说，"在力学中并不出现质"②。但在机械运动内部，质量互变规律仍在起作用。在物理领域，恩格斯用水的三态变化等大量事实说明，物理现象的质变主要表现在分子状态的变化和各种物理的运动形态之间的转化。"物理学的所谓常数，大多不外是这样一些关节点的标志，在这些关节点上，运动的量的增加或减少会引起相应物体的状态质变，所以在这些关节点上，量转化为质。"③ 在化学领域中，质量互变规律表现得尤为明显，"化学可以说是研究物体由于量的构成的变化而发生的质变的科学。"④

关于对立的相互渗透的规律，恩格斯指出，自然界中到处盛行着的运动都是矛盾着的对立面相互作用的结果。"这些对立通过自身的不断的斗争和最终的互相转化或向更高形式的转化，来制约自然界的生活。"⑤ 非生物界中的基本矛盾是吸引和排斥，如力学中的吸力和斥力、物理领域中电的阴极和阳极、化学中的化合和分解，等等，它们的对立和统一决定着从机械运动到化学运动的各种具体矛盾的形式的差异及其内在的统一，决定着它们的相互联系和转化。在生物界，对立的互相渗透的规律具体表现为两种基本形式：一种是有机生命体中的同化和异化的矛盾运动，这一矛盾运动的停止，就意味着生命的结束；一种在生物进化过程中主要表现为遗传和变异这两极的相互作用，生物就是在这种矛盾的作用下，由简单到复杂、由低级向高级进化。

关于否定的否定规律，恩格斯没有展开分析，但在《反杜林论》中他用大量的事实说明，这一辩证法的基本规律同样也是自然界的基本规律。

辩证法的基本范畴也是自然界中各种矛盾关系的反映，因此，恩格斯也给予具体的阐述和分析。他指出："同一和差异——必然性和偶然性——原因和结果——这是两个主要的对立，当它们被分开来考察时，都互相转化。"⑥

---

① 《马克思恩格斯文集》第 9 卷，人民出版社 2009 年版，第 464 页。
② 《马克思恩格斯文集》第 9 卷，人民出版社 2009 年版，第 466 页。
③ 《马克思恩格斯选集》第 3 卷，人民出版社 2012 年版，第 905 页。
④ 《马克思恩格斯选集》第 3 卷，人民出版社 2012 年版，第 905 页。
⑤ 《马克思恩格斯文集》第 9 卷，人民出版社 2009 年版，第 470 页。
⑥ 《马克思恩格斯文集》第 9 卷，人民出版社 2009 年版，第 475 页。

在深刻揭示自然界发展所遵循的辩证法规律的基础上，恩格斯进一步利用自然科学最新成果，描述出自然界无限发展的辩证图景：自然界的一切有限的事物，从有生有灭到有灭有生经历了一个永恒的循环和无限发展的过程。按照运动不灭原理，从量上来看，物质的运动既不能凭空产生，也不能凭空消失；从质上看，物质运动具有从一种形式转化为另一种形式的能力，这种能力也是永远不会消灭的。因此，无限的自然界是在物质运动的永恒循环中发展着的，物质的任何具体存在形式及其属性都是有限的、可变的、暂时的，而物质总体及其运动的规律则是永恒的、无限的，从宇宙天体到地球乃至生命都处在永恒的发生、发展和演变过程之中。

《自然辩证法》系统阐发了马克思主义的科学观。根据对运动形式的区分，恩格斯将自然科学依照研究对象的不同进行了分类，他把自然界无限多样的运动过程概括为四种不同的基本运动形式，按照从低级到高级的顺序排列依次为：机械运动、物理运动、化学运动、生命运动。这些运动形式都有其特殊的本质，是由其内部的矛盾特殊性所决定的。运动形式是自然科学分类的客观依据，恩格斯将自然科学也相应地区分为四类，即以机械运动为对象的力学、以物理运动为对象的物理学、以化学运动为对象的化学和以生命运动为对象的生物学。

《自然辩证法》对各门自然科学之间的内在联系也进行了分析。恩格斯指出，作为各门自然科学对象的物质运动形式是相互联系并相互转化的，因此各门科学也必然存在着内在的辩证关系。自然科学各门学科也必然表现为力学、物理学、化学和生物学依次产生和发展的历史过程，表现为一个从另一个中产生出来的过程。各种运动形式是相互渗透、相互包含的，所以各门自然科学之间也必然是相互包含、相互渗透的，在两门学科之间或多门学科之间出现的交叉学科，正是这种辩证联系的集中体现。

恩格斯还阐述了自然科学发展的动力。他认为，自然科学发展的最根本的动力是生产实践。生产实践不断对自然科学提出新的需要，并不断为自然科学的发展提供着新的研究事实和新的研究手段，从而有力地推动着自然科学的发展，尤其是近代以后由于科学实验从生产实践中分化出来并成为一种独立的社会实践形式，使自然科学获得了相对于生产实践需要的超前发展。恩格斯充分肯定了科学实验作为独立社会实践形式的重大意义。另外，自然科学各学科之间的相互作用也是自然科学发展的内在动力，这主要表现在各门学科在理论和方法上的相互渗透、相互借鉴方面。学科间的相互推动还突出表现在边缘学科的出现上，从而开拓和深化了自然科学研究的领域和层面。恩格斯还强调了社会制度对科学发展的重大影响，资本主义制度对近代科学的发展起了巨大的推动作用，然而它的剥削本质也必然会阻碍科学的发展。只有未来的社会主义制度才能使自然科学获得真正的迅猛发展。

二、唯物史观的进一步阐发

19世纪90年代，历史唯物主义面临严峻挑战。挑战来自两个方面，一方面来自资产阶级学者，其代表人物是德国社会学家保尔·巴尔特。他在1890年出版的《黑格尔和包括马克思及哈特曼在内的黑格尔派的历史哲学》一书中，把马克思主义歪曲为"技术经济史观"，诬称马克思只承认经济的决定作用，而无视观念因素在历史中的重要性。另一方面的挑战，来自德国社会民主党内部的反对派——"青年派"，这个派别中的一些所谓理论家，把历史唯物主义歪曲成为"经济唯物主义"，正好给了巴尔特之流攻击马克思主义的口实。

在这样的背景下，恩格斯从1890年至1894年，分别写了致康·施米特、约·布洛赫、弗·梅林和瓦·博尔吉乌斯等人的信，有针对性地阐明了历史唯物主义的基本原理，澄清了来自不同方面的对马克思主义的曲解。

第一，突出强调上层建筑诸因素的相互影响及其对经济基础的反作用。恩格斯指出，根据唯物史观，历史过程中的决定性因素归根到底是现实生活的生产和再生产。但如果把这个基本观点加以歪曲，说经济因素是唯一决定性的因素，那就会把这个观点变成毫无内容的、抽象的、荒诞无稽的空话。"经济状况是基础，但是对历史斗争的进程发生影响并且在许多情况下主要是决定着这一斗争的形式的，还有上层建筑的各种因素。"① "政治、法、哲学、宗教、文学、艺术等等的发展是以经济发展为基础的。但是，它们又都互相作用并对经济基础发生作用。这并不是说，只有经济状况才是原因，才是积极的，其余一切都不过是消极的结果，而是说，这是在归根到底不断为自己开辟道路的经济必然性的基础上的相互作用。"②

第二，指出政治上层建筑，特别是国家权力对经济发展起着巨大的能动作

---

① 《马克思恩格斯文集》第10卷，人民出版社2009年版，第591页。
② 《马克思恩格斯文集》第10卷，人民出版社2009年版，第668页。

用。恩格斯具体分析了国家权力对经济发展产生反作用的三种情况：一是沿着同一方向起作用，从而促进经济的发展；二是沿着相反的方向起作用，从而阻碍经济的发展，并最终导致自身的崩溃；第三种是阻碍经济沿着某个方向走，而又推动经济沿着另一个方向走。第三种情况归根到底还是可以归结为前两种情况中的一种。在第二种和第三种情况下，政治权力会给经济发展带来巨大损害，并造成人力和物力的大量浪费。

第三，论述社会意识形式的相对独立性。恩格斯指出，宗教和哲学与其他社会意识形式的不同特点就是它们远离经济基础，是更高地悬浮于空中的思想领域，它们虽仍是由经济基础决定的，但经过了一系列中介。每一个时代的哲学和宗教作为分工的特定领域，具有它们自己的特殊继承性，都是以前人已有的思想资料作为前提和出发点的，因而这就使它们具有自己相对独立的发展历史和发展规律。这是社会意识形式具有相对独立性的一个重要表现。同时，各种社会意识形式之间的相互作用、相互制约、相互影响也是其相对独立性的一个重要表现。社会意识形式对经济基础的能动作用，则是它相对独立性最突出的表现。

第四，提出历史发展的根本动力和合力的观点。恩格斯认为，历史运动归根到底是由经济力量所支配的，生产力与生产关系的矛盾是历史发展的根本动力，它决定着社会历史发展的基本方向。但是，决不能由此而否认人的意志和人的自觉的活动在历史运动中的作用。"历史是这样创造的：最终的结果总是从许多单个的意志的相互冲突中产生出来的，而其中每一个意志，又是由于许多特殊的生活条件，才成为它所成为的那样。这样就有无数互相交错的力量，有无数个力的平行四边形，由此就产生出一个合力，即历史结果，而这个结果又可以看做一个作为整体的、不自觉地和不自主地起着作用的力量的产物。因为任何一个人的愿望都会受到任何另一个人的妨碍，而最后出现的结果就是谁都没有希望过的事物。所以到目前为止的历史总是像一种自然过程一样地进行，而且实质上也是服从于同一运动规律的。"①

恩格斯的这段论述深刻地说明，作为历史运动的总合力由无数力的合力构成。产生各种不同意志的根源是各种特殊的生活条件，即由个人的内在需要和外部的经济状况所决定的。因此，这个"总合力"不仅是指无数单个人的意志

①　《马克思恩格斯文集》第10卷，人民出版社2009年版，第592—593页。

的力量的总合，而且也包括决定它的各种客观的、经济的、社会的物质因素的力量的总合。历史运动的过程是无数相互交错的力量、无数力的平行四边形错综复杂作用的结果，这种合力所造成的一个总的结果就是历史事变。由此也决定了历史的发展是一个不依任何人的意志为转移的自然历史过程。

三、对马克思主义哲学发展的科学总结

恩格斯一生中的最后一部哲学著作《路德维希·费尔巴哈和德国古典哲学的终结》，对马克思主义哲学的发展进行了科学总结。恩格斯在科学揭示马克思主义哲学与德国古典哲学之间关系的基础上，深刻地提出并论证了哲学的基本问题，阐述了唯物辩证法特别是唯物史观的一些最基本的观点。

第一，对马克思主义哲学和德国古典哲学之间的关系作出深刻分析。他深刻地揭示出德国古典哲学的阶级实质、合理因素和根本缺陷，指出由于马克思主义哲学在哲学领域实现了根本变革，德国古典哲学因此而终结。

恩格斯首先对作为马克思主义哲学直接理论来源之一的黑格尔哲学进行了科学的分析。黑格尔哲学集中地体现了德国资产阶级既想革命又软弱妥协的二重性。恩格斯通过对黑格尔的一个著名的命题"凡是现实的都是合乎理性的，凡是合乎理性的都是现实的"深刻分析，揭露了他的哲学内在的无法克服的矛盾。恩格斯指出，黑格尔的这个命题无疑是为现状作辩护的，但它同时又包含着对现状的否定。前者体现着黑格尔哲学反动的、保守的一面，后者则体现了进步的、革命的辩证发展的思想。因为在黑格尔看来，现实性在其展开过程中表现为必然性，只有具有必然性，符合发展规律的东西，才是现实的、合乎理性的；同时现实性也不是任何一个事物永远固有的属性，在其发展过程中将会丧失其必然性，会变成不现实的、不合乎理性的东西，迟早是要灭亡的。恩格斯指出，按照黑格尔的辩证法，必然会得出这样的结论：一种新的、富有生命力的、现实的东西，必将代替正在衰亡的现实的东西。这样一来，黑格尔的这个命题，由于黑格尔的辩证法本身，就转化为自己的反面，就变成为另一个命题："凡是现存的，都一定要灭亡。"①

恩格斯高度地评价了黑格尔哲学的真实意义和革命性质。他指出，黑格尔的辩证法永远结束了那种认为人的思维和行动的一切后果具有最终性质的看

① 《马克思恩格斯文集》第4卷，人民出版社2009年版，第269页。

法，而是把世界描绘成一个处于不断运动、变化和发展的过程。黑格尔本人并没有明确地得出这样革命的结论，相反地，在他的唯心主义的绝对真理体系中，革命的辩证法被过分茂密的保守的方面窒息了，这种辩证的方法与唯心主义体系之间的矛盾，导致了黑格尔学派的解体。在黑格尔学派解体过程中，一批青年黑格尔分子在反对宗教的斗争中，挣脱黑格尔的唯心主义羁绊，走上了唯物主义道路，费尔巴哈就是其中一名杰出的代表。

1841 年，费尔巴哈的《基督教的本质》一书出版，使唯物主义重新登上了王座。费尔巴哈指出："自然界是不依赖任何哲学而存在的；它是我们人类（本身就是自然界的产物）赖以生长的基础；在自然界和人以外不存在任何东西，我们的宗教幻想所创造出来的那些最高存在物只是我们自己的本质的虚幻反映。"[①] 这样一来，"魔法被破除了；'体系'被炸开并被抛在一旁了……这部书的解放作用，只有亲身体验过的人才能想象得到。那时大家都很兴奋：我们一时都成为费尔巴哈派了"[②]。

但费尔巴哈并没有真正克服黑格尔哲学，因为他在批判黑格尔哲学的唯心主义时，连同其辩证法也一起抛弃了。费尔巴哈在自然观上是一个形而上学的唯物主义者，但在历史观上仍是唯心主义的，因此他是一个不彻底的唯物主义者。这一根本缺陷，使得他虽然批判和揭露了宗教的虚幻性，却又企图建立一种新的、超阶级的"爱"的宗教。在伦理观上，费尔巴哈对道德的理解是以抽象的人性论为基础的。他提出应把追求幸福的意向、享受幸福的平等权利、对自我的节制和对人的爱，作为道德的基础和基本准则。恩格斯指出，费尔巴哈的道德的基本原则在理论上是错误的，在实践上是有害的。因为在存在严重阶级对立的资本主义社会，鼓吹这种抽象的道德原则和超阶级的爱，实际上反映了资产阶级调和阶级矛盾、麻痹人民革命意志的需要。"这样一来，他的哲学中的最后一点革命性也消失了。"[③] 随着 1848 年欧洲革命的到来，费尔巴哈哲学如同一切旧哲学一样，也被时代抛在了后边。费尔巴哈所说的人是抽象的人，但抽象的人总是要向现实、具体的人转化，这一步费尔巴哈没有走，但必定会有人走。马克思和恩格斯顺应时代的需要，创立了崭新的无产阶级世界观，既超越了黑格尔，也超越了费尔巴哈。

---

① 《马克思恩格斯文集》第 4 卷，人民出版社 2009 年版，第 275 页。
② 《马克思恩格斯文集》第 4 卷，人民出版社 2009 年版，第 275 页。
③ 《马克思恩格斯文集》第 4 卷，人民出版社 2009 年版，第 294 页。

马克思主义哲学克服了费尔巴哈哲学的不彻底性，"第一次对唯物主义世界观采取了真正严肃的态度，把这个世界观彻底地（至少在主要方面）运用到所研究的一切知识领域里去了"①。黑格尔的唯心主义辩证法被改造成了唯物主义辩证法，正如恩格斯所说，"我们重新唯物地把我们头脑中的概念看做现实事物的反映，而不是把现实事物看做绝对概念的某一阶段的反映。这样，辩证法就归结为关于外部世界和人类思维的运动的一般规律的科学"②。

第二，恩格斯对哲学基本问题第一次作出明确的表述："全部哲学，特别是近代哲学的重大的基本问题，是思维和存在的关系问题。"③ 这是任何一个哲学派别都不能回避的问题，它决定着一个哲学派别发展的趋势和方向，决定着它们对其他哲学问题的解决。恩格斯指出，思维和存在的关系包括两个方面：第一个方面是关于思维和存在、精神和物质何者为本原的问题；第二个方面是关于思维能否正确地反映现实的问题，亦即思维和存在的同一性问题。

对哲学基本问题第一方面的不同回答，把哲学家划分为唯物主义和唯心主义两大阵营，凡是断定精神是世界的本原，认为精神是第一性的，物质是第二性的哲学家，都属于唯心主义阵营；反之，则属于唯物主义阵营。哲学基本问题的第一方面是划分唯物主义和唯心主义的唯一标准。

对于哲学基本问题的第二个方面，不同的哲学家也持有不同的立场和态度。绝大多数哲学家，包括所有唯物主义哲学家和大多数唯心主义哲学家都对这个问题作了肯定的回答，认为思维与存在具有同一性，思维能够正确认识世界。但也有少数哲学家，例如休谟和康德等则否认认识世界的可能性，或至少否认彻底认识世界的可能性。

恩格斯指出，黑格尔和费尔巴哈都在不同程度上批判过不可知论，但由于他们各自哲学的局限和缺乏科学的实践观点，因而都不可能彻底驳倒不可知论。只有马克思主义哲学才运用科学的实践观点，既唯物又辩证地解决了思维和存在的同一性问题，从而彻底驳倒了不可知论。恩格斯认为，对不可知论"最令人信服的驳斥是实践，即实验和工业。既然我们自己能够制造出某一自然过程，按照它的条件把它生产出来，并使它为我们的目的服务，从而证明我

① 《马克思恩格斯文集》第 4 卷，人民出版社 2009 年版，第 297 页。
② 《马克思恩格斯文集》第 4 卷，人民出版社 2009 年版，第 298 页。
③ 《马克思恩格斯文集》第 4 卷，人民出版社 2009 年版，第 277 页。

们对这一过程的理解是正确的，那么康德的不可捉摸的'自在之物'就完结了"①。

恩格斯关于哲学基本问题和划分哲学阵营的论断，不仅有现实的针对性，而且有深远的历史意义。19世纪60—70年代，唯物主义面临着严峻的挑战，即使像费尔巴哈这样的唯物主义者，也把作为一般世界观的唯物主义，同它在特定历史阶段的特殊形式混为一谈，甚至同一种肤浅的庸俗的形式混为一谈。某些人把对理想的追求、对"美好世界"的信仰视为唯心主义，而把庸人所迷恋的一切龌龊行为如酗酒、贪财、肉欲、投机倒把、拜金主义等视为唯物主义。这种从哲学之外界定哲学的做法，不符合哲学全部发展的历史，极大地歪曲了唯物主义的本来意义。恩格斯关于哲学基本问题的论述，不仅为数千年来纷繁复杂、观点各异的哲学史梳理出一个清晰的线索并划分出鲜明的阵营，更重要的在于它为坚持和发展唯物论，反对形形色色的唯心论提供了锐利的思想武器。

第三，深刻论证唯物史观关于社会历史发展规律的特点和基本内容，以及发现社会历史规律的方法。《路德维希·费尔巴哈和德国古典哲学的终结》在揭露费尔巴哈历史唯心主义根本局限的基础上，深刻论述了社会历史发展规律的特点、发现社会历史规律的途径以及社会发展基本规律的具体内容。

恩格斯对社会历史发展规律与自然规律的异同进行分析。他指出，自然界的规律是通过不自觉的、盲目的动力的相互作用表现出来的，而社会历史的规律则是通过人们自觉的、有目的的活动表现出来的，在社会历史领域，一切活动都是由一个个有着自己的目的和愿望的人来进行的。因此社会历史规律与自然规律有着重要的差别和不同的特点。但这种差别和特点并不能否定社会历史是一个有其内在规律的自然进程，因为"无数的单个愿望和单个行动的冲突，在历史领域内造成了一种同没有意识的自然界中占统治地位的状况完全相似的状况"②。

在揭示社会历史发展规律特点的基础上，恩格斯进一步指出发现社会历史规律的途径，即必须深入探讨历史上人民群众及其领袖人物动机背后的动因。他指出，要发现社会历史的客观规律，就应探讨使广大人民群众、整个民族、

---

① 《马克思恩格斯文集》第4卷，人民出版社2009年版，第279页。
② 《马克思恩格斯文集》第4卷，人民出版社2009年版，第302页。

整个阶级行动起来的思想动机，深入探讨那些明显或不明显、直接或以意识形态形式甚至以神圣化的形式反映在人们头脑中的动因，"这是能够引导我们去探索那些在整个历史中以及个别时期和个别国家的历史中起支配作用的规律的唯一途径"①。唯物史观与唯心史观的根本区别就在于，它没有仅仅停留在对人们行为动机的认识上，而是进一步探讨了人们的行为动机，特别是人民群众行为动机背后的物质动因，进而发现社会历史的客观规律。

恩格斯具体阐述了社会历史发展的基本规律。他指出，在阶级社会中，阶级斗争是社会发展的直接动力，但阶级斗争又是由社会生产方式矛盾运动导致的结果。资本主义大工业的发展，冲破了封建生产关系的桎梏，确立了资本主义生产关系。而资本主义大工业的发展，又使现存的资本主义生产关系成为束缚生产力发展的桎梏，这就必然要求通过改变资本主义生产关系使生产力得到进一步的发展。社会生产方式的矛盾运动是社会发展的最终物质动因，生产力决定生产关系的规律是社会历史发展的基本规律。

恩格斯还进一步揭示了经济基础决定政治上层建筑及社会意识形态的规律。他指出，作为政治上层建筑的国家、法律以及政治制度是由社会的经济基础决定的。唯心史观把国家和法看作是起决定作用的因素，但这只看到了问题的形式方面，实际上，国家和法都不是能够独立发展的独立领域，它们的存在和发展是由社会的经济基础决定的。恩格斯还进一步指出，哲学、宗教等离经济基础较远的意识形态，也是由社会经济基础决定的。社会意识形态和自己的物质存在条件的联系愈来愈被一些中间环节弄模糊了，但它们归根到底是由经济基础决定的。

《路德维希·费尔巴哈和德国古典哲学的终结》是恩格斯的最后一部哲学著作，在马克思主义发展史上具有重要意义。列宁给予这部著作高度评价，他说："在恩格斯的著作《路德维希·费尔巴哈》和《反杜林论》里最明确最详尽地阐述了他们（指马克思和恩格斯——引者）的观点，这两部著作同《共产党宣言》一样，都是每个觉悟工人必读的书籍。"②

---

① 《马克思恩格斯文集》第4卷，人民出版社2009年版，第304页。
② 《列宁专题文集 论马克思主义》，人民出版社2009年版，第67页。

第五节　面向新世纪的新探索

进入 19 世纪 90 年代，在新世纪即将来临之际，资本主义发生了新的重大变化，马克思主义面临着新的重大挑战。恩格斯及其学生和战友们面对新世纪和新挑战进行了不懈探索，坚持、捍卫和发展了马克思主义。

一、对资本主义发展趋势的科学分析

从 19 世纪 70 年代起，资本主义开始由自由竞争阶段向垄断阶段过渡，到 90 年代以后，这种趋势更为明显。恩格斯对资本主义发展过程中的新特点和新趋势进行深入分析，丰富和发展了马克思主义政治经济学。

首先，揭示资本主义由自由竞争向垄断阶段过渡的必然性和根本原因。恩格斯指出，资本和生产的集中，必然导致垄断组织的出现，造成这种现象的根本原因是资本主义生产方式内在矛盾的激化。生产力的迅猛发展，使生产社会化的趋势增强，迫使资产阶级建立规模日渐增大的垄断组织以适应生产社会化发展的需要。可见，资本主义由自由竞争阶段向垄断阶段的过渡，是生产社会化和资本主义私人占有这一基本矛盾发展的必然结果。

其次，分析资本主义垄断组织的具体形式及其对未来社会的意义。恩格斯指出，自 1865 年以来，一些新的工业企业的形式发展起来了。在一些经济发达的资本主义国家里，一定部门的大工业联合为一个卡特尔，用来调节生产，甚至有的会越出一国的界限，成立国际卡特尔。还有些国家曾依靠保护性关税来发展本国工业，结果却在受保护的工业部门中成立了托拉斯等垄断组织。这些垄断组织的出现，表明历来受人称赞的自由竞争已宣告破产。但垄断组织的出现并没有改变生产社会化和生产资料私人占有之间的矛盾，卡特尔、托拉斯等垄断组织建立的目的虽是为了调节生产，从而调节价格和利润，但它们并不能完成这个使命。真正能对社会生产进行合理调节的只能是建立在公有制基础上的社会主义制度。但垄断组织的出现为未来的社会主义创造了必要的物质基础。恩格斯指出，卡特尔、托拉斯等垄断组织的出现表明，"竞争已经为垄断所代替，并且已经最令人鼓舞地为将来由整个社会即全民族来实行剥夺做好了准备"①。

---

① 《马克思恩格斯文集》第 7 卷，人民出版社 2009 年版，第 497 页。

最后，揭示资本主义垄断阶段的一些基本特征。恩格斯指出，随着垄断的不断发展，交易所（实际就是金融资本）对整个国民经济的支配作用越来越强大，并逐渐地把包括工业和农业在内的全部生产，包括交通工具和交换职能在内的全部流通，都集中在交易所经纪人手里。"交易所就成为资本主义生产本身的最突出的代表。"[1] 同时，随着垄断的发展，资本主义国家的资本输出也在不断扩大，并由此导致了列强对殖民地的瓜分。恩格斯说："欧洲列强为了交易所的利益在几年前就把非洲瓜分了。"[2] 此外，随着资本积累的增加，食利者人数也不断增加，这表明资本主义寄生性和腐朽性有不断增强的趋势。

二、对无产阶级革命策略的新探索

恩格斯在 1895 年为马克思的著作《1848 年至 1850 年的法兰西阶级斗争》所作的导言中，根据历史的经验和对 19 世纪末西方发达国家政治、经济的变化所作的分析，提出关于无产阶级革命策略的一些重要观点。

首先，对 1848 年欧洲革命时期制定的无产阶级革命斗争策略进行回顾和反思。恩格斯认为，当时马克思和他受到法国大革命经验的影响，因而，"我们关于 1848 年 2 月在巴黎所宣布的'社会'革命即无产阶级革命的性质和步骤的观念，带有回忆 1789—1830 年榜样的浓厚色彩，这是很自然的和不可避免的"[3]。当时他们认为，无产阶级和资产阶级的大决战已经开始，这个决战将在一个很长的和充满变化的革命时期中进行到底，而结局只能是无产阶级的最终胜利。但历史证明，"当时的看法只是一个幻想"[4]，因为，当时欧洲经济发展的状况还远没有成熟到可以消灭资本主义生产方式的程度。因此，即使在 1871 年巴黎公社革命时期，无产阶级实现自己的统治也是不可能的。历史的发展，已完全改变了无产阶级借以进行斗争的条件，因此，"1848 年的斗争方法，今天在一切方面都已经过时了"[5]。

其次，结合历史条件的新变化，阐述无产阶级革命斗争的新策略。恩格斯分析了巴黎公社革命失败后 20 多年来的新变化，指出战斗的无产阶级并没有

---

[1] 《马克思恩格斯文集》第 7 卷，人民出版社 2009 年版，第 1028 页。
[2] 《马克思恩格斯文集》第 7 卷，人民出版社 2009 年版，第 1030 页。
[3] 《马克思恩格斯文集》第 4 卷，人民出版社 2009 年版，第 537 页。
[4] 《马克思恩格斯文集》第 4 卷，人民出版社 2009 年版，第 538 页。
[5] 《马克思恩格斯文集》第 4 卷，人民出版社 2009 年版，第 538 页。

随公社革命的失败而被埋葬，相反，得到了很大发展，国际社会主义大军已经形成；与此同时，由于军事技术的迅速发展，资产阶级军队的武器装备得到了很大的改进，数量也大为增加，资产阶级暴力机构空前加强了。在这种新的历史条件下，"旧式的起义，在1848年以前到处都起过决定作用的筑垒巷战，现在大大过时了"①。在这种情况下，无产阶级革命的斗争策略也应发生相应的变化。恩格斯认为，在议会制的国家，无产阶级充分利用资产阶级民主和普选权具有重要意义。他以德国社会民主党充分利用普选权所取得的胜利成果为例，说明无产阶级改变斗争策略的必要性。他指出，德国工人阶级的一个伟大贡献就在于："他们给了世界各国的同志们一件新的武器——最锐利的武器中的一件武器，向他们表明了应该怎样使用普选权。"② 德国工人阶级由于充分利用了普选权，并将它作为一种崭新的斗争方式发挥了作用，"结果弄得资产阶级和政府害怕工人政党的合法活动更甚于害怕它的不合法活动，害怕选举成就更甚于害怕起义成就"③。恩格斯告诫无产阶级及其政党，务必要警惕反动势力的挑衅，千万不要上敌人的当，在条件不具备的情况下轻易走上必遭失败的街头，去充当炮灰。在无产阶级利用普选权已取得重大胜利的情况下，"我们的主要任务就是不停地促使这种力量增长到超出现行统治制度的控制能力，不让这支日益增强的突击队在前哨战中被消灭掉，而是要把它好好地保存到决战的那一天"④。

恩格斯在论述合法斗争形式的重要作用和意义的同时，特别强调无产阶级保留革命权的重要性。他指出，"须知革命权是唯一的真正'历史权利'——是所有现代国家无一例外都以它为基础建立起来的唯一权利"⑤。由此可见，恩格斯并没有把普选权和参加议会这些合法斗争形式绝对化，把它们看作无产阶级在任何时候都必须采取的主要斗争形式，而是要说明，无产阶级的斗争策略并不是一成不变的，而应当随着历史环境和斗争条件的变化而变化，只有从实际情况出发，才能制定出正确的革命斗争策略。

---

① 《马克思恩格斯文集》第4卷，人民出版社2009年版，第545—546页。
② 《马克思恩格斯文集》第4卷，人民出版社2009年版，第544页。
③ 《马克思恩格斯文集》第4卷，人民出版社2009年版，第545页。
④ 《马克思恩格斯文集》第4卷，人民出版社2009年版，第551页。
⑤ 《马克思恩格斯文集》第4卷，人民出版社2009年版，第550—551页。

三、在批判伯恩施坦主义中捍卫马克思主义

19 世纪和 20 世纪之交，随着资本主义从自由竞争阶段向垄断阶段转变，马克思主义面临新的挑战。恩格斯于 1895 年辞世后，在工人运动内部出现了对新时代新课题的不同解读，因而产生了尖锐的理论分歧，出现了伯恩施坦修正主义。伯恩施坦提出，随着时代的变化，马克思主义原有的原理已经过时，需要对马克思主义进行"修正"。他从 1896 年 10 月开始，以"社会主义问题"为总标题在《新时代》杂志上发表了一组文章，对马克思主义公开进行挑战。1899 年伯恩施坦出版了他的代表作《社会主义的前提和社会民主党的任务》，全盘否定马克思主义哲学、政治经济学和科学社会主义的理论。马克思和恩格斯的战友和学生对伯恩施坦修正主义进行了坚决的反击和批判，其中罗莎·卢森堡站在了反对伯恩施坦修正主义斗争的最前列，深刻地揭露了伯恩施坦理论的实质，作出了特殊的贡献。此外，还有作为国际共产主义运动领袖的倍倍尔、李卜克内西、拉法格以及梅林、希法亭和拉布里奥拉等马克思主义理论家也在这一斗争中为捍卫马克思主义作出了重要贡献。需要说明的是，虽然考茨基和普列汉诺夫后来也背离了原有的马克思主义立场，倒向了修正主义一边，但他们在最初反对伯恩施坦修正主义斗争中的贡献，也应给予应有的肯定。

马克思和恩格斯的战友和学生在反对伯恩施坦修正主义斗争中的贡献主要表现在如下方面。

第一，批判伯恩施坦用新康德主义修正和"补充"马克思主义哲学的企图，坚持和捍卫作为马克思主义政党世界观和方法论基础的马克思主义哲学，特别是历史唯物主义理论。

普列汉诺夫指出，伯恩施坦宣扬"回到康德那里去"，其根本目的就是抹杀唯物论与唯心论的区别，用新康德主义取代马克思主义哲学。拉法格也明确揭露了伯恩施坦用新康德主义修正和补充马克思主义的目的，是"企图借助康德哲学来粉碎马克思和恩格斯的唯物主义"[1]。普列汉诺夫和拉法格通过对康德哲学特别是新康德主义与马克思主义哲学的本质区别的分析，指出了伯恩施坦对马克思主义哲学的曲解。考茨基则对伯恩施坦在歪曲和攻击唯物史观方面的言论进行了深入的分析和批判。1899 年他在《新时代》杂志上相继发表《伯恩施坦和唯物史观》等一系列文章，批驳了伯恩施坦企图把唯物史观归结为宿

_____

[1] 《拉法格文选》下卷，人民出版社 1985 年版，第 208 页。

命论的谬论。考茨基指出，伯恩施坦把唯物史观关于社会历史发展具有内在必然性的观点歪曲成机械的自动的必然性，从而认为马克思把人类看作在社会历史发展中处于被决定和被强制的状况，是没有任何理由的。伯恩施坦根本否认社会发展的客观规律，或者至少否认能用现有的手段认识它们，由此他否认了社会主义的胜利具有历史的必然性，否认了运用唯物史观对社会主义作理论论证的必要性。考茨基还批判了伯恩施坦反对辩证法的言论，他指出，伯恩施坦把辩证法说成是马克思学说中"叛卖性的因素"，断言辩证法似乎能导致对社会生活的任意解释，这是恶意的曲解。在批判伯恩施坦攻击辩证法言论时，考茨基强调了辩证法对马克思主义的重大意义，他指出，倘若不了解辩证法，那么就不可能了解马克思和恩格斯的科学成就，因为正如恩格斯所言，辩证法是马克思主义的最好的认识工具和最锐利的思想武器。

第二，批判伯恩施坦借口资本主义的新发展，认为资本主义能够消除自身经济危机的错误观点，捍卫马克思主义政治经济学，论证劳动价值论和剩余价值论的科学性，指出资本主义向垄断阶段的发展并不能改变其必然灭亡的命运。

恩格斯指出，剩余价值理论和唯物史观是马克思的两大科学发现，这两大科学发现使社会主义由空想变成了科学。伯恩施坦为说明马克思主义政治经济学已经不符合变化了的资本主义现实，将马克思的劳动价值论说成是"思维的公式或科学的假设"。在他看来，建立在劳动价值论基础上的剩余价值理论就"更加不过成了单纯的公式，成了一个以假说为根据的公式"[1]。卢森堡对伯恩施坦的观点进行了尖锐的批判，她指出，只要对马克思的经济学说稍有了解的人都知道，如果没有对价值规律的科学分析，是难以揭示整个资本主义经济的本质的。"正是因为而且仅仅是因为马克思一开始就以社会主义者的立场，也就是用历史的观点去观察资本主义经济，所以他才能够解释资本主义经济的象形文字，正是因为他把社会主义的立场作为对资产阶级社会进行科学分析的出发点，他反过来才能科学地论证社会主义。"[2] 否定劳动价值论和剩余价值论，就是动摇马克思主义政治经济学的根基，也就是动摇整个马克思主义的根基。考茨基和普列汉诺夫等人也明确指出，伯恩施坦攻击马克思的劳动价值学说就

① 《伯恩施坦文选》，人民出版社 2008 年版，第 176 页。
② 《卢森堡文选》上卷，人民出版社 1984 年版，第 117 页。

是要动摇和破坏马克思主义政治经济学这座大厦的基础，也就是要动摇和破坏马克思主义科学理论体系的基础，进而否定资本主义必然灭亡的历史命运。

伯恩施坦提出，在资本主义发展到帝国主义阶段的过程中，经济方面出现了一系列新的变化，比如在资本主义发展中出现了卡特尔、托拉斯等垄断组织，表明现代资本主义具有巨大的"适应能力"。他认为，由于现代信用、交通通信、统计科学以及企业主组织的发展，那种根源于生产盲目性的危机逐渐消失了。由此他得出结论：马克思的资本主义理论是以资本主义危机理论为基础的崩溃论，只要危机理论不能成立，崩溃论也就不能成立了，因为资本主义经济崩溃是作为越来越重大的危机的后果而出现的。卢森堡认为，伯恩施坦否定资本主义会像马克思所指出的那样走向危机和彻底"崩溃"，这说明他"不仅否定了资本主义灭亡的一定形式，而且也否定了资本主义灭亡本身"①。她指出，人们完全可以根据资本主义发展的现实提出各种见解，但不能动摇对资本主义会发生普遍的、毁灭性的危机这一点的信念。正如马克思所说，"资本主义制度本身将由于自身的矛盾使时机成熟起来，那时它将崩溃，它将干脆不可能生存"②。卢森堡进而指出，伯恩施坦这样做所造成的一个直接后果，是否定了社会主义的客观必然性。她还具体分析和批驳了伯恩施坦对信用在资本主义经济发展中的作用、企业主联合组织的性质、中小企业在资本主义经济中的作用的错误理解，指出伯恩施坦从上述错误观点出发，进而论证资本主义可以避免崩溃和灭亡是根本站不住脚的，马克思关于资本主义必然灭亡的理论具有充分的现实依据。

考茨基在批判伯恩施坦否定马克思的经济危机理论的过程中，依据许多具体翔实的统计材料，驳斥了他关于可以借助垄断和信贷消除危机的观点，关于在资本主义制度下"有产者"人数增加和无产阶级状况日益改善的观点，进而指出伯恩施坦否定马克思的资本主义经济危机理论，就是要否定马克思关于"剥夺者被剥夺"的结论。考茨基认为，伯恩施坦的根本错误在于，用资本主义现实经济发展中一些暂时的现象，否定了资本主义经济发展的内在的必然的趋势。拉法格也有力地驳斥了伯恩施坦修正主义关于垄断可以消除危机的谬论，明确指出，垄断不仅没有消除而且也无法消除经济危机，反而加深了经济

---

① 《卢森堡文选》上卷，人民出版社1984年版，第76页。
② 《卢森堡文选》上卷，人民出版社1984年版，第76页。

危机。他认为，在资本主义世界，生产过剩所引起的经济危机是不可避免的，托拉斯也消除不了生产过剩的危机，相反，托拉斯由于强化了生产反而成了经济危机的原因，它大大促使危机的扩展和尖锐化，从而使经济危机的破坏性愈益严重。拉法格进一步指出，垄断不仅不能缓和矛盾，反而使矛盾更加尖锐，而且垄断的矛盾是多方面的，包括民族矛盾和阶级矛盾。他通过对帝国主义矛盾的分析，指出解决这些矛盾的办法不是在现存制度内进行改良，而是必须实行无产阶级革命。他认为在资本主义制度的范围内谋求解决这些矛盾是办不到的，只有社会主义革命才能解决。

第三，批判伯恩施坦鼓吹"和平长入社会主义"，反对阶级斗争和无产阶级革命的谬论，捍卫了马克思主义无产阶级革命和无产阶级专政的理论，明确地提出无产阶级要得到自身的解放，就必须通过无产阶级革命推翻资产阶级的统治。

在伯恩施坦看来，马克思所揭示的资本主义社会发展的规律过时了，资本主义制度表现出很大的适应性并在向社会主义进化，革命的时代已经过去了，现在的工人阶级只需进行合法的政治经济活动，即进行议会和工会斗争，就能和平地长入社会主义，工人阶级夺取政权和实现社会主义革命已经丧失了其必要性。卢森堡深刻地揭露了伯恩施坦"和平长入社会主义"，反对阶级斗争和无产阶级革命的谬论的根本目的，指出伯恩施坦的"全部理论归结起来实际上无非是劝大家放弃社会民主党的最终目的即社会主义革命，而反过来把社会改良从阶级斗争的一个手段变成阶级斗争的目的"。因此，"伯恩施坦所理解的社会改良还是革命这个问题，对于社会民主党来说，也是一个生死存亡的问题。同伯恩施坦及其追随者辩论的问题，（党内的每一个人必须弄清楚）不是这种或那种斗争方式的问题，也不是这种或那种策略的问题，而是社会民主主义运动的存废问题"①。考茨基在其《社会革命》一书中，驳斥了各种以社会改良来代替社会革命的理论，认为伯恩施坦"和平长入社会主义"的改良主义观点只是一种空想。他指出："资本关系一天不消灭，两个阶级之间的斗争就不会也不可能结束，要在资本主义生产方式下求得社会和平，那只是一种空想。这种空想是根据知识分子的实际需要产生的，在现实生活中根本没有实现它的任

---

① 《卢森堡文选》上卷，人民出版社 1984 年版，第 71 页。

何基础。资本主义逐步长入社会主义，这同样也是一种空想。"①

普列汉诺夫通过对马克思和恩格斯关于暴力革命观点的历史发展过程的考察，对伯恩施坦妄图证明恩格斯晚年已经放弃关于暴力革命的观点进行反驳，捍卫马克思主义关于暴力革命是无产阶级争取解放道路的理论。普列汉诺夫在1900年为《共产党宣言》俄文版所写的序言《阶级斗争学说的最初阶段》一文中指出，恩格斯晚年对暴力行动、公开起义在无产阶级解放斗争中的作用问题，已经相当地改变了自己原有的认识，提出在一定形势下合法的方法也可以获胜，但他并没有放弃暴力革命的观点。1895年3月，恩格斯在为马克思的著作《1848年至1850年的法兰西阶级斗争》所写的导言中，并不是一般地指责暴力行动，而是指责为时过早的暴力行动。他当时建议各国无产阶级政党利用议会合法手段，坚持和平斗争，尽量避免暴力行动，是有前提条件的。恩格斯晚年非常重视争取军队的工作，认为如能争取军队的同情和支持，就能比较顺利地夺取政权，只有当革命思想深入军队，使军队感染社会主义精神的时候，社会主义者才能获得胜利。而在这以前，社会主义者应当尽量避免与军队发生公开冲突，至于将来最后的决战将采取何种形式，这不取决于自己的主观愿望，而取决于当时的客观条件。伯恩施坦通过曲解恩格斯晚年的思想，进而否定马克思主义关于阶级斗争和无产阶级革命的理论的企图，是注定要失败的。

第四，批判伯恩施坦提出的"最终的目的是微不足道的，运动就是一切"，否定社会主义运动的最终目标是实现无产阶级专政的错误观点，指出对无产阶级政党和社会主义运动来说，再没有什么比关于最终目的更加实际和重要的问题了，放弃无产阶级专政的目的，就意味着背弃无产阶级政党和马克思主义最根本的原则立场。

伯恩施坦在1898年1月发表的《崩溃论和殖民政策》一文中，首次提出"目的是微不足道的，运动就是一切"的观点。他说："我坦白说，我对于人们通常所理解的'社会主义的最终目的'非常缺乏爱好和兴趣。这个目的无论是什么，对我来说都是毫不足道的，运动就是一切。所谓运动，我所指的既是社会的总运动，即社会进步，也是为促成这一进步而进行的政治上和经济上的宣传和组织工作。"② 针对伯恩施坦的观点，卢森堡明确指出，无产阶级政党的

---

① ［德］考茨基：《社会革命》，何江、孙小青译，人民出版社1980年版，第59页。

② 《伯恩施坦文选》，人民出版社2008年版，第68页。

"最终目的"，是区别社会民主主义运动同资产阶级民主主义和资产阶级激进主义的唯一的决定性的要素。她说："也许有一批同志这样想：对最终目的的冥想实际上是一个艰深的学术问题。我的看法恰恰相反，对于我们这样一个革命的政党、无产阶级的政党来说，没有比关于最终目的的问题更加实际的问题了。"[1] 为了运动而运动是没有任何意义的，同最终目的没有关系的运动，作为目的本身的运动才是微不足道的，对于马克思主义来说，夺取政权仍然是最终目的，最终目的仍然是斗争的灵魂。普列汉诺夫指出，无产阶级及其政党的根本目的就是通过无产阶级革命，建立无产阶级专政。因此，只有那些"完全丧失了'最终目的'的任何概念，而只想着资产阶级社会主义方面的……'运动'的人，才会认为工人们指出建立工人阶级专政的必要性是一句空话"[2]。

总之，在 19 世纪 20 世纪之交马克思主义面临的新挑战面前，在反对伯恩施坦修正主义的斗争中，马克思和恩格斯的学生和战友们为捍卫和发展马克思主义作出了不懈的努力，他们对马克思主义和国际共产主义运动的贡献应当得到充分肯定。但同时也应看到，这些第二国际的马克思主义者包括卢森堡、拉法格等人在内都不能完成彻底粉碎伯恩施坦修正主义的历史使命。其主要原因在于他们虽然驳斥和批判了伯恩施坦对马克思主义的歪曲和攻击，坚持了马克思主义的基本立场和观点，但他们不能把批判伯恩施坦修正主义与在新的历史条件下发展马克思主义的任务结合起来，无法解释世纪之交资本主义出现的新变化，同时他们对伯恩施坦修正主义的危害性认识也不充分。完成批判伯恩施坦修正主义历史使命，实现马克思主义在新世纪理论创新的是以列宁为代表的俄国马克思主义者。

思考题

1. 马克思是怎样总结巴黎公社革命经验及其伟大意义的？

2. 如何理解马克思对未来社会的科学预测？

3. 《反杜林论》是怎样系统论述马克思主义基本理论的？

4. 如何理解马克思和恩格斯关于东方社会发展道路的思想？

---

① 《卢森堡文选》上卷，人民出版社 1984 年版，第 41 页。

② 《普列汉诺夫哲学著作选集》第 2 卷，生活·读书·新知三联书店 1961 年版，第 561 页。

5. 恩格斯是怎样阐述马克思主义自然观和科学观的?

6. 怎样理解恩格斯关于经济基础和上层建筑辩证关系的思想?

7. 怎样理解恩格斯关于无产阶级斗争策略的新探索?

第四章　马克思主义发展的列宁主义阶段

　　马克思主义诞生后，不仅在欧洲发达资本主义国家得到了广泛传播，而且传播到了像俄国这样经济文化相对落后的国家。当时的俄国，资本主义已从自由竞争阶段发展到垄断阶段，进入帝国主义时代。列宁在领导俄国革命的实践中，坚持把马克思主义基本原理和新的历史时代的无产阶级革命运动相结合，深入研究资本主义发展到帝国主义阶段的规律，总结无产阶级斗争的新经验，概括 20 世纪初社会科学、自然科学发展的最新成果，创造性地运用和发展了马克思主义，形成了以帝国主义理论、社会主义革命理论、社会主义建设理论、无产阶级政党执政与自身建设理论为主要内容的列宁主义。

第一节　列宁主义形成的时代背景和列宁早期的革命活动

　　列宁主义形成于 20 世纪初期。列宁主义的形成具有多方面的条件和背景。首先，资本主义已经完成从自由竞争阶段向垄断阶段转变，国际政治、经济形势发生了显著的变化，科学技术得以进一步发展。此时的俄国国内外各种矛盾日益激化，这是列宁主义形成的社会历史条件。其次，自 19 世纪末以来，俄国工人运动的蓬勃兴起，工人协会的陆续成立，为俄国社会变革奠定了阶级基础和组织条件。列宁亲自参与和领导了工人阶级的斗争，为列宁主义的创立提供了实践根据。最后，马克思主义在俄国的传播和研究蔚然成风，俄国出版了多种马克思主义文献，创办了宣传马克思主义的报纸、书刊，为列宁主义的创立提供了理论基础。列宁在与各种错误思想进行坚决斗争的过程中，提出了无产阶级新型政党建设理论，阐发了民主革命理论与策略，继承和捍卫了马克思主义，丰富和发展了马克思主义。

一、垄断资本主义形成时期俄国工人运动的兴起

　　19 世纪末 20 世纪初，以电气技术为标志的第二次科技革命，推动了资本主义生产方式的进步，资本主义世界经济体系得以最终形成。在资本主义国家内部，以重工业为龙头，各企业不断扩大规模，增加资本，进一步促进了生产

和资本的集中。生产的无序化和资本的激烈竞争，使 1873 年至 1907 年间世界性经济危机频繁发生，对社会生产力造成极大破坏，加速了企业兼并和大资本对小资本的吞噬。资本的生产和集中最终导致了垄断组织的产生，资本主义从自由竞争阶段发展到帝国主义阶段。

进入帝国主义阶段以后，垄断组织为了防止新的创造发明危及垄断高额利润，往往人为地阻碍技术的进步。同时，脱离生产过程和流通过程的资本家，形成一个专靠"剪息票"为生的食利者阶层，而且使少数帝国主义大国也成为食利国，这表明资本主义制度已经变成了腐朽没落的社会制度，垄断资产阶级已成为腐朽没落的反动阶级。垄断资产阶级为了维持其对内垄断、对外称霸的局面，在政治上走向全面反动。这一切加剧了帝国主义国家之间、帝国主义和殖民地半殖民地之间以及帝国主义国家内部无产阶级和资产阶级之间的矛盾，造成了帝国主义的重重危机。在这种情况下，无产阶级同本国劳动群众结成同盟，联合世界上一切被压迫国家和被压迫民族进行反对帝国主义斗争的客观条件日趋成熟。

俄国这个东方大国，作为整个世界体系中的一员有着它自己的特点。自 1861 年废除农奴制以后，俄国资本主义获得了迅速的发展，工业中的生产和资本也出现了集中的趋势。比如，1900 年，巴库的五大石油公司控制了全国石油产量的 42.6%，南俄的七大铁厂控制了全国生铁产量的 57%，1902 年成立的金属销售辛迪加掌握了全国冶金工业总产量的 80%，1904 年成立的顿涅茨煤炭销售辛迪加控制了南俄煤炭总产量的 75%，同年出现的火车车厢制造辛迪加几乎垄断了国内所有的火车车厢的生产，表明俄国资本主义由自由竞争走向了垄断。20 世纪初，俄国的政治经济发展呈现出复杂性。俄国帝国主义是垄断资本主义同封建农奴制残余的结合，沙皇专制制度是它在政治上的支柱，所以列宁称之为"军事封建帝国主义"。它的垄断性和封建性的双重特性，反映出当时俄国社会存在着极为复杂的矛盾：在经济上，既有农奴制残余与资本主义发展的矛盾，又有迅速发展着的社会生产力与资本主义生产关系的矛盾；在政治上，俄国存在着各族人民群众同沙皇专制制度的矛盾、农民同地主的矛盾、无产阶级同资产阶级的矛盾、国内各被压迫民族同大俄罗斯沙文主义的矛盾、俄国军事封建帝国主义与外国帝国主义的矛盾等，俄国成了当时帝国主义一切矛盾的集合点。在这众多矛盾日渐尖锐的过程中，俄国首先面临的是资产阶级民主革命的任务。进而，在资产阶级民主革命的基础上，进行无产阶级革命，并取得胜利，就成为俄国马克思主义者的迫切任务，这一目标的实现需要有无产阶级的觉悟和阶级队伍的形成。

19 世纪 80 年代初，俄国无产阶级有了较大发展。以铁路工人为例，1861 年还只有 7.6 万人，1895 年则发展到 150 万人。90 年代初，俄国产业工人达到 1 000 万人，工业无产阶级开始成为俄国政治舞台上一支重要的力量。俄国工人阶级早在 19 世纪 60 年代便开始了罢工和骚动，至 70 年代更为频繁，达到 290 次。当时的工人运动多以经济目标为主，如要求增加工资，改善劳动条件，后来斗争逐渐由经济领域转向政治领域。1875 年，在敖德萨成立了由扎斯拉夫斯基领导的"南俄工人协会"，这是俄国第一个独立的工人革命组织。1878 年，在彼得堡又成立了奥布诺尔斯基等人领导的"俄国北方工人协会"。同期，俄国工人运动继续向前发展。1879—1884 年，工人的骚动和罢工达 205 次，罢工的规模越来越大，而且在斗争中逐渐形成了工人运动的中心：彼得堡和莫斯科。工人运动的兴起为 20 世纪初俄国社会制度的变革奠定了阶级基础。

俄国工人阶级的状况有利于发动无产阶级运动。首先，工人的相对集中，有利于他们团结一致，开展革命活动。工人高度集中于大型企业①。"在当前同资产阶级对立的一切阶级中，只有无产阶级是真正革命的阶级。其余的阶级都随着大工业的发展而日趋没落和灭亡，无产阶级却是大工业本身的产物。"② 其次，身受资本主义和农奴制残余的双重压迫，造就了俄国工人高昂的斗争精神。俄国工人工资微薄，劳动条件恶劣，工伤事故频繁发生，生活极其困苦。沉重的经济压迫和非人的生存状况，激起工人的愤怒和反抗。"无产阶级，现今社会的最下层，如果不炸毁构成官方社会的整个上层，就不能抬起头来，挺起胸来。"③ 由于俄国资本主义发展较晚，资产阶级力量较为薄弱，不可能用过多的超额利润扶植工人贵族，使俄国无产阶级中的机会主义成分比西欧国家要少，这对革命来说是有利因素。

---

① 据统计，1866—1890 年，俄国雇用 100 名工人以上的大工厂，由 644 个增加到 951 个，25 年间几乎增加了 50%。其中 1 000 人以上的特大工厂，由 42 个增加到 99 个，增加了 136%。19 世纪 90 年代，俄国生产集中的程度大大提高，甚至超过欧美国家。1895 年，俄国各类小企业（10～15 人）中的工人占工人总数的 15.9%，大企业（500 人以上）中的工人占工人总数的 45.2%，而在德国分别为 31.5% 和 15.3%。
② 《马克思恩格斯文集》第 3 卷，人民出版社 2009 年版，第 437 页。
③ 《马克思恩格斯文集》第 2 卷，人民出版社 2009 年版，第 42 页。

二、马克思主义在俄国的传播

19世纪80年代以后，马克思主义在俄国的传播和研究活动非常活跃，带有政党萌芽性质的马克思主义小组开始建立。作为有独创性和多方面理论成就的思想家，普列汉诺夫①是联系马克思、恩格斯和列宁的中间环节中最重要的一环。1882年，普列汉诺夫把《共产党宣言》翻译成俄文，并在为俄文版写的序言中明确指出，必须建立无产阶级政党，通过开展政治斗争达到无产者自身的解放。1883年9月，普列汉诺夫和查苏利奇、阿克雪里罗得、捷依奇、伊格纳托夫一起，在瑞士组织了"劳动解放社"。该社以翻译出版马克思主义的重要著作为己任，在沙皇统治时代，冲破重重阻力，先后翻译出版了《共产党宣言》《雇佣劳动和资本》《科学社会主义的发展》《哲学的贫困》《路德维希·费尔巴哈与德国古典哲学的终结》等十余本马克思和恩格斯著作，为俄国革命者用马克思主义分析俄国的社会现状提供了文本依据。普列汉诺夫还为这些著作写了俄文版序、导言，系统阐释了马克思主义的基本理论，帮助俄国先进分子学习和掌握马克思主义基本理论和方法，推进了马克思主义俄国化和大众化。列宁高度评价"劳动解放社"的作用，称它培育了整整一代俄国马克思主义者。普列汉诺夫的马克思主义研究对列宁产生了深刻的影响，对此，列宁的夫人克鲁普斯卡娅在回忆录中指出，"普列汉诺夫在弗拉基米尔·伊里奇的成长中起了巨大作用，他帮助列宁找到了正确的革命道路，因此长期以来，普列汉诺夫在列宁看来是个光辉灿烂的人物"②。

马克思主义在俄国的传播，贡献最大的是列宁。列宁③1870年4月22日生于伏尔加河畔的辛比尔斯克城一位教育工作者的家里。1887年列宁进入喀山大学攻读法律，后因参加青年学生革命小组的活动，被开除学籍。从那时起，列宁开始潜心研究马克思和恩格斯的著作，渐渐成长为一名马克思主义者。1889年，列宁在萨马拉建立了当地第一个马克思主义小组，积极宣传马克思主

---

① 普列汉诺夫虽后来投入了孟什维克阵营，在第一次世界大战期间还成了社会沙文主义者，但他对马克思主义在俄国传播和发展所作的贡献不应被抹杀。

② ［苏］米·约夫楚克、伊·库尔巴托娃：《普列汉诺夫传》，宋洪训译，生活·读书·新知三联书店1980年版，第170页。

③ "列宁"的原名是弗拉基米尔·伊里奇·乌里扬诺夫。为保密或革命事业的需要，弗·伊·乌里扬诺夫一生中使用了不少化名或笔名，如彼得耶夫、迈耶尔、自由人、伊林、卡尔波夫、伊万诺夫斯基、弗雷、列宁等。其中"列宁"后来成为他自己喜欢、别人也喜欢的一个较通用的名字，相沿成习，便一直沿用下来。这样，"列宁"这个名字便与弗拉基米尔·伊里奇·乌里扬诺夫的伟大一生紧密联系在一起。

义，并深入农村进行社会调查，用马克思主义理论研究俄国农民问题。1891年，列宁利用到彼得堡参加大学毕业考试的机会，与那里的马克思主义者建立了联系，委托他们搜集马克思和恩格斯的著作，开始自觉地学习和接受马克思主义。1893年，他赴彼得堡参加了当地的大学生马克思主义小组，很快成为彼得堡马克思主义小组公认的领导人。工人运动的发展使列宁意识到建立无产阶级政党的重要性和迫切性，他为此作出了不懈努力。

1895年，列宁将彼得堡的20多个马克思主义小组联合起来，成立了具有无产阶级政党性质的"工人阶级解放斗争协会"。在它的影响下，莫斯科以及其他一些工业中心也都纷纷建立了类似"斗争协会"的团体，组织各地的罢工斗争，提出了要将经济斗争同反抗沙皇专制制度的政治斗争联系起来的口号，俄国的工人运动进入了一个新的阶段，开始了马克思主义与工人运动的结合。同年，沙皇镇压了彼得堡工人阶级解放斗争协会，列宁被捕，1897年被流放到西伯利亚。

三年流放期间，列宁时刻关注俄国和国际工人运动发展的状况，阅读了普列汉诺夫的著作和大量的马克思、恩格斯著作，如《英国工人阶级状况》《哲学的贫困》《共产党宣言》《反杜林论》和《资本论》等，对马克思主义的唯物辩证法、唯物史观、剩余价值学说和科学社会主义理论有了较深刻的了解，坚定了对马克思主义的信仰。马克思和恩格斯的阶级斗争和暴力革命理论、人民群众是历史的主体和创造者理论、消灭私有制与无产阶级专政理论对列宁影响很大。列宁通过撰写著作和创办革命杂志，为建立无产阶级政党奠定了理论基础和组织基础。1898年，俄国各地的"斗争协会"在明斯克召开了俄国社会民主工党第一次代表大会，宣布俄国社会民主工党成立。但是，这次代表大会没有制定纲领和章程，选举产生的中央委员会不久也被沙皇政府破坏。由于斗争环境恶劣，各地的马克思主义小组处于涣散状态，使工人政党的建立遇到了巨大困难。1900年，列宁结束了流放生活，同年7月他到慕尼黑，12月创办了大型的全俄马克思主义报纸《火星报》，在工人中秘密散发，使马克思主义在俄国得以广泛传播。列宁以此为阵地，团结了一大批坚定的马克思主义者，为俄国社会民主工党的建立作了思想上和组织上的准备，这表明俄国建立工人阶级政党的条件业已成熟。

三、列宁创建无产阶级新型政党的理论与实践

为了指导俄国建立无产阶级政党，列宁发表了《我们运动的迫切任务》《从

何着手?》《同经济主义的拥护者商榷》《怎么办?》和《进一步、退两步》等一系列文章和论著，系统阐述了建立无产阶级政党的必要性、新型政党的性质和任务，以及新型政党的思想理论原则、组织原则和策略原则。

第一，党是工人阶级的先进的部队，是工人阶级的领导者。无产阶级政党拥有先进的世界观和方法论，懂得运动前进的规律，能够制定正确的纲领和路线，切实代表无产阶级的利益，使运动前进在科学社会主义轨道上。就此，列宁指出："党是阶级的先进部队，是阶级的领导者和组织者，是整个运动及其根本和主要目的的代表。"① 当时的俄国，社会矛盾和阶级矛盾十分复杂，在沙皇专制制度下人民没有合法斗争的权利，无产阶级和广大人民进行斗争的形式是多样且多变的，加强党对革命斗争的领导至关重要。列宁说："我们应当记住，革命政党只有真正领导革命阶级的运动，才无愧于自己的称号。我们应当记住，任何人民运动都有千变万化的形式，要不断创造新形式，抛弃旧形式，改变形式或者把新旧形式重新配合。我们的责任就是积极地参加制定斗争方法和斗争手段的过程。"② 这一论断不仅指明了无产阶级政党作为先进部队领导革命斗争的必要性，也提出了党在革命斗争中要善于把握正确的斗争方式以利于斗争发展的要求。

第二，党必须坚持以马克思主义为指导思想。俄国的"经济派"追随第二国际机会主义者，提出"反对正统""批评自由"等错误口号，反对在俄国社会主义运动中占主导地位的马克思主义理论。列宁说，叫嚷"批评自由"的人，是要使俄国的社会主义运动离开正确的轨道，走到泥潭里去，必须同这些人划清界限。他郑重指出："我们完全以马克思的理论为依据，因为它第一次把社会主义从空想变成科学，给这个科学奠定了巩固的基础，指出了继续发展和详细研究这个科学所应遵循的道路。"③ 表明列宁强调马克思的理论是真正科学的社会主义理论，它既指明了俄国无产阶级展开社会主义实践的道路，也指明了俄国无产阶级政党推进理论发展的途径，俄国的社会主义运动必须以马克思的理论为指导思想。列宁还说："只有以先进理论为指南的党，才能实现先进战士的作用。"④ 无产阶级政党思想建设和理论建设必须以马克思的理论为指

---

① 《列宁专题文集　论无产阶级政党》，人民出版社 2009 年版，第 337 页。
② 《列宁专题文集　论无产阶级政党》，人民出版社 2009 年版，第 337 页。
③ 《列宁专题文集　论无产阶级政党》，人民出版社 2009 年版，第 338 页。
④ 《列宁专题文集　论无产阶级政党》，人民出版社 2009 年版，第 71 页。

南，从而成为先进的政党，在社会主义运动中发挥先进战士的作用。

第三，党必须有明确的革命纲领和正确的革命策略。首先，列宁提出："必须用党的纲领来巩固思想一致。"① 列宁继承和发扬了马克思、恩格斯重视无产阶级政党纲领建设的传统。在准备建立俄国无产阶级政党的过程中，鉴于有可能参加无产阶级政党的政治派别较多，思想理论上分歧较大，列宁把制定党的纲领，用党的纲领来统一党的思想提到重要地位，提出："必须用党的纲领来巩固思想一致。"② 在建立俄国无产阶级政党的会议上，列宁在讨论党的纲领时强调，俄国无产阶级政党的纲领必须载入无产阶级专政的条文。其次，强调了区分党的最高纲领和最低纲领、分阶段和有步骤地完成党的任务。列宁指出："马克思主义要求把最高纲领和最低纲领清楚地划分开。最高纲领就是对社会实行社会主义改造，这就不可能不消灭商品生产。最低纲领就是在商品生产范围内可以实行的改造。把这两种改造混淆，必然会对无产阶级的社会主义造成种种小资产阶级的、机会主义的或无政府主义的歪曲，必然会使无产阶级通过夺取政权来实现的社会革命的任务模糊起来。"③ 他强调，必须防止歪曲党的纲领和混淆不同阶段党的不同任务的思想。最后，强调无产阶级政党要制定正确的革命策略。列宁总结了半个多世纪以来法国、德国、英国、美国等无产阶级运动的经验，认识到党的策略正确与否关系到党内的团结和革命的成败。他告诫俄国无产阶级政党既要反对机会主义，也要反对无政府主义；要把争取民主主义的斗争和争取社会主义的斗争看作相互联系而又相互区别的两个任务，无产阶级必须依次完成这两个任务；党既要为争取改良而斗争，又要使之服从于争取社会主义制度的革命目标；党要善于利用一切手段进行斗争，即把经济斗争和政治斗争、公开斗争和秘密斗争、合法斗争和非法斗争、议会内斗争和议会外斗争很好地结合起来；党要做好暴力革命与和平方式两手准备，并根据形势的变化，巧妙地从一种革命形式过渡到另一种革命形式；党要善于利用和加剧敌人之间的矛盾，争取一切可能的同盟者。

第四，党必须坚持马克思主义的组织原则。首先，无产阶级政党"应当是组织的总和"，党通过必要的制度和纪律使自己的党员凝聚在一起，形成一个具有严密的组织性的战斗集体。党员必须参加党的一个组织。在列宁看来，党

---

① 《列宁专题文集　论无产阶级政党》，人民出版社 2009 年版，第 49 页。
② 《列宁专题文集　论无产阶级政党》，人民出版社 2009 年版，第 49 页。
③ 《列宁专题文集　论无产阶级政党》，人民出版社 2009 年版，第 339 页。

只有具有坚强的组织性，才能产生无穷的战斗力，适应斗争形势和斗争任务的需要。其次，列宁在无产阶级政党史上首次明确提出民主集中制原则是党的基本组织原则。它的基本内容是：（1）少数服从多数；（2）党的最高机关应当是代表大会；（3）党的中央机关的选举必须是直接选举，必须在代表大会上进行；（4）党的一切出版物，都必须绝对服从党代表大会，绝对服从相应的中央或地方党组织；（5）对党员资格这一概念必须作出明确规定；（6）对党内任何少数人的权利同样应在党章中作出明确规定。最后，列宁坚持用发展的眼光看待这些原则。他认为，党内的民主和集中的程度是随着政治条件的变化而变化的。一般说来，在反动统治时期，党内民主原则的实行会受很大局限，在政治自由时期则应扩大党内民主。

列宁关于无产阶级新型政党的学说，回答了俄国工人政党在建党过程中遇到的许多新问题，回应和批判了经济派和孟什维克等机会主义派别在建党问题上的错误思想，丰富和发展了马克思主义关于无产阶级政党的理论，为指导俄国无产阶级新型政党的建设提供了思想保障。

四、列宁对俄国民主革命理论和策略的阐发

在俄国 1905 年革命时期，列宁撰写了《社会民主党在民主革命中的两种策略》《社会民主党和临时革命政府》《无产阶级和农民的革命民主专政》和《社会民主党对农民运动的态度》等论著，总结这场革命的经验教训，对民主革命的理论和策略进行了系统的论述。

阐述了民主革命和社会主义革命的区别与联系。首先，提出俄国革命要分两步走的设想。当时的俄国，无产阶级首先要完成资产阶级民主革命的任务，之后才可以进行社会主义革命。列宁提出俄国革命要分民主主义革命和社会主义革命两步走，"我们不能跳出俄国革命的资产阶级民主的范围，但是我们能够大大扩展这个范围，我们能够而且应当在这个范围内为无产阶级的利益而奋斗，为无产阶级当前的需要、为争取条件积蓄无产阶级的力量以便将来取得完全胜利而奋斗"①。不能一步到位。其次，论述了资产阶级民主革命和社会主义革命的区别与联系。区别在于：前者的任务是反对封建专制制度，为资本主义发展扫清障碍；后者的目标则是反对资产阶级，建立社会主义制度。二者之间

---

① 《列宁选集》第 1 卷，人民出版社 2012 年版，第 558 页。

的联系在于，俄国资产阶级民主革命的彻底完成，一是可以改善无产阶级的生存环境和条件，二是可以为社会主义革命创造条件。社会主义革命可以巩固民主革命的成果，是民主革命的必然发展；资产阶级民主革命进行得越充分、越坚决、越彻底，无产阶级为争取社会主义而反对资产阶级的斗争就越有保证，社会主义革命的胜利就越迫近。

强调无产阶级在资产阶级民主革命中要掌握革命领导权。1905年，布尔什维克和孟什维克围绕无产阶级要不要掌握资产阶级民主革命的领导权问题展开激烈争论。孟什维克提出，俄国的资产阶级民主革命应该由资产阶级领导，应该通过和平方式改良沙皇专制制度，革命胜利后建立资产阶级专政，发展资本主义。列宁针锋相对地指出，这是错误的。他认为，"无产阶级，就其本身的地位而言，是最先进和唯一彻底革命的阶级，因而担负着在俄国一般民主主义革命运动中起领导作用的使命"①。无产阶级要积极地参加民主革命，力争取得民主革命的领导权。无产阶级实现领导权需要两个条件：一是反对资产阶级篡夺革命的领导权，二是无产阶级与农民结成联盟。列宁指出，无产阶级的斗争不是进行社会改良，也不是策划密谋，"而是组织无产阶级的阶级斗争，领导这一斗争，而斗争的最终目的是由无产阶级夺取政权并组织社会主义社会"②。这样，列宁就将无产阶级实现革命的领导权与实现无产阶级的最终目的紧密地联系在一起了。只有实现了前者才可以达到后者。

论述了工农联盟的理论。在农民占人口大多数的国家，无产阶级进行革命时，必须建立起巩固的工农联盟，才有足够的力量进行革命并取得革命的胜利。列宁指出："只有农民群众加入无产阶级的革命斗争，无产阶级才能成为战无不胜的民主战士。如果无产阶级力量不够，做不到这一点，资产阶级就会成为民主革命的首领并且使这个革命成为不彻底的和自私自利的革命。"③ 要建立起工农联盟，无产阶级必须对农民进行宣传鼓动，提高农民的革命觉悟，激发他们的革命热情，带领农民进行革命斗争。

阐述了工农民主专政的理论，说明在无产阶级领导的民主革命胜利后政权的性质和任务。列宁指出，建立的新政权不是无产阶级专政，而只能是工农民主专政，即无产阶级和农民两个阶级的联合专政。这个专政的任务是推动完成

---

① 《列宁全集》第10卷，人民出版社2017年版，第113页。
② 《列宁专题文集　论马克思主义》，人民出版社2009年版，第95页。
③ 《列宁选集》第1卷，人民出版社1995年版，第566—567页。

民主革命，实现无产阶级政党的最低纲领，而不是直接实现社会主义。列宁说："无产阶级和农民的革命民主专政，同世界上一切事物一样，有它的过去和未来。它的过去就是专制制度、农奴制度、君主制、特权。在和这种过去作斗争时，在和反革命作斗争时，无产阶级和农民的'意志的统一'是可能的，因为这里有利益的一致。"① 正因为无产阶级和农民在民主改革方面利益的一致性，使得他们能够联合起来，推翻封建统治阶级，取得民主革命的胜利。列宁认为，革命过程中产生的苏维埃组织是俄国工农民主专政的形式。

五、列宁在同错误思潮斗争中捍卫马克思主义

鉴于俄国的国情和当时各种理论对俄国革命运动的影响，列宁在筹建无产阶级政党和建党初期，通过与形形色色错误思想的斗争，明辨了是非，捍卫了马克思主义。

1. 批判民粹派的社会历史观，阐发了社会发展规律和趋势

针对民粹派的主观社会学关于"事物的历史进程的实质根本不可捉摸"，否认社会发展具有客观规律性的错误观点，列宁在《什么是"人民之友"以及他们如何攻击社会民主党人?》等论著中，科学地阐发了"人类社会是一自然历史过程"，指出社会发展的规律性。列宁指出，马克思"从社会生活的各种领域中划分出经济领域，从一切社会关系中划分出生产关系，即决定其余一切关系的基本的原始的关系"②；"由于只有把社会关系归结于生产关系，把生产关系归结于生产力的水平，才能有可靠的根据把社会形态的发展看做自然历史过程"③。列宁认为，马克思揭示了社会内部生产力与生产关系、经济基础与上层建筑之间的矛盾运动是推动社会形态发展的一般规律，从而第一次使人们有可能以严格科学的态度来对待历史问题和社会问题，结束了唯心主义在社会学研究中的统治地位，实现了革命性变革。

针对民粹派攻击唯物史观是"历史宿命论"，污蔑马克思把历史必然性和个人自由对立起来，完全否认个人创造历史的作用的错误观点，列宁指出，唯物史观从不孤立地讲个人的作用，而是把个人的活动归结为各个阶级的活动，

① 《列宁选集》第 1 卷，人民出版社 2012 年版，第 591 页。
② 《列宁专题文集　论辩证唯物主义和历史唯物主义》，人民出版社 2009 年版，第 158—159 页。
③ 《列宁专题文集　论辩证唯物主义和历史唯物主义》，人民出版社 2009 年版，第 161 页。

归结为人民群众的活动。决定论思想摒弃所谓意志自由的荒唐的神话，但丝毫没有否定个人在历史上的作用，没有否定"全部历史正是由那些无疑是活动家的个人的行动构成的"①。民粹派却只对社会经济过程作出了道德结论，而"不把各种生产参加者集团看做是这种或那种生活形式的创造者"②，由此看出其浅薄和荒谬。

针对民粹派认为俄国的特殊国情决定了资本主义在俄国的发展没有必然性，主张在村社基础上直接过渡到社会主义，革命的主力不是工人而是农民，革命的领导者是知识分子等谬论，列宁撰写了《俄国资本主义的发展》等著作，研究了俄国农村公社中农民的阶级分化，考察了俄国地主经济向资本主义经济演进的特点及其途径，反对民粹派把村社同资本主义生产方式对立的观点。列宁指出，即便是最村社化的农村也在蓬勃地发展着高利贷资本和其他各种形式的原始的资本主义剥削形式。俄国土地占有形式的特殊性，不会构成资本主义经济发展不可逾越的障碍。他指出，在俄国出现的徭役制经济必将随着商品经济的发展不知不觉地过渡到资本主义经济。他指出，俄国资本主义工业的发展经历了资本主义的简单协作、资本主义的工场手工业、工厂（机器大工业）三个阶段，机器大工业的发展创立了巨大的国内市场，造就了大批产业工人，为社会主义革命准备了物质前提和阶级力量，从而驳斥了民粹派把个体手工业同资本主义生产对立的观点。

2. 批判"合法马克思主义"③，为《资本论》辩护

"合法马克思主义者"标榜自己为"新批评派"，诬蔑那些按照本来意义来理解马克思主义的人是简单地解释马克思主义的"正统派"。列宁指出，"合法马克思主义"不是马克思主义。二者的原则区别在于："一派想始终做彻底的马克思主义者，根据改变了的条件和各国当地的特点来发展马克思主义的基本原理，进一步研究马克思的辩证唯物主义和政治经济学理论；另一派想抛弃马克思学说中若干相当重要的方面，例如，在哲学上不是站在辩证唯物主义方面，而是站在新康德主义方面，在政治经济学上是站在那些硬说马克思的某些

---

① 《列宁专题文集　论辩证唯物主义和历史唯物主义》，人民出版社 2009 年版，第 179 页。
② 《列宁专题文集　论资本主义》，人民出版社 2009 年版，第 43 页。
③ 19 世纪末，俄国自由资产阶级知识分子中有一个思想派别，其代表人物有司徒卢威、杜冈·巴兰斯基、布尔加柯夫、别尔加也夫等。他们穿着马克思主义的外衣，采用马克思主义的某些词句，在当时经沙皇政府允许的报刊上发表有利于资产阶级的言论，因此被称为"合法马克思主义者"。

学说'有片面性'的人们方面。"①

列宁批判了"合法马克思主义者"对马克思的《资本论》的曲解。针对"合法马克思主义者"攻击《资本论》第二卷和第三卷在关于实现论和市场理论问题上自相矛盾的说法，列宁在《市场理论问题述评》《再论实现论问题》和《农业中的资本主义》等文章中予以反驳。他指出，《资本论》关于无限扩大生产的意图同有限消费之间的矛盾是资本主义固有矛盾的结论，并不否认资本主义存在的必然性和进步性，而是要人们清楚地认识到资本主义的历史短暂性，看到它必然过渡到更高级形式的条件和原因。列宁指出，司徒卢威把"实现论"叫作"按比例分配理论"是错误的，"实现论"是说明社会总资本的再生产和流通如何进行的抽象理论，它把对外贸易即国外市场抽象掉，但并非说资本主义没有对外贸易；它假设资本主义各生产部门之间的产品是按比例分配的，但并不是说在资本主义社会中产品实际上总是按比例分配。这如同价值论假设供求是平衡的，但并不认为在资本主义社会中总会出现或者可能出现这种平衡一样。司徒卢威把马克思的实现论歪曲为按比例分配的理论的实质，是为了论证资本主义的合理性，从而消除无产阶级改造现存社会的历史使命。

列宁还批判了"合法马克思主义者"否认阶级论，以无党性自居，并夸大历史过程的自发性，宣扬社会宿命论等一系列错误观点。他指出，当司徒卢威等人攻击马克思主义是一种具有"倾向性"的理论而不是客观真理时，他们自己却表现出为资产阶级利益辩护的倾向性，掩盖不住他们的资产阶级鲜明党性。

3. 批判"经验批判主义"，丰富了马克思主义哲学

"经验批判主义"，亦称马赫主义②，是流行于 19 世纪末 20 世纪初的资产阶级哲学流派。经验批判主义在俄国的泛滥，危害到马克思主义理论在俄国的

---

① 《列宁选集》第 1 卷，人民出版社 1995 年版，第 259 页。
② 这一哲学流派的创始人和主要代表人物是奥地利物理学家、哲学家马赫和德国哲学家阿芬那留斯。它以"批判经验"使经验成为"纯经验"而得名，其思想核心是马赫的"世界要素"论和阿芬那留斯的"原则同格"说。马赫认为，物质的东西和精神的东西、物理的东西和心理的东西在本质上是相同的，都是感觉的要素。整个世界便是由这些要素构成，并存在于这些要素的相互联系中。一切研究的任务就是探知这些要素联结的方式。阿芬那留斯也认为，自我和环境、物理要素和心理要素是不可分离的，它们在原则上同格。经验批判主义想把这些思想说成是最新哲学，认为它排除了世界究竟是起源于物质还是起源于精神这类"臆想的""形而上学"的问题，永远超越了唯物主义和唯心主义的对立，开创了哲学上的第三条路线，即不偏不倚的中立路线。

传播和影响，在工人运动中造成极大的思想混乱。列宁深入研究了马克思、恩格斯和普列汉诺夫的唯物主义著作，研究了黑格尔、康德等唯心主义哲学家的论著，并阅读了大量现代哲学和自然科学的新文献，于 1908 年 2—10 月写出了《唯物主义和经验批判主义》一书，对 19 世纪末 20 世纪初的自然科学新成果作出了哲学概括和总结，揭露修正主义对马克思主义的歪曲。

列宁批判了马赫主义哲学的基本前提，提出了两条对立的基本认识路线，即是从物到感觉和思想，还是从感觉和思想到物。他说："恩格斯坚持第一条路线，即唯物主义的路线。马赫坚持第二条路线，即唯心主义的路线。"① 马赫主义认为，人的全部认识都应当以感觉经验为对象，超出了经验的界限便没有任何意义。针对这种唯心主义不可知论观点，列宁提出了辩证唯物主义认识论的三个重要结论②，指出物质不依赖人们的意识而存在，可以为人们所认识，而且认识可以随着实践的发展而不断深入，从而批判了唯心主义不可知论，坚持了唯物主义；批判了形而上学，坚持了辩证法。

针对马赫主义者在真理观上坚持主观真理论，反对客观真理论的错误观点，列宁继承了恩格斯在《反杜林论》中关于思维是对存在的反映、思维的至上性和非至上性、认识的绝对性和相对性的辩证关系原理，以绝对真理与相对真理为真理的两种属性，阐述了二者的辩证关系；阐明了实践是检验真理的标准问题。针对马赫主义者将实践同认识分开来考察的实用主义观点，列宁指出："生活、实践的观点，应该是认识论的首要的和基本的观点。"③

列宁在《唯物主义和经验批判主义》一书中的一个重要贡献就是提出了物质的哲学定义④。列宁在总结自然科学成果的基础上，提出辩证唯物主义的物质定义："物质是标志客观实在的哲学范畴，这种客观实在是人通过感觉感知

---

① 《列宁专题文集 论辩证唯物主义和历史唯物主义》，人民出版社 2009 年版，第 6 页。
② 这就是：（1）物是不依赖于我们的意识，不依赖于我们的感觉而在我们之外存在着的；（2）在现象和自在物之间决没有而且也不可能有任何原则的差别；（3）在认识上和在科学的其他一切领域中一样，我们应辩证地思考，也就是说，不要以为我们的认识是一成不变的，而要去分析怎样从不知到知，怎样从不完全不确切的知到比较完全比较确切的知。
③ 《列宁专题文集 论辩证唯物主义和历史唯物主义》，人民出版社 2009 年版，第 49 页。
④ 19 世纪末 20 世纪初，自然科学特别是物理学出现了划时代的革命。伦琴射线、电子等一系列新发现，推翻了古典力学和旧的机械论关于物质构造、物质特性和物质运动的传统观点，却使一部分科学家对物理学原理、对人类能否认识客观世界产生了怀疑。列宁指出，物理学仍然是一门科学；物质并未消失，只不过是人类对物质结构认识的传统界限消失了；唯物主义大厦并未崩溃，只不过是旧唯物主义把物质归结为原子的物质观崩溃了。

的，它不依赖于我们的感觉而存在，为我们的感觉所复写、摄影、反映。"① 列宁的物质定义，不仅坚持了唯物主义一元论和可知论，还把哲学的物质范畴和自然科学的物质结构学说区别开来，划清了辩证唯物主义物质观和形而上学物质观的界限，反映了人类对物质世界认识的深化，成为辩证唯物主义的理论基石。

列宁还论述了历史唯物主义与辩证唯物主义的有机联系，"在这个由一整块钢铸成的马克思主义哲学中，决不可去掉任何一个基本前提、任何一个重要部分，不然就会离开客观真理，就会落入资产阶级反动谬论的怀抱"②。列宁阐明哲学的党性原则，指出哲学上有两条基本路线、两个基本派别，即唯物主义和唯心主义。这是两个斗争着的党派，任何以"无党派性"自居、超越二者的企图都是妄想。

列宁这一时期的著作系统地阐述了马克思主义哲学特别是认识论的一些重要原理，丰富和发展了马克思主义哲学，有力地回击了马赫主义和哲学修正主义对马克思主义的进攻，澄清了党内思想混乱，为无产阶级及其政党提供了强有力的思想武器，促进了社会民主党组织的巩固和革命事业的健康发展。

4. 批判"寻神说"和"造神说"③，揭露了宗教的本质

列宁在《社会主义和宗教》《论工人政党对宗教的态度》《各阶级和各政党对宗教和教会的态度》以及《唯物主义和经验批判主义》等论著中，结合俄国的现实，深刻地说明了宗教作为观念上层建筑具有强烈的阶级性。列宁指出，"恐惧创造神"，现代宗教的根源是对资本主义力量的恐惧，而这种力量是捉摸不定的，人民群众不能预见到它。"只要受资本主义苦役制度压迫、受资本主义的捉摸不定的破坏势力摆布的群众自己还没有学会团结一致地、有组织地、有计划地、自觉地反对宗教的这种根源，反对任何形式的资本统治，那么无论

---

① 《列宁专题文集 论辩证唯物主义和历史唯物主义》，人民出版社 2009 年版，第 35 页。
② 《列宁专题文集 论辩证唯物主义和历史唯物主义》，人民出版社 2009 年版，第 112 页。
③ 1905 年，在革命失败后的俄国，小资产阶级的颓废情绪充分表现在梅烈日科夫斯基、布尔加科夫、卢那察尔斯基、尤什凯维奇等人宣传的"寻神说"和"造神说"中。"寻神说"认为神是幸福和自由的源泉，信仰神是道德存在的基础，主张掀起一个寻神运动以拯救俄国，要寻找新的"真正的"基督教，用它来代替人们心中"虚假的"社会主义理想。"造神说"企图把马克思主义与宗教调和起来的，认为宗教感情是人类固有的永恒的感情，只有宗教才是社会主义的组织力量，宣布社会主义就是新宗教，马克思是新宗教的伟大先知，工人联盟是新教会的奠基石。

什么启蒙书籍都不能使这些群众不信仰宗教。"① 列宁驳斥了"寻神说"鼓吹的"宗教的功能之一在于它是将民主派知识分子和人民结合的桥梁"的谬论，指出神的观念从来不会使人联合，而是一贯用对压迫者的神圣性的信仰来束缚被压迫阶级。革命民主主义者同人民的结合，只有通过阶级斗争和无产阶级革命才能实现。列宁揭示了宗教是剥削阶级维护自己统治的精神工具，旨在安慰被压迫者，给他们描绘一幅在保存阶级统治的条件下减少痛苦和牺牲的前景，而不必担保这种远景能否实现，从而使他们甘心忍受这种现状，消解革命热情，破坏革命决心，放弃革命行动。继马克思说"宗教是人民的鸦片"，列宁说"宗教是一种精神上的劣质酒"②。列宁揭露了"造神说"企图把马克思主义与宗教调和起来，宣布社会主义就是新宗教的说辞是混淆视听，强调宗教与科学社会主义以及无产阶级政党的宗旨是不能调和的，同宗教唯心主义作斗争，是马克思主义的基本原则。针对"造神说"关于"宗教是私人的事情"的观点，列宁驳斥说："对于社会主义无产阶级的政党，宗教并不是私人的事情……要同一切利用宗教愚弄工人的行为进行这样的斗争。"③ 列宁提出"用纯粹的思想武器，而且仅仅是思想武器，用我们的书刊，我们的言论来跟宗教迷雾进行斗争"④，表明了无产阶级政党对待宗教的科学态度。

第二节　列宁关于帝国主义理论的创立

列宁的《帝国主义是资本主义的最高阶段（通俗的论述）》（以下简称《帝国主义论》），是在马克思的《资本论》对资本主义所作的科学研究的基础上，深刻地分析了帝国主义的本质、特征和基本矛盾，揭示了帝国主义产生、发展和必然灭亡的客观规律的重要著作。列宁通过对帝国主义国家愈来愈依靠输出资本和"剪息票"为生的客观事实的分析，说明帝国主义的寄生性和腐朽性日益加深。他指出，资本主义的发展比从前要快得多，政治经济发展的不平衡已成为资本主义的绝对规律，这为日后得出"社会主义可能首先在少数甚至在单

---

① 《列宁专题文集　论无产阶级政党》，人民出版社 2009 年版，第 175 页。
② 《列宁专题文集　论辩证唯物主义和历史唯物主义》，人民出版社 2009 年版，第 220 页。
③ 《列宁专题文集　论辩证唯物主义和历史唯物主义》，人民出版社 2009 年版，第 221 页。
④ 《列宁专题文集　论辩证唯物主义和历史唯物主义》，人民出版社 2009 年版，第 221 页。

独一个资本主义国家内获得胜利"① 的结论，提供了理论根据。

一、列宁对帝国主义的初步分析和研究

列宁关注当时对帝国主义进行分析研究的各种理论。卢森堡在反对伯恩施坦修正主义的斗争中，结合对马克思关于社会资本再生产理论的评析，提出了自己的资本积累理论，并从资本积累角度研究了帝国主义。她指出，帝国主义"是资本的世界竞争阶段"②，也是落后国家进行工业化和资本主义解放的时期，这是资本主义历史发展中的最后阶段。拉法格撰写了《美国托拉斯及其经济、社会和政治意义》一书，以美国为例分析了垄断资本主义的特征：资本和生产空前集中，金融资本的触角伸向世界各地，垄断组织统治和操纵了人们的经济、政治、精神生活和对外政策，也不断激化阶级矛盾，使战争不可避免。他分析了帝国主义对外扩张和侵略的根源，指出垄断资本主义的发展已经积蓄了向社会主义过渡的物质条件。列宁高度评价了他的这些研究成果。

列宁在 1895—1913 年写作的论著中，初步揭示和分析了帝国主义时代出现的一系列新现象，比如资本集中和积累对社会生活造成了严重影响，大工业资本和大银行资本越来越具有国际性质，资本主义的发展导致了对殖民地的掠夺，垄断资本的形成加深了资本主义普遍性危机，垄断资本家与资产阶级政府之间形成了密不可分的关系，辛迪加垄断组织的发展对资本主义经济、政治和对外政策产生了深刻的影响，等等。与此同时，列宁还十分注意收集和阅读最新出版的各种论述资本主义新变化的文章和书籍，养成了随读随写、做读书笔记的习惯。1905 年列宁开始使用"帝国主义"一词，在《旅顺口的陷落》一文中提出了"日本帝国主义"一词。在 1914 年以前，列宁对资本主义新变化的研究散见于《社会民主党纲领草案及其说明》《对华战争》《马克思主义和修正主义》《资本主义财富的增长》《资产阶级实业财政家和政治家》等论著中，但还没有形成系统的关于帝国主义的理论。

1914 年第一次世界大战爆发之时，正值第二国际后期，机会主义和修正主

---

① 《列宁专题文集 论社会主义》，人民出版社 2009 年版，第 4 页。
② ［德］罗莎·卢森堡：《资本积累论》，彭坐舜、吴纪先译，生活·读书·新知·三联书店 1959 年版，第 334 页。

义逐渐取得了主导地位，当时大多数党公开背叛了 1912 年的《巴塞尔宣言》①。在历史发展的紧要关头，以列宁为首的布尔什维克与第二国际各国党的左派坚持无产阶级国际主义，旗帜鲜明地反对帝国主义战争。1914 年 10 月，列宁起草了《战争和俄国社会民主党》宣言，揭露了战争的性质，提出"变现实的帝国主义战争为国内战争"的口号。但左派势力在整个第二国际阵营中尚属弱势群体，理论和政治上也不够成熟，最终斗争的成效不显著。为了深刻揭露机会主义的妥协政策和叛卖行径，为无产阶级革命运动制定正确的战略策略，列宁对"帝国主义的经济实质这个基本经济问题"作了深度思考，这是帝国主义战争和政治的基础。"不研究这个问题，就根本不会懂得如何去认识现在的战争和现在的政治。"② 从 1914 年 9 月侨居瑞士后，列宁先后在伯尔尼、苏黎世和其他一些城市的图书馆里查阅了大量资料，写下了 20 本有关帝国主义问题的笔记③。列宁以马克思主义世界观和方法论为依据，摘录了马克思的《资本论》等马克思和恩格斯的重要著作中的重要论述，同时也摘引了许多资产阶级或小资产阶级学者的观点和材料，包括世界经济和国际贸易方面以及科学技术与企业管理方面的资料，尤其那些揭露帝国主义的殖民政策和侵略战争政策的资料。

二、列宁对考茨基等人的帝国主义理论的分析批判

在列宁写作《帝国主义论》之前，关注了许多资产阶级经济学家以及第二国际的理论家④对帝国主义问题的研究，其中对希法亭和考茨基的学说的借鉴和批判是列宁关于"帝国主义"问题研究的重要内容。

---

① 《巴塞尔宣言》是 1912 年第二国际第九次非常代表大会通过的反战宣言。大多数党倒向本国政府一边，如在"保卫祖国"的狭隘民族主义口号下，德国党驱使 250 万会员上前线，参加帝国主义战争。奥、意、美、荷、丹麦等国社会党首领也都无条件支持本国政府。

② 《列宁专题文集　论资本主义》，人民出版社 2009 年版，第 99 页。

③ 见《列宁全集》中文第 2 版第 54 卷，该卷收入了列宁这一时期的部分笔记，加上一些单独的札记和其他材料，共有 1 000 页的篇幅，书名为《关于帝国主义的笔记》。

④ 影响比较大的有三股思潮：一是以英国的约瑟夫·张伯伦、塞西尔·罗德斯和德国的雅科布·里塞尔、舒尔采·格弗尼茨、罗伯特·利夫曼为代表，他们迷恋于帝国主义的前途，千方百计地美化帝国主义；二是以英国的约·阿·霍布森、法国的维克多·贝拉尔、保尔·路易和德国的埃格耳哈夫以及俄国的民粹主义者叶·阿加德等为代表的小资产阶级改良主义批评家，他们无视帝国主义的本质，企图用小资产阶级的幻想代替帝国主义的现实；三是以第二国际的希法亭和考茨基为代表，提出关于"资本主义发展的最新阶段"的理论和"超帝国主义论"。

历史上第一部系统地论述帝国主义的著作是英国经济学家霍布森①于 1902 年出版的《帝国主义》。该书运用大量资料说明了帝国主义的经济和政治特征，涉及垄断、资本输出、瓜分领土等。霍布森理论的价值，在于他看到了帝国主义形成的原因是经济而不是政治或军事，但他否认帝国主义是资本主义发展的一个特殊阶段，认为帝国主义仅仅是服务于大量资本寻求对外投资渠道的一种政策。这一政策要通过侵略扩张为投资打开通道，从而暴露了帝国主义具有鲜明的侵略性。列宁认为，这位英国经济学家"给帝国主义下了一个深刻得多的定义，对帝国主义的矛盾作了深刻得多的揭露"②。奥地利经济学家希法亭于 1910 年发表其主要著作《金融资本》③。他考察了垄断组织的发展，提出了"金融资本"的概念，认为金融资本即工业资本和银行资本融合成的巨大连锁集团。他认为，这些集团彼此间并不是通过削价来竞争，他们谋取国家的支持，利用金融的和政治的方法得到对整个工业的控制。希法亭还考察了银行作用的改变，这就是银行控制工业，从而实现银行资本与工业资本的结合，最终形成金融资本的统治；他还指出金融资本的统治和资本输出必然会引起帝国主义之间竞争，激化社会矛盾，引起被压迫民族的反抗。

列宁深入研究了相关的帝国主义理论，写下了《社会民主党纲领草案及其说明》《对华战争》《马克思主义和修正主义》《资本主义财富的增长》和《资产阶级实业财政家和政治家》等著作，在对帝国主义进行分析时，充分肯定了希法亭、霍布森等人关于帝国主义理论的合理成分。列宁认为，希法亭提出了现代资本主义时期资本的支配形态是金融资本，现代资本主义的经济实质是垄断，以及看到了垄断组织的作用、银行作用的变化、资本输出和金融资本统治的历史趋势等，这些都是"极有价值的理论分析"④。但是希法亭"在货币理论问题上有错误，并且书中有某种把马克思主义同机会主义调和起来的倾

① 约·阿·霍布森（1858—1940），英国政治思想家，经济学家。1858 年出生于英格兰一个富有家庭，毕业于牛津大学，毕生从事教学和研究工作，积极投身于英国社会改良运动。1940 年卒于汉普斯塔德。著有《贫穷问题》《社会问题》《帝国主义论》《自由主义的危机》《战后的民主》《从资本主义到社会主义》《民主和变化中的文明》等。

② 《列宁选集》第 2 卷，人民出版社 1995 年版，第 707 页。

③ 希法亭的主要著作《金融资本》多半是 1905 年左右写于维也纳，但并没有完成，直到 1910 年才在德国出版。它主要涉及先进资本主义国家的内部发展。

④ 《列宁专题文集　论资本主义》，人民出版社 2009 年版，第 106 页。

向"①，他的金融资本理论实际上是一种"流通决定论"，从流通领域和借贷领域去研究金融资本的产生，而不是从物质生产和生产力发展的领域去寻找经济文化的基础，这显然违背了马克思的理论。

第二国际和德国社会民主党的主要代表人物考茨基对帝国主义的认识集中反映在 1914 年出版的《帝国主义》和 1915 年出版的《民族国家、帝国主义国家和国家联盟》中。在 1915 年发表的《论欧洲联邦口号》一文中，列宁对考茨基的观点进行了分析和批判。

一是批判了考茨基关于帝国主义特点的观点。考茨基认为，"帝国主义是高度发达的工业资本主义的产物。帝国主义就是每个工业资本主义民族力图吞并或征服愈来愈多的农业（黑体是考茨基用的）区域，而不管那里居住的是什么民族。"这个定义及其阐述表明考茨基完全割断了帝国主义与资本主义经济制度内在的必然联系，否定了帝国主义是资本主义发展的一个阶段。他实际上仅仅把帝国主义当成了资产阶级采取的一种政策，而政策则可以随时变化。列宁指出这个定义完全不正确，说它"适用"于抹杀帝国主义最深刻的矛盾，"适用"于同机会主义调和。考茨基关于帝国主义的定义仅仅同工业资本联系起来，仅仅突出了对农业地区的兼并，"这样一来，就不是暴露资本主义最新阶段最根本的矛盾的深刻性，而是掩饰、缓和这些矛盾"②，列宁针对考茨基关于帝国主义特点不是金融资本而是工业资本的观点，明确指出，帝国主义的特点，恰好不是工业资本而是金融资本。"20 世纪是从旧资本主义到新资本主义，从一般资本统治到金融资本统治的转折点。"③ 考茨基否认帝国主义是资本主义的发展阶段，把帝国主义仅仅看作一种金融资本"比较爱好的"政策，是一种宣扬同帝国主义调和的理论，"恰恰回避和掩饰了帝国主义最深刻、最根本的矛盾：垄断同与之并存的自由竞争的矛盾，金融资本的庞大'业务'（以及巨额利润）同自由市场上'诚实的'买卖的矛盾，卡特尔、托拉斯同没有卡特尔化的工业的矛盾等等"④，这种理论把帝国主义的政治同它的经济完全割裂开了。

二是列宁批判了考茨基的"超帝国主义论"。考茨基认为，扩大国内市场

---

① 《列宁专题文集　论资本主义》，人民出版社 2009 年版，第 106 页。
② 《列宁专题文集　论资本主义》，人民出版社 2009 年版，第 179 页。
③ 《列宁专题文集　论资本主义》，人民出版社 2009 年版，第 135 页。
④ 《列宁专题文集　论资本主义》，人民出版社 2009 年版，第 203 页。

最好的、最有前途的办法不在于把民主国家扩展为多民族国家，而在于把各个具有同等权利的国家联合成国家联盟，不是多民族国家，也不是殖民国家；这种大帝国是资本主义赖以达到其最后的、最高级形态所需要的，只要帝国主义联合起来成立国际垄断同盟，共同和平地剥削全世界，就能消灭帝国主义间的矛盾，使人类免除战争灾难，出现一个"持久和平"的"新纪元"。一旦这个帝国主义到来，就能缓和无产阶级与资产阶级的矛盾，改变殖民地的暴力掠夺政策。对此，列宁一针见血地指出，在帝国主义争夺世界的战争已经爆发的条件下，考茨基这个理论是最精致的，用科学观点和国际观点精心伪装起来的社会沙文主义理论。在资本主义基础上，要消除生产力发展和资本积累，同金融资本对殖民地和势力范围的瓜分这两者之间不相适应的状况，只能用战争的方法来解决。资本主义现实中的"国际帝国主义的"或"超帝国主义的"联盟，"不管形式如何，不管是一个帝国主义联盟去反对另一个帝国主义联盟，还是所有帝国主义大国结成一个总联盟，都不可避免地只会是两次战争之间的'喘息'"①。考茨基把帝国主义战争仅仅看作一种对外政策，没有接触到帝国主义的本质。所谓通过战争走向和平的主张也是阉割了的马克思主义，充其量是改良主义。

三、《帝国主义是资本主义的最高阶段（通俗的论述）》和列宁关于帝国主义的理论

《帝国主义是资本主义的最高阶段（通俗的论述）》集中体现了列宁关于帝国主义的完整理论。列宁依据新的实践，在对垄断资本主义进行科学分析的基础上，揭露了帝国主义的特征和实质，指出了帝国主义发展的历史趋势。

1. 揭示了帝国主义的基本特征和实质

列宁继承和丰富了马克思关于竞争和垄断关系、股份公司在资本主义生产关系重大变化中的作用、资本积累过程中资本过剩等问题的分析方法和观点，从五个方面对在新的历史时期产生的资本帝国主义的特征和实质作出了科学的概括。

列宁分析了垄断的产生、发展和特点。列宁赞同马克思关于竞争和垄断的观点，他指出："生产集中产生垄断，则是现阶段资本主义发展的一般的和基

---

① 《列宁专题文集 论资本主义》，人民出版社 2009 年版，第 205 页。

本的规律。"① 他用大量的数据和事实说明垄断组织的历史：19 世纪 60 年代和 70 年代是自由竞争发展的顶点即最高阶段，这时垄断组织还只是一种不明显的萌芽；之后出现卡特尔这种还不稳固的暂时现象；至 20 世纪初，随着工业蓬勃发展，生产集中于愈来愈大的企业的过程进行得非常迅速，资本主义的自由竞争最终为资本主义的垄断所代替。帝国主义时代的卡特尔、辛迪加、托拉斯，是由生产集中生长起来的垄断组织的主要形式，其中卡特尔已成为全部经济生活的一种基础；资本主义社会最重要的基础工业部门完全被垄断组织掌控；银行成为金融资本的垄断者；金融资本参与争夺原料产地、资本输出，争夺"势力范围"（殖民地半殖民地）。

垄断虽然从竞争中产生，但垄断消除不了竞争，而是凌驾于竞争之上。竞争与垄断并存，就产生出许多特别尖锐的矛盾和冲突，主要包括生产的社会化与生产资料资本主义私人占有之间的矛盾、垄断资产阶级与中小资产阶级之间的矛盾、少数垄断者与普通百姓之间的矛盾、工业内部和工农业之间的矛盾，等等。垄断是帝国主义最深厚的经济基础，也是各种矛盾的根源。

列宁分析了金融资本的产生和发展，揭示了垄断资本主义阶段银行的新变化和新作用。列宁认为"竞争引起垄断"的规律也同样适用于银行，"银行总是大大地加强并加速资本集中和垄断组织形成的过程"②。随着资本的集中和银行周转额的增加，银行的作用从一种纯粹技术性的、完全辅助性的业务扩展到控制整个资本主义社会的工商业的业务，"由中介人的普通角色发展成为势力极大的垄断者"③，他们支配着所有资本家和小业主的几乎全部的货币资本，以及本国和许多国家的大部分生产资料和原料产地。银行与工业的混合发展形成了金融资本，20 世纪是从旧资本主义到新资本主义，从一般资本统治到金融资本统治的转折点。列宁说："银行和工业日益融合或者说长合在一起，——这就是金融资本产生的历史和这一概念的内容。"④

银行垄断既然已经形成，而且操纵着几十亿资本，它就绝对不可避免地要渗透到社会生活的各个方面去。金融资本在国内统治着整个国家的经济生活和政治生活，借助于"参与制"操纵着远远超过自己资本几倍甚至几十倍的资

---

① 《列宁专题文集　论资本主义》，人民出版社 2009 年版，第 111 页。
② 《列宁专题文集　论资本主义》，人民出版社 2009 年版，第 126 页。
③ 《列宁专题文集　论资本主义》，人民出版社 2009 年版，第 120 页。
④ 《列宁专题文集　论资本主义》，人民出版社 2009 年版，第 136 页。

本，并且通过创办企业、发行有价证券、办理公债等而获得大量的、愈来愈多的利润，巩固了金融寡头的统治，替垄断者向整个社会征收贡赋，实现了垄断资本与国家政权的结合。金融资本还实行了对世界的统治。少数拥有金融"实力"的国家处于与其余国家不同的特殊地位，它们之间的联合形成国际垄断同盟，实行对世界市场的瓜分，与此相适应的是对世界领土的瓜分。列宁指出："帝国主义，或者说金融资本的统治，是资本主义的最高阶段。"[①]

列宁揭示了资本输出具有的特殊意义。他指出，资本输出具有必然性，"只要资本主义还是资本主义，过剩的资本就不会用来提高本国民众的生活水平（因为这样会降低资本家的利润），而会输出国外，输出到落后的国家去，以提高利润"[②]。资本输出的可能性在于，先进的国家拥有大量"过剩资本"，要寻求新的投资场所，而落后国家资本少、地价贱、工资低、原料也便宜。之所以具有资本输出的可能，是因为不少国家已经卷入世界资本的流转，主要的铁路线已经建成或开始兴建，发展工业的起码条件已经有保证，这使得资本的输出能够获得很高的利润。资本输出的影响在于，它大大加速了输入资本的国家的资本主义的发展。如果这会在一定程度上引起输出国发展上的一些停滞，那也一定会有扩大和加深资本主义在全世界的进一步发展作为补偿。

资本输出的本性就是要实行殖民扩张，金融资本还导致对世界的直接瓜分。随着资本输出的增加，最大垄断同盟的国外联系、殖民地联系和"势力范围"的日益扩大，就"自然地"走向达成世界性的协议，形成国际卡特尔，它标志着全世界资本和生产集中进入了一个新的、比过去高得多的阶段。列宁指出，考茨基等人关于"国际卡特尔给人们带来了在资本主义制度下各民族间实现和平的希望"的说辞，是用欺骗的手段为最恶劣的机会主义辩护。他说："我们是处在一个同'资本主义发展的最新阶段'即金融资本密切联系的世界殖民政策的特殊时代。"[③] 资本家同盟为了追求最大的垄断利润和瓜分世界、争夺殖民地，互相之间不断进行着斗争。

列宁还对帝国主义作了一个总概括："帝国主义是发展到垄断组织和金融资本的统治已经确立、资本输出具有突出意义、国际托拉斯开始瓜分世界、一

---

① 《列宁专题文集 论资本主义》，人民出版社 2009 年版，第 148 页。
② 《列宁专题文集 论资本主义》，人民出版社 2009 年版，第 151 页。
③ 《列宁专题文集 论资本主义》，人民出版社 2009 年版，第 164 页。

些最大的资本主义国家已把世界全部领土瓜分完毕这一阶段的资本主义。"①

2. 预示了帝国主义的历史趋势

列宁从基本生产关系的分析入手，全面而深刻地揭示了帝国主义就是垄断资本主义。列宁指出：垄断是从发展到极高阶段的集中成长起来的，形成了资本家的各种垄断同盟；垄断引起了对最主要原料来源的掠夺；垄断从银行成长起来，银行变成了财政资本的垄断者，资本输出具有突出意义；垄断从殖民政策成长起来，当全世界已分割完毕时，分割世界和重分世界的斗争特别尖锐的时代就会到来。因此，垄断资本主义使资本主义的矛盾发展到极其尖锐的程度，"这种矛盾的尖锐化，是从全世界金融资本取得最终胜利时开始的过渡历史时期的最强大的动力"②。

列宁指出，帝国主义是寄生的、腐朽的、垂死的资本主义。

第一，帝国主义的寄生性和腐朽性。一是"垄断，寡头统治，统治趋向代替了自由趋向，极少数最富强的国家剥削愈来愈多的弱小国家……这些特点使人必须说帝国主义是寄生的或腐朽的资本主义"③。帝国主义的寄生性表现在货币资本大量聚集于少数国家，使得以"剪息票"为生的食利者阶层大大增长；资本大量输出，使得依靠剥削海外国家和殖民地的劳动者为生的国家打上了寄生性烙印。二是帝国主义借助垄断的高额利润，在经济上就有可能去收买无产阶级的上层，从而培植、形成和巩固机会主义，"使机会主义同工人运动总的根本的利益更加不可调和"④。三是垄断资本主义的生产关系严重阻碍了生产力的发展，资本主义的生产和技术出现停滞的趋势。垄断组织的统治和垄断价格的支配，使技术在很大程度上失去进步竞争的动因，因而人为地阻碍生产和技术的发展。

第二，帝国主义的垂死性。一是垄断机制和垄断价格的存在，使"少数垄断者对其余居民的压迫却更加百倍地沉重、显著和令人难以忍受了"⑤。二是垄断造成对殖民地原料资源的掠夺和对殖民地领土分割的加剧，引起帝国主义与殖民地人民的矛盾的尖锐化。垄断资本不仅对国内和世界范围内的生产要素进

---

① 《列宁专题文集　论资本主义》，人民出版社 2009 年版，第 176 页。
② 《列宁专题文集　论资本主义》，人民出版社 2009 年版，第 209 页。
③ 《列宁专题文集　论资本主义》，人民出版社 2009 年版，第 210 页。
④ 《列宁专题文集　论资本主义》，人民出版社 2009 年版，第 194 页。
⑤ 《列宁专题文集　论资本主义》，人民出版社 2009 年版，第 116 页。

行瓜分和掠夺，而且也造成了各垄断资本集团和各帝国主义国家之间发展的不平衡，使它们彼此间的矛盾加深，最终导致战争的爆发。

帝国主义是寄生的、腐朽的、垂死的资本主义，是指垄断资本主义发展的历史趋势，并不等于帝国主义很快就会死亡。只有通过生产力的发展和人民群众的斗争才能促进这种发展趋势变成现实。列宁认为国家垄断资本的出现，意味着垄断资本已从低级形式向高级形式过渡，它标志着资本和生产社会化的高度发展，从而为社会主义社会准备了物质条件。所以，列宁在第一次世界大战造成有利于革命的形势下指出："战争异常地加速了垄断资本主义向国家垄断资本主义的转变，从而使人类异常迅速地接近了社会主义，历史的辩证法就是如此。"① 国家垄断资本主义是社会主义最充分的物质准备，是社会主义的前夜，帝国主义的垄断"是它向社会主义过渡的开始"②。帝国主义时代同时就是无产阶级革命的时代，但帝国主义不会自行消亡，无产阶级必须经过革命斗争，才能以社会主义制度代替资本主义制度。马克思在《资本论》中指出的"剥夺剥夺者"的历史任务，到了列宁所处的时代已经成为提上日程的实践问题了。

总之，在《帝国主义论》中，列宁通过对帝国主义深刻和系统的分析，发现了资本主义发展到垄断阶段以后所发生的实质性变化。阐明了垄断是帝国主义的经济基础，金融寡头的统治是帝国主义的本质属性，对外侵略扩张是帝国主义的基本特征，寄生性和腐朽性是帝国主义的必然趋势。指出了各个特征、属性和趋势之间的内在联系，在这种内在联系中揭示了垄断这个帝国主义的经济实质。

列宁《帝国主义论》一书是对在实践中产生的资本主义发展新阶段实际情况的理论反映和科学总结。如果说《资本论》是马克思在自由竞争资本主义时代的代表作，那么，《帝国主义论》就是列宁在帝国主义时代的代表作。两者都是以资本主义生产方式不同发展阶段的经济关系作为研究对象的。正像自由竞争的资本主义发展到垄断资本主义时期，资本家追求剩余价值的本质没有改变一样，当代资本主义尽管具体形式千变万化，但是垄断的经济实质即追求垄断利润的本质也同样没有改变。列宁的《帝国主义论》仍然是我们分析当代资

---

① 《列宁专题文集　论资本主义》，人民出版社 2009 年版，第 235 页。
② 《列宁选集》第 2 卷，人民出版社 1995 年版，第 706 页。

本主义的理论武器①。《帝国主义论》是帝国主义和无产阶级革命时代产生的伟大著作，这一结论，并不取决于其中的某些具体论断在当今是否有了改变，而取决于它所揭示的关于资本主义和社会主义（共产主义）的客观发展规律是永恒的。②

第三节　社会主义革命理论的创新

列宁在批判折中主义和庸俗进化论的基础上，全面研究和阐述了唯物辩证法理论，为分析和认识俄国国情提供了科学的方法论。列宁没有拘泥于马克思关于共产主义应该"共同胜利"的理论，而是根据俄国国情，提出了社会主义可以在资本主义统治的薄弱链条率先突破的"一国胜利论"，在这一理论指导下成功地领导了十月革命。

一、《哲学笔记》对唯物辩证法的重大贡献

1. 《哲学笔记》写作的历史背景与前期准备

1914 年，第一次世界大战的爆发，迅速凸显了帝国主义国家之间的矛盾以及各个国家内部各个阶级之间的矛盾，创造了有利于进行社会主义革命的客观形势。加之第二国际早在 1912 年《巴塞尔宣言》中就指出，即将爆发的世界大战是帝国主义性质的战争，各个国家的社会民主党要反对这场战争，并造成各帝国主义国家的政府在战争中失败，变帝国主义战争为国内战争。随着战争的爆发，对战争的不同态度导致了第二国际的分裂。一些左翼政党沦为社会沙文主义政党，他们的理论家考茨基、普列汉诺夫等人打出"辩证法"的旗号给自己的背叛行径百般辩护，这引起列宁的警惕。列宁意识到，深入分析战争与革命的关系，促进变帝国主义战争为俄国国内革命，确定正确的路线方针政策，成为迫切需要解决的时代课题。国内外政治斗争的形势促使他深入研究辩证法，为回击机会主义者的理论狡辩提供斗争的

---

① 朱炳元：《列宁〈帝国主义论〉：方法论、核心意蕴与当代价值》，《毛泽东邓小平理论研究》2016 年第 6 期，第 25 页。

② 李捷：《重读列宁〈帝国主义是资本主义的最高阶段〉》，《红旗文稿》2016 年第 15 期，第 5 页。

武器。

当时俄国面临着多重矛盾，革命形势日渐成熟。1908 年至 1916 年，为了以科学的方法分析社会矛盾，给俄国革命斗争提供科学理论和科学方法论，列宁花了大量时间钻研了哲学。他除了大量阅读马克思和恩格斯的著作外，还阅读了黑格尔和费尔巴哈的著作，以及近现代西欧和俄国的唯物主义哲学家的著作，写了大量笔记，其主要成果集中在 1914—1916 年的 8 本笔记中，其中包括《黑格尔〈逻辑学〉一书摘要》《谈谈辩证法问题》等重要篇章，其主要内容是辩证法。这些笔记和批注都收录在列宁的《哲学笔记》中。列宁将研究唯物辩证法提升为研究哲学理论的重点，为指导俄国革命提供了科学的方法论。

1914 年 7—11 月，列宁为撰写《卡尔·马克思》一文中的"哲学唯物主义"和"辩证法"两节，阅读了大量的哲学著作，并作了不少笔记。1914 年 11 月完成《卡尔·马克思》一文后，继续进行哲学研究。一是因为第一次世界大战爆发后，同国内的联系日益困难，实际的政治活动减少，加上借阅资料方便，可以集中精力从事理论活动。二是在同普列汉诺夫、考茨基等社会沙文主义者论战中，普列汉诺夫等人常常用自称是现实生活中的"辩证法"来为其观点、立场辩解，实则是貌似辩证法的诡辩论和折中主义。三是列宁发现，像卢森堡等一些革命家之所以在某些问题的认识上犯错误或认识片面，原因之一就是没有真正弄懂和把握唯物辩证法。此外，列宁在 1913 年研究《马克思和恩格斯通信集》时，注意到了马克思始终没能实现的愿望："把黑格尔所发现、但同时又加以神秘化的方法中所存在的合理的东西阐述一番，使一般人都能够理解。"[1] 为此，出于实际政治斗争的需要和理论建设的需要，列宁读了近万页的数十种哲学著作，力求构建一个辩证唯物主义理论体系。

2. 《哲学笔记》及其主要贡献

《哲学笔记》是列宁的读书笔记。列宁广泛研读马克思、恩格斯、费尔巴哈、黑格尔、拉萨尔、亚里士多德、诺埃尔等哲学家的著作，作了许多带有注释和评论的摘录，并撰写了部分札记，共有 8 本笔记，其中著名的有《谈谈辩证法问题》《辩证法的要素》等，后来这些笔记经过整理成为列宁

---

[1] 《马克思恩格斯文集》第 10 卷，人民出版社 2009 年版，第 143 页。

《哲学笔记》① 一书。

在理论上，《哲学笔记》对马克思主义哲学特别是唯物辩证法具有创造性的贡献。

第一，丰富了唯物辩证法的内容。马克思和恩格斯是唯物辩证法的奠基人，对唯物辩证法的规律、范畴作过系统阐述，但鲜少讨论辩证法的要素。列宁提出了辩证法的 16 个要素，这些要素可分为辩证法的客观性、辩证法是关于事物普遍联系和发展的学说、对立统一规律是辩证法的核心、辩证法的其他规律和范畴、关于认识和思维的辩证规律 5 个方面。他还进一步考察了存在与思维、实践与认识、感性与理性、归纳与演绎、分析与综合、真理与谬误、绝对真理与相对真理、目的与手段等一系列认识辩证法问题，展现了认识辩证法的丰富内容。

第二，提出对立统一规律是辩证法的核心和实质。在《黑格尔〈逻辑学〉一书摘要》中，列宁提出："可以把辩证法简要地规定为关于对立面的统一的学说。这样就会抓住辩证法的核心，可是这需要说明和发挥。"② 在《谈谈辩证法问题》中他进一步强调："统一物之分为两个部分以及对它的矛盾着的部分的认识……是辩证法的实质。"③ 列宁论证了这一观点，指出对立统一规律是辩证法最根本的规律，它贯穿于其他规律和范畴之中，是否承认矛盾是事物发展的源泉和动力是唯物辩证法和形而上学对立的关键，指出矛盾分析的方法是认识的主要方法。核心、实质的提法把对立统一规律在辩证法中的地位提到了前所未有的高度。

第三，丰富了马克思主义认识论。一是列宁揭示了实践的特征，指出实

---

① 《哲学笔记》所涉及的问题十分广泛，包括唯物辩证法、历史唯物主义、哲学史、自然哲学等方面的问题，中心内容是唯物辩证法。《哲学笔记》共分三个部分：第一部分是摘要和短文，其中有列宁研读马克思、恩格斯、费尔巴哈、黑格尔、拉萨尔、亚里士多德、诺埃尔的有关著作的摘要，如《黑格尔辩证法（逻辑学）的纲要》《谈谈辩证法问题》。第二部分是关于哲学和自然科学的各种书籍、论文和书评的短篇札记，如对保尔森《哲学引论》、普伦格的《马克思和黑格尔》、福尔克曼的《自然科学的认识论原理》、费尔伏恩的《生物起源假说》、丹奈曼的《我们的世界图像是怎样构成的》、哈斯的《现代物理学中的希腊化时代精神》等著作的札记。第三部分是列宁在阅读普列汉诺夫、斯切克洛夫、狄慈根等人著作时所写的批注。《哲学笔记》虽是一部读书笔记，但有很高的理论价值，在马克思主义发展史上占有重要地位。

② 《列宁专题文集　论辩证唯物主义和历史唯物主义》，人民出版社 2009 年版，第 141 页。

③ 《列宁专题文集　论辩证唯物主义和历史唯物主义》，人民出版社 2009 年版，第 148 页。

践高于理论认识，它不仅具有普遍性品格，而且具有直接现实性的品格。二是列宁在揭示唯心主义产生的阶级根源基础上指出其认识论根源，就是主观性和直线性，"把认识的某一特征、某一方面、某一侧面，片面地、夸大地、überschwengliches（狄慈根）发展（膨胀、扩大）为脱离了物质、脱离了自然的、神化了的绝对"①，把近似于螺旋式上升的曲线简化为"直线"。

第四，强调辩证法、逻辑、认识论三者一致。一是列宁在高度评价了黑格尔在其《逻辑学》中，把本体论、逻辑学和认识论三者统一的论断的同时，对此进行了唯物主义的改造，他强调辩证法、逻辑、认识论三者统一中的逻辑不是精神本体，而是关于一切物质的、自然的、精神的事物发展的规律。二是揭示了客观辩证法和主观辩证法的辩证关系。物质世界的辩证法是客观辩证法，而逻辑和认识论则是主观辩证法，主观辩证法归根到底是客观辩证法的反映。三者统一的基础是社会实践，人们只有在实践中才能实现主观和客观、认识和实践的具体的历史的统一。列宁认为，马克思的《资本论》是三者结合的典范。他说："在《资本论》中，唯物主义的逻辑、辩证法和认识论［不必要三个词：它们是同一个东西］都应用于一门科学，这种唯物主义从黑格尔那里吸取了全部有价值的东西并发展了这些有价值的东西。"②列宁的这些论断是对唯物辩证法的重大发展。

列宁对辩证法问题的研究不是出于单纯的理论旨趣，而是为研究帝国主义问题，他运用唯物辩证法分析了帝国主义国家之间的矛盾，分析了俄国社会内在矛盾，为解决俄国现实矛盾寻求科学的方法论，为解决时代提出的迫切课题和俄国的现实问题提供理论指南。列宁通过对辩证法的研究，科学地指出和形象地描述了事物发展的前进性和曲折性的关系。对日后探索社会主义建设，针对具体时期形势的发展作出政策上的调整，增加人民对党的支持度和社会主义的信心都具有重要的指导作用。

二、创造性地提出社会主义可以在一国或数国首先胜利的理论

当资本主义还处在自由竞争阶段时，政治经济发展不平衡规律尚未充分显露。在这种情况下，马克思、恩格斯根据他们对欧洲和世界资本主义的研究认

---

① 《列宁专题文集　论辩证唯物主义和历史唯物主义》，人民出版社 2009 年版，第 152 页。
② 《列宁专题文集　论辩证唯物主义和历史唯物主义》，人民出版社 2009 年版，第 145 页。

为，社会主义革命只有在主要资本主义国家同时发生时才能取得胜利。因为社会主义革命是以生产力的普遍发展和世界交往的普遍发展为前提的，共产主义只有作为世界历史性的存在才有可能实现，"只有作为占统治地位的各民族'一下子'同时发生的行动，在经验上才是可能的"①。马克思、恩格斯的"共同胜利论"是一种以西欧为例的预言。

列宁分析了资本主义发展到垄断阶段以后，一些后起的资本主义国家如日本、美国和德国，政治经济实力都有了明显的增强，以超常的速度赶上了老牌的资本主义国家。但世界已经被瓜分完毕，后起的强国要想得到与自己实力相称的领地，除了战争以外没有其他办法。而战争必然会削弱交战国统治阶级的力量，加剧本国人民的苦难，激起人民的反抗，这是发动无产阶级革命的有利时机。他根据世界无产阶级革命形势的变化和俄国的实际情况，不仅对当时有很大影响力的"欧洲联邦"的口号和考茨基的"超帝国主义论"进行了批判和驳斥，而且还结合当时国际共产主义运动的实践和俄国的国情，对俄国社会主义革命进行了理论探索。

1915 年 8 月写的《论欧洲联邦口号》中，列宁第一次提出社会主义可能首先在少数甚至单独一个资本主义国家取得胜利的结论。1916 年，在《无产阶级革命的军事纲领》一文中，对这一结论进行了深入阐发。他指出，社会主义革命不一定非得在工业发达的资本主义国家首先开始，"社会主义不能在所有国家内同时获得胜利。它将首先在一个或者几个国家内获得胜利，而其余的国家在一段时间内将仍然是资产阶级的或资产阶级以前的国家"②。这一论断的意义在于：第一，具有深刻的社会依据。它建立在列宁关于帝国主义阵营的矛盾分析的基础上，建立在"经济和政治发展的不平衡是资本主义的绝对规律"③的揭示上。在帝国主义时代，垄断使帝国主义的经济政治发展不平衡的规律的作用更加突出。各帝国主义国家为了争夺商品销售市场、资本输出场所、殖民地和原料产地进行着激烈的斗争，在竞争中形成各方力量的不平衡，这必然导致以军事冲突和战争方式重新瓜分世界市场。第二，具有鲜明的时代特色。它建立在对帝国主义时代矛盾的分析之上。进入帝国主义阶段后，资本主义本身的矛盾更加尖锐。一是帝国主义内部资产阶级与无产阶级之间的矛盾，二是帝国

---

① 《马克思恩格斯文集》第 1 卷，人民出版社 2009 年版，第 539 页。
② 《列宁专题文集　论社会主义》，人民出版社 2009 年版，第 8 页。
③ 《列宁专题文集　论社会主义》，人民出版社 2009 年版，第 4 页。

主义内部资产阶级与资产阶级的矛盾，三是帝国主义同殖民地、半殖民地人民的矛盾。第三，建立在对帝国主义战争结果的预测上。针对第一次世界大战爆发和欧洲各社会党对战争的态度，列宁写了《社会党国际的状况和任务》一文。他指出，资产阶级愚弄群众，用旧的"民族战争"观念来掩饰帝国主义的掠夺；无产阶级则揭穿这种欺骗，宣布变帝国主义战争为国内战争的口号。帝国主义战争导致不发达国家的内在矛盾日益尖锐，这些国家的资产阶级的软弱性使之无力将国家引向资本主义发展道路；社会党人则要利用战争所造成的革命形势来加速资本主义的崩溃，利用战争给各国政府造成的困难和群众的愤慨来进行社会主义革命。列宁"变帝国主义战争为国内战争"口号的提出，激发了各国无产阶级与本国资产阶级斗争的热情和主动性，增强了他们对无产阶级革命胜利的信心。

列宁"一国胜利论"提出之初，并未明确指出"一国胜利论"中的"一国"是俄国。1917年俄国二月革命后，列宁全面论证了资本主义相对落后的俄国可以首先取得革命胜利的观点。当时的俄国，各种社会矛盾日趋尖锐，各族人民饱受剥削和压迫，整个俄罗斯已变成一座民族"大监狱"，革命一触即发。列宁认为俄国已经具备了无产阶级革命的条件：一是统治阶级已经不可能照旧不变地维持自己的统治，统治阶级在政治上的危机成为被压迫阶级不满和愤慨迸发的突破口；二是被压迫阶级的贫困和苦难超乎寻常地加剧；三是由于上述原因，群众积极性大大提高，促使他们投身于独立的历史性行动。与此同时，由于资产阶级与封建阶级有着紧密联系，以及它在革命中的软弱动摇，已丧失了领导革命的资格，革命的领导权因此落到了日益强大并得到农民支持的无产阶级手中。无产阶级政党的纲领和目标在群众中产生了广泛的影响，无产阶级与农民阶级形成结盟之势，革命的主观条件已经形成，促使俄国有可能率先冲破帝国主义战线，取得社会主义革命的胜利。

列宁的"一国胜利论"的提出和成熟，使科学社会主义的理论目标变为现实目标，有力地推进了俄国革命进程。针对俄国1917年二月革命后资产阶级临时政府和苏维埃政权并存的情况，列宁提出"全部政权归苏维埃"的口号，并决定进行武装起义。1917年11月7日（俄历10月25日）十月革命爆发，至1918年2月，革命在全国范围内取得了决定性的胜利。

十月革命是世界历史上划时代的重大事件。十月革命实现了社会主义从理想到现实、从理论到实践的伟大飞跃。充分证明列宁关于社会主义革命有可能

"首先在一个或者几个国家内获得胜利"理论的科学性。十月革命开辟了人类历史的新纪元。从根本上推翻了人剥削人、人压迫人的制度，推翻了剥削阶级统治，开始进入没有阶级剥削和压迫的社会，建立人民当家作主的国家制度，人民民主真正成为现实。从此以后，社会主义作为一种崭新的社会形态和社会制度登上历史舞台，引领着人类社会的发展方向。

十月革命胜利后，苏维埃俄国颁布宪法性文件，初步建立社会主义性质的经济、政治、文化、教育等制度，在人类历史上第一次建立了社会主义国家，使社会主义从理论变为活生生的现实社会制度。此后，苏联共产党领导人民充分发挥社会主义经济、政治、文化制度的强大优势，开启了世界历史上从未有过的新的现代化模式。

十月革命深刻改变了人类历史发展进程，极大地推动了世界各国被压迫民族的解放事业，一些国家先后走上社会主义道路，世界上近三分之一的人口一度生活在社会主义制度下，社会主义力量大大增强，打破了资本主义的一统天下，成为维护世界和平发展的中坚力量。十月革命的胜利，特别是列宁关于殖民地半殖民地民族解放的思想，极大推动了受帝国主义、殖民主义欺凌压迫的国家人民的觉醒，促进了民族解放力量的崛起，有力推动了殖民地半殖民地国家的民族解放运动，加速了世界范围内帝国主义殖民体系的整体瓦解，深刻改变了国际力量对比和世界格局。

十月革命的胜利，也给中国送来了马克思列宁主义，从此中国的先进分子，用无产阶级的宇宙观作为观察国家命运的工具，重新考虑自己的问题，走俄国人的路。在中国共产党的带领下，中国人民经过28年浴血奋战，夺取了新民主主义革命胜利，实现了民族独立和人民解放。新中国成立后，党又带领人民完成社会主义革命，确立社会主义制度，推进社会主义建设，实行改革开放，进入新时代，不断开创和发展中国特色社会主义，取得了举世瞩目的巨大成就。

正如列宁所说："这个伟大的日子离开我们愈远，俄国无产阶级革命的意义就愈明显，我们对自己工作的整个实际经验也就思考得愈深刻。"①

---

① 刘奇葆：《在"十月革命与中国特色社会主义"理论研讨会上的讲话（2017年9月26日）》，《人民日报》2017年9月27日。

三、马克思主义国家学说和无产阶级专政理论的丰富和发展

革命的根本问题是政权问题。无产阶级革命对国家的态度问题不仅在理论上而且在政治上实践上都具有特别重大的意义。但是，自恩格斯去世后，国家问题被形形色色的"理论家"和"社会主义者"搅得乱七八糟、面目全非。甚至一些有影响的社会民主党人，在第一次世界大战中采取护国主义立场，支持本国政府进行帝国主义战争。为了捍卫和恢复马克思主义的国家学说，批判机会主义者和无政府主义者的歪曲，指导日益高涨的革命运动，列宁从1916年秋天起就在苏黎世精心研究国家问题，阅读了马克思和恩格斯有关国家问题的大量文献，翻阅了第二国际一些理论家的著作，在1917年1—2月作了《马克思主义论国家》的笔记。1917年8—9月，列宁在拉兹里夫湖畔的草棚中，又写下了《国家与革命》。在这部著作中，列宁根据马克思、恩格斯的国家学说和无产阶级专政理论的基本观点，阐明了国家的起源和本质、国家的基本特征和职能、国家的消亡等问题，系统地阐发了无产阶级专政学说。

1. 对马克思、恩格斯国家学说的进一步阐发

由于社会沙文主义与第二国际考茨基主义对马克思的国家学说进行了种种歪曲，所以恢复这一学说在当时已成为首要任务。

第一，列宁重申了恩格斯关于国家起源和本质的思想，强调国家不是从来就有的，国家是阶级矛盾不可调和的产物和表现。他说："在阶级矛盾客观上不能调和的地方、时候和条件下，便产生国家。反过来说，国家的存在证明阶级矛盾不可调和"[1]；国家的本质"是阶级统治的机关，是一个阶级压迫另一个阶级的机关，是建立一种'秩序'来抑制阶级冲突，使这种压迫合法化、固定化"[2]。列宁指出，小资产阶级政治家关于国家是"阶级调和的机关"，抑制冲突就是调和的说法是荒谬的，考茨基主义则忽视了被压迫阶级要求得解放就必须进行暴力革命的重要性。

第二，列宁考察了国家的基本特征和职能。在国家的特征上，列宁同意恩格斯关于应当区别国家和氏族社会的观点，他指出，国家与氏族的不同之处在于：国家是按地区划分它的国民；国家这种公共权力是靠监狱等特殊的暴力机关、武装队伍支撑的，这是国家最根本的标志；国家要靠税收和发行国债来维

---

[1] 《列宁专题文集 论马克思主义》，人民出版社2009年版，第180页。
[2] 《列宁专题文集 论马克思主义》，人民出版社2009年版，第180页。

持它的正常运行。关于国家的职能问题，列宁认为，国家职能中最重要的是政治职能，"国家是剥削被压迫阶级的工具"①，是"实行镇压的特殊力量"②。国家的经济职能也非常重要，他指出"在任何民主共和国中，帝国主义和银行统治都把这两种维护和实现财富的无限权力的方法'发展'到了非常巧妙的地步"③。列宁认为"普选制是资产阶级统治的工具"④，普选制具有欺骗性，因为它在现今的国家里是无法真正体现大多数劳动者意志的。

第三，列宁科学地论述了暴力革命与国家的消亡。机会主义者和无政府主义者肆意篡改和曲解恩格斯关于国家不是"被废除"的，而是"自行消亡"的论断，辩称资产阶级国家也会"自行消亡"。列宁指出，这样的解释是对马克思主义最粗暴的歪曲，其目的是回避革命，否定革命。列宁指出，资产阶级国家不是"自行消亡"的，而是通过无产阶级的暴力革命予以消灭的。暴力革命，用马克思的话说，"是每一个孕育着新社会的旧社会的助产婆；它是社会运动借以为自己开辟道路并摧毁僵化的垂死的政治形式的工具"⑤。列宁赞同马克思对巴黎公社教训的总结，"工人阶级不能简单地掌握现成的国家机器，并运用它来达到自己的目的"⑥，国家机器具有强制性和阶级性，只服务于特定的经济基础。在资本主义社会里，资产阶级依靠所掌握的国家这个"实行镇压的特殊力量"⑦ 来对付无产阶级。无产阶级为了摆脱资产阶级的压迫和剥削，就必须通过暴力革命，打碎资产阶级的国家机器。列宁在《布尔什维克能保持国家政权吗?》一文中强调，无产阶级需要打碎的只是常备军、警察、官吏等这些标志着资本主义"压迫性"的"畸形化"的东西，而对于像银行、邮局、辛迪加、消费合作社等管理社会经济事务的机构，则"不能打碎，也用不着打碎"⑧，只需要把它们夺取过来，使之摆脱资本家的控制，使之成为社会主义社会的一种骨骼。

列宁根据马克思的论述，阐明了从资本主义向共产主义过渡时期实行无产

① 《列宁专题文集 论马克思主义》，人民出版社 2009 年版，第 184 页。
② 《列宁专题文集 论马克思主义》，人民出版社 2009 年版，第 190 页。
③ 《列宁专题文集 论马克思主义》，人民出版社 2009 年版，第 186 页。
④ 《列宁专题文集 论马克思主义》，人民出版社 2009 年版，第 186—187 页。
⑤ 《列宁专题文集 论马克思主义》，人民出版社 2009 年版，第 192—193 页。
⑥ 《马克思恩格斯文集》第 3 卷，人民出版社 2009 年版，第 151 页。
⑦ 《列宁专题文集 论马克思主义》，人民出版社 2009 年版，第 190 页。
⑧ 《列宁专题文集 论社会主义》，人民出版社 2009 年版，第 44 页。

阶级专政的必要性。他指出，是否承认无产阶级专政是区分真假马克思主义的
试金石。在无产阶级取得政权以后，在从资本主义向社会主义的过渡时期，在
推翻资产阶级并准备完全消灭资产阶级的时期，必然要遭到剥削阶级的反抗，
无产阶级为了镇压这种反抗，也为了组织经济，即领导广大农民、小资产者从
事社会主义经济建设和向社会主义过渡，就必须建立和巩固无产阶级专政国
家。他说："从向着共产主义发展的资本主义社会过渡到共产主义社会，非经
过一个'政治上的过渡时期'不可，而这个时期的国家只能是无产阶级的革命
专政。"① 因为再没有其他人也没有其他道路能够粉碎剥削者资本家的反抗。

　　列宁阐述了国家消亡的经济基础。他依据马克思在《哥达纲领批判》中对
共产主义社会两个阶段的论述指出，国家消亡分为两个阶段：第一个阶段是国
家正在消亡的社会主义阶段。这时虽然阶级已经没有了，因而也没有了什么阶
级可以镇压，但由于还存在着对"不同等的人的不等量（事实上是不等量的）
劳动给予等量产品的'资产阶级权利'"②，所以还需要国家在保卫生产资料公
有制的同时来保卫劳动的平等和产品分配的平等。第二个阶段是国家完全消亡
的共产主义阶段。这时不仅阶级对立完全消灭了，而且"资产阶级权利"也不
存在了，"人们对于人类一切公共生活的简单的基本规则就会很快从必须遵守
变成习惯于遵守了"③，实现了"各尽所能，按需分配"④ 的原则，因此国家也
就没有存在的必要而自行消亡了。

　　2. 阐发了无产阶级专政理论和民主理论

　　无产阶级的专政理论是列宁主义的重要内容。列宁充分肯定了无产阶级专
政的作用："只有依靠苏维埃国家组织，无产阶级革命才能一下子打碎和彻底
摧毁旧的资产阶级国家机构，不然就不可能着手社会主义建设。"⑤ 1919 年 2
月，列宁在《俄共（布）纲领草案》一文中从政治、经济等方面阐述了无产阶
级专政的基本任务。

　　一是政治上，无产阶级专政的首要任务也是功能是镇压剥削者的反抗。要
建立和发展受资本主义压迫的阶级即无产阶级的群众组织，"使这种组织成为

---

① 《列宁专题文集　论社会主义》，人民出版社 2009 年版，第 27 页。
② 《列宁专题文集　论社会主义》，人民出版社 2009 年版，第 34 页。
③ 《列宁专题文集　论社会主义》，人民出版社 2009 年版，第 42 页。
④ 《列宁专题文集　论社会主义》，人民出版社 2009 年版，第 35 页。
⑤ 《列宁专题文集　论无产阶级政党》，人民出版社 2009 年版，第 194 页。

自下而上、由地方到中央的整个国家机构的持久的和不可缺少的基础"①。列宁总结了全部世界史的经验，说明剥削者必然要进行拼命的和长期的反抗来保持他们的特权，而"苏维埃国家组织适合于镇压这种反抗，否则就谈不上胜利的共产主义革命"②。要对资产阶级阶层不作丝毫的政治让步，无情地镇压他们的各种反革命阴谋，"对富农即对农村资产阶级的政策是坚决反对他们的剥削意图，镇压他们对苏维埃政策即社会主义政策的反抗"③。

二是在经济方面要"剥夺剥夺者"，主张彻底完成已经开始的对地主和资产阶级的剥夺，把一切工厂、铁路、银行、船队以及其他生产资料和流通手段转归苏维埃共和国所有，也就是作为"全体劳动者的公共财产"④。无产阶级在掌握了生产资料以后，"提高劳动生产率是根本任务之一"⑤，要广泛和全面地利用资本主义遗留给我们的科学技术专家，发挥他们的技术特长为苏维埃政权的经济建设服务。

列宁十分赞同《共产党宣言》中把"无产阶级转化为统治阶级"和"争得民主"这两个概念并列在一起的提法，认为只有在无产阶级专政的条件下无产阶级才可能享有民主。列宁辩证地论述了专政与民主的关系。

首先，民主是国家制度，具有鲜明的阶级性。在《论"民主"和专政》一文中，列宁对第二国际的代表人物从谢德曼到考茨基都高谈"纯粹民主"或"一般民主"的谬论进行了驳斥，指出民主的实质是国家形式，具有鲜明的阶级性。列宁赞成马克思主义的观点：承认资产阶级民主同封建制度相比是历史上的一大进步。但是要告诫工人群众"一分钟也不要忘记这种'民主'的资产阶级性质，忘记它是有历史条件的和有历史局限性的，不要'迷信''国家'，不要忘记，不仅在君主制度下，就是在最民主的共和制度下，国家也无非是一个阶级镇压另一个阶级的机器"⑥。

其次，说明民主与专政的统一。无产阶级专政是对人民的民主和对敌人的专政。无产阶级专政下享有民主的主体大大扩展了，人人都享有民主的权利。与此同时，在从资本主义向共产主义过渡的时期，原先的被压迫阶级成了统治

① 《列宁专题文集　论无产阶级政党》，人民出版社 2009 年版，第 192 页。
② 《列宁专题文集　论无产阶级政党》，人民出版社 2009 年版，第 193 页。
③ 《列宁专题文集　论无产阶级政党》，人民出版社 2009 年版，第 200 页。
④ 《列宁专题文集　论无产阶级政党》，人民出版社 2009 年版，第 197 页。
⑤ 《列宁专题文集　论无产阶级政党》，人民出版社 2009 年版，第 197 页。
⑥ 《列宁选集》第 3 卷，人民出版社 1995 年版，第 684—685 页。

阶级，对一切压迫阶级、剥削阶级采取剥夺自由的措施，把他们排斥于民主之外——这就是民主在从资本主义向共产主义过渡时改变了的形态。

最后，揭露了资本主义民主的实质和欺骗性。一是从享受民主的主体看，"这种民主制度始终受到资本主义剥削制度狭窄框子的限制，因此它实质上始终是少数人的即只是有产阶级的、只是富人的民主制度……大多数居民在通常的平静的局势下都被排斥在社会政治生活之外"①。资产阶级的民主的实质是，"容许被压迫者每隔几年决定一次究竟由压迫阶级中的什么人在议会里代表和镇压他们!"② 二是从享有民主的内容看，资产阶级民主有很大的局限性和欺骗性。列宁以集会自由和出版自由为例，揭露资产阶级民主的不平等，"富人收买和贿赂报刊的自由，是富人用资产阶级报纸谎言这样的劣等烧酒来麻醉人民的自由，是富人'占有'地主宅第、最好的建筑物等等的自由"③。资本主义民主的虚伪性还集中反映在普选制上，设置了如居住年限、妇女没有选举权、限制集会、限制办报等限制，普选权也形同虚设。事实上无产阶级和穷人被排斥于政治生活之外，不能享有和行使民主权利。列宁主张"用穷人的民主代替富人的民主"④，使真正的广大人民群众都能充分享有民主。

列宁指出，民主是一个历史范畴，无论是资产阶级民主还是无产阶级民主都不可能是所有人的民主。"只有共产主义才能提供真正完全的民主，而民主愈完全，它也就愈迅速地成为不需要的东西，愈迅速地自行消亡。"⑤

第四节　列宁对社会主义建设的探索

十月革命后，列宁的经济思想随着实践探索的深入，经历了几次变化，即从革命胜利初期的试图直接过渡到社会主义的思想，到外国武装干涉和国内战争时期的战时共产主义思想，再到 1921 年初提出新经济政策思想。这种变化反映了他在探索适合俄国国情的社会主义建设道路上作出的努力。同时列宁还就

---

① 《列宁专题文集　论马克思主义》，人民出版社 2009 年版，第 258 页。
② 《列宁专题文集　论马克思主义》，人民出版社 2009 年版，第 259 页。
③ 《列宁选集》第 3 卷，人民出版社 1995 年版，第 685—686 页。
④ 《列宁选集》第 3 卷，人民出版社 1995 年版，第 686 页。
⑤ 《列宁专题文集　论马克思主义》，人民出版社 2009 年版，第 261 页。

政治建设、文化建设、执政党建设、国家政权建设等诸多问题进行了深入思考和不懈探索，形成了完整的社会主义建设理论。

一、对向社会主义过渡问题的探索

十月革命胜利引起国内外敌对势力的恐惧和仇视。1918 年，帝国主义纠集 14 个国家发动了对苏维埃政权的武装干涉，以期将其扼杀于襁褓之中。苏俄国内形势严峻，粮食供应情况急剧恶化。食品不足导致死亡率特别是儿童的死亡率大增。由于缺乏燃料、原料和粮食，很多工厂停工，导致前线军队供应难以为继。为了保卫苏维埃政权，苏俄实行了"战时共产主义政策"。

战时共产主义政策的主要内容是实行余粮征集制。苏维埃政权确定了国家所需要的粮食数量，分摊给基层，除了极少数口粮外都算余粮，按固定价格向农民强制征购；同时实行工业国有化和工业管理集中制，颁布法令将企业收归国有。1920 年，国家基本掌握大中小型企业，同年 11 月，将凡拥有机械动力而雇用 5 人以上或无机械动力而雇用 10 人以上的私人工业企业收归国有。规定国有企业的产品不得私自出售，统一由最高国民经济委员会调度；取消自由贸易，取消市场，实行平均主义分配制①；同时，实行劳动义务制和劳动军事化，规定国内一切有劳动能力的人，特别是资产阶级，必须从事政府指定的工作，不劳动者不得食。

战时共产主义政策，是无产阶级政权在战争环境和帝国主义武装干涉下采取的一种应急政策，在当时严峻的形势下发挥了重要作用。首先，最大限度地集中了物资，保证了红军的给养，战胜了国外武装侵略者的进攻，平息了国内反革命分子的武装暴乱。其次，建立了工农国家对国民经济全面有力的领导，打击了城乡资产阶级的反抗和投机活动，保证了全国人民的基本生活，开创了一种崭新的生产和生活制度。战时共产主义政策实施的普遍义务劳动制使艰苦奋斗精神在特殊历史环境下得到发扬。

战时共产主义政策的出台，还因为列宁当时抱有"直接过渡"的想法。他曾设想从小农经济出发，不经过国家资本主义，不经过迂回曲折，直接跨入社会主义和共产主义。马克思和恩格斯关于未来共产主义社会的论述建立在经济

---

① 1919 年 3 月通过《关于消费公社》的法令，将各种形式的合作社一律联合并改组为消费公社，全体城乡居民必须加入消费公社，由国家统一分配产品和日用必需品，以此来取代自由贸易。

高度发达的基础之上。列宁则认为在无产阶级夺取政权后，俄国可以不经过一定的过渡时期直接向社会主义、共产主义过渡。他强调生产、管理和分配的高度集中统一，集中程度越高便越能发挥社会主义的优越性。因此，战时共产主义政策既是保证战争胜利的需要，同时也是实现社会主义和共产主义的便捷道路。这显然脱离了俄国的客观实际。企图采用经济以外的手段，超越市场来建立城乡直接的产品交换，不仅违背了经济发展规律，而且还严重损害了农民的利益，造成严重的经济和政治危机。

随着国内战争的胜利，苏俄逐渐转入和平经济建设时期，战时共产主义政策的弊端也逐渐凸显出来，农民失去了种粮的积极性，农业生产遭到破坏。由于粮食、原材料的短缺，工业生产萎缩，日用品缺乏，人民群众生活贫困，这种严重的经济危机又迅速演化为政治危机，罢工、军队哗变事件时有发生。1921年2月28日，喀琅施塔得水兵叛乱，他们提出了"全部政权归苏维埃，不归布尔什维克"的口号。这表明党的政策受到极大的质疑，这使列宁意识到，如果不改变政策将失去群众的支持，危及革命政权。列宁在俄共（布）十大召开之际，毅然决定改变政策，从战时共产主义政策过渡到新经济政策。新经济政策的实施主要有两个阶段：第一阶段是1921年3月至10月，这一阶段的主要任务是退到国家资本主义和商品交换的形式上；第二个阶段是1921年10月以后，是新经济政策的主要实施时期，主要任务是由国家资本主义退到由国家调节商业和货币流通。

列宁在1921年《在莫斯科省第七次党代表会议上关于新经济政策的报告》中，回顾了苏维埃政权几年来探索社会主义道路的曲折历程，指出共产党人要敢于承认失败，善于从失败中总结经验。列宁根据客观形势和具体条件，首次提出苏维埃经济同市场、同商业的关系，指出由国家来调节商业和货币流通，是一项重要而紧迫的任务，"只有完成了这一任务，我们才能着手解决极其迫切的经济需要问题"[1]。列宁在《论粮食税》《关于以实物税代替余粮收集制的报告》《论黄金在目前和在社会主义完全胜利后的作用》等著作中，从工业、农业、商业、财政等方面探讨了新经济政策的主要理论内容，全面阐述了新经济政策。

新经济政策的主要内容是：用实物税代替余粮收集制。农民按国家规定缴

---

[1] 《列宁专题文集 论社会主义》，人民出版社2009年版，第286页。

纳一定的粮食税，超过税额的余粮归个人所有，可以自由处理，在一定范围内恢复贸易自由，农民可以用余粮到市场上去换取工业品和各种商品。粮食税政策的推行，使商品经济得到恢复和发展，大大地提高了农民的经营兴趣，短短几年内就使农业生产得到恢复，国家所需要的粮食和原料逐步得到了满足。同时轻工业也有很大的发展，从而为实行工业化奠定了基础。新经济政策以市场为导向，大力发展商品经济，在坚持国家计划领导的前提下，实行自由贸易制，承认和利用市场的积极作用，大力发展社会主义商品经济。在分配方面废除国家配给制，在承认劳动者个人物质利益的基础上实行按劳取酬，使劳动者的生产积极性得到极大的调动和提高。新经济政策还改变了建立单一社会主义公有制的做法，允许私人经营企业把一部分国有中小企业或林地等租借给本国资本家、合作社或个体劳动者经营，恢复和发展经济。同时，在苏维埃政权的监督下，通过订立合同把国家当时尚无力经营的某些工矿企业、森林、油田、土地等，按一定条件和期限租给外国资本家经营，以此来引进国外资金。实践证明，允许多种经济成分同时存在，对于恢复和发展苏维埃经济具有重要的指导作用。列宁明确提出："我们应该利用资本主义（特别是要把它纳入国家资本主义的轨道）作为小生产和社会主义之间的中间环节，作为提高生产力的手段、途径、方法和方式。"[1] 根据俄国新经济政策时期经济关系的特点，列宁还探讨了国家资本主义的具体形式——租让制、合作制、代购代销制、租借制等。

新经济政策对于经济文化落后国家过渡到社会主义，具有十分重要的指导意义。

第一，经济文化落后国家不可能在革命胜利后直接进入社会主义社会，而是必须经过国家资本主义向社会主义过渡，在这个时期，要大力发展商品经济，逐步消除自然经济和半自然经济，实行社会主义工业化、电气化，以弥补这些国家此前未曾实现的资本主义现代化进程。

第二，经济文化落后国家在革命胜利后，必然存在多种所有制，一定会保留资本主义的成分，必须承认这种现状，允许多种所有制的存在。对于资本主义，不但不能立刻消灭它，而且还要适当加以利用。

第三，经济文化落后国家往往是农民占多数的国家，而连接农民这种小生

---

[1] 《列宁专题文集 论社会主义》，人民出版社 2009 年版，第 225 页。

产者和大工业的主要渠道就是市场，就是商业。因此，革命胜利后，这样的国家不但不能消灭市场，消灭商业，而且还要加以发展，要运用市场、商品、货币关系来建设社会主义。

总之，新经济政策不仅在实践上为经济文化落后国家如何过渡到社会主义，如何建设社会主义，提出了一条切实可行的现实道路，而且在理论上大大丰富了马克思主义，特别是马克思主义政治经济学。

列宁十分重视改造农民和改造农业的生产模式，实行新经济政策之前，列宁希望通过合作制直接引导农民走向社会主义公有化道路，但事与愿违。在1921年3月召开的俄共（布）十大上，列宁提出了把发展合作制作为实行农业社会化的战略方针。这一思想也充分地体现在列宁晚年的《论合作社》等重要著作中。

列宁在《论合作社》中首先批评了在实行新经济政策时"对合作社注意得不够"[1]，没有认识到发展合作社的深远意义，指出应该特别加以强调的一种社会制度就是合作社制度。其次，他把发展合作社提到发展社会主义的高度。在工人阶级掌握国家政权和生产资料的前提下，在工人和农民结成牢固联盟的形势下，让千百万农民群众参加合作社，是建设社会主义的途径和手段。苏维埃政权完全有必要也完全有可能通过合作社来建设社会主义。在这种情况下，合作社的发展也就等于社会主义的发展。再次，列宁指出，最大限度地发展合作社对俄国的发展有巨大的、不可估量的意义：一是在原则方面，也就是生产资料所有权掌握在国家手中，根除了私有制；二是可以采用尽可能使农民感到简便易行和容易接受的方法过渡到新制度。他指出，合作社"还不是建成社会主义社会，但这已是建成社会主义社会所必需而且足够的一切"[2]。最后，列宁还特地说明，在不同的社会制度下，合作社具有不同的性质。合作社在资本主义国家条件下是集体的资本主义机构。"在我国现存制度下，合作企业与私人资本主义企业不同，合作企业是集体企业，但与社会主义企业没有区别……它占用的土地和使用的生产资料是属于国家即属于工人阶级的。"[3]

列宁关于合作社的思想，是在经济文化落后的国家率先进入社会主义后，面对如何改造和引导小农经济、后来的小生产者如何走上社会化大生产道路的

---

① 《列宁专题文集 论社会主义》，人民出版社2009年版，第348页。
② 《列宁专题文集 论社会主义》，人民出版社2009年版，第349页。
③ 《列宁专题文集 论社会主义》，人民出版社2009年版，第353页。

历史课题所进行的科学探索，对于其他社会主义国家产生了重要影响。

二、社会主义政治文化建设的理论与实践

十月革命胜利后，列宁提出大力提高国民的素质、加强党的建设、巩固革命成果和保证社会主义取得彻底胜利的一系列理论观点和政策主张。这些主张在实践中取得了很好的效果，成为社会主义政权生存和巩固的重要保障。

1. 推进政治建设

十月革命后，列宁提出了一整套政治建设的路线、方针和政策，蕴涵着丰富的政治文明思想。

其一，列宁重视民主制度建设。列宁强调，苏维埃民主的实质是人民当家作主，要扩大人民参政范围。他提出："无产阶级专政把对付资产阶级即少数居民的暴力同充分发扬民主结合起来，而民主就是全体居民群众真正平等地、真正普遍地参与一切国家事务。"[1] 第一阶段目标是先由少数先进分子代表人民进行管理，多数群众则处于权力体系之外进行监督；第二阶段目标是人民自己管理自己，即实行人民自治。同时，列宁也强调党内民主和组织原则。"一切党组织和党的一切委员制机构，以简单多数票决定问题，并且有权增补新成员。增补新成员和开除成员，须经三分之二的票数通过。"[2]

其二，列宁重视法制建设。首要的是依靠《宪法》，用法律治理国家是保证人民当家作主的主要手段，他认为苏维埃宪法"是劳动者的宪法，这是号召大家去战胜国际资本的劳动者的政治制度"[3]。要赋予人民选举权和集会自由以及出版自由的权利，把工农大众的权益写进宪法，明确规定全体被剥削者均有选举权和被选举权。同时推进经济领域的立法和执法。那一时期制定了《劳动法典》《土地法典》等法律，在（全俄苏维埃第九次）《代表大会通过的关于经济工作问题的指令》中列宁强调：第一，要让共和国人民法院严格监督私营工商业者的活动，既不允许对他们的活动作任何限制，又要让他们始终不渝地遵守共和国的法律；第二，要让人民法院加倍注意对官僚主义、拖拉作风和经济工作上的指挥失当进行司法追究。

其三，列宁重视政治教育。列宁指出，"政治文化、政治教育的目的是培

---

① 《列宁全集》第 28 卷，人民出版社 2017 年版，第 111 页。
② 《列宁全集》第 7 卷，人民出版社 2013 年版，第 367 页。
③ 《列宁选集》第 4 卷，人民出版社 2012 年版，第 76 页。

养真正的共产主义者"①。

2. 推进文化建设

其一，列宁第一个提出文化的党性原则问题，把文化问题视为无产阶级政党工作的一个重要组成部分。早在1905年他就鲜明地提出：社会主义无产阶级应当提出党的出版物的党性原则，写作事业应当成为无产阶级事业的一部分，成为由整个工人阶级的整个觉悟的先锋队所开动的一部巨大的社会民主主义机器的"齿轮和螺丝钉"，是"为千千万万劳动人民，为这些国家的精华、国家的力量、国家的未来服务"②。列宁阐述了党对言论自由、出版自由的态度，提出党的出版物应该受到党的监督，揭露了资产阶级个人主义者关于绝对言论自由不过是"伪善而已"③。

其二，列宁提出"文化革命"的概念，把文化建设与实现社会主义、共产主义的目标联系起来。1920年列宁《在全俄各省国民教育局社会教育处处长第三次会议上的讲话》强调，"要使整个苏维埃建设获得成功，就必须使文化和技术教育进一步上升到更高的阶段"④。他指出"只要实现了这个文化革命，我们的国家就能成为完全社会主义的国家了"⑤。同年，列宁在《论我国革命》一文中提出，建设社会主义需要一定的经济、文化发展水平，但俄国由于自身的历史条件，可以先夺取革命的胜利，然后在工农政权和苏维埃制度的基础上提高生产力和文化水平。

其三，列宁阐述了无产阶级文化的最重要的功能。"政治文化、政治教育的目的是培养真正的共产主义者，使他们有本领战胜谎言和偏见，能够帮助劳动群众战胜旧秩序，建设一个没有资本家、没有剥削者、没有地主的国家。"⑥教育不能脱离政治，"学校不仅应当传播一般共产主义原则，而且应当对劳动群众中的半无产者和非无产者阶层传播无产阶级在思想、组织、教育等方面的影响，以培养能够最终实现共产主义的一代人"⑦。列宁重视提高全民文化水平，普及教育，实现知识治国。通过给予文化建设以充足的经济保障，通过创

---

① 《列宁专题文集　论社会主义》，人民出版社2009年版，第174页。
② 《列宁选集》第1卷，人民出版社2012年版，第666页。
③ 《列宁全集》第12卷，人民出版社2017年版，第96页。
④ 《列宁全集》第38卷，人民出版社2017年版，第183页。
⑤ 《列宁专题文集　论社会主义》，人民出版社2009年版，第355页。
⑥ 《列宁专题文集　论社会主义》，人民出版社2009年版，第174页。
⑦ 《列宁全集》第36卷，人民出版社2017年版，第87页。

办成人学校、办报纸、出版工农读物等各种方法有力地推动文化事业的发展。列宁非常重视对旧知识分子的引导和教育、改造，要帮助他们"战胜旧的资产阶级偏见，吸引他们来参加我们正在进行的事业，使他们意识到我们的工作十分重大，只有进行这项工作，我们才能把这些受资本主义压迫的、资本主义与我们争夺过的群众引上正路"①。

列宁还提出要辩证地对待剥削阶级的文化。1920 年写作的《关于无产阶级文化》一文，强调在文化教育事业中要坚持无产阶级的革命目标和马克思主义世界观，指出马克思主义并"没有抛弃资产阶级时代最宝贵的成就，相反却吸收和改造了两千多年来人类思想和文化发展中一切有价值的东西"②。发展无产阶级文化也应该以此为基础和方向。社会主义文化应当是"人类在资本主义社会、地主社会和官僚社会压迫下创造出来的全部知识合乎规律的发展"③。因此，只有确切地了解人类全部发展过程所创造的文化并加以改造，才能建设无产阶级文化。

三、无产阶级政党执政与自身建设的理论和实践

十月革命胜利后，布尔什维克一跃成为执政党。列宁对共产党的执政基础和条件、执政理念和目标、执政方式和途径、执政面对的挑战等进行深入思考，形成了无产阶级政党执政理论，从理论和实践上丰富和发展了马克思主义的无产阶级政党观。

1. 列宁第一次提出了无产阶级政党执政的理论

第一，列宁阐述了"铁的政权"和"坚实的经济"是实现社会主义的两个条件。列宁明确主张建立"绝对强硬的政权"，共产党"是工人阶级广大群众的先进部队和领导者"④，它能够"率领一切民主分子去推翻专制制度，并引导俄国无产阶级（和全世界无产阶级并肩地）循着公开政治斗争的大道走向胜利的共产主义革命"⑤。列宁认为，为夯实执政根基，共产党要依靠人民群众的优势力量大力发展社会主义生产力，提高劳动生产率，"用新的方式去建立千

---

① 《列宁专题文集　论社会主义》，人民出版社 2009 年版，第 175 页。
② 《列宁专题文集　论社会主义》，人民出版社 2009 年版，第 167 页。
③ 《列宁专题文集　论社会主义》，人民出版社 2009 年版，第 394—395 页。
④ 《列宁全集》第 7 卷，人民出版社 1986 年版，第 270—271 页。
⑤ 《列宁专题文集　论资本主义》，人民出版社 2009 年版，第 292 页。

百万人生活的最深刻的经济的基础"①，才能实现"稳定的和平"，维持稳固的基本秩序。

第二，列宁阐述了无产阶级政党执政的理念和目标。一是无产阶级政党建立的是"有大多数工人农民反对资本家和地主的坚强的政权"②。这种政权"是着重于实际保证那些曾受资本压迫和剥削的劳动群众能实际参与国家管理"③。为了保障人民"最普遍的幸福生活"，必须把保障人民民主权利和各项利益的实现放在突出的地位。二是执政党执政初期的首要任务是进行"真正的经济建设"，"把全部注意力转到这一经济建设上去"④，"使党能够领导苏维埃的经济建设，取得实际的成就"⑤。根据列宁的意见，1920年底，全俄苏维埃第八次代表大会通过了在全国实现电气化的宏伟计划，这一计划被列宁称为"第二个党纲"。三是列宁将实现共产主义确立为无产阶级政党执政的最终目标。"只有共产主义才能提供真正完全的民主。"⑥

2. 列宁提出关于无产阶级执政党自身建设的理论

俄国十月革命胜利以后，列宁作为执政党的领袖，第一次提出了无产阶级执政党自身建设的理论。

第一，认识到无产阶级执政党自身建设的必要性和紧迫性，布尔什维克党夺取国家政权后，面临着14国的干涉和国内反革命叛乱的双面夹击，国民经济凋敝、政治形势严峻、文化十分落后，党内官僚主义抬头。想要推动社会主义事业的稳步发展，就需要对党的执政能力和党员质量提出新的要求。列宁强调："我们只有用无产阶级的组织性和纪律性，作再接再厉的、坚持不懈的、长期的、顽强的斗争，才能逐渐地战胜这种祸害。"⑦

第二，提出无产阶级执政党自身建设的主要内容为思想建设、组织建设和作风建设。在思想建设方面，列宁强调"只有以先进理论为指南的党，才能实现先进战士的作用"⑧，"马克思主义教育工人的党，也就是教育无产阶级的先

---

① 《列宁全集》第 34 卷，人民出版社 2017 年版，第 155 页。
② 《列宁全集》第 33 卷，人民出版社 2017 年版，第 98 页。
③ 《列宁专题文集　论无产阶级政党》，人民出版社 2009 年版，第 194 页。
④ 《列宁全集》第 40 卷，人民出版社 2017 年版，第 140 页。
⑤ 《列宁专题文集　论无产阶级政党》，人民出版社 2009 年版，第 352 页。
⑥ 《列宁专题文集　论马克思主义》，人民出版社 2009 年版，第 261 页。
⑦ 《列宁全集》第 39 卷，人民出版社 2017 年版，第 93 页。
⑧ 《列宁专题文集　论无产阶级政党》，人民出版社 2009 年版，第 71 页。

锋队，使它能够夺取政权并引导全体人民走向社会主义"①。在列宁的领导下，苏俄翻译和出版马克思、恩格斯重要著作，创办党的理论刊物，传播和发展马克思主义。在组织建设方面，列宁强调应该实现党内统一、加强组织原则、提高党员队伍的质量。一是坚持民主集中制；二是提高党员质量，只让有觉悟的真正忠于共产主义的人留在党内，以增强党的组织基础和凝聚力。在作风建设方面，指出作风建设的内容包括密切联系群众、加强监督体系、坚持批评与自我批评、完善党风廉政建设等。列宁强调："对于一个人数不多的共产党来说，对于一个作为工人阶级的先锋队来领导一个大国……向社会主义过渡的共产党来说，最严重最可怕的危险之一，就是脱离群众。"②

第三，无产阶级执政党自身建设的监督机制和组织保障。苏俄于1918年7月确立了一党执政的体制，1921年又解散了党内的一切派别组织，党内批评和不同意见锐减，也弱化了苏维埃对执政党监督制约的职能。为了铲除官僚主义，保证政党的清廉，列宁提出加强党内监督权力，建立权力制约机制。在列宁的倡议下，苏维埃俄国于1920年2月和1921年3月先后成立了工农检查院和中央监察委员会。其主要职责是审查和惩治党与国家机关工作人员的贪污受贿、挥霍舞弊和利用职权谋取私利的行为。列宁赋予监察机关应该有的最高权威和最大限度的独立性，实行自上而下的垂直领导。列宁提倡监察委员会"应该形成一个紧密的集体，这个集体应该'不顾情面'，应该注意不让任何人的威信，不管是总书记，还是某个其他中央委员的威信，来妨碍他们提出质询，检查文件，以至做到绝对了解情况并使各项事务严格按照规定办事"③。

四、关于改革国家机构的探索

面对"我们的机关实质上是从沙皇和资产阶级那里拿过来的旧机关"④，"在我们苏维埃政权机构中还有许多缺点"⑤，机构臃肿、人浮于事，党政不分、职责不明，官僚主义等现象盛行。列宁指出，"如果不进行有步骤的和顽强的斗争来改善机构，那我们一定会在社会主义的基础还没有建成以前灭亡"⑥，应

---

① 《列宁专题文集　论无产阶级政党》，人民出版社 2009 年版，第 338 页。
② 《列宁专题文集　论无产阶级政党》，人民出版社 2009 年版，第 343 页。
③ 《列宁专题文集　论社会主义》，人民出版社 2009 年版，第 365 页。
④ 《列宁选集》第 4 卷，人民出版社 2012 年版，第 747 页。
⑤ 《列宁全集》第 36 卷，人民出版社 2017 年版，第 226 页。
⑥ 《列宁全集》第 41 卷，人民出版社 2017 年版，第 382 页。

把建立新型、高效的苏维埃国家机关作为当务之急的"划时代的主要任务"。

第一，改革领导体制，实行党政分开。列宁指出无产阶级政党执政的方式是对所有国家机关的工作进行总的领导。一是提出共产党是唯一合法政党，"一切中间政权都是幻想"①，"根本不可能存在分掌政权"②，只有保证无产阶级政党执政地位，才能从根本上巩固政权，杜绝"不可靠的同路人"。二是党的领导是"总的领导"。列宁在《就党的十一大政治报告提纲给莫洛托夫并转中央全会的信》中提出党政分开，"十分明确地划分党（及其中央）和苏维埃政权的职责；提高苏维埃工作人员和苏维埃机关的责任心和独立负责精神"，党"对所有国家机关的工作进行总的领导"③。既要尊重国家政权机关的独立性，又要求其在法律范围内行使职权，"通过苏维埃机关在苏维埃宪法的范围内来贯彻自己的决定"④，任何个人和组织都不能超越这个范围。这一思想界定了党政职能，完善了领导体制，释放了苏维埃国家机关活力。

第二，精简机构，裁减冗员与选拔人才并重。面对当时苏维埃国家机关机构臃肿、人浮于事的问题，列宁主张，精简机构、厉行节约。在机构方面，苏维埃工作人员现有人数"可能裁减25%或50%"⑤。将"可以不要、可以长期不要而且应当不要的机构一律撤销"⑥，"并阻止成立新的委员会"⑦，将劳动国防委员会直属于人民委员会，将工农检查院和中央监察委员等职能相同或相近的机构改组合并。列宁将命令主义、文牍主义、拖拉作风、乱写指示等官僚主义视为"祸害"和"毒疮"，作为机关改革的重要内容。列宁重视选拔人才、"寻找能干的干部"。提出"必须用完全特殊的办法，经过极严格的考核"⑧，选拔具有知识、科学素养的人到国家机关中来。

第三，建立全方位监督制度。列宁特别重视人民监督的作用。"只有当全体居民都参加管理工作时，才能彻底进行反官僚主义的斗争，才能完全战胜官

---

① 《列宁全集》第37卷，人民出版社2017年版，131页。
② 《列宁专题文集　论社会主义》，人民出版社2009年版，第130页。
③ 《列宁专题文集　论无产阶级政党》，人民出版社2009年版，第336页。
④ 《苏联共产党代表大会、代表会议和中央全会决议汇编》第1分册，人民出版社1964年版，第571页。
⑤ 《列宁全集》第41卷，人民出版社2017年版，第253页。
⑥ 《列宁选集》第4卷，人民出版社2012年版，第764页。
⑦ 《列宁全集》第43卷，人民出版社2017年版，第156页。
⑧ 《列宁全集》第43卷，人民出版社2017年版，第385页。

僚主义。"① 在列宁的推动和领导下，实行非党工农代表会议制度，广泛吸收非党群众参与国家管理监督；实行信访制度，保障人民群众监督权；还充分发挥党报政刊监督功能，加强舆论监督；严肃党纪、严惩腐败，加强党内监督，通过从严治党推动苏维埃机关改革。在列宁的推动下，苏维埃国家机关官僚主义得到了有效遏制。列宁晚年在口授的《我们怎样改组工农检查院》以及《宁肯少些，但要好些》等文章中，针对苏维埃现状，提出改组工农检查院。主张一方面要扩大中央监察委员会的权责和人数，另一方面缩减工农检查院的人数，提高检查院内部职员的质量，注重其管理及工作能力。此外，列宁还提出将党的最高监督机构中央监察委员会与国家监察机关工农检查院的基本部分结合起来，实现党政机关的优秀分子与广大工人农民的结合，形成以党的监察为核心的监督体制，改革和完善党的监督制度，有效防止官僚主义与个人专权现象对执政党的影响，推动无产阶级执政党自身建设的有效发展，建立一个"模范的""大家绝对信任的""受人尊敬的"廉价、廉洁和高效机关。

第四，指出机构改革的长期性和复杂性。列宁指出，国家机关改革"是个老问题，又永远是个新问题"②，不能一蹴而就；"如果没有耐心，如果不准备花几年工夫来做这件事，那最好是根本不做"③。1923 年初，列宁在已经重病卧床不能执笔的情况下，还口授了他一生最后的、被视为他的"政治遗嘱"的 5 篇论文，即《日记摘录》《论合作社》《论我国革命》《我们怎样改组工农检查院》《宁肯少些，但要好些》。其中除《日记摘录》外，其余 4 篇都论及了改革国家机关的问题，其主要内容是强调党政分工。强调党是社会主义国家生活的领导者，但是党不是直接的管理者。"总的领导"，也就是政治领导，即从党的路线、方针和政策等方面指引和掌握国家生活的发展方向，保证人民群众充分行使当家作主的权利。

列宁关于改革苏维埃国家机关的设想，比如党政职能的划分、裁撤冗员、强化监督机制等都取得初步成效，但受历史条件的限制，加之列宁英年早逝，许多改革措施并未得到充分贯彻。

---

① 《列宁全集》第 29 卷，人民出版社 1956 年版，第 156 页。
② 《列宁全集》第 43 卷，人民出版社 2017 年版，第 251 页。
③ 《列宁全集》第 43 卷，人民出版社 2017 年版，第 387 页。

五、关于社会主义发展道路特殊性和多样性的思考

列宁继承了马克思关于社会发展道路的普遍性和多样性的理论，对社会主义发展道路进行了深入思考。

1. 提出研究俄国革命的特殊条件和革命发展的特殊道路

十月革命前后，一些对革命持反对态度的人和俄国孟什维克派就经济文化落后的俄国是否可以进行社会主义革命、确立社会主义制度的问题发表了许多激烈的言论，攻击十月革命是"早产儿"①。在他们看来，只有在西欧那种经济文化发达的国家爆发社会主义革命，才符合马克思主义，而俄国率先进行社会主义革命必将是违反社会发展规律的"历史悲剧"。列宁驳斥了这些观点。

马克思晚年特别关注原始社会理论和东方社会问题，马克思认为，社会发展是一般性和特殊性的统一。人类社会的发展经历原始社会、奴隶社会、封建社会、资本主义社会和共产主义社会五个发展阶段或形态，这是人类社会发展的一般规律和方向，但在不同的国家和地区，其历史发展的道路往往会表现出超常规性。不但社会历史的发展在整体性上呈现出多样化，而且同一社会形态在不同的国家和地区也会表现出不同的形式和特点。不但无产阶级革命道路是多种多样的，而且未来社会主义建设将采取什么方式，在不同的国家里也是不同的。恩格斯晚年着重研究了俄国的特殊情况。1894年，恩格斯在《〈论俄国的社会问题〉跋》中指出："当西欧各国人民的无产阶级取得胜利和生产资料转归公有之后，那些刚刚进入资本主义生产而仍然保全了氏族制度或氏族制度残余的国家，可以利用公有制的残余和与之相适应的人民风尚作为强大的手段，来大大缩短自己向社会主义社会发展的过程。"② 他认为东方落后的小农国家通向社会主义具有特殊性，并且预见了像俄国这样落后的东方国家如果没有西方无产阶级革命的呼应，不可能直接过渡到共产主义。通过一系列过渡阶段逐渐地、审慎迂回地通向社会主义，这是所有东方落后国家特殊性的表现。

针对当时考茨基等人将马克思的理论教条化造成的恶劣影响，列宁强调马克思主义不是教条，是指导行动的原则和方法，马克思主义最本质的东西是革

---

① 如普列汉诺夫认为，在俄国无产阶级还没有准备好之前就过早地夺取政权，只能将它"推向最大的历史灾难的道路"。瓦·斯特罗也夫认为："落后的俄国不可能从悲惨的必然王国迅速飞跃到光明的社会主义王国。"考茨基攻击十月革命，称在俄国建立无产阶级专政和社会主义制度就像"这样一个怀孕的妇女，她疯狂万分地猛跳，为了把她无法忍受的怀孕期缩短并引起早产"，他断定"这样生下来的孩子，通常是活不成的"。

② 《马克思恩格斯文集》第4卷，人民出版社2009年版，第459页。

命辩证法，辩证法要求对具体问题要具体对待。列宁主张从理论上论证经济文化落后的国家走社会主义道路的合法性和面临的特殊历史课题。他说："对于俄国社会党人来说，尤其需要独立地探讨马克思的理论，因为它所提供的只是总的指导原理，而这些原理的应用具体地说，在英国不同于法国，在法国不同于德国，在德国又不同于俄国。"① 从理论上论证经济文化落后的国家走社会主义道路的特殊性是历史提出的课题。

列宁不仅指出了人类历史发展的趋势和共性，同时又努力探索俄国建设社会主义的特殊道路。他指出："一切民族都将走向社会主义，这是不可避免的，但是一切民族的走法却不会完全一样，在民主的这种或那种形式上，在无产阶级专政的这种或那种形态上，在社会生活各方面的社会主义改造的速度上，每个民族都会有自己的特点。"② 他还指出："俄国是个介于文明国家和初次被这场战争最终卷入文明之列的整个东方各国即欧洲以外各国之间的国家，所以俄国能够表现出而且势必表现出某些特殊性，这些特殊性当然符合世界发展的总的路线，但却使俄国革命有别于以前西欧各国的革命，而且这些特殊性到了东方国家又会产生某些局部的新东西。"③ 这些特殊性不会改变世界发展的总路线，各国革命虽然各有特色，但是总的发展趋势是一致的。列宁还分析了中国、印度等东方国家的具体特点，并预测这些东方国家人口众多，社会情况复杂，在革命过程中会有更多的特殊性。列宁指出，社会主义取代资本主义以后不可能在世界各国按照同一种模式同时实现，社会主义在不同国家的实现必然具有自己的特点。

2. 提出为社会主义革命创造条件的历史任务

列宁指出，马克思关于无产阶级革命的成功需要有客观的物质基础、需要有生产力的充分发展和工人阶级的普遍觉醒这一论断无疑是正确的，但这并不是革命胜利的唯一条件。俄国的现实情况是，不能等到高度发展的生产力、高度组织起来的无产阶级和高度的文明都具备的情况下，再走向社会主义，而应该先创造出发展这一切的前提。问题的实质在于，不是落后的国家和无产阶级能否走向社会主义，而是如何走向社会主义的问题。

列宁分析了三种不同类型的国家，一是发达资本主义国家，在这样的国家

---

① 《列宁专题文集 论马克思主义》，人民出版社 2009 年版，第 96 页。
② 《列宁专题文集 论社会主义》，人民出版社 2009 年版，第 398 页。
③ 《列宁专题文集 论社会主义》，人民出版社 2009 年版，第 358 页。

中资产阶级具有丰富的经验和手段，无产阶级的觉悟和组织的程度还不足以推翻资产阶级的统治；二是东方不发达的落后国家，还不具备发动无产阶级革命的可能性；三是介于二者之间的比较落后的次发达国家，俄国就属于这一类型。当时的俄国社会是各种矛盾的集合点，具备了率先爆发社会主义革命的主客观条件。列宁提出了"一国胜利论"，并指导俄国工人阶级推翻了资产阶级政权，走上社会主义道路，正如他指出的："既然建立社会主义需要有一定的文化水平……我们为什么不能首先用革命手段取得达到这个一定水平的前提，然后在工农政权和苏维埃制度的基础上赶上别国人民呢？"①

3. 探讨俄国革命胜利后走向社会主义的道路

马克思、恩格斯在论述共产主义社会的前景时都是以发达资本主义国家为前提，对落后国家如何取得社会主义革命胜利以及怎样建设社会主义几乎没有涉及。列宁在马克思、恩格斯有关理论的基础上，结合俄国革命和建设的实践，探索出一条适合俄国国情的社会主义道路，为落后国家走向社会主义提供了重要借鉴。晚年的列宁对俄国社会主义革命和社会主义建设的经验作了全面的总结和概括，深入探讨了社会主义道路的具体途径——从直接过渡到曲折前进。

在实行战时共产主义政策时期，列宁等苏俄领导人曾尝试"直接过渡"到社会主义，但事实使他们认识到这行不通。"直接过渡"的思想忽视了对客观规律的研究和本国国情的分析，导致各种政治危机和经济危机频发。列宁指出："毫无疑问，在一个小农生产者占人口大多数的国家里，实行社会主义革命必须通过一系列特殊的过渡办法，这些办法在工农业雇佣工人占大多数的发达的资本主义国家里，是完全不需要采用的。"② 从表面上看，后来实施的新经济政策似乎是有所倒退，但从效果上看，完全符合当时俄国生产力发展的水平和小农占人口大多数的基本国情。

4. 探索俄国社会主义建设的途径和方法

首先，学习和利用资本主义一切有价值的东西，加速社会主义发展。列宁指出，资产阶级"善于保持自己的阶级统治，他们有我们不可缺少的经验；拒绝吸取这种经验，就是妄自尊大，就会给革命造成极大的危害"③。他还指出：

---

① 《列宁专题文集　论社会主义》，人民出版社 2009 年版，第 359 页。
② 《列宁专题文集　论社会主义》，人民出版社 2009 年版，第 201 页。
③ 《列宁专题文集　论社会主义》，人民出版社 2009 年版，第 390—391 页。

"学习社会主义，要向资本主义最大的组织者学习。正是大工厂，正是把对劳动者的剥削发展到空前规模的大机器工业，是唯一能够消灭资本统治并开始向社会主义过渡的那个阶级集中的中心；凡是考虑到这一点的人都不难相信，上面的说法并不是奇谈怪论。"① 发展大工业，实施工业化和电气化的具体措施，无疑是落后的俄国实现向社会主义过渡的物质基础，反映了俄国生产力发展的迫切要求。列宁还主张多方面地借鉴发达资本主义创造的一切优秀成果，其中先进的科学技术被提到特别重要的地位。他指出，"乐于吸取外国的好东西：苏维埃政权+普鲁士的铁路秩序+美国的技术和托拉斯组织+美国的国民教育等等等等++＝总和＝社会主义"②。这种学习还要包括科学的管理方式，"要竭力做到：管理工作上花费人力最少，管理人员个个都有能力，不论是专家还是工人都要做工作，都要参加管理，如果他们不参加管理，就要被认为是犯了罪。要学习自己的实际经验，也要向资产阶级学习"③。列宁的这些主张是对马克思主义的坚持和发展，既强调了生产力在社会发展过程中的决定性作用，也指明了组织和管理对于促进生产力发展的重要意义。

其次，对引导农民走向合作社道路进行了有益探索，从追求社会主义大农业模式转而承认小农存在的合理性。合作社是联合小商品生产者的集体经济组织，在十月革命前就已经出现，主要有消费合作社、信贷合作社、生产合作社、销售合作社等。十月革命后苏维埃政权对这种集体经济形式加以改造，战时共产主义时期它成为收集余粮和分配产品的机构。新经济政策初期提倡的合作社主要是生产合作社，以集体农庄形式存在，包括农业公社、劳动组合、共耕社三种形式。其中农业公社是最高形式，也最具代表性，它按共产主义原则建立，尝试用公共大农业改造小农经济，实行生产资料和生活资料公有制以及按劳计酬的分配制，这种做法显然有违农民意愿。后来列宁意识到了这一点，他指出，"或者是我们能在无产阶级政权支持下发展小农的生产力，并在这个基础上把小农组织起来；或者是资本家控制小农，——斗争成败的关键就在于此"④。这说明，列宁已经认识到小农存在的合理性，体现在政策上就是从利用国家资本主义反对小农生产，转向与小农结成联盟反对资产阶级。列宁认为，

① 《列宁专题文集　论社会主义》，人民出版社 2009 年版，第 391 页。
② 《列宁专题文集　论社会主义》，人民出版社 2009 年版，第 381—382 页。
③ 《列宁专题文集　论社会主义》，人民出版社 2009 年版，第 390 页。
④ 《列宁专题文集　论社会主义》，人民出版社 2009 年版，第 258 页。

在工人阶级掌握国家政权和生产资料的前提下，在工人和农民结成牢固联盟的形势下，苏维埃政权完全有必要也完全有可能通过合作社来建设社会主义，合作社的发展也就等于社会主义的发展。新经济政策实施的第二个阶段，合作社恢复了它的群众性和商业性，农民的个人利益和国家利益通过商业联系了起来。列宁认为，这是改造小农经济、引导农民走向社会主义的很好尝试。

最后，从战时共产主义政策取消商品和货币，到开始重视商品流通和市场的作用，探索社会主义建设的正确道路。新经济政策初期，商品交换还限制在国家资本主义范围内，主要是私商接受国家供销机构或合作社的委托进行代购代销，农民与商人无法直接发生联系。由于苏俄小农经济涉及人数众多、比例很大，允许农民自行处置自己的产品就必然引发商品经济的发展。当时许多人认为一旦开了这个口子，就意味着倒退。列宁却不这么看，他说："我们还退得不够，必须再退，再后退，从国家资本主义转到由国家调节买卖和货币流通。"[1] 列宁在《论合作社》中详细地论述了合作社，认为它是经济上把农民组织起来的最好形式，消费合作社和农业合作社在国家有计划地组织商品流通中发挥了重要作用。通过商品流通，合作社已经成为联系社会主义大经济和小农经济的纽带，成为小生产向社会主义过渡的桥梁。

列宁关于社会主义建设途径的探索说明，由于各国的国情和建立社会主义所处的条件不同，决定了它们向社会主义过渡的形式也必然是多种多样的，这种多样性越丰富，就越能促进社会主义发展的进程。因此，各国在进行社会主义革命和建设时，既要遵循共同规律，又要把马克思主义理论与本国具体情况相结合，探寻一条适合本国国情的具体道路。

思考题

1. 哪些因素推动了马克思主义在俄国的传播？
2. 列宁为创建无产阶级新型政党和共产党执政提出了哪些理论？
3. 列宁帝国主义理论的主要观点和贡献是什么？如何辩证地认识当代资本主义新变化的实质和发展趋势？
4. 为什么说《哲学笔记》等著作的问世为解决时代提出的课题提供了科

---

[1] 《列宁专题文集 论社会主义》，人民出版社 2009 年版，第 282 页。

学的方法论?

5. 新经济政策的提出和实施有什么重大意义? 对我国改革开放有什么影响?

6. 结合习近平新时代中国特色社会主义思想，谈谈列宁关于无产阶级政党执政和自身建设理论的现实意义。

7. 列宁关于监察机构和制度建设的理论和实践对我国有哪些重要影响?

第五章　马克思列宁主义在苏联的发展及挫折

列宁逝世后，俄共（布）继续领导苏联人民进行社会主义建设。经过长期努力，苏联逐步实现了国家工业化和农业集体化，建立了社会主义制度，在经济、政治、文化、社会建设等各方面都取得了巨大成就，一跃成为世界上屈指可数的大国，并在第二次世界大战中战胜德国法西斯，推动了马克思列宁主义的发展。第二次世界大战后，在苏联的帮助下，东欧国家相继走上社会主义道路。斯大林逝世后，苏共领导人曾几次进行改革，但均未成功。戈尔巴乔夫当政后，不遗余力地推行"人道的民主的社会主义"，致使改革变向和失控，最终导致苏共解散，苏联解体，马克思列宁主义在苏联的发展遭受严重挫折，留下了极为深刻的教训。

第一节　马克思主义理论研究的继续推进

继俄共（布）第十一次代表大会之后，斯大林在俄共（布）第十三次代表大会上再次被推选为俄共（布）中央总书记。在斯大林主持俄共（布）中央工作期间，苏联不仅在经济建设方面取得了巨大成就，而且在马克思主义理论建设方面作出了重大成绩，为苏联社会主义建设的进一步展开提供了有力的思想理论支撑。

一、马克思主义理论建设的开展

斯大林十分重视马克思主义的理论建设，在他的领导下，完成了以下三个方面的重要工作。

第一，重视对研究机构、理论刊物的创办和完善。列宁生前曾直接参与建立社会主义学院，把国内一些著名的和优秀的马克思主义学者（如波克罗夫斯基、斯克沃尔佐夫、斯捷潘诺夫、卢那察尔斯基、克鲁普斯卡娅、雷斯涅尔等）集中在自己的周围开展理论研究。在列宁的倡议下，还成立了马克思主义理论、历史和实践研究室，并以此为基础建立了马克思主义博物馆，该馆于1921年改建为马克思恩格斯科学研究院。1924年，社会主义学院改名为共产主义学院，并根据俄共（布）第八次代表大会的决定，成立了列宁研究院。继列宁之后，斯大林继续推进马克思主义理论建设。1931 年，联共（布）中央为了把出版马克思、恩格斯和列宁著作的工作结合起来，加强马克思列宁主义的综合研究，把马克思恩格斯科学研究院和列宁研究院合并为马克思恩格斯列宁研究院。在创建马克思主义研究机构的同时，联共（布）中央还创办了不少有关马克思主义研究的刊物，如《在马克思主义旗帜下》《社会主义学院通报》《红色文库》《马克思主义者科学协会会刊》等，这些刊物成为宣传马克思列宁主义的重要载体。

第二，加强了对马克思、恩格斯和列宁遗著的整理出版。早在十月革命前，俄国马克思主义者就在马克思和恩格斯著作的出版方面做了大量工作。十月革命后，马克思主义著作可以不受删节地全文公开出版，质量也有很大改进。列宁逝世后，马克思、恩格斯和列宁著作的出版工作进入了一个新阶段。1931—1938 年，联共（布）中央直属的马克思恩格斯列宁研究院，加紧出版了《马克思恩格斯全集》和《马克思恩格斯文库》，发表了大量马克思和恩格斯的手稿。在 1932 年以《马克思 1844 年经济学哲学手稿》为标题，首次发表了马克思写于 1844 年 4—8 月的"巴黎手稿"，引起了广泛注意。1932—1933 年，发表了《哥达纲领批判》《德意志意识形态》和恩格斯 1891 年为马克思的《法兰西内战》写的导言，产生了重大影响。1929 年至 1930 年发表了列宁的重要遗著《哲学笔记》，并从多方面对其展开了深入研究。1933 年在纪念马克思逝世 50 周年时，出版了马克思主义奠基人的文选（两卷集）和许多专题文集，成为苏联马克思主义出版史上的大事。1938 年《联共（布）党史简明教程》的出版和联共（布）中央为该书出版所作的决议，进一步推动了马克思、恩格斯和列宁著作的出版。1939—1941 年，马克思恩格斯列宁研究院第一次以完整的形式，用德文发表了马克思写于 1857—1858 年的经济学手稿，定名为《政治经济学批判大纲》，1941 年又出版了《自然辩证法》新版，纠正了 1925 年版中的错误。20 世纪 40 年代前半期，由于战争影响，马克思、恩格斯著作的翻译和出版基本处于停滞状态。战后不久，出版了恩格斯的《反杜林论》《家庭、私有制和国家的起源》的新版本，重印了 1941 年出版的恩格斯的《自然辩证法》。1947 年，分别出版了《马克思恩格斯全集》第 29 卷（内容为 1892—1895 年恩格斯的书信和以前各卷中遗漏的书信）和《马克思恩格斯全集》第 25 卷。马克思的《编年大事记》、马克思和恩格斯的书信选集等随后也陆续出版。当年,《马克思恩格斯全集》已全部出齐。50 年代,又开始出版 50 卷的《马克思恩格斯全集》新版,出版了马克思和恩格斯的一些重要著作更新更好的译本。35 卷本的《列宁全集》第 4 版也于 1946—1950 年出版。这些对马克思主义的传播和研究工作起了很大的作用。

第三,开展了对马克思主义理论和历史的系统研究。这种研究有以下几个特点:一是对马克思和恩格斯的思想进行了综合性研究,在马克思主义的思想来源、马克思和恩格斯的生平活动、主要著作和理论观点的研究等方面,都取得了一定进展;二是突出了对马克思的政治经济学特别是《资本论》的研究;三是对恩格斯研究相对落后的状况有了较大改变;四是涌现了一批有影响的马克思主义史专家,其代表人物是达·梁赞诺夫和弗·维·阿多拉茨基。梁赞诺夫的著作《马克思和恩格斯》,是苏联第一部内容较为全面的有关马克思和恩格斯的科学传记;他的另一部著作《马克思主义史概论》,系统阐述了作者对马克思主义以及马克思主义发展史的理解。这两部著作的缺点是对马克思最后十年间的理论活动和实践活动论述不够,对恩格斯生平的某些方面阐述得不够正确,特别是对恩格斯在发展科学社会主义方面的贡献认识不足。阿多拉茨基在 20 世纪 20—30 年代撰写了马克思和恩格斯的传记,以及大量关于马克思主义理论和历史的著作。他对列宁的思想,特别是列宁如何继承和发展马克思主义的学说,作了较为深入的研究,取得了不少成果。到 20 世纪 30—40 年代,苏联新一代马克思主义研究者成长起来,马克思主义理论和历史的研究也进入了一个新时期。

二、对重大理论问题展开讨论

20 世纪 20 年代末至第二次世界大战结束前,是苏联实现社会主义国家工业化和农业集体化的年代。社会主义建设对马克思主义理论的发展提出了迫切要求,而苏联理论战线的状况不能适应这种要求,为此,斯大林和联共(布)中央要求必须迅速地扭转这种局面。在德波林学派与机械论者的争论结束后,苏联哲学界又开始了一场新的争论。这场争论,直接由斯大林于 1929 年 12 月 27 日在马克思主义者土地问题专家代表会议上的演说引起。斯大林在题为《论苏联土地政策的几个问题》的演说中,批评了理论工作落后于社会主义建设实际的情况。他提出理论家们根据新的实践,对新经济政策问题、阶级问题、建设速度问题、党的政策问题，"都应该有新的提法"①，以摆脱理论工作与实际工作脱节的落后状况。斯大林的演说在苏联理论家中间产生了强烈的反响，各个科学研究机构都组织了专门的讨论和对理论脱离实际倾向的批判，推动和深化了马克思列宁主义的研究。

第一，对德波林学派忽视列宁主义哲学的倾向进行了批判。20 世纪 20 年代末至 30 年代初，以米丁、拉里采维奇和尤金为代表的哲学家们，对以德波林为代表的一些人所从事的哲学研究工作落后于实践的状况表示不满。他们提出，在"大转变"时期，马克思列宁主义哲学面临的任务是深入地研究列宁的哲学遗产。以批判德波林学派为实际内容的这场哲学大辩论，反映了哲学工作必须联系实际、联系党和国家中心工作的迫切要求。通过辩论，不仅使当时流传的错误观点受到揭露和批判，使理论脱离实际的局面开始有所扭转，而且在探索马克思主义哲学发展的列宁主义阶段方面取得了重要进展，这就为以后进一步研究列宁的哲学遗产奠定了基础。

第二，对历史唯物主义研究相对落后的情况进行了批评。历史唯物主义是革命胜利后苏联马克思主义哲学研究相对落后的方面，也是斯大林和联共（布）中央所批评的哲学战线上理论工作落后于实际工作的主要表现之一。20世纪 30 年代，苏联的马克思主义哲学家响应联共（布）中央的号召，加强了对历史唯物主义的研究，在一些重大问题上取得了比较一致的意见。针对德波林学派认为历史唯物主义仅仅是社会方法论的错误观点，苏联多数哲学家认为，历史唯物主义既是社会及其发展规律的一般理论，又是关于社会研究的方法论，其研究对象是整个历史发展的普遍规律。此外，对历史唯物主义的若干范畴及其关系的研究也取得了新的进展。例如，在社会经济形态、亚细亚生产方式、生产力与生产关系、经济基础与上层建筑的关系以及科学与生产力的关系等问题的研究上，都取得了不少成果，在一定程度上深化了历史唯物主义理论。

第三，对文艺理论与文艺方法问题展开了讨论。20 世纪 20 年代以来，关于社会主义文艺创作与文艺方法问题，曾发生过几次讨论，主要集中在几个问题上：一是关于无产阶级文艺的本质问题。讨论中批评了托洛茨基否认无产阶级文化、无产阶级文学存在的观点，使广大作家、批评家提高了对无产阶级文

---

① 《斯大林选集》下卷，人民出版社 1979 年版，第 211 页。

学和社会主义文学的本质及其相互关系的认识，增强了用无产阶级世界观、共产主义精神武装自己的自觉性。二是关于文艺与现实的关系问题。当时苏联有一批专家和文艺批评家热衷于探讨文艺形式问题，提出了"艺术是形式的艺术""艺术永远是脱离生活而自由的""艺术是一种游戏"等一系列形式主义的观点。针对这种情况，布哈林着重阐述了文艺内容与形式之间的辩证关系，他指出在两者关系的处理上，重形式而轻内容或重内容而轻形式的观点都是片面的。但内容同形式相比较，内容是决定性的方面，是内容决定形式，而不是相反。离开社会实际和社会关系去研究文艺形式、风格、结构等是没有出路的。三是关于文艺的政治倾向、党性的问题。有的艺术家认为文艺是不受意识形态控制的，这实际上是否定了党性在艺术家创作活动中的指导作用。布哈林、卢那察尔斯基等人，针对"岗位派"作家的这种观点，一方面强调要努力在意识形态、科学和生活的所有领域中确立无产阶级特有的立场，另一方面也肯定了文化事业的独特性以及由此决定的文化政策上的特殊性，主张在文学批评中采取与理性的批判相适应的综合方法。这为纠正在理解和执行布尔什维克党的文艺政策方面出现的偏差，奠定了理论基础。四是关于社会主义现实主义的问题。社会主义现实主义创作原则和创作方法的确立，是苏联文艺界这一时期学习和贯彻马克思列宁主义哲学思想和文艺理论的重大成果，是马克思主义文艺理论发展的重要标志。通过讨论，多数作家和艺术家逐步地做到了用马克思、恩格斯、列宁的哲学思想和文艺理论武装自己，对苏联文学艺术的发展发挥了重要作用。这一时期，马克思主义美学的研究也取得了不小的进步。

第四，对史学研究脱离实际的倾向进行了批评。针对苏联历史学界在俄国和苏联历史、联共（布）党史、革命史方面的研究不能适应社会主义建设需要的情况，联共（布）中央决心采取措施从根本上改变历史学的落后局面。首先，开展了史学理论和方法论的讨论，这种讨论围绕着历史学和社会学之间的关系展开。在讨论中，各种错误观点受到批评，马克思主义史学理论得到阐述。20 世纪 20 年代下半期和 30 年代初期，苏联史学界（在一定程度上还包括哲学界和经济学界）进行了一场关于亚细亚生产方式问题的讨论。这是十月革命胜利后关于历史学与社会学关系问题讨论的继续，仍属于历史学方法论问题的讨论。通过讨论，大多数历史学家们趋向于否定社会经济形态演变过程中的所谓"亚细亚"阶段，从而使苏联史学家们关于社会发展阶段的观点，在"五种社会经济形态"的理论基础上统一了起来。其次，对历史教学工作进行了整顿，对波克罗夫斯基的史学理论展开了批判。1931 年 9 月 5 日，联共（布）中央作出关于初等和中等学校的决议，将中学里的历史课恢复为独立科目。1934 年 5 月 16 日，苏联人民委员会和联共（布）中央联合作出了《关于苏联各学校讲授本国历史的决定》，要求给学生提供明确而具体的史料，引导学生用马克思主义观点去理解历史。在斯大林的亲自过问和具体指导下，1936 年 1 月 26 日，苏联人民委员会和联共（布）中央又一次联合作出关于历史学教科书编写问题的决定，同时开展了对波克罗夫斯基的公开批判，以消除苏联史学界存在着的非社会主义倾向、主观主义倾向以及"流于抽象化和公式化"的倾向。批判的积极成果是使苏联历史科学实现了向新阶段的转变，历史教学开始走上了正轨。历史学家们经过这场批判运动，逐步克服了前一段存在的某些缺点，在理论上和政治上显得更加成熟，一批年轻的历史学家成长起来，在用马克思主义观点解释苏联史和世界史上的重大问题方面取得了不小成绩。

上述所开展的这些批评和讨论也存在问题，主要是对持不同意见的对方无根据地进行政治上的指责，把理论上的问题直接同反党倾向联系起来，这种对待学术问题的简单粗暴的方式，对以后正常的学术讨论造成了危害。争论结束后，苏联哲学界曾一度出现了极端化和片面性的弊病，过多地注意社会主义建设中的具体问题和满足于对具体方针的解释，而忽视了对马克思列宁主义理论的深入探讨；也一度出现了否认黑格尔哲学、费尔巴哈哲学在马克思主义哲学形成中的作用，否认普列汉诺夫在马克思主义传播和发展中的作用的倾向。这种情况严重地妨碍了学术的健康发展。

苏联学界特别重视对资产阶级意识形态的批判。特别是在 1941—1945 年的伟大的卫国战争时期，从思想理论上批判了法西斯主义。包括揭露法西斯主义的政治、经济以及阶级实质，批判他们仇视人类的意识形态，揭露种族主义、帝国主义和"国家社会主义"等反动思想与尼采的"唯意志论"哲学、新黑格尔主义、马尔萨斯主义、施本格勒的学说等唯心主义理论的血缘关系。同时，弘扬苏维埃爱国主义精神，充分阐述社会主义的力量源泉和道义因素的巨大作用，用以教育红军指战员和全体劳动群众，有力地动员和鼓舞了苏联人民反对法西斯主义的斗争。

三、《论列宁主义基础》对列宁主义的系统阐发

1924 年 4—5 月间，斯大林在其重要著作《论列宁主义基础》中，系统阐

释了列宁主义，尤其是对列宁主义的定义、列宁主义的方法，列宁关于社会主义革命的理论、关于无产阶级专政的理论、关于农民问题的理论、关于民族问题的理论以及党的理论等，表达了重要的看法。

1. 关于"列宁主义"的定义

斯大林在《论列宁主义基础》中提出了关于"列宁主义"的定义。他说："列宁主义是帝国主义和无产阶级革命时代的马克思主义。确切些说，列宁主义是无产阶级革命的理论和策略，特别是无产阶级专政的理论和策略。"①

这个定义一是正确地反映了列宁主义产生的历史根源。19 世纪 70 年代以后，自由资本主义发展为垄断资本主义，西方列强成为极具侵略性的帝国主义国家。世界历史已经进入帝国主义和无产阶级社会革命的时代。在这个时代，世界上呈现出许许多多的矛盾，特别是下述三个重要矛盾：帝国主义国家内无产阶级与资产阶级的矛盾、帝国主义国家之间的矛盾和帝国主义列强与殖民地、被压迫国家与被压迫民族的矛盾。在这个时代，由于帝国主义列强已经将世界领土瓜分完毕，列强之间实力对比发生变化，必将爆发帝国主义列强重新瓜分世界的战争。帝国主义战争将严重地激化上述各种矛盾。尤其是严重激化帝国主义国家内无产阶级与资产阶级的矛盾，使得这些国家内革命形势高涨，以致爆发无产阶级夺取政权和建立无产阶级专政的斗争。可以说，人类进入帝国主义和无产阶级社会革命的时代，是列宁主义产生的历史根源。斯大林关于列宁主义的定义反映了这一时代特征。二是揭示了"列宁主义是无产阶级革命的理论和策略，特别是无产阶级专政的理论和策略"。"帝国主义和无产阶级社会革命时代"的性质决定了这个时代将经常地、不断地爆发无产阶级反对资产阶级统治的斗争，决定了各国垄断资产阶级的统治地位趋向没落，摇摇欲坠。当时，由于各国资产阶级统治者对无产阶级剥削的加强，以及帝国主义战争的催化作用，西方各国的革命形势不断高涨。各国无产阶级面临的任务是进行革命，推翻资产阶级政权，建立无产阶级专政。这就是无产阶级专政的理论和策略。可是斯大林关于列宁主义的这个定义，由于历史时代的限制，未涵盖和反映列宁主义关于经济建设、文化建设和党的建设的内容。

2. 关于列宁主义的方法

《论列宁主义基础》阐述了列宁主义的方法。斯大林提出：列宁主义的方

---

① 《斯大林选集》上卷，人民出版社 1979 年版，第 185 页。

法，一是以生动的实践检验第二国际的各种理论教条，恢复被第二国际破坏了的理论与实践的统一；二是根据第二国际的行动而不是根据它们的口号来检查第二国际各党的政策；三是按照革命的方式去改造全部党的工作；四是以自我批评的方法来培养党的干部和领导者。①

斯大林的上述看法，是在深入分析第二国际的问题以及列宁所进行的批判后而产生的。第二国际在演进过程中形成了理论和实践相背离的严重问题。如1912年第二国际有关会议通过《巴塞尔宣言》，表达了反对军国主义和反对帝国主义战争的正确态度。可是，第一次世界大战爆发后，第二国际以及大多数国家党的领导者纷纷背叛《巴塞尔宣言》，拥护和支持帝国主义战争，呼喊"保卫祖国"的口号，驱使本国工人上前线厮杀。这个事实是第二国际理论与实践相背离的适当例证。第二国际有一个"理论教条"，即只有无产阶级占全国人口的多数、资本主义得以充分发展以及生产力达到较高的程度，才能进行无产阶级夺取政权的革命并建设社会主义社会。他们根据这个教条来衡量俄国，认为俄国的无产阶级占人口的少数，社会生产力远未达到无产阶级可以夺取政权并建设社会主义社会的地步，它不可以进行革命。列宁批评说，第二国际的英雄们不懂得马克思主义的革命辩证法。革命的辩证法指明，革命的环境和条件是多样的和变化着的。在俄国，由于第一次世界大战激化了国内的社会矛盾和阶级矛盾，形成了工人革命和农民战争相结合的局面，大大地增强了革命的力量。在这种形势下，无产阶级应该和必须勇往直前，发动革命，夺取政权。他说，第二国际的英雄们不敢正视马克思主义的革命辩证法，不愿接受它，表明了他们对马克思主义理论极端迂腐的态度，也表明了他们理论脱离实践或者说理论与实践相背离的错误。斯大林在叙述了列宁所作的批判后说："难道俄国无产阶级革命的实践没有表明，第二国际的英雄们所喜爱的这个教条对于无产阶级是毫无实际意义的吗？群众革命斗争的实践打击和打破了这个陈腐的教条，这难道还不明显吗？"② 在这里，斯大林对第二国际理论上的错误和列宁对其所作的批判，有深刻的理解和掌握。他明确地表明破除第二国际理论脱离实践的教条主义的决心。

---

① 参见《斯大林选集》上卷，人民出版社1979年版，第194页。
② 《斯大林选集》上卷，人民出版社1979年版，第195页。

3. 列宁主义关于"理论"的意义和无产阶级革命的理论

斯大林在其著作《论列宁主义基础》中结合俄国的实践，阐释了列宁关于"没有革命的理论就不会有革命的运动"的观点，强调了无产阶级革命理论的重要性。在 20 世纪初俄国无产阶级准备建立自己政党的时候，"经济派"否定理论工作的意义，在他们发表的所有文章中，只字不提理论工作的重要性和必要性，相反却大谈所谓"批评自由"。列宁针锋相对地说：臭名远扬的批评自由的实质是"自由地抛弃任何完整的和周密的理论"，是折中主义和无原则性，它们力图脱离马克思主义的正确立场，抛弃以马克思主义理论指导革命运动的原则。列宁从理论与实践统一的高度阐述了二者关系："没有革命的理论，就不会有革命的运动。"[①] 他强调说，这个原则是必须始终坚持的，而对于俄国社会主义者来说，由于运动刚刚开始，同非马克思主义派别进行思想上的清算远没有结束，坚持革命的理论尤其重要。斯大林正确地把握了上述列宁的思想。针对当时有人认为，列宁主义把马克思主义理论变成现实，它的特点是重视实践，至于理论，它是很不关心的，斯大林指出这是"不符合实际情况的"[②]。"列宁比谁都更了解理论的重要意义，特别是对于我们党这样一个党的重要意义。因为我们党负有国际无产阶级的先进战士的作用，因为我们党处于复杂的国内环境和国际环境中。"[③] 显然，斯大林理解并坚定地维护了列宁主义关于理论的重要意义的观点。

斯大林阐释了列宁主义关于世界无产阶级革命的理论。马克思、恩格斯关于无产阶级革命的理论，是世界革命的理论。1917 年俄国二月革命结束时列宁所主张的无产阶级革命，也是世界革命的理论。如列宁在从西方返回俄国前夕，在《给瑞士工人的告别信》中提出，俄国是一个农民国家，是欧洲最落后的国家之一，在这个国家里，社会主义不能立即直接取得胜利；但俄国无产阶级可以使俄国的民主革命具有巨大的规模，使它产生冲击力和影响力，从而使俄国革命成为欧美无产阶级革命的"序幕"，以利于欧美各国的无产阶级起来同资本主义"决战"。十月革命后特别是在国内战争时期，列宁说，摆在俄国无产阶级面前的历史课题，是必须解决国际革命的任务，使俄国的革命变成世界革命。

---

① 《列宁全集》第 6 卷，人民出版社 2013 年版，第 23 页。
② 《斯大林选集》上卷，人民出版社 1979 年版，第 199 页。
③ 《斯大林选集》上卷，人民出版社 1979 年版，第 200 页。

　　斯大林联系当时世界革命形势的实际，阐释了上述列宁的思想。他指出，在资本主义国家内，无产阶级同资产阶级的矛盾日益加深，革命危机日益尖锐化；由于帝国主义宗主国对殖民地和附属国的剥削加深，殖民地国家内的革命危机日益尖锐化；由于资本主义国家发展的不平衡和它们要求依据实力重新瓜分世界，帝国主义战争不可避免，东西方的各种矛盾必然激化；"欧洲的无产阶级革命和东方的殖民地革命必然联合为一条世界革命战线，来反对世界帝国主义战线"[①]。他还说："从前，通常都是说某一个发达的国家内的无产阶级革命，认为这是个别的独立自在的现象，而以个别的民族的资本战线为敌方。现在，这种观点已经不够了。现在必须说世界无产阶级革命，因为个别的民族的资本战线已经变成所谓世界帝国主义战线的整个链条的各个环节，必须拿世界各国革命运动的总战线来对抗这个世界帝国主义战线。"[②] 斯大林认为，这就是列宁的社会主义革命论，即世界革命论。这种解释，符合列宁关于欧美无产阶级同资本主义进行"决战"的思想。

　　4. 列宁主义关于"农民问题"的理论

　　斯大林在《论列宁主义基础》中阐释了列宁主义关于"农民问题"的理论，尤其是阐释了列宁关于农民问题极端重要性的思想以及俄国革命各个时期必须实现工农联盟的思想。

　　斯大林阐述了列宁关于农民问题极端重要性的思想。列宁一贯坚持无产阶级要完成夺取政权和建立无产阶级专政的任务，不能不解决联合同盟军的问题。在农民占人口大多数或者农民在人口中占一定比重的国度里，无产阶级的同盟军就是农民。进行革命的无产阶级只有团结农民，建立起巩固的工农联盟，才能实现推翻资产阶级的统治和建立无产阶级专政的任务。斯大林对此有正确的认识和阐释："不言而喻，谁想夺取政权，谁准备夺取政权，谁就不能不关心自己的真正同盟者的问题。""从这个意义上说，农民问题是无产阶级专政这个总问题的一部分，因而也就是列宁主义的最迫切的问题之一。"[③] 这里，他把农民问题在列宁主义体系中的地位提到一个很高的高度来认识。

　　斯大林阐述了列宁关于俄国革命各个时期必然实现工农联盟的思想。在俄国资产阶级革命时期，农民在寻找可以帮助他们反对封建统治和剥削的力量。

---

① 《斯大林选集》上卷，人民出版社 1979 年版，第 204 页。
② 《斯大林选集》上卷，人民出版社 1979 年版，第 205 页。
③ 《斯大林选集》上卷，人民出版社 1979 年版，第 226 页。

斯大林指出，"当时在俄国究竟有没有这样的力量呢？是的，是有的。这就是俄国无产阶级，它还在 1905 年就已经显示出自己的力量、自己的斗争到底的本领、自己的勇气、自己的革命性"①，从而强调了农民同无产阶级联盟的必然性。在俄国无产阶级革命时期即二月革命以后的时期，破产的农民要求结束战争，实现和平。可是要结束战争，必须推翻资产阶级立宪民主党、社会革命党和孟什维克联合执掌的政权，因为这个政权主张继续进行战争。当时的俄国，只有无产阶级及其政党有胆略和能力推翻上述政权并结束战争。农民只有支持这个阶级及其政党，才能达到自己的目的。斯大林说："大多数农民支持了工人为争取和平、为苏维埃政权而进行的斗争。""当时在农民面前没有别的出路，而且不可能有别的出路。"② 这是对无产阶级革命时期实现工农联盟的必然性的论证。苏维埃政权建立以后，特别是国内战争结束以后，列宁要求苏维埃政权采取紧急措施改善农民的生活状况和生产条件。如他主张改粮食征集制为粮食税制，允许自由贸易，向农村供应农民消费必需的工业品，满足农民生活和生产的需要。他还主张在农村开展文化工作，提高农民的文化水平，在农村发展合作社，引导农民走向社会主义道路。历史证明，在上述列宁思想的指引下，经过苏维埃政权的艰苦努力，苏俄的工农联盟得到了巩固，无产阶级专政得到了巩固。斯大林说：有的人怀疑苏俄建设新制度时期工农联盟的必然性和可能性，事实说明他们是不对的。"说明列宁主义是对的，因为列宁主义把劳动农民群众看作无产阶级的后备军。""说明执掌政权的无产阶级能够运用而且应当运用这个后备军，以便把工业和农业结合起来，发展社会主义建设，为无产阶级专政建立过渡到社会主义经济所绝对必需的基础。"③ 可见，在联合农民这个同盟军、在俄国革命的各个不同阶段都强调工农联盟的重要性等问题上，斯大林与列宁的主张完全一致。

5. 列宁主义关于"民族问题"的理论

斯大林在《论列宁主义基础》中还阐释了列宁主义关于"民族问题"的理论，尤其是在民族问题上区别了列宁主义理论与第二国际机会主义者的观点，阐述了列宁主义关于民族问题"两个历史趋向"的思想。

斯大林把列宁关于民族问题的理论同第二国际机会主义者关于民族问题的

---

① 《斯大林选集》上卷，人民出版社 1979 年版，第 230 页。
② 《斯大林选集》上卷，人民出版社 1979 年版，第 231 页。
③ 《斯大林选集》上卷，人民出版社 1979 年版，第 236 页。

观点相比较，阐述并高度地评价了列宁的理论。第一，就讨论民族问题的视域而言，第二国际机会主义者仅在西方文明民族的范围以内考虑民族问题，如他们所关心的是爱尔兰、匈牙利、波兰、芬兰和塞尔维亚等的民族独立问题。亚洲和非洲各民族遭受压迫和争取独立的斗争，未纳入他们的视线。与此截然不同，列宁主义从世界范围内看民族问题，确认帝国主义时代世界划分为两个阵营：一是西方文明民族的阵营，二是亚洲、非洲的殖民地和附属国的阵营，并且前一个阵营残酷压迫和剥削后一个阵营。因此，在帝国主义时代，民族问题已经成为殖民地和附属国摆脱帝国主义压迫的世界性问题。斯大林对此正确地阐释说：列宁主义产生后，"把民族问题和殖民地问题联结起来了。于是民族问题就由局部的和国内的问题变成了一般的和国际的问题，变成了附属国和殖民地被压迫民族摆脱帝国主义桎梏的世界问题"①。第二，就解决民族问题的途径而言，第二国际机会主义者天真地以为民族问题可以通过"法"的途径来解决，制定了许多关于"民族平等"的宣言，呼吁压迫民族的统治阶级实现"民族的平等权利"，把解决民族问题的途径停留在法律和观念的层面，而不是通过革命斗争的实践去解决。与此不同，列宁主义强调压迫国家的无产阶级支持被压迫民族的解放斗争。斯大林就此说："列宁主义把民族问题从大吹大擂的宣言的天空拉到地上来，指出如果无产阶级政党不直接援助被压迫民族的解放斗争，'民族平等'的宣言就是空洞的虚伪的宣言。"② 显然，斯大林对上述列宁观点的阐释是明确而深刻的。

斯大林阐释了列宁关于民族问题"两个历史趋向"的思想。第一次世界大战时期，社会主义运动左派队伍中有的人否定殖民地被压迫民族解放运动的意义和民族自决权的意义，认为帝国主义时代不应有被压迫民族的解放战争，因为民族解放战争都会触犯某一帝国主义强国或帝国主义联盟的利益而转化为帝国主义战争。他们还认为，实行"民族自决权"从而使一些民族分离为独立的国家，不利于社会主义的发展，因为社会主义要在发展进程中消灭民族差别和民族。列宁在批评上述观点的过程中指出，在帝国主义时代，可以看出民族问题的"两种历史趋势"：第一种趋势是殖民地被压迫民族觉醒，进行反对民族压迫的斗争，要求建立独立国家；第二种趋势是各个民族之间的交往和联系日

---

① 《斯大林选集》上卷，人民出版社 1979 年版，第 237 页。
② 《斯大林选集》上卷，人民出版社 1979 年版，第 238 页。

益频繁，民族壁垒被破坏，经济生活、政治生活和科学文化日益国际化。列宁论述了两个趋势之间的关系，认为正视第一个趋势，肯定"民族自决权"，充分地给予被压迫民族分离的自由，才能促进各民族之间的接近和融合，以利于社会主义事业。他说："我们要求民族有自决的自由，即独立的自由，即被压迫民族有分离的自由，并不是因为我们想实行经济上的分裂，或者想实现建立小国的理想，相反，是因为我们想建立大国，想使各民族接近乃至融合……没有分离的自由，这是不可想象的。"① 列宁的思想，是以可以实现自由分离为手段，达到各民族融合的目的。对于列宁的思想，斯大林有正确的理解。他指出："这两个趋向不过是一个问题即被压迫民族摆脱帝国主义压迫这一问题的两个方面，因为共产主义知道：各民族在统一的世界经济中的联合，只有根据相互信任和自愿协定的原则才能实现；各民族的自愿联合，只有经过使殖民地从'统一的'帝国主义'整体'分离出来的道路，经过使殖民地变为独立国家的道路才能达到。"② 这一论述正确地阐释了上述列宁的思想。

四、斯大林对马克思主义哲学的贡献

1950 年，斯大林发表了《马克思主义和语言学问题》等重要著作，着眼于解决指导思想中的全局性问题，对战后世界历史发展和苏联社会主义建设中的新问题进行了理论思考，从哲学的高度，对马克思主义发展作出了重要贡献，同时也存在一定的历史局限性。

斯大林的哲学思想有一个发展过程。十月革命前斯大林写的《社会主义和无政府主义》，主要叙述了前人的思想，是他早期哲学思想的代表作。1938 年写的《论辩证唯物主义和历史唯物主义》，是他中期哲学思想的代表作。其基本内容，一是把辩证唯物主义的阶级性、党性与马克思列宁主义政党的世界观基础之间的内在联系，概括为"辩证唯物主义是马克思列宁主义党的世界观"③，指明了坚持辩证唯物主义与在思想和行动上做一个真正马克思列宁主义政党成员的高度一致性。二是正确地揭示了马克思主义哲学与德国古典哲学的关系，指出了马克思主义哲学对黑格尔辩证法、费尔巴哈唯物主义的批判继承和革命性变革。三是阐述了辩证唯物主义和历史唯物主义的基本特征，肯定了

---

① 《列宁全集》第 27 卷，人民出版社 2017 年版，第 85 页。
② 《斯大林选集》上卷，人民出版社 1979 年版，第 243 页。
③ 《斯大林文集（1934—1952）》，人民出版社 1985 年版，第 200 页。

唯物辩证法在马克思主义哲学中的决定性意义，概括了人们对客观世界由表及里的认识秩序。在阐述马克思主义哲学唯物主义基本特征时，回答了"世界本原是什么"，以及思维与存在是否具有同一性等问题，指出了辩证唯物主义与辩证唯心主义的根本区别、辩证唯物主义作为一般唯物主义与一般唯心主义的根本区别、辩证唯物主义作为真正科学的可知论与一切形式的不可知论的根本区别。

斯大林在阐述历史唯物主义基本特征时，揭示了"社会物质生活条件"包含的内容及其各自对社会发展进程的作用。第一，确定地理环境、人口条件和生产方式是社会存在的主要内容，属于社会物质生活方面。第二，提出"社会所处的自然环境即地理环境"及"人口的增长，居民密度的大小"这两个条件，能够"加速或者延缓社会发展进程"，但"不可能是社会发展的主要力量"，对社会发展不发生"决定的影响"。第三，指出"物质资料的生产方式"是决定社会发展的主要力量和具有决定性影响的条件。他指出，生产方式是社会存在和发展的决定力量。生产方式决定社会性质，推动一种社会形态向另一种社会形态的发展，它的改变必然引起整个社会结构和政治结构的改变。此外，斯大林还论述了生产力与生产关系、经济基础与上层建筑之间的辩证关系和辩证运动。他结合苏联社会主义实践，强调新社会思想、新理论观点、新政治设施、新政权在新生产力同旧生产关系冲突时，在社会新的经济需要的基础上一经产生，便反过来对社会生活、社会历史展现出巨大的作用，表明了马克思主义唯物主义的历史性和辩证性。

《论辩证唯物主义和历史唯物主义》一书存在的问题也不容忽视。第一，对辩证唯物主义与历史唯物主义之间关系的阐述不准确，如把作为"党的世界观"的辩证唯物主义归结为自然观，而把历史唯物主义仅说成是自然观在社会历史领域的"推广"和"应用"，削弱和贬低了唯物史观的作用和地位。同时，关于生产力范畴的界定不准确，关于资本主义和社会主义制度下生产关系与生产力之间关系的观点也过于武断。第二，没有全面准确地阐述马克思主义辩证法的实质及其基本内容，如对于对立统一规律，只讲了对立面的斗争，而未讲其统一，更没有讲对立面的统一是辩证法的实质和核心。关于质量互变规律，也只讲了量转化为质，未讲质变后量的扩张。至于否定之否定规律则未被斯大林列入马克思主义辩证法的基本规律。第三，在阐述马克思主义哲学唯物主义时，一个很大的缺陷是将世界观和方法论割裂开来，将唯物主义说成是世界观，将辩证法说成是方法论。此外，该书未对 20 世纪 30 年代末以前自然科学成就作出科学概括，对马克思主义哲学应用对象和应用任务的引导同现实需要有较大差距。这都表明了该书的局限性。

　　1950 年 5 月至 7 月初，苏联《真理报》针对当时苏联著名语言学家尼·雅·马尔等人所宣扬的唯心主义和形而上学观点，组织了一次关于语言学问题的讨论，以便通过批评和自我批评，克服语言学研究中的停滞现象，确定这门科学进一步发展的方向。斯大林非常关注并亲自参加了这次讨论。他写下了《论语言学中的马克思主义》《论语言学的几个问题》《答同志们》等文章。1950 年 8 月，这些文章和复信被汇集成《马克思主义和语言学问题》一书出版，对马克思主义哲学的基本原理作了进一步的阐述和发挥。

　　第一，在论述语言与上层建筑的根本区别时，对经济基础和上层建筑的概念作了明确规定。他指出，经济基础"是社会在其一定发展阶段上的经济制度"，"上层建筑是社会的政治、法律、宗教、艺术、哲学的观点，以及同这些观点相适应的政治、法律等设施"。① 上层建筑有两个部分，一是客观实在的上层建筑，即政治、法律制度和设施；二是观念的或思想的上层建筑，即政治、法律、宗教、艺术、哲学观点的思想体系或意识形态。斯大林在《马克思主义和语言学问题》中首先揭示了政治上层建筑和思想上层建筑之间相辅相成的关系。政治法律设施是统治阶级根据自己的政治法律等观点建立起来的，"设施"与意识形态相适应。在斯大林之前，对政治法律制度根据什么、怎样在经济基础上建立起来的问题，还没有人作出具体的回答。其次，揭示了经济基础与上层建筑之间的辩证关系，对上层建筑必须适合经济基础状况的规律作了论述。他指出经济基础决定上层建筑："任何基础都有同它相适应的自己的上层建筑……如果基础发生变化和被消灭，那么它的上层建筑也就会随着发生变化和被消灭。如果产生新的基础，那就会随着产生同它相适应的上层建筑。"② 他还进一步指出，上层建筑对经济基础具有反作用，表现在两个方面，一是新的上层建筑积极帮助自己的基础形成和巩固，二是新的上层建筑要为消灭旧基础及其旧上层建筑而斗争。

　　第二，提出了生产关系是生产力和上层建筑之间的中介的观点。他说：

---

① 《斯大林文集（1934—1952）》，人民出版社 1985 年版，第 547 页。
② 《斯大林文集（1934—1952）》，人民出版社 1985 年版，第 547—548 页。

"上层建筑是通过经济的中介、通过基础的中介同生产仅仅有间接的联系。因此上层建筑反映生产力发展水平的变化，不是立刻、直接反映的，而是在基础变化以后，通过生产变化在基础变化中的折光来反映的。"① 这一论断科学地说明了社会发展中生产力、生产关系和上层建筑三个层次，以生产关系为中间环节构成两对矛盾，它们决定着社会性质、面貌及其发展。但斯大林没能全面地提出生产力与生产关系、经济基础与上层建筑之间矛盾的关系，并用相应的哲学概念加以概括，作出关于社会基本矛盾的完整、明确的表达。其原因在于，他不承认社会主义社会仍然存在矛盾，在思想上偏离了辩证法。

第三，提出了质变的两种形式，即爆发式飞跃和非爆发式飞跃。他指出，爆发式主要表现为"一次决定性的打击"，一下子完成新旧更替，具有突然性；而非爆发式则表现为经过新质要素的逐渐积累和旧质要素的逐渐衰亡来逐步过渡以实现飞跃，具有逐渐性和长期性。从旧质过渡到新质经过爆发的规律，不是在任何时候都适用于诸如基础或上层建筑之类的社会现象。"对于分成敌对阶级的社会，爆发是必需的。但是对于没有敌对阶级的社会，爆发就决不是必需的了。"② 他具体论述了社会主义制度下所有制改造所采取的"逐渐过渡"的形式，肯定了质变过程的非爆发形式及其多样性。斯大林还认为，"逐渐过渡"形式包括使新东西渗透到旧东西中，改变其旧本性，从而实现质的飞跃。

《马克思主义和语言学问题》中的思想，一定程度上丰富了马克思主义哲学原理，对于处理、解决社会主义社会中各种社会矛盾也有指导作用。但是，斯大林关于经济基础不是各种生产关系的总和，而是占统治地位的生产关系各方面的总和的观点、关于上层建筑随着基础的消灭而消灭的表述都是不确切的。马克思认为，经济基础是与一定历史阶段生产力发展水平相适应的生产关系各方面的总和；全部上层建筑是随经济基础的变化而或快或慢地发生变化，其中观念上层建筑具有相对独立性，表现之一就是社会存在与社会意识的发展不同步，具有超前或滞后的现象。斯大林上述问题的表述失当说明斯大林对马克思主义经典作家思想的理解还不够深透和充分。

---

① 《斯大林文集（1934—1952）》，人民出版社 1985 年版，第 551—552 页。
② 《斯大林文集（1934—1952）》，人民出版社 1985 年版，第 566 页。

第二节　对苏联社会主义建设经验的理论总结

斯大林在总结苏联社会主义建设经验中提出了一系列理论观点，体现出苏联共产党人在社会主义建设过程中对马克思列宁主义的理论思考，具有积极的意义。同时，在理论概括方面也存在一些缺陷，给苏联的社会主义实践带来了消极影响。

一、对科学社会主义理论的多方面探索

斯大林在领导苏联社会主义建设时期，在理论上的贡献，表现在他通过对苏联社会主义建设经验的理论总结，对科学社会主义理论作出了系统阐发。其成果主要体现在他所撰写的《论列宁主义基础》《托洛茨基主义还是列宁主义?》《论列宁主义的几个问题》《论联共（布）党内的右倾》和《关于苏联宪法草案》等著作和报告中。

1. 系统论述了列宁的建党学说

斯大林系统地总结和发挥了列宁的建党学说，把列宁主义党的特点概括为六个方面。

一是提出"党是工人阶级的先进部队"。党应当由工人阶级的先进分子组成，是"工人阶级的政治领袖"[①] 和"战斗司令部"[②]。它"应当用革命理论，用运动规律的知识，用革命规律的知识把自己武装起来"[③]。

二是提出"党是工人阶级的有组织的部队"[④]。党应该依靠政治信仰、严格的组织性、纪律性组织成为战斗的集体。它是一个统一的不可分割的机体，必须坚持"少数服从多数"和"党的工作由中央来领导"[⑤] 的原则。

三是提出"党是无产阶级阶级组织的最高形式"[⑥]。无产阶级需要在无产阶级政党的统一领导下建立一系列的群众组织，无产阶级夺取政权后还要建立各级行政部门和经济管理组织。党应当成为工人阶级优秀分子的"集合点"，能够广泛联系各种组织，加强对它们的领导，成为培养各种组织领导者的最后

[①] 《斯大林选集》上卷，人民出版社 1979 年版，第 261 页。
[②] 《斯大林选集》上卷，人民出版社 1979 年版，第 262 页。
[③] 《斯大林选集》上卷，人民出版社 1979 年版，第 261 页。
[④] 《斯大林选集》上卷，人民出版社 1979 年版，第 263 页。
[⑤] 《斯大林选集》上卷，人民出版社 1979 年版，第 264 页。
[⑥] 《斯大林选集》上卷，人民出版社 1979 年版，第 265 页。

学校，并能通过说服和教育的办法，使其自愿接受党的领导。

四是提出"党是无产阶级专政的工具"①。党是无产阶级用来争得专政、巩固并扩大专政的工具。随着阶级的消灭，随着无产阶级专政的消亡，党也一定会消亡。

五是提出"党是意志的统一，是和派别组织的存在不相容的"②。只有思想统一、意志统一，才能保证党具有铁的纪律，步调一致地争取社会主义的胜利。"派别组织的存在，无论和党内统一或党内铁的纪律都不能相容。"③

六是提出"党是靠清洗自己队伍中的机会主义分子而巩固起来的"④。

斯大林在概括这些特点时存在一定片面性，如片面强调依靠"清洗"来巩固党，对管党、建党强调不够，论述不足；过分强调集中，忽略了党内民主；等等。苏联在党的建设方面的失误，与这种片面性认识关系很大。

2. 进一步阐发了无产阶级专政学说

斯大林领导苏联近 30 年，他根据实践经验对无产阶级专政学说作了进一步阐发。

首先，他揭示了无产阶级专政的性质和任务，"无产阶级专政是无产阶级革命的工具"，"是无产阶级对资产阶级的统治"，"苏维埃政权是无产阶级专政的国家形式"⑤。他在《论列宁主义基础》和《论列宁主义的几个问题》等著作中，对无产阶级专政的任务进行了阐述。其主要内容包括：镇压剥削阶级的反抗，保卫国家；促进世界各国革命的发展和胜利；改造小生产，组织社会主义建设，消灭阶级，实现向无阶级社会即社会主义社会的过渡。

其次，阐述了无产阶级专政的职能。他把无产阶级专政的职能明确地划分为暴力和非暴力两个相辅相成的方面，认为它们都会在不同时期发挥作用，但侧重面有所不同。在国内战争时期，专政的暴力作用更明显一些，但仍需要和平建设；在社会主义建设时期，专政的作用主要集中在组织经济建设、发展科学技术、提高人民文化水平、制定社会主义法制等方面，但也必须加强军队和其他暴力机关建设。1927 年，斯大林在和来访的美国工人代表团的谈话时表

---

① 《斯大林选集》上卷，人民出版社 1979 年版，第 267 页。
② 《斯大林选集》上卷，人民出版社 1979 年版，第 269 页。
③ 《斯大林选集》上卷，人民出版社 1979 年版，第 270 页。
④ 《斯大林选集》上卷，人民出版社 1979 年版，第 270 页。
⑤ 《斯大林选集》上卷，人民出版社 1979 年版，第 214 页。

示，"苏维埃政权是无产阶级专政最好的国家形式"①。

斯大林的这些论述，对无产阶级专政的建立和巩固，具有重要现实意义。然而苏联在具体实践过程中，在对阶级斗争形势的估计上出现了严重偏差。1936 年，苏联已经实现了工农业的社会主义改造，消灭了私有制和人剥削人的现象。鉴于这种情况，斯大林在全苏维埃第八次非常代表大会上所作的《关于苏联宪法草案》的报告，正确地指出剥削阶级已经消灭了。但当时他对社会上存在着的剥削阶级残余还缺乏认识，因而对社会上存在的阶级矛盾和阶级斗争现象无法进行解释。1937 年，他在《论党的工作缺点和消灭托洛茨基两面派及其他两面派的办法》一文中，正确地指出了还存在剥削阶级残余，但认为它们不是来自内部，而是帝国主义派遣的代理人、特务、破坏分子。同时，他对社会主义社会阶级斗争的规律及其发展总趋势也作出了完全错误的判断，这是导致苏联 20 世纪 30 年代末肃反扩大化的认识根源。

3. 提出了一国建成社会主义的理论

斯大林提出这一理论的现实依据和主要观点。托洛茨基认为俄国一国不能建成社会主义，斯大林不同意这一断言。针对托洛茨基的观点，斯大林在《再论我们党内的社会民主主义倾向》等一系列文章中，系统地阐述了俄国一国可以建成社会主义的理论，同时，他也认为社会主义的最终胜利不能靠一个国家。

斯大林论述了一国建成社会主义的客观依据。一是从国内情况看，具有物质前提和政治基础，无产阶级剥夺了地主和资本家，将土地、工厂、铁路、矿山、银行变为全民财产，从而掌握了国家的经济命脉。同时，由于新经济政策的贯彻执行，并逐步实行列宁的合作化计划，农民群众得以休养生息，生产积极性大大提高，国民经济迅速得到恢复。二是党的领导地位和工农联盟不断巩固，无产阶级专政日益强大，从而为一国建成社会主义创造了稳固的政治基础。三是从国际环境看，形势也对苏联有利。这就是帝国主义之间矛盾重重，正在明争暗斗，苏联可以利用帝国主义之间的矛盾，争取一个比较长时间的和平局面。此外，西方无产阶级和东方被压迫人民所进行的斗争，也是对苏联社会主义建设的鼓舞和支持。正是基于这些具体分析，斯大林领导制定了社会主义建设的理论及相应的方针政策。

---

① 《斯大林选集》上卷，人民出版社 1979 年版，第 612 页。

斯大林的一国建成社会主义理论的提出，对于当时苏联处于帝国主义包围的国际环境下，鼓舞苏联人民增强建设社会主义的信心发挥了重要作用。但这一理论明显有降低社会主义标准，缺乏国际视野的缺陷。

二、关于社会主义工业化和农业集体化的理论

1. 斯大林同布哈林的争论

联共（布）十四大（1925年12月）提出了社会主义工业化方针，推动了苏联工业的迅速发展，而苏联工业的迅速发展同落后的农业之间的矛盾日趋突出。这是因为，苏联的工业化得不到外援，资金积累主要靠国内，特别是靠农业商品粮的生产。当时的苏联农业以小农经济为主，生产率低，商品率更低，无法适应工业发展的需要。1927年底和1928年初还发生了"粮食收购危机"，严重阻碍了整个经济特别是工业化的进程。为解决工农业经济失衡的矛盾，联共（布）十五大（1927年12月）通过了关于农业集体化的决议。但是，由于党内对列宁的新经济政策的理解不同，对国际形势及其对国内影响程度的判断也不一致，随后在如何克服"粮食收购危机"、如何加速实现工业化和农业集体化等问题上分歧严重，于是在核心领导层内发生了斯大林同布哈林之间的争论。

斯大林认为，由于农村阶级斗争加剧、富农暗中破坏，也由于集体农庄发展缓慢，造成粮食收购下降，党应该把同富农作斗争列为农村工作的重点，采取超出新经济政策框架的"非常措施"，如在全国范围内，向主要产粮区派出征粮队，对不肯按国家规定价格把余粮卖给国家的"富农和投机者"，根据法律条款没收其全部剩余粮食。同时斯大林号召加速开展农业集体化运动，以克服"粮食收购危机"，加快实现国家的工业化。

斯大林的上述观点和措施，遭到了布哈林的反对，他批评斯大林离开了列宁的思想理论原则。一是布哈林认为造成粮食收购危机的原因在于政府机构工作的失误。他主张根据列宁的新经济政策，通过提高粮食收购价格，更快地发展轻工业来解决矛盾和问题。他强调，列宁的新经济政策作为党的经济政策的基本依据，其作用尚未充分发挥，而斯大林的上述观点和措施离开了新经济政策，造成了过火的行为，应通过批评这种过火行为，放弃非常措施和行政手段，用经济手段即通过竞争来排挤城乡资本主义成分，克服经济上的困难。二是在工业化问题上，布哈林批评了斯大林通过向农民征收"额外税"积累资金

来高速实现工业化的政策。布哈林认为，斯大林以过渡时期阶级斗争越来越尖锐的观点为依据，用行政手段来解决经济问题的做法，破坏了列宁倡导的"工农结合"的方针。布哈林赞成迅速实现工业化，但认为必须同时发展农业，否则工业化计划要遭到失败。在 1929 年 1 月列宁逝世 5 周年纪念会上，布哈林在题为《列宁的政治遗嘱》的报告中强调，列宁关于社会主义重心已从政治斗争转到和平的文化组织工作的思想，指明了过渡时期阶级斗争的特殊形式。布哈林认为，尽管在实践中还可能出现阶级斗争尖锐化的时期，但列宁关于社会发展的性质的结论非常正确，不能违背。

1929 年 4 月，布哈林及其拥护者在中央委员会和中央监察委员会联席会议上，提出了自己的经济政策纲领。其基本点包括：（1）依靠同劳动者的物质利益的结合，保留市场，逐步排挤资本主义成分；（2）保护个人的首创精神，遵守革命法则，坚决放弃非常措施；（3）采取较灵活的税收和粮价体系，加强农业生产资料的生产；（4）在合作化过程中，坚持集体农庄—国营农场的建设同发展个体经济相结合的政策。

斯大林把布哈林这些主张视为"右倾机会主义"错误给予的批判，在自己关于社会主义工业化和农业集体化理论中作了充分论证。

2. 关于社会主义工业化的理论

联共（布）十四大提出了实现社会主义工业化的总路线。斯大林在领导苏联工业化的过程中，论述了社会主义工业化的中心、工业化的速度、资金来源、培养工业人才等重要问题。

斯大林认为，苏联工业化的中心、工业化的基础，是发展重工业。苏联工业化的方法与资本主义工业化的方法根本不同。资本主义国家的工业化通常从发展轻工业开始，而苏联则必须从发展重工业开始。斯大林多方面阐述了优先发展重工业的理由：一是符合马克思主义关于再生产的理论；二是有利于从技术上改造整个国民经济，从经济上摆脱资本主义的控制，保障国家的独立自主性；三是有利于促进农业发展、巩固工农联盟，为了适应社会主义建设的需要，就必须在新的技术基础上重新装备农业，供应农业机器，逐步地引导个体农户联合起来，转到集体大生产的基础上去。四是对国防建设也有重要意义，可以提供先进武器装备军队，有效地防止和反击帝国主义的入侵，保卫社会主义建设的顺利进行。

斯大林强调，优先发展重工业必须有高速度，他改变了 1926 年以前的观点。当时托洛茨基、普列奥布拉任斯基提出"超速"工业化观点，斯大林同布哈林曾一起加以反对。而在1928—1929年同布哈林的争论中，斯大林又把工业的高速发展看作关系国家生死存亡的问题，他通过对国际形势的分析，论证了坚持高速度的不可避免性，认为假如苏联有德国那样先进的技术、发达的工业，那么就不必担心落在资本主义国家的后面，赶超的任务就不必像现在这样迫切了。可惜苏联在经济技术上远远落在德国的后面，不得不以飞快的速度赶上去。同时，假如苏联不是唯一的社会主义国家，比如说先进的德国和法国如果也取得了革命的胜利，那么资本主义包围的形势就不会像现在这样严重，经济独立的问题不会像现在这样尖锐，几个社会主义国家组成相互合作的经济体系，就可用比较从容的速度发展工业。可惜，苏联在当时还是资本主义包围中唯一的社会主义国家，因而不能没有紧迫感。

斯大林分析了高速实现工业化的客观可能性，提出已经具备的四个优越条件：有供经济发展需要的丰富的矿藏和农业资源，有受到千百万劳动人民拥护的苏维埃政权，有可避免资本主义危机的计划经济，有共产党的正确领导。斯大林分析了工业化初期，苏联工业发展超过资本主义国家发展速度的五个原因：社会主义工业的发展完全符合全社会的利益，不必追求资本家的自私的反社会的利益；苏维埃国家掌握国有化的运输业、信贷业、国家预算和对外贸易，能够按照国家统一的计划领导社会主义工业的发展，加快发展速度，打败私人资本主义工业；社会主义工业是最大最强最集中的工业，有可能不断降低成本、减低价格、增加销售，以利于进一步扩大再生产；社会主义工业的发展符合农民的利益，有利于工农业结合，有利于缓解城乡之间的矛盾；在社会主义工业中工人是主人，他们能够努力钻研生产技术，关心提高劳动生产率，关心生产和管理的合理化。正是这些原因，苏联社会主义工业达到了空前的发展速度。

斯大林认为，资金积累是高速度实现工业化的关键，他通过比照历史上解决工业化资金来源的几条道路，论述了苏联解决工业化资金的办法。他指出，历史上解决工业化资金的来源有三条道路：一是依靠长期对殖民地的掠夺来积累资金，如英国；二是靠向战败国索取赔款作为工业发展资金，如德国；三是靠在受奴役的条件下借外债发展工业，如旧俄国。斯大林否定了这三种解决资金来源的方法，他认为，前两种方法同社会主义制度不相容，第三种方法会使苏联人民再受帝国主义的奴役。因此，苏联社会主义工业化只能走一条历史上从未有过的社会主义积累的道路，即主要依靠国内积累资金的道路。这包括：由剥夺地主的土地和资本家的工厂所形成的全民财产，被废除的沙皇政府所负的大量债务和利息，国营企业的收入，对外贸易的收入，国营商业对内贸易的收入，国家银行的利润。

在如何处理农业和工业关系以迅速积累资金问题上，当时有不同意见。托洛茨基主张通过对农民增加税收和提高工业品价格等办法来积累资金，实行所谓的超工业化。普列奥布拉任斯基则认为，在资本主义制度建立之前有一个原始积累过程，社会主义制度也必须有这样的过程，即"社会主义原始积累规律"。这一观点意在说明，经济文化落后国家由于通过大资本国有化而得到的"遗产"很少，国营工业能提供的剩余产品也很少，社会主义工业化的积累资金，大部分只能从"社会主义以前的经济形式"——主要是小农经济那里获得，要通过价格政策等措施尽量多取得农民的剩余产品。上述观点当时受到斯大林和布哈林的批评。他们认为，这种加紧榨取农民的办法，必然会破坏工农联盟，破坏社会主义工业化的基础，走的是资本主义工业化的道路，是不可取的。开始，斯大林同布哈林一起反对托洛茨基和普列奥布拉任斯基的主张。但斯大林在领导工业化的过程中，还是把工农业产品价格的"剪刀差"作为积累工业资金的重要手段。他解释说，农民不仅要向国家缴纳一般的直接税和间接税，而且在购买工业品时还要因价格高而多付一些钱，在出售农产品时少得一些钱。这种"类似贡赋的东西"是因为国家落后而产生的。尽管"这件事是令人不愉快的"，但为了推进工业的发展，消除落后状态，需要这种超额税。斯大林许诺一旦条件许可，将取消这一临时措施。后来斯大林将这一非常措施制度化，变成农产品义务交售制。苏联通过工农业产品价格的"剪刀差"政策，积累保证工业高速发展的大量资金，必然损害农民利益，伤农业元气，造成工农业比例严重失调。

关于工业人才的培养，斯大林从社会主义建设的高度看待人才培养与选拔的重要性。他指出，一国建成社会主义的任务是十分艰巨的，"如果没有富有朝气的人，没有新的人才，没有新的建设干部，那就不可能实现"[①]。党的工作重心转移到社会主义建设上来以后，"需要新的工业指挥干部，需要优秀的工厂经理，优秀的托拉斯领导干部，能干的商业人员，聪明的工业建设计划人

---

① 《斯大林选集》上卷，人民出版社 1979 年版，第 474 页。

员"，需要培养出经济建设方面的新的团长、旅长、师长和军长，"没有这样的人才我们就一步也不能前进"①。斯大林特别重视对知识分子的使用和培养。他在联共（布）第十八次代表大会上所作的总结报告中，专门讲了知识分子问题，批判了当时党内颇为流行的敌视、蔑视和鄙弃知识分子，把知识分子看作异己的甚至敌对力量的错误观点，对知识分子的状况作出了具体分析。他要求关怀、尊重知识分子，充分发挥其作用，并表示要"把所有的工人和农民都变成有文化有知识的人，而且我们将来一定能够做到这一点"②。在实际生活中苏联共产党和政府也采取了一系列培养工业人才的措施。

苏联在经济比较落后又面临帝国主义威胁的特定历史条件下，所采取的高积累、高速度、优先发展重工业的工业化方式，一方面建立起了社会主义经济基础，巩固了苏维埃政权，建成了世界工业强国，壮大了综合国力，为二战中打败法西斯奠定了基础。另一方面，一些教训也很值得吸取。如忽视农业和轻工业的后果，造成农、轻、重等国民经济有关部门的比例和工业内部的比例长期不协调，农业和轻工业的发展远远跟不上国民经济发展的需要。实践表明，这样的工业化道路是从当时处在社会主义社会初始阶段的苏联实际出发的一种探索，其中有许多可借鉴的宝贵经验，但并非应普遍推行的模式。

3. 关于农业集体化的理论

斯大林努力实践列宁关于逐步引导农民走上社会主义道路的思想，大力推进农业集体化。

首先，阐述了吸收农民参加社会主义建设的重要性和可能性。1924 年斯大林在《论列宁主义基础》中，对苏维埃俄国农业和西方农业作了对比分析，论述了小农经济走合作社道路的必然性。不同的是，西方农业走的是资本主义道路，苏联走的是社会主义新道路。这种不同是由于苏联有完全不同的条件，即苏维埃政权的存在，国家掌握着国民经济命脉。根据列宁的合作化思想，可以在国家帮助和扶持下，通过合作社吸收农民参加社会主义建设，将集体制原则逐步应用于农业，把农民引上社会主义道路。

其次，将列宁农业合作社理论具体化为党的农业政策。联共（布）十五大通过了关于农业集体化的决议。斯大林在大会政治报告和《论苏联土地政策的

---

① 《斯大林选集》上卷，人民出版社 1979 年版，第 474 页。
② 《斯大林文集（1934—1952）》，人民出版社 1985 年版，第 285 页。

几个问题》《答集体农庄庄员同志们》《胜利冲昏头脑》 等演说和文章中，阐发了列宁的农业合作社理论，既批判了反对农业集体化的右倾论调，也批判了在实现农业集体化过程中的"左"倾错误。他强调，为了顺利地实现农业集体化，必须做到以下几点。（1）坚持自愿的原则。在动员农民加入农业集体化运动时，只能通过说服教育的方法，使农民相信集体经济的优越性而自愿地加入，不可强迫命令和使用暴力。（2）坚持因地制宜的方针。应根据不同地区的经济结构、生产力水平、党的领导、政权建设、文化传统、民族关系和风俗习惯等具体情况，来决定农业集体化的进程和规模，不可不顾具体情况，强求一致。（3）采取适当的集体农庄的形式。各地区应当根据本地区的具体情况，逐步由低级到高级地建立农业集体组织。（4）组织工业支援农业集体化。联共（布）十五大的决议还指出，在相当长的时期内，个体私有经济仍将是苏联整个农业的基础。

再次，加速农业集体化进程，剥夺富农。联共（布）十五大之后情况发生了变化，高速发展的工业同落后农业之间的矛盾日益加深，1927 年底和 1928 年初出现粮食收购危机，这使斯大林感到农业集体化的紧迫性。他认为，苏维埃政权和社会主义建设决不能长期建立在两个不同的基础上，即建立在规模最大的联合的社会主义工业的基础上和最分散最落后的小商品农民经济的基础上。小农经济的分散落后，使它无法利用科学技术和农业机械进行再生产，甚至难以实现简单再生产，长此以往，会导致整个国民经济的崩溃。面对这种困境，斯大林认为，出路在于全盘实现农业集体化，即在农业中培植集体农庄和国营农场，使小农经济联合成为用技术和科学装备起来的集体大经济。全盘实现农业集体化，与斯大林对富农政策的转变密切相关。十月革命胜利后，苏俄曾对富农采取限制其剥削的基本政策，到 1929 年底，斯大林改变了这种政策，转而对富农实行剥夺和消灭。他认为，只有破坏并消灭富农在经济上赖以生存和发展的生产基础，如土地和生产工具的自由使用、租用土地、劳动雇佣权等，才能防止富农的复活和生长。他指出，当没有可能用集体农庄和国营农场的生产代替富农生产的时候，剥夺富农财产是不能允许的。现在有可能把富农作为一个阶级加以消灭，用集体农庄和国营农场的生产代替富农的生产。1929 年 4 月，斯大林在《论联共（布）党内的右倾》的演说中，动员开展建立集体农庄和国营农场的群众运动。当年下半年，苏联就进入了全盘集体化阶段。

最后，全盘集体化的实现。苏联全盘集体化掀起了两次高潮，第一次是

1930年初，第二次是1930年6月召开的联共（布）十六大后。1930年1月5日，联共（布）中央作出的《关于集体化的速度和国家帮助集体农庄建设的决议》规定了一个时间表：主要产粮区在1930年秋或1931年春应基本完成集体化，其他产粮区在1931年秋到1932年春完成，其余地区1933年完成。这一决议公布不久，各地的集体化运动都出现了过火行为，如违反自愿原则、不顾地区差别盲目追求集体化比例、违反集体农庄基本形式的规定等。1930年2月下半月，党着手纠正"左"的冒进错误，斯大林也对"左"的冒进提出了批评，但他仍然强调农业集体化既定的速度和基本形式不变，右倾是主要危险，纠正"左"的错误是为了胜利地同右倾作斗争。在这样的思想指导下，"左"的冒进错误未得到彻底纠正，联共（布）十六大后再次掀起了农业集体化的高潮。在1939年联共（布）十八大会议上，斯大林宣布，集体农庄已经最终地巩固和确立起来了，社会主义的经济体系是苏联农业的唯一形式。

苏联实现农业集体化，实现农村生产资料所有制的变革，引导农民参与社会主义建设，对于改变俄国几个世纪以来贫穷、饥荒的落后面貌，适应建设世界工业强国的需要，改造"小农国家"，确立和巩固农村社会主义经济基础，作出了重要贡献。这是社会主义史上的一个伟大创举。但是斯大林在指导农业集体化的实际工作中也存在一些严重缺陷，主要是由于对恩格斯、列宁的相关思想领悟不深，实践有偏差。如忽视改造小农经济是长期复杂的过程，应采取十分慎重态度；要坚持自愿的原则；要采取多种形式，由初级到高级逐步推进等。这虽然有当时特殊的国际国内历史背景，但急躁冒进的错误，毕竟给苏联经济带来了不良后果；以劳动组合为基本组织形式的集体农庄制度没有找到极大调动农民积极性的体制机制，还长期存在组织和管理不善、劳动效率不高的问题，致使农业生产发展缓慢，直到20世纪50年代初期，粮食年产量才超过一战前的水平。

三、对苏联社会主义经济问题的探索

《苏联社会主义经济问题》是斯大林生前最后一部关于社会主义经济建设的重要著作。1952年，斯大林关注苏联理论界对社会主义政治经济学问题的研讨，多次发表自己的意见，并且出版了重要著作《苏联社会主义经济问题》。在该著中，斯大林对社会主义经济理论进行了极为有益的探讨，丰富了马克思主义关于社会主义建设的理论。该著作的主要内容如下。

1. 阐明社会主义制度下政治经济学规律的客观性质

首先，重申马克思主义关于规律的基本观点。20 世纪 20 年代末 30 年代初以后，苏联采取的是计划经济体制，整个国民经济是在苏维埃政权的领导下有计划、按比例发展的。有些人看到苏维埃政权领导和发展经济的强大力量，以为苏维埃政权能够消灭现存的经济规律和创造新的经济规律，从而否认社会主义制度下政治经济学规律的客观性质。针对这种错误认识，斯大林指出："马克思主义把科学规律——无论指自然科学规律或政治经济学规律都是一样——了解为不以人们的意志为转移的客观过程的反映。人们能发现这些规律，认识它们，研究它们，在自己的行动中考虑到它们，利用它们以利于社会，但是人们不能改变或废除这些规律，尤其不能制定或创造新的科学规律。"[①] 科学规律反映自然界或社会中不以人们的意志为转移的客观过程；政府颁布的法律是依据人们的意志创造出来的，并且具有法律上的效力。斯大林指出，决不能将这两种东西混为一谈。

其次，强调规律的客观性，指出苏维埃政权既不能消灭经济规律，也不能创造新经济规律。社会主义生产和建设正是体现了生产关系和生产力相适应的客观规律。俄国无产阶级之所以进行革命，推翻资产阶级政权，建立无产阶级专政，进而建立起以公有制为基础的社会主义经济制度，在于"苏维埃政权依据生产关系一定要适合生产力性质这个经济规律，把生产资料公有化，使它成为全体人民的财产，因而消灭了剥削制度，创造了社会主义的经济形式。如果没有这个规律，不依靠这个规律，苏维埃政权是不能完成自己的任务的"[②]。在他看来，绝不能以俄国革命取得胜利并且建成了社会主义制度而认为苏维埃政权可以消灭现存的经济规律和创造新的经济规律。

再次，指出计划和政策与经济规律的区别。苏联政府有年度发展计划和五年发展计划，有促进计划实施和各项经济政策。这些计划和政策都是依据国民经济有计划、按比例发展的客观规律而制订的。斯大林说："它之所以发生作用，是因为社会主义的国民经济只有在国民经济有计划发展的经济规律的基础上才能得到发展。这就是说，国民经济有计划发展的规律，使我们的计划机关有可能去正确地计划社会生产。"[③] 这是斯大林针对社会实践中，有些同志将国

---

① 《斯大林选集》下卷，人民出版社 1979 年版，第 540 页。
② 《斯大林选集》下卷，人民出版社 1979 年版，第 543 页。
③ 《斯大林选集》下卷，人民出版社 1979 年版，第 544 页。

家的经济计划和政策与客观经济规律混为一谈的观点提出批评并进行的理论阐述。

最后，阐述了通过实践的发展，人们可以发挥主观能动性，在认识规律的基础上，利用规律的必要性和可能性。他以古今对比为例说明这个观点。在古代社会，江河泛滥、洪水横流以及由此而产生的房屋垮塌、庄稼毁灭，曾经被认为是不可防治的灾害，是自然规律的结果，人们对此是无力抗拒的。可是后来随着知识的发展，人们能够修筑堤坝和水电站，这样就可以防治水灾了。斯大林指出："有人说，经济规律具有自发性质，这些规律所发生的作用是不可防止的，社会在它们面前是无能为力的。这是不对的。这是把规律偶像化，是让自己去做规律的奴隶。"① 他的批评是中肯和严厉的。

2. 提出社会主义制度下也可以有商品生产

在讨论中有人援引恩格斯的有关论述，认为社会占有了生产资料就应当消除商品生产；不然的话，商品生产将会使苏联的经济走向资本主义道路。斯大林针对这种看法，阐述了自己的观点。

第一，只有在全部生产资料公有化，即工业和农业的生产资料都转归全民所有以后，才能够消除商品生产。恩格斯在有关著作中虽然说过，一旦社会占有了生产资料，商品生产就将被消除，但是恩格斯没有指明，消除商品生产的前提究竟是社会占有"一切生产资料"，还是只占有"一部分生产资料"。或者说，前提是"一切生产资料"转归全民所有，还是仅仅"一部分生产资料"转归全民所有。显然，只有社会占有"一切生产资料"，或者说"一切生产资料"转归全民所有，才可以消除商品生产。在苏联，工业领域的生产资料属于全民所有，而农业领域的生产资料则不属于全民所有，所以它不具备消除商品生产的条件。斯大林指出，列宁已经很好地解决了这个问题。根据列宁的理论，俄国无产阶级在生产力水平不够高的时候，可以先夺取政权，然后将工业领域的生产资料转归全民所有。对于农业领域的生产资料，则逐步地将其联合到生产合作社或集体农庄中。这样苏联农业领域的生产资料则不属于全民所有的性质。由此，城乡之间、工业和农业之间，必须以商品交换的方式实现经济上的联系。斯大林说，列宁的理论和列宁规划的发展道路，是所有中小个体农民经济在国民经济中占较大比重的国家走向社会主义的正确道路。斯大林还指出：

① 《斯大林选集》下卷，人民出版社 1979 年版，第 542 页。

"现今在我国，存在着社会主义生产的两种基本形式：一种是国家的即全民的形式，一种是不能叫作全民形式的集体农庄形式。""这种情况就使得国家所能支配的只是国家企业的产品，至于集体农庄的产品，只有集体农庄才能把它当作自己的财产来支配。然而，集体农庄只愿把自己的产品当作商品让出去，愿意以这种商品换得它们所需要的商品。"① 他的上述论断，深刻地说明了苏联存在商品生产的必然性和必要性。

第二，社会主义条件下的商品生产不会导致资本主义生产。虽然商品生产与资本主义生产之间关系十分密切，但商品生产早在奴隶社会就已出现，并且也为封建社会服务过，所以商品生产不是在任何条件下都会导向而且一定会导向资本主义生产的。资本主义生产一方面需要资本，另一方面需要雇佣劳动。所以，只有当生产者与生产资料分离，并且人的劳动力成为商品即成为在市场上能够自由买卖的商品时，货币才能够转化为资本，资本主义生产才成为可能。可见，只有在特定的社会条件下，商品生产才会导致资本主义。斯大林就此说："只有存在着生产资料的私有制，只有劳动力作为商品出现于市场而资本家能够购买并在生产过程中加以剥削，就是说，只有国内存在着资本家剥削雇佣工人的制度，商品生产才会引导到资本主义。"② 而现时的苏联，不仅消灭了生产资料私有制度，还消灭了雇佣劳动制度，即资本主义生产的条件已经被消灭掉。可以说，在苏联社会主义条件下进行的商品生产，是没有资本家参加的商品生产，它不可能发展成为资本主义生产。针对一些人的错误看法，斯大林指出："这些同志把商品生产和资本主义生产混为一谈，认为既然有商品生产，就应该有资本主义生产。他们不了解，我国的商品生产是和资本主义制度下的商品生产根本不同的。"③ 他的这一看法是十分中肯的。

斯大林对社会主义条件下商品生产的认识也存在不足。譬如，他仅从所有制的角度谈商品生产，而没有从社会生产力发展水平的角度谈商品生产，而实际上后者是决定商品生产是否必要的决定性因素。他提出苏联商品生产的范围限于个人消费品，这就排除了生产资料作为商品生产的必要性，与苏联的实际状况不相符。但是，斯大林关于社会主义制度下存在着商品生产，商品生产不是资本主义的特有现象，社会主义条件下的商品生产不同于资本主义条件下的

---

① 《斯大林选集》下卷，人民出版社 1979 年版，第 550 页。
② 《斯大林文集（1934—1952）》，人民出版社 1985 年版，第 607 页。
③ 《斯大林文集（1934—1952）》，人民出版社 1985 年版，第 609—610 页。

商品生产等认识和看法，是正确的和科学的。而且较之他在二战前对商品货币问题的认识和苏联理论界大多数人的认识，是一个进步。

3. 科学区分资本主义与社会主义的基本经济规律

讨论中人们对什么是社会主义基本经济规律提出了不同意见，斯大林对这个问题作出了科学分析和阐释。首先，指出反映资本主义本质的经济规律及其现代的表现。他认为，决定资本主义生产"本质"的规律是剩余价值规律，即资本主义利润的产生和增殖的规律。这个规律决定了资本主义生产的基本特点或"本质"。然而剩余价值的规律没有涉及最高利润率的问题，而保证这种利润率却是垄断资本主义发展的条件。他说："现代资本主义基本经济规律的主要特点和要求，可以大致表述如下：用剥削本国大多数居民并使他们破产和贫困的办法，用奴役和不断掠夺其他国家人民、特别是落后国家人民的办法，以及用旨在保证最高利润的战争和国民经济军事化的办法，来保证最大限度的资本主义利润。"[①] 价值规律、平均利润率的规律、各国资本主义发展不平衡的规律、竞争和生产无政府状态的规律等，都不是资本主义的基本经济规律。其次，阐明了社会主义基本经济规律的特点和要求。斯大林基于对资本主义基本经济规律的认识和界定，研究了社会主义的基本经济规律，他提出："社会主义基本经济规律的主要特点和要求，可以大致表述如下：用在高度技术基础上使社会主义生产不断增长和不断完善的办法，来保证最大限度地满足整个社会经常增长的物质和文化的需要。"[②] 这一论断是斯大林对社会主义基本经济规律的科学界定。在他的思想中，最大限度地满足整个社会经常增长的物质和文化需要是目的，在高度技术基础上使社会主义生产不断增长和不断完善是手段。社会主义生产的目的和手段的统一，正确地、恰当地体现了社会主义的基本经济规律。最后，他区分了资本主义和社会主义的经济规律的作用。他说，社会主义基本经济规律不是保证最大限度的利润，而是保证最大限度地满足社会的物质和文化的需要；不是带有从高涨到危机以及从危机到高涨的间歇状态的生产发展，而是生产的不断增长；不是由于社会生产力遭到破坏而造成的技术发展的间歇状态，而是高度的技术基础使生产不断完善。它表明了社会主义基本经济规律与资本主义经济规律的根本区别。

---

① 《斯大林选集》下卷，人民出版社 1979 年版，第 568 页。
② 《斯大林选集》下卷，人民出版社 1979 年版，第 569 页。

斯大林在马克思主义发展史上第一次明确地表述了社会主义基本经济规律，丰富和发展了马克思主义理论。

4. 强调社会主义政治经济学的研究对象是社会主义生产关系

首先，指出领导机关经济政策的对象和政治经济学的对象是两个不同的领域。布哈林认为，马克思创立的政治经济学，主要任务是研究资本主义生产，从社会生产关系入手来分析资本主义经济运行的规律，从而揭示资本主义灭亡的必然性或更高的社会形态取代资本主义的必然性。由此出发，把政治经济学的研究范围局限于商品生产特别是资本主义生产，认为社会主义的生产关系十分透彻明白，没有研究的必要。这就否认了社会主义政治经济学。在讨论会上，有的人呼应布哈林的观点，或者否认有适用于一切社会形态的"统一的政治经济学"，或者认为社会主义政治经济学的主要问题不是研究社会主义社会中人们的生产关系，而是探讨社会主义生产中生产力的合理组织问题。对此，斯大林在《苏联社会主义经济问题》中进行了严厉的批评。他说，用研究生产力组织问题取代研究经济问题是取消社会主义政治经济学的做法，是"跟着布哈林的尾巴跑"，违背了马克思主义。他还指出，生产力合理组织和国民经济计划化等问题，是领导机关经济政策的对象而非政治经济学的对象，这是两个不同的领域，不能混为一谈。这就是他所说的："政治经济学是研究人们生产关系发展的规律；经济政策则由此作出实际结论，把它们具体化，在这上面建立自己的日常工作。把经济政策的问题堆压在政治经济学上，就是葬送这门科学。"①

其次，重申了马克思政治经济学研究对象的理论。斯大林明确指出，社会主义政治经济学的研究对象也是人们的生产关系，具体包括社会主义制度下生产资料所有制形式、各种社会集团在生产中的地位以及他们的相互关系和产品分配形式。生产力与生产关系是任何社会形态的生产中两个不可分割的方面，生产力决定生产关系，要求生产关系适应生产力发展的需求，同时生产关系反作用于生产力，即推动或阻碍生产力的发展，二者的矛盾运动推动社会的发展。至于生产关系在社会历史中起推动作用还是束缚作用，要具体地看生产关系是否能适应社会生产发展的需要。此外，由于生产力与生产关系之间是对立统一的关系，而且这种关系存在于任何一种社会制度下。不能认为这个关系中

① 《斯大林文集（1934—1952）》，人民出版社 1985 年版，第 655 页。

的一个方面可以"吞没"另一个方面，不能认为社会主义制度下生产关系可能被生产力所"吞没"，或者认为社会主义制度下生产关系的作用在走向消失。这就是斯大林所指出的，如果"硬说这两个方面中有一个可以被另一个吞没而变成它的组成部分，就是极严重地违反马克思主义"①。有人主张把社会主义政治经济学问题归结为合理组织生产力的问题，实质上是对生产关系即经济关系的否定，企图使生产力脱离生产关系而单独存在，因而是荒谬的。

最后，提出研究社会主义政治经济学的任务。斯大林认为，在社会主义社会，生产关系与生产力之间的矛盾仍然存在，所以需要研究社会主义社会的生产关系，使其更好地适应生产力发展的要求。针对有的人否认社会主义社会生产关系与生产力之间存在矛盾的观点，斯大林说：我国现今的生产关系是处在这样一个时期，它适合于生产力的增长；但是如果以此自满，以为在我国生产力和生产关系之间不存在任何矛盾，那就不正确了。"矛盾无疑是有的，而且将来也会有的，因为生产关系的发展落后于并且将来也会落后于生产力的发展。"② 显然，这一论断指明了社会主义政治经济学研究社会主义生产关系的必要性。

上述斯大林的思想或观点，在社会主义史上有着积极的理论意义。但是由于历史条件的限制，存在着理论上不彻底的问题，而且当时这些思想或观点在实践中的作用极为有限。

第三节　苏联经济政治体制的形成

苏联经济政治体制于 20 世纪 20 年代末开始形成，它曾推动苏联社会主义事业的发展。但由于存在较为严重的弊端，并且一直未能实行有效改革，苏联社会主义的发展受到了消极影响。这种效应也波及其他社会主义国家。

一、苏联经济政治体制的基本特征

斯大林在担任苏联党和国家主要领导人之后，在与反对派的论战中，对苏

---

① 《斯大林文集（1934—1952）》，人民出版社 1985 年版，第 646 页。
② 《斯大林选集》下卷，人民出版社 1979 年版，第 590 页。

联一国能否建成社会主义问题作了探索性的回答。在实现国家工业化和农业集体化的基础上，他领导苏联党和人民建立了社会主义制度，并逐步形成了高度集中的经济政治体制。其基本特征是：

在经济方面，实行高度集中的计划经济体制。国家既是全民所有制的代表，又是经营管理的主体，决定宏观经济和微观经济的运行。整个经济活动均依靠国家指令性计划来运行，国家直接掌握企业的人事权、计划权、财政权和产品的分配权。这种体制主要采取以行政手段为主的管理方法，忽视了经济发展客观规律的作用。在所有制结构上，忽视生产力发展的现实状况，采取单一的公有制形式；排斥市场经济机制和价值规律的作用，企业缺乏积极性和主动性；重视重工业，轻视轻工业和农业，人民生活水平提高缓慢。

在政治方面，苏联宪法规定实行无产阶级专政，一切权力属于苏联人民，其政权形式是苏维埃。苏联的政治体制在实际运作中出现了一些问题，如在党政关系上，党政不分、以党代政，党包揽了国家和社会事务的现象。在中央和地方、中央和企业的关系上，地方和企业也往往处于无权的地位。权力过分集中，严重缺乏民主和监督机制，国家机关机构臃肿，官僚主义严重，办事效率低下。

在文化方面，强调党管意识形态的原则，但在文化事业管理上存在着行政化、刻板化，出现了用行政手段处理复杂的思想理论问题和文化问题的倾向。特别是混淆了政治和学术的界限，往往用政治权威来简单判断和裁决学术是非，为社会科学和自然科学设置了一些禁区，导致思想理论僵化，阻碍了学术的发展。

二、苏联经济政治体制形成的原因

苏联经济政治体制的形成，有着深刻复杂的历史和现实原因，概括起来说，主要有以下几方面。

第一，国际环境的严峻挑战。20世纪二三十年代，被资本主义国家包围的苏联，一直面临着战争的威胁。为了适应备战的需要，必须集中使用国家有限的人力、财力和物力，高速度地发展工业，尤其是重工业和军事工业，并使其他所有领域和部门予以配合，据此建立了严格指令性的计划经济体制，以及与此相适应的政治、文化和各方面的体制。斯大林曾明确指出："我们不能知道帝国主义者究竟会在哪一天进攻苏联，打断我国的建设。他们随时都可以利用我国技术上经济上的弱点来进攻我们，这一点却是不容置疑的。所以，党不得不鞭策国家前进，以免错过时机，而能尽量利用喘息时机，赶快在苏联建立工业化的基础，即苏联富强的基础。党不可能等待和应付，它应当实行最高速度的政策。"① 苏联社会主义建设的道路和方式，所采取的过于集中的体制，就是为应对严峻的战争威胁作出的选择。

第二，快速推进工业化的要求。苏联从沙俄继承下来的经济遗产十分落后，技术水平很低，工业比重很小，农业分散、零碎，到 1925 年底仍然是一个落后的农业国。为了造就强大的社会主义物质技术基础，应对突发性、大规模的战争，苏联必须大力发展重工业，加快工业发展速度，实行国家工业化。而苏联推进工业化，只能靠自力更生，靠国内工农业的积累，靠农民向国家缴纳直接税和间接税，甚至利用工农业产品价格的剪刀差向国家缴纳"超额税"来解决。按照这条道路全力快速推进工业化，要求苏联政府借助强有力的行政力量，对国民经济实行高度集中的计划管理，以掌控和使用有限的经济资源，解决实践中出现的困难和问题。这是逐步形成中央高度集权、排斥市场机制经济体制的重要原因。

第三，对社会主义的认识存在片面性。马克思和恩格斯对未来社会作过一些原则性的设想，而且是以经济文化的高度发达为条件的。列宁在领导俄国革命和社会主义建设的过程中，将马克思和恩格斯关于社会主义的基本构想和俄国具体国情相结合，对苏联社会主义建设进行了初步探索。斯大林囿于当时的历史条件，也存在对马克思、恩格斯、列宁关于社会主义理论的片面理解。如他机械地理解马克思的公有制理论，将社会主义社会所有制结构看作单一的全民所有制，违背生产关系必须适应生产力发展要求这一历史唯物主义基本原理，把纯而又纯的公有制当作社会主义各个阶段都必须体现的基本特征。又如他把社会主义公有制同商品经济直接对立起来，不承认在社会主义条件下生产资料是商品；认为价值规律只在商品流通范围内起调节作用，对商品生产只是一种影响作用，不承认其对社会主义生产有调节作用，否认社会主义时期商品经济和价值规律的长期存在。对列宁的新经济政策，斯大林在很大的程度上认为这是对资本主义的一种退让，所以过早地取消了新经济政策。他认为消灭剥削制度包括消灭剥削阶级的残余，没有认识到实现这一要求的长期性和艰巨

---

① ［苏］斯大林：《列宁主义问题》，中央编译局译，人民出版社 1964 年版，第 454 页。

性。他还认为社会主义的胜利越来越大，阶级斗争越来越尖锐。

第四，历史文化传统因素的影响。历史上，沙俄曾长期是一个封建的军事帝国，专制主义特别是皇权主义根深蒂固。这样的历史传统，很大程度上影响了人们的行为方式和价值取向。同时，苏联党对封建专制主义的遗毒缺乏系统深刻的批判，使苏联经济政治体制受到历史传统的不良影响。同时，革命前，俄国经济文化比较落后，小农人口占多数，国弱民贫。这种落后状况，使苏联党和人民产生了加快发展、尽快赶上和超过资本主义发达国家的强烈愿望和要求，也促使人们在建设中产生了急于求成、盲目冒进的倾向。

由于苏联是世界上第一个社会主义国家，二战结束后建立的其他社会主义国家大都学习仿照苏联。东欧的波兰、保加利亚、匈牙利、捷克斯洛伐克、罗马尼亚，德意志民主共和国，南欧的南斯拉夫、阿尔巴尼亚，亚洲的中国、越南、朝鲜、老挝、蒙古，拉丁美洲的古巴等国，都不同程度地受到苏联经济政治体制的影响。中国的经济体制最初也是按照苏联经济体制建立起来的，从20世纪50年代开始，中国共产党认识到苏联经济政治体制存在弊端，并独立自主地进行了一些改革探索，但并没有从根本上摆脱苏联经济政治体制的影响。直到中共十一届三中全会以后，邓小平等中共领导人认真总结社会主义建设的经验教训，深刻认识到，必须从根本上改变过分集中的经济政治体制，并对建立社会主义市场经济体制进行了理论和实践探索，最终走出了一条中国特色社会主义道路。

苏联经济政治体制的弊端，早在20世纪三四十年代的实践中就已经有所显现，随着时间的推移和实践的发展日趋严重，成为经济社会发展的障碍。虽然苏联和其他社会主义国家也多次尝试对这一经济政治体制进行改革，但囿于教条主义地理解马克思主义经典作家的某些论述，加上国际国内各种因素的作用，这些改革探索都没有取得最终成效，对这些国家社会主义的发展造成了不良影响。

第四节　苏联东欧国家的改革和剧变

苏联东欧国家的改革是从20世纪50年代初开始的。当时，苏联东欧国家在经济、政治力量日益壮大的同时，也遇到了许多错综复杂的矛盾。其中一些困难和问题是由经济、政治体制中的弊病引起的。为了消除这些弊病，苏联东欧各国先后进行了改革。总的看来，从 20 世纪 50 年代初到 70 年代末苏联东欧国家的改革，虽然理论和实践上都存在严重失误，但是总体上还是在社会主义制度的范围内进行的，其性质是社会主义制度的自我完善。只是改革没有从根本上解决原有体制的弊病，也没有扭转当时经济增长速度下降、经济效益不佳的趋势。20 世纪 80 年代末 90 年代初，苏联东欧国家在多种因素（包括保守僵化等）作用下，最根本的是由于背离马克思列宁主义、背离十月革命开辟的社会主义道路，改革性质发生了根本变化，导致社会主义制度瓦解。

一、苏联东欧国家的改革

1. 1956 年 2 月苏共二十大的召开

1956 年 2 月召开的苏共二十大，本来是一次正常的党的代表大会，但是由于大会闭幕的当晚，赫鲁晓夫作了题为《关于个人崇拜及其后果》的"秘密报告"，对斯大林进行了集中批判，引发了十分严重的后果。

赫鲁晓夫的"秘密报告"，对于破除人们对斯大林的迷信，把人们从某些思想禁锢中解放出来，推动人们对社会主义建设途径的探索，促进社会主义民主和法制的完善，有一定积极意义，但其所带来的消极方面是主要的。赫鲁晓夫的"秘密报告"采用不适当的手法和对敌斗争的语言，全面否定斯大林，粗暴地辱骂斯大林，在国际国内引起了严重的政治风波。苏共二十大以后，帝国主义和各国反动派以赫鲁晓夫的"秘密报告"为"根据"，在全球范围内掀起了一股反苏、反共、反社会主义的恶浪。在国际共产主义运动内部也引起了严重混乱，许多共产党陷入了困境，有的甚至宣告解散。在苏联国内，历史虚无主义思潮泛起，以揭露斯大林时代各种"罪恶"为题材的文艺作品日渐泛滥。这些作品以煽动性的语言，否定斯大林的历史作用，否定苏联共产党和人民奋斗的历史，攻击社会主义制度，使人民群众丧失了对党和社会主义制度的信念。

赫鲁晓夫把苏联时期的错误归罪于斯大林一人的观点，对以后历届苏共领导人产生了重要影响，以后几十年时间里，苏共从来没有对斯大林作出过全面的科学的分析和评价，致使否定斯大林的思潮一直在苏联共产党内、国内占据了主导地位。除了否定斯大林外，赫鲁晓夫还极力推行他的"全民党""全民国家"的观点，把矛头直接指向马克思主义的无产阶级专政学说。他强调，在核威胁的条件下，阶级之间的利害关系已经不存在，而是"全人类利益高于一切"。这种修正主义观点在苏共党内逐渐成为占主导地位的思想，后来就成为20世纪80年代末和90年代初戈尔巴乔夫宣扬"新思维"、推行"人道的民主的社会主义"路线的思想基础。

2. 对社会主义发展阶段认识的变化

对社会主义发展阶段的认识，是社会主义国家制定路线、方针和政策的基本依据。马克思曾对共产主义发展阶段作过原则性分析，列宁在十月革命后对社会主义发展阶段也进行了探索，作出了一系列论述，如认为从资本主义转变到社会主义要经历很长的过渡时期和一系列中介环节，社会主义社会是一个相当长的历史阶段，通向共产主义的道路要经历"初级形式的社会主义""发达的社会主义"等若干阶段。1939年，面对苏联社会主义建设取得巨大成就和胜利的形势，斯大林宣布苏联已经建成社会主义并正在向共产主义逐步过渡。斯大林的论断，忽视了社会主义社会的长期性，认为当时苏联社会已经达到了马克思和恩格斯设想的共产主义第一阶段的水平，这显然是过高估计了当时苏联社会发展的程度。

赫鲁晓夫不仅没有纠正斯大林的错误，而且把这一错误推向了极端，提出了"全面建设共产主义"的理论，并在1959年苏共二十一大上予以宣布。1961年苏共二十二大通过的党纲还提出，20年内"基本上建成共产主义社会"。赫鲁晓夫许诺说："这一代人将在共产主义制度下生活。"赫鲁晓夫这种急于向共产主义过渡的错误带来的后果是，在各社会主义国家普遍出现违背社会发展规律，急于向更高发展阶段过渡的冒进现象，致使国民经济遭到重大损失。苏联经济从60年代开始走向停滞阶段，就与此有关。

在1964年召开的苏共十月全会上，勃列日涅夫取代赫鲁晓夫担任了苏共中央第一书记。他严厉批评了赫鲁晓夫的主观主义和唯意志论，提出要实事求是地、科学地估价苏联社会主义的发展现状和前景，但他仍然过高地估计了苏联社会主义的发展阶段。在1967年纪念十月革命胜利50周年的大会上，勃列日涅夫作出了"苏联已经建成发达社会主义"的结论，继而又进行了系统化理论化的表述。1977年苏联宪法肯定了"发达社会主义"这一判断，认为"发达社会主义"是社会主义合乎规律的发展阶段。

安德罗波夫执政后，认为勃列日涅夫的"发达社会主义论"也不切实际，又把它修改为"发达社会主义起点论"。1983年，他在纪念马克思逝世100周年的文章中指出，苏联虽然已经进入发达社会主义阶段，但正处在"这一漫长历史阶段的起点"。他批评了轻而易举地向共产主义过渡的观点，强调发达社会主义社会"十分复杂，充满矛盾"，并非"尽善尽美"，现阶段的主要任务是完善发达社会主义。

戈尔巴乔夫对苏联社会主义发展阶段的看法，先后发生过巨大变化。他刚上台时，提出了"社会主义完善论"，认为苏联已进入了发达社会主义阶段，目前阶段的主要任务是"完善社会主义"。1986年10月，他在全苏高等学校社会科学教研室主任会议的讲话中提出，苏联今天的社会正处于"发展中的社会主义"阶段，要进一步完善发展中的社会主义。此后，他在1987年1月苏共中央全会上关于改革和党的干部政策的报告，以及同年4月26日在苏联共青团第二十次代表大会上的讲话中，又两次提到"发展中的社会主义"。从此，"发展中的社会主义"这一概念，被苏联领导人和理论界越来越多地使用。"发展中的社会主义"概念，强调社会主义社会充满着新旧矛盾，只有解决这些矛盾，才能推动其不断发展。1989年11月26日，戈尔巴乔夫在《真理报》上发表了《社会主义思想和革命性改革》一文，首次提出苏联现阶段的任务是通过根本改革，走向"人道的民主的社会主义"。这时，事情的性质发生了根本性变化，即已经不是客观地判断苏联社会主义处于何种发展阶段，以及提出有针对性的改革措施，而是从根本上否定社会主义制度。在1990年7月召开的苏共二十八大上，戈尔巴乔夫宣布，苏联改革的任务和实质，就是要与现存的社会主义制度"一刀两断""彻底决裂"，将国家和人民从这种官僚制度下解放出来，向"人道的民主的社会主义"过渡。

3. 苏联东欧国家的改革过程

赫鲁晓夫成为苏共主要领导人后，立即开始对苏联体制进行改革。改革包括农业、工业和建筑业管理体制两个方面。

农业方面改革的主要内容包括：（1）扩大国营农场、集体农庄的自主权；（2）减少农业计划指标，除农产品采购指标外，其他项均由农场农庄自行安排；（3）不再对农产品低价收购，大幅度提高农副产品收购价格；（4）大幅度地削减自留地的农业税额，鼓励农民发展个人副业和饲养自留畜；（5）取消国营拖拉机站，把农业机械设备低价转卖给农庄；（6）大规模开垦荒地，扩大耕种面积等。这些改革政策的实施，在一定程度上刺激了农业的发展。但是，到1958年以后，为适应急于向共产主义过渡的需要，赫鲁晓夫又强行合并集体农庄，或把农庄改为国营农场，限制个人副业的发展，最终造成农业改革的失败。

在工业和建筑业管理体制方面，赫鲁晓夫采取了局部改革的措施。主要有：（1）撤销了各部和主管部门半数以上的处、司、管理局和管理总局，精简行政管理机构和人员；（2）扩大地方自主权，减少国家一半以上的指令性指标，扩大企业在计划、财务、劳动工资等方面的自主权，由地区性的国民经济委员会来管理工业和建筑业。这些改革措施虽然没有触动传统计划体制下国家与企业的关系，只是改"条条"管理为"块块"管理，但由于扩大了地方权力，激发了地方积极性，在一定程度上促进了地区经济的综合发展。但是，由于这些改革只是企图用地区管理来代替部门管理，其结果不仅没有消除原有经济体制的种种弊端，而且削弱了工业部门的集中领导，造成地方主义、分散主义泛滥，使国民经济出现了混乱局面。

勃列日涅夫上台后，批判了赫鲁晓夫的鲁莽做法，采取了比较慎重的经济改革政策。在农业方面，实行了以下改革措施：（1）使用经济方法进行管理，分期分批地对国营农场实行完全经济核算制；（2）大量增加农业投资；（3）鼓励个人副业生产的发展；（4）逐步推行集体包工制、家庭承包制等；（5）发展农工综合管理体制，进一步扩大农业企业经营的自主权。这些改革措施，虽然没有从根本上解决农业滞后的问题，但在一定程度上促进了农业生产的发展。

在工业、建筑业方面，苏联撤销了1957年以来所建立的国民经济委员会，重建各工业部和建筑部，恢复"条条"领导管理方式，从1966年起实行新经济体制，其主要内容是：改进工业管理、完善计划工作和加强对企业的经济刺激。这些改革措施收到一定效果，在短时期内调动了企业积极性，提高了劳动生产率。但是，总体来看，勃列日涅夫时期的改革仍未触及基本体制，因此，未能从根本上扭转苏联经济增长率下降的趋势。

此外，在政治体制方面，从赫鲁晓夫到勃列日涅夫，一方面对国内外政策有较大的调整，如实行集体领导原则，整顿国家安全机关，恢复检察机关和审判机关的权限等，在一定程度上完善了政治管理体制。另一方面，赫鲁晓夫和勃列日涅夫时期采取了加强对外扩张、争夺世界霸权的种种措施，大国沙文主义不断膨胀。与此同时，苏共对其他社会主义国家的共产党采用大党主义和大国沙文主义的做法，甚至武力干涉他国内政，把自己的观点和主张强加给其他党，对不听从自己号令的其他党进行打击，造成了社会主义阵营内部的不团结，甚至出现分裂的危险。

从 20 世纪 50 年代到 80 年代初，在苏联进行改革的同时，东欧国家也进行了类似的经济体制改革，其内容同苏联有许多共同之处。这就是，坚持生产资料公有制在国民经济中的主体地位或统治地位，坚持按劳分配原则，从而坚持了经济制度的社会主义性质；主张制定和实施国民经济计划，同时在不同程度上要求发挥市场机制的作用；在不同程度上扩大企业自主权，要求加强经济管理的经济方法，发挥各种经济杠杆的作用等。这些反映了苏联东欧国家在经济制度根本性质方面的统一性以及经济改革若干方面的共同性。但是苏联东欧国家指导改革的理论并不一致，在一些重大理论问题上，各国都有自己的独特看法。这些理论问题包括：是否允许非公有制经济成分存在以及如何对待各种经济成分；社会主义条件下商品货币关系的性质怎样；是否允许有竞争以及竞争如何起作用；计划与市场的关系怎样，市场机制的作用应该多大以及如何发挥作用；企业在经济体制中应该处于什么地位；国家的经济职能如何发挥，国家与企业应该是怎样的关系，国家应该用什么方法来管理企业等。由于对这些问题认识不一致，所持的改革主张也就不尽相同。

在所有制问题上，南斯拉夫经济学家卡德尔在《公有制在当代社会主义实践中的矛盾》一书中提出了异化论，认为社会主义生产资料公有制并不能消除劳动者与生产资料疏远或对抗的情况，在生产资料国有并排斥自治的条件下，劳动者至多只能在名义上共同占有生产资料，处于完全"被领导"的地位，劳动者和生产资料由于"第三者"的存在而处于事实上的分离状态，要解决这个问题，只有实行工人自治。东欧一些经济学家认为，社会主义是一个由低级到高级的发展过程，在社会主义发展的低级阶段，不但不能取消私有制，而且必须使私有制有一个合理而充分的存在空间，至于私有制的比例占多大，则不同的人有不同的看法。在计划与市场关系的理论上，大多数东欧经济学家认为，马克思和恩格斯所设想的社会主义经济是单一的计划经济，其特征在于：有计划的非商品生产，以等量劳动为基础的实物交换，个人消费品按劳动券进行直接的有计划的按劳分配，而这在目前情况下不可能实现。捷克斯洛伐克经济学家奥塔·锡克指出，计划和市场应当结合，其必然性直接源于社会主义经济内部的经济利益矛盾。他认为，一方面市场作用不能取消，因为在社会主义阶段，企业与社会之间存在着不可克服的矛盾；但另一方面市场具有一定的局限性，市场中从来都存在着垄断，具有非完全竞争性；市场只反映过去的生产和需求，不能反映未来；市场不能防止和克服社会再生产过程中经常出现的波动、矛盾和干扰。因此，他的结论就是必须借助于计划的调节。南斯拉夫有的经济学家把市场和自治直接联系起来，认为传统的苏联式社会主义经济的基本特征是，用高度集权计划取代市场，用国家垄断取代企业、社会和工人自治，要打破这种格局，必须建立自治经济体系，用货币、价格等市场纽带把各个实现自治利益的经济单位联系起来。波兰经济学家布鲁斯则主张，要充分保持国家对价格形成的影响，认为价格对整个经济运行具有调节作用，因此必须在计划经济内导入市场机制，主张凡计划机制力所不能及的事情由市场机制来承担。

不同的改革理论导致了不同的改革措施，以至改革后形成了不同的经济体制。20 世纪 80 年代初，苏联东欧国家的经济体制大体上存在三种模式：一是以苏联为代表的模式，即坚持高度集中的计划管理，但有限度地扩大了企业的自主权，有限度地发挥了市场机制的作用；二是南斯拉夫的模式，即国家放弃经济管理职能，实行企业自治，整个国民经济基本上由市场经济进行调节；三是介乎两者之间的匈牙利模式，即计划与市场相结合，国家集权与企业分权相结合。这三种模式在实践中都没有取得显著的效果。

二、苏联东欧国家的剧变及历史教训

1. 苏联东欧国家的剧变过程

苏联政局急剧动荡、社会基本制度发生根本变化，是从 1985 年 3 月戈尔巴乔夫担任苏共中央总书记开始，到 1991 年 12 月苏联解体为止。其过程按历史顺序，可以分成四个阶段。

一是戈尔巴乔夫改革的初始阶段（1985 年 3 月至 1988 年 6 月）。戈尔巴乔夫执政初期，改革基本上是在社会主义范围内进行的。但是这一阶段提出的许多理论观点，已经背离了马克思列宁主义的基本原理，例如，提倡不分阶级的"民主化"、毫无限制的"公开性"、没有原则的"多元化"以及抽象的"人道主义"等。1987 年 11 月戈尔巴乔夫出版的《改革与新思维》一书，集中概括了这些错误思想，并把它扩大到对外关系领域，提出"全人类利益高于一切"的口号，否定国际范围内阶级斗争的存在。

二是"人道的民主的社会主义"路线的提出和发展阶段（1988 年 6 月至 1990 年 7 月）。1988 年 6 月 28 日召开的苏共第十九次代表会议，是苏联改革向

资本主义演变的重大转折点。戈尔巴乔夫在这次会议上，提出要把苏联社会改造成为"人道的民主的社会主义"社会。这样的社会具有以下特征：一是真正的、现实的人道主义制度；二是有效益的和活跃的经济制度；三是社会公正的制度；四是具有高度文化素养和道德的制度；五是真正民主的政治制度；六是各民族真正平等的制度；七是渴望和平，渴望加强与社会主义兄弟国家的合作和协作的制度。他指出，苏联所要建设的社会崭新状态，"正是这种民主的和人道主义的社会主义面貌"。他决定把政治体制改革放到首位，把多元化引入政治体制。在对外关系方面，他强调"国际关系民主化""人道主义化"。苏共第十九次代表会议后，以戈尔巴乔夫为首的专门委员会，按照"人道的民主的社会主义"的要求，拟订了政治改革办法，并立即付诸实施。他提出"一切权力归苏维埃"的口号，通过修改宪法，改变原有的权力结构，同时，他还改革选举制度，实行所谓的"自由选举"，搞三权分立和权力下放，逐渐实现由苏维埃制度向议会制的过渡。1990年3月，戈尔巴乔夫再次修改宪法，设立总统职位，他当选为苏联总统。1990年7月2日—13日，苏共二十八大通过了戈尔巴乔夫主持制定的《走向人道的民主的社会主义》的纲领草案，即《纲领性声明》，把建立人道的民主的社会主义社会确定为苏共的目标，提出苏共是"苏联公民按自愿原则联合起来"的"政治组织"，是"议会党"。

三是两种政治力量激烈斗争阶段（1990年7月至1991年8月）。面对党内"民主派"和社会上反社会主义势力咄咄逼人的攻势，主张维护联盟、维护苏共领导权和社会主义选择的苏共"传统派"，与反共反社会主义的"激进派"展开了激烈斗争。以1991年4月23日的"9+1"会议联合声明为界，前期"传统派"占优势，在"传统派"的压力下，戈尔巴乔夫的态度和政策有所转变，采取了一些稳定局势的措施，但他的基本理论和路线并没有改变；后期"激进派"占上风，符合戈尔巴乔夫的心愿，他急剧转向"激进派"，疏远"传统派"。"9+1"会议决定，将"苏维埃社会主义共和国联盟"改为"主权共和国联盟"，根本改变了国家的性质和组织形式，联盟面临解体。5月，旨在将苏联经济"纳入"世界经济，由西方七国向苏联提供援助的"哈佛计划"出笼，戈尔巴乔夫把改革的前途同西方的援助联系在一起。7月10日，叶利钦当选俄罗斯联邦总统，苏联的政治、经济、社会和民族危机越来越严重，在这种背景下，爆发了"8·19"事件。

四是苏共解散、苏联解体阶段（1991年8月至12月）。1991年8月19日，在一些不同意戈尔巴乔夫政见的领导人的组织下，苏联成立了"国家紧急状态委员会"，戈尔巴乔夫被停止履行总统职务，在全国实行紧急状态，但遭到西方国家支持的、以叶利钦为首的"民主派"的强烈反抗。形势急转直下，21 日晚戈尔巴乔夫发表声明，说他已控制全国局势，"国家紧急状态委员会"已告失败。8 月 23 日，叶利钦发布一系列反共命令，下令"停止俄罗斯共产党的活动"，暂停《真理报》《苏维埃俄罗斯报》等 6 家苏共报纸的出版，禁止军队、国家机关中存在苏共党组织。次日，戈尔巴乔夫发表声明，辞去苏共中央总书记的职务，建议苏共"自行解散"，各共和国纷纷仿效，苏联共产党丧失执政地位、沦为"非法组织"，苏联完成了向资本主义制度的演变。12 月 7 日，叶利钦与乌克兰总统克拉夫丘克和白俄罗斯最高苏维埃主席舒什克维奇，在明斯克市西南的别洛韦日森林进行密谋，接着于 12 月 8 日签署了关于建立"独立国家联合体"（简称"独联体"）的协议，宣布"苏联作为国际法主体和地缘政治现实将停止存在"。12 月 21 日，苏联 11 个主权共和国的最高领导人在哈萨克斯坦首都阿拉木图进行会谈，签署了"关于建立独立国家联合体的议定书"，宣布苏联停止存在。世界上第一个社会主义国家苏联，最后以亡党亡国和"改名换姓"的悲惨结局而告终。

东欧国家最早发生演变的是波兰。1980 年，在国际帝国主义势力、教会势力的支持下，在持不同政见者的操纵下，波兰成立了团结工会。20 世纪 80 年代末，团结工会利用波兰国内的经济困难，组织了三次全国性大罢工，提出了夺权的行动纲领。在敌对势力的压力下，波兰统一工人党于 1989 年 1 月作出政治多元化的决定，有条件地承认了团结工会的合法性。其后举行了由各党派、社会团体、教会和所谓"建设性反对派"参加的圆桌会议，统一工人党主动将自己在议会中的议席从 53% 减至 37%，把联合执政的三党联盟（统一工人党、农民党和民主党）的议席从 83.9% 减至 65%。1989 年 6 月举行波兰议会大选，团结工会获胜，并于 9 月成立了由其领导的联合政府，这是东欧 80 年代后第一个由反对派掌权的政府。其后，团结工会不断在议会中排挤共产党人，到 1990 年 7 月，已经实现了瓦文萨所声称的"建立一个没有共产党的联合政府"的计划。波兰统一工人党于 1990 年 1 月宣布停止活动，随即召开新党成立大会，更名为波兰共和国社会民主党。

在国际国内反社会主义势力的压力下，匈牙利社会主义工人党于 1988 年 5 月召开党代会，卡达尔等老一代领导人全部退出了政治局，波日高伊等民主社会主义分子进入党的领导机构。1989 年 2 月，社会主义工人党宣布放弃领导地位，实行多党制。在 1990 年 4 月的大选中，反对党民主论坛获胜，组成多元右翼联合政府，社会主义工人党被逐出政府。10 月，社会主义工人党改名为匈牙利社会党，改名后的党由执政党降为议席数仅占第四位的在野小党。

1989 年，在波兰、匈牙利局势的冲击和西方国家的煽动下，在戈尔巴乔夫"新思维"的影响和鼓舞下，民主德国出现了大规模的公民外逃和游行示威现象。社会上反对派纷纷成立，党内矛盾不断激化，10 月 18 日，民主德国统一社会党总书记昂纳克被迫辞职。此后政府几经改组，德党两次改名。11 月中旬，象征东西德分开的柏林墙被推倒。在 1990 年 3 月的大选中，得到西德相应政党支持的右翼势力"德国联盟"获胜，由德国统一社会党改名而来的民主社会主义党沦为在野党。1990 年 10 月 3 日，民主德国并入联邦德国，全面实行联邦德国的资本主义政治和经济制度。

除上述三国外，保加利亚、捷克斯洛伐克、罗马尼亚、南斯拉夫、阿尔巴尼亚等共产党领导的国家，像多米诺骨牌一样一个接着一个地轰然坍塌，原东欧 8 个社会主义国家无一幸免，全部改旗易帜。

在苏东剧变中，有的国家是反对派经过多年经营，力量强大以后起而夺权（如波兰）；有的国家完全靠执政党内的民主社会主义分子和国外势力的支持夺取了政权（如保加利亚）；多数国家反社会主义势力通过和平方式改变政权性质，也有个别国家（如罗马尼亚）则采取了暴力手段，推翻共产党领导的政权，使国家改变颜色。总之，就具体情况而言，各国虽有不同经历，但是苏东剧变又有其共同的规律性，可以说，基本上都经过了以下几个步骤。

第一步，敌对势力从意识形态领域入手，制造反共反社会主义的舆论。在苏东剧变过程中，敌对势力的意识形态工作的核心是，全盘否定甚至攻击、污蔑党的历史和社会主义实践。一时间，"告别过去""炸毁过去的一切"等口号充斥舆论，成为宣传的主流。这种舆论一旦形成，就为敌对势力夺取政权创造了条件。

第二步，在反共反社会主义的舆论占据主流地位，思想混乱、组织涣散十分严重的情况下，敌对势力制造政治动乱，乘乱夺取政权。其步骤是先从成立各种"非正式组织"开始。例如，在戈尔巴乔夫的"民主化""公开性""多元论"的鼓舞下，20 世纪 80 年代下半期苏联社会上各种非正式组织大量涌现出来，这些非正式组织绝大多数是反共反社会主义的，它们的成立意味着敌对势力的活动从地下转为公开。在非正式组织的鼓动和组织下，游行、示威、集会、罢工以至民族冲突接连不断，仅 1989 年一年，苏联全国就发生了 5 300 次群众性集会和游行示威，参加者达 1 260 万人次，严重破坏了社会稳定。但敌对势力并不以此为满足，进而要求正式成立政党，实行多党制。多党制一旦实现，敌对势力就要求修改宪法，取消共产党领导地位，为其夺取政权大开绿灯。

第三步，资产阶级政治势力利用所夺取的政权的力量，推行私有化，恢复资本主义的经济制度。苏联东欧国家在剧变以后，普遍推行私有化，把社会主义的生产资料公有制改变成为资产阶级私有制。各国私有化的办法有所区别，但大体上是这样三类：一是恢复私有制，即把社会主义革命中没收的生产资料归还给原来的主人（包括其继承人），或者由国库开支给予他们补偿。大多数东欧国家都采取了这一措施。二是小私有化，即将小企业通过招标拍卖的办法出卖给私人。三是大私有化，即对个人无力购买的大中型企业，通过股份制把国有财产分成许多股，把股票出卖给私人（包括外国人）。私有化使国家的大量财富向私人转移，迅速导致了两极分化，出现了一小撮垄断整个国民经济的金融工业集团。私有化为资产阶级的政治统治奠定了经济基础。

2. 苏东国家剧变的主要原因

苏东剧变是一个复杂的政治事件，它是由多种因素综合起作用的结果。概括起来，主要有以下三个原因。

第一，帝国主义推行的和平演变战略是苏东剧变的外部原因。自从世界上出现社会主义制度以来，帝国主义就始终没有改变消灭社会主义制度的意图。在二战后美国发动朝鲜战争遭到失败，此后帝国主义就改用和平演变的办法来达到其消灭社会主义的目的。

和平演变的办法是多种多样的，其中之一是西方国家通过人员交流、项目合作以及发动宣传攻势等，对社会主义国家进行思想渗透。在"自由、民主、人权"的旗号下，西方国家抓住社会主义国家出现的失误，加以渲染和夸大，把社会主义丑化、妖魔化，同时竭力灌输资产阶级的世界观和价值观，宣扬资本主义的成就，通过这种"双管齐下"，搞乱了社会主义国家人民的思想。此外，西方国家利用经济贸易往来以及所谓经济援助，在经济上施加压力，甚至进行经济制裁，迫使社会主义国家按照他们的要求行事。西方国家还凭借其军事上的优势，经常制造各种事端，对社会主义国家进行破坏。所有这些手段，目的只有一个，即搞垮社会主义，使之向资本主义方向演变。

帝国主义推行和平演变战略的重要途径是，支持和培植社会主义国家内部的反共反社会主义势力，逐步形成具有一定实力的反对派，使它们的影响和力量壮大起来，一旦时机成熟，就乘机夺取政权。苏东剧变中开展夺权斗争的反对派，诸如波兰的团结工会、捷克斯洛伐克的公民论坛、保加利亚的民主力量联盟、匈牙利的民主论坛以及苏联的以叶利钦为代表的"民主派"，都有西方的背景。苏东剧变从一定意义上可以说是西方国家推行的和平演变战略的得手。美国中央情报局的一名官员说："谈论苏联崩溃而不知道美国秘密战略的作用，就像调查一件神秘突然死亡案子而不考虑谋杀。"苏联持不同政见者季诺维也夫也说："没有西方的支持，戈尔巴乔夫分子以及激进分子恐怕连一个月也坚持不了。他们之所以能维持下去，只是因为他们按西方的意志行事。"

第二，社会主义实践中的失误和高度集中的体制弊病未能得到有效的改革是苏东剧变的重要原因。苏联东欧国家的社会主义实践，在取得巨大成就的同时，也存在不少问题。例如，经济结构不合理，片面发展重工业，忽视了农业和轻工业的发展，导致商品短缺，生活用品匮乏，影响人民群众的日常生活；经济体制方面存在着不少弊端，特别是长期实行的高度集中的计划管理体制，严重影响了经济的发展，又没有进行根本性的改革，以致积重难返；政治体制方面权力过于集中，缺乏监督，出现个人专断，社会主义民主和法制遭到破坏，出现肃反扩大化的严重错误；文化方面忽视人民群众文化需求和精神生活的多样性，并用行政手段管理文化工作，影响了文化的健康发展；社会方面民生改善滞后，人民生活水平提高缓慢；民族关系方面俄罗斯大民族主义严重，歧视、排斥、以不公平态度对待少数民族的情况时有发生，导致民族矛盾尖锐化。此外，在对外关系、党际关系、资本主义和社会主义"两制关系"的处理上，在解决历史问题、对待工农联盟特别是农民问题和知识分子问题上，在马克思主义理论创新、科技革命与社会发展战略的制定以及对时代的判断上，在青少年教育、人才选拔和接班人培养等问题上，也都存在不少失误。这些失误和弊病影响了共产党和社会主义制度的形象，影响了人民对共产党和社会主义制度的信任。敌对势力正是利用这些失误和弊病，极力加以渲染和夸大，乘机煽动群众，兴风作浪，制造动乱。这是苏东政局剧变的一个重要因素。

第三，苏共领导人戈尔巴乔夫推行"人道的民主的社会主义"路线是苏东剧变根本的、决定性的原因。"人道的民主的社会主义"，是一个特定的政治概念，不能从字面上理解为人道的+民主的+社会主义。从历史渊源说，它是第二国际伯恩施坦主义在新的历史条件下的翻版。从直接的思想来源说，它是从赫鲁晓夫的修正主义观点继承而来的。赫鲁晓夫提出的在党内一直占统治地位的一系列观点，诸如全盘否定斯大林，搞历史虚无主义；宣扬人道主义，否定和曲解历史唯物主义；否定阶级斗争和无产阶级专政，鼓吹全民党、全民国家，以及散布核恐怖理论等，是"人道的民主的社会主义"的思想基础。从思想实质看，它和资产阶级所宣扬的自由、民主、人权的核心价值观如出一辙，是改头换面的资产阶级意识形态。从社会制度层面上看，它所要建立的是资本主义制度。

总之，戈尔巴乔夫通过推行"人道的民主的社会主义"路线，从根本上取消了苏联共产党及马克思主义指导地位，使列宁缔造的有着几十年光辉历史和战斗传统的党毁于一旦。戈尔巴乔夫用"人道的民主的社会主义"改造苏联国家，使存在了近70年的苏维埃社会主义共和国联盟从世界地图上消失。苏东剧变使社会主义事业遭受了前所未有的重大挫折，其深刻的历史教训将永远铭刻在国际共产主义运动史和马克思主义发展史上。

3. 苏东国家剧变的历史教训

第一，必须通过改革解决社会主义社会出现的矛盾。任何社会都不是一成不变的，而是经常变化和发展的，是充满矛盾的。社会主义社会也不例外，它与其他社会相区别的，只是矛盾的性质和状态不同。因此，应该从理论上公开承认社会主义社会存在矛盾，引导人们去认识客观存在的矛盾，并在实践中通过改革加以解决。矛盾不断出现，又通过改革不断解决，只有这样，社会主义才能保持生机和活力，得到不断发展。

总结苏联东欧国家在改革问题上的教训，必须坚持改革，必须清醒地认识到不改革是死路一条，不改革就会使社会矛盾积累起来，不但影响经济社会的发展，而且会导致社会不稳定，以致给国内外反社会主义势力留下可乘之机。

第二，改革必须坚持社会主义的方向。社会主义改革是社会主义的自我完善和发展，因此，改革必须坚持社会主义的原则，决不能把改革的矛头指向社会主义基本制度，搞资本主义化的改革。苏东剧变的一个重要原因是，把社会主义改革最后变成了"改向"。这表现在多个方面，如经济改革的导向是用资本主义私有制代替社会主义公有制，摧毁了社会主义的经济基础；政治改革的导向是全盘照搬西方的政治模式如总统制、议会制、多党制，否定共产党的领导和无产阶级专政；意识形态领域改革的导向是主动放弃马克思列宁主义的指导地位，在多元化的名义下，让反共反社会主义的资产阶级意识形态占领这块重要阵地；党自身改革的导向是适应国内外反动势力的需要，放弃党的领导，改变党的性质；民族关系改革的导向是对民族分裂主义势力迁就妥协，最终酿成民族危机。苏东剧变的事实表明，社会主义国家的改革如果不始终如一地坚持社会主义的方向，在导向上发生错误，必定会滑向资本主义。

第三，要始终掌握意识形态领域的主导权。苏东国家发生剧变的过程中有一个共同的现象，就是敌对势力总要先制造舆论，做意识形态准备，制造思想混乱，再制造政治动乱，达到乱中夺权的目的。如习近平所说："国内外各种敌对势力，总是企图让我们党改旗易帜、改名换姓，其要害就是企图让我们丢掉对马克思主义的信仰，丢掉对社会主义、共产主义的信念。而我们有些人甚至党内有的同志却没有看清这里面暗藏的玄机，……不知不觉成了西方资本主义意识形态的吹鼓手。"[1] 东欧剧变、苏联解体提供了这方面的教训。当时戈尔巴乔夫提出"意识形态多元化""公开性"，放弃马克思主义在意识形态领域的指导地位，导致非马克思主义和反马克思主义的思潮甚嚣尘上，致使苏联解体、苏共垮台。可见，做好意识形态工作是巩固社会主义政权极其重要的工作，决不能掉以轻心。

做好意识形态工作的关键，是正确对待党的历史和社会主义实践。敌对势力总是利用社会主义实践中的失误和弊病，加以渲染和夸大，彻底否定、诬蔑攻击共产党的历史和社会主义的现实。苏联东欧国家共产党恰恰在这个问题上，自我否定，自我丑化，最终导致自我垮台。因此，正确地全面地评价党的历史和社会主义实践，充分肯定所取得的成就，恰如其分地分析所犯的错误、存在的弊端及其根源，是关系党和社会主义前途和命运的重大原则问题。正确对待党的历史和社会主义实践的一个重要方面是，必须实事求是地评价党的领袖。因为党的领袖代表了一个时期党的事业和形象，对领袖的评价，决不限于他个人，而是对一个时期党的全部工作的考量。在苏东剧变过程中，敌对势力都是从否定、攻击、谩骂斯大林入手，搞乱人们的思想，达到否定社会主义目的的。叶利钦下令解散共产党，推翻社会主义制度，正是在这种情况下进行的。这是一个极其深刻的教训。

---

[1] 《习近平谈治国理政》第 2 卷，外文出版社 2017 年版，第 327 页。

做好意识形态工作的核心是，坚持马克思主义，坚持社会主义核心价值观，坚持对党员和广大人民进行马克思主义的世界观、人生观、价值观的教育，抵制和批判资产阶级的腐朽思想和错误理论。在指导思想上必须坚持一元化，决不允许搞多元化。苏东剧变的一个重要原因就是党的指导思想发生了变化，实质上是以"人道的""民主的"社会主义为指导思想。苏联从赫鲁晓夫丢掉"斯大林这把刀子"，到戈尔巴乔夫公开背叛马克思列宁主义，前后经过30多年，指导思想的多元化导致党内思想混乱，思想政治上彻底解除武装，最后到组织瓦解，这个深刻教训不能淡忘。

第四，必须加强和改善党的建设。堡垒是最容易从内部攻破的。苏东剧变，说到底，是因为这些国家执政的共产党出了问题。苏联东欧国家都是共产党领导下的社会主义国家，有的党（例如苏联共产党）历史悠久，党员人数众多，具有光荣的革命传统，历经各种斗争的考验，力量原本很强大。这些党之所以顷刻瓦解，原因还需要从自身找起。

就党的建设方面说，教训之一是，共产党背离工人阶级先锋队性质，不再坚持马克思主义的指导思想、共产主义的理想信念、为人民服务的立党宗旨和民主集中制的组织原则，从而使共产党从无产阶级政党蜕变成为资产阶级政党。

教训之二是，共产党严重地脱离了群众。经过长期执政，苏联共产党逐渐淡忘了一切为了群众、一切依靠群众的根本原则，以及密切联系群众的工作作风，漠视群众，甚至伤害群众。特别是党内官僚主义和腐败堕落现象严重，或直接或间接地侵犯了群众利益，以致当捍卫党和社会主义政权的力量与反党反社会主义的力量对垒之时，广大群众甚至共产党员不仅无动于衷，而且不少人还站到了反动势力一边。这是党长期背离群众路线，严重脱离群众，丧失群众的恶果。

教训之三是，组织路线上特别是干部路线上犯了错误，让戈尔巴乔夫等这类民主社会主义分子篡夺了党和国家的最高领导权，又由于党内民主集中制的原则遭到严重破坏，使党内的马克思主义者和健康力量难以有力地、有效地开展反对民主社会主义的斗争。

第五，必须抵制帝国主义的和平演变战略。自世界上出现社会主义制度以来，帝国主义总是处心积虑地妄图消灭社会主义。从20世纪50年代中期起，帝国主义试图用和平演变的方式来达到这一目的，此后，"和平演变"与"反和平演变"的斗争就成为当今世界两种社会制度、两种思想体系斗争的主要形式。西方的政治家对于他们的和平演变战略从来都是直言不讳的。例如，美国前总统尼克松公然要求美国政府"坚决支持社会主义国家内部的'自由战士''反共革命者'，支持共产党国家的政治民主运动"。里根则看到了意识形态工作在和平演变中的重要作用，他在 1987 年"美国之音"建台 45 周年的贺词中说："'美国之音'是巨大的非军事力量，是在共产主义社会的黑暗中点火的力量"；要"破坏苏联及其卫星国的稳定，促使它们的人民和政府之间发生摩擦……我们要尽量在共产主义集团各国领导人之间打入楔子，使他们互相猜疑，我们应该煽动民族主义火焰，鼓励铁幕后宗教感情的复萌"。

对于西方国家的和平演变的图谋我们必须保持高度警觉。邓小平指出："西方国家正在打一场没有硝烟的第三次世界大战。所谓没有硝烟，就是要社会主义国家和平演变。"[1] 他告诫说："帝国主义搞和平演变，把希望寄托在我们以后的几代人身上……要把我们的军队教育好，把我们的专政机构教育好，把共产党员教育好，把人民和青年教育好。"[2] 只要我们始终保持清醒头脑和高度警惕，不为任何风险所惧，不为任何干扰所惑，那么，西方资本主义的和平演变图谋就不可能得逞。

思考题

1. 斯大林和联共（布）是怎样加强苏联的马克思主义理论建设的？

2. 斯大林对马克思主义哲学、政治经济学作出了哪些贡献？存在哪些局限性？

3. 斯大林对苏联社会主义建设经验进行了哪些理论总结？存在哪些局限性？

4. 苏联社会主义经济政治体制形成的原因是什么？

5. 苏联东欧国家剧变的原因和历史教训是什么？

---

[1] 《邓小平文选》第 3 卷，人民出版社 1993 年版，第 344 页。
[2] 《邓小平文选》第 3 卷，人民出版社 1993 年版，第 380 页。

第六章　西方马克思主义的形成发展及理论探索

第一次世界大战前后，俄国革命的胜利和欧洲一些国家无产阶级革命的相继失败，引起了以卢卡奇等人为代表的欧洲马克思主义理论家对俄国马克思主义的反思和对现代资本主义的批判，并逐渐形成一种理论思潮，即西方马克思主义。在之后的发展历程中，西方马克思主义出现了众多的人物、思潮和理论派别，深刻影响了 20 世纪 30 年代以后西方左翼学术思想的发展进程。西方马克思主义在批判资本主义和对马克思主义的研究中，虽然提出了一些值得重视的观点，但从总体上说，所提出的关于解决资本主义问题和危机的种种方案，并没有触及问题的根本或实质，对马克思主义进行的"批评""反思""重建"，多有偏离和错误，有的流派甚至背离、曲解了马克思主义的精神实质。

第一节　西方马克思主义的产生与演变

西方马克思主义产生于 20 世纪 20 年代的西欧，其主要创始人是匈牙利的卢卡奇、德国的柯尔施和意大利的葛兰西等。在经历了 20 世纪 30—80 年代的繁荣发展之后，西方马克思主义逐渐朝着多样化的方向发展和演变。

一、西方马克思主义的产生

西方马克思主义思潮的产生和出现并不是偶然的思想事件，而是对 20 世纪初以来所发生的一系列重大的社会历史事件进行哲学反思的结果。具体说来，西方马克思主义是在总结俄国十月革命胜利和中欧、西欧所爆发的一系列革命失败教训的基础上产生的，因此它是"第一次世界大战后欧洲资本主义先进地区无产阶级革命失败的产物"[①]。

20 世纪 20 年代西方马克思主义的兴起，同国际共产主义运动曲折复杂的

[①]　［英］佩里·安德森：《西方马克思主义探讨》，高铦、文贯中、魏章玲译，人民出版社 1981 年版，第 117 页。

历史命运息息相关。第一次世界大战在欧洲各国的政治、经济、文化等各个方面造成了灾难性的后果，使资本主义社会的各种矛盾更加深化和尖锐，因而造就了巴黎公社以来鲜有的革命时机。俄国十月革命的胜利，鼓舞了欧洲各国的无产阶级革命。从 1918 年至 1923 年，德国、匈牙利、芬兰、奥地利、波兰、保加利亚等国，相继爆发了工人起义和人民起义，进行了一系列夺取政权的斗争。德国、匈牙利、芬兰等国在革命中建立了苏维埃政权。意大利发生了工人夺取工厂、农民夺取土地的运动。与此同时，其他各主要资本主义国家也都发生了声势浩大的罢工运动。但是，仿效俄国十月革命模式的中欧、西欧各国的革命，都以失败而告终。

卢卡奇、柯尔施、葛兰西等西方马克思主义者在重思马克思主义传统革命观的过程中，开始把自己的注意力从社会革命的经济基础和政治条件，转向社会革命的文化内涵和总体特征。早期的西方马克思主义者认为，第二国际犯了经济决定论和教条主义的错误，把社会革命的成败完全归结于经济条件，认为只要坐等经济条件成熟，革命的胜利就会自动到来。这种理论把革命看成自然发生的社会进化，把马克思主义变成像自然科学那样的实证主义科学，造成了注重客观规律而忽略主观因素、注重经济学而忽视哲学和辩证法的片面化错误。卢卡奇、柯尔施等通过对革命失败的根源的分析，认为中西欧的情况不同于俄国，在这些先进的资本主义国家中，资产阶级的统治日益带有"总体"的性质，它不仅依靠国家暴力，而且更多地凭借意识形态的控制，因此提出中西欧的无产阶级革命应当是"总体革命"。"总体革命"不仅包括政治革命、经济革命，而且包括思想革命和文化革命。而且在某种意义上，思想革命和文化革命应当成为先导，以便改变和夺取资产阶级在意识形态方面的优势，争取人民，使他们确立起革命的意识。因此，他们认为，中西欧革命的失败证明，俄国十月革命的道路在那里行不通，必须进一步探索新的革命道路和行动策略，并提出了一系列不同于列宁主义的观点。1923年，卢卡奇和柯尔施分别发表的《历史与阶级意识》《马克思主义和哲学》，以及稍后出版的葛兰西的《狱中札记》，标志着一股重新阐释马克思主义的思潮形成。

最早用"西方马克思主义"概念来指称这股思潮的是柯尔施。1930 年，柯尔施在其重版的《马克思主义和哲学》中，首次提到两种不同的马克思主义：

一种是"俄国马克思主义"，另一种是"西方马克思主义"①。在这里，柯尔施使用这一概念主要表达卢卡奇和他自己所代表的、与"俄国马克思主义"不同的新的马克思主义的倾向，突出的是与第二国际的马克思主义，尤其是与列宁主义的不同。

柯尔施的"西方马克思主义"的概念，在当时没有得到广泛的注意和流传，一直到法国哲学家梅洛-庞蒂在1955年重新提出这一概念和问题时，才引起了较大的关注和反应。梅洛-庞蒂在这一年发表的《辩证法的历险》中，设专章（第二章）来论述"'西方的'马克思主义"②。他沿袭了柯尔施关于西方马克思主义的概念和提法，认为卢卡奇的《历史与阶级意识》与柯尔施的《马克思主义和哲学》，让"革命的青春和马克思主义的青春又复活了"③，并对西方马克思主义作了理论上的总结。

20世纪70年代后，西方学者普遍接受了"西方马克思主义"的概念，其内涵也在不断扩大。英国新左派理论家佩里·安德森在1976年发表了一部专论西方马克思主义的著作《西方马克思主义探讨》。安德森不再仅仅从突出与列宁主义的差异、对立上去规定西方马克思主义的特征，而且也从主题和所关切的问题的角度去分析西方马克思主义，即从以经济、政治为主题和以哲学为主题的不同，来区分传统马克思主义与西方马克思主义。安德森还突出了西方马克思主义的地域概念，强调西方马克思主义的产生和流传，是马克思主义的中心从中东欧向西欧转移的产物。

因此，西方马克思主义是一个具有意识形态特点的概念，但不简单地指与列宁主义的对立；它也是一个地域概念，已从西欧扩大到整个西方；同时，作为一个与马克思主义相关联的概念，它既包含以马克思主义自居，也包含并不以马克思主义自居但与马克思主义理论传统有关联的各种学派。

虽然这些学者对西方马克思主义的内涵和外延有不同的看法，但人们普遍认为，卢卡奇、柯尔施和葛兰西等，是西方马克思主义的创始人。这些早期西方马克思主义者不仅自称是马克思主义的理论家，而且还担任着无产阶级政党

---

① ［德］卡尔·柯尔施：《马克思主义和哲学》，王南湜、荣新海译，重庆出版社1989年版，第72页。

② ［法］莫里斯·梅洛-庞蒂：《辩证法的历险》，杨大春、张尧均译，上海译文出版社2009年版，第28页。

③ ［法］莫里斯·梅洛-庞蒂：《辩证法的历险》，杨大春、张尧均译，上海译文出版社2009年版，第62页。

内的重要领导职务，直接参加了当时的共产主义运动和无产阶级的革命实践。早期西方马克思主义根据西方资本主义出现的新情况和新现象，在一定程度上揭露和批判了资本主义社会的问题，探索了西方革命的新途径，赋予了西方马克思主义新的理论特质。与之后的西方马克思主义诸流派相比，早期的西方马克思主义者由于受到了俄国十月革命胜利的直接或间接的影响，革命依然是他们著述的主题之一，无论他们是赞成还是反对十月革命的革命方式。

二、20 世纪 30—80 年代的西方马克思主义

卢卡奇、柯尔施和葛兰西等人开创的西方马克思主义，到了 20 世纪 30 年代以后，在西方社会的影响日益扩大，并随着其反思和批判的领域日益广泛和多样，逐渐"形成了一个完全崭新的学术结构"①。

从 20 世纪 30 年代到二战结束，西方马克思主义有了较大的发展和演变，它最重要的特征，是人本主义在西方马克思主义中占据着绝对主导地位。西方马克思主义在这一阶段的变化，主要依赖于以下条件。一是资本主义开始面临全面危机。在经济上，资本主义社会出现了前所未有的大萧条，发达资本主义国家的农业、工业和银行业都遭受了沉重打击。随着大萧条向纵深发展，资本主义社会也开始出现剧烈动荡，失业人数剧增，社会矛盾日益突出，社会冲突异常尖锐，美国等多个国家都发生了示威游行，甚至喊出了夺取政权、建立工农共和国的口号，这为西方马克思主义的发展奠定了社会基础。二是新的科学进展造成了经典科学框架理想化的幻灭，科学认识在西方表现出强烈的人的主体性的特征。在弗洛伊德精神分析学的影响下，对人性内在结构进行心理分析的结果是，个体的非理性代替传统的哲学理性，成为人本主义的马克思主义产生的一个重要背景。三是马克思一些重要文本的发表促进了西方马克思主义的发展。西方马克思主义认为，《共产党宣言》《资本论》等著作固然系统论述了历史唯物主义，论证了马克思主义的科学性，但没有明确阐述社会发展形态理论，没有凸显出社会历史发展过程中人的主体性等。马克思的《1844 年经济学哲学手稿》等早期文献的发表引起了巨大轰动，被有的人称为"马克思的第二次降世"。马克思不再是"以《资本论》的作者、风尘仆仆的经济学家的姿态

---

① ［英］佩里·安德森：《西方马克思主义探讨》，高铦、文贯中、魏章玲译，人民出版社 1981 年版，第 36 页。

出现，也不是以革命的无裤党、具有鼓舞力量的《共产党宣言》的作者出现的。他穿着哲学家和道德家的外衣走出来，宣告关于超越阶级、政党或派别的狭隘界限的人类自由的消息"①。在这一阶段，西方马克思主义者把人本主义看成马克思主义的精髓，直接促成了人本主义马克思主义的产生和发展。

从二战之后到冷战结束，资本主义社会发生了巨大变化。首先，福利国家在西方逐渐兴起，这些国家倡导国家干预经济生活，对社会财富进行再分配，力图实现社会公平。它暂时缓解了资本主义社会的阶级矛盾，影响了资本主义社会工人阶级的整体意识。其次，纳粹暴政危害了世界和平和社会稳定，极大地冲击了人们的思想观念。二战对整个世界和全人类造成的伤害，德国纳粹对个体自由和平等肆无忌惮的侵害，让人们开始质疑资本主义社会的政治制度，质疑经济文化等各个领域的运行机制。再次，资产阶级的大众文化和消费理论，在意识形态上使工人阶级沉湎于文化消费，思想日益匮乏，逐渐失去了革命的动力。最后，20世纪下半叶的各种社会思潮，为西方马克思主义扩大影响提供了思想条件。西方马克思主义吸收了存在主义、结构主义、实证主义和分析哲学等思想，对马克思主义进行了再解释，泛化了研究主题，逐渐分化成很多思想流派。

在这一历史时期，西方马克思主义大致可分为人本主义的马克思主义和科学主义的马克思主义两种主要理论倾向。

人本主义的马克思主义把人的自由和全面发展当作核心问题，强调对资本主义进行全面批判，拒绝"经济决定论"。人本主义的马克思主义，包括法兰克福学派、弗洛伊德主义的马克思主义和存在主义的马克思主义。法兰克福学派强调马克思主义的批判精神，强调对启蒙进行反思，对工具理性进行批判；弗洛伊德主义的马克思主义，试图把精神分析学与历史唯物主义结合起来，用人的心理机制分析资本主义和法西斯主义；存在主义的马克思主义，试图把存在主义中的人本主义与马克思主义进行"融合"，以弥补所谓历史唯物主义的"人学空场"。

科学主义的马克思主义，强调通过认真阅读马克思的文献来分析马克思主义，恢复它的科学本质。科学主义的马克思主义，包括新实证主义的马克思主

① 复旦大学哲学系现代西方哲学研究室：《西方学者论〈一八四四年经济学—哲学手稿〉》，复旦大学出版社1983年版，第5页。

义、结构主义的马克思主义和分析的马克思主义。新实证主义的马克思主义，试图用"科学的精神"把握马克思主义；结构主义的马克思主义，试图用结构中多元要素之间的相互关系来解释马克思主义；而分析的马克思主义，则试图用分析哲学的方法，分析马克思主义的概念、思想和价值取向。

从 20 世纪 30 年代到 80 年代，西方马克思主义的上述两种主要理论倾向相互对峙，但又存在着一些共同特征：第一，反对教条主义。西方马克思主义认为，20 世纪中后期的资本主义社会和工人阶级的地位都发生了变化，正统马克思主义已经与实践脱节，因此必须对正统马克思主义，尤其是斯大林主义进行改造和重构。第二，强调批判精神。批判是西方马克思主义的共同武器，它的对象非常广泛，涉及资本主义社会的经济、政治、文化和科学技术等各个方面。法兰克福学派的核心和基础是批判理论，批判同样也是存在主义的马克思主义的精髓。第三，强调开放性，吸收了大量西方的近现代思潮。法兰克福学派对工具理性的批判，吸收了马克斯·韦伯的社会学理论；阿尔都塞的《阅读〈资本论〉》，吸收了人类学中的结构主义思想；分析的马克思主义，则吸收了在当代西方影响很大的分析哲学的方法。

三、20 世纪 90 年代以来的西方马克思主义

20 世纪 90 年代以来，世界经济政治格局发生了重大变化。苏东剧变发生后，经济全球化进程进一步加快，为西方马克思主义的发展提供了新的背景和条件。这一时期，西方马克思主义一方面继续保持对资本主义社会的批判和对社会主义实践的反思，另一方面，把视角投向经济全球化、环境问题、女性主义、生命政治和国际政治等领域新出现的问题，由此呈现出一些新的趋向和特点。

20 世纪八九十年代之交的苏东剧变是一个重大历史事件。它促使人们在实践上对社会主义发展道路进行新的探索，在理论上对社会主义的前途和共产主义的未来进行探索。一些右翼学者认为，苏东剧变和冷战的结束意味着资本主义制度的全面胜利。但哈贝马斯、霍布斯鲍姆等左翼学者，对世界局势的判断比较审慎，他们从世界历史、全球化的角度对资本主义的"胜利"和共产主义的挫折进行了深入分析，对社会主义实践和发展前景等问题进行了深刻思索。美国分析马克思主义经济学流派的代表性思想家约翰·罗默认为，虽然苏联政治经济体制的社会主义社会垮了，但"这并不意味其他的、尚未尝试的社会主

义形式也应该为它殉葬"①。

苏东剧变标志着冷战的终结，但世界仍不太平，局部地区武装冲突仍然激烈，国与国之间、民族与民族之间的矛盾不断加剧，海湾战争、科索沃战争、阿富汗战争、伊拉克战争等连年不断。宗教、文化等因素与战争的爆发固然密切相关，但它们本质上是新帝国主义全球策略的体现，其最终目的仍是为了维护发达资本主义国家的经济和政治利益。

从经济上看，二战之后的发达资本主义国家为了缓解社会矛盾，纷纷走上了"福利国家"的道路。到了 20 世纪 70 年代，福利国家的高税收、高福利和过度的国家干预政策，导致经济出现了滞胀现象。英美等国开始大力奉行哈耶克和弗里德曼等人倡导的新自由主义政策，大力推进私有化，削减福利开支，打击工会力量。新自由主义在一定程度上恢复了资本主义经济的活力；但与此同时，世界经济秩序积累了新的经济问题和矛盾冲突。这一时期，西方马克思主义对新自由主义的批判从未停止。新自由主义的弊端在 2008 年爆发的金融危机中充分暴露，这为西方马克思主义的批判提供了最新的素材。西方马克思主义者认为，金融危机表面上是金融领域出现的病变，实际上它反映的是资本主义社会整体金融化之后出现的全局性问题。此外，随着经济全球化程度的提高，地区间发展不平衡问题以及生态环境恶化、全球性贫困等问题也变得日益突出。

经济政治形势的复杂性加剧，使得西方马克思主义的发展也呈现出区域不平衡的特点。德国和法国等西方马克思主义传统悠久的国家，开始出现衰落迹象。而西方马克思主义在英美国家却呈现出繁荣景象。社会主义的道德性质、社会主义制度的完善、发达资本主义国家的前途命运，这些问题开始引起英美国家马克思主义研究者的重视，成为他们研究的主题。法国学者雅克·比岱和厄斯塔什·库维拉基斯在其主编的《当代马克思辞典》的前言中便明确指出，马克思主义研究的中心"转移到了英语世界（尤其是大学）"②。

苏东剧变、经济全球化、生态危机以及局部战争等新问题不断涌现，成为西方马克思主义变化发展的新的土壤和条件。西方马克思主义的研究不但没有趋于沉寂，反而变得更加活跃，并呈现出一些新的特点。

---

① ［美］约翰·罗默：《社会主义的未来》，余文烈等译，重庆出版社 2010 年版，第 1 页。
② ［法］雅克·比岱、厄斯塔什·库维拉基斯：《当代马克思辞典》，许国艳等译，社会科学文献出版社 2011 年版，第 2 页。

第一，西方马克思主义注重理论建构和方法论的建设。苏东剧变后，西方马克思主义依然持续了对现代社会的批判。分析的马克思主义注重用"科学的"方法分析马克思主义，注重理论建构和方法论建设，该流派对西方学界的影响逐渐扩大，马克思主义研究从欧洲大陆扩展到了英美国家；法兰克福学派的后期代表霍耐特的"承认理论"，试图通过借助黑格尔法哲学来重构法兰克福学派的理论体系。生态主义的马克思主义、女性主义的马克思主义，则强烈关注社会现实，试图用马克思主义的观点解决生态危机和性别歧视等现实问题。

第二，西方马克思主义呈现出多元化特征。首先，它的理论来源是多元的。西方马克思主义主要依托马克思主义文献，同时大量吸收了当代社会思潮，后现代主义、分析哲学、女性主义等都成了西方马克思主义的理论营养。其次，它的理论对象是多元化的。西方马克思主义的理论立场不尽相同，它们根据自己的立场、方法所分析的社会问题也各种各样，呈现出多元化特点，以研究主题界定西方马克思主义的哲学派别开始出现。最后，西方马克思主义的社会主义模式也是多元的。它们认为社会主义应具有多种新的模式，相应地，马克思主义也应具有多种形态。

第三，西方马克思主义对现实问题密切关注。西方马克思主义在进行理论研究的同时，试图分析和解决社会现实问题。面对2008年金融危机，西方马克思主义在批判的同时，提出了许多建设性提议，如要求加强金融监管，改良金融资本主义体系；加强社会公共福利建设；倡导积极的生活方式，积极应对环境危机等。与此同时，苏东剧变也促使西方马克思主义开始反思苏联社会主义政治经济体制的弊病，把苏联的社会主义发展模式视为"极权"主义和高度中央集权政治模式的失败，试图通过对这种模式的批判，探索社会主义发展的新模式。

第四，西方马克思主义对资本主义社会进行伦理化解读和批判，开始用伦理学的观点分析马克思主义及其重要概念。一场关于马克思主义是否存在道德理论的争论曾持续了近30年。人们逐渐认识到，经济批判和伦理批判不可能割裂开，因为马克思以此种价值作为谴责和批判资本主义社会，并由此作为推论或佐证社会主义和共产主义的价值优先性与正当性的理由之一。社会主义公有制和计划模式，虽然是马克思主义对资本主义社会制度的否定，是对未来社会经济体制的安排，但它本身也体现了马克思主义的伦理内容。没有伦理内容的社会主义是不足取的，是人民群众所不想要的。因此，西方马克思主义注重从伦理的角度去批判资本主义和论证社会主义。

随着西方和世界经济政治格局的不断变化和发展演变，西方马克思主义也在不断调整自身的理论框架。它在某种意义上说明，马克思主义对社会现实依然保持着强大的解释力和自我调整的能力。

第二节　西方马克思主义对资本主义的批判

西方马克思主义流派众多，观点纷呈，但对资本主义的批判构成其核心内容，它的"一个很重要的特点就是他们中很多人对资本主义结构性矛盾以及生产方式矛盾、阶级矛盾、社会矛盾等进行了批判性揭示，对资本主义危机、资本主义演进过程、资本主义新形态及本质进行了深入分析。这些观点有助于我们正确认识资本主义发展趋势和命运，准确把握当代资本主义新变化新特征，加深对当代资本主义变化趋势的理解"[1]。西方马克思主义对资本主义的批判由点到面，既集中在经济、政治和文化等各个子系统，又表现为全面批判。

一、对资本主义的经济和生态批判

经济批判是西方马克思主义对资本主义进行批判的重要领域之一。在《独裁国家》中，霍克海默尔认为，所谓的"独裁国家"，在经济上就是国家资本主义，它抛弃了市场经济，实行计划经济。由于国家对经济生活的介入，所以资本主义经济并没有像预想的那样呈现出"垂死"的状态，相反，对于市场经济而言，计划经济更能促进生产，让人们生活得更加幸福。但是这种经济制度会对人的自由形成威胁，让人性分崩离析。马尔库塞在《单向度的人》中认为，资本主义经济的重要特征，是高生产和高消费，但这种消费是一种被资本主义制度本身制造出来的"虚假的需要"[2]，它一方面让人们获得物质和感官上的满足，另一方面导致了人和社会制度的异化和同质化，让人们心甘情愿地接受资本主义的统治。在生产领域，技术的进步和自动化的广泛应用，直接导

---

① 习近平：《论党的宣传思想工作》，中央文献出版社 2020 年版，第 287 页。
② ［美］赫伯特·马尔库塞：《单向度的人》，刘继译，上海译文出版社 1989 年版，第 6 页。

致分工的日益细化，使得人的异化状态日益严重。同质化则导致无产阶级革命欲望的消失。弗洛姆认为，在资本主义社会，人的异化本质上否定了人的生产性潜能，本应该成为自我表现的生产劳动，反而成了统治人的异己力量，而这种异己力量对个体而言就是一种心理体验，"异化（或'疏远化'）意味着人在他把握世界的时候并没有觉得自己是发生作用的行动者……异化主要是人作为与客体相分离的主体被动地、接受地体验世界和他自身"①。因此，通过对作为人的自由劳动本性的否定，异化否定了人的生产性潜能。除了从个体潜能角度对资本主义经济进行批判外，弗洛姆还认为，现代社会存在重大缺陷的原因在于，个体的心理机制发生了从"生存"向"占有"的重要转变，正是这种心理机制，使资本主义经济乃至整个制度走向了堕落。列斐伏尔从人的生物本能、欲望出发，强调了人的异化和内在矛盾的深刻根源。从微观角度看，异化贯穿着人的一生，因为资本主义社会分工的细化造成了人的异化、碎片化和片面发展；从宏观角度看，资本主义经济本身也发生了异化，演变成为一种"有机的资本主义"②，它的发展不是依赖于经济制度本身，而是借助于国家和科学技术等外在因素。

西方马克思主义认为，20世纪90年代以来的金融危机，本质上是新自由主义理念和政策导致的不良结果。由于缺少规制，尤其是缺少道德规范和法律法规的约束，新自由主义的政策和实践往往堕入自由放任的境地，以致资本主义基本矛盾不断加剧，社会不平等日趋严重，最终导致金融危机的集中爆发。金融危机的实质是复活了社会达尔文主义的新自由主义，而这种制度反过来又加剧了社会的分化和异化。西方马克思主义批判新自由主义，其目的就是要寻找既与现代异化的资本主义不同，又与传统社会主义不同的道路。

在批判新自由主义的同时，西方马克思主义对政治经济学进行了拓展性研究，其内容已经跳出了生产领域，开始把消费、交换和流通等领域也纳入分析的范围。他们认为，消费不仅是个体消费的选择问题，而且是一个社会过程，因此应该关注资本社会化过程中的消费社会化形式。德波试图通过对消费领域中出现的各种"景观"进行批判，认为资本主义社会已经成了一个"景观社会"，它的实质就是诱导人们进行过度消费；对交换领域的深入研究，促成理性

---

① 复旦大学哲学系现代西方哲学研究室：《西方学者论〈一八四四年经济学—哲学手稿〉》，复旦大学出版社1983年版，第56—57页。

② Henri Lefebvre, *The Survival of Capitalism*, London: Allison & Busby, 1976, pp. 110—112.

选择的马克思主义出现。与之相伴，西方马克思主义开始关注微观经济领域，博弈论等当代经济理论模型被整合到对资本主义经济模式的批判之中。与这种微观经济分析密切相关的是，它的方法论在西方马克思主义中得到了广泛的应用。

新自由主义理论不仅涉及经济学，而且还包括政治理论和实践。在政府职能方面，新自由主义要求建立一种"守夜人式的"最弱意义国家。西方马克思主义在分析金融危机时认识到，这是自由放任经济形式造成的结果。所以它不仅仅针对经济领域，而且从政治理论的角度，对资本主义社会进行了分析和批判。约翰·罗默等学者所倡导的"市场社会主义"理论是当代西方马克思主义者从经济学角度批判新自由主义的重要成果。

西方马克思主义通过对资本主义经济的批判，揭示了人的生存困境和资本主义制度本身的内在缺陷。

西方马克思主义对资本主义批判的重要内容之一是对资本主义的生态批判，由此产生了生态学马克思主义。

生态学马克思主义的观点最早见之于 20 世纪 40 年代法兰克福学派的霍克海默尔和阿多诺合著的《启蒙辩证法：哲学断片》，该书从马克思主义的观点出发对人类统治和支配的知识形式的批判、对田园牧歌式生活的向往，开了生态学马克思主义的先河。但作为一种理论体系，生态学马克思主义形成于 20 世纪六七十年代，它在讨论马克思的"人化自然"、人与自然的关系等问题上取得了一些成果，但在当时整个西方的生态运动中影响不大。20 世纪七八十年代是生态学马克思主义的体系化时期。这一时期的生态学马克思主义的批判涉及经济、政治、文化和社会生活的各个领域，一些学者写下了一系列生态学马克思主义的著作，在西方的整个生态运动中已经具有了举足轻重的地位。

20 世纪 90 年代以后，是生态学马克思主义的发展时期。苏东剧变不仅没有给生态学马克思主义带来不利影响，反而使它迅速发展。无论是在体系建构和理论深化方面，还是在实践影响和实际作用方面，生态学马克思主义的发展势头都超过了以往任何一个时期，成为西方马克思主义中最有影响的派别之一。生态学马克思主义"无疑代表了我们这个世纪（20 世纪——引者注）的最后年月里马克思主义发展的一个新阶段"[1]。生态学马克思主义在这一时期理

---

[1]　［南］米路斯·尼科利奇编：《处在 21 世纪前夜的社会主义》，赵培杰、冯瑞梅、孙春晨译，重庆出版社 1989 年版，第 58 页。

论上的建树，一方面是它从资本主义生产方式与生态危机的联系上对资本主义进行系统批判，提出了"生态帝国主义"的概念，把这种批判与全球化问题紧密地结合在一起；另一方面，它全面地推出了生态社会主义的构想，这一构想与七八十年代生态社会主义的要求相比，要完整、系统、成熟得多。生态学马克思主义在20世纪90年代以来的迅速发展，一方面与生态运动在这一时期的深入展开相伴随，另一方面也与苏东剧变后西方世界兴起的关于社会主义的大讨论相关联。在这一时期，随着生态学马克思主义影响的日益扩大，促成一些马克思主义理论家、共产党人和左派人士，纷纷进入生态学领域，同时也拉近了一些绿色运动的理论家与马克思主义的距离，使他们不同程度地接受马克思主义的基本政治要求和价值观念，并运用马克思主义的一些理论和观点重新解释其生态理论，出现了"绿色红化"的潮流和现象。

二、对资本主义的政治和文化的批判

西方马克思主义对资本主义的政治和文化的批判主要集中在三个方面。

一是从个体心理机制出发批判资本主义社会，特别是批判法西斯主义。西方马克思主义把个体心理作为他们从事政治批判的切入点。在《弗洛伊德理论和法西斯主义宣传的程式》中，阿多诺认为，法西斯分子通过他们的宣传工具，利用个体的"暗示"和"催眠"等心理学方法，调动个体内心的"认同"机制，让大众认可法西斯主义的理念，然后通过"施虐受虐狂"的心理机制侵蚀人们的心理世界，建立起一种等级制度，形成种族歧视，最终促使普通大众自发地进行种族迫害行为。在《法西斯主义的大众心理学》中，赖希用"性格甲胄"分析了法西斯主义暴政形成的个体心理原因。他认为，德国人是愿意服从于法西斯的极权主义的，因为他们本身的性格包含着一种独裁主义特质，这让他们愿意服从独裁统治。他提出，法西斯主义只是人的独裁主义性格被组织化的政治表现，是人的机械主义和极权主义的深层心理倾向的外在表现。在纳粹德国，种族理论、家庭理论等，是为法西斯主义独裁政治服务的，它们的基础就是独裁主义性格。

二是对资本主义意识形态进行了批判。性格分析理论属于个体层面，要对资本主义进行批判，必须上升到宏观层面，性格分析理论的政治批判最终要上升为意识形态的政治批判。阿尔都塞在《列宁和哲学》中认为，意识形态国家机器遍布国家的各个领域，传统的马克思主义者仅仅是从政治领域讨论意识形态问题，这已经不足以解决资本主义制度的各种弊端，因为资产阶级的统治已经渗透到了宗教、教育、家庭、法律、文化等各个领域之中，它们绝大多数属于传统的公共领域，因此对资本主义的批判，应该扩展到对资本主义政治意识形态和公共领域意识形态的批判。意识形态在资本主义国家中占据主导地位，因而意识形态批判是西方马克思主义政治批判的重要内容之一。此外，革命理论也属于西方马克思主义政治批判的范畴，列斐伏尔的日常生活革命理论、法兰克福学派的劳动解放理论等，都属于西方马克思主义政治批判的重要内容。

三是对资本主义文化的批判。文化批判是西方马克思主义的重要方面，但这种批判和他们对资本主义的政治批判，特别是意识形态批判多有联系。西方马克思主义各学派对文化艺术及其在当代资本主义社会中的作用，所持的态度不尽相同。20 世纪 90 年代以前，其研究者主要是法兰克福学派。法兰克福学派认为，资本主义文化的作用是消极的、否定性的。霍克海默尔和阿多诺在《启蒙辩证法：哲学断片》中认为，启蒙运动以来，文化的普及似乎意味着大众普遍素质的提高，但资本主义条件下的文化工业已经被资本控制，资本主义社会的方方面面都受到文化工业的过滤，文化工业成了资本主义社会维护自身存在发展的"社会水泥"，实现对大众的全面欺骗和禁锢。文化工业的另一个弊端在于，它将文化产品商品化。在《美学理论》中，阿多诺认为，大众文化本身就具有十足的欺骗性，似乎这种文化形态本身是为大众服务的文化，但它的本质是商品化之后的一种文化消费形式。文化消费完全让文化作品乃至消费者丧失了独一无二性，因为文化本身并不是为了满足个体的有意义的需要，个体追求的只是一种消遣和娱乐。从文化的生产来看，文化的商品化意味着，它必须满足生产者的利益最大化，这让生产者把文化生产与现代科学技术结合在一起，现代工业成了艺术作品的现实基础，具有功利主义性质的工具理性侵入了超功利的艺术领域，文化产品的标准化、齐一化、模式化，成了最重要的特征。对此阿多诺提出，应该通过恢复文化艺术作品的"非同一性"，把美学和艺术哲学化，通过哲学的思辨和批判来实现对现存社会制度的彻底摧毁和改变，实现文化艺术的解放功能。

与霍克海默尔和阿多诺对大众文化的激烈批判不同，本雅明充分肯定了大众文化的积极作用和解放功能，认为大众文化对当代资本主义批判具有促进作用。他在《机械复制时代的艺术品》中指出，全面的机械复制是资本主义社会文化艺术的经济特征，虽然复制的方便快捷确实对传统艺术的独特性产生了影响，但这种现代技术让艺术作品超越了传统文化艺术与政治生活之间的紧密关系，它让艺术走向大众，让艺术不再是少数精英分子的垄断品。在传统社会，艺术作品具有"独一无二性"的光晕，它虽然保证了文化的独特性，但对一般大众采取了拒斥态度。现代的机械复制，导致了传统文化和艺术作品的"大崩溃"，复制技术把所有复制的东西从传统领域中解脱了出来，由于它制造了大量的复制品，所以它就用复制品的"多"，代替了原作品的"一"；而且由于众多的复制品能够使接受者结合自身的具体感受来欣赏，所以复制对象就具有了前所未有的活力。这两方面导致了传统的大崩溃，由此促进了现代艺术的繁荣和人民大众品味的整体提高。

到了 20 世纪末，文化批判开始受到西方马克思主义各个流派的广泛关注。西方马克思主义在这一阶段的文化批判可以归结为三个层面：从微观层面来看，它们开始关注马克思主义经典作家的文本分析及其再诠释；从中观层面来看，它们对资本主义文化领域内的现象进行批判，具有综合性，把很多文化现象与经济现象、政治主体联系在一起，如关于"景观社会"的分析，既是一种经济批判，同时也是一种文化批判和社会批判；从宏观层面来看，资本主义的文化批判类似于一种意识形态批判，因为西方马克思主义试图从意识形态的角度，对启蒙运动以来的世界现代化进程及其成果进行整体批判，它的目标所指，既有民族国家内部的文化制度，也有国际层面的文化冲突。通过文化批判，西方马克思主义将现代社会纳入资本主义批判的范畴之中。

宗教问题是马克思青年时期的重要研究内容，但在 20 世纪 90 年代之前，西方马克思主义并没有特别重视这一问题。90 年代之后，西方马克思主义开始关注宗教理论。在宗教研究中，西方马克思主义关注的是"后世俗社会"，认为世俗化仍在不断深入，但是宗教和宗教团体对社会的影响依然广泛存在。宗教对于文化、政治等领域的作用不可忽视，它既有助于提高人们的道德素养和公共理性，又有助于确立人们的文化认同和宽容意识。西方马克思主义试图复兴宗教的目的还在于，从西方文明传统中寻求马克思主义的文化根源，找到政治主体和宗教主体之间的关联性，并在此基础上重构马克思主义的政治哲学。

三、对资本主义的全面批判

卢卡奇把马克思的商品拜物教概念和韦伯的合理化概念综合形成"物化"概念，并由此展开对资本主义社会的批判。在卢卡奇看来，物化是生活在资本主义社会中的每一个人的必然的、直接的现实。物化现象的普遍性和必然性是由资本主义社会特有的经济形式所决定的。资本主义社会表现为商品的巨大堆积，商品形式的奥秘在于，它把人们劳动的社会性质反映成劳动产品的物的性质，于是，人与人之间的关系采取了物与物之间的虚幻的形式，它被物化了。人们突然发现自己面对着一个异己的物的世界，这个世界与自己相对峙并压抑着自己。同时，在资本主义社会，人们屈服于狭隘的分工，职业越来越专门化，整个社会生活被分解为一块块碎片，人们生活在一个越来越小的圈子中，失去了对整个社会的理解力和想象力。"由于世界的机械化必然使其主体、即人本身一同机械化"①，人们在劳动过程中被客体化、对象化了，劳动者成了转动着的机械系统的一个组成部分。结果是过去支配现在，死的统治活的。物化作为资本主义社会的普遍现象，必然反映在人们的意识中，形成"物化意识"。物、事实、法则等的力量被无限夸大了，人或主体则成了可有可无的东西。物化的影响一直深入人们的灵魂，这就是物化意识使人们看不见资本主义社会的总体及其发展趋势，而是把这种生产方式当作规律来加以接受并使之永久化。要冲破物化意识和物化结构的束缚，在思维方法上，必须先有一个根本性的转变，也就是说要回到马克思的方法上去。马克思的辩证方法的核心是总体性，总体性就是全面把握社会现实的方法。总体在逻辑上先于事实，只有把事实置于总体之中，才能理解其意义，总体归根到底还是主体包摄客体。坚持总体性就要诉诸革命的实践，推翻资本主义统治。卢卡奇对资本主义社会物化现象的揭示无疑是深刻的，与马克思的异化理论具有某种一致性。特别是在1932年马克思的《1844年经济学哲学手稿》发表之前，许多人正是通过卢卡奇的物化理论了解马克思的异化理论的。但是，卢卡奇的物化理论与马克思的异化理论之间也有不一致的地方，这就是他既没有严格区分物化与异化，也有泛化物化现象的倾向。卢卡奇晚年为《历史与阶级意识》新版写序言时，曾郑重地作出自我批评。

20世纪30年代初，马克思《1844年经济学哲学手稿》的发表，是马克思主义发展史上的重大事件。《1844年经济学哲学手稿》中的异化理论，直接成了西方马克思主义批判资本主义社会的理论武器。

---

① ［匈］卢卡奇：《历史与阶级意识——关于马克思主义辩证法的研究》，杜章智、任立、燕宏远译，商务印书馆1992年版，第90页。

　　存在主义的马克思主义认为，异化充斥于社会生活的各个方面。列斐伏尔把异化视为哲学的核心概念，认为劳动就是异化。由于劳动是人的本质，社会的主体又是人，而异化又意味着矛盾，所以整个社会处处充斥着异化，社会也是一个全面异化的社会。在这种社会条件下，体力劳动和脑力劳动、城市和乡村之间的对峙关系，实际上是人性内部的矛盾和分裂，是异化的外在表现形式。尤其是随着机器大工业时代的到来，社会和人的异化状态也达到了顶点。异化已经表现出多面性和无处不在性，表现在生产力、生产关系和意识形态等社会生活的各个方面。异化作为整个社会的普遍性特征，不仅包含压迫、剥削等传统内容，而且涉及人的生存的无意义的感觉。列斐伏尔认为，异化的定义既包括人在外部物质世界或不定型的主体性中迷失自我，还包括个体在主体化和客体化过程中的分裂，其本身的统一性被毁坏。这种异化已成为人的基本的生存矛盾，它表现在自然与社会、个人与社会、理性与本能、意识与无意识之间。它如同一张巨大无比的网，笼罩着社会生活的一切方面，任何人都无法逃避。"异化就这样扩展到全部生活，任何个人都无法摆脱这种异化。当他力图摆脱这种异化的时候，他就自我孤立起来，这正是异化的尖锐形式。"① 总之，异化成了人类实践的基本结构。由于每个人的行为都由原始自发的秩序、理性的组织结构和压抑的拜物教系统三个发展阶段组成，因而经济学上的劳动分工导致了工人的被剥削，政治学上的有效管理最终腐化成国家（政党）专制的工具，哲学上思想的阐明最终变成严酷的意识形态和权力统治的工具。

　　马尔库塞对异化的论述是多角度的。他认为，科学技术的发展导致了人们对当代社会制度的接受，由于资本主义的工业文明满足了人们日益增长的物质需求，使人们成了一种驯服的动物。但这也让资本主义社会出现了全面的异化：从科技到文化体系，从劳动到消费领域，从人的思想到社会心理结构，总之，人与人、人与自然的关系都存在着严重的异化状态。从技术理性的角度来看，生产机械化、作业的流水线化、产品的标准化以及管理的科学化，表面上是科学技术给人的生活和生命带来的好处，实质上，它压制了人性，将人等同为机器，资本主义的进步法则被浓缩为一个公式，即技术进步＝社会财富的增长（社会生产总值的增长）＝奴役的加强。从工人与劳动产品之间的关系来

―――――――――

① 复旦大学哲学系现代西方哲学研究室：《西方学者论〈一八四四年经济学—哲学手稿〉》，复旦大学出版社 1983 年版，第 196 页。

看，在新的条件下生产力高度发展，物质财富极大丰富，强迫工人去消费劳动产品，工人成了消费产品的奴隶。资本主义社会的消费，已经不再是满足生理意义上的人类需求，而是一种奢侈型的消费需求。这就导致人们的消费总是被预先决定的，人们已经失去了判断能力，他们的需求在大众心理学的潜在机制下，完全为当下的社会制度所同化。而且，产品的极大丰富，使得工人已不再思考自身的异化问题，工人与资本家之间的矛盾也就消解了。工人阶级和资产阶级出现了同化的趋势，二者融合为一体，这让工人阶级失去了反抗的动力，他们的革命动力一旦消失，就成了资本主义社会的肯定的力量，而不是否定的因素。马尔库塞正是从科技的异化、意识形态的异化、人的异化等方面，对现代工业文明的消极影响进行了深刻的反思与批判，从西方社会高度富裕和高度自由的外表下揭示出它对个人的统治和压抑。

哈贝马斯通过危机理论对晚期资本主义进行了全面的分析批判。他认为，资本主义社会过渡到晚期之后，面临着全面的危机。在经济、政治和社会文化三个系统中，经济系统遇到的是经济危机，政治系统遇到的是合理性危机和合法性危机，社会文化系统遇到的是动机危机。经济系统的危机是资本主义面临的投入和产出的不平衡问题，即使国家干预，也不能得到解决，它最终转移到了政治领域。因为"国家机器不可能充分地控制经济系统"①，所以转移到政治系统的经济危机，在公共行政领域表现为政治的合理性危机，而与之同时出现的还有政治系统的合法性危机，也就是人们对整个政治系统的合法性产生了怀疑。此外，社会文化系统的商品化和行政化，也由于经济系统和文化系统的危机而出现了失调。哈贝马斯在《合法化危机》中，通过对这三个系统的四种危机类型的分析，对资本主义进行了系统全面的批判。

西方马克思主义对新帝国主义理论的分析也值得关注。有的西方马克思主义者认为，列宁、卢森堡、布哈林等人提出的帝国主义理论已经过时，因为它们已经不足以解决当代世界问题，需要加以改进和超越。奈格里、伍德和哈维等人认为，虽然新帝国主义的实质仍是帝国主义，仍然没有改变追求资本利润，没有改变军事干预、国际事务中的双重标准等基本特征，但新帝国主义的不同在于，它在维持大棒政策的同时，开始注重使用胡萝卜政策，强调通过产业资本的

---

① ［德］尤尔根·哈贝马斯：《合法化危机》，刘北成、曹卫东译，上海人民出版社 2000 年版，第 66 页。

全球化和自由流动来"文明地"获取更多利益。新帝国主义的实质可以根据空间理论进行解释，即要消灭整个世界各个地区各个阶级的同等压迫和剥削，只能通过消除空间差异来实现。全球化成了新帝国主义的代名词，因为全球化就是资本的国际化，在这一过程中，所有国家和地区都被整合到了世界历史之中。

不管是对异化理论，还是对危机理论的论述，表明西方马克思主义看到了资本主义社会条件下出现的普遍异化状态。西方马克思主义把心理学、社会学以及语言学等内容吸纳到对资本主义的批判之中，深入分析了它的新特征、新现象和新问题，为深化对资本主义的分析和批判，提供了值得借鉴的有益的思想视角和理论资源。

第三节　西方马克思主义对马克思主义的解读

对资本主义进行全方位的批判仅仅是西方马克思主义关注的一个方面，它的另一个重要内容是，企图在对马克思主义的批评和反思中"重建"马克思主义，其中主要涉及以下几方面内容。

一、反思辩证法及其适用范围

西方马克思主义对马克思主义及其历史发展进行了反思，但这一反思有时偏离甚至歪曲了马克思主义的精神实质，关于辩证唯物主义和历史唯物主义的关系就是如此。历史唯物主义是马克思主义的核心，也是西方马克思主义者使用得最普遍的并试图丰富和发展的内容。但是，西方马克思主义严格区分自然界和历史领域，认为自然界不存在辩证法，辩证法只适用于社会和历史领域，真正的马克思主义应该摒弃辩证唯物主义，发展历史唯物主义。施密特指出，恩格斯首先把自然和历史"看成是唯物辩证法的方法的两个不同的'适用领域'，把辩证法的各个要素从具体的历史内容中分离出来，完全紧缩成首先来自《自然辩证法》的三个与实在相对立的被实体化了的'根本规律'，于是辩证法成为在马克思那里所决没有的东西，即世界观、解释世界的积极原则"[①]。

---

① ［联邦德国］A. 施密特：《马克思的自然概念》，欧力同、吴仲昉译，商务印书馆 1988 年版，第 52 页。

施密特认为，马克思和恩格斯都谈到了自然界，但马克思讨论的是人化自然，他所谓的外部世界的规律和运动形式，"只有在成为为我之物的时候，即在自然组合进人与社会的目的中去的时候，才成为重要的"①，辩证法应该只适用于社会历史领域，它即使是适用于自然，也是人化自然，是与社会和历史紧密联系的自然。

　　马尔库塞反对把辩证法"本体论化"，认为马克思主义辩证法与黑格尔辩证法的决定性区别，就在于马克思主义辩证法脱离了本体论基础。在他看来，如果把辩证法当作普遍的世界观，必然会使得辩证法变成一种僵硬的规则。辩证法就其实质而言是一种历史的方法。与此相联系，马尔库塞否认辩证唯物主义，认为辩证法的应用范围只限于社会历史领域。他还进一步断言，辩证法也不能适用于所有社会形态，它只在"否定性的"阶级社会中发挥作用，"马克思的辩证法就其他方面看是一个历史的方法；它涉及了历史过程的特殊阶段"②。他认为马克思的辩证法所涉及的辩证矛盾的否定性，就是对阶级关系的否定。辩证法本身就是阶级社会的产物，随着社会中阶级对抗的消失，辩证法也将失去意义。

　　存在主义的马克思主义，对"自在的"自然界大体上也持拒绝的态度。在《辩证理性批判》中，萨特确定了"辩证理性"的有效性及其限度，从而把辩证唯物主义从马克思主义中清理了出去。他认为，由于过多地强调了辩证法，而忽视了马克思主义的人学理论，造成了历史唯物主义的人学"飞地"③。列斐伏尔在批判和拒斥"辩证唯物主义"时认为，马克思主义的特征是来自它的实践特点，来自它对哲学的超越，来自它超越了唯物主义和唯心主义的事实。马克思主义既不是唯心的也不是唯物的，因为它是深刻的历史性的。他强调，实践的辩证法是人的意识的辩证法，是主观和革命的辩证法，"如果辩证法来源于自然界，那么它怎么能是革命的呢？如果它来源于革命批判和历史分析，

---

① ［联邦德国］A. 施密特：《马克思的自然概念》，欧力同、吴仲昉译，商务印书馆 1988 年版，第 54 页。

② ［美］赫伯特·马尔库塞：《理性和革命》，程志民等译，上海人民出版社 2007 年版，第 267 页。

③ ［法］让·保罗·萨特：《辩证理性批判》，林骧华等译，安徽文艺出版社 1998 年版，第 2 页。

那么它又怎么能存在于自然界之中呢?"① 他指出, 辩证法作为一种方法论, 本身具有强烈的人文主义关怀, 所以辩证法并不是进行抽象之后获得的方法论, 而是一种本体论性质的方法论, 它不是应用到具体学科之中, 而是就存在于那些具体的学科之中。辩证法的实践特点使其作为一种有生命力的整体, 能够体现哲学、经济学、政治学和历史学的统一, 能够体现理论与现实的统一。梅洛-庞蒂认为, 人们很难证明客观的自然界存在着辩证法, 认为历史唯物主义是辩证唯物主义在人类社会领域的应用, 这种观点十分荒谬。如果把这种自然界的"辩证法"应用于人类社会, 那么社会和历史的主体即人的地位就会被彻底忽视。历史唯物主义是一种与实证主义相对立的意识形态。实证主义把个人当成集体无意识, 而历史唯物主义则把个人作为"社会存在物""自为存在物"和"类存在物", 本质上是与社会有机统一的。就社会而言, 它也不是一种"抽象的"社会, 是人的存在的有机部分。人在社会中的存在不同于物在盒子中的存在, 人在其灵魂深处承受着社会。

科学主义的马克思主义, 同样否认辩证法是自然界的根本方法。科莱蒂认为, 辩证唯物主义只是恩格斯、普列汉诺夫和列宁等人的哲学观点, 马克思本人并没有对辩证唯物主义进行过探讨。"'唯物辩证法'在其严格的意义上, 就是黑格尔自己的物质辩证法。"② 辩证唯物主义的合法性被颠覆和否定。

西方马克思主义对辩证唯物主义和自然辩证法的否定, 割裂了历史唯物主义与辩证唯物主义和自然辩证法的辩证关系, 从而导致了对马克思主义理解的片面性, 严重歪曲了马克思主义哲学的本质。

二、研究社会历史的发展

西方马克思主义对社会历史发展的研究, 大体可归纳为两大方面: 一是社会发展形态研究, 二是历史的"微观机制"和人的主体性研究。

关于社会发展形态研究。马克思在《1857—1858 年经济学手稿》和《〈政治经济学批判〉序言》中, 阐述了社会形态理论, 解释了社会发展的规律和社会形态。西方马克思主义者对马克思主义的社会发展理论给予了足够重视。正

---

① [法]昂利·列斐伏尔:《今日马克思主义问题》, 转引自 [苏]别索诺夫:《在"新马克思主义"旗帜下的反马克思主义》, 德礼译, 中国人民大学出版社 1983 年版, 第 183 页。
② 俞吾金、陈学明:《国外马克思主义哲学流派新编·西方马克思主义卷》(上册), 复旦大学出版社 2002 年版, 第 366 页。

如美国学者海尔布隆纳在他的著作《马克思主义：赞成与反对》中所表示的，"要探索人类社会发展前景，必须向马克思求教，人类社会至今仍然生活在马克思所阐明的发展规律之中。"①

萨特从匮乏理论出发，论述了社会历史的发展形态。他认为，人类总是处于一种匮乏的状态，匮乏的超越性和否定性导致了历史发展和阶级斗争的产生。"由于匮乏，创造了历史的可能性。因为正是超越匮乏的集体计划，实际上在给历史揭幕，历史开始于并且终结于克服匮乏的社会努力。"② 人类的这种匮乏状态导致了人们对个体与阶级利益以及社会关系之间的中介的需求，逐渐形成了群集和集团。由于人的实践及其对社会发展的要求，群集必然会被集团超越。集团又分化为"融合集团""誓愿集团"和"制度集团"等形式。完全基于外部强制力量的融合集团，会由于外部环境和内部压力的共同作用，逐渐把暂时形成的共同目标内化，融合集团也就发展成一种新的自为的誓愿集团。这种集团具有强制和自觉双重特征，它们共同维持着集团的存续和发展。最后，集团会逐渐发展成一种具有严密的组建形式的制度性组织——"制度集团"③。通过对匮乏的克服和异化的扬弃，人类历史呈现出从"群集"到"融合集团""制度集团"再到"官僚国家"这样的发展样态。这种发展样态，基本上勾勒出了人类群体——社会的发展进程，但是，它呈现出来的逻辑性特征比它的历史性特征更明显。

哈贝马斯把社会形态划分为"新石器社会""早期的高度文化""高度发达的文化""现代社会"四个历史阶段。在《合法化危机》中，他系统论述了社会形态理论。他认为，社会发展形态包括原始社会、阶级社会和后现代社会，其中，阶级社会又被细分为传统社会和现代社会。现代社会是处于传统社会与后现代社会之间的关键的社会形态，包含着资本主义社会和后资本主义社会。后资本主义社会在本质上是一种政治精英控制生产资料的阶级社会，政治精英作为国家代表，尽可能追求一种平等的社会形态，所以后资本主义社会又被视为国家资本主义社会。国家资本主义社会是晚近经历的社会形态，且在不断发生变化。根据不同时期的不同特点，它可以被分为自由资本主义社会和有组织的资本主义社会。哈贝马斯认为，只有分析了各种形态的社会组织原则，

① 习近平：《论党的宣传思想工作》，中央文献出版社 2020 年版，第 221 页。
② 徐崇温：《"西方马克思主义"》，中国社会科学出版社 2007 年版，第 339 页。
③ 徐崇温：《"西方马克思主义"》，中国社会科学出版社 2007 年版，第 339—347 页。

才能够揭示出产生后现代社会的各种可能性。因此，必须对原始社会形态、传统社会形态和自由资本主义社会形态的制度进行分析。[①] 原始社会的制度核心是亲缘关系，亲缘关系的总体性特征决定了社会的政治制度，依靠家庭道德和部落道德来团结社会。在原始社会，生产力发展的动力不依赖于剥削劳动力，社会经济发展缓慢，社会状态稳定。传统社会形态的制度核心是国家机构，社会生产力的发展与生产资料所有制形式发生了直接关系，社会整合和系统整合依靠的是传统的世界观和国家伦理。到了自由资本主义社会形态，它的组织原则变成了雇佣劳动和资本之间的关系，而这一关系是由资产阶级民法体系来规制的。这种组织原则造成了系统整合与社会整合的分离，经济系统、市民社会等领域纷纷从政治系统中独立出来。而且，由于资本的地位得到加强，资本的自我运作导致了生产方式的革命和再生产的不断扩大。

西方马克思主义没有完整而科学地理解和阐释马克思主义的社会形态理论，虽然它们把自己的社会形态理论视为对历史唯物主义的"细化"，但存在着对历史唯物主义的偏离甚至歪曲，对社会发展规律及其动力的解释与马克思的历史唯物主义存在着根本差异。

西方马克思主义对历史的"微观机制"和人的主体性进行了研究。

马克思创立的历史唯物主义，对社会历史的发展进行了宏观描述，把社会发展的根本原因归结为生产力与生产关系、经济基础和上层建筑之间的矛盾运动。在西方马克思主义者看来，这种理论上的宏观研究，其科学性毋庸置疑，但它的缺点是忽视了对社会历史的"微观机制"的研究，缺少对人的主体性的关注。因此，需要对正统的马克思主义加以补充和"改造"。

法兰克福学派和弗洛伊德主义的马克思主义的一个共同特征，都是从微观机制角度对历史唯物主义进行研究。

赖希、弗洛姆等人，把个体的心理结构和精神分析方法作为理论武器分析历史唯物主义。赖希从"性革命"的角度论述了无产阶级革命和人的解放问题，认为马克思主义不仅要推翻腐朽的资本主义社会，还要把个体的性健康作为社会革命的主要目的。微观的"性革命"的意义在于，它能够取代"宏观革命论"，突出了人的自由和幸福，能够创造出一个新的社会，因为个体的性本

---

① ［德］尤尔根·哈贝马斯：《合法化危机》，刘北成、曹卫东译，上海人民出版社 2000 年版，第 25—28 页。

能所爆发出来的力量能够起到破旧立新的作用。

弗洛姆认为，马克思的历史理论只能培养出仅仅关注衣食住行的物质主义的人，但这种人是"没有灵魂的"，也是容易被收买的，因此革命的目的首先应该关注"人的自我能动性"。在他看来，在历史唯物主义中，经济基础和上层建筑之间虽然存在着密切关系，但二者之间存在鸿沟，因为它不能解释"经济基础如何转变为意识形态这种上层建筑"的发生机制。联结经济基础和上层建筑之间的纽带，应该是社会性格和社会无意识，无论是前者还是后者，都说明社会历史发展过程与个体的心理结构相联系。

哈贝马斯认为，历史唯物主义科学地解释了人类社会发展的一般规律，但"现实的人"参与、影响历史发展的微观机制没有得到论述。他说历史唯物主义研究的是一种"宏观主体"的历史，历史的真正主体即"现实的人"却被忽略了。哈贝马斯认为，要从个体"同一性"的发生学机制出发，研究历史发展问题，认为即使是资本主义社会的合法化危机，最终也只不过是社会成员的"同一性"危机。因此，对个人和群体的"同一性"研究，有助于进一步了解社会危机的发生机制，最终能够解释和解决社会危机。危机产生一般是由于文化、社会和人格的再生产出现了问题，它的最终解决应该通过主体间的交往行动来实现。对于现代社会而言，道德和法律等建制将成为社会集体"同一性"的核心，道德的正当性和法律的合法性都需要从社会"同一性"角度进行解释和论证。为了解决"同一性"问题，哈贝马斯在《重建历史唯物主义》一书中，引入了皮亚杰和科尔伯格等人的道德认知理论，试图从个体道德学习的角度出发，论述社会历史的发展进程，以"丰富"和"发展"历史唯物主义的内容。

三、重思社会主义的理论

马克思和恩格斯通过对德国古典哲学、英国古典经济学和英法空想社会主义的批判性研究，共同创立了历史唯物主义和科学社会主义学说。列宁和斯大林等人也都对社会主义进行了充分论述，并在实践上进行了探索。

西方马克思主义对社会主义的重思值得重视。当代影响很大的几个西方马克思主义学派，都把社会主义当成了论证对象和价值追求对象。分析的马克思主义论证了社会主义最重要的价值——平等的重要性。生态学的马克思主义也把社会主义看成批判资本主义社会的重要方面，当作克服社会问题之后最终实现的价值目标。法兰克福学派最重要的学者之一哈贝马斯认为，即使发生了苏东剧变，马克思主义和社会主义暂时陷入低谷，但社会主义仍然是一种好的价值取向之一。只要对现实社会进行深刻的反省，只要赋予这个 19 世纪的社会主义观念以新的含义，社会主义就仍是不能抛弃的目标。

苏东剧变是世界社会主义在当代所遭遇的重大挫折，但西方马克思主义仍然强调了社会主义的价值和意义。有的西方马克思主义者认为，历史性的共产主义确实已经失败，但这并不意味着社会主义本身的破产。社会主义应该既是一种马克思主义的积极的政治纲领，也是一种让马克思主义成为现代性社会理论的标志。苏东剧变表明，社会主义决不应该仅仅局限于经济方面，政治制度、伦理道德等方面也是其重要内容。他们要么认为，要解决历史性的共产主义面临的困境和挑战，就必须引入民主制度；要么认为，社会主义和新左派最重要的教训就是缺少一个令人满意的法学系统。

苏东剧变还促使西方马克思主义反思社会主义史，其中包括对苏联社会主义、东欧社会主义和南斯拉夫实践派的分析，也包括对凯恩斯主义等思想流派的解读。同时，西方马克思主义还试图建立一种研究社会主义的理论框架，试图从理论上探索社会主义计划体制下的社会整合等问题。

通过对社会主义理论的研究和社会主义史的梳理，西方马克思主义对社会主义的未来也进行了分析和谋划。有的西方马克思主义者主张对传统社会主义的阶级斗争方法进行反思和扬弃，建立一种民主的、自治的和共同参与的多元社会主义。苏东剧变之后，西方马克思主义对社会主义的研究已经走向多元化，民主社会主义、"第三条道路"的社会主义、现代托派社会主义等思潮开始涌动，逐渐成为西方马克思主义的研究对象，甚至成为某些流派的实践纲领。

此外，西方马克思主义对社会主义的研究不限于总结社会主义失败的教训，它还注重对中国社会主义革命的历史人物和成功经验进行研究。改革开放以来，中国的经济高速发展，取得了举世瞩目的成就。最近几年，西方学界关于中国特色社会主义理论和实践的热烈讨论集中反映了国外学者对中国社会主义建设经验的关注。毛泽东、邓小平等中国马克思主义的代表人物，成了西方马克思主义的重要研究对象，中国特色社会主义的理论成果也成了西方马克思主义的研究内容。

西方马克思主义在 20 世纪产生了重要影响，被哈贝马斯称为 20 世纪四个最重要的"哲学运动"之一。西方马克思主义在与现代西方哲学以及其他思潮的对话和交流中，试图从不同的学科背景出发拓展马克思主义的批判范围和研究领域。总体说来，这一时期的西方马克思主义，虽然与正统的马克思主义之间存在着差异，但它们对马克思主义作出了一些探索，拓展了新的研究领域，提供了某些新的研究方法，为丰富和发展马克思主义提供了某些启示和借鉴。比如，西方马克思主义注重对马克思著作文本的研究，它的"结论未必正确，但在研究和考据马克思主义文本上，功课做得还是可以的"①。西方马克思主义重点关注的文本最初是马克思和恩格斯的早期文本，如《1844年经济学哲学手稿》《德意志意识形态》等，随着研究的推进，《共产党宣言》《政治经济学批判大纲》和《资本论》等也逐渐成为西方马克思主义的研究重点。阿尔都塞重视对《资本论》的症候式阅读，分析的马克思主义者注重对《资本论》进行功能解释。这些研究方法具有一定的启示和借鉴作用。

西方马克思主义存在严重不足。如没有深入到生产力和生产关系、经济基础与上层建筑之间的矛盾中，因而也就不能真正揭示社会问题的最终根源，也不能给出问题的最终解决方案。西方马克思主义对马克思的早期文本过度关注，影响了它的结论的客观性和科学性。尤其是它得出的马克思早期文本标志着马克思思想的高峰、马克思是一个人道主义者的结论，已经严重偏离了马克思主义的基本精神。它们的批判方法受到了马克思和恩格斯的影响，却没有继续深入下去，而更多地停留在社会问题的表面或其中的某一方面，学院化倾向严重，未能坚持理论与实践的统一。西方马克思主义对苏联、东欧和其他国家的社会主义理论，特别是实践上的成就估计不足，并且夸大了社会主义国家的缺陷和弊端。因此，西方马克思主义试图与现代西方哲学尤其是自由主义对话，却逐渐疏离了马克思主义，并通过回到黑格尔或康德而靠近自由主义。哈贝马斯的《在事实与规范之间》一书，根据商谈理论对资本主义社会的法律和政治的合法性问题进行了详细论证，他的政治改进措施主要诉诸"建制化民主"，也就是资本主义社会的议会民主制度。在哈贝马斯的影响下，法兰克福学派第三代学者，比如奥菲和霍耐特等人，也表现出明显的自由主义倾向，通过回到康德、黑格尔以及求助于韦伯等人的思想来丰富其批判理论。这种自由主义倾向对西方马克思主义的发展产生了重大影响。在内容上，他们开始讨论

---

① 习近平：《在哲学社会科学工作座谈会上的讲话》，人民出版社2016年版，第12页。

资本主义市民社会所强调的个人权利以及以此为基础的资本主义政治体系，倡导"人权高于主权"并以此为基础的国际政治理论，强调建立世界共和政府和世界公民社会；在方法上，他们试图调和自由主义和社群主义之间的对立，通过恢复马克思和恩格斯所批判的资本主义社会的政治法律体系等手段来研究社会主义理论和实践。我们应该对西方马克思主义进行辩证分析和历史评价，既汲取其积极成分和合理因素，同时又清醒地自觉地摒弃其缺陷和弊端。

西方马克思主义各个学派在阐释马克思主义、批判资本主义问题上存在着重要差异。西方马克思主义并不是一个统一的思想流派，它们关注的问题、批判的对象多样，研究主题多元，理论形态各异。比如，人本主义的马克思主义和科学主义的马克思主义，在诸如对《1844年经济学哲学手稿》的态度、对辩证唯物主义的态度、对马克思和恩格斯之间的关系、对早期马克思与中后期马克思的评价等重大问题上，都存在着不同的解读和回答。因此，如何看待和评价它们之间的差异和共性，是研究西方马克思主义应该注意的问题。

在国外马克思主义包括西方马克思主义的评价问题上，习近平强调，"对国外马克思主义研究新成果，我们要密切关注和研究，有分析、有鉴别，既不能采取一概排斥的态度，也不能搞全盘照搬"[①]。这一科学论断，给我们清楚地指明了如何正确研究和对待西方马克思主义的问题。

思考题

1. 简述西方马克思主义产生的原因。

2. 西方马克思主义是如何批评资本主义社会的？

3. 如何评析西方马克思主义？

---

① 习近平：《论党的宣传思想工作》，中央文献出版社2020年版，第287页。

第七章　毛泽东思想是马克思主义中国化第一次飞跃的理论成果

在中国革命和建设长期实践中，以毛泽东为主要代表的中国共产党人，在错综复杂的斗争环境中，面对、批判和克服种种错误思潮和主张，坚持把马克思列宁主义的基本原理同中国革命、建设的具体实践相结合，创立了毛泽东思想。毛泽东思想以独创性理论丰富和发展了马克思列宁主义，是马克思主义中国化第一次飞跃的重大理论成果。毛泽东思想不仅在新民主主义革命、社会主义革命、社会主义建设时期发挥了重要指导作用，也为新的历史时期开创和建设中国特色社会主义发挥了重要指导作用。

第一节　毛泽东思想创立的历史背景

毛泽东思想是中国近代历史发展的必然产物，它的产生适应了中国半殖民地半封建社会变革以及中国无产阶级登上政治舞台后领导中国革命的迫切需要。

一、近代中国社会的演变和旧民主主义革命的教训

中华民族具有 5 000 多年绵延不绝的文明历史，为人类文明进步作出了不可磨灭的贡献。但是，1840 年鸦片战争后，中国逐步变为半殖民地半封建社会，救亡图存迫在眉睫。争取民族独立、人民解放，实现国家富强、人民富裕，成为近代中国的两大历史任务。

1840 年，欧洲资本主义强国英国对中国发动了鸦片战争，并于 1842 年迫使清政府订立了《南京条约》。此后，西方侵略者迫使中国签订了一系列不平等条约。1894 年，日本发动甲午战争，于 1895 年迫使清政府签订了《马关条约》。此后，帝国主义国家在中国强占"租借地"，划分"势力范围"，掀起了瓜分中国的狂潮。1900 年，八国联军侵华，1901 年 9 月，迫使清政府签订了《辛丑条约》。中国从此陷入半殖民地的深渊。在形式上，中国虽然还维持着独立国的地位，但事实上已没有完整的主权，政治上、经济上完全独立的地位均

已丧失。另一方面，外国资本主义的入侵，在促使中国封建社会解体、资本主义因素发生的同时，封建剥削制度的根基——封建地主土地所有制及地主对农民的剥削依然构成中国农村生产关系的主要基础，代表地主阶级利益的军阀官僚依然控制着国家政权。他们会同帝国主义在中国建立起联合统治，使中华民族不能生存，"四万万人齐下泪，天涯何处是神州"。帝国主义和中华民族的矛盾、封建主义和中国人民的矛盾成为近代中国半殖民地半封建社会的主要矛盾。这种社会矛盾尖锐、激化，造成了资产阶级民主主义革命。在 1840 年到 1919 年长达 80 年时间里，中国的各个阶级及其政治代表力量，都力图影响中国的发展道路。包括洪秀全领导的太平天国农民革命运动；华北、东北等地区以广大农民、手工业者为主的各阶层群众掀起的义和团运动；19 世纪 60 年代，封建统治阶级中一批中上层官僚发起的洋务运动；资产阶级维新派发动的戊戌变法运动，孙中山领导的辛亥革命，虽然都在中国近代史上留下了自己的历史地位，但都未能完成近代中国的两大历史任务。

1915 年 9 月，陈独秀在上海创办《青年杂志》（后改为《新青年》），提出民主科学两大口号，吹响了新文化运动的号角。发起了中国历史上一次空前深刻的思想解放运动，为马克思主义在中国的传播，进而实现革命的转变创造了有利条件。1918 年孙中山领导的护法运动的失败，标志着中国民族资产阶级领导的旧民主主义革命的终结。历次革命的失败使先进的中国人开始醒悟：要解决中国发展进步问题，必须找到能够指导中国人民进行反帝反封建革命的先进理论，找到能够领导中国社会变革的先进社会力量。

二、十月革命和马克思列宁主义在中国的传播

"十月革命一声炮响，给我们送来了马克思列宁主义。"1917 年列宁领导的俄国十月革命，建立了世界上第一个无产阶级专政的社会主义国家。中国的先进分子认识到世界历史潮流的变化，得出了"走俄国人的路"的结论。

1. 十月革命推动了中国先进分子从资产阶级民主主义转向社会主义

鸦片战争后，中国的先进分子历尽千辛万苦向西方国家寻找真理，真诚地希望效法西方。就在中国人致力于模仿西方资本主义的制度和文化的时候，各帝国主义国家在重新划分势力范围和争夺殖民地的争斗中矛盾激化，导致了 1914 年第一次世界大战爆发。这场战争使得西方资本主义制度的固有矛盾和弊端暴露无遗，在世界范围内兴起了一股反资本主义浪潮。

第一次世界大战推动了各国革命运动的发展，在十月革命影响下，芬兰、德国、匈牙利、波兰、保加利亚等国也爆发了革命。

第一次世界大战的爆发使中国知识分子开始思考，西方资本主义制度是不是应该模仿的典范。正当中国人感到疑虑、苦闷、无所适从的时候，俄国十月革命的成功为中国指出了新的方向。在 1919 年召开的巴黎和会上，中国外交失败，打破了人们对资本主义列强的幻想，兴起了质疑与批判西方文明的思潮，为中国先进分子放弃资产阶级共和国方案，继续探寻救国救民的真理创造了条件。如毛泽东所指出的，"十月革命帮助了全世界的也帮助了中国的先进分子，用无产阶级的宇宙观作为观察国家命运的工具，重新考虑自己的问题。走俄国人的路——这就是结论。"①

2. 五四运动和马克思主义在中国的广泛传播

早在清末民初，一些外国传教士、中国资产阶级知识分子和中国无政府主义者就在报刊上介绍过马克思和恩格斯及其理论，但没有引起人们特别关注。十月革命后，以李大钊为代表的先进分子开始在中国传播马克思主义。1919 年的五四运动开启了新的反帝反封建的革命，标志着新民主主义革命的开端，也极大促进了马克思主义的广泛传播。

1919 年 9 月、11 月，李大钊分两期在《新青年》上发表《我的马克思主义观》，介绍了马克思主义的唯物史观、政治经济学、科学社会主义的基本原理，标志着李大钊完成了从民主主义者向马克思主义者的转变，成为中国的第一个马克思主义者，也标志着马克思主义在中国的传播进入比较系统深入的阶段。

这一时期，《新青年》《每周评论》《民国日报》《建设》等一批报刊纷纷发表介绍和宣传马克思主义的文章，留学日本的李达、杨匏安、李汉俊等对马克思主义的传播也起了重要的作用。

1920 年 3 月，在李大钊的推动下，北京大学成立了马克思学说研究会，这是中国最早的以学习和研究马克思主义为宗旨的团体。陈独秀对十月革命胜利一度持保留态度。巴黎和会召开之际，他对英美法等国抱有很大幻想。巴黎和会上中国外交的失败促使他提出了"我们究竟应该走那一条路"的问题。1918年 12 月，他与李大钊共同发起创办《每周评论》，1920 年 5 月，陈独秀在上海

---

① 《毛泽东选集》第 4 卷，人民出版社 1991 年版，第 1471 页。

成立马克思主义研究会，9月，发表了《谈政治》，批判资产阶级民主主义，转向马克思主义。五四运动前后出国勤工俭学的青年知识分子蔡和森、周恩来等，辛亥革命时期的革命家如董必武、吴玉章、林伯渠等均走上马克思主义的道路。

毛泽东在青年时期就立下拯救民族于危难的远大志向。他早年的思想"是自由主义、民主改良主义、空想社会主义等思想的大杂烩""憧憬'19世纪的民主'、乌托邦主义和旧式的自由主义"①，但是"反对军阀和反对帝国主义"。毛泽东通过对各种观点的反复比较和鉴别，毅然选择了马克思列宁主义。他后来回忆说："我第二次到北京期间，读了许多关于俄国情况的书。我热心地搜寻那时候能找到的为数不多的用中文写的共产主义书籍。有三本书特别深地铭刻在我的心中，建立起我对马克思主义的信仰。我一旦接受了马克思主义是对历史的正确解释以后，我对马克思主义的信仰就没有动摇过。"② 这三本书是：《共产党宣言》、《阶级斗争》（考茨基著）、《社会主义史》（柯卡普著）。他说："到了1920年夏天，在理论上，而且在某种程度的行动上，我已成为一个马克思主义者，而且从此我也认为自己是一个马克思主义者了。"

五四运动之后，马克思主义思潮注入当时的新文化运动，逐步发展成为运动的主流。新文化营垒发生分化后，围绕要不要马克思主义、以什么主义改造中国社会等问题发生了争论。

第一次争论是问题与主义之争。1919年7月，自称实验主义信徒的胡适在《每周评论》上发表《多研究些问题，少谈些"主义"》，针对胡适的观点，李大钊在1919年8月《每周评论》上发表《再论问题与主义》，认为"主义"与"问题"有不能分离的关系，"主义"的危险，不是"主义"本身带来的，而是空谈它的人带来的。李大钊指出，当把各种主义运用于实际运动时，这种主义"会因时、因所、因事的性质情形生一种适应环境的变化"。社会主义者"必须要研究怎么可以把他的理想尽量应用于环绕着他的实境"③。问题与主义之争促进了马克思主义的传播。这场论争，使李大钊等马克思主义者开始思考如何运用马克思主义来解决中国的出路问题。

第二场争论是关于社会主义的争论。1920年11月，张东荪发表了《由内

---

① ［美］埃德加·斯诺：《西行漫记》，解放军文艺出版社2002年版，第110页。
② ［美］埃德加·斯诺：《西行漫记》，解放军文艺出版社2002年版，第116页。
③ 《李大钊全集》第3卷，人民出版社2013年版，第51页。

地旅行而得之又一教训》的时评，宣扬行会社会主义，即基尔特社会主义，主张以此代替资本主义，反对无产阶级革命。陈独秀、李大钊、陈望道、邵力子等对此文的批评，演变成一场关于社会主义的大辩论。争论主要围绕中国要不要讲社会主义，中国的问题是产业落后还是制度腐败，中国有没有无产阶级，应该取何种社会主义等问题展开。论争在本质上是中国走什么道路的斗争。

第三场争论是与无政府主义者展开的。20世纪初期旅居日本和法国的中国留学生及反清流亡者，接受无政府主义并传入中国，泛滥于五四运动和中国共产党建党时期。陈独秀、李达等与无政府主义者围绕无产阶级专政、个人和组织、自由和纪律、未来社会的生产和分配等问题展开争论。马克思主义者主张用革命手段夺取政权，建立无产阶级专政，借此保护劳动者的权益，最终消灭阶级和阶级差别，使国家消亡。

三次争论扩大了马克思主义在中国的影响，帮助一批倾向于社会主义的进步分子划清了社会主义同资本主义，科学社会主义同其他社会主义流派的界限，推动他们走上了马克思主义的道路。

三、早期中国共产党人对中国革命道路的曲折探索

1921年中国共产党的成立是中华民族发展史上开天辟地的大事变，从此中国有了一个新型的以共产主义为奋斗目标、以马克思主义为行动指南的工人阶级政党。一部中国共产党史，就是马克思主义中国化史。中国共产党的成长、发展过程，是从理论和实践结合上探索马克思主义中国化道路的过程。

在建党后和大革命时期，李大钊、毛泽东、瞿秋白、邓中夏、周恩来等对中国革命的重大问题都进行了探索，提出了许多有独创性的观点。其中毛泽东的《中国社会各阶级的分析》和《湖南农民运动考察报告》，成为毛泽东思想萌芽时期的代表作，标志着中国共产党开始对中国社会实际的调查和革命规律的探索，初步提出了新民主主义革命的基本思想，体现了马克思主义同中国革命实际的初步结合。这一时期，陈独秀等人发生重大失误，使党在马克思主义与中国革命具体实践相结合的进程中出现波折。

1. 中国共产党的创建和马克思主义指导地位的确立

在半殖民地半封建的中国社会，中国无产阶级先于资产阶级产生。中国无产阶级产生以后就开始了反抗帝国主义和封建主义的斗争，1912年至1915年，全国共发生罢工130多次，它表明中国无产阶级已经成为一支重要的社会力量。

但当时它还处在自发的和分散的状态，是一个"自在的"阶级。在五四运动中，中国无产阶级发挥了主力军作用，开始以独立的政治力量登上历史舞台。五四运动促进了马克思主义与工人运动的结合，在思想上和干部上为中国共产党的成立作了准备。

五四运动的深入发展，教育了中国具有共产主义思想的知识分子，使他们认识到工人阶级中蕴藏着巨大力量，开始向工人阶级传播马克思主义。在上海、广州、北京等地先后出现了向工人阶级宣传马克思主义的刊物，如《劳动界》《劳动者》《劳动音》，一些工会、劳动实习学校也相继建立起来，这是马克思主义者把马克思主义与中国工人运动结合起来的初步尝试。随之深入，中国共产党成立的时机逐渐成熟。共产国际代表维经斯基来华与李大钊多次会谈并会见陈独秀，认为中国的建党时机已经成熟。从 1920 年 8 月到 1921 年上半年，陈独秀、李大钊、毛泽东等人先后在上海、北京、长沙等地成立共产党组织。

1921 年 6 月，共产国际派马林、共产国际伊尔库茨克书记处派尼科尔斯基先后到上海，建议召开全国代表大会。7 月 23 日，中国共产党第一次全国代表大会在上海法租界内召开，后因法租界巡捕房搜查，会议最后一天转移到嘉兴南湖一艘船上进行。大会通过中国共产党第一个纲领，明确提出"推翻资本家阶级的政权""承认无产阶级专政""消灭资本家私有制""联合第三国际"，并且决定以工人运动为工作重心。纲领体现了马克思主义关于无产阶级革命的原则，表明中国共产党一成立就确定了马克思主义在全党工作中的指导地位，就把实现共产主义作为党的最高理想和最终目标。

2. 中国民主革命纲领的制定

中国共产党二大关于中国民主革命纲领的制定，标志着中国共产党在把马克思主义与中国革命实际相结合的道路上迈出重要一步。

这一时期，中国共产党认识到，中国革命不首先进行反帝反封建的斗争，国家就不能独立，人民就不能解放，也就不可能实现社会主义和共产主义的理想。1922 年 4 月 1 日，社会主义青年团团刊《先驱》发表了《关于中国少年运动的纲要》，初步提出了中国革命要分两步走的思想。5 月，中国社会主义青年团第一次代表大会制定的《中国社会主义青年团纲领》，进一步体现了这一思想。1922 年 6 月 15 日，中国共产党第一次发表对于时局的主张，着重分析了当时国际帝国主义和中国封建军阀相互勾结和压迫中国人民的现状，指出帝国主义和军阀政治是中国内忧外患的根源，批驳了在时局问题上封建军阀的反动论调和资产阶级的错误主张，指出解决时局问题的关键是用革命的手段推翻帝国主义和封建军阀，建立民主政治。这是中国共产党第一次向社会各界公开说明关于中国革命需要进行民主革命的认识和主张，为党的二大制定民主革命的纲领奠定了基础。

列宁的民族和殖民地理论，对中国共产党民主革命纲领的制定及国共合作统一战线的确立，提供了理论依据。其中"最重要最基本的思想"，就是在帝国主义时代，解决殖民地和民族问题，要"把各民族区别、划分为压迫民族和被压迫民族"。[①] 殖民地半殖民地的无产阶级及其政党应该支持资产阶级的民主运动，同资产阶级结成临时联盟，并"必须特别援助"落后国家中反对地主的农民运动。

1922 年 7 月，在上海召开的党的二大，分析了中国政治经济状况，区分了中国革命的民主主义和社会主义两个阶段，提出了明确的反帝反封建的民主革命纲领，指出首要的任务是民族民主革命，无产阶级帮助资产阶级，建立真正的民主共和国。二大还通过了中国共产党加入共产国际的决议。

3. 对新民主主义革命基本问题的初步阐述

中国共产党创立初期，一些共产党人开始运用马克思主义的阶级分析方法，考察中国社会各阶级，论述中国革命的性质等问题。随着革命形势的发展，中国共产党的许多领导人，如陈独秀、李大钊、毛泽东、蔡和森、瞿秋白、邓中夏、周恩来、恽代英等，对中国革命的一系列基本问题进行了思考和理论阐释，提出了许多有价值的思想，推动了对革命基本问题认识的深入，为毛泽东思想的创立奠定了基础。

1922 年西湖会议后，陈独秀提出国民革命的口号。他认为中国的产业还不够发达，现在是资产阶级和无产阶级联合起来进行国民革命的时候，以国民革命解除国内国外的一切压迫。

关于革命的性质、任务和对象，党的第一次代表大会未明确反对帝国主义、封建势力、资产阶级之间的关系，也未把反帝反封建的民主革命与消灭资本主义的社会主义革命区别开，把革命的任务确定为以无产阶级革命军队推翻资产阶级。党的二大明确对于中国民主革命的对象问题有了比较清楚的认识，提出了反帝反封建的民族民主革命纲领。陈独秀、蔡和森对这个问题作出了

---

① 《列宁专题文集　论资本主义》，人民出版社 2009 年版，第 277—278 页。

说明。

关于资产阶级民主革命由谁来领导的问题，李大钊、毛泽东、蔡和森、瞿秋白、邓中夏、周恩来等早已经开始探索。1922 年 9 月，蔡和森指出，解决中国的出路问题，只能靠一个强有力的革命党，"尤其是最能革命的工人阶级的势力来统一"①。1923 年 6 月，李大钊在中共第三次代表大会上发表关于国共合作问题的意见，强调无产阶级是唯一的领导。同年 9 月，瞿秋白也发文指出："资产阶级性的革命却须无产阶级领导方能胜利。"② 但是，一直到 1925 年 1 月，党的四大才明确提出了无产阶级领导权的问题。在四大通过的《对于民族革命运动之议决案》指出："中国的民族革命运动，必须最革命的无产阶级有力的参加，并且取得领导的地位，才能够得到胜利。"③ 1925 年爆发的"五卅运动"把革命推向了高潮。一些共产党人如李大钊、毛泽东、瞿秋白、邓中夏等，都认识到了农民问题的重要性，李大钊指出：在"估量革命动力时，不能不注意到农民是其重要的成分"④。

关于中国革命的前途，1925 年 12 月，毛泽东发表了《中国社会各阶级的分析》。他指出："谁是我们的敌人？谁是我们的朋友？这个问题是革命的首要问题。中国过去一切革命斗争成效甚少，其基本原因就是因为不能团结真正的朋友，以攻击真正的敌人。"⑤ 批判了以陈独秀为代表的只注意同国民党合作、忘记农民，以张国焘为代表的只注意工人运动，同样忘记农民的两种倾向。毛泽东的文章比较系统地阐明了中国革命的性质、对象、动力、前途等重大问题，指出中国无产阶级的最广大和最忠实的同盟军是农民，这样就解决了中国革命中最重要的问题之一即同盟军问题。毛泽东还预见到当时的民族资产阶级是一个动摇的阶级，他们在革命高涨时将要分化，其右翼将要跑到帝国主义方面去。

1927 年 3 月，毛泽东又发表了《湖南农民运动考察报告》。针对党内外对于农民革命斗争的种种责难，他在这篇报告中热情歌颂农民运动的伟大功绩，指出：农民在乡里造反，"乃是乡村的民主势力起来打翻乡村的封建势力。宗

---

① 《蔡和森文集》上，人民出版社 2013 年版，第 114 页。
② 《瞿秋白选集》，人民出版社 1985 年版，第 55 页。
③ 《建党以来重要文献选编（1921—1949）》第 2 册，中央文献出版社 2011 年版，第 219 页。
④ 《李大钊全集》第 5 卷，人民出版社 2013 年版，第 98 页。
⑤ 《毛泽东选集》第 1 卷，人民出版社 1991 年版，第 3 页。

法封建性的土豪劣绅，不法地主阶级，是几千年专制政治的基础，帝国主义、军阀、贪官污吏的墙脚。打翻这个封建势力，乃是国民革命的真正目标"。这篇文章从理论和实践的结合上，回答了中国革命的一个基本问题——农民问题。瞿秋白、邓中夏、周恩来、刘少奇等都对该文以高度评价。

第二节　新民主主义革命理论

在一个半殖民地半封建的东方大国进行革命，选择一条什么样的道路才能把中国革命引向胜利成为首要问题，这也是马克思主义发展史上前所未有的难题。年轻的中国共产党，一度简单照搬俄国十月革命城市武装起义的经验，遭受严重挫折。1927 年大革命失败后，以毛泽东为代表的共产党人决定放弃进攻城市，转向敌人统治力量薄弱的农村，中国革命进入土地革命时期。毛泽东撰写了《中国的红色政权为什么能够存在？》《井冈山的斗争》《星星之火，可以燎原》《反对本本主义》等著作，逐步形成了农村包围城市、武装夺取政权道路的思想。这是毛泽东思想初步形成的标志。

遵义会议确立了毛泽东在红军和党中央的领导地位，开始确立了以毛泽东为主要代表的马克思主义正确路线在党中央的领导地位，党在政治上从幼年走向成熟。土地革命后期和抗日战争时期，以毛泽东为主要代表的中国共产党人运用马克思主义基本原理，科学分析中国特殊国情和中国革命实际情况，形成了新民主主义理论的完整体系，标志着毛泽东思想的成熟。在 1945 年 4 月至 6 月召开的中国共产党第七次全国代表大会上，毛泽东思想被确立为党的指导思想，大会通过的《中国共产党党章》正式规定："中国共产党，以马克思列宁主义的理论与中国革命的实践之统一的思想——毛泽东思想，作为自己一切工作的指针。"刘少奇在中共七大所作的《关于修改党章的报告》中，对毛泽东思想的定义、内涵作了概括和说明。到了新民主主义革命夺取全国胜利的解放战争时期，毛泽东思想继续发展并在多个领域展开。

一、农村包围城市的革命发展道路的探索

1927 年 8 月 7 日，中共中央召开紧急会议，制定了土地革命和武装起义的总方针，提出了"找着新的革命道路"的任务。毛泽东在实践上开辟了第一个

农村革命根据地，在理论上最早提出"枪杆子里面出政权"的思想，创造性地提出了"工农武装割据"的思想，进而总结出以武装斗争为主要形式、农村包围城市、最后夺取全国政权这样一条具有中国特色的革命发展道路，从而揭示了中国革命发展的特殊规律。

1. 武装斗争是中国革命的主要形式

无产阶级革命应重视暴力革命，通过武装斗争夺取政权，这是马克思主义的基本观点。毛泽东在领导中国革命的实践中丰富和发展了这一原理，认为武装斗争是中国革命的主要斗争形式，并强调武装斗争的长期性和艰巨性。

党在创立之初，就接受了马克思主义关于暴力革命的学说，决定以俄为师，用俄国式的方法去改造中国与世界。国民革命时期，处在幼年阶段的党，还没有真正了解武装斗争在中国革命中的极端重要性，放弃了对武装斗争的领导权，犯了右倾机会主义错误，致使大革命失败。1927年的八一南昌起义，打响了武装反抗国民党的第一枪，成为党独立领导革命战争和革命军队的开端。八七会议上，毛泽东提出了"枪杆子里面出政权"的论断，强调中国的武装斗争是无产阶级领导的以农民为主体的革命战争。随后，党在全国各地发动了一百多次武装起义，接连领导红军进行了反"围剿"战争、抗日战争、解放战争，最终赢得了新民主主义革命的胜利。实践证明："在中国，离开了武装斗争，就没有无产阶级和共产党的地位，就不能完成任何的革命任务。"[①]

毛泽东在《战争和战略问题》中指出："革命的中心任务和最高形式是武装夺取政权，是战争解决问题。这个马克思列宁主义的革命原则是普遍地对的，不论在中国在外国，一概都是对的。"[②] 但近代中国的国情与资本主义国家不同。"中国的特点是：不是一个独立的民主的国家，而是一个半殖民地的半封建的国家；在内部没有民主制度，而受封建制度压迫；在外部没有民族独立，而受帝国主义压迫。因此，无议会可以利用，无组织工人举行罢工的合法权利。在这里，共产党的任务，基本地不是经过长期合法斗争以进入起义和战争，也不是先占城市后取乡村，而是走相反的道路。"[③] 即以长期的武装斗争反对内部和外部的反革命武装，争取民族独立和人民解放。

中国革命并不排斥或放弃其他形式的斗争。毛泽东主张武装斗争要同工人

① 《毛泽东选集》第 2 卷，人民出版社 1991 年版，第 544 页。
② 《毛泽东选集》第 2 卷，人民出版社 1991 年版，第 541 页。
③ 《毛泽东选集》第 2 卷，人民出版社 1991 年版，第 542 页。

的、农民的、青年的、妇女的、一切人民的斗争，同经济的、政治的、思想文化的斗争等，或者直接或者间接地配合起来。而且党在白区的工作卓有成效，在全国解放战争时期，出现了国统区反蒋爱国民主运动的高涨，形成了"第二条战线"，加速了全国解放战争胜利的进程。

2. 工农武装割据思想

在中国共产党成立后的一个相当长的时期里，党把工作重心放在工人运动上，以大城市为出发点。大革命失败后，形势发生很大的变化，革命力量遭到极大削弱，城市被反革命牢固地控制着，但党中央仍留在大城市。南昌起义、秋收起义、广州起义也是试图占领中心城市，但这些起义的相继失败引起共产党人的思考，以毛泽东为代表的共产党人决定放弃进攻城市，转向敌人统治力量薄弱的农村。井冈山革命根据地的建立，标志着从进攻大城市转向以农村为革命根据地的新起点。

农村根据地的红色政权，在四周白色政权的包围中能否存在并发展？针对党内红军内"红旗到底打得多久"、前途"渺茫得很"等疑问，毛泽东在《中国的红色政权为什么能够存在?》一文中指出："一国之内，在四围白色政权的包围中，有一小块或若干小块红色政权的区域长期地存在，这是世界各国从来没有的事。这种奇事的发生，有其独特的原因。而其存在和发展，亦必有相当的条件。"[1] 中国是一个多个帝国主义国家间接统治的半殖民地半封建的大国，政治经济发展不平衡。地方性的农业经济和帝国主义划分势力范围的分裂政策，造成了军阀割据的局面和连绵不断的军阀混战，使红色政权获得存在发展的缝隙；由于中国是一个大国，革命力量有广泛的回旋余地，这就使红色政权有可能在白色政权包围中发生和坚持下来，这是红色政权能够存在和发展的根本原因。由于第一次国内革命战争的影响，红色政权首先发生和能够长期存在的地方，往往是那些受过国民革命影响，曾经有过高涨的革命群众运动的地方。而国民革命失败后，引起中国革命的基本矛盾一个也没有解决，全国革命形势继续向前发展，因此，它必将推动红色政权的持续发展。这是中国红色政权能够存在和发展的客观条件。相当力量的正式红军的存在，是红色政权能够存在和发展的主观条件。共产党组织的有力量和其政策的正确性，是红色政权能够存在和发展的根本条件。

---

[1]　《毛泽东选集》第 1 卷，人民出版社 1991 年版，第 48—49 页。

由于中国革命的敌人异常强大，并长期占据着中心城市和交通要道，而广大的乡村则是他们统治的薄弱环节，共产党为了积蓄和发展自己的力量，并避免在自己力量不够的时候和强大的敌人决战，就不能像俄国十月革命那样，先占城市后占乡村，而是必须走相反的道路，首先从乡村聚集力量，建立军事、政治、经济、文化上的革命阵地，借以在长期斗争中逐步夺取革命的全面胜利。中国的国情决定，农村包围城市、武装夺取政权是唯一正确的道路。

毛泽东将农村包围城市道路归结为"工农武装割据"，其内涵就是在无产阶级领导下，以武装斗争为主要形式，以土地革命为基本内容，以农村根据地为主要战略依托，三者密切结合，相辅相成，缺一不可。农村包围城市理论是对 1927 年大革命失败后中国共产党领导的红军和根据地斗争经验的总结，是在以毛泽东为主要代表的中国共产党人，同当时党内盛行的把马克思主义教条化、把共产国际决议和苏联经验神圣化的错误倾向作斗争的基础上逐步形成的。1930 年 5 月，毛泽东在《反对本本主义》一文中提出"没有调查，没有发言权"的重要思想，把马克思主义和中国实际相结合，提到共产党人的思想路线的高度来认识。这一时期毛泽东一系列理论的提出，标志着毛泽东思想的初步形成。

二、新民主主义革命的基本理论和基本纲领

抗战时期，面对复杂的民族矛盾和阶级矛盾，为击退国民党顽固派在思想政治上的攻势，打破中间力量建立欧美式资产阶级共和国的幻想，澄清共产党内存在的各种模糊认识和错误倾向，回应"中国向何处去"的前途道路问题，以毛泽东为主要代表的中国共产党人把马克思主义普遍原理与中国革命具体实际相结合，对中国的前途和革命道路问题作了系统回答，明确阐述了共产党的主张。1938 年 10 月，毛泽东在中共六届六中全会政治报告《论新阶段》中指出，"离开中国特点来谈马克思主义，只是抽象的空洞的马克思主义。因此，马克思主义的中国化，使之在其每一表现中带着中国的特性，即是说，按照中国的特点去应用它，成为全党亟待解决的问题"，首次提出了"马克思主义中国化"这一命题。

1939 年 10 月，毛泽东发表《〈共产党人〉发刊词》，12 月又发表了《中国革命和中国共产党》。1940 年 1 月，《新民主主义论》发表，系统阐明了关于中国革命的一系列重要理论问题，标志着新民主主义理论的形成。新民主主义革

命理论是以毛泽东为主要代表的中国共产党人运用马克思主义基本原理，在科学分析中国特殊国情和中国革命实际情况的基础上提出来的理论体系。

1. 对近代中国社会性质和革命性质的分析

中国为什么会发生广泛持久的革命？中国革命要经过什么道路才能取得胜利？回答这些问题，首先要认清中国的国情、社会性质和革命性质。

毛泽东说："中国社会的特殊性质，亦即中国的特殊的国情，这是解决中国一切革命问题的最基本的根据。"① 他在《中国革命和中国共产党》中指出："中国封建社会内的商品经济的发展，已经孕育着资本主义的萌芽，如果没有外国资本主义的影响，中国也将缓慢地发展到资本主义社会。外国资本主义的侵入，促进了这种发展。"这种侵入，"不仅对中国封建经济的基础起了解体的作用，同时又给中国资本主义生产的发展造成了某些客观的条件和可能。因为自然经济的破坏，给资本主义造成了商品的市场，而大量农民和手工业者的破产，又给资本主义造成了劳动力的市场"②。这就是说，资本主义列强在中国也"充当了历史的不自觉的工具"。但是，"帝国主义列强侵入中国的目的，决不是要把封建的中国变成资本主义的中国。帝国主义列强的目的和这相反，它们是要把中国变成它们的半殖民地和殖民地"③。"帝国主义侵略中国，反对中国独立，反对中国发展资本主义的历史，就是中国的近代史。历来中国革命的失败，都是被帝国主义绞杀的，无数革命的先烈，为此而抱终天之恨。"④ 毛泽东的这些论断完全符合中国实际，也明确指出了近代中国社会的基本特点、主要矛盾和革命发生的根据。"帝国主义和中华民族的矛盾，封建主义和人民大众的矛盾，这些就是近代中国社会的主要的矛盾"；"这些矛盾的斗争及其尖锐化，就不能不造成日益发展的革命运动。伟大的近代和现代的中国革命，是在这些基本矛盾的基础之上发生和发展起来的"⑤。中国革命的敌人，"就是帝国主义和封建主义，就是帝国主义国家的资产阶级和本国的地主阶级。因为，在现阶段的中国社会中，压迫和阻止中国社会向前发展的主要的东西，不是别的，正是它们二者"⑥。

① 《毛泽东选集》第 2 卷，人民出版社 1991 年版，第 646 页。
② 《毛泽东选集》第 2 卷，人民出版社 1991 年版，第 626—627 页。
③ 《毛泽东选集》第 2 卷，人民出版社 1991 年版，第 628 页。
④ 《毛泽东选集》第 2 卷，人民出版社 1991 年版，第 679 页。
⑤ 《毛泽东选集》第 2 卷，人民出版社 1991 年版，第 631 页。
⑥ 《毛泽东选集》第 2 卷，人民出版社 1991 年版，第 633 页。

　　毛泽东阐明了中国的民族革命和民主革命的关联和区别。他说，"中国革命的两大任务，是互相关联的。如果不推翻帝国主义的统治，就不能消灭封建地主阶级的统治，因为帝国主义是封建地主阶级的主要支持者。反之，因为封建地主阶级是帝国主义统治中国的主要社会基础"，"如果不帮助农民推翻封建地主阶级，就不能组成中国革命的强大的队伍而推翻帝国主义的统治。所以，民族革命和民主革命这样两个基本任务，是互相区别，又是互相统一的"①。

　　中国革命究竟是一种什么性质的革命？毛泽东作了精辟分析："既然中国社会还是一个殖民地、半殖民地、半封建的社会，既然中国革命的敌人主要的还是帝国主义和封建势力，既然中国革命的任务是为了推翻这两个主要敌人的民族革命和民主革命，而推翻这两个敌人的革命，有时还有资产阶级参加，即使大资产阶级背叛革命而成了革命的敌人，革命的锋芒也不是向着一般的资本主义和资本主义的私有财产，而是向着帝国主义和封建主义，既然如此，所以，现阶段中国革命的性质，不是无产阶级社会主义的，而是资产阶级民主主义的。"②

　　毛泽东指出，"现时中国的资产阶级民主主义的革命，已不是旧式的一般的资产阶级民主主义的革命，这种革命已经过时了，而是新式的特殊的资产阶级民主主义的革命。这种革命正在中国和一切殖民地半殖民地国家发展起来，我们称这种革命为新民主主义的革命"；"这种新式的民主革命，虽然在一方面是替资本主义扫清道路，但在另一方面又是替社会主义创造前提。中国现时的革命阶段，是为了终结殖民地、半殖民地、半封建社会和建立社会主义社会之间的一个过渡的阶段，是一个新民主主义的革命过程。这个过程是从第一次世界大战和俄国十月革命之后才发生的，在中国则是从一九一九年五四运动开始的"③。

　　在中国革命的发展前途问题上，中国共产党内曾存在一些混乱思想。抗战时期，国民党顽固派出于"反共""溶共"的政治目的，要求共产党奉行三民主义，收起共产主义。毛泽东在批驳这种错误观点时，明确阐明了中国革命的前途。他指出，中国革命的前途问题就是中国资产阶级民主革命和无产阶级社会主义革命的关系问题。新民主主义革命与社会主义革命两者之间既有联系又

① 《毛泽东选集》第 2 卷，人民出版社 1991 年版，第 637 页。
② 《毛泽东选集》第 2 卷，人民出版社 1991 年版，第 646—647 页。
③ 《毛泽东选集》第 2 卷，人民出版社 1991 年版，第 647 页。

有区别。既然中国革命是新民主主义革命，既然中国革命处于新的国际环境下，那么，中国革命的前途必然是社会主义而不是资本主义。

2. 新民主主义革命的领导权和同盟军问题

领导权问题是新民主主义革命理论的核心，新民主主义革命和旧民主主义革命的根本区别在于无产阶级是否掌握了领导权。新民主主义革命由无产阶级领导，这是保证革命胜利的关键。关于无产阶级领导权问题，党的二大前后，党内一些人就开始了探索。1925年中共四大明确提出了无产阶级必须取得领导地位才能胜利的思想。1925年12月，毛泽东发表《中国社会各阶级的分析》，提高了对无产阶级领导权的认识。抗战时期，毛泽东对此作了全面的论述。

毛泽东指出，在五四运动以后，虽然中国民族资产阶级继续参加了革命，但是中国资产阶级民主革命的政治指导者，已经不属于中国资产阶级，而是属于中国无产阶级了。其根据包括两大方面。

一方面，这是由中国革命所处的时代条件所决定的。第一次帝国主义世界大战和第一次胜利的社会主义十月革命，改变了整个世界历史的方向，划分了整个世界历史的时代。"在这种时代，任何殖民地半殖民地国家，如果发生了反对帝国主义，即反对国际资产阶级、反对国际资本主义的革命，它就不再是属于旧的世界资产阶级民主主义革命的范畴，而属于新的范畴了；它就不再是旧的资产阶级和资本主义的世界革命的一部分，而是新的世界革命的一部分，即无产阶级社会主义世界革命的一部分了。这种革命的殖民地半殖民地，已经不能当作世界资本主义反革命战线的同盟军，而改变为世界社会主义革命战线的同盟军了。"①

另一方面，半殖民地半封建社会的中国资产阶级不具备领导革命的能力。中国的资产阶级分为两部分，一部分是依附于帝国主义的大资产阶级，是革命的对象；一部分是民族资产阶级，具有两面性。中国民族资产阶级"不愿和不能彻底推翻帝国主义，更加不愿和更加不能彻底推翻封建势力。这样，中国资产阶级民主革命的两个基本问题，两大基本任务，中国民族资产阶级都不能解决"②。

与此同时，在十月革命的影响下，五四运动以后的中国无产阶级已经成长

---

① 《毛泽东选集》第2卷，人民出版社1991年版，第668页。
② 《毛泽东选集》第2卷，人民出版社1991年版，第673—674页。

为一支觉悟了的独立的政治力量，能够领导中国革命走向胜利。中国革命如果没有无产阶级的领导，必然不能胜利。毛泽东分析说，中国无产阶级除了一般无产阶级的基本优点，即与最先进的经济形式相联系、富于组织性纪律性、没有私人占有的生产资料以外，还有许多突出的优点。中国无产阶级身受三重压迫即帝国主义的压迫、资产阶级的压迫、封建势力的压迫，而这些压迫的严重性和残酷性，是世界各民族中少见的，因此，革命斗争比任何别的阶级来得坚决和彻底。另外，中国无产阶级开始走上革命的舞台，在本阶级的革命政党——中国共产党的领导之下，成为中国社会比较有觉悟的阶级。由于其中破产农民出身的占多数，中国无产阶级和广大的农民有一种天然的联系，便于他们和农民结成亲密的联盟。因此，虽然中国无产阶级有其不可避免的弱点，例如人数较少（和农民比较）、年龄较轻（和资本主义国家的无产阶级比较）、文化水准较低（和资产阶级比较），然而，他们终究成为中国革命的最基本的动力。

认清革命的动力，才能正确解决中国革命的基本策略问题。中国社会各个阶级对于中国革命的态度和立场如何，全依靠他们在社会经济中所处的地位来决定。毛泽东从考察各阶级的经济地位入手，分析其对于革命的政治态度，进而指出他们在新民主主义革命中的不同地位。

中国工人阶级不仅是中国民主革命最基本的动力，而且是革命的领导力量，历史赋予中国工人阶级担当领导革命的伟大使命。

农民阶级是中国革命的主力军，是无产阶级最牢固最可靠的同盟军。这是因为中国是一个以农业为主要经济成分的国家，农民占全国总人口的80%，是"人民大众"的主体。农民身处社会的最底层，受压迫最深，受剥削最重，蕴藏着极大的革命积极性。产业工人的前身多是破产农民，农民和工人有着天然的联盟关系，此外，农民还是中国军队的来源。所以说，中国资产阶级民主革命，实质上就是无产阶级领导下的农民革命，只有把农民组织起来，无产阶级的领导权才算落到了实处。毛泽东还指出，农民阶级是由不同的阶层组成的，其中，贫农，连同雇农在内，约占农村人口的70%，是农村的半无产阶级，他们没有土地或土地不足，是中国革命的最广大的动力。约占20%的中农在经济上能自给自足，一般不剥削别人，而且受帝国主义、地主阶级和资产阶级的剥削，可以成为工人阶级的可靠的同盟者，是重要的革命动力的一部分。约占农村人口5%的富农，是农村中的资产阶级，带有半封建性，大多有一部分土地出租，但他们一般都自己参加劳动。富农在农民群众反对帝国主义的斗争中可能会贡献一份力量，在反对地主阶级的土地革命斗争中也可能保持中立。因此，我们不应把富农看成和地主无分别的阶级，不应过早地采取消灭富农的政策。

农民以外的各种类型的小资产阶级是革命的动力之一，是无产阶级可靠的同盟军。小资产阶级包括知识分子、小商人、手工业者和自由职业者，他们都受帝国主义、封建主义和大资产阶级的压迫，他们是劳动者，而不是剥削者，不是资产者。其中的知识分子和青年学生有科学文化知识，又富于政治敏锐性，因此，在中国革命中往往是最先觉悟的人群，起着先锋和桥梁作用。

民族资产阶级也是革命的动力之一，是无产阶级一定时期一定程度上的同盟军。中国的民族资产阶级虽然是有产阶级，但是由于它诞生在半殖民地半封建的中国，因而是一个带有两重性的阶级。一方面，它受帝国主义、封建主义的压迫和束缚，同帝国主义和封建主义有矛盾，表现出一定的反对帝国主义和反对官僚军阀政府的积极性。另一方面，由于它在经济和政治上的软弱性，它同帝国主义和封建主义并未完全割断经济上和政治上的联系，因此它又缺乏彻底的反帝反封建的勇气，有可能跟在买办大资产阶级后面，附和反革命。它曾经是旧民主主义革命的领导者，在新民主主义革命时期，也可以在一定时期一定程度上参加革命。因此，对民族资产阶级要采取慎重的政策，应当努力地与其结成统一战线。

根据以上分析，革命的动力就是包括四个阶级的人民大众的联合，就是工人阶级领导的以工农联盟为基础的各革命阶级的联合。

3. 新民主主义革命总路线的完整提出

毛泽东曾说："在民主革命时期，经过胜利、失败，再胜利、再失败，两次比较，我们才认识了中国这个客观世界。"[①] "因为没有经过大风大浪，没有两次胜利和两次失败的比较，还没有充分的经验，还不能充分认识中国革命的规律。"[②] 中国共产党在新民主主义革命时期的总路线，是在不断总结新民主主义革命实践的经验，逐步深化其本质和规律认识的基础上制定出来的。

1939 年 12 月的《中国革命和中国共产党》一文，第一次把资产阶级民主

---

① 《毛泽东文集》第 8 卷，人民出版社 1999 年版，第 299 页。
② 《毛泽东文集》第 8 卷，人民出版社 1999 年版，第 299 页。

革命区别为旧民主主义革命和新民主主义革命，提出了"新民主主义革命"的科学概念，系统而深入地论述了新民主主义革命的一系列基本问题。毛泽东指出："所谓新民主主义的革命，就是在无产阶级领导之下的人民大众的反帝反封建的革命。"① 1940年1月的《新民主主义论》系统地阐述了新民主主义革命的路线、方针、政策和关于新民主主义社会建设的政治、经济、文化纲领，大大发展了关于新民主主义的思想。在此基础上，1948年4月《在晋绥干部会议上的讲话》中，毛泽东完整地提出了新民主主义革命的总路线和总政策，即"无产阶级领导的，人民大众的，反对帝国主义、封建主义和官僚资本主义的革命"②。

新民主主义革命总路线把马克思列宁主义关于民主革命的理论与半殖民地半封建中国的实际结合起来，科学反映了中国革命的基本规律，解决了新民主主义革命的对象、任务、动力、性质、前途、领导力量等重大的理论和实践问题。它的制定，表明中国共产党对新民主主义革命的认识达到了一个新的高度，不仅对于夺取新民主主义革命胜利具有根本指导意义，而且以中国新民主主义革命的丰富经验和政治智慧丰富发展了马克思列宁主义关于民主革命的理论。它所蕴涵的科学思想、科学精神对于党在之后各个时期基本路线的制定与贯彻执行也都具有重要意义。

4. 新民主主义革命的基本纲领

新民主主义革命的直接目的，是要建立一个新民主主义共和国。对于新民主主义共和国到底是怎样的一个社会和国家，毛泽东在《新民主主义论》中讲道："在这个新社会和新国家中，不但有新政治、新经济，而且有新文化。这就是说，我们不但要把一个政治上受压迫、经济上受剥削的中国，变为一个政治上自由和经济上繁荣的中国，而且要把一个被旧文化统治因而愚昧落后的中国，变为一个被新文化统治因而文明先进的中国。"③ 为实现这样的革命目标，毛泽东全面阐述了新民主主义政治、经济、文化的基本纲领。

毛泽东科学地论证了中国新民主主义革命所要达到的政治目标，即推翻帝国主义和封建主义，建立民主共和国。他在《新民主主义论》中明确地提出，新民主主义的政治纲领就是推翻帝国主义和封建主义在中国的统治，建立一个

---

① 《毛泽东选集》第2卷，人民出版社1991年版，第647页。
② 《毛泽东选集》第4卷，人民出版社1991年版，第1316—1317页。
③ 《毛泽东选集》第2卷，人民出版社1991年版，第663页。

无产阶级领导的，以工农联盟为基础的，各个革命阶级联合专政的民主共和国。"国体——各革命阶级联合专政。政体——民主集中制。这就是新民主主义的政治，这就是新民主主义的共和国。"①

1945年4月，抗日战争胜利前夕，毛泽东在党的七大所作的《论联合政府》的报告中，重申了关于废止国民党一党专政、建立民主联合政府的主张。1947年12月，毛泽东在《目前形势和我们的任务》的报告中，进一步提出："联合工农兵学商各被压迫阶级、各人民团体、各民主党派、各少数民族、各地华侨和其他爱国分子，组成民族统一战线，打倒蒋介石独裁政府，成立民主联合政府。"② 新民主主义的政治纲领，为新民主主义革命指明了目标方向，也为中华人民共和国的成立奠定了政治基础。

在《新民主主义论》中，毛泽东详细阐述了新民主主义的经济纲领。即没收大银行、大工业、大商业归新民主主义共和国国家所有，使之成为社会主义性质的国营经济，并成为整个国民经济的领导力量，使私有资本制度不能操纵国民生计。但由于中国经济还十分落后，新民主主义共和国"并不没收其他资本主义的私有财产，并不禁止'不能操纵国民生计'的资本主义生产的发展"。这个共和国同时还采取必要方法，"没收地主的土地，分配给无地和少地的农民，实行中山先生'耕者有其田'的口号，扫除农村中的封建关系，把土地变为农民的私产"，并允许农村中富农经济的存在。在《论联合政府》一文中，在对待发展私人资本主义的态度问题上，毛泽东进一步指出："有些人怀疑中国共产党人不赞成发展个性，不赞成发展私人资本主义，不赞成保护私有财产，其实是不对的。民族压迫和封建压迫残酷地束缚着中国人民的个性发展，束缚着私人资本主义的发展和破坏着广大人民的财产。我们主张的新民主主义制度的任务，则正是解除这些束缚和停止这种破坏，保障广大人民能够自由发展其在共同生活中的个性，能够自由发展那些不是'操纵国民生计'而是有益于国民生计的私人资本主义经济，保障一切正当的私有财产。"③ 后来，1947年12月，毛泽东在《目前形势和我们的任务》的报告中，明确提出了新民主主义革命的三大经济纲领，即"没收封建阶级的土地归农民所有，没收蒋介石、宋子文、孔祥熙、陈立夫为首的垄断资本归新民主主义的国家所有，保护

---

① 《毛泽东选集》第2卷，人民出版社1991年版，第677页。
② 《毛泽东选集》第4卷，人民出版社1991年版，第1256页。
③ 《毛泽东选集》第3卷，人民出版社1991年版，第1058页。

民族工商业"①。该报告还指明新民主主义经济由国营经济、个体逐步向着集体方向发展的农业经济、独立小工商业者的经济和小的中等的私人资本经济四种经济成分构成，并把发展生产、繁荣经济、公私兼顾、劳资两利这个总目标作为新民主主义国民经济的指导方针。

毛泽东所阐述的新民主主义的经济纲领，是根据中国的社会性质和经济状况所提出来的，它为中国共产党经济政策的制定提供了依据，是新民主主义经济建设的指导纲领。抗日根据地所实行的减租减息的土地政策以及发展公营经济、合作社经济和私营经济是在新民主主义经济思想指导下，并结合抗战条件下各地区具体实际所进行的伟大经济建设实践。抗日根据地广泛地进行了新民主主义的经济建设活动，不同性质的经济都得到了很大程度的发展。这些方针政策的实施，不但为克服根据地的经济困难、改善根据地人民生活，为抗战最后胜利提供物质保障起到了巨大的作用，而且也初步建立了具有新民主主义性质的经济形态，对于此后新民主主义经济的进一步完善也有着重要的实践意义。

新民主主义文化是新民主主义政治、经济在思想文化上的反映，并为新民主主义政治和经济服务。新民主主义的文化既不同于国民党鼓吹的封建专制主义的文化，也不是单纯的无产阶级社会主义文化，而是无产阶级领导的民族的、科学的、大众的文化。

"无产阶级领导"，是指新民主主义文化由无产阶级思想即共产主义思想领导，也就是说，新民主主义文化中居于指导地位的是共产主义思想，这是新民主主义文化同旧民主主义文化相区别的标志。

新民主主义文化是"民族的"，是指这种文化反对帝国主义压迫的奴化思想，主张中华民族的尊严和独立。它的形式带有中华民族的特性，与本民族的历史、环境、语言、心理、风俗、习惯相适应。它同一切别的民族的社会主义文化相联合，建立互相吸引和互相发展的关系，共同形成世界的新文化，但决不能和任何别的民族的帝国主义反动文化相联合。新民主主义文化应该吸收外国的进步文化作为自己文化食粮的原料，但必须采取去其糟粕、取其精华的态度，决不能生吞活剥地、毫无批判地吸收。

新民主主义文化是"科学的"，强调的是文化的内容。这种文化反对一切

---

① 《毛泽东选集》第 4 卷，人民出版社 1991 年版，第 1253 页。

封建思想和迷信思想，主张实事求是，主张客观真理，主张理论和实践的统一。中国无产阶级的科学思想能够和中国进步性的资产阶级唯物论者和自然科学家，建立反帝反封建反迷信的统一战线。对于中国古代文化，要剔除其封建性的糟粕，吸收其民主性精华，决不能无批判地兼收并蓄。同时，要尊重中国的历史，但这种尊重，是给历史以一定的科学地位，是尊重历史的辩证发展，而不是颂古非今，不是赞扬任何封建的毒素。

新民主主义文化是"大众的"，强调的是文化的方向。这种文化应该为全民族90%以上的工农大众服务，因此是最民主的文化。革命的文化运动和实践运动都是以广大的人民群众为主体的，因此，民众是革命文化的无限丰富的源泉。革命文化，对于人民大众是革命的有力武器。这种文化，在革命前，是革命的思想准备；在革命中，是革命总路线中的一条必要和重要的战线。而革命的文化工作者，就是这条文化战线上的各级指挥员。因此，要发展新民主主义文化，需要一批革命的或倾向革命的知识分子。

新民主主义理论的提出，是以毛泽东为主要代表的中国共产党人创造性地把马克思列宁主义普遍原理与中国革命的具体实践相结合的典范，是毛泽东思想成熟的基本标志之一。新民主主义理论，不但为新民主主义革命指明了正确的目标方向，而且为新民主主义社会建设提供了指导性纲领，有力地指导了新民主主义共和国各项事业的展开。

三、《实践论》《矛盾论》对新民主主义革命经验的哲学总结

1937年4月起，毛泽东在抗日军政大学为干部和学员讲授哲学，在三个半月的时间里共讲了100多小时。毛泽东编写了《辩证法唯物论（讲授提纲）》，共分三章：第一章唯物论和唯心论，第二章辩证法唯物论，第三章唯物辩证法。其中，《实践论》是第二章第十一节，《矛盾论》是第三章第一节，这"两论"是毛泽东这次讲课的核心内容，后来成为毛泽东的两篇重要哲学论文。

毛泽东开始讲课时，正是第二次国内革命战争结束，全面抗日战争即将爆发之际。毛泽东于此时讲这两个问题，是要从哲学上对两次国内革命战争特别是第二次国内革命战争的经验进行总结，用马克思主义的世界观、方法论武装广大干部，以迎接抗日战争新阶段的到来。两次国内革命战争有许多经验值得总结，最重要的是要找出导致革命遭受挫折的根本原因，特别是找出共同的带规律性的东西，这只有从哲学上加以总结才能做到。

《实践论》和《矛盾论》以实践问题和矛盾问题为纲，把认识论和辩证法的相关内容都组织进来，形成了有别于一般哲学教材的、针对性现实性很强的、别具一格自成体系的哲学论著。"两论"创造了马克思主义哲学新的表达形式，是马克思主义哲学发展史上一个创新的体系。

《实践论》阐明了辩证唯物论的认识论关于实践和认识的关系、认识的辩证发展过程、认识的相对性和绝对性、改造客观世界与主观世界的关系等一系列问题。

第一，继承和发展了关于实践是认识基础的思想。毛泽东指出："辩证唯物论的认识论把实践提到第一的地位，认为人的认识一点也不能离开实践，排斥一切否认实践重要性、使认识离开实践的错误理论。"① 人们只有在实践过程中才能获得丰富的感性知识，有了丰富的感性知识，才能经过头脑的加工，上升到理性知识，得出正确的理论认识。离开实践，就没有正确的认识，这是一条最基本的道理。实践有多种形式，"人的社会实践，不限于生产活动一种形式，还有多种其他的形式，阶级斗争，政治生活，科学和艺术的活动，总之社会实际生活的一切领域都是社会的人所参加的"②。毛泽东的《实践论》，从实践是认识的来源、认识发展的动力、检验认识的标准和认识的最终目的等方面，全面阐述了实践在认识过程中的主导地位。

实践不仅是认识的来源，而且是检验认识是否正确的标准。毛泽东说："判定认识或理论之是否真理，不是依主观上觉得如何而定，而是依客观上社会实践的结果如何而定。"③

第二，具体阐述并且发展了马克思、列宁关于认识过程的思想。毛泽东说："认识的过程，第一步，是开始接触外界事情，属于感觉的阶段。第二步，是综合感觉的材料加以整理和改造，属于概念、判断和推理的阶段。只有感觉的材料十分丰富（不是零碎不全）和合于实际（不是错觉），才能根据这样的材料造出正确的概念和论理来。"④ 认识回到实践，并在实践中得到进一步的发展。人类的实践是无穷的，认识运动也是无穷的；认识的每一步都离不开实践。毛泽东把这个思想概括为一个公式："实践、认识、再实践、再认识，这

---

① 《毛泽东选集》第 1 卷，人民出版社 1991 年版，第 284 页。
② 《毛泽东选集》第 1 卷，人民出版社 1991 年版，第 283 页。
③ 《毛泽东选集》第 1 卷，人民出版社 1991 年版，第 284 页。
④ 《毛泽东选集》第 1 卷，人民出版社 1991 年版，第 290 页。

种形式，循环往复以至无穷，而实践和认识之每一循环的内容，都比较地进到了高一级的程度。"①

第三，毛泽东不仅注重实践的客观性，还特别注意实践的能动性，认为"无产阶级和革命人民改造世界的斗争，包括实现下述的任务：改造客观世界，也改造自己的主观世界——改造自己的认识能力，改造主观世界同客观世界的关系"②。

《实践论》着重从哲学上批判了理论脱离实际的教条主义，在全党进一步树立了重视实践、重视调查研究、重视理论联系实际的马克思主义学风，推动了"实事求是"思想路线的建设和发展，为迎接抗日战争的胜利奠定了思想基础。

抗战时期，日本帝国主义对中国的侵略步步紧逼，各种矛盾错综复杂。毛泽东在《矛盾论》中运用辩证唯物主义，全面系统论述了中国近代以来的社会主要矛盾问题。

第一，从宇宙观的高度，发挥了列宁关于两种发展观的思想。毛泽东指出："和形而上学的宇宙观相反，唯物辩证法的宇宙观主张从事物的内部、从一事物对他事物的关系去研究事物的发展，即把事物的发展看做是事物内部的必然的自己的运动，而每一事物的运动都和它的周围其他事物互相联系着和互相影响着。"③ 他认为，事物发展的根本原因不是在事物的外部而是在事物的内部，在于事物内部的矛盾性。他说："任何事物内部都有这种矛盾性，因此引起了事物的运动和发展。事物内部的这种矛盾性是事物发展的根本原因，一事物和他事物的互相联系和互相影响则是事物发展的第二位的原因。"④

第二，全面论述了矛盾普遍性和矛盾特殊性的原理。毛泽东说："矛盾的普遍性和矛盾的特殊性的关系，就是矛盾的共性和个性的关系。其共性是矛盾存在于一切过程中，并贯串于一切过程的始终，矛盾即是运动，即是事物，即是过程，也即是思想。否认事物的矛盾就是否认了一切。这是共通的道理，古今中外，概莫能外。"⑤ 他指出，这种共性是包含于一切个性之中的，无个性即

---

① 《毛泽东选集》第 1 卷，人民出版社 1991 年版，第 296—297 页。
② 《毛泽东选集》第 1 卷，人民出版社 1991 年版，第 296 页。
③ 《毛泽东选集》第 1 卷，人民出版社 1991 年版，第 301 页。
④ 《毛泽东选集》第 1 卷，人民出版社 1991 年版，第 301 页。
⑤ 《毛泽东选集》第 1 卷，人民出版社 1991 年版，第 319 页。

无共性。因为矛盾各有其特殊性，所以造成了个性。一切个性都是有条件地暂时地存在的，所以是相对的。他说："这一共性个性、绝对相对的道理，是关于事物矛盾的问题的精髓，不懂得它，就等于抛弃了辩证法。"①

第三，论证了主要矛盾和主要矛盾方面的原理。在复杂事物发展过程中，有许多矛盾存在，其中必有一种是主要的矛盾，它的存在和发展规定或影响着其他矛盾的存在和发展。所以毛泽东认为矛盾发展的不平衡性是主次矛盾和矛盾主次方面的客观依据，规定了主要矛盾和主要矛盾方面的定义，说明了找出主要矛盾和主要矛盾方面的方法论意义，并论述了矛盾对立双方相互转化的根据和条件。

第四，具体地阐明了矛盾诸方面的同一性和斗争性及其相互关系。由于矛盾双方互相对立，因而具有斗争性。但矛盾双方又不可能孤立存在，没有和它作对的另一方，自己这一方就失去了存在的条件。正是矛盾双方的这种相互依存关系，使双方得以处在一个共同体内。这是矛盾同一性的一个含义。矛盾同一性的另一个含义是，矛盾着的双方在一定条件下可以互相转化。毛泽东说："一切矛盾着的东西，互相联系着，不但在一定条件之下共处于一个统一体中，而且在一定条件之下互相转化，这就是矛盾的同一性的全部意义。"② 在矛盾斗争性和同一性的关系上，只看到一个方面而忽略另一个方面，在认识上是片面的，在实践上会对革命造成严重危害。我国民主革命时期的两次挫折，从认识论上讲，就是由在矛盾的斗争性和同一性的关系上认识片面、只执一端所造成的。

第五，分析了矛盾斗争的两种基本形式即对抗性的矛盾和非对抗性的矛盾，并指出二者在一定条件下可以相互转化。在一定条件下不失时机地做好矛盾转化工作，有利于化消极为积极，有利于团结一切可以团结的力量进行共同战斗，这也是毛泽东关于革命同盟军和统一战线思想的哲学基础。

作为中国马克思主义哲学的代表性著作，《实践论》与《矛盾论》在总结中国革命经验教训的基础上，吸收了 20 世纪 30 年代苏联马克思列宁主义哲学研究的成果，继承、丰富和发展了马克思主义哲学思想，是马克思主义中国化的重要成果。它解决了党的思想路线问题，在马克思主义发展史上具有划时代

① 《毛泽东选集》第 1 卷，人民出版社 1991 年版，第 320 页。
② 《毛泽东选集》第 1 卷，人民出版社 1991 年版，第 330 页。

的意义。

四、新民主主义革命时期毛泽东思想在军事、党建、统一战线等领域的进一步展开

毛泽东思想不是在个别方面，而是在许多方面以其独创性理论丰富和发展了马克思主义。在新民主主义革命时期，毛泽东还系统阐述了革命军队建设和军事战略思想、党的建设的思想、统一战线的理论等。

1. 人民军队建设的思想

毛泽东军事思想是关于中国革命战争、人民军队建设以及军事规律等问题的科学理论体系，是中国共产党领导军队军事实践经验的总结，汲取了古今中外军事思想的精华，是马克思主义与中国革命战争实际相结合的产物。

毛泽东军事思想的形成发展有一个历史过程。1927年的八一南昌起义标志着中国共产党进入独立领导武装斗争的新时期。9月，毛泽东组织领导了湘赣边秋收起义，在之后的井冈山斗争中，毛泽东和朱德等人提出了"打得赢就打，打不赢就走"和"敌进我退，敌驻我扰，敌疲我打，敌退我追"的游击战争基本作战原则。在1930年10月第一次反"围剿"斗争中，毛泽东提出了"诱敌深入"的原则，经过三次反"围剿"战争，红军作战的基本原则形成。在抗日战争中，毛泽东把游击战争提到了重要的战略地位。1938年5月，毛泽东写了《论持久战》，批驳了当时的种种错误论点，系统阐述了抗日战争持久战的方针。在这部军事著作中，毛泽东运用辩证唯物主义的立场观点和方法，对战争的根本问题作了论述，制定了抗日战争的正确方针政策和人民战争的战略战术。1947年12月，毛泽东系统总结了1927年以来党领导人民战争的实践经验，在《目前形势和我们的任务》中提出了著名的十大军事原则，核心是强调集中优势兵力打歼灭战。围绕这个核心，毛泽东就作战方针、歼灭目标、作战形式、作战方法、作战准备、战斗作风、补充修正等方面的问题提出了指导原则。毛泽东的十大军事原则科学解决了打强敌和打弱敌、歼敌有生力量与保守和夺取地方、集中兵力和分散兵力、运动战和阵地战、周密计划和准备与不打无把握之战、补充修整与连续作战等问题的关系。

军队是中国革命的主要组织形式，无产阶级要领导革命的武装斗争取得胜利，就必须建设一支新型的、强大的人民军队。关于人民军队建设的理论，就是着重回答如何把以农民为主要成分，长期处于农村战争环境中的军队，建设

成为一支无产阶级性质的、具有严格纪律的、同人民群众保持密切联系的新型人民军队的问题。

全心全意为人民服务的宗旨，是新型人民军队建设原则的基石，是人民军队区别于一切旧式军队的根本标志。1929 年 12 月中国共产党红军第四军第九次代表大会即古田会议，要求红军彻底纠正雇佣思想、享乐主义等非无产阶级思想，还具体规定了红军打仗、筹款、做群众工作等三项任务，要求人民军队永远是一支战斗队、生产队和工作队。

坚持党对军队的绝对领导，就是人民军队必须而且只能置于共产党的领导之下，这是人民军队建设的根本原则。毛泽东在 1927 年 9 月的"三湾改编"就规定班排成立党小组，支部建在连上，营以上设立党委，连以上单位设立党代表，开始提出党对军队实行绝对领导的问题。古田会议则正式把实行党对军队的绝对领导确定为人民军队建设的根本原则，并提出政治、组织等方面的措施，强调用无产阶级思想改造一切非无产阶级思想。毛泽东在《战争和战略问题》一文中，要求每个共产党员都应懂得"我们的原则是党指挥枪，而决不容许枪指挥党"[①]。

政治工作是军队建设的"生命线"，是关系军队强弱、胜败、生存和发展壮大的最重要因素。军队政治工作是我军的最大特色、最大优势。政治工作创立于建军之初，党将政治工作作为在短期内将普通农民教育成为为真理而战的革命战士，将已投身革命军队的旧军队成分改造成新型人民军队的有效方法。政治工作是实现党的绝对领导、保持人民军队的无产阶级性质和坚定正确的政治方向的根本保证。政治工作的基本原则是官兵一致、军民一致和瓦解敌军。这三个方面相互联系、共同作用，最终实现团结自己战胜敌人的目的。

政治民主、经济民主、军事民主是人民军队的三大民主制度，以此达到政治上高度团结、生活上获得改善、军事上提高技术和战术的三大目的，使人民军队与旧的雇佣制决裂，调动广大官兵的积极性，提高部队战斗力。毛泽东在倡导军队民主制度的同时，也十分重视军队的纪律建设，认为纪律是执行政治路线的保证，三大纪律八项注意是人民军队统一的革命纪律和优良传统。

2. 党的建设的思想

以毛泽东为主要代表的中国共产党人，把马克思列宁主义的建党学说与中

---

① 《毛泽东选集》第 2 卷，人民出版社 1991 年版，第 547 页。

国的具体实际相结合，在长期的革命斗争中建立了完整的党的建设学说。

着重于从思想上建设党，是毛泽东思想关于党的建设的一条重要指导原则，是毛泽东思想关于党的建设的最核心的内容和最重要的特点，是对马克思列宁主义建党学说的一个创造性发展。着重于从思想上建设党，亦即把党的思想建设摆在党的各方面建设的首位。党的思想建设是党的各方面建设的基础，其根本任务是要帮助党员不仅在组织上入党，更要在思想上入党，以保持党的无产阶级先锋队性质。党的思想建设的基本原则是把坚持对党员进行思想教育作为中心环节。党的思想建设的基本内容主要包括两个方面：一是加强党的马克思列宁主义的基本理论教育，亦即加强党的理论建设；二是以党章为主要内容对党员进行党的基本知识教育，提高全体党员的素质。加强党员的党性修养，是搞好党的思想建设的重要途径。

针对历史上党内斗争中存在过的"残酷斗争、无情打击"的"左"的错误，毛泽东提出，党内斗争的性质是思想原则上的分歧与对立，正确处理党内矛盾的基本方针是"惩前毖后""治病救人"。他创造了整风这一思想建设的有效形式。1941年5月，毛泽东作《改造我们的学习》的报告，批评了党内存在的不注重研究现状，不注重研究历史，不注重马克思列宁主义的应用的极坏作风，拉开了全党整风的序幕。随后，中共中央通过《关于增强党性的决定》《关于调查研究的决定》，号召党员干部贯彻理论联系实际、实事求是的原则，树立马克思主义的优良学风。1941年9月26日，中共中央通过《关于高级学习组的决定》，要求建立高级学习组，中央学习组由毛泽东担任组长。1942年2月上旬，毛泽东先后作了《整顿党的作风》和《反对党八股》两个报告，开始了全党范围内的普遍整风运动。毛泽东向全党发出号召，提出我们的任务是"反对主观主义以整顿学风，反对宗派主义以整顿党风，反对党八股以整顿文风"[1]。他指出："所谓学风，不但是学校的学风，而且是全党的学风。学风问题是领导机关、全体干部、全体党员的思想方法问题，是我们对待马克思列宁主义的态度问题，是全党同志的工作态度问题。"[2] 毛泽东在《整顿党的作风》的报告中首先强调了反对主观主义，指出主观主义是一种不正派的学风，它在党内有两种表现，一种是教条主义，一种是经验主义，其中教条主义更为危

[1] 《毛泽东选集》第3卷，人民出版社1991年版，第812页。
[2] 《毛泽东选集》第3卷，人民出版社1991年版，第813页。

险。他指出："中国共产党人只有在他们善于应用马克思列宁主义的立场、观点和方法，善于应用列宁斯大林关于中国革命的学说，进一步地从中国的历史实际和革命实际的认真研究中，在各方面作出合乎中国需要的理论性的创造，才叫做理论和实际相联系。"① 毛泽东还阐述了主观主义在党的组织关系中和文风中的两种不良表现，即宗派主义和党八股，指出"宗派主义是主观主义在组织关系上的一种表现"②，所以，反对主观主义，就必须扫除宗派主义的残余，以达到全党团结统一的目标。而党八股是主观主义和宗派主义的宣传工具和表现形式，是藏污纳垢的东西，必须一同予以消灭。毛泽东在《反对党八股》中明确提出："要使革命精神获得发展，必须抛弃党八股，采取生动活泼新鲜有力的马克思列宁主义的文风。"③ 延安整风是一场普遍的马克思主义学习运动，是一场摆脱主观主义特别是教条主义束缚的思想解放运动，是自觉的思想改造运动。

在整风运动期间，毛泽东还主持召开了延安文艺座谈会。他在会上发表了重要讲话，运用马克思主义基本原理，回答了文艺创作的一系列重大原则问题。这个讲话是一篇马克思主义的光辉文献，它和其他整风文献一起，起到了统一思想、加强团结、振奋精神的作用。

民主集中制是工人阶级政党的根本的组织原则，中国共产党从诞生之日起，就是按照这样的组织原则建立起来的。党要完成自己的历史使命，要战胜敌人，必须要有严密的组织和铁的纪律，否则只能是一盘散沙。同样，如果一个党没有民主，也很难完成自己肩负的历史使命。而党组织的集中民主和高度统一，是党的力量所在。民主集中制，就是民主基础上的集中和在集中指导下的民主。它是民主的，又是集中的。它反映党的领导者与被领导者的关系，反映党的上级组织与下级组织的关系，反映党员个人与党的集体的关系，反映党的中央、党的各级组织与党员群众的关系。

党的作风建设，是中国共产党建设的又一重要内容。1945 年，毛泽东在党的七大报告中第一次作了如下的概括：以马克思列宁主义的理论思想武装起来的中国共产党，在 24 年艰苦卓绝的斗争中形成了新的工作作风，即理论联系实际、密切联系群众及批评和自我批评的作风，这是中国共产党区别于其他任

---

① 《毛泽东选集》第 3 卷，人民出版社 1991 年版，第 820 页。
② 《毛泽东选集》第 3 卷，人民出版社 1991 年版，第 825 页。
③ 《毛泽东选集》第 3 卷，人民出版社 1991 年版，第 840 页。

何政党的显著标志之一。1949 年 3 月在西柏坡召开的中共七届二中全会提出：
"务必使同志们继续地保持谦虚、谨慎、不骄、不躁的作风，务必使同志们继续地保持艰苦奋斗的作风。"①

3. 统一战线的理论

统一战线是马克思主义政党为了反对当前主要敌人和完成主要任务，同一切可能联合的阶级、阶层、政党、集团，在一定的目标下结成的政治联盟。毛泽东思想中的统一战线理论，既是对中国传统联盟思想的继承，更是以马克思列宁主义的战略策略思想为依据，在革命斗争中不断总结经验教训，逐步形成的有中国特色的统一战线理论。

建立统一战线是马克思主义关于无产阶级革命的重要策略。统一战线在中国新民主主义革命中具有重要的战略地位，这是由特殊的国情和多样性的阶级构成决定的。毛泽东指出："中国社会是一个两头小中间大的社会，无产阶级和地主大资产阶级都只占少数，最广大的人民是农民、城市小资产阶级以及其他的中间阶级。"② 在这种情况下，农民、城市小资产阶级、民族资产阶级等处在中间的阶级、阶层，他们在革命中就具有举足轻重的作用。能否争取到他们，是胜利的关键。能否正确地处理统一战线问题关系到党的事业成败，党领导的 28 年新民主主义革命，证明了党的失败与胜利，都与能否正确地处理统一战线问题有直接关系。民主革命时期的统一战线经历了国民革命联合战线、工农民主统一战线、抗日民族统一战线、人民民主统一战线四个阶段。

大革命时期，陈独秀提出"一切工作归国民党"，抗战初期，王明提出"一切经过统一战线，一切服从统一战线"。针对这些错误主张，毛泽东指出，任何时候，都要保持自己的独立性，坚持无产阶级的领导权，这是统一战线最根本的问题。坚持共产党在统一战线中的领导权，既是马克思主义统一战线学说的基本原则，也是中国共产党统一战线工作的根本经验。在政治上、思想上、组织上保持无产阶级及其政党的独立性，是坚持党在统一战线中领导权的中心环节。

在长期革命斗争中，中国共产党在统一战线策略方面形成了完整体系。分清敌友、打击主要敌人是统一战线策略中最根本之点。统一战线中，由于各阶

① 《毛泽东选集》第 4 卷，人民出版社 1991 年版，第 1438—1439 页。
② 《毛泽东选集》第 3 卷，人民出版社 1991 年版，第 808 页。

级、集团的利益和立场不同，有不同的层次，毛泽东提出要区别对待。根据对统一战线中各种阶级、阶层的分析，中共提出了一系列基本策略方针，主要反映在 1940 年毛泽东写的《目前抗日民族统一战线中的策略问题》《论政策》等文章中。抗日民族统一战线的总政策，是对资产阶级的一项基本策略方针，用联合去利用其积极一面，用斗争去对付它消极的一面。

统一战线理论在毛泽东思想发展中占有重要地位，毛泽东在《〈共产党人〉发刊词》中总结了中国革命两次胜利和两次失败的经验教训，揭示了中国革命发展的客观规律，指出统一战线、武装斗争、党的建设，是战胜敌人的三大法宝，正确处理了这三个问题及其相互关系，就等于正确领导了全部中国革命。

五、人民民主专政理论和新中国的建国纲领

伴随中国革命实践的深入发展，党对中国革命规律的认识逐渐深化。从解放战争到新中国成立初期，以毛泽东为主要代表的中央领导集体在理论与实践上进一步丰富和发展了人民民主专政的学说。1948 年 6 月，党内宣传材料首次出现"人民民主专政"的提法，并作了初步的理论阐述："我们的人民民主专政是无产阶级领导的人民大众的反帝反封建反官僚资本的新民主主义革命，这种革命的社会性质，不是推翻一般资本主义，乃是建立新民主主义的社会，建立各个革命阶级联合专政的国家。"①

1948 年 12 月 31 日，在《将革命进行到底》一文中，毛泽东第一次公开提出了"人民民主专政"的概念。1949 年 6 月，毛泽东发表《论人民民主专政》一文，对人民民主专政的思想进行了系统论述。他指出对人民内部的民主和对反动派的专政互相结合起来，就是人民民主专政。毛泽东还指出，这种几个革命阶级联合专政的共和国，又叫新民主主义共和国，它与旧式的、欧美式的、资产阶级专政的共和国不同，那种旧民主主义共和国不适合中国的国情，帝国主义也不允许中国成为独立的资本主义国家。新民主主义共和国与苏联式的、无产阶级专政的、社会主义的共和国也不同。新民主主义共和国虽然只是一定历史时期的过渡形式，将来必然要过渡到社会主义共和国，但目前这是不可移易的必要的形式。这种新民主主义共和国的具体形式，就是土地革命时期的工农民主政权、抗日战争时期的抗日民主政权和解放战争时期的人民民主政权。

---

① 《建党以来重要文献选编（1921—1949）》第 25 册，中央文献出版社 2011 年版，第 326 页。

人民民主专政是工人阶级领导的国家政权，工人阶级的领导是实现人民民主专政的根本保证。人民民主专政以工农联盟为基础，团结全体人民，实行最广泛的人民民主的政权。人民民主专政一方面是在人民内部实行民主，一方面是对人民的敌人实行专政。民主和专政有各自不同的对象和方法，二者不能混淆；同时，民主和专政又是相辅相成、不可分割的。在任何情况下都必须坚持民主和专政的统一。

1949 年 9 月 21 日，第一届中国人民政治协商会议召开，中国人民政治协商会议在当时还不具备召开全国人民代表大会的条件下，肩负起执行全国人民代表大会职权的重任，完成了建立新中国的历史使命。中国共产党与各民主党派、无党派民主人士、各人民团体、各民族、海外华侨共商建国大计，通过了《中国人民政治协商会议共同纲领》（以下简称《共同纲领》），这是以新民主主义理论为指导的建国纲领，主要内容如下。

第一，"以新民主主义即人民民主主义为中华人民共和国建国的政治基础"，"中华人民共和国为新民主主义即人民民主主义的国家"，建立人民民主专政和人民代表大会制度。

第二，"由中国共产党、各民主党派、各人民团体、各地区、人民解放军、各少数民族、国外华侨及其他爱国民主分子的代表们所组成的中国人民政治协商会议，就是人民民主统一战线的组织形式。"[1]

《共同纲领》强调在中国实行中国共产党领导的多党合作和政治协商制度，而不是一党制。周恩来在政协会议上说："我们团结国内各民主阶级、各民族和国外华侨，结成这样一个伟大的人民民主统一战线"[2]；"新民主主义时代既有各阶级的存在，就会有各党派的存在"[3]。

第三，根据我国少数民族众多但人数少和大杂居小聚居的特点，确定新中国不采取多民族的联邦制，而是建立统一的共和国，实行民族区域自治制度。

第四，实行多种经济成分并存的混合经济。允许国营经济、合作社经济、农民和手工业者的个体经济、国家资本主义经济和私人资本主义经济五种经济成分同时存在，允许私人资本主义经济在国民经济中占相当比重。

1949 年 10 月 1 日，中华人民共和国中央人民政府宣告成立，中国共产党

---

[1] 《建国以来重要文献选编》第 1 册，中央文献出版社 1992 年版，第 1 页。
[2] 《建国以来重要文献选编》第 1 册，中央文献出版社 1992 年版，第 15 页。
[3] 《建国以来重要文献选编》第 1 册，中央文献出版社 1992 年版，第 16 页。

领导的民主革命取得了伟大胜利。中国共产党取得胜利的原因有很多，其中最重要的一点，就是有中国化的马克思主义——毛泽东思想作为指导，"中国历史的发展离不开中国共产党，我们中国共产党的发展离不开毛泽东思想"①。

第三节　社会主义革命和建设理论

新中国成立后，如何向社会主义过渡、如何巩固和建设社会主义，是中国共产党必须认真回答的重大理论和实际问题。毛泽东领导全党和全国人民进行了艰辛的探索，对社会主义革命和建设的一系列问题作出了深入阐述，推动毛泽东思想发展到一个新的高度。尽管在这个过程中经历了许多曲折，甚至犯有严重错误，但探索中所形成的一些正确的思想观点和理论成果成为毛泽东思想的重要组成部分，为马克思主义的发展作出了新的贡献。

一、过渡时期总路线和社会主义改造理论

过渡时期总路线是由新民主主义向社会主义转变的重要理论和总的政策，过渡时期总路线保证了新中国稳步地进入社会主义，从而开始了中国历史发展的新时代。

早在民主革命胜利前夕，毛泽东就开始探索新民主主义向社会主义的过渡问题。在 1949 年 3 月党的七届二中全会上，毛泽东强调，由于中国经济尚处于落后状态，所以革命胜利后一个相当长的时期内，还需尽可能地利用城乡私人资本主义的积极性。当时毛泽东估计由新民主主义向社会主义过渡，大概需要 15 年或更长时间。1950 年 6 月，在全国政协一届二次会议上，毛泽东进一步指出：在全国范围内实行社会主义改造，即实行私营工业国有化和农业社会化，这种时候还在很远的将来。要在国家经济事业和文化事业大为兴盛了以后，在各种条件具备了以后，在全国人民考虑并同意以后，才可以从容地和妥善地走进社会主义的新时期。

客观形势的变化超出了毛泽东的预期。1952 年下半年，中国社会经济结构内部公私经济比重已发生转折性变化，数量上已不再占优势的私营工业，大部

---

① 《刘少奇论党的建设》，中央文献出版社 1991 年版，第 527 页。

分又承办加工业务，接受国家订货和收购包销产品，私营商业也开始为国营商业代销。事实上，从新中国成立开始，社会主义成分在经济上就不断增加。半社会主义合作社的增长、公私合营企业的发展、农业互助合作社的增加，都是社会主义成分的增加。社会主义革命在逐步地和平地进行。

当时的形势也已具备和平转变的条件，抗美援朝、土地改革、镇压反革命、"三反""五反"等各种社会政治运动都已基本完成，国家已经转入全面建设时期，并且经过将近四年的摸索，可以肯定，经过国家资本主义的形式去完成对私营工商业的社会主义改造是一种比较恰当的方针和办法。国际上，第二次世界大战以后，涌现出一批人民民主国家，组成了以苏联为首的社会主义阵营。中国共产党已宣布实行"一边倒"的外交方针，成为社会主义阵营中的一员。在对待新中国的态度上，两大阵营尖锐对峙，美国等帝国主义国家对中国在军事上侵略威胁、经济上封锁禁运，而苏联和其他人民民主国家则给予积极的援助和支持。毛泽东根据形势的发展变化作出新的判断。

在 1953 年 6 月 15 日的中央政治局会议上，毛泽东正式提出了过渡时期的总路线，12 月，经中共中央批准，由中央宣传部制发学习和宣传提纲。"从中华人民共和国成立，到社会主义改造基本完成，这是一个过渡时期。党在这个过渡时期的总路线和总任务，是要在一个相当长的时期内，逐步实现国家的社会主义工业化，并逐步实现国家对农业、对手工业和对资本主义工商业的社会主义改造。"①

这条总路线的中心内容被概括为"一体两翼"或"一化三改"。"一体"和"一化"，即社会主义工业化，这是主体；"两翼"和"三改"，即对农业、手工业和资本主义工商业的社会主义改造，它不是主体，更不是全体。所说的"一个相当长的时期内"，当时的估计是 10 到 15 年。总路线体现了发展生产力和变革生产关系辩证统一的双重要求。社会主义工业化对建立社会主义基本制度起着决定性的作用，"三大改造"则对社会主义工业化起到推进作用。

过渡时期总路线是顺应历史的需要提出来的，是马克思主义与中国实际相结合的产物。周恩来曾说：究竟中国怎样进入社会主义，"不仅在党外有些人不明白，就是我们党内很多同志，有时在思想上也是模糊的。大概有两种模糊的想法：一种想法，就是认为新民主主义革命胜利了，大概要停顿一个时期，

---

① 《建国以来重要文献选编》第 4 册，中央文献出版社 1993 年版，第 700—701 页。

到另外一个时候，有那么一天，宣布社会主义革命，宣布资本主义生产工具国有化、土地国有化，这才叫社会主义革命。这样，中间就造成一种停止状态、不变状态。这是不可能的，也是不应该的。这种想法是错误的。另一种想法，就是认为像东欧兄弟国家一样，人民民主革命胜利了不久，就宣布实行社会主义化，就把多少人以上的工厂没收，国有化。这是一种快的办法，不是经过很长时期"。他又说："我们一下子采取东欧的办法，宣布国有化，取消资本主义的私人所有制是不行的。这会给我们国家经济生活造成很大的混乱，使工人、店员失业，我们没有法子担负。这是一种急躁冒进的、盲动的办法。但是那种停止不变的、等待的想法也是错误的，那是右倾的错误。所以我们既不能等待，也不能冒进。因此，我们就要明确认识我们过渡时期的任务和路线，根据中国的情况，依照马克思主义的普遍真理，逐步地过渡到社会主义。"[①]

过渡时期总路线提出后，中共中央向全党和全国人民进行了广泛深入的宣传和教育工作，取得了充分的理解和普遍的拥护。1954 年 2 月，中共七届四中全会通过决议，正式批准了中央政治局确认的这条总路线。同年 9 月，过渡时期总路线的内容被载入《中华人民共和国宪法》，成为整个国家的统一意志。

对农业的改造，将分散的个体农业和手工业逐步组织起来，实行互助合作，是毛泽东的一贯思想。过渡时期总路线公布之后，毛泽东更进一步阐述了农业合作化的思想。毛泽东提出，农业互助合作应逐步完成。对手工业的改造，指导思想与农业的改造类似，要求通过生产小组、供销生产合作社、生产合作社三种形式，逐步把分散的个体手工业者组织起来，实现由低级到高级的社会主义改造。对资本主义工商业的改造，毛泽东在《论人民民主专政》中就明确提出：在新中国成立以后，对民族资产阶级要采取团结、教育和改造的基本政策。1953 年，毛泽东进一步阐述了怎样对资本主义工商业实行社会主义改造的问题。"经过国家资本主义完成对私营工商业的社会主义改造，是较健全的方针和办法。"[②] 基本做法是："第一是用赎买和国家资本主义的方法，有偿地而不是无偿地，逐步地而不是突然地改变资产阶级的所有制；第二是在改造他们的同时，给予他们以必要的工作安排；第三是不剥夺资产阶级的选举权，并且对于他们中间积极拥护社会主义改造而在这个改造事业中有所贡献的代表

---

① 金冲及：《周恩来传》下，中央文献出版社 2008 年版，第 997—998 页。
② 《毛泽东文集》第 6 卷，人民出版社 1999 年版，第 291 页。

人物给以恰当的政治安排。"①

　　根据毛泽东和党中央关于社会主义改造的理论和政策，国家对个体农业、手工业和资本主义工商业进行了社会主义改造。1955 年夏季之前，改造工作比较稳妥；此后由于毛泽东错误批判所谓"右倾机会主义"，迅速掀起改造高潮，到 1956 年底便基本完成了改造任务。三大改造任务的完成，使我国建立了以生产资料公有制和按劳分配为主要形式和特点的社会主义经济制度，它同中国共产党的领导、人民民主专政的国家机器和马克思主义在意识形态领域的指导地位等一起，使社会主义制度在中国得到了确立。社会主义改造成为新中国一切进步和发展的基础，但是对改造中存在的一些失误，也要站在新的历史高度，深刻反思。比如在社会经济模式的选择和理解上过于单一，没有认识到社会主义初级阶段经济成分的多样性和复杂性；在方法步骤上，存在要求过急、工作过粗、改变过快、形式也过于简单划一等现象。

二、正确处理人民内部矛盾学说的创立

　　马克思和恩格斯用唯物主义历史观揭示了社会发展的一般规律，但他们没有经历社会主义的实践。列宁领导了苏维埃社会主义建设的实践，但时间较短。毛泽东针对斯大林在处理人民内部矛盾问题上出现的认识偏差，从社会主义改造完成之后中国社会的实际情况出发，提出了正确处理人民内部矛盾的学说。

　　在中国共产党内，以毛泽东为代表的马克思主义者较早就注意到要分清不同性质的矛盾，严格区别谁是敌人谁是朋友。1949 年 6 月，毛泽东在《论人民民主专政》一文中提出：对反动派实行专政，对人民内部实行民主。1955 年 5 月，毛泽东提出，要分清人民的内部和外部两个不同的范畴，在人民内部要坚持民主说服的方法，而人民与反革命之间的矛盾，则是人民在工人阶级和共产党领导下对于反革命的专政。

　　1956 年苏共二十大和波匈事件后，国际共产主义运动遭受巨大冲击。1956 年下半年国内出现了一系列群众闹事风潮，暴露出一些社会矛盾。面对风云变幻的国际形势和国内出现的一系列问题，正确认识和处理日渐突出的人民内部矛盾成为党和国家建设的题中应有之义。

　　1957 年 2 月 27 日，毛泽东在最高国务会议第 11 次（扩大）会议上，发表

① 《建国以来重要文献选编》第 8 册，中央文献出版社 1994 年版，第 154 页。

了《关于正确处理人民内部矛盾的问题》的重要讲话，经整理、增补、修改，于同年 6 月 19 日公开发表。毛泽东的这篇讲话，总结了国际共产主义运动的历史经验，全面分析了国内政治经济形势，明确提出在社会主义制度下，人民的根本利益是一致的，但人民内部还存在着各种矛盾，必须严格区分和正确处理敌我矛盾和人民内部矛盾，并把正确处理人民内部矛盾作为国家政治生活的一个总题目。这一思想，丰富和发展了马克思列宁主义关于社会主义的学说。

《关于正确处理人民内部矛盾的问题》明确了社会主义社会的基本矛盾及其特点。毛泽东指出，社会主义社会的基本矛盾仍然是生产关系和生产力之间、上层建筑和经济基础之间的矛盾，它们之间既有基本适应的一面，又有不适应的一面。社会主义的矛盾不是对抗性的，它可以经过社会主义制度本身，不断地得到解决。这一论断为探索社会主义的发展规律指明了方向。

毛泽东还提出了两类社会矛盾的理论。他指出，社会主义社会的矛盾分为两类，一类是人民内部矛盾，一类是敌我矛盾。一切赞成、拥护和参加社会主义建设事业的阶级、阶层和社会集团，都属于人民的范围；一切反抗社会主义革命和敌视、破坏社会主义建设的社会势力和社会集团，都是人民的敌人。敌我矛盾是对抗性的，人民内部矛盾，一般说来是在人民利益根本一致基础上的矛盾。矛盾的性质不同，解决的方法也就不同，剥削阶级作为阶级被消灭以后，人民内部矛盾处于突出的地位。毛泽东指出，我国在生产资料私有制的社会主义改造基本完成后，革命时期的大规模的急风暴雨式的群众阶级斗争基本结束，我们的根本任务已经由解放生产力变为在新的生产关系之下保护和发展生产力。他还提出了正确处理人民内部矛盾的一系列方针，强调处理人民内部矛盾，首先要坚持社会主义道路和党的领导这两条最重要的原则，既要反对教条主义，又要反对那种主张实行西方的两党制、鼓吹绝对民主和绝对自由的倾向。他指出，要加强思想政治工作，提倡和善于运用"团结——批评——团结"的公式，同时还提出了一系列具体的方针。如，在经济方面实行统筹安排和兼顾国家、集体、个人三者利益；在科学文化工作中贯彻"百花齐放、百家争鸣"；在与民主党派关系上实行"长期共存、互相监督"；团结、教育知识分子，搞好汉民族与少数民族关系，等等。

《关于正确处理人民内部矛盾的问题》一文，还提出判断人们言论和行动是非的六条标准：是否有利于团结全国各族人民，是否有利于社会主义改造和社会主义建设，是否有利于巩固人民民主专政，是否有利于巩固民主集中制，是否有利于巩固共产党的领导，是否有利于社会主义的国际团结和全世界爱好和平人民的国际团结。毛泽东强调，这六条标准中，最重要的是社会主义道路和共产党的领导这两条。提出这些标准，是为了帮助人民开展对于各种问题的自由讨论，有了这些明确的标准，大多数人就可以使批评和自我批评沿着正确的轨道前进。

三、对中国社会主义建设道路的探索

在中国这样一个人口众多、经济文化落后、各地发展极不平衡的东方大国，如何建设社会主义是一个全新的课题。以毛泽东为主要代表的中国共产党人，在探索中国社会主义建设的道路过程中形成的正确理论，成为毛泽东思想的重要组成部分，为开辟中国特色社会主义道路积累了宝贵经验。

毛泽东说过，新中国成立后，三年恢复时期，对搞建设，我们是懵懵懂懂的。接着搞第一个五年计划，对建设还是懵懵懂懂的。因为我们没有经验，在经济建设方面只得照抄苏联，特别是在重工业方面，几乎一切都得照抄苏联，自己的创造很少。这在当时是完全必要的，同时又是一个缺点，缺乏创造性，缺乏独立自主的能力，因而总觉得不满意，心情不舒畅。

1956 年苏共二十大召开，赫鲁晓夫在会上作"秘密报告"全盘否定斯大林，这件事引起了毛泽东的深入思考。毛泽东在探讨斯大林犯错误的原因时提出要从中吸取教训的问题。

1956 年 4 月 4 日，在主持召开中央书记处会议讨论《关于无产阶级专政的历史经验》一文的草稿时，毛泽东提出了马克思列宁主义基本原理同中国具体实践进行"第二次结合"的问题。他说，我认为最重要的教训是独立自主，调查研究，摸清本国国情，把马克思列宁主义的基本原理同我国革命和建设的具体实践结合起来，制定我们的方针、路线和政策。民主革命时期，我们走过一段弯路，吃了大亏之后才成功地实现了这种结合，取得革命的胜利。现在是社会主义革命和建设时期，我们要进行第二次结合，找出在中国进行社会主义革命和建设的正确道路。他并且强调，要"以苏为鉴"，汲取苏联的经验和教训，从中国国情出发，开动脑筋，加强创造性，在"结合"上下工夫，努力找出在中国这块大地上建设社会主义的具体道路[①]。

[①]　参见吴冷西：《十年论战——1956—1966 中苏关系回忆录》（上），中央文献出版社 1999 年版，第 23—24 页。

1956 年 2 月 14 日至 4 月 24 日，毛泽东连续听取国务院 34 个部门和国家计委关于第二个五年计划的工作汇报。他边听边与汇报者和其他中央领导交换意见，逐渐形成"十大关系"的想法。4 月 25 日，毛泽东发表《论十大关系》，这为不久后召开的中共八大作了充分的思想准备。

《论十大关系》首先提出了建设社会主义国家的基本方针："我们一定要努力把党内党外、国内国外的一切积极的因素，直接的、间接的积极因素，全部调动起来，把我国建设成为一个强大的社会主义国家。"[①] 在这个基本方针的指导下，文章提出了中国社会主义经济建设、政治建设的新方针。

《论十大关系》从受苏联影响最大的经济建设问题破题，提出社会主义经济建设的新方针是：在重工业和轻工业、农业的关系上，重点发展重工业，同时也要加大对轻工业和农业的投资比例；在沿海工业和内地工业的关系上，要大力发展内地工业，改变不合理的工业布局，同时也要充分发挥沿海工业的作用；在国防建设和经济建设的关系上，要下决心降低国防费用的比例，多搞经济建设；在国家、生产单位和生产者个人的关系上，中央和省市要给工厂一定的权力，允许工厂有一定的独立性，要统筹兼顾，保证农民增产增收；在中央和地方的关系上，要在巩固中央统一领导的前提下，扩大地方的权力，给地方更多的自主权，让地方办更多的事情；在中国和外国的关系上，一切民族、一切国家的长处都要学，但是必须有分析有批判地学，不能一切照抄，机械搬用。

《论十大关系》还提出了社会主义政治建设的新方针：在汉族和少数民族的关系上，要诚心诚意地积极帮助少数民族进行经济建设和文化建设，巩固各民族团结；在党和非党的关系上，要坚持多党合作，实行"长期共存、互相监督"的方针；在革命和反革命的关系上，国家的镇反要少捉少杀，机关的肃反要一个不杀大部不捉；在是非关系上，要实行"惩前毖后、治病救人"的方针。

在讨论《论十大关系》期间，毛泽东受到发言者的启发，还概括提出了领导科学文化建设的"双百"方针，即"艺术问题上的百花齐放，学术问题上的百家争鸣"。

1956 年 9 月召开的中国共产党第八次全国代表大会，正确地分析了中国进

---

① 《毛泽东文集》第 7 卷，人民出版社 1999 年版，第 44 页。

入社会主义社会后所面临的国际国内形势，明确了国内社会主要矛盾和党的主要任务，把建设社会主义的探索又向前推进了一大步。

第一，明确了社会主义社会的主要矛盾。大会关于政治报告的决议指出："我们国内的主要矛盾，已经是人民对于建立先进的工业国的要求同落后的农业国的现实之间的矛盾，已经是人民对于经济文化迅速发展的需要同当前经济文化不能满足人民需要的状况之间的矛盾。"①

第二，进一步确立了社会主义经济建设的基本方针。大会关于发展国民经济的第二个五年计划的建议指出："必须把各项计划指标放在既积极而又稳妥可靠的基础上，既要充分估计到各种有利条件，反对那种看不到各种潜在力量、低估群众社会主义积极性的右倾保守的偏向；又要充分估计到各种不利的因素和可能发生的困难，反对那种缺乏实际根据、不考虑可能条件、不注意国民经济有计划、按比例发展的急躁冒进的偏向。"② 在刘少奇所作的政治报告里，还提出了应当在三个五年计划的时期内，基本上建成一个完整的工业体系的工业化建设目标。

第三，强调了执政党建设问题。邓小平在关于修改党章的报告中，深刻分析了中国共产党执政后的新情况新变化，强调坚持党的工作中群众路线的意义，提醒全党不断开展反对官僚主义的斗争；强调坚持民主集中制的组织原则，提醒全党加强集体领导，反对各种形式的突出个人和个人崇拜；强调坚持党的团结和统一，提醒全党反对各种破坏团结和统一的行为。

第四，进一步阐述了发展党内民主和人民民主的政治发展方向。刘少奇在政治报告里提出："我们的国家制度是高度的民主和高度的集中的结合。""目前在国家工作中的一个重要任务，是进一步扩大民主生活，开展反对官僚主义的斗争。"③ 为了发展党内民主，"党中央委员会在党章草案中，决定采取一项根本的改革，就是把党的全国的、省一级的和县一级的代表大会，都改作常任制，多少类似各级人民代表大会那样"④。

第五，对改革经济管理体制提出了若干重要的、富有远见的设想。如陈云在发言中提出：社会主义经济应该由"三个主体"和"三个补充"组成，"在

---

① 《建国以来重要文献选编》第 9 册，中央文献出版社 1994 年版，第 341 页。
② 《建国以来重要文献选编》第 9 册，中央文献出版社 1994 年版，第 379 页。
③ 《刘少奇选集》下卷，人民出版社 1985 年版，第 247、248 页。
④ 《邓小平文选》第 1 卷，人民出版社 1994 年版，第 233 页。

工商业经营方面，国家经营和集体经营是工商业的主体，但是附有一定数量的个体经营。这种个体经营是国家经营和集体经营的补充。至于生产计划方面，全国工农业产品的主要部分是按照计划生产的，但是同时有一部分产品是按照市场变化而在国家计划许可范围内自由生产的。计划生产是工农业生产的主体，按照市场变化而在国家计划许可范围内的自由生产是计划生产的补充。因此，我国的市场，绝不会是资本主义的自由市场，而是社会主义的统一市场。在社会主义的统一市场里，国家市场是它的主体，但是附有一定范围内国家领导的自由市场。这种自由市场，是在国家领导之下，作为国家市场的补充，因此它是社会主义统一市场的组成部分"①。

此外，在大会期间，毛泽东在同多个外国代表团谈话时，还谈到对外开放的问题。他说，资本主义在经营上有许多地方比我们好，我们也要学习他们的好东西。我们的门是开着的，几年以后，英、美、西德、日本等都将与我们做生意。他们有技术，我们需要技术。历史证明，中共八大的路线是正确的，它为新时期社会主义事业的发展和党的建设指明了方向。

1957年下半年以后，对中国社会主义建设道路的探索逐渐步入了曲折发展的阶段。这期间，既犯了混淆两类不同性质的矛盾、阶级斗争扩大化的错误（如反右派斗争严重扩大化），又犯了急于求成、急躁冒进的错误（如"大跃进"）。

痛定思痛，在觉察、纠正和反思的过程中，以毛泽东为主要代表的中国共产党人对社会主义建设道路的积极探索并没有止步，这主要表现在以下几方面。

第一，重新端正探索中国社会主义建设道路的思想路线，强调一切从实际出发，深入调查研究，实事求是。"大跃进"造成的严重后果，使全党猛醒过来。1960年底至1961年初，毛泽东在中央工作会议上提出要大兴调查研究之风，要使1961年成为实事求是年，并亲自指导三个调查组分赴浙江、湖南和广东深入农村基层了解情况；在中央工作会议上印发《反对本本主义》一文。通过调查研究，毛泽东指出："任何国家的共产党，任何国家的思想界，都要创造新的理论，写出新的著作，产生自己的理论家，来为当前的政治服务，单靠老祖宗是不行的。""现在，我们已经进入社会主义时代，出现了一系列的新问

---

① 《陈云文选》第3卷，人民出版社1995年版，第13页。

题，如果单有《实践论》、《矛盾论》，不适应新的需要，写出新的著作，形成新的理论，也是不行的。"①

第二，从理论上提出了社会主义社会需要划分阶段的问题，初步确认中国处在不发达的社会主义阶段。毛泽东在读苏联《政治经济学教科书》的谈话中提出："社会主义这个阶段，又可能分为两个阶段，第一个阶段是不发达的社会主义，第二个阶段是比较发达的社会主义。后一阶段可能比前一阶段需要更长的时间。"②

第三，提出要利用商品生产、商品交换和价值法则为社会主义服务。社会主义社会究竟要不要发展商品生产，这个问题，从苏联到当时的中国都没有搞清楚。"大跃进"和人民公社化运动甚至有取消商品生产的趋势。针对这种情况，1958 年 11 月，毛泽东在郑州会议上指出："现在要利用商品生产、商品交换和价值法则，作为有用的工具，为社会主义服务"；要分清社会主义商品生产和资本主义商品生产的区别，认识社会主义条件下利用商品生产的重要性，要有计划地大大发展社会主义的商品生产。③ 毛泽东后来还指出：价值法则"是一个伟大的学校，只有利用它，才有可能教会我们的几千万干部和几万万人民，才有可能建设我们的社会主义和共产主义。否则一切都不可能"④。

第四，提出社会主义经济建设要以农、轻、重为序。1959 年 7 月，毛泽东提出："过去安排是重、轻、农，这个次序要反一下，现在是否提农、轻、重?""过去是重、轻、农、商、交，现在强调把农业搞好，次序改为农、轻、重、交、商。这样提还是优先发展生产资料，并不违反马克思主义。"问题的核心是，"要把衣、食、住、用、行五个字安排好，这是六亿五千万人民安定不安定的问题"⑤。从以重工业为中心、农轻重并举，到以农轻重为序，这是中国工业化道路认识上的重要发展。

第五，提出社会主义经济建设要注意搞好综合平衡。"大跃进"片面追求钢产量的深刻教训使毛泽东认识到，搞社会主义建设，一个重要问题是综合平衡。1959 年 7 月，毛泽东在庐山会议上指出："大跃进的重要教训之一、主要

① 《毛泽东文集》第 8 卷，人民出版社 1999 年版，第 109 页。
② 《毛泽东文集》第 8 卷，人民出版社 1999 年版，第 116 页。
③ 《毛泽东文集》第 7 卷，人民出版社 1999 年版，第 435、437 页。
④ 《毛泽东文集》第 8 卷，人民出版社 1999 年版，第 34 页。
⑤ 《毛泽东文集》第 8 卷，人民出版社 1999 年版，第 78 页。

缺点是没有搞平衡。说了两条腿走路、并举，实际上还是没有兼顾。在整个经济中，平衡是个根本问题，有了综合平衡，才能有群众路线。"他还说："有三种平衡：农业内部农、林、牧、副、渔的平衡；工业内部各个部门、各个环节的平衡；工业和农业的平衡。整个国民经济的比例关系是在这些基础上的综合平衡。"① 1964年5月，毛泽东在听取国家计划委员会领导小组的汇报时针对综合平衡问题进一步指出："要按客观规律来办事。""财政收入你们不要打得太满了，打满了危险！过去我们吃过亏，把收入打得满满的，把基本建设战线拖得长长的。""要把基础工业适当搞上去，其他方面不能太多，要相适应。"②

第六，在系统总结经济建设经验教训的基础上，制定了各行各业的工作条例，初步形成适合中国情况的社会主义建设的各项具体政策。毛泽东认为，有了总路线还不够，还必须在总路线指导之下，在工、农、商、学、兵、政、党各个方面，有一整套适合中国国情的具体的方针、政策和办法。他率先主持制定了《农村人民公社工作条例（草案）》，之后，邓小平主持制定了《国营工业企业工作条例（草案）》等工作条例。毛泽东对此表示赞赏，说我们终究搞出一些章法来了。

第七，正式提出实现社会主义四个现代化的奋斗目标，并制定了两步走战略，初步认识到建成社会主义的艰巨性和长期性。毛泽东在读苏联《政治经济学教科书》的谈话中，谈道："建设社会主义，原来要求是工业现代化，农业现代化，科学文化现代化，现在要加上国防现代化。在我们这样的国家，完成社会主义建设是一个艰巨任务，建成社会主义不要讲得过早了。"③ 原来估计，将中国建设成为强大的社会主义工业国，赶上和超过世界先进国家，大概需要50年。1962年"七千人大会"上，毛泽东把这个时间延长了一倍，他说："中国的人口多、底子薄，经济落后，要使生产力很大地发展起来，要赶上和超过世界上最先进的资本主义国家，没有一百多年的时间，我看是不行的。"④ 根据毛泽东的提议，周恩来在全国人大三届一次会议上代表中共中央郑重提出四个现代化的目标和分两步走的发展战略。在审阅周恩来的政府工作报告时，毛泽东加写了一段话："我们不能走世界各国技术发展的老路，跟在别人后面一步

---

① 《毛泽东文集》第8卷，人民出版社1999年版，第80页。
② 《建国以来重要文献选编》第18册，中央文献出版社1998年版，第560页。
③ 《毛泽东文集》第8卷，人民出版社1999年版，第116页。
④ 《毛泽东文集》第8卷，人民出版社1999年版，第302页。

一步地爬行。我们必须打破常规，尽量采用先进技术，在一个不太长的历史时期内，把我国建设成为一个社会主义的现代化的强国。"①

第八，毛泽东对处于执政地位的共产党自身建设十分重视，对党内可能产生的各种消极腐败现象保持着高度警惕性。他强调，各级领导干部应该牢记全心全意为人民服务的宗旨，以普通劳动者的姿态出现，自觉接受人民群众的监督；必须防止在共产党内和干部队伍中形成特权阶层或贵族阶层；必须全心全意依靠人民群众来解决党内和干部队伍中的腐败问题。他提出要警惕和防止党的高层领导出现修正主义，防止各级干部脱离群众，蜕化变质；要培养和造就千百万无产阶级革命事业的接班人；提出无产阶级革命事业接班人一要能够始终坚持马克思主义，二要为大多数群众谋利益，三要善于团结大多数人，有高尚的品德、民主作风和自我批评精神。

毛泽东思想是马克思列宁主义在中国的运用和发展，是马克思主义中国化的第一个重大理论成果。1981 年中共十一届六中全会通过的《关于建国以来党的若干历史问题的决议》明确构建了毛泽东思想的科学体系，包括毛泽东思想以其独创性理论丰富和发展了马克思主义的六个方面和贯穿毛泽东思想各个组成部分的活的灵魂的三个基本方面。实事求是、群众路线、独立自主——毛泽东思想的活的灵魂，是贯穿毛泽东思想各个组成部分的立场、观点和方法，是毛泽东思想的出发点和根本点，是中国共产党人始终坚持的思想路线。习近平在纪念毛泽东同志诞辰 120 周年座谈会的讲话中指出："新形势下，我们要坚持和运用好毛泽东思想活的灵魂，把我们党建设好，把中国特色社会主义伟大事业继续推向前进。"

毛泽东思想是被实践证明了的关于中国革命和建设的正确的理论原则和经验总结，是中国共产党集体智慧的结晶。正是在毛泽东思想的指引下，中国共产党领导全国人民完成了新民主主义革命，实现了民族独立、人民解放。新中国成立后，中国共产党紧紧依靠人民完成了社会主义革命，确立了社会主义基本制度，创造性地实现了由新民主主义到社会主义的转变，使占世界人口四分之一的东方大国进入社会主义社会，实现了中国历史上最广泛最深刻的社会变革，为当代中国一切发展进步奠定了根本政治前提和制度基础。在社会主义建设的探索过程中，中国共产党取得的独创性理论成果和巨大成就，为新的历史

① 《毛泽东文集》第 8 卷，人民出版社 1999 年版，第 341 页。

时期开创中国特色社会主义提供了宝贵经验、理论准备、物质基础。

同时也要看到，这一时期对中国社会主义建设道路的艰辛探索，不可避免地具有时代的和历史的局限，也经历了严重曲折。尽管我们党提出了要探索自己的社会主义发展道路的历史任务，并且在理论上有重要创新，在实践上取得重要成就，但从经济体制上未能根本摆脱苏联社会主义模式的影响。特别是在1957年下半年以后，出现了阶级斗争扩大化的错误倾向，动摇了中国共产党八大对国内社会主要矛盾的正确判断，此后几经反复，在八届十中全会以后，"以阶级斗争为纲"的思想在党内占据了主导地位，最终导致了"文化大革命"的发生，给党、国家和人民带来了严重灾难，使社会主义事业遭到重大挫折。从"以阶级斗争为纲"到以经济建设为中心的伟大转折，历史地落在了以邓小平为主要代表的中国共产党人肩上。

思考题

1. 中国的先进分子为什么选择以及怎样选择了马克思主义？

2. 怎样正确把握毛泽东思想创立发展的时代背景和实践基础？

3. 如何认识以毛泽东为主要代表的中国共产党人为开辟农村包围城市、武装夺取政权道路作出的贡献？

4. 如何正确理解新民主主义革命的总路线和基本纲领？

5. 如何理解新民主主义革命的三大法宝及其相互关系？

6. 如何认识具有中国特点的社会主义改造道路？

7. 为什么说毛泽东是探索中国社会主义建设道路的开创者？

8. 如何正确认识和评价毛泽东思想的历史地位？

第八章　中国特色社会主义理论体系是马克思主义中国化第二次飞跃的理论成果

中国特色社会主义理论体系，凝结了几代中国共产党人团结带领中国人民进行改革开放和社会主义现代化建设伟大实践的智慧和心血，是继毛泽东思想之后中国共产党人的又一次重大理论创新，是马克思主义中国化第二次历史性飞跃的理论成果。

第一节　中国特色社会主义理论体系形成的时代背景、历史依据和实践基础

中国特色社会主义理论体系是中国共产党人把马克思主义基本原理同中国具体实际相结合，在总结我国改革开放和社会主义现代化建设的实践经验，汲取其他社会主义国家兴衰成败的历史经验，并借鉴其他国家发展经验教训的基础上，逐步形成和发展起来的。

一、中国特色社会主义理论体系形成的时代背景

第二次世界大战结束后特别是 20 世纪 70 年代末以来，世界多极化和经济全球化深入发展，整个世界发生着剧烈而深刻的大变动大调整。全球市场、资金、资源的合作和竞争更加复杂，国与国之间经济实力的较量越来越激烈。特别是科学技术的突飞猛进，极大地推动了世界生产力和人类经济社会的发展。新科技革命及其带来的重大科技发明的广泛应用，推动世界范围内生产方式、生活方式和经济社会发生了前所未有的深刻变化，也引起全球政治格局、经济格局、安全格局发生了前所未有的重大变化。国际上各种力量出现新的分化和组合，大国间关系不断调整，广大发展中国家总体实力增强，求和平、谋发展、促合作是世界各国人民的共同愿望。

面对如此深刻巨大的变化，中国共产党人坚持用马克思主义的宽广眼界观察世界，把中国的发展放到世界大局中来思考，敏锐把握住了世界发展的基本

趋势。邓小平明确指出："现在世界上真正大的问题，带全球性的战略问题，一个是和平问题，一个是经济问题或者说发展问题。"① 党的十三大将"和平与发展"概括为"当代世界的主题"，党的十五大将"和平与发展"概括为"当今时代的主题"。

中国共产党对时代主题的科学判断，为中国实行改革开放、一心一意推进社会主义现代化建设奠定了基础，也为中国在复杂变幻的国际局势中冷静沉着、抓住机遇、发展自己提供了认识前提。中国特色社会主义理论体系正是在中国共产党顺应世界发展潮流，吸收借鉴人类文明一切优秀成果回应时代课题的基础上形成的理论创新。

二、中国特色社会主义理论体系形成的历史依据

中国特色社会主义理论体系，是中国共产党在认真总结和汲取我国社会主义发展的历史经验、认真借鉴其他国家社会主义兴衰成败经验教训的基础上形成和发展的。

新中国成立后，在中国这样一个经济文化十分落后的大国如何坚持、发展和建设社会主义，成为摆在中国共产党面前的一个十分重大的新课题。在没有现成答案，又没有任何经验的情况下，中国共产党借鉴了苏联社会主义建设的经验，但在实践中，中国共产党人逐步认识到，建设社会主义必须从中国实际出发，不能照搬别国模式。在探索社会主义建设道路的过程中，虽然经历了严重曲折，但党在社会主义建设中取得的独创性理论成果和巨大成就，也为新的历史时期开创中国特色社会主义提供了宝贵经验、理论准备、物质基础。党的十一届三中全会认真总结正反两方面经验、汲取"文化大革命"的教训，重新确立马克思主义的思想路线，毅然决然地作出把党和国家工作中心转移到经济建设上来、实行改革开放的历史性决策。党的十一届六中全会作出《关于建国以来党的若干历史问题的决议》，认真厘清重大历史是非，根本否定了"文化大革命"，同时坚持和继承了我们党在长期社会主义建设实践中所取得的一切积极成果，完成了党在思想路线、政治路线和组织路线上的拨乱反正。

在改革开放和社会主义现代化建设进程中，我们党认真汲取其他国家特别是苏联、东欧等社会主义国家的经验教训，为更好地发展中国特色社会主义提

---

① 《邓小平文选》第3卷，人民出版社1993年版，第105页。

供了重要借鉴。正如邓小平所说，没有对历史经验教训的深刻总结，"就不可能制定十一届三中全会以来的思想、政治、组织路线和一系列政策"①。可以说，中国特色社会主义道路的开辟和拓展、中国特色社会主义理论体系的形成和发展，都是与我们党认真总结和深刻汲取正反两方面经验分不开的。

三、中国特色社会主义理论体系形成的实践基础

实践是理论创新的源泉。中国特色社会主义理论体系不仅源于实践，而且尊重实践，尊重人民，时刻关注最广大人民群众的利益和愿望，善于概括人民群众的经验和创造。改革开放和社会主义现代化建设的生动实践，是中国特色社会主义理论体系形成和发展的实践基础。

准确认识我国社会主义基本国情和发展所处的历史方位，是中国特色社会主义理论体系形成的根本出发点。改革开放以后，中国共产党在继承发展马克思主义经典作家关于社会主义发展阶段的理论基础上，总结社会主义建设实践经验，从社会性质和发展阶段出发，对中国国情作出总体性和全局性的科学判断。党的十三大系统阐述社会主义初级阶段理论，并以此为根据，全面阐发社会主义初级阶段的基本路线，提出经济建设发展的战略、经济和政治体制改革的原则、加强和改善党的领导等重要内容，强调必须充分认识社会主义建设的长期性、艰巨性、复杂性，不断增强从社会主义初级阶段这个实际出发的自觉性。此后，我们党又对社会主义初级阶段的主要特征、主要矛盾、根本任务等作了进一步系统论述，反复重申我国仍处于并将长期处于社会主义初级阶段，推进任何方面的改革发展都要牢牢立足于社会主义初级阶段这个最大实际。可以说，社会主义初级阶段是中国特色社会主义理论体系形成和发展的总依据。

改革开放的伟大探索，是中国特色社会主义理论体系形成发展的实践依据。改革开放是决定中国命运的重大决策，是在新的时代条件下党领导人民进行的伟大革命，是推动中国经济、政治、文化和社会事业快速发展的强大动力。在波澜壮阔的历史进程中，中国社会从农村改革到城市改革，从对内搞活到对外开放，从经济体制改革到社会各个领域的改革，全面开创了社会主义现代化建设的新局面，实现了从以阶级斗争为纲到以经济建设为中心、从僵化半僵化到全面改革、从封闭半封闭到全面开放的重大历史转变。改革开放极大地

---

① 《邓小平文选》第 3 卷，人民出版社 1993 年版，第 272 页。

解放和发展了社会生产力，社会主义市场经济体制基本确立，社会的所有制结构、分配结构已经发生了前所未有的巨大变化，社会主义民主政治建设不断向前推进，社会主义文化建设不断取得新成就，社会建设全面展开，生态文明建设加快推进，并日益融入经济建设、政治建设、文化建设、社会建设各方面和全过程。正是在改革开放 40 多年一以贯之的接力探索中，中国特色社会主义理论体系逐步形成和发展起来，并随着改革开放和现代化建设实践的深化，不断被赋予新的时代精神和实践内涵。

人民群众的伟大创造，是中国特色社会主义理论体系形成发展的不竭源泉。"改革和现代化建设是亿万人民群众自己的事业。"① 中国共产党提出的各项重大任务，都是依靠广大人民群众的艰苦努力来完成的。中国特色社会主义理论体系的创造和发展，始终强调尊重人民群众的首创精神，调动人民群众的积极性，坚持从人民群众的生动实践中总结经验、汲取智慧、寻找路子。改革开放中许许多多东西，都是群众在实践中提出来的，是群众的智慧。尊重人民群众的主体性和创造性，注意把干部和群众的积极性、主动性和创造性引导好、保护好、发挥好，是改革开放事业发展的一条基本经验。中国特色社会主义理论体系，正是中国共产党紧紧依靠人民，从人民群众中凝聚力量、汲取智慧而形成和发展起来的。

中国特色社会主义理论体系的形成和发展，始终是围绕着建设和发展中国特色社会主义这个主题而深入展开的。改革开放以来，我们党在建设和发展中国特色社会主义的历史性实践中，创造性地探索回答了什么是社会主义、怎样建设社会主义，建设什么样的党、怎样建设党，实现什么样的发展、怎样发展等基本问题，不断坚持和发展了中国特色社会主义。党的十八大以来，我们党围绕新时代坚持和发展什么样的中国特色社会主义、怎样坚持和发展中国特色社会主义这个重大时代课题，创立了习近平新时代中国特色社会主义思想，进一步坚持和发展了中国特色社会主义。

中国特色社会主义理论体系，既坚持了马克思列宁主义、毛泽东思想，又不断与时俱进，是马克思主义在中国发展的新阶段，是扎根于当代中国实际的科学理论，是中国特色社会主义事业的行动指南。这一理论及时准确地回答了坚持马克思主义和发展马克思主义如何统一的课题，科学解答了马克思主义在

① 《邓小平同志建设有中国特色社会主义理论学习纲要》，学习出版社 1995 年版，第 43 页。

中国的时代之问、实践之问，指导中国特色社会主义在波谲云诡的国际环境中披荆斩棘、砥砺奋进，为世界社会主义事业发展提供了有益经验和重要借鉴，展现出科学理论与伟大实践相结合的强大生机和永恒魅力。

第二节　邓小平理论：中国特色社会主义理论体系的开创和奠基

邓小平理论是在和平和发展成为时代主题的历史条件下，在我国改革开放和现代化建设的实践中，在总结我国社会主义胜利和挫折的历史经验并借鉴其他社会主义国家兴衰成败历史经验的基础上逐步形成和发展起来的。它第一次比较系统地初步地回答了中国社会主义的发展道路、发展阶段、根本任务、发展动力、外部条件、政治保证、战略步骤、党的领导和依靠力量以及祖国统一等一系列基本问题，是比较完备的科学体系。

一、邓小平理论的创立

党的十一届三中全会以后，以邓小平为主要代表的中国共产党人，把马克思主义基本原理同当代中国实际和时代特征结合起来，紧紧围绕"什么是社会主义、怎样建设社会主义"这个主题，第一次比较系统地回答了在我国这样经济文化比较落后的国家如何建设、巩固和发展社会主义的一系列基本问题，为中国特色社会主义理论体系奠定了基础。

"文化大革命"结束后，中国面临着向何处去的重大历史抉择。以邓小平为主要代表的中国共产党人，以巨大的政治勇气和理论勇气，抓住思想路线的拨乱反正这一关键环节，严厉批评"两个凡是"的观点，支持真理标准大讨论，推动了全国范围的思想大解放，重新确立了党的实事求是的思想路线。

1978 年 12 月 18 日至 22 日召开的党的十一届三中全会，毅然抛弃了"以阶级斗争为纲"的错误方针，作出了把党和国家的工作重点转移到以发展生产力为中心的经济建设上来以及进行改革开放的重大战略决策。1981 年，党的十一届六中全会通过《关于建国以来党的若干历史问题的决议》，充分肯定了毛泽东和毛泽东思想的历史地位。

1982 年 9 月，中国共产党召开了第十二次全国代表大会。邓小平在大会开幕词中，提出了"建设有中国特色的社会主义"的科学命题。党的十二大还提出了党在新时期的总任务，提出了中国社会主义现代化建设的战略目标、战略重点、战略步骤等一系列重要方针。

随着改革开放和社会主义现代化建设实践的全面展开，邓小平围绕时代主题、改革开放、现代化建设、社会发展阶段和发展战略等重大问题提出了一系列新观点新论断。1984年，党的十二届三中全会作出《关于经济体制改革的决定》，提出了社会主义经济是公有制基础上的有计划的商品经济理论。1987年，中国共产党第十三次全国代表大会第一次比较系统地论述了社会主义初级阶段理论，提出党在社会主义初级阶段的基本路线，制定"三步走"的社会主义现代化发展战略。1992年春，邓小平在视察南方的谈话中，精辟分析了国际国内的形势，科学总结了党的十一届三中全会以来的基本经验，就关系中国特色社会主义理论与实践的一系列重大问题作了创造性回答，破除了长期困扰和束缚人们思想解放的许多重大障碍，把有中国特色的社会主义推进到一个新的发展阶段。中国共产党第十四次全国代表大会从社会主义的发展道路、发展阶段、根本任务、发展动力，社会主义建设的外部条件、政治保证、战略步骤，社会主义的领导力量和依靠力量，以及祖国统一等九个方面，把邓小平初步回答中国这样的经济文化比较落后的国家如何建设社会主义，如何巩固和发展社会主义等一系列基本问题的新思想、新观点，概括为"建设有中国特色社会主义的理论"，提出用邓小平建设有中国特色社会主义理论武装全党，并将建设有中国特色社会主义理论写入党章。党的十五大正式提出"邓小平理论"这一科学概念，指出："建设有中国特色社会主义理论，它的主要创立者是邓小平，我们党把它称为邓小平理论"，"邓小平理论是当代中国的马克思主义，是马克思主义在中国发展的新阶段"[①]。邓小平理论同马克思列宁主义、毛泽东思想一道，被确定为党在一切工作中的指导思想，并先后载入党章和宪法。

二、邓小平理论的主要内容

邓小平理论贯穿解放思想、实事求是的思想路线，用新的思想、观点，继承、丰富和发展了马克思主义、毛泽东思想。

---

① 《改革开放三十年重要文献选编》下，人民出版社2008年版，第894页。

1. 解放思想，实事求是，走自己的路

解放思想，实事求是，是中国共产党的思想路线，是马克思列宁主义、毛泽东思想的精髓，也是邓小平理论的精髓。邓小平指出，一个党，一个国家，一个民族，如果一切从本本出发，思想僵化，迷信盛行，那它就不能前进，它的生机就停止了，就要亡党亡国。[①] 过去我们搞革命所取得的一切胜利，是靠实事求是；现在我们要实现四个现代化，同样要靠实事求是。解放思想，就是使思想和实际相结合，使主观和客观相结合，就是实事求是。"文化大革命"结束后，邓小平强调，解放思想是一个重大政治问题，只有思想解放了，我们才能正确地以马列主义、毛泽东思想为指导，正确地改革同生产力迅速发展不相适应的生产关系和上层建筑，根据我国的实际，确定实现四个现代化的具体道路、方针、方法和措施。实行无产阶级的民主集中制，必须使民主制度化、法律化，使这种制度和法律不因领导人的改变而改变，不因领导人的看法和注意力的改变而改变，是解放思想的一个十分重要的条件。1978 年，邓小平发表《解放思想，实事求是，团结一致向前看》重要讲话，使全党全国各族人民克服了思想僵化的状态，为彻底冲破"两个凡是"、实现党和国家工作重点的转移提供了科学的思想和方法，为中国走向改革开放、开辟新时期新道路奠定了坚定的思想基础。

2. 社会主义初级阶段理论

在社会主义的发展阶段问题上，邓小平理论作出了我国还处在社会主义初级阶段的科学论断，强调这是一个至少上百年的很长的历史阶段，制定一切方针政策都必须以这个基本国情为依据，不能脱离实际，超越阶段。

我国处在社会主义初级阶段，是邓小平和我们党对当代中国基本国情的科学判断。从 1956 年生产资料私有制的社会主义改造基本完成，到 1978 年党的十一届三中全会之前，我们党对当代中国国情作过有益的探索，但总的说来，一直处于不完全清晰的状态。十一届三中全会以后，邓小平提出搞现代化建设，要适合中国国情，走出一条中国式的现代化道路。他指出，离开现实和超越阶段，搞不成社会主义。1981 年，《关于建国以来党的若干历史问题的决议》第一次正式明确提出了"我国的社会主义制度还处于初级的阶段"。党的十二大和十二届六中全会通过的《关于社会主义精神文明建设指导方针的决议》重

---

① 《邓小平文选》第 2 卷，人民出版社 1994 年版，第 143 页。

申"我国的社会主义社会现在还处在初级发展阶段""我国还处在社会主义的初级阶段",并进一步阐明了社会主义初级阶段的主要经济特征。党的十三大前夕,邓小平指出,中国社会主义处在初级阶段,是初级阶段的社会主义。社会主义本身是共产主义的初级阶段,中国又处在社会主义的初级阶段,就是不发达的阶段。一切都要从这个实际出发,根据这个实际来制订规划。① 第一次把社会主义初级阶段作为事关全局的基本国情加以把握,明确了这一问题是党制定路线、方针、政策的出发点和根本依据。党的十三大对社会主义初级阶段作了明确的规定:"我国正处在社会主义的初级阶段。这个论断,包括两层含义。第一,我国社会已经是社会主义社会。我们必须坚持而不能离开社会主义。第二,我国的社会主义社会还处在初级阶段。我们必须从这个实际出发,而不能超越这个阶段。"② 社会主义初级阶段,不是泛指任何国家进入社会主义都会经历的起始阶段,而是特指我国在生产力落后、商品经济不发达条件下建设社会主义必然要经历的特定阶段。党的十五大进一步概括了社会主义初级阶段是逐步摆脱不发达状态,基本实现社会主义现代化的历史阶段等基本特征,体现了社会主义初级阶段历史发展的过程性特征。

邓小平关于社会主义初级阶段的理论,使我们对社会主义建设的长期性、复杂性、艰巨性有了更加清醒的认识。邓小平在南方谈话中深刻指出:"我们搞社会主义才几十年,还处在初级阶段。巩固和发展社会主义制度,还需要一个很长的历史阶段,需要我们几代人、十几代人,甚至几十代人坚持不懈地努力奋斗,决不能掉以轻心。"③ 社会主义初级阶段理论,揭示了当代中国的历史方位,是建设中国特色社会主义的总依据,是对马克思主义关于社会主义发展阶段理论的重大发展和重大突破。

3. 社会主义初级阶段的基本路线

基于我国处于社会主义初级阶段的认识,党的十三大提出了社会主义初级阶段的基本路线,就是"领导和团结全国各族人民,以经济建设为中心,坚持四项基本原则,坚持改革开放,自力更生,艰苦创业,为把我国建设成为富强、民主、文明的社会主义现代化国家而奋斗"④。党的基本路线在改革开放实

---

① 《邓小平文选》第 3 卷,人民出版社 1993 年版,第 252 页。
② 《十三大以来重要文献选编》上,人民出版社 1991 年版,第 9 页。
③ 《邓小平文选》第 3 卷,人民出版社 1993 年版,第 379—380 页。
④ 《十三大以来重要文献选编》上,人民出版社 1991 年版,第 15 页。

践中不断充实和完善。党的十七大把"和谐"与"富强、民主、文明"一起写入了基本路线。党的十九大进一步修改为"为把我国建设成为富强民主文明和谐美丽的社会主义现代化强国而奋斗"，不仅将"美丽"纳入了基本路线，而且将"现代化国家"提升为"现代化强国"，扩展了党的基本路线的内涵，提升了社会主义初级阶段的奋斗目标。

建设"富强民主文明的社会主义现代化国家"，这是基本路线规定的党在社会主义初级阶段的奋斗目标，体现了社会主义社会全面发展的要求。"富强""民主""文明"分别从经济领域、政治领域和思想文化领域，提出了社会主义现代化国家的目标和要求。"一个中心、两个基本点"，这是基本路线最主要的内容，是实现社会主义现代化奋斗目标的基本途径。"以经济建设为中心"回答社会主义的根本任务，体现发展生产力的本质要求；"坚持四项基本原则"，回答解放和发展生产力的政治保证问题，体现社会主义基本制度的要求；"坚持改革开放"，回答社会主义的发展动力和外部条件问题，体现解放生产力的本质要求。"一个中心、两个基本点"是一个整体，集中体现我国社会主义现代化建设的战略方针，揭示中国特色社会主义的客观规律和发展道路。"领导和团结全国各族人民"是实现社会主义现代化奋斗目标的领导力量和依靠力量。"自力更生，艰苦创业"，是我们党的优良传统，也是实现社会主义初级阶段奋斗目标的根本立足点。

"一个中心，两个基本点"的基本路线，强调经济建设是各项工作的中心，坚持四项基本原则和坚持改革开放必须服从和服务于经济建设这个中心，经济建设这个中心也离不开坚持四项基本原则和坚持改革开放这两个基本点。两个基本点相互贯通，相互依存，统一于建设有中国特色的社会主义的实践。这条基本路线体现了社会主义本质的要求，反映了中国社会主义发展的根本规律，指明了中国特色社会主义的发展道路。

4. 社会主义根本任务的理论

在社会主义的根本任务问题上，邓小平理论强调，我国社会主义初级阶段的主要矛盾是人民日益增长的物质文化需要同落后的社会生产之间的矛盾，必须把发展生产力摆在首要位置，以经济建设为中心，推动社会全面进步。判断各方面工作的是非得失，归根到底，要以是否有利于发展社会主义社会的生产力，是否有利于增强社会主义国家的综合国力，是否有利于提高人民的生活水平为标准。

生产力是社会发展的最根本的决定性因素，解放生产力和发展生产力是社会主义社会本质的重要方面。1992年初，邓小平在南方谈话中提出，社会主义的本质是解放生产力，发展生产力，消灭剥削，消除两极分化，最终达到共同富裕。邓小平指出，我们革命的目的就是解放生产力，发展生产力，社会主义改革也是为了解放生产力，发展生产力。建立社会主义制度，为进入共产主义创造物质基础，必须进一步解放和发展生产力。我们要建设的有中国特色的社会主义，是不断发展社会生产力的社会主义。

确定以经济建设为中心，集中力量发展社会主义生产力，是以社会主义初级阶段主要矛盾为根据的。党的十一届三中全会之后不久，邓小平明确指出："我们的生产力发展水平很低，远远不能满足人民和国家的需要，这就是我们目前时期的主要矛盾，解决这个主要矛盾就是我们的中心任务。"[1]《关于建国以来党的若干历史问题的决议》中进一步指出："在社会主义改造基本完成以后，我国所要解决的主要矛盾，是人民日益增长的物质文化需要同落后的社会生产之间的矛盾。党和国家工作的重点必须转移到以经济建设为中心的社会主义现代化建设上来，大大发展社会生产力，并在这个基础上逐步改善人民的物质文化生活。"[2] 党的十三大在阐述社会主义初级阶段理论时，明确指出："社会主义社会的根本任务是发展生产力。在初级阶段，为了摆脱贫穷和落后，尤其要把发展生产力作为全部工作的中心。是否有利于发展生产力，应当成为我们考虑一切问题的出发点和检验一切工作的根本标准。"[3] 明确提出"发展生产力"是"检验一切工作的根本标准"，把"发展"作为最高的准则，作为"中国解决所有问题的关键"。

"发展是硬道理"，判断改革开放和各方面工作的得失，应该主要看是否有利于发展社会主义社会的生产力，是否有利于增强社会主义国家的综合国力，是否有利于提高人民的生活水平。邓小平指出，社会生产力的巨大发展，劳动生产率的大幅度提高，最主要的是靠科学的力量，"科学技术是第一生产力"，经济建设必须依靠科技进步和劳动者素质的提高，实现现代化"关键是科学技术"。邓小平在1992年的南方谈话中，从总结改革开放的经验出发，强调"我

---

① 《邓小平文选》第2卷，人民出版社1994年版，第182页。
② 《三中全会以来重要文献选编》下，人民出版社1982年版，第839—840页。
③ 《十三大以来重要文献选编》上，人民出版社1991年版，第13页。

们要以世界先进的科学技术成果作为我们发展的起点"①，为实现社会主义的根本任务指明了前进的方向。

5. 社会主义民主政治建设理论

民主是中国共产党奋斗的基本目标之一。党的十一届三中全会针对"过去一个时期内，民主集中制没有真正实行，离开民主讲集中，民主太少"的状况，特别强调民主和集中的统一，强调在人民内部政治生活中"只能实行民主方法""宪法规定的公民权利，必须坚决保障，任何人不得侵犯"，为了保障人民民主，必须加强社会主义法制，"使民主制度化、法律化"。② 在 1979 年党的理论工作务虚会上，邓小平提出把"努力发扬民主"作为"党今后一个长时期的坚定不移的目标"③。在 1980 年的一次讲话中，他又强调"坚持发展民主和法制"是"党的坚定不移的方针"④。党的十二大把明确把"建设高度的社会主义民主"作为"根本目标和根本任务之一"提出来，党的十三大则把建立"高度民主、法制完备、富有效率和充满活力"的政治体制作为改革的长远目标。

邓小平的社会主义民主建设理论特别强调民主的社会主义性质。他明确指出，我们的民主是社会主义民主，和资产阶级民主的概念不同，一定要把社会主义民主同资产阶级民主、个人主义民主严格区别开来。资产阶级民主实际上是垄断资本的民主，我们的民主是人民当家作主，这一方面表现在工人阶级和人民群众在国家政权中居于主人翁地位，另一方面表现在国家的民主制度和民主生活上，表现在根据民主集中制的原则建立起的高度发展和完善的各项具体民主制度上。社会主义民主是社会主义的本质要求，是社会主义现代化的根本保证，"没有民主就没有社会主义，就没有社会主义的现代化"。邓小平还强调，建设社会主义民主包括决策科学化、民主化以及基层民主建设等多方面的内容，最重要的是要坚持和完善各级人民代表大会制度，完善中国共产党领导的多党合作和政治协商制度，切实加强国家权力机关的建设，切实保证人民群众能够参与国家事务的管理和监督，从制度上保证党和国家政治生活的民主化、经济管理的民主化、整个社会生活的民主化，促进社会主义现代化事业的

---

① 《邓小平文选》第 2 卷，人民出版社 1994 年版，第 129 页。
② 《三中全会以来重要文献选编》上，人民出版社 1982 年，第 10—11 页。
③ 《邓小平文选》第 2 卷，人民出版社 1994 年版，第 176 页。
④ 《邓小平文选》第 2 卷，人民出版社 1994 年版，第 256—257 页。

发展。

6. 社会主义现代化建设的"三步走"战略

在我国落后的生产力基础上实现社会主义现代化是一项十分艰巨的事业，它肩负着既要完成传统的工业化，又要同时迎头赶上世界新的技术和产业革命的双重任务。为此，邓小平提出基本实现现代化的"三步走"发展战略。1987年4月，邓小平第一次提出了分"三步走"基本实现现代化的战略。同年10月，党的十三大把邓小平"三步走"的发展战略构想确定下来，明确提出：第一步，从1981年到1990年实现国民生产总值比1980年翻一番，解决人民的温饱问题；第二步，从1991年到20世纪末，使国民生产总值再翻一番，达到小康水平；第三步，到21世纪中叶，国民生产总值再翻两番，达到中等发达国家水平，基本实现现代化。然后在这个基础上继续前进。

为了更好地实现"三步走"的战略，邓小平提出了以重点带动全局的思想。1982年，他提出战略重点有三个：一是农业，二是能源和交通，三是教育和科学。他强调："农业是根本，不要忘掉。"[①] 对于中国这样一个绝大部分人口在农村的大国来说，必须真正把加强农业放在经济工作的首位，这是实现国民经济健康发展和社会安定的基础。没有农村的现代化，就没有中国的现代化。能源和交通通信，是我国国民经济发展的突出薄弱环节。能源的紧缺和交通通信的落后是制约我国经济发展的重要因素，必须集中必要的力量，高质量、高效率地建设一批重点骨干工程，保证能源和交通通信优先发展。要高度重视节约能源和原材料，提高资源利用效率。加快能源和交通通信建设，不仅是当前加快经济发展的迫切需要，而且是增强经济发展后劲的重要条件。

为了顺利实现现代化发展战略，邓小平辩证地提出"台阶式"发展的思想，指出在现代化建设的长过程中要抓住时机，争取出现若干个发展速度比较快、效益又比较好的阶段，争取隔几年使国民经济上一个新台阶，"可能我们经济发展规律还是波浪式前进。过几年有一个飞跃，跳一个台阶，跳了以后，发现问题及时调整一下，再前进"[②]。他提出实现现代化的发展战略，要解放思想，实事求是，把握好速度问题，要坚持从实际出发，注意量力而行，搞好综合平衡，有条件的地方要尽可能搞快点，条件暂不具备的要努力创造条件逐步

---

① 《邓小平文选》第3卷，人民出版社1993年版，第23页。
② 《邓小平文选》第3卷，人民出版社1993年版，第368页。

快起来，当然"快"也要讲效益、讲质量。

为了顺利实现现代化发展战略，邓小平还提出允许和鼓励一部分地区、一部分人先富起来逐步达到共同富裕的思想。对于在一部分人先富起来的过程中出现的某些社会成员之间收入差距过分悬殊的问题，邓小平强调，在处理先富、后富和共富的关系时，要从大局看问题，要承认不平衡，同时要从不平衡逐步达到相对的平衡，逐步实现共同富裕。合法的较高收入应予允许和保护，非法的必须坚决有效地依法处理。针对地区之间的不平衡发展，邓小平强调沿海地区要利用有利条件，较快地先发展起来，大胆地干，千万不要贻误时机。他提出区域发展要顾全"两个大局"，即沿海先发展起来，这是一个事关大局的问题，内地要顾全这个大局；反过来，沿海发展到一定的时候，要拿出更多力量来帮助内地发展，这也是个大局，那时沿海也要服从这个大局。

7. 社会主义改革开放理论

在社会主义的发展动力问题上，邓小平强调改革也是一场革命，也是解放生产力，是中国现代化的必由之路，僵化停滞是没有出路的。

改革开放是决定中国命运的重大决策，也是中国特色社会主义最鲜明的特点。1978年，邓小平指出，实现社会主义现代化是一场根本改变我国经济和技术落后面貌、进一步巩固无产阶级专政的伟大变革。实现这场伟大变革，必然要多方面地改变生产关系，改变上层建筑。改革是中国的第二次革命，其性质同过去的革命一样，也是为了扫除发展社会生产力的障碍，这也可以叫"革命性变革"。但社会主义改革不是也不允许否定和抛弃我们建立起来的社会主义根本制度，而是在坚持社会主义根本制度的前提下进行的变革，是社会主义制度的自我完善和发展。因此，改革开放必须坚持正确的政治方向。改革开放初期，邓小平提出"坚持社会主义道路，坚持无产阶级专政，坚持中国共产党的领导，坚持马列主义、毛泽东思想"的四项基本原则，认为没有"四个坚持"，就会出"大问题"，而且"出问题就不是小问题""四个坚持"是"成套设备"，体现了"社会主义制度的优越性"。改革的实质和目标，是要从根本上改变束缚我国生产力发展的经济体制，建立充满生机和活力的社会主义新经济体制，同时相应地改革政治体制和其他方面的体制。改革不适应社会生产力发展要求的生产关系，关键要建立适应生产力发展不同水平和层次的生产关系体系和具有活力的经济运行机制，就是要正确处理不同所有制经济关系，正确处理好政府和市场的关系。

对外开放是建设中国特色社会主义的一项基本国策。邓小平明确指出："对外开放具有重要意义，任何一个国家要发展，孤立起来，闭关自守是不可能的，不加强国际交往，不引进发达国家的先进经验、先进科学技术和资金，是不可能的。"① 历史的经验一再告诉我们，关起门来搞建设是不行的，把自己孤立于世界之外是不利的。

对外开放，包括对发达国家的开放，也包括对发展中国家的开放，是对世界所有国家的开放。它不仅是经济领域的开放，还包括科技、教育、文化等领域的开放。社会主义作为崭新的社会制度，必须大胆借鉴、吸收人类社会包括资本主义社会创造出来的全部文明成果，结合新的实践进行新的创造，赢得同资本主义相比较的优势。对外开放要坚持社会主义道路，无论怎样开放，公有制经济始终要占主体地位，中国人民经过长期奋斗得来的独立自主权利始终要坚决维护，"任何外国不要指望中国做他们的附庸，不要指望中国会吞下损害我国利益的苦果"②。

8. 社会主义市场经济理论

邓小平继承马克思、列宁和毛泽东关于商品生产和商品交换的相关理论，在建立和改革适合我国生产力发展要求的经济体制过程中，总结世界社会主义运动和新中国成立后实行计划经济体制的经验教训，阐明了"计划"和"市场"的关系，在认识上有了新的重大突破。

1978年，邓小平首次明确指出："说市场经济只存在于资本主义社会，只有资本主义的市场经济，这肯定是不正确的。社会主义为什么不可以搞市场经济，这不能说是资本主义。我们是计划经济为主，也结合市场经济，但这是社会主义的市场经济。"③ 1985年，他进一步指出，社会主义和市场经济之间不存在根本矛盾，问题是用什么方法才能更有力地发展社会生产力。1987年党的十三大召开前，邓小平又指出：计划和市场都是方法嘛，只要对发展生产力有好处，就可以利用。它为社会主义服务，就是社会主义的；为资本主义服务，就是资本主义的。1990年底和1991年初，邓小平两次指出：不要以为，一说计划经济就是社会主义，一说市场经济就是资本主义，不是那么回事。1992年初南方谈话中，邓小平明确提出"计划经济不等于社会主义，资本主义也有计

---

① 《邓小平文选》第3卷，人民出版社1993年版，第117页。
② 《邓小平文选》第3卷，人民出版社1993年版，第3页。
③ 《邓小平文选》第2卷，人民出版社1994年版，第236页。

划；市场经济不等于资本主义，社会主义也有市场”①。邓小平一系列重要论断，从根本上解除了把计划经济和市场经济看作属于社会基本制度范畴的思想束缚。

党的十四大根据改革开放实践发展的要求和邓小平关于社会主义也可以搞市场经济的思想，特别是 1992 年初南方谈话的精神，明确提出我国经济体制改革目标是建立社会主义市场经济体制，为我国经济体制改革指明了方向。

9. “两手抓，两手都要硬”

在社会主义改革和建设的思想和政治保证问题上，邓小平提出一系列“两手抓”的战略方针，强调一手抓改革开放，一手抓打击犯罪；一手抓经济建设，一手抓民主法制；一手抓物质文明，一手抓精神文明。

“一手抓物质文明，一手抓精神文明”，是“两手抓、两手都要硬”的最基础的内容。1979 年，邓小平就指出，我们要在建设高度物质文明的同时，提高全民族的科学文化水平，发展高尚的丰富多彩的文化生活，建设高度的社会主义精神文明。物质文明和精神文明都搞好，才是有中国特色的社会主义，“两手抓，两手都要硬”“不加强精神文明的建设，物质文明的建设也要受破坏，走弯路”②。他反复强调必须坚决抵制外来腐朽思想的侵蚀，越是集中力量发展经济，越是加快改革开放的步伐，就越需要社会主义精神文明提供强大的精神动力和智力支持，以保证物质文明建设的顺利进行。

“一手抓建设，一手抓法制”，是邓小平“两手抓，两手都要硬”思想的又一重要内容。1980 年 8 月，邓小平在《党和国家领导制度的改革》这篇讲话中指出，为了适应社会主义现代化建设的需要，为了适应党和国家政治生活民主化的需要，为了兴利除弊，必须改革党和国家的领导制度以及其他制度。他强调要从制度方面解决问题，健全社会主义民主和法制；发展社会主义民主，必须同健全社会主义法制紧密结合。他强调：“民主和法制，这两个方面都应该加强，过去我们都不足。要加强民主就要加强法制。没有广泛的民主是不行的，没有健全的法制也是不行的。”③“民主要坚持下去，法制要坚持下去。这好像两只手，任何一只手削弱都不行。”④

---

① 《邓小平文选》第 3 卷，人民出版社 1993 年版，第 373 页。
② 《邓小平文选》第 3 卷，人民出版社 1993 年版，第 144 页。
③ 《邓小平文选》第 2 卷，人民出版社 1994 年版，第 189 页。
④ 《邓小平文选》第 2 卷，人民出版社 1994 年版，第 189 页。

　　邓小平的一系列"两手抓"，坚持辩证法的全面性，坚持两点论和重点论的统一，有利于克服实际工作中存在的"一手硬、一手软"的问题，为我们党的领导方法和工作方法充实了新的内容。

　　10. "一国两制"

　　在解决台湾问题、香港问题和澳门问题，实现祖国和平统一的问题上，邓小平提出"一个国家、两种制度"的创造性构想。在一个中国的前提下，国家的主体坚持社会主义制度，香港、澳门、台湾保持原有的资本主义制度长期不变，按照这个原则来推进祖国和平统一大业的完成。邓小平指出：统一问题首先是个民族问题，民族的感情问题，分裂状况是违背民族意志的。"怎么解决这个问题，我看只有实行'一个国家，两种制度'。"①

　　"一国两制"伟大构想的提出是从台湾问题开始的，首先运用于解决香港问题。邓小平指出，解决香港问题和台湾问题，方式只能有两种，一种是和平方式，一种是非和平方式。采用和平方式解决香港问题，就必须既考虑到香港的实际情况，也考虑到中国的实际情况和英国的实际情况，解决问题的办法要使三方面都能接受。采用和平方式解决台湾问题，"充分考虑了台湾当局和台湾人民的处境、利益和前途，是完全公平合理的"②。如果不能和平解决，只有用武力解决，这对各方都是不利的。实行"一国两制"，在中国的主体坚定不移地实行社会主义的前提下，在自己的身边，在小范围内容许资本主义存在，局势可以长期稳定，有利于我们一心一意搞建设，也有利于香港、澳门、台湾的长期稳定、繁荣和发展，是面对现实、解决问题的好办法，顺应历史潮流，有功于民族，有益于人民。

　　"一国两制"的构想，是邓小平运用辩证唯物主义和历史唯物主义，坚持实事求是，把和平共处的原则用于解决一个国家的统一问题，既体现了坚持祖国统一、维护国家主权的原则性，又体现了照顾历史实际和现实可能的灵活性，是对马克思主义国家学说的创造性发展。

　　11. 中国问题的关键在于党

　　邓小平强调，中国共产党是社会主义事业的领导核心。党必须适应改革开放和现代化建设的需要，不断改善和加强对各方面工作的领导，改善和加

① 《邓小平文选》第 3 卷，人民出版社 1993 年版，第 59 页。
② 《邓小平文选》第 2 卷，人民出版社 1994 年版，第 205—206 页。

强自身建设。执政党的党风，党同人民群众的联系，是关系党生死存亡的问题。

1979 年，邓小平指出："在中国，在五四运动以来的六十年中，除了中国共产党，根本不存在另外一个像列宁所说的联系广大劳动群众的党。没有中国共产党，就没有社会主义的新中国。"① 在中国，离开共产党的领导，别的政治力量不可能组织社会主义的经济、政治、军事和文化建设，不可能组织中国的四个现代化。为了坚持和加强党的领导，必须努力改善党的领导，改善党的组织状况，改善党的领导工作状况，改善党的领导制度。在全党集中精力进行现代化建设的过程中，尤其要加强和改善党对经济工作的领导，保证中央经济工作指导思想和方针政策的贯彻执行。加强党的建设，要始终把思想建设放在首位。邓小平强调，党的各级干部，首先是领导干部，要重视马克思主义的理论学习，加强我们工作中的原则性、系统性、预见性和创造性，提高我们运用它的基本原则基本方法来积极探索解决新的政治经济社会文化基本问题的本领。

坚持和健全民主集中制、加强和改进党的基层组织建设、培养和选拔德才兼备的领导干部是组织建设的重要问题。党的十一届三中全会以来，邓小平多次强调，要坚持和健全民主集中制。他指出，我们需要集中统一的领导，但是必须有充分的民主，才能做到正确的集中。在谈到党员个人服从党的组织，少数服从多数，下级组织服从上级组织，全党各个组织和全体党员服从党的全国代表大会和中央委员会等重要原则时，邓小平指出："这几条里面，最重要的就是全党服从中央。"② 他强调，中央要有一个核心，"任何一个领导集体都要有一个核心，没有核心的领导是靠不住的"③。

执政党的党风是关系党生死存亡的重大问题。在新的历史条件下，要坚持党的宗旨，继承党的优良传统，发扬党的理论和实践相结合的作风、和人民群众紧密地联系在一起的作风以及自我批评的作风。邓小平多次提醒全党，端正党风是端正社会风气的关键，要反对干部队伍中的不正之风和特殊化，警惕各种腐朽思想的侵袭。"我们的国家越发展，越要抓艰苦创业。提倡艰苦创业精

---

① 《邓小平文选》第 2 卷，人民出版社 1994 年版，第 170 页。
② 《邓小平文选》第 2 卷，人民出版社 1994 年版，第 271 页。
③ 《邓小平文选》第 3 卷，人民出版社 1993 年版，第 310 页。

神，也有助于克服腐败现象。"①　"应该保持艰苦奋斗的传统。坚持这个传统，才能抗住腐败现象。"②　南方谈话中，邓小平特别指出，在整个改革开放过程中都要反对腐败。对干部和共产党员来说，廉政建设要作为大事来抓。

改善和加强党的领导，要把制度建设贯穿始终。邓小平指出，领导制度、组织制度问题更带有根本性、全局性、稳定性和长期性。党领导人民制定了宪法和法律，党必须在宪法和法律的范围内活动。党章是最根本的党规党法，各级党组织和每个党员都要按党章办事。要健全党的各级代表大会制度、党内选举制度、党的组织生活制度、集体领导和个人分工负责相结合的制度，保证党内生活的民主化。要切实加强党的制度建设，并贯穿于党的思想建设、组织建设和作风建设之中，保证党的建设新的伟大工程的胜利完成。

三、邓小平理论的历史地位

邓小平理论是马克思列宁主义的基本原理同当代中国实践和时代特征相结合的产物，是毛泽东思想在新的历史条件下的继承和发展，是马克思主义在中国发展的新阶段，是当代中国的马克思主义，是中国共产党集体智慧的结晶。它第一次比较系统地初步回答了在中国这样经济文化比较落后的国家如何建设社会主义、如何巩固和发展社会主义的一系列基本问题，从理论上深刻回答了长期困扰和束缚人们思想的许多重大问题，实现了马克思主义同中国实际相结合的又一次历史性飞跃，推动改革开放和社会主义现代化建设进入新阶段。

邓小平理论坚持解放思想、实事求是，在新的实践基础上继承前人又突破陈规，开拓了马克思主义的新境界。它坚持科学社会主义理论和实践的基本原则，深刻揭示了社会主义的本质，把对社会主义的认识提高到新的科学水平。它坚持用马克思主义的宽广眼界观察世界，对当今时代特征和总体国际形势，对世界上其他社会主义国家的成败、发展中国家谋求发展的得失、发达国家发展的态势和矛盾，进行正确分析，作出了新的科学判断。总的来说，邓小平理论是中国特色社会主义理论体系的开篇之作，是改革开放和社会主义现代化建设的科学指南，为坚持和发展中国特色社会主义确定了基本思路和基本原则。

---

① 《邓小平文选》第 3 卷，人民出版社 1993 年版，第 306 页。
② 《邓小平文选》第 3 卷，人民出版社 1993 年版，第 290 页。

第三节 "三个代表"重要思想是中国特色社会主义理论体系的丰富和深化

"三个代表"重要思想是以江泽民为主要代表的中国共产党人，在建设中国特色社会主义的实践中，进一步加深对"什么是社会主义、怎样建设社会主义和建设什么样的党、怎样建设党"的认识而形成的重要思想，是对马克思列宁主义、毛泽东思想和邓小平理论的继承和发展，是中国特色社会主义理论体系的重要组成部分。

一、"三个代表"重要思想的形成和发展

党的十三届四中全会后，面对 20 世纪 80 年代末 90 年代初国际国内严峻的政治形势和国内改革发展的繁重任务，以江泽民为主要代表的中国共产党人准确把握时代特征，科学判断我们党所处的历史方位，坚决捍卫中国特色社会主义，继承和发展改革开放伟大事业，形成了"三个代表"重要思想，成功地把改革开放和社会主义现代化建设推向 21 世纪。

1989 年 6 月，党的十三届四中全会强调要继续坚决执行党的十一届三中全会以来的路线、方针、政策，继续坚决执行党的十三大确定的"一个中心，两个基本点"的基本路线，强调中国共产党作为工人阶级的先锋队和社会主义事业的领导力量，要随着形势和任务的变化，相应地转变斗争策略、活动方式、工作方法，但是党的性质不能变，共产主义的最高目标不能变。

1991 年，江泽民在建党 70 周年纪念大会上对进一步加强中国共产党的建设作了深刻论述，明确提出建设有中国特色社会主义的经济、政治和文化，指出："有中国特色社会主义的经济、政治、文化，是有机统一、不可分割的整体。加强这三方面的建设，根本目的是充分调动广大人民群众的积极性、推动社会生产力发展和社会全面进步。"[1]

1992 年 10 月，党的十四大突破把市场经济与社会主义对立起来的传统观念，确定建立社会主义市场经济体制的改革目标，系统论述加强党的建设和改善党的领导问题。

1994 年，中国共产党十四届四中全会就新形势下党的建设问题进行专门研

---

[1] 《江泽民文选》第 1 卷，人民出版社 2006 年版，第 161 页。

究，通过《中共中央关于加强党的建设几个重大问题的决定》，提出要把中国共产党建设成为用建设有中国特色社会主义理论武装起来的，全心全意为人民服务、思想上政治上组织上完全巩固的，能够经受住各种风险、始终走在时代前列的马克思主义政党。

1997 年 9 月，江泽民在中国共产党十五大上作了题为《高举邓小平理论伟大旗帜，把建设有中国特色社会主义事业全面推向二十一世纪》的报告，提出"面向新世纪的中国共产党"这个具有鲜明时代特征和深刻内涵的党建命题，同时进一步明确新的伟大工程的总目标。这不仅对中国共产党的领导和自身建设提出了更高的要求，而且结合当今世界的时代特征和我国社会主义现代化建设发展新的实际，给党的建设赋予了新的内容。报告第一次全面阐述建设有中国特色社会主义经济、政治、文化的基本目标和基本政策，提出党在社会主义初级阶段的基本纲领。党的十五大以后，中共中央在全国县处级以上领导班子和领导干部中集中开展以"讲学习、讲政治、讲正气"为主要内容的党性党风教育。

2000 年 2 月 25 日，江泽民在广东考察工作，发表《在新的历史条件下更好地做到"三个代表"》的重要讲话。他强调指出，"总结我们党七十多年的历史，可以得出一个重要结论，这就是：我们党所以赢得人民的拥护，是因为我们党在革命、建设、改革的各个历史时期，总是代表着中国先进生产力的发展要求，代表着中国先进文化的前进方向，代表着中国最广大人民的根本利益，并通过制定正确的路线方针政策，为实现国家和人民的根本利益而不懈奋斗"①。这是对"三个代表"重要思想第一次完整、准确的表述，同时也深刻说明"三个代表"重要思想是对党的历史经验的科学总结。

2001 年 7 月 1 日，江泽民在庆祝建党 80 周年的重要讲话中，第一次全面阐述"三个代表"重要思想的科学内涵。他指出："我们党要始终代表中国先进生产力的发展要求，就是党的理论、路线、纲领、方针、政策和各项工作，必须努力符合生产力发展的规律，体现不断推动社会生产力的解放和发展的要求，尤其要体现推动先进生产力发展的要求，通过发展生产力不断提高人民群众的生活水平。"②"我们党要始终代表中国先进文化的前进方向，就是党的理

---

① 《江泽民文选》第 3 卷，人民出版社 2006 年版，第 2 页。
② 《江泽民文选》第 3 卷，人民出版社 2006 年版，第 272—273 页。

论、路线、纲领、方针、政策和各项工作，必须努力体现发展面向现代化、面向世界、面向未来的，民族的科学的大众的社会主义文化的要求，促进全民族思想道德素质和科学文化素质的不断提高，为我国经济发展和社会进步提供精神动力和智力支持。"① "我们党要始终代表中国最广大人民的根本利益，就是党的理论、路线、纲领、方针、政策和各项工作，必须坚持把人民的根本利益作为出发点和归宿，充分发挥人民群众的积极性、主动性、创造性，在社会不断发展进步的基础上，使人民群众不断获得切实的经济、政治、文化利益。"②

2002 年 11 月，中国共产党十六大报告指出，"三个代表"重要思想是对马克思列宁主义、毛泽东思想和邓小平理论的继承和发展，反映了当代世界和中国的发展变化对党和国家工作的新要求，是加强和改进党的建设、推进我国社会主义自我完善和发展的强大理论武器，是全党集体智慧的结晶，是党必须长期坚持的指导思想。党的十六大将"三个代表"重要思想与马克思列宁主义、毛泽东思想和邓小平理论一道，确立为党必须长期坚持的指导思想写入党章；2004 年写入宪法。

二、"三个代表"重要思想的主要内容

"三个代表"重要思想，加深了对什么是社会主义、怎样建设社会主义的认识，创造性地回答了建设什么样的党、怎样建设党的基本问题。

1. "三个代表"重要思想的核心观点

中国共产党必须始终代表中国先进生产力的发展要求，代表中国先进文化的前进方向，代表中国最广大人民的根本利益。这是对"三个代表"重要思想的集中概括。

始终代表中国先进生产力的发展要求。大力促进先进生产力的发展，是我们党站在时代前列，保持先进性的根本体现和根本要求。人类社会的发展，是先进生产力不断取代落后生产力的历史进程。社会主义现代化必须建立在发达生产力的基础之上，要求通过改革不断促进先进生产力的发展。包括知识分子在内的工人阶级、广大农民，始终是推动我国先进生产力发展和社会全面进步的根本力量。科技进步和创新是发展生产力的决定因素，是先进生产力的集中

---

① 《江泽民文选》第 3 卷，人民出版社 2006 年版，第 276 页。
② 《江泽民文选》第 3 卷，人民出版社 2006 年版，第 279 页。

体现和主要标志。江泽民高度重视科学技术在推动社会生产力发展中的重要作用，指出："振兴经济首先要振兴科技。"① 没有强大的科技实力，就没有社会主义现代化，要不断完善社会主义的生产关系和上层建筑，不断为生产力的解放和发展打开更广阔的通途，不断促进先进生产力的发展。

始终代表中国先进文化的前进方向。大力发展社会主义先进文化，必须牢牢把握先进文化的前进方向，建设社会主义精神文明，不断满足人民群众日益增长的精神文化需求，不断丰富人民的精神世界，增强人民的精神力量。社会主义精神文明，是我们进行改革开放和现代化建设的重要目标，也是搞好改革开放和现代化建设的重要保证。江泽民丰富和发展了邓小平"两手抓、两手都要硬"的思想，指出，人类社会发展的历史证明，一个民族，物质上不能贫困，精神上也不能贫困。人心凝聚，精神振奋，经济建设和其他各项事业就会全面兴盛；人心涣散，精神颓废，经济建设和其他各项事业也难以搞好。发展先进文化，就是发展面向现代化、面向世界、面向未来的，民族的科学的大众的社会主义文化。要坚持马克思列宁主义、毛泽东思想和邓小平理论在意识形态领域的指导地位，坚持为人民服务、为社会主义服务的方向和百花齐放、百家争鸣的方针，以科学的理论武装人，以正确的舆论引导人，以高尚的精神塑造人，以优秀的作品鼓舞人。立足改革开放和现代化建设的实践，着眼世界文化发展的前沿，发扬民族文化的优秀传统，汲取世界各民族的长处，在内容和形式上积极创新，贴近实际、贴近生活、贴近群众，不断增强中国特色社会主义文化的吸引力和感召力，为人类文明进步作出更大贡献。发展社会主义先进文化，必须弘扬民族精神。在五千多年的历史发展中，以爱国主义为核心的团结统一、爱好和平、勤劳勇敢、自强不息的伟大民族精神，是中华民族生命机体中不可分割的重要成分。伟大的民族精神同中国共产党的优良传统和时代精神相结合，构成中华民族生生不息、发展壮大的强大精神动力。面对世界范围各种思想文化的相互激荡，必须把弘扬和培育民族精神作为文化建设极为重要的任务，纳入国民教育全过程，纳入精神文明建设全过程，使全体人民始终保持昂扬向上的精神状态。加强社会主义思想道德建设，是发展先进文化的重要内容和中心环节。发展社会主义先进文化，必须做好思想政治工作，要引导人们分清正确与谬误、文明与愚昧、真善美与假恶丑，要把做群众思想工作与帮

---

① 《江泽民文选》第 1 卷，人民出版社 2006 年版，第 232 页。

助群众解决实际问题结合起来，增强思想政治工作的说服力和感染力、针对性和实效性。

始终代表中国最广大人民的根本利益。人民是决定我国前途和命运的根本力量，是历史的真正创造者。建设中国特色社会主义，是我国各族人民实现自己利益、创造美好生活的共同事业，是亿万人民群众广泛参与的创造性事业。党的全部工作的出发点和落脚点，就是不断实现好维护好发展好最广大人民的根本利益；党的全部任务和责任，就是为实现人民群众的根本利益而奋斗。"人心向背，是决定一个政党、一个政权兴亡的根本性因素。"① 作为执政党，中国共产党面临的最根本的课题，是能不能始终代表最广大人民的根本利益，始终全心全意为人民服务。"一个政权也好，一个政党也好，其前途与命运最终取决于人心向背，不能赢得最广大群众的支持，就必然垮台。"② 人心向背问题是一个政治问题，从根本上说主要是对人民群众的态度问题、同人民群众的关系问题。党的工作，任何时候都必须坚持尊重社会发展规律与尊重人民历史主体地位的一致性，坚持为崇高理想奋斗与为最广大人民谋利益的一致性，坚持完成党的各项工作与实现人民利益的一致性，努力使人民群众共同享受到经济社会发展的成果。江泽民指出："在整个社会生产和建设发展的基础上，不断使全体人民得到并日益增加看得见的利益，始终是我们中国共产党人的神圣职责。"③ 最大多数人的利益是最紧要和最具有决定性的因素，这始终关系党的执政的全局，关系国家经济政治文化发展的全局，关系全国各族人民的团结和社会安定的全局。人民是我们工作价值的最高裁决者，人民拥护不拥护，人民赞成不赞成，人民高兴不高兴，人民答应不答应，是衡量一切工作的根本尺度。党和国家的一切工作和方针政策，都要以是否符合最广大人民群众的利益为最高衡量标准。

2. 发展是党执政兴国的第一要务

邓小平总结社会主义建设的经验教训，提出了"发展才是硬道理"的著名论断。江泽民强调："发展是硬道理，这是我们必须始终坚持的一个战略思想。"④ 特别是我国这样一个发展中大国，能不能解决好发展问题，直接关系人

---

① 江泽民：《论"三个代表"》，中央文献出版社 2001 年版，第 111 页。
② 江泽民：《论"三个代表"》，中央文献出版社 2001 年版，第 72 页。
③ 《江泽民文选》第 3 卷，人民出版社 2006 年版，第 122 页。
④ 《江泽民文选》第 3 卷，人民出版社 2006 年版，第 118 页。

心向背、事业兴衰。离开发展，坚持党的先进性、发挥社会主义制度的优越性和实现民富国强都无从谈起。要善于抓住机遇，珍惜机遇，用好机遇，用发展的眼光、发展的思路、发展的办法解决前进中的问题。江泽民强调，一定要有主动精神和忧患意识，集中全党全国人民的智慧和力量，聚精会神搞建设，一心一意谋发展。建设中国特色社会主义，促进人的全面发展，必须毫不动摇地坚持社会主义初级阶段的基本路线，关键是坚持以经济建设为中心不动摇，党和国家的各项工作都要服从和服务于经济建设这个中心，而不能离开这个中心，更不能干扰这个中心。四项基本原则是立国之本，改革开放是强国之路。坚持四项基本原则和坚持改革开放是紧密结合、相互促进的，要把经济建设这个中心同坚持四项基本原则、改革开放这两个基本点统一于建设中国特色社会主义的伟大实践。

3. 建立社会主义市场经济体制

建立社会主义市场经济体制是我国经济体制改革在实践和理论上的重大突破。1992 年 6 月，江泽民根据邓小平南方谈话精神，明确提出使用"社会主义市场经济体制"这个提法。党的十四大正式把建立社会主义市场经济体制确立为我国经济体制改革的目标。党的十四届三中全会通过的《关于建立社会主义市场经济体制若干问题的决定》，勾画了建立社会主义市场经济体制的蓝图和基本框架。社会主义市场经济是同社会主义基本制度结合在一起的，既可以发挥市场经济的长处，又可以发挥社会主义制度的优越性。江泽民强调，要坚持社会主义市场经济的根本方向，使市场在国家宏观调控下对资源配置起基础性作用。我们搞的是社会主义市场经济，"社会主义"这几个字是不能没有的，这并非多余，并非"画蛇添足"，而是"画龙点睛"。所谓"点睛"，就是点明我们市场经济的性质。公有制为主体、多种所有制经济共同发展是社会主义市场经济体制的制度基础，必须毫不动摇地巩固和发展公有制经济，努力寻找能够极大促进生产力发展的公有制实现形式。要把坚持公有制为主体，促进非公有制经济发展，统一于社会主义现代化建设的进程中，不能把这两者对立起来。各种所有制经济完全可以在市场竞争中发挥各自优势，相互促进，共同发展。发挥市场机制的作用和国家宏观调控，都是社会主义市场经济体制的内在要求。要在更大程度上发挥市场在资源配置中的基础性作用，健全统一、开放、竞争、有序的现代市场体系，创造各类市场主体平等使用生产要素的环境，促进商品和生产要素在全国市场自由流动。要求进一步扩大对外开放。同时要完善政府的经济调节、市场监管、社会管理和公共服务的职能，完善国家计划和财政政策、货币政策等相互配合的宏观调控体系，发挥经济杠杆的调节作用。加强金融监管，防范和化解金融风险。

4. 全面建设小康社会

20 世纪末，我们已经胜利实现了邓小平提出的现代化建设"三步走"战略的第一步、第二步目标，人民生活总体上达到小康水平。这是中华民族发展史上一个新的里程碑。在 20 世纪 90 年代，江泽民就对全面建设小康社会、实现第三步战略目标，进行了前瞻性的战略思考。他在党的十五大报告中初步勾画了实现第三步战略目标的蓝图：21 世纪第一个十年实现国民生产总值比 2000 年翻一番，使人民的小康生活更加宽裕，形成比较完善的社会主义市场经济体制；再经过十年的努力，到建党一百年时，使国民经济更加发展，各项制度更加完善；到 21 世纪中叶新中国成立一百年时，基本实现现代化，建成富强民主文明的社会主义国家。党的十五届五中全会进一步提出，从 21 世纪开始，我国将进入全面建设小康社会、加快推进社会主义现代化的新的发展阶段。在党的十六大上，江泽民深刻阐述了全面建设小康社会的奋斗目标。全面建设小康社会，是实现现代化建设第三步战略目标必经的承上启下的发展阶段，也是完善社会主义市场经济体制和扩大对外开放的关键阶段。经过这个阶段的建设，再继续奋斗几十年，到 21 世纪中叶基本实现现代化，把我国建成富强民主文明的社会主义国家。江泽民提出的全面建设小康社会，深化了邓小平关于分阶段、有步骤地实现现代化的战略思想，丰富了我们党关于社会主义初级阶段的理论。

5. 建设社会主义政治文明

发展社会主义民主政治，建设社会主义政治文明，是社会主义现代化建设的重要目标。江泽民提出建设社会主义政治文明，是我国改革开放和社会主义现代化建设发展的必然要求，是我们党领导人民坚持和发展人民民主长期实践的必然结论。在党的十六大报告中，江泽民把社会主义物质文明、政治文明、精神文明一起确立为社会主义现代化全面发展的三大基本目标，从而使中国特色社会主义的理论和实践更加走向成熟和完善。

建设社会主义政治文明，最根本的就是要坚持党的领导、人民当家作主和依法治国的有机统一。这是我们推进政治文明建设必须遵循的基本方针，也是我国社会主义政治文明区别于资本主义政治文明的本质特征。党的领导是人民当家作主和依法治国的根本保证，人民当家作主是社会主义民主政治的本质要求，依法治国是党领导人民治理国家的基本方略。共产党执政就是领导和支持人民当家作主，最广泛地动员和组织人民群众依法管理国家和社会事务，管理经济和文化事业，维护和实现人民群众的根本利益。

没有民主就没有社会主义。发展社会主义民主政治，就是要健全民主制度，丰富民主形式，扩大公民有序的政治参与，保证人民依法实行民主选举、民主决策、民主管理和民主监督，享有广泛的权利和自由，把广大人民群众的积极性和主动性充分调动起来。建设社会主义民主政治，最重要的是坚持和完善人民代表大会制度，切实加强国家权力机关建设，以利于人民群众参与对国家事务的管理。要保证人民通过人民代表大会行使国家权力，保证人民代表大会及其常委会依法履行职能，加强立法和监督工作，使立法和决策更好地体现人民的意志。中国人民政治协商会议是实行中国共产党领导的多党合作和政治协商制度的重要组织形式，要保证人民政协围绕团结和民主两大主题履行职能，发挥政治协商、民主监督和参政议政的作用。要继续坚持和完善民族区域自治制度，进一步促进少数民族和民族地区的繁荣发展。要健全基层自治组织和民主管理制度，完善公开办事制度，保证人民群众依法直接行使民主权利，管理基层公共事务和公益事业。

建设社会主义政治文明，必须坚持依法治国，建设社会主义法治国家。依法治国，就是广大人民群众在党的领导下，依照宪法和法律规定，通过各种途径和形式管理国家事务，管理经济文化事业，管理社会事务，保证国家各项工作都依法进行，逐步实现社会主义民主的制度化、法律化。坚持法律面前人人平等，严格依法办事，任何组织和个人都不允许有超越宪法和法律的特权。要适应社会主义市场经济发展、社会全面进步的新形势，加强立法工作，提高立法质量，形成中国特色社会主义法律体系。推进依法行政，维护司法公正，提高执法水平，确保法律的严格实施。维护法制的统一和尊严。加强法制宣传教育，提高全民法律素质。

政治体制改革是社会主义政治制度的自我完善和发展。推进政治体制改革，要有利于增强党和国家的活力，体现和发挥社会主义制度的特点和优势，充分调动人民群众的积极性创造性，维护国家统一、民族团结和社会稳定，促进经济发展和社会全面进步。要坚持从我国国情出发，总结实践经验，同时借鉴人类政治文明的有益成果，绝不照搬西方政治制度的模式。政治体制改革要着重加强制度建设，实现社会主义民主政治的制度化、规范化和程序化。

6. 以改革的精神建设党

江泽民在深入探索我国社会主义现代化建设规律的同时，紧紧围绕建设什么样的党、怎样建设党，进行了长期深入的思考。江泽民最关注的是两大问题：一个是不断加强党的建设，巩固党的执政地位，使党始终成为领导改革开放和社会主义现代化建设的核心力量；一个是坚持党的基本路线，加快经济发展和社会全面进步，不断增强我国的综合国力，提高人民生活水平，为我国社会主义制度奠定强大的基础。

办好中国的事情，关键取决于我们党。他强调一定要从新的实际出发，以改革的精神研究和解决党的建设面临的重大理论和现实问题，使党始终保持先进性和纯洁性，充满创造力、凝聚力和战斗力。中国共产党是中国特色社会主义事业的领导核心。坚持中国共产党的领导，就是要坚持党在建设中国特色社会主义事业中的领导核心地位，发挥党总揽全局、协调各方的作用。坚持党对国家大政方针和全局工作的政治领导，坚持党对军队和其他人民民主专政的国家机器的绝对领导，坚持党管干部的原则，坚持党对意识形态领域的领导，坚持共产党领导的多党合作。加强党的建设，要树立共产主义的远大理想，坚定信念，更要脚踏实地地为实现党在现阶段的基本纲领而不懈努力，扎扎实实地做好现阶段的每一项工作，把最低纲领和最高纲领统一于建设中国特色社会主义的实践。江泽民指出："忘记远大理想而只顾眼前，就会失去前进方向；离开现实工作而空谈远大理想，就会脱离实际。"① 加强党的建设，最根本的就是按照党的政治路线，围绕党的中心任务，不断提高党的创造力、凝聚力和战斗力。坚持党要管党、从严治党的方针。江泽民指出："治国必先治党，治党务必从严。治党始终坚强有力，治国必会正确有效。"② 党执政的时间越长，越要从严要求党员和干部。从严治党，最根本的就是党的各级组织和全体党员、干部，都要做到严格按照党章办事，按照党内政治生活准则和党的各项规定办事。从严治党必须全面贯穿到党的思想、政治、组织、作风和制度建设之中，切实体现到对各级党组织、广大党员和干部进行教育、管理、监督等各个环节，特别要建立起一整套便利、管用、有约束力的机制。

① 《江泽民文选》第 3 卷，人民出版社 2006 年版，第 293 页。
② 《江泽民文选》第 2 卷，人民出版社 2006 年版，第 496 页。

坚决反对和防止腐败是全党一项重大的政治任务，是关系党和国家生死存亡的严重政治斗争，必须毫不动摇地把党风廉政建设和反腐败斗争进行到底。在长期执政的条件下，在对外开放和发展社会主义市场经济的环境中，党必须十分注重防范各种腐朽思想的侵蚀，维护党的队伍的纯洁，充分认识反腐败斗争的紧迫性和长期性，旗帜鲜明、毫不动摇地把反腐败斗争深入进行下去。坚持标本兼治、综合治理的方针，逐步加大治本的力度，从源头上预防和解决腐败问题。坚持和完善反腐败领导体制和工作机制，认真落实党风廉政建设责任制，形成防止和惩治腐败的合力。

加强和改进党的作风建设，核心问题是保持党同人民群众的血肉联系。必须使立党为公、执政为民深深扎根在全党同志特别是领导干部的思想中，全面落实在全党同志特别是领导干部的行动上，做到权为民所用，情为民所系，利为民所谋。在任何时候任何情况下，与人民群众同呼吸共命运的立场不能变，全心全意为人民服务的宗旨不能忘，坚信群众是真正英雄的历史唯物主义观点不能丢。

三、"三个代表"重要思想的历史地位

"三个代表"重要思想深化了对中国特色社会主义的认识，它同马克思列宁主义、毛泽东思想和邓小平理论是一脉相承而又与时俱进的科学体系，是中国特色社会主义理论体系的续篇。

"三个代表"重要思想是面向21世纪的中国化的马克思主义，是新世纪新阶段全党全国人民继往开来、与时俱进，实现全面建设小康社会宏伟目标的根本指针。"三个代表"重要思想系统概括我们党对社会主义建设规律的探索成果，科学预测现代化建设的发展趋势，规划了中国特色社会主义发展的宏伟蓝图和一整套发展战略，对建设中国特色社会主义的依靠力量作出了科学判断，提出了我国外交工作的战略策略方针，确定了党的建设的总体部署。"三个代表"重要思想坚持以反映时代特征和实践要求的科学理论指导实践，并根据实践的新鲜经验不断推进理论创新，是马克思主义政党坚持先进性、不断推进事业发展的根本保证，是全党全国人民在新世纪新阶段继续团结奋斗的共同思想基础，是推进中国特色社会主义事业的强大理论武器。

第四节　科学发展观是中国特色社会主义理论体系的接续发展

科学发展观是中国共产党在准确把握世界发展趋势、认真总结我国发展经验、深入分析我国发展阶段性特征的基础上提出来的，是马克思主义关于发展的世界观和方法论的集中体现，是同马克思列宁主义、毛泽东思想、邓小平理论和"三个代表"重要思想既一脉相承又与时俱进的科学理论。

一、科学发展观的形成和发展

党的十六大以后，以胡锦涛为主要代表的中国共产党人，面对新世纪新阶段复杂多变的国际环境和艰巨繁重的改革发展任务，立足社会主义初级阶段基本国情，深入分析我国发展的阶段性特征，深刻回答我国社会主义经济建设、政治建设、文化建设、社会建设以及生态文明建设和党的建设中的重大问题，提出了科学发展观，推动了中国特色社会主义事业的不断发展。

2003 年 4 月 15 日，胡锦涛在广东考察时指出：我们要认清形势，进一步增强加快发展、率先发展、协调发展的历史责任感和使命感，坚持全面的发展观，通过促进社会主义物质文明、政治文明和精神文明协调发展不断增创新优势。同年 7 月 1 日，胡锦涛在"三个代表"重要思想理论研讨会上指出："发展是以经济建设为中心、经济政治文化相协调的发展，是促进人与自然相和谐的可持续发展。中国共产党人要坚持以兴国为己任、以富民为目标，走适合中国国情的社会主义发展道路，经过长时期的努力，不断使经济更加发展、民主更加健全、科教更加进步、文化更加繁荣、社会更加和谐、人民生活更加殷实，不断促进人的全面发展。"①

2003 年 7 月 28 日，胡锦涛在全国防治"非典"会议上明确强调，我们要更好地坚持全面发展、协调发展、可持续发展的发展观。同年 8 月 28 日至 9 月 1 日，胡锦涛在江西考察时指出，要牢固树立协调发展、全面发展、可持续发展的科学发展观，积极探索符合实际的发展新路子，进一步完善社会主义市场经济体制。这是首次明确使用"科学发展观"这一概念。

2003 年 10 月，在党的十六届三中全会上，胡锦涛明确指出："树立和落实

---

① 《十六大以来重要文献选编》上，中央文献出版社 2005 年版，第 363 页。

全面发展、协调发展、可持续发展的科学发展观，对于我们更好坚持发展才是硬道理的战略思想具有重大意义。树立和落实科学发展观，这是二十多年改革开放实践的经验总结，是战胜非典疫情给我们的重要启示，也是推进全面建设小康社会的迫切要求。"① 这是党的文件第一次提出科学发展观。党的十六届三中全会通过的《中共中央关于完善社会主义市场经济体制若干问题的决定》，阐述了科学发展观的内涵和要求，提出要"坚持以人为本，树立全面、协调、可持续的发展观，促进经济社会和人的全面发展"②，要按照"五个统筹"，即统筹城乡发展、统筹区域发展、统筹经济社会发展、统筹人与自然和谐发展、统筹国内发展和对外开放的要求来贯彻落实科学发展观。

2004 年 3 月 10 日，中央召开人口资源环境工作座谈会。胡锦涛在讲话中对科学发展观作了深刻论述，指出坚持以人为本，全面、协调、可持续的发展观，是"从新世纪新阶段党和国家事业发展全局出发提出的重大战略思想"③，要求全党同志都要深刻认识和落实科学发展观的重要意义，坚定不移地树立和落实科学发展观。

2007 年 10 月，党的十七大把科学发展观同马克思列宁主义、毛泽东思想、邓小平理论、"三个代表"重要思想一道列为党的指导思想并写进党章，并对科学发展观的时代背景、科学内涵、精神实质和根本要求进行了系统深入的阐述，提出科学发展观第一要义是发展，核心是以人为本，基本要求是全面协调可持续，根本方法是统筹兼顾。强调深入贯彻落实科学发展观，必须始终坚持"一个中心、两个基本点"的基本路线，必须积极构建社会主义和谐社会，必须继续深化改革开放，必须切实加强和改进党的建设。

党的十七大以后，中国共产党进一步提出了把科学发展主题和加快转变经济发展方式主线贯穿经济社会发展全过程和各领域，深化和推进政治体制改革、建设服务型政府，深入推进新农村建设、推动城乡统筹发展，坚持中国特色社会主义文化发展道路、以建设社会主义核心价值体系为主导推动社会主义文化大发展大繁荣，加强党的执政能力建设、推进马克思主义学习型政党建设和提高党的建设科学化水平等重大战略思想，进一步丰富和发展了科学发展观。

2012 年 11 月，党的十八大进一步明确了科学发展观的历史地位、科学内

---

① 《胡锦涛文选》第 2 卷，人民出版社 2016 年版，第 104 页。
② 《十六大以来重要文献选编》上，中央文献出版社 2005 年版，第 465 页。
③ 《十六大以来重要文献选编》上，中央文献出版社 2005 年版，第 850 页。

涵和实践要求，提出科学发展观是中国特色社会主义理论体系的新成果，是中国共产党集体智慧的结晶，是指导党和国家全部工作的强大思想武器，同马克思列宁主义、毛泽东思想、邓小平理论、"三个代表"重要思想一道，是党必须长期坚持的指导思想。2018 年科学发展观写入宪法。

二、科学发展观的主要内容

1. 科学发展观的核心要义

科学发展观，第一要义是发展，核心是以人为本，基本要求是全面协调可持续，根本方法是统筹兼顾。

发展是当代中国的主题，对于全面建设小康社会、加快推进社会主义现代化，具有决定性意义。坚持以发展为主题，用发展的眼光、发展的思路、发展的办法解决前进中的问题，是改革开放以来我们的一条重要经验。胡锦涛指出："发展是解决中国一切问题的总钥匙，发展对于全面建设小康社会、加快推进社会主义现代化，对于开创中国特色社会主义事业新局面、实现中华民族伟大复兴，具有决定性意义。"[①] 坚持把发展作为党执政兴国的第一要务，要牢牢扭住经济建设这个中心，坚持聚精会神搞建设、一心一意谋发展，不断解放和发展社会生产力。

以人为本是科学发展观的核心立场。以人为本的"人"，是指人民群众。在当代中国，就是以工人、农民、知识分子等劳动者为主体，包括社会各阶层人民在内的中国最广大人民。以人为本的"本"，就是本源，就是根本，就是出发点、落脚点，就是最广大人民的根本利益。坚持以人为本，就要坚持发展为了人民，始终把最广大人民的根本利益放在第一位；坚持发展依靠人民，从人民群众的伟大创造中汲取智慧和力量；坚持发展成果由人民共享，着力提高人民物质文化生活水平。坚持以人为本，最终是为了实现人的全面发展。坚持以人为本，就要把促进人的全面发展作为经济社会发展的最终目的，既着眼于人民现实的物质文化生活需要，又着眼于促进人民素质的提高。要在经济社会不断发展的基础上，不断提高人的素质和能力，通过不断提高人的素质和能力，不断推进经济社会的发展。

科学发展观的基本要求是全面协调可持续。全面，是指发展要有全面性、整体性，不仅经济发展，而且各个方面都要发展；协调，是指发展要有协调

---

① 《胡锦涛文选》第 3 卷，人民出版社 2016 年版，第 95 页。

性、均衡性，各个方面、各个环节的发展要相互适应、相互促进；可持续，是指发展要有持久性、连续性，不仅当前要发展，而且要保证长远发展。坚持全面协调可持续发展，就要正确处理经济与社会发展，城市与农村发展，东中西部发展，人与自然界发展，国内发展和对外开放，改革发展稳定等现代化建设中的重大关系；就要统筹安排和处理好消费与投资、供给与需求，发展的速度和结构、质量、效益，科技进步与人力资源优势的充分发挥，市场机制与宏观调控等经济发展的重大问题；就要坚持把社会主义物质文明、政治文明、精神文明、和谐社会建设以及生态文明建设和人的全面发展，看成彼此相互联系、相互促进、不可分割的过程。要按照中国特色社会主义事业总体布局，全面推进经济建设、政治建设、文化建设、社会建设，促进现代化建设各个环节、各个方面相协调，促进生产关系与生产力、上层建筑与经济基础相协调。坚持生产发展、生活富裕、生态良好的文明发展道路，建设资源节约型、环境友好型社会，实现速度和结构质量效益相统一、经济发展与人口资源环境相协调，使人民在良好生态环境中生产生活，实现经济社会永续发展。

科学发展观的根本方法是统筹兼顾。统筹兼顾是我们党在长期社会主义建设和改革开放实践中形成的重要历史经验，是我们处理各方面矛盾和问题必须坚持的重大战略方针，也是我们党一贯坚持的科学有效的工作方法。胡锦涛强调，在我国改革发展的关键阶段，要推动科学发展、促进社会和谐，必须更加自觉地运用统筹兼顾的根本方法，正确反映和兼顾不同方面的利益。统筹城乡发展、区域发展、经济社会发展、人与自然和谐发展、国内发展和对外开放，统筹中央和地方关系，统筹个人利益和集体利益、局部利益和整体利益、当前利益和长远利益，充分调动各方面积极性。统筹国内国际两个大局，树立世界眼光，加强战略思维，善于从国际形势发展变化中把握发展机遇、应对风险挑战，营造良好国际环境。既要总揽全局、统筹规划，又要抓住牵动全局的主要工作、事关群众利益的突出问题，着力推进、重点突破。

2. 加快转变经济发展方式

坚持科学发展，推动经济持续健康发展，必须坚持以科学发展为主题，以加快转变经济发展方式为主线。科学发展观强调的发展，是又好又快的发展。又好又快发展是有机统一的整体。"好"与"快"互为条件，既相互促进又相互制约。快以好为前提，忽视增长的质量和效益，不惜浪费资源和破坏环境，片面追求一时的高速度，就不能实现真正的发展。快也是好的必要条件，较快的增长是较好发展的重要基础，只有保持较快的增长，才能抓住机遇，不断增强经济实力，使经济增长的潜力充分发挥出来，更好地解决发展中存在的矛盾和问题。实现又好又快发展，必须加快转变经济发展方式。改革开放以来，我国经济以世界上少有的速度持续快速发展起来，但随着经济发展和对外开放水平不断提高，原有经济发展方式的弊端日益显现。要适应国内外经济形势新变化，着力激发各类市场主体发展新活力，着力增强创新驱动发展新动力，着力构建现代产业发展新体系，着力培育开放型经济发展新优势，把推动发展的立足点转到提高质量和效益上来。要使经济发展更多依靠内需特别是消费需求拉动，更多依靠现代服务业和战略性新兴产业带动，更多依靠科技进步、劳动者素质提高、管理创新驱动，更多依靠节约资源和循环经济推动，更多依靠城乡区域发展协调互动，加快形成新的经济发展方式。科学发展观强调，全面深化经济体制改革是加快转变经济发展方式的关键；实施创新驱动发展战略，是转变经济发展方式的重大战略决策；推动经济结构战略性调整，是提升国民经济整体素质、赢得国际经济竞争主动权的根本途径，是加快转变经济发展方式的主攻方向；促进区域协调发展是我国现代化建设中的一个重大战略；积极稳妥推进城镇化是优化城乡经济结构、促进国民经济良性循环和社会协调发展的重要措施；推动城乡发展一体化，是解决"三农"问题的根本途径；实现工业化、信息化、城镇化、农业现代化，是我国社会主义现代化建设的战略任务，也是加快形成新的经济发展方式、促进经济持续健康发展的重要动力。加快转变经济发展方式，是我国经济社会发展理念的一个重要转变。

3. 按照"四位一体"总体布局全面推进各项建设

中国特色社会主义事业"四位一体"总体布局，是深刻总结我们党领导社会主义建设的历史经验提出来的。新中国成立以后，我们党对社会主义建设道路进行了艰辛探索，在实践的基础上，提出建设现代工业和现代农业，提出我国工业布局的思想，后来又提出要实现工业、农业、国防、科学技术四个现代化。改革开放新时期，我们党在探索中形成了关于社会主义建设布局的一系列新认识。党的十二届六中全会明确提出了社会主义现代化建设的总体布局，就是以经济建设为中心，坚定不移地进行经济体制改革，坚定不移地进行政治体制改革，坚定不移地加强精神文明建设。党的十五大提出社会主义初级阶段的基本纲领，进一步明确了建设中国特色社会主义经济、政治、文化的基本目标和基本政策。党的十六大强调，全面建设小康社会，就是要不断促进社会主义物质文明、政治文明、精神文明协调发展，推动社会全面进步和促进人的全面发展。

党的十六大以来，以胡锦涛为总书记的党中央提出构建社会主义和谐社会的重大任务，使中国特色社会主义事业总体布局更加明确地由社会主义经济建设、政治建设、文化建设"三位一体"发展为社会主义经济建设、政治建设、文化建设、社会建设"四位一体"，进一步深化了对中国特色社会主义发展规律的认识。中国特色社会主义经济建设、政治建设、文化建设、社会建设是相互联系、相互促进的有机统一体。经济建设为政治建设、文化建设、社会建设提供物质基础，没有经济的发展，其他方面的建设就缺乏物质条件。必须坚持紧紧扭住经济建设这个中心不放松，深刻认识加快经济发展的战略意义，坚定不移地促进国民经济又好又快发展。政治建设为经济建设、文化建设、社会建设提供政治保障，没有政治建设，就不可能充分调动人民群众的积极性、主动性、创造性，就没有一个以健全法制为保障的发展环境，其他建设就不可能顺利进行。必须坚持中国特色社会主义政治发展道路，坚持党的领导、人民当家作主、依法治国有机统一。文化建设为经济建设、政治建设、社会建设提供思想保证、精神动力、文化环境和智力支持，没有文化建设，就没有共同的理想信念和道德规范，就不能形成昂扬向上、开拓进取的主流精神，其他建设就没有必不可少的精神支撑。必须巩固马克思主义在意识形态领域的指导地位，坚持发展面向现代化、面向世界、面向未来的，民族的科学的大众的社会主义先进文化，坚持贴近实际、贴近生活、贴近群众，着力建设社会主义核心价值体系，着力巩固壮大主流思想舆论，着力推进内容形式、方法手段、体制机制改革创新，推动社会主义文化大发展大繁荣、兴起社会主义文化建设新高潮，提高国家文化软实力。社会建设为经济建设、政治建设、文化建设提供有利的社会条件，没有社会建设，就不能形成促进其他建设的良好社会环境。社会建设要以加快推进改善民生为重点，促进社会公平正义，完善社会管理，激发社会创造活力，促进社会更加和谐。"四位一体"的总体布局，要求把社会主义经济建设、政治建设、文化建设和社会建设作为统一的任务来把握，作为统一的工作来部署，作为统一的目标来落实，大力发展社会主义市场经济，大力发展社会主义民主政治，大力发展社会主义先进文化，大力构建社会主义和谐社会，全面推进中国特色社会主义事业。

4. 推进生态文明建设

坚持生产发展、生活富裕、生态良好的文明发展道路，关系广大人民群众的切身利益，关系实现又好又快的发展要求，关系中华民族的生存发展，是坚持全面协调可持续基本要求的重要体现。生态良好，是走文明发展道路的应有之义。遵循经济规律和自然规律，合理利用自然资源，保护和优化生态环境，坚持可持续发展，实现人与自然和谐相处，人类文明才能得到持久永续发展。坚持文明发展道路，就要在经济社会发展过程中，把推进生产发展、实现生活富裕、保持生态良好有机统一起来，坚持以生产发展为基础，以生活富裕为目的，以生态良好为条件，努力实现社会经济系统和自然生态系统的良性循环。科学发展观强调，建设生态文明，实质上就是要建设以资源环境承载力为基础、以自然规律为准则、以可持续发展为目标的资源节约型、环境友好型社会。要坚持节约资源和保护环境的基本国策，坚持节约优先、保护优先、自然恢复为主的方针，着力推进绿色发展、循环发展、低碳发展，形成节约资源和保护环境的空间格局、产业结构、生产方式、生活方式，从源头上扭转生态环境恶化趋势，为人民创造良好生产生活环境，为全球生态安全作出贡献。建设生态文明，标志着我们党对坚持文明发展道路的认识进一步深化。

5. 全面提高党的建设科学化水平

党的建设是党领导的伟大事业不断取得胜利的重要法宝。形势的发展、事业的开拓、人民的期待，都要求我们以改革创新精神全面推进党的建设新的伟大工程，全面提高党的建设科学化水平。胡锦涛指出："新形势下，党面临的执政考验、改革开放考验、市场经济考验、外部环境考验是长期的、复杂的、严峻的，精神懈怠危险、能力不足危险、脱离群众危险、消极腐败危险更加尖锐地摆在全党面前。"[①] 新形势下全面提高党的建设科学化水平的总要求是：要增强紧迫感和责任感，牢牢把握加强党的执政能力建设、先进性和纯洁性建设这条主线，坚持解放思想、改革创新，坚持党要管党、从严治党，全面加强党的思想建设、组织建设、作风建设、反腐倡廉建设、制度建设，增强自我净化、自我完善、自我革新、自我提高能力，建设学习型、服务型、创新型的马克思主义执政党，确保党始终成为中国特色社会主义事业的坚强领导核心。科学发展观强调，提高党的执政能力、巩固党的执政地位，是我们党执政以后的

---

① 《胡锦涛文选》第 3 卷，人民出版社 2016 年版，第 653 页。

一项根本任务，也是我们党将长期面对并必须始终解决好的一个历史性课题。要努力认识和把握执政规律，坚持科学执政、民主执政、依法执政，不断研究新情况、解决新问题、创建新机制、增长新本领，不断提高驾驭社会主义市场经济的能力、发展社会主义民主政治的能力、建设社会主义先进文化的能力、构建社会主义和谐社会的能力、推进社会主义生态文明建设的能力、应对国际局势和处理国际事务的能力，使党的执政方略更加完善、执政体制更加健全、执政方式更加科学、执政基础更加巩固。保持和发展党的先进性是马克思主义政党自身建设的根本任务和永恒课题。胡锦涛指出："先进性是马克思主义政党的本质属性，是马克思主义政党的生命所系、力量所在。"① 必须顺应时代的发展和人民的要求，自觉、主动、持续地推进党的先进性建设，认真解决党员和党组织在思想、组织、作风以及工作方面存在的突出问题，使各级党组织不断提高创造力、凝聚力、战斗力，始终发挥领导核心作用和战斗堡垒作用，使广大党员不断提高自身素质、始终发挥先锋模范作用，使我们党保持与时俱进的品质、始终走在时代前列。

三、科学发展观的历史地位

科学发展观是马克思主义同当代中国实际和时代特征相结合的产物，是马克思主义关于发展的世界观和方法论的集中体现。

科学发展观是中国共产党坚持把马克思主义基本原理同中国具体实践相结合，在新中国成立以来特别是改革开放以来不懈奋斗的基础上，继续拓展中国特色社会主义实践、探索中国特色社会主义规律取得的重大理论成果，既坚持和贯穿了马克思主义立场观点方法，又根据新的实践和时代发展推进了马克思主义中国化。科学发展观在邓小平理论和"三个代表"重要思想的基础上，进一步回答了什么是社会主义、怎样建设社会主义和建设什么样的党、怎样建设党的问题，创造性回答了新形势下实现什么样的发展、怎样发展等重大问题，形成了涵盖改革发展稳定、内政外交国防、治党治国治军各方面的系统科学理论。科学发展观提出一系列具有鲜明时代特点的新思想、新观点、新论断，作出一系列新的理论概括，形成一系列重大战略思想，集中体现了我们党在发展中国特色社会主义一系列重大问题上取得的新成果，深化了对中国特色社会主

---

① 《十六大以来重要文献选编》下，中央文献出版社 2008 年版，第 525 页。

义的认识，对中国特色社会主义理论体系作出了独创性贡献。

党的十八大以来，我国发展站到了新的历史起点。以习近平同志为核心的党中央紧密结合新的时代条件和实践要求，以全新的视野深化对共产党执政规律、社会主义建设规律、人类社会发展规律的认识，有力引领了新时代坚持和发展中国特色社会主义的伟大实践。

思考题

1. 试述中国特色社会主义理论体系形成的历史条件、发展过程和历史地位。
2. 试述邓小平理论、"三个代表"重要思想、科学发展观之间的内在关系。
3. 试述邓小平理论在中国特色社会主义理论体系中的地位。
4. 简述中国共产党对建立社会主义市场经济体制的认识历程。

第九章　习近平新时代中国特色社会主义思想是马克思主义中国化最新成果

　　党的十八大以来，以习近平同志为主要代表的中国共产党人顺应时代发展，从理论和实践结合上系统回答了新时代坚持和发展什么样的中国特色社会主义、怎样坚持和发展中国特色社会主义这个重大时代课题，创立了习近平新时代中国特色社会主义思想。习近平新时代中国特色社会主义思想是对马克思列宁主义、毛泽东思想、邓小平理论、"三个代表"重要思想、科学发展观的继承和发展，是当代中国马克思主义、二十一世纪马克思主义，是中华文化和中国精神的时代精华，是党和人民实践经验和集体智慧的结晶，是中国特色社会主义理论体系的重要组成部分，是实现中华民族伟大复兴的行动指南，必须长期坚持并不断发展。

第一节　习近平新时代中国特色社会主义思想的创立

　　时代是思想之母，实践是理论之源。中国特色社会主义进入新时代，这是一个需要理论而且一定能够产生理论的时代，是一个需要思想而且一定能够产生思想的时代。以习近平同志为核心的党中央坚持马克思主义立场观点方法，坚持科学社会主义基本原则，科学总结世界社会主义运动经验教训，顺应时代和实践发展变化，进行艰辛理论探索，取得重大理论创新成果，创立了习近平新时代中国特色社会主义思想，以一系列创新性的思想内容丰富和发展了马克思主义。

一、习近平新时代中国特色社会主义思想创立的时代背景

　　人类进入 21 世纪，世界仍然处于马克思主义所揭示的从资本主义向社会主义过渡的历史时代，人类社会发展趋势没有改变，然而中国和世界及其相互关系都发生了重大而深刻的变化。一方面，当代中国正经历着我国历史上最为广泛而深刻的社会变革，正在进行人类历史上最为宏大而独特的实践创新，中国特色社会主义进入新时代。另一方面，世界正在经历百年未有之大变局，处于大发展大变革大调整时期。这两个方面同步交织、相互激荡，构成了习近平

新时代中国特色社会主义思想创立的时代背景。

1. 中国特色社会主义进入新时代

习近平在党的十九大报告中明确指出，"经过长期努力，中国特色社会主义进入了新时代，这是我国发展新的历史方位"。这一重大政治论断，是我们党在科学把握我国社会发生新的深刻变化的基础上，作出的一项关系全局的重大战略考量，科学揭示出当代中国发展的新阶段新特征。新时代孕育新思想，新思想指导新实践。新的历史方位、新的使命担当、新的时代要求，必然地要求新理论新思想的产生。新时代是习近平新时代中国特色社会主义思想产生的深厚的社会历史基础和前提条件。

中国特色社会主义进入新时代，是中国共产党带领中国人民长期努力奋斗的结果。新中国成立以来特别是改革开放以来，我国经济社会发展取得重大成就。我国社会生产力水平总体上显著提高，国家经济实力、科技实力、国防实力、综合国力跃上新的大台阶，国际影响力显著提升。经济运行总体平稳，经济结构持续优化，生态环境明显改善，对外开放持续扩大；脱贫攻坚成果举世瞩目，如期完成了新时代脱贫攻坚目标任务，人民生活水平显著提高；文化事业和文化产业繁荣发展；国防和军队建设水平大幅提升；国家安全全面加强，社会保持和谐稳定；生态文明建设成效之大前所未有。全面建成小康社会目标如期实现，中华民族伟大复兴不断取得重大进展，我国发展站到了新的历史起点上。

中国特色社会主义进入新时代，是根据中国特色社会主义进入新的发展阶段作出的重大政治论断。党的十八大以来，以习近平同志为核心的党中央科学把握国内外发展大势，顺应实践要求和人民愿望，推动党和国家事业发生历史性变革，领导人民取得改革开放和社会主义现代化建设的历史性成就，中国特色社会主义进入新的发展阶段。这个新的发展阶段，是新中国成立以来、特别是改革开放以来我国社会发展历程的必然接续，同时又有很多与时俱进的新特征，比如党的理论创新实现了新飞跃，党的执政方式和执政方略有重大创新，党推动发展的理念和方式有重大转变，我国发展的环境和条件有重大变化，对发展水平和质量的要求比以往更高，等等。这就要求我们从新的历史方位、新的时代坐标，科学认识和全面把握中国特色社会主义新的发展阶段。

中国特色社会主义进入新时代，突出地体现在我国社会主要矛盾发生转化。随着改革开放的深入推进，我国总体上实现小康，困扰中华民族几千年的绝对贫困问题得到历史性的解决，人民美好生活需要日益广泛，不仅对物质文化生活提出了更高要求，而且在民主、法治、公平、正义、安全、环境等方面的要求日益增长。同时，我国社会生产力水平总体上显著提高，社会生产能力在很多方面进入世界前列，更加突出的问题是发展不平衡不充分。发展不平衡，主要指各区域各领域各方面发展不够平衡，存在"一条腿长、一条腿短"的失衡现象，制约了整体发展水平提升。发展不充分，主要指一些地区、一些领域、一些方面还存在发展不足的问题，发展的任务仍然很重。发展不平衡不充分问题，已经成为满足人民日益增长的美好生活需要的主要制约因素。我国社会主要矛盾的变化是关系全局的历史性变化，对党和国家事业发展提出了新要求。发展仍然是我们党执政兴国的第一要务，无论是实现人民群众对美好生活的向往，还是破解"发展起来以后的问题"，抑或是跨过"进一步发展绕不开的坎"，都需要牢牢把握社会主要矛盾变化带来的新特征新要求，迎难而上、奋勇前进。

中国特色社会主义进入新时代，是新中国成立以来、特别是改革开放以来我国社会发展进步的必然结果，是我国社会主要矛盾变化的必然结果，也是我们党团结带领全国各族人民开创光明未来的必然要求。新时代是承前启后、继往开来、在新的历史条件下继续夺取中国特色社会主义伟大胜利的时代。中国共产党治国理政根本任务就是要紧紧围绕坚持和发展中国特色社会主义这个主题，适应中国特色社会主义发展的新要求，接力探索，接续奋斗，让社会主义在中国展现出更加强大的生命力。新时代是全面建成小康社会、进而全面建设社会主义现代化国家的时代。要统筹推进"五位一体"，协调推进"四个全面"，在成功全面建成小康社会的基础上继续推进民族复兴大业，在本世纪中叶建成社会主义现代化强国，谱写全面建设社会主义现代化国家新篇章。新时代是全国各族人民团结奋斗、不断创造美好生活、逐步实现全体中国人民共同富裕的时代。要坚持党的宗旨，时刻不忘初心，始终把实现好、维护好、发展好最广大人民根本利益作为最高标准，不断提高保障和改善民生水平，不断促进社会公平正义，着力使全体人民享有更加幸福安康的生活，着力在实现全体人民共同富裕的道路上取得实实在在的新进展。新时代是全体中华儿女勠力同心、奋力实现中华民族伟大复兴中国梦的时代。要凝聚起全体中华儿女的磅礴力量，牢记使命、奋发有为、砥砺前行，实现中华民族伟大复兴。新时代是我国日益走近世界舞台中央、不断为人类作出更大贡献的时代。在新时代，中国与世界的关系发生深刻变化，与国际社会的互联互动空前紧密，成为促进世界和平与发展的强大力量。必须统筹国内国际两个大局，坚持和平发展道路，推动构建人类命运共同体。

在中国特色社会主义新时代，国内外形势变化和我国各项事业发展向全党提出了新时代坚持和发展什么样的中国特色社会主义、怎样坚持和发展中国特色社会主义这一重大时代课题。以习近平同志为核心的党中央顺应时代发展，从理论和实践结合上系统回答了这一时代课题，创立了习近平新时代中国特色社会主义思想。

2. 当今世界正在经历百年未有之大变局

当今世界正在经历百年未有之大变局，世界多极化、经济全球化、社会信息化、文化多样化深入发展，全球治理体系和国际秩序变革加速推进，新兴市场国家和发展中国家快速崛起，国际力量对比更趋均衡，世界各国人民的命运从未像今天这样紧紧相连。同时，世界面临的不稳定性不确定性突出，经济全球化遭遇逆流，世界经济增长乏力，民粹主义、排外主义等思潮不断抬头，保护主义、单边主义、霸权主义对世界和平与发展构成威胁。贫富分化日益严重，地区热点问题此起彼伏，恐怖主义、网络安全、重大传染性疾病、气候变化等非传统安全威胁持续蔓延。国际经济、科技、文化、安全、政治等格局都在发生深刻复杂变化。

面对复杂变化的世界，人类社会向何处去？这是时代提出的重大课题。这在客观上要求中国共产党人立足于把握世界发展大势、应对全球共同挑战、维护人类共同利益，深刻认识大变局给中华民族伟大复兴带来的重大机遇和挑战，从理论上回答中国如何把握历史机遇、如何在大变局中进行具有新的历史特点的伟大斗争，为构建人类命运共同体和促进人类文明进步作出更大贡献等重大问题。在当代世界大发展大变革大调整的背景下，以习近平同志为核心的党中央，为解决世界经济、国际安全、全球治理等一系列重大问题提供了新的方向、新的方案、新的选择。中国发展理念、发展道路、发展模式的影响力、吸引力显著增强，中国日益发挥着世界和平建设者、全球发展贡献者、国际秩序维护者的重要作用，前所未有地走近世界舞台中央。习近平新时代中国特色社会主义思想，正是在把握世界发展大势、应对全球共同挑战、维护人类共同利益的过程中创立并不断丰富发展的。

20 世纪 80 年代末 90 年代初，世界社会主义遭受严重曲折。中国共产党人高举中国特色社会主义旗帜，顶住了冲击，经受住了考验，使科学社会主义在曲折中奋起。科学社会主义在 21 世纪的中国焕发出强大生机活力。社会主义在中国的实践发展，推动中华民族实现了历史上最广泛、最深刻、最伟大的社会变革。进入新时代，以习近平同志为核心的党中央，带领全党全国人民推动中国特色社会主义事业取得举世瞩目的伟大成就，以不可辩驳的事实证明了科学社会主义的真理性和鲜活生命力。资本主义必然灭亡，社会主义必然胜利仍然是不可扭转的历史发展的总趋势。中国特色社会主义道路越走越宽广，使世界上正视和相信马克思主义和社会主义的人多了起来，使世界范围内两种意识形态、两种社会制度的历史演进及其较量，发生了有利于马克思主义、社会主义的深刻转变。这不仅对于社会主义在中国的发展，而且对于世界社会主义发展和人类进步，都是具有深远历史意义的大趋势。习近平新时代中国特色社会主义思想，正是在对科学社会主义理论与实践的深邃思考、深刻总结，对坚持和发展中国特色社会主义的不懈探索、砥砺前行中创立并不断丰富发展的。

二、习近平新时代中国特色社会主义思想的理论基础、文化渊源和实践基础

习近平新时代中国特色社会主义思想是在不断推进马克思主义中国化，坚持和发展中国特色社会主义的历史进程中创立和发展起来的，有着科学的理论基础、深厚的文化渊源和坚实的实践基础。

1. 习近平新时代中国特色社会主义思想的理论基础

马克思列宁主义、毛泽东思想、邓小平理论、"三个代表"重要思想、科学发展观是习近平新时代中国特色社会主义思想的理论基础。正如习近平所指出的那样，围绕新时代的时代课题，我们党坚持以马克思列宁主义、毛泽东思想、邓小平理论、"三个代表"重要思想、科学发展观为指导，坚持解放思想、实事求是、与时俱进、求真务实，坚持辩证唯物主义和历史唯物主义，紧密结合新的时代条件和实践要求，以全新的视野深化对共产党执政规律、社会主义建设规律、人类社会发展规律的认识，进行艰辛理论探索，取得重大理论创新成果，创立了新时代中国特色社会主义思想。

马克思主义在中国之所以显示出强大生命力，最根本的就是我们党始终坚持马克思主义指导实践，不断推进马克思主义中国化，先后形成了毛泽东思想、邓小平理论、"三个代表"重要思想、科学发展观等重大理论成果。习近平

新时代中国特色社会主义思想作为马克思主义中国化的最新成果，是对这些中国化马克思主义的理论成果的继承和创新发展。

习近平指出，发展21世纪马克思主义、当代中国马克思主义，必须立足中国、放眼世界，保持与时俱进的理论品格，深刻认识马克思主义的时代意义和现实意义，锲而不舍推进马克思主义中国化、时代化、大众化，使马克思主义放射出更加灿烂的真理光芒。习近平新时代中国特色社会主义思想是在新的历史条件下坚持发展和自觉运用马克思主义的典范。强调坚持和运用辩证唯物主义和历史唯物主义的世界观和方法论，坚持和运用马克思主义立场、观点、方法，以马克思主义关于人类社会发展规律的思想为指导，指出人类历史发展的基本趋势没有改变，坚持把共产主义远大理想同中国特色社会主义共同理想统一起来，坚定共产主义的理想信念；强调坚持和践行马克思主义关于人民立场的思想，始终坚持以人民为中心，把人民对幸福生活的向往作为奋斗目标，坚持全心全意为人民服务的根本宗旨；强调坚持和践行马克思主义生产力和生产关系辩证统一的观点，勇于全面深化改革，自觉通过调整生产关系激发社会生产力发展活力，自觉通过完善上层建筑适应经济基础发展要求，让中国特色社会主义更加符合规律地向前发展；强调坚持和践行马克思主义关于人民民主的思想，坚定不移走中国特色社会主义政治发展道路，在坚持党的领导、人民当家作主、依法治国有机统一中推进社会主义民主政治建设，不断加强人民当家作主的制度保障，加快推进国家治理体系和治理能力现代化；强调坚持和践行马克思主义关于文化建设的思想，巩固马克思主义在意识形态领域的指导地位，发展社会主义先进文化，把社会主义核心价值观融入社会发展各方面，推动中华优秀传统文化创造性转化、创新性发展；强调坚持和实践马克思主义关于社会建设的思想，坚持以人民为中心的发展思想，抓住人民最关心最直接最现实的利益问题，不断保障和改善民生，促进社会公平正义让发展成果更多更公平惠及全体人民，不断促进人的全面发展，朝着实现全体人民共同富裕不断迈进；强调坚持和践行马克思主义关于人与自然关系的观点，坚持人与自然和谐共生，牢固树立和切实践行绿水青山就是金山银山的理念，走生产发展、生活富裕、生态良好的文明发展道路；强调坚持和践行马克思主义关于世界历史的思想，坚持和平发展道路，坚持独立自主的和平外交政策，坚持互利共赢的开放战略，同各国人民一道努力构建人类命运共同体；强调坚持和践行马克思主义关于马克思主义政党建设的观点，坚持把党的政治建设摆在首位，坚持和加强党的全面领导，坚决维护党中央权威和集中统一领导，把党建设成为始终走在时代前列、人民衷心拥护、勇于自我革命、经得起各种风浪考验、朝气蓬勃的马克思主义执政党。习近平新时代中国特色社会主义思想坚持正本清源和守正创新相结合，基本原理和最新成果相贯通，将马克思主义发展到了新的境界。

2. 习近平新时代中国特色社会主义思想的中国优秀传统文化渊源

中华文化源远流长，积淀着中华民族最深层的精神追求，代表着中华民族独特的精神标识，为中华民族生生不息、发展壮大提供了丰厚滋养。中国共产党是中华优秀传统文化的忠实传承者和弘扬者。习近平反复强调，中华优秀传统文化是中华民族的"根"和"魂"，是最深厚的文化软实力，是中国特色社会主义植根的沃土，是我们在世界文化激荡中站稳脚跟的根基。习近平新时代中国特色社会主义思想强调，要留住文化根脉，守住民族之魂，就要把弘扬优秀传统文化和发展现实文化有机统一起来，紧密结合起来，在继承中发展，在发展中继承，推动中华优秀传统文化创造性转化、创新性发展。习近平对中华优秀传统文化中的精髓进行了概括和总结，如关于道法自然、天人合一的思想，关于天下为公、大同世界的思想，关于自强不息、厚德载物的思想，关于以民为本、安民富民乐民的思想，关于为政以德、政者正也的思想，关于苟日新日日新又日新、革故鼎新、与时俱进的思想，关于脚踏实地、实事求是的思想，关于经世致用、知行合一、躬行实践的思想，关于集思广益、博施众利、群策群力的思想，关于仁者爱人、以德立人的思想，关于以诚待人、讲信修睦的思想，关于清廉从政、勤勉奉公的思想，关于俭约自守、力戒奢华的思想，关于中和、泰和、求同存异、和而不同、和谐相处的思想，关于安不忘危、存不忘亡、治不忘乱、居安思危的思想等。习近平新时代中国特色社会主义思想汲取中华优秀传统文化的精髓，展现出对中华优秀传统文化的高度自觉和高度自信，体现出鲜明的中国风格和中国气派。

3. 习近平新时代中国特色社会主义思想的实践基础

习近平新时代中国特色社会主义思想的创立具有坚实的实践基础。实践发展永无止境，认识真理、进行理论创新就永无止境。习近平新时代中国特色社会主义思想是在深刻总结新中国成立以来社会主义建设的实践经验、改革开放以来中国特色社会主义建设的实践经验，特别是党的十八大以来中国特色社会主义建设的实践经验的基础上创立和发展起来的，其创立发展离不开对新中国成立以来社会主义建设的实践经验，特别是改革开放以来社会主义现代化建设实践经验的科学总结。

习近平深刻总结了新中国建立后 70 多年社会主义实践探索的历史及其经验和教训，指出，改革开放前后两个历史时期虽然在进行社会主义建设的思想指导、方针政策、实际工作上有很大差别，但本质上都是我们党领导人民进行社会主义建设的实践探索，是同一个过程的两个阶段。前一阶段的社会主义实践探索为后一阶段的实践探索积累了重要的思想、物质、制度条件和正反两方面经验，后一阶段的中国特色社会主义实践也是对改革开放前实践探索及其经验在新的历史条件下的坚持、创新和发展，特别是党在改革开放前提出的许多理论观点、方针政策、制度构架在改革开放后得到了继承和发展，例如，党对一切工作的领导、人民当家作主、党对人民军队的绝对领导等，在改革开放前后两个历史阶段一脉相承、一以贯之，在新时代更进一步得到弘扬，这充分体现了习近平新时代中国特色社会主义思想对新中国成立以来社会主义建设实践经验的科学总结和高度重视。

改革开放以来的中国特色社会主义建设实践探索更是习近平新时代中国特色社会主义思想坚实的实践基础。40 多年来，我们紧紧围绕坚持和发展中国特色社会主义，始终坚持党对一切工作的领导，不断加强和改善党的领导；坚持以人民为中心，不断实现人民对美好生活的向往；坚持马克思主义指导地位，不断推进实践基础上的理论创新；坚持走中国特色社会主义道路，不断坚持和发展中国特色社会主义；坚持完善和发展中国特色社会主义制度，不断发挥和增强我国制度优势；坚持以发展为第一要务，不断增强我国综合国力；坚持扩大开放，不断推动共建人类命运共同体；坚持全面从严治党，不断提高党的创造力、凝聚力、战斗力；坚持辩证唯物主义和历史唯物主义世界观和方法论，正确处理改革发展稳定关系，取得了巨大成就，积累了宝贵经验。习近平新时代中国特色社会主义思想是站在新时代的高度，深刻总结新中国 70 多年来，特别是改革开放 40 多年以来积累的实践经验基础上创立和发展起来的。

党的十八大以来，以习近平同志为核心的党中央紧紧围绕坚持和发展中国特色社会主义这个主题，统筹推进"五位一体"总体布局和协调推进"四个全面"战略布局，提出了一系列新理念新思想新战略，出台了一系列重大方针政策，推出了一系列重大举措，推进了一系列重大工作，解决了许多长期想解决而没有解决的难题，办成了许多过去想办而没有办成的大事，推动党和国家事业取得了全方位的、开创性的历史性成就，实现了历史性变革。这一历史性变革，涵盖改革发展稳定、内政外交国防、治党治国治军各个方面，是深层次的、开创性的、根本性的。这些变革力度之大、范围之广、效果之显著、影响之深远，在我们党和国家发展史上、中华民族发展史上，都具有开创性意义。对党的十八大以来坚持和发展中国特色社会主义实践经验的系统全面总结和科学概括是习近平新时代中国特色社会主义思想直接的实践基础。

三、习近平新时代中国特色社会主义思想的创立和发展

习近平新时代中国特色社会主义思想，创立并丰富发展于中国特色社会主义新时代。党的十八大以来，以习近平为主要代表的中国共产党人，顺应时代发展，紧紧围绕坚持和发展中国特色社会主义主题，创立了习近平新时代中国特色社会主义思想。党的十九大将习近平新时代中国特色社会主义思想写入党章，实现了党的指导思想的又一次与时俱进。党的十九大以来，我们党用新的理论和实践进一步丰富发展了这一科学理论体系。

党的十八大刚刚闭幕，习近平同中外记者见面时发表讲话，明确阐述了新一届党中央的执政理念和肩负的重大责任，提出人民对美好生活的向往就是我们的奋斗目标，提出"打铁还需自身硬"。2012 年 12 月 6 日，习近平在参观《复兴之路》展览时提出了实现中华民族伟大复兴中国梦的伟大奋斗目标，指出，中华民族伟大复兴中国梦，就是近代以来中国人民梦寐以求的夙愿。他强调，现在，我们比历史上任何时期都更接近中华民族伟大复兴的目标，比历史上任何时期都更有信心、有能力实现这个目标，体现出以习近平同志为核心的党中央带领中国人民实现民族复兴中国梦的坚强决心。同年，习近平在广东考察时指出，现在我国改革已经进入攻坚期和深水区。"改革开放是决定当代中国命运的关键一招，也是决定实现'两个一百年'奋斗目标、实现中华民族伟大复兴的关键一招"，充分表达了"将改革进行到底"的坚强决心。这些重要讲话，构成了创立习近平新时代中国特色社会主义思想的理论起点和历史起点。

以此为起点，以习近平同志为核心的党中央在开创新时代的伟大实践中提出了一系列富有突破性和原创性的新理念新思想新战略，不断实现理论创新和理论突破。从逐步形成"五位一体"总体布局和"四个全面"战略布局，再进一步发展为"八个明确"和"十四个坚持"，在这一过程中实现了习近平新时

代中国特色社会主义思想的理论展开，同时也确立了新时代坚持和发展中国特色社会主义的战略重点和"四梁八柱"，形成了行动纲领和基本方略。

习近平是习近平新时代中国特色社会主义思想的主要创立者。在领导全党全国各族人民推进党和国家事业的实践中，习近平以马克思主义政治家、思想家、战略家的非凡理论勇气、卓越政治智慧、强烈使命担当，以"我将无我，不负人民"的赤子情怀，应时代之变迁、立时代之潮头、发时代之先声，提出一系列具有开创性意义的新理念新思想新战略，为习近平新时代中国特色社会主义思想的创立发挥了决定性作用、作出了决定性贡献。

2017 年 10 月中国共产党第十九次全国代表大会召开，习近平作了题为《决胜全面建成小康社会　夺取新时代中国特色社会主义伟大胜利》的报告。报告第一次全面、系统、深刻地阐述了习近平新时代中国特色社会主义思想。党的十九大通过的《中国共产党章程（修正案）》，把习近平新时代中国特色社会主义思想确立为我们党的指导思想，实现了党的指导思想的与时俱进。在第十三届全国人民代表大会第一次会议上通过的《中华人民共和国宪法修正案》将习近平新时代中国特色社会主义思想写入宪法。

党的十九大以来，以习近平同志为核心的党中央不断深化对坚持和发展中国特色社会主义的认识，进一步丰富和发展了习近平新时代中国特色社会主义思想。

深化党的自我革命的理论和实践。2017 年 10 月 25 日，在十九届中央政治局常委同中外记者见面时的讲话中，习近平强调指出，中国共产党能够带领人民进行伟大的社会革命，也能够进行伟大的自我革命。此后多次强调，新时代要一以贯之推进"两大革命"，把马克思主义关于改造客观世界和改造主观世界相统一的伟大思想推进到 21 世纪的新高度。

科学总结改革开放 40 年的基本经验。2018 年 12 月，在中国共产党召开庆祝改革开放 40 周年大会的讲话中，习近平科学总结了改革开放 40 年的基本经验，从历史和逻辑、理论和实践的统一上，深刻揭示了我国改革开放取得成功的关键和根本，深化了中国共产党对改革开放的认识。

全面推进依法治国。2018 年 1 月召开的党的十九届二中全会强调，高度重视宪法在治国理政中的重要地位和作用，明确坚持依法治国首先要坚持依宪治国，坚持依法执政首先要坚持依宪执政，把实施宪法摆在全面依法治国的突出位置。2020 年 11 月，中央全面依法治国工作会议，明确提出习近平法治思想，指出，围绕建设中国特色社会主义法治体系、建设社会主义法治国家的总目标，坚持党的领导、人民当家作主、依法治国有机统一，以解决法治领域突出问题为着力点，坚定不移走中国特色社会主义法治道路，在法治轨道上推进国家治理体系和治理能力现代化，为全面建设社会主义现代化国家、实现中华民族伟大复兴的中国梦提供有力法治保障。

深化对党和国家机构改革的认识。2018 年 2 月党的十九届三中全会聚焦党和国家机构改革，通过《中共中央关于深化党和国家机构改革的决定》和《深化党和国家机构改革方案》，明确了党和国家机构改革的指导思想、目标、原则，深化了中国共产党对党和国家机构改革的认识。

明确提出以政治建设为统领，促进党的全面建设的根本要求。2019 年 1 月 31 日，中国共产党颁布《中共中央关于加强党的政治建设的意见》，将"坚决维护习近平总书记党中央的核心、全党的核心地位，坚决维护党中央权威和集中统一领导"作为加强党的政治建设的首要任务和根本要求，为加强党的政治建设提供了指导。

系统总结中国特色社会主义制度的显著优势。2019 年 11 月，党的十九届四中全会准确把握我国国家制度和国家治理体系的演进方向和规律，紧扣"坚持和完善中国特色社会主义制度、推进国家治理体系和治理能力现代化"这个主题，着眼于坚持和巩固中国特色社会主义制度、确保党长期执政和国家长治久安，着眼于完善和发展中国特色社会主义制度、全面建设社会主义现代化国家，着眼于充分发挥中国特色社会主义制度优越性、推进国家治理体系和治理能力现代化，全面总结党领导人民在我国国家制度建设和国家治理方面取得的成就、积累的经验、形成的原则，重点阐述了坚持和完善支撑中国特色社会主义制度的根本制度、基本制度、重要制度，对需要深化的重大体制机制改革、需要推进的重点工作任务进行了部署。

科学规划全面建设社会主义现代化国家宏伟蓝图。2020 年 10 月 26 日至 29 日党的十九届五中全会强调，在全面建成小康社会之后，开启全面建设社会主义现代化国家新征程，要科学把握新发展阶段，深入贯彻新发展理念，加快构建新发展格局，以推动高质量发展为主题，以深化供给侧结构性改革为主线，实现经济行稳致远、社会安定和谐，为全面建设社会主义现代化国家开好局、起好步。

此外，习近平还就把人民军队全面建成世界一流军队，维护香港、澳门长期繁荣稳定，推进祖国和平统一等方面，提出了许多新思想新要求。

思想与新时代相生相成、共进同行。习近平新时代中国特色社会主义思想是在新的实践条件和时代背景下孕育、发展的，也将随着中国特色社会主义事业的不断推进不断发展、丰富和完善。

第二节　习近平新时代中国特色社会主义思想的主要内容及其科学体系

习近平新时代中国特色社会主义思想围绕坚持和发展中国特色社会主义这个主题，立足新时代这个历史方位，深刻回答了新时代坚持和发展什么样的中国特色社会主义、怎样坚持和发展中国特色社会主义这一重大时代课题。这一思想涵盖新时代坚持和发展中国特色社会主义的总目标、总任务、总体布局、战略布局和发展方向、发展方式、发展动力、战略步骤、外部条件、政治保证等基本问题，并根据新的实践对经济、政治、法治、科技、文化、教育、民生、民族、宗教、社会、生态文明、国家安全、国防和军队、"一国两制"和祖国统一、统一战线、外交、党的建设等各方面作出新的理论概括和战略指引，是内容博大精深、逻辑严密的科学理论体系。

一、坚持和发展中国特色社会主义的主题

中国特色社会主义是改革开放以来党的全部理论和实践的主题。习近平新时代中国特色社会主义思想全面深刻揭示了中国特色社会主义的历史渊源、发展脉络、科学内涵、重大意义，不断深化着对中国特色社会主义的认识。

中国特色社会主义是在改革开放40多年的伟大实践中得来的，是在新中国成立70多年的持续探索中得来的，是在我们党领导人民进行伟大社会革命的实践中得来的，是在近代以来中华民族由衰到盛180年的历史进程中得来的，是在世界社会主义500年波澜壮阔的发展历程中得来的，是在对中华文明5 000多年的传承发展中得来的。中国特色社会主义不是从天上掉下来的，是党和人民历尽千辛万苦、付出巨大代价取得的根本成就。中国特色社会主义是历史的结论、人民的选择，是科学社会主义理论逻辑和中国社会发展历史逻辑的辩证统一，是根植于中国大地、反映中国人民意愿、适应中国和时代发展进步要求

的科学社会主义，具有深厚的历史渊源和广泛的现实基础。中国特色社会主义，既坚持了科学社会主义基本原则，又根据时代条件赋予其鲜明的中国特色。这就是说，中国特色社会主义是在新的历史条件下，科学社会主义基本原则和鲜明中国特色相统一的集中体现。

新时代坚持和发展中国特色社会主义就要坚持"四个自信"。中国特色社会主义道路、理论、制度、文化，是经过全党全国各族人民长期奋斗取得的，也是经过长期实践检验的科学的产物。我们的道路自信、理论自信、制度自信、文化自信，来源于实践、来源于人民、来源于真理。坚定"四个自信"，就能毫无畏惧面对一切困难和挑战，就能坚定不移开辟新天地、创造新奇迹。

新时代坚持和发展中国特色社会主义要一以贯之，必须在探索中不断深化对中国特色社会主义的认识。坚持好、发展好中国特色社会主义，是无比崇高的事业，需要一代又一代中国共产党人带领人民接续奋斗。经过长期的理论和实践探索，中国共产党对中国特色社会主义规律的把握已经达到了一个前所未有的新高度。但要看到我国社会主义还处在初级阶段，我们还面临很多没有弄清楚的问题和待解的难题，对许多重大问题的认识和处理都还处在不断深化的过程之中。因此必须坚持马克思主义的发展观点，发挥历史的主动性和创造性，锐意进取、大胆探索，不断有所发现、有所创造、有所前进，在实现实践创新和理论创新的良性互动中坚持和发展中国特色社会主义。

二、新时代坚持和发展中国特色社会主义的核心要义

党的十九大报告以"八个明确"对习近平新时代中国特色社会主义思想的核心要义进行了概括。"八个明确"具有丰富的思想内涵，揭示了新时代中国特色社会主义的本质规定、发展规律和宏伟蓝图，集中反映了中国共产党对坚持和发展中国特色社会主义的理论思考，蕴含着对共产党执政规律、社会主义建设规律、人类社会发展规律的深刻认识。

第一，明确坚持和发展中国特色社会主义，总任务是实现社会主义现代化和中华民族伟大复兴，在全面建成小康社会的基础上，分两步走在本世纪中叶建成富强民主文明和谐美丽的社会主义现代化强国。建成社会主义现代化强国，实现中华民族伟大复兴，是中华民族的最高利益和根本利益。我们党领导中国人民进行的一切奋斗，归根到底都是为了实现这一伟大目标。习近平对什么是中华民族伟大复兴中国梦、怎样实现中华民族伟大复兴中国梦进行了十分

深入的阐述。习近平指出，中国梦的本质是实现国家富强、民族振兴、人民幸福。中国共产党一经成立，就把实现共产主义作为党的最高理想和最终目标，义无反顾肩负起实现中华民族伟大复兴的历史使命。实现中国梦，必须进行伟大斗争。我们党要团结带领人民有效应对重大挑战、抵御重大风险、克服重大阻力、化解重大矛盾、解决重大问题，必须进行具有许多新的历史特点的伟大斗争。实现中国梦，必须建设伟大工程。这个伟大工程就是我们党正在深入推进的党的建设新的伟大工程。我们党要勇于直面问题，消除一切损害党的先进性和纯洁性的因素，清除一切侵蚀党的健康肌体的病毒，确保我们党永葆旺盛生命力和强大战斗力，在坚持和发展中国特色社会主义的历史进程中始终成为坚强领导核心。实现中国梦，必须推进伟大事业。全党要始终高举中国特色社会主义伟大旗帜，更加自觉地增强中国特色社会主义自信，不懈探索和把握中国特色社会主义规律，保持政治定力，坚持实干兴邦，始终坚持和发展中国特色社会主义。中国梦与持久和平、共同繁荣的世界梦息息相通、高度契合，中国梦的实现也将造福于世界和平与发展。

从党的十九大到二十大，是"两个一百年"奋斗目标的历史交汇期。我们既要全面建成小康社会、实现第一个百年奋斗目标，又要乘势而上开启全面建设社会主义现代化国家新征程，向第二个百年奋斗目标进军。从全面建成小康社会到基本实现现代化，再到全面建成社会主义现代化强国，是新时代中国特色社会主义发展的战略安排。

全面建成小康社会是"两个一百年"奋斗目标的第一个百年奋斗目标，是我们党向人民、历史作出的庄严承诺，是十四亿中国人民的共同期盼。实现这个宏伟目标，标志着我们向全面建成社会主义现代化强国迈出了至关重要的一步。在全面建成小康社会的基础上，分两步走全面建成社会主义现代化强国。第一个阶段，从 2020 年到 2035 年，在全面建成小康社会的基础上，再奋斗十五年，基本实现社会主义现代化。第二个阶段，从 2035 年到本世纪中叶，在基本实现现代化的基础上，再奋斗十五年，把我国建成富强民主文明和谐美丽的社会主义现代化强国。这新的"两步走"的战略既体现了当代中国共产党人高瞻远瞩的历史视野，也体现了中国特色社会主义发展的光辉前景。在全面建成小康社会的基础上，我国进入全面建设社会主义现代化国家的新征程，进入新的发展阶段。到 2035 年，我国经济实力、科技实力、综合国力将大幅跃升，基本实现新型工业化、信息化、城镇化、农业现代化，建成现代化经济体系，基本实现国家治理体系和治理能力现代化，建成文化强国、教育强国、人才强国、体育强国、健康中国，美丽中国建设目标基本实现，参与国际经济合作和竞争新优势明显增强，人均国内生产总值达到中等发达国家水平，平安中国建设达到更高水平，基本实现国防和军队现代化。

第二，明确新时代我国社会主要矛盾是人民日益增长的美好生活需要和不平衡不充分的发展之间的矛盾，必须坚持以人民为中心的发展思想，不断促进人的全面发展、全体人民共同富裕。

新时代我国社会主要矛盾变化的重大政治论断，反映了我国社会发展的客观实际，指明了解决当代中国发展主要问题的根本着力点。我国社会主要矛盾的变化是关系全局的历史性变化，对党和国家工作提出了许多新要求。要在继续推动发展的基础上，着力解决好发展不平衡不充分问题，大力提升发展质量和效益，更好满足人民在经济、政治、文化、社会、生态等方面日益增长的需要，更好推动人的全面发展、社会全面进步。

习近平新时代中国特色社会主义思想强调中国共产党人要坚守为人民谋幸福的初心，提出"人民对美好生活的向往就是我们的奋斗目标"。坚持人民主体地位，充分调动人民积极性，始终是我们党立于不败之地的强大根基；共同富裕是中国特色社会主义的根本原则，实现共同富裕是中国共产党的重要使命，让发展成果更多更公平惠及全体人民，人的全面发展、全体人民共同富裕取得更为明显的实质性进展。

第三，明确中国特色社会主义事业总体布局是"五位一体"、战略布局是"四个全面"，强调坚定道路自信、理论自信、制度自信、文化自信。党的十八大以来，我们党形成并统筹推进经济建设、政治建设、文化建设、社会建设、生态文明建设"五位一体"总体布局，形成并协调推进全面建成小康社会、全面深化改革、全面依法治国、全面从严治党"四个全面"战略布局。中国特色社会主义事业总体布局，是我们党对社会主义建设规律在实践和认识上不断深化的重要成果，带来了发展理念和发展方式的深刻转变。"五位一体"各方面相互联系、相互促进、不可分割，共同构筑起中国特色社会主义事业的全局。

"四个全面"战略布局，是党的十八大以来，以习近平同志为核心的党中央站在新的历史起点上把握我国发展新特征确定的治国理政新方略，是新的时代条件下推进改革开放和社会主义现代化建设、坚持和发展中国特色社会主义的战略抉择。全面建成小康社会是战略目标，在"四个全面"中居于引领地位；全面深化改革、全面依法治国、全面从严治党是三大战略举措，为如期全面建成小康社会提供重要保障。三大战略举措对实现全面建成小康社会战略目标一个都不能缺。党的十九届五中全会在决胜小康社会取得决定性成就基础上，将"四个全面"战略布局中的战略目标调整为全面建设社会主义现代化国家，赋予"四个全面"战略布局以崭新的内容。

"五位一体"总体布局和"四个全面"战略布局相互促进、统筹联动，从全局上确立了新时代坚持和发展中国特色社会主义的战略规划和部署。面对我国进入新发展阶段的新要求，必须坚持稳中求进工作总基调，统筹推进"五位一体"总体布局，协调推进"四个全面"战略布局，抓住战略重点，实现关键突破。要紧紧扭住全面建设社会主义现代化国家这个战略目标不动摇，继续紧紧扭住全面深化改革、全面依法治国、全面从严治党三个战略举措不放松。在推动经济发展的基础上，建设社会主义市场经济、民主政治、先进文化、和谐社会、生态文明，全面推进建设社会主义现代化国家。

改革开放以来，我们取得一切成绩和进步的根本原因，归结起来就是：开辟了中国特色社会主义道路，形成了中国特色社会主义理论体系，确立了中国特色社会主义制度，发展了中国特色社会主义文化，这是中国特色社会主义最鲜明的特色。中国特色社会主义道路是实现社会主义现代化、创造人民美好生活的必由之路，是实现中华民族伟大复兴的必由之路。中国特色社会主义理论体系是指导党和人民实现中华民族伟大复兴的正确理论，是立足时代前沿、与时俱进的科学理论。中国特色社会主义制度是当代中国发展进步的根本制度保障，是具有明显制度优势、强大自我完善能力的先进制度。中国特色社会主义文化积淀着中华民族最深沉的精神追求，代表着中华民族独特的精神标识，是激励全党全国各族人民奋勇前进的强大精神力量。坚定"四个自信"，就能毫无畏惧面对一切困难和挑战，不断取得新的胜利。

第四，明确全面深化改革总目标是完善和发展中国特色社会主义制度、推进国家治理体系和治理能力现代化。习近平新时代中国特色社会主义思想把坚持和完善中国特色社会主义制度、推进国家治理体系和治理能力现代化确定为全面深化改革的总目标，强调中国特色社会主义制度和国家治理体系是以马克思主义为指导、植根中国大地、具有深厚中华文化根基、深得人民拥护的制度和治理体系，具有强大生命力和巨大优越性。我国国家制度和国家治理体系的显著优势体现在：坚持党的集中统一领导，坚持党的科学理论，保持政治稳定，确保国家始终沿着社会主义方向前进的显著优势；坚持人民当家作主，发展人民民主，密切联系群众，紧紧依靠人民推动国家发展的显著优势；坚持全面依法治国，建设社会主义法治国家，切实保障社会公平正义和人民权利的显著优势；坚持全国一盘棋，调动各方面积极性，集中力量办大事的显著优势；坚持各民族一律平等，铸牢中华民族共同体意识，实现共同团结奋斗、共同繁荣发展的显著优势；坚持公有制为主体、多种所有制经济共同发展和按劳分配为主体、多种分配方式并存，把社会主义制度和市场经济有机结合起来，不断解放和发展社会生产力的显著优势；坚持共同的理想信念、价值理念、道德观念，弘扬中华优秀传统文化、革命文化、社会主义先进文化，促进全体人民在思想上精神上紧紧团结在一起的显著优势；坚持以人民为中心的发展思想，不断保障和改善民生、增进人民福祉，走共同富裕道路的显著优势；坚持改革创新、与时俱进，善于自我完善、自我发展，使社会始终充满生机活力的显著优势；坚持德才兼备、选贤任能，聚天下英才而用之，培养造就更多更优秀人才的显著优势；坚持党指挥枪，确保人民军队绝对忠诚于党和人民，有力保障国家主权、安全、发展利益的显著优势；坚持"一国两制"，保持香港、澳门长期繁荣稳定，促进祖国和平统一的显著优势；坚持独立自主和对外开放相统一，积极参与全球治理，为构建人类命运共同体不断作出贡献的显著优势。提出进一步完善中国特色社会主义制度的总体目标，即：到中国共产党成立一百年时，在各方面制度更加成熟更加定型上取得明显成效，到 2035 年，各方面制度更加完善，基本实现国家治理体系和治理能力现代化；到新中国成立一百年时，全面实现国家治理体系和治理能力现代化，使中国特色社会主义制度更加巩固、优越性充分展现。

第五，明确全面推进依法治国总目标是建设中国特色社会主义法治体系、建设社会主义法治国家。全面依法治国是坚持和发展中国特色社会主义的本质要求和重要保障，是国家治理的一场深刻革命。党的十八大以来，我们党对社会主义法治的理论认识和实践探索达到了新的历史高度。提出，全面推进依法治国是一个系统工程，必须坚持依法治国、依法执政、依法行政共同推进，坚持法治国家、法治政府、法治社会一体建设，实现科学立法、严格执法、公正司法、全民守法，不断把法治中国建设推向前进，坚持在法治的轨道上推进国家治理体系和治理能力的现代化。提出，坚定不移走中国特色社会主义法治道路，就是要坚持党的领导，坚持中国特色社会主义制度，贯彻中国特色社会主义法治理论。中国特色社会主义法治体系，本质上是中国特色社会主义制度的法律表现形式，是国家治理体系的骨干工程。

第六，明确党在新时代的强军目标是建设一支听党指挥、能打胜仗、作风优良的人民军队，把人民军队建设成为世界一流军队。强国必须强军，巩固国防和强大人民军队是新时代坚持和发展中国特色社会主义、实现中华民族伟大复兴的战略支撑。

第七，明确中国特色大国外交要推动构建新型国际关系，推动构建人类命运共同体。走和平发展道路，是我们党根据时代发展潮流和我国根本利益作出的战略抉择。推动构建人类命运共同体既是中国大国外交的战略目标，又是符合世界各国人民根本利益的价值追求。构建人类命运共同体的现实依据是人类正处在大发展大变革大调整时期，各国相互联系、相互依存，全球命运与共、休戚相关，和平、发展、合作、共赢的时代潮流更加强劲。同时，人类也正处在一个挑战层出不穷、风险日益增多的时代。全球性问题需要人类共同面对、共同应对，人类命运共同体就是每个民族、每个国家的前途命运都紧紧联系在一起，应该风雨同舟，荣辱与共，努力把世界各国人民对美好生活的向往变成现实。构建人类命运共同体的实质是建设持久和平、普遍安全、共同繁荣、开放包容、清洁美丽的世界。

第八，明确中国特色社会主义最本质的特征是中国共产党领导，中国特色社会主义制度的最大优势是中国共产党领导，党是最高政治领导力量，提出新时代党的建设总要求，突出政治建设在党的建设中的重要地位。这是关于中国共产党领导地位和党的建设的新论断，深刻揭示了党的领导与中国特色社会主义的关系，是对共产党执政规律认识的进一步深化。党的十八大以来，我们党把党的建设总体布局拓展为政治建设、思想建设、组织建设、作风建设、纪律建设、制度建设等紧密联系、相辅相成的六大方面。其中特别突出了党的政治建设的重要地位，明确了政治建设在新时代党的建设中的战略定位，抓住了全面从严治党的根本性问题。政治建设是党的根本性建设，其首要任务是保证全党服从中央，坚持党中央权威和集中统一领导，要求全党自觉增强"四个意识"，坚定"四个自信"，做到"两个维护"。

"八个明确"高度凝练、提纲挈领地点明了习近平新时代中国特色社会主义思想的核心内容，是对新时代坚持和发展什么样的中国特色社会主义系统性的理论概括。

三、新时代坚持和发展中国特色社会主义的基本方略

正确的理论原则必须转化为行动纲领，才能实现改造世界的伟大功能。在建设中国特色社会主义的各项工作中全面准确贯彻落实习近平新时代中国特色社会主义思想的精神实质和丰富内涵，必须有面向实践的系统的行动纲领。

党的十九大报告以"十四个坚持"概括了新时代坚持和发展中国特色社会主义的基本方略。具体包括：

坚持党对一切工作的领导。坚持党对一切工作的领导，是党和国家的根本所在、命脉所在，是全国各族人民的利益所在、幸福所在。党政军民学，东西南北中，党是领导一切的。必须增强政治意识、大局意识、核心意识、看齐意识，自觉维护党中央权威和集中统一领导，自觉在思想上政治上行动上同党中央保持高度一致，是坚持党的领导的核心要义。完善坚持党的领导的体制机制，完善坚定维护党中央权威和集中统一领导的各项制度，如，完善落实"两个维护"的制度，健全党中央对重大工作的领导体制，完善推动党中央重大决策落实机制，健全维护党的集中统一的组织制度，才能更好坚持和加强党的全面领导，更好发挥党的领导这一最大优势，提高党把方向、谋大局、定政策、促改革的能力和定力，确保党始终总揽全局、协调各方。

坚持以人民为中心。人民性是马克思主义最鲜明的品格，始终同人民在一起、为人民利益而奋斗，是马克思主义政党与其他政党的根本区别。人民是历史的创造者，是决定党和国家前途命运的根本力量。中国共产党根基在人民、血脉在人民，必须坚持人民主体地位，依靠人民创造历史伟业，坚持立党为公、执政为民，践行全心全意为人民服务的根本宗旨，把党的群众路线贯彻到治国理政全部活动之中，把人民对美好生活的向往作为奋斗目标。习近平指出，党团结带领人民进行革命、建设、改革，根本目的就是为了让人民过上好日子，无论面临多大挑战和压力，无论付出多大牺牲和代价，这一点都始终不渝、毫不动摇。新时代我们党坚持以人民为中心，就是要不断满足人民美好生活需要，不断促进全体人民共同富裕，不断促进人的全面发展。

坚持全面深化改革。改革开放是决定当代中国命运的关键一招，也是决定实现两个一百年奋斗目标、实现中华民族伟大复兴的关键一招。改革开放只有进行时没有完成时，全面深化改革仍然是新时代坚持和发展中国特色社会主义的根本动力。中国特色社会主义制度是党和人民在长期实践探索中形成的科学制度体系，我国国家治理一切工作和活动都依照中国特色社会主义制度展开，

我国国家治理体系和治理能力是中国特色社会主义制度及其执行能力的集中体现。在全面深化改革中要注重改革开放的系统性、整体性、协同性，以促进社会公平正义、增进人民福祉为出发点和落脚点。开放也是改革。以开放促改革、促发展，是我国发展不断取得新成就的重要法宝。推动全面开放，要以"一带一路"建设为重点，坚持"引进来"和"走出去"并重，遵循共商共建共享原则，加强创新能力开放合作，形成陆海内外联动、东西双向互济的开放格局。

坚持新发展理念。发展是解决我国一切问题的基础和关键。习近平强调，我们党领导人民治国理政，很重要的一个方面就是要回答好实现什么样的发展、怎样实现发展这个重大问题。理念是行动的先导，一定的发展实践都是由一定的发展理念来引领的。发展理念是否对头，从根本上决定着发展成效乃至成败。发展必须是科学发展，必须坚定不移贯彻创新、协调、绿色、开放、共享的发展理念。新发展理念是一个系统的理论体系，回答了关于发展的目的、动力、方式、路径等一系列理论和实践问题，阐明了我们党关于发展的政治立场、价值导向、发展模式、发展道路等重大政治问题。必须完整、准确、全面贯彻新发展理念。一是从根本宗旨把握新发展理念。人民是我们党执政的最深厚基础和最大底气。为人民谋幸福、为民族谋复兴，这既是我们党领导现代化建设的出发点和落脚点，也是新发展理念的"根"和"魂"。只有坚持以人民为中心的发展思想，坚持发展为了人民、发展依靠人民、发展成果由人民共享，才会有正确的发展观、现代化观。实现共同富裕不仅是经济问题，而且是关系党的执政基础的重大政治问题。要统筹考虑需要和可能，按照经济社会发展规律循序渐进，自觉主动解决地区差距、城乡差距、收入差距等问题，不断增强人民群众获得感、幸福感、安全感。二是从问题导向把握新发展理念。我国发展已经站在新的历史起点上，要根据新发展阶段的新要求，坚持问题导向，更加精准地贯彻新发展理念，举措要更加精准务实，切实解决好发展不平衡不充分的问题，真正实现高质量发展。三是从忧患意识把握新发展理念。随着我国社会主要矛盾变化和国际力量对比深刻调整，必须增强忧患意识、坚持底线思维，随时准备应对更加复杂困难的局面。要坚持政治安全、人民安全、国家利益至上有机统一，既要敢于斗争，也要善于斗争，全面做强自己。必须坚持和完善我国社会主义基本经济制度和分配制度，毫不动摇巩固和发展公有制经济，毫不动摇鼓励、支持、引导非公有制经济发展，使市场在资源配置中起决定性作用，更好发挥政府作用，推动新型工业化、信息化、城镇化、农业现代化同步发展，主动参与和推动经济全球化进程，发展更高层次的开放型经济。建设现代化经济体系，是我国经济发展的重大战略目标。要大力发展实体经济，筑牢现代化经济体系的坚实基础；加快实施创新驱动发展战略，强化现代化经济体系的战略支撑；积极推动城乡区域协调发展，优化现代化经济体系的空间布局；着力发展开放型经济，提高现代化经济体系的国际竞争力；加快构建以国内大循环为主体、国内国际双循环相互促进的新发展格局；深化经济体制改革，完善现代化经济体系的制度保障。坚持新发展理念，是关系我国发展全局的一场深刻变革，以经济建设为中心是兴国之要。现阶段，我国经济发展的基本特征就是由高速增长阶段转向高质量发展阶段。随着我国社会主义现代化建设的不断推进，在全面建成小康社会后，我国社会进入了新的发展阶段。这个新阶段就是全面建设社会主义现代化国家向第二个百年奋斗目标进军的阶段。新发展阶段是社会主义初级阶段中的一个阶段，同时是其中经过几十年积累、站到了新的起点上的一个阶段。新发展阶段是我们党带领人民迎来从站起来、富起来到强起来历史性跨越的新阶段，这在我国发展进程中具有里程碑意义。进入新发展阶段，是中华民族伟大复兴历史进程的大跨越。

坚持人民当家作主。人民民主是社会主义的生命。没有民主就没有社会主义，就没有社会主义的现代化，就没有中华民族伟大复兴。人民当家作主是社会主义民主政治的本质和核心。坚持党的领导、人民当家作主、依法治国有机统一是社会主义政治发展的必然要求。坚持走中国特色社会主义政治发展道路，坚持和完善人民代表大会制度、中国共产党领导的多党合作和政治协商制度、民族区域自治制度、基层群众自治制度，巩固和发展最广泛的爱国统一战线，发展社会主义协商民主，健全民主制度，丰富民主形式，拓宽民主渠道，保证人民当家作主落实到国家政治生活和社会生活之中。习近平指出，发展社会主义民主政治就是要体现人民意志、保障人民权益、激发人民创造活力，用制度体系保证人民当家作主。我国的社会主义民主政治制度安排，能够有效保证人民享有更加广泛、更加充实的权利和自由，保证人民广泛参加国家治理和社会治理；能够有效调节国家政治关系，发展充满活力的政党关系、民族关系、宗教关系、阶层关系、海内外同胞关系，增强民族凝聚力，形成安定团结的政治局面；能够集中力量办大事，有效促进社会生产力解放和发展，促进现代化建设各项事业，促进人民生活质量和水平不断提高；能够有效维护国家独立自主，有力维护国家主权、安全、发展利益，维护中国人民和中华民族的福祉。

坚持全面依法治国。习近平法治思想是全面推进依法治国的根本遵循和行动指南。全面推进依法治国总目标是建设中国特色社会主义法治体系、建设社会主义法治国家。全面推进依法治国是一个系统工程，是国家治理领域一场广泛而深刻的革命。必须坚持党对全面依法治国的领导，坚持以人民为中心，坚持中国特色社会主义法治道路，坚持依宪治国、依宪执政，坚持在法治轨道上推进国家治理体系和治理能力现代化，坚持建设中国特色社会主义法治体系，坚持依法治国、依法执政、依法行政共同推进，法治国家、法治政府、法治社会一体建设，坚持全面推进科学立法、严格执法、公正司法、全民守法，坚持统筹推进国内法治和涉外法治，坚持建设德才兼备的高素质法治工作队伍，坚持抓住领导干部这个"关键少数"。

坚持社会主义核心价值体系。文化自信是一个国家、一个民族发展中更基本、更深沉、更持久的力量。没有高度的文化自信，没有文化的繁荣兴盛，就没有中华民族伟大复兴。中国特色社会主义文化发展道路，揭示了我国文化发展规律，是推动社会主义文化繁荣兴盛的唯一正确道路。发展中国特色社会主义文化，就是以马克思主义为指导，坚守中华文化立场，立足当代中国现实，结合当今时代条件，发展面向现代化、面向世界、面向未来的，民族的科学的大众的社会主义文化，推动社会主义精神文明和物质文明协调发展。意识形态决定文化前进方向和发展道路。习近平指出，意识形态工作是党的一项极端重要的工作，是为国家立心、为民族立魂的工作。做好意识形态工作，不断增强意识形态领域主导权和话语权，事关党的前途命运，事关国家长治久安，事关民族凝聚力和向心力。牢固树立共产主义远大理想和中国特色社会主义共同理想，培育和践行社会主义核心价值观。在当代中国，我们倡导富强、民主、文明、和谐，自由、平等、公正、法治，爱国、敬业、诚信、友善的社会主义核心价值观。社会主义核心价值观，集中体现了当代中国精神，凝结着全体人民共同的价值追求。实现中华民族伟大复兴，必须结合新的时代条件传承和弘扬中华优秀传统文化，推动中华优秀传统文化创造性转化、创新性发展。同时要继承革命文化，发展社会主义先进文化，不忘本来、吸收外来、面向未来，更好构筑中国精神、中国价值、中国力量，为人民提供精神指引。

坚持在发展中保障和改善民生。增进民生福祉是发展的根本目的。经济发展是民生改善的物质基础，离开经济发展谈改善民生是无源之水、无本之木。我们的发展是以人民为中心的发展，如果发展不能回应人民的期待，不能让群众得到实际利益，这样的发展就失去意义，也不可能持续。要坚持不懈抓发展，不断扩大经济总量，让改革发展成果更多更公平惠及广大人民群众。必须多谋民生之利、多解民生之忧，在发展中补齐民生短板、促进社会公平正义。必须抓住人民最关心最直接最现实的利益问题，抓住最需要关心的人群，在更高水平上实现幼有所育、学有所教、劳有所得、病有所医、老有所养、住有所居、弱有所扶，让人民有更多、更直接、更实在的获得感、幸福感、安全感。如期完成新时代脱贫攻坚目标任务，巩固拓展脱贫攻坚成果，是民生建设的重要内容。党的十八大以来，党中央团结带领全党全国各族人民，把脱贫攻坚摆在治国理政突出位置，充分发挥党的领导和我国社会主义制度的政治优势，采取了许多具有原创性、独特性的重大举措，组织实施了人类历史上规模最大、力度最强的脱贫攻坚战。经过 8 年持续奋斗，如期完成了新时代脱贫攻坚目标任务，现行标准下农村贫困人口全部脱贫，贫困县全部摘帽，消除了绝对贫困和区域性整体贫困，近 1 亿贫困人口实现脱贫，取得了令全世界刮目相看的重大胜利。但巩固拓展脱贫攻坚成果的任务依然艰巨，仍然需要持续努力。收入分配是民生之源，是改善民生、实现发展成果由人民共享最重要最直接的方式。要坚持按劳分配原则，完善按要素分配的体制机制，促进收入分配更合理、更有序。坚持在经济增长的同时实现居民收入同步增长、在劳动生产率提高的同时实现劳动报酬同步提高。拓宽居民劳动收入和财产性收入渠道。履行好政府再分配调节职能，缩小收入分配差距。保证全体人民在共建共享发展中有更多获得感，不断促进全体人民共同富裕。建设平安中国，进一步加强和创新社会治理。维护社会和谐稳定，确保国家长治久安、人民安居乐业。

坚持人与自然和谐共生，建设生态文明。生态兴则文明兴，生态衰则文明衰。生态文明建设是关系中华民族永续发展的根本大计。新时代生态文明建设要以习近平生态文明思想为指导，坚持"六项原则"，即坚持人与自然和谐共生，绿水青山就是金山银山，良好生态环境是最普惠的民生福祉，山水林田湖草是生命共同体，用最严格制度最严密法治保护生态环境，共谋全球生态文明建设。生态文明建设要加快建设"五个体系"，即生态文化体系、生态经济体系、目标责任体系、生态文明制度体系、生态安全体系；中国要坚定走生产发展、生活富裕、生态良好的文明发展道路，建设美丽中国，为人民创造良好生产生活环境。同时中国推动国际社会"共谋全球生态文明建设"，为全球生态安全作出贡献。

坚持总体国家安全观。当代中国国家安全是融政治安全、国土安全、军事安全、经济安全、文化安全、社会安全、科技安全、信息安全、生态安全、资源安全、核安全、生物安全等于一体的安全体系，其中人民安全是国家安全的宗旨，政治安全是国家安全的根本。要坚持国家利益至上，以人民安全为宗旨，以政治安全为根本，以经济安全为基础，以军事、文化、社会安全为保障，以促进国际安全为依托，走出一条中国特色国家安全道路。贯彻落实总体国家安全观，必须坚持党对国家安全工作的绝对领导，必须坚持人民安全、政治安全、国家利益至上有机统一，必须统筹外部安全和内部安全、国土安全和国民安全、传统安全和非传统安全、自身安全和共同安全，完善国家安全制度体系，加强国家安全能力建设，坚决维护国家主权、安全、发展利益。

坚持党对军队的绝对领导。这是人民军队建军之本、强军之魂，必须全面贯彻党领导人民军队的一系列根本原则和制度，确立习近平强军思想在国防和军队建设中的指导地位，铸牢人民军队对党绝对忠诚的思想根基。当代中国强军的目标是建设一支"听党指挥、能打胜仗、作风优良"的人民军队；主要任务是聚焦能打仗、打胜仗，创新发展军事战略指导，构建中国特色现代作战体系，全面提高新时代备战打仗能力；总体布局是坚持政治建军、改革强军、科技兴军、依法治军，全面提高革命化现代化正规化水平。

坚持"一国两制"和推进祖国统一。保持香港、澳门长期繁荣稳定，实现祖国完全统一，是实现中华民族伟大复兴的必然要求。全面准确贯彻"一国两制""港人治港""澳人治澳"、高度自治的方针。坚定不移把"一国两制"实践向纵深推进，必须牢牢把握"一国两制"的根本宗旨，共同维护国家主权、安全、发展利益，保持香港、澳门长期繁荣稳定。必须把维护中央对香港、澳门特别行政区全面管治权和保障特别行政区高度自治权有机结合起来，确保"一国两制"方针不会变、不动摇，确保"一国两制"实践不变形、不走样。必须坚持一个中国原则，坚持"九二共识"，推动两岸关系和平发展。要探索"两制"台湾方案，丰富和平统一实践。深化两岸经济合作和文化往来，推动两岸同胞共同反对一切分裂国家的活动，共同为实现中华民族伟大复兴而奋斗。习近平强调，我们有坚定的意志、充分的信心、足够的能力挫败任何形式的"台独"分裂图谋。绝不允许任何人、任何组织、任何政党、在任何时候、以任何形式、把任何一块中国领土从中国分裂出去！民族复兴、国家统一是大势所趋、大义所在、民心所向。祖国必须统一，也必然统一。这是两岸关系发展历程的历史定论，也是新时代中华民族伟大复兴的必然要求。

坚持推动构建人类命运共同体。要统筹国内国际两个大局，始终不渝走和平发展道路、奉行互利共赢的开放战略，是构建人类命运共同体的基本路径。政治上，要相互尊重、平等协商，坚决摒弃冷战思维和强权政治，走对话而不对抗、结伴而不结盟的国与国交往新路，推动全球治理体系朝着更加公正合理的方向发展；安全上，要坚持以对话解决争端、以协商化解分歧，统筹应对传统和非传统安全威胁，反对一切形式的恐怖主义；经济上，要同舟共济，促进贸易和投资自由化便利化，推动经济全球化朝着更加开放、包容、普惠、平衡、共赢的方向发展；文化上，要尊重世界文明多样性，以文明交流超越文明隔阂、文明互鉴超越文明冲突、文明共存超越文明优越；生态上，要坚持环境友好，合作应对气候变化，保护好人类赖以生存的地球家园。人类可以利用自然、改造自然，但归根结底是自然的一部分，必须呵护自然，不能凌驾于自然之上。

坚持全面从严治党。勇于自我革命，从严管党治党，是我们党最鲜明的品格。全面从严治党，核心是加强党的领导，基础在全面，关键在严，要害在治。推进全面从严治党，既要解决思想问题，也要解决制度问题。坚持思想建党和制度治党同向发力，推动党的制度优势更好转化为治国理政的实际效能。推进全面从严治党，首先就要加强思想建党，解决思想和理想信念的问题。革命理想高于天，理想信念是共产党人精神上的"钙"。要教育引导全党牢记党的宗旨，挺起共产党人的精神脊梁，解决好世界观、人生观、价值观这个"总开关"问题。推进全面从严治党，就要坚持推进制度治党。加快形成覆盖党的领导和党的建设各方面的党内法规制度体系，健全党和国家监督体系。推进全面从严治党，就要严肃党内政治生活，严明党的纪律，强化党内监督，发展积极健康的党内政治文化，全面净化党内政治生态，坚决纠正各种不正之风，以零容忍态度惩治腐败，不断增强党自我净化，坚持走群众路线，坚决反对形式主义、官僚主义、享乐主义和奢靡之风。通过全面从严治党，提高党的自我完善、自我革新、自我提高的能力，始终保持党同人民群众的血肉联系。

"十四个坚持"基本方略回答了习近平新时代中国特色社会主义思想指导

实践、推动工作的方略、路径、步骤等问题，是对坚持和发展中国特色社会主义在各项工作中展开实现的战略部署，体现了理论与实践的统一，为在新时代坚持和发展中国特色社会主义提供了"路线图"和"方法论"。"十四个坚持"具有鲜明的系统性，基本内容涵盖改革发展稳定、内政外交国防、治党治国治军等各个方面；具有鲜明的问题导向，着眼于解决新时代我国社会主要矛盾；具有鲜明的创新性，充分反映时代和实践的要求，提出了一系列新理念、新举措。

四、习近平新时代中国特色社会主义思想是一个系统科学的理论体系

习近平新时代中国特色社会主义思想具有深刻的马克思主义理论基础、厚重的民族文化渊源和坚实的实践基础。这一思想围绕时代主题，把握历史方位，在理论和实际的结合上、认识论和方法论的有机统一上，深刻回答重大时代课题，将坚持和发展中国特色社会主义丰富的实际经验材料加以提炼，实现了马克思主义中国化理论上的新突破、思想上的新飞跃，创造了实践上的新成就。

习近平新时代中国特色社会主义思想凝练出"八个明确"和"十四个坚持"的精髓要义。"八个明确""十四个坚持"不是一个个孤立的具体事项、现象形态的列举，而是多方面事物实质的有机融合和高度统一，是在思维中再现的以铁的必然性发生作用并且正在实现的中国特色社会主义本质趋势。如对马克思主义的坚定信仰，对社会主义和共产主义的坚定信念，展现了当代中国共产党人的政治品格、价值追求、精神风范；为人民谋幸福、为民族谋复兴、为世界谋大同，是深刻理解和全面把握习近平新时代中国特色社会主义思想的金钥匙；彰显了人民至上的价值取向，彰显了立党为公、执政为民的执政理念；解放思想、实事求是、与时俱进，是马克思主义活的灵魂，也是习近平新时代中国特色社会主义思想活的灵魂。

任何理论体系都是一个范畴、概念系统。习近平新时代中国特色社会主义思想在对新时代坚持和发展中国特色社会主义的总目标、总任务、总体布局、战略布局和发展方向、发展方式、发展动力、战略步骤、外部条件、政治保证等基本问题进行论述时，根据新的实践对经济、政治、法治、科技、文化、教育、民生、民族、宗教、社会、生态文明、国家安全、国防和军队、"一国两制"和祖国统一、统一战线、外交、党的建设等各方面进行论述时，以实践为

基础，遵循客观历史进程的要求，综合客体各个侧面的反映，形成了习近平新时代中国特色社会主义思想的概念和逻辑系统，是一个系统科学的理论体系。

第三节　习近平新时代中国特色社会
主义思想的历史地位及重大意义

习近平新时代中国特色社会主义思想是当代中国马克思主义、21 世纪马克思主义，是引领党和国家事业不断从胜利走向新的胜利的强大思想武器和行动指南。

一、与马克思列宁主义、毛泽东思想、邓小平理论、"三个代表"重要思想、科学发展观一脉相承的科学理论体系

习近平指出，马克思主义及其在中国的发展，为党和人民事业发展提供了既一脉相承又与时俱进的科学理论指导，为增进全党全国各族人民团结统一提供了坚实思想基础。习近平新时代中国特色社会主义思想承续了马克思列宁主义、毛泽东思想、邓小平理论、"三个代表"重要思想、科学发展观一脉相承的"脉"。这个"脉"就是最能反映马克思主义本质的，贯穿于马克思列宁主义和中国化马克思主义之中的共同的世界观方法论、政治立场、基本原则和理论品格。

首先，世界观方法论的一脉相承。辩证唯物主义和历史唯物主义是中国共产党人的世界观和方法论。马克思和恩格斯创立了辩证唯物主义和历史唯物主义，揭示了宇宙间一切事物的一般规律及其本质特征，为马克思主义科学理论体系奠定了科学世界观和方法论基础，为无产阶级提供了认识世界、改造世界的思想武器。毛泽东灵活运用辩证唯物主义和历史唯物主义世界观和方法论，形成了具有鲜明中国特色的马克思主义哲学思想，为我们党掌握和运用辩证唯物主义和历史唯物主义树立了光辉典范。从邓小平理论、"三个代表"重要思想到科学发展观都是以马克思主义哲学和毛泽东哲学思想为世界观方法论基础形成的科学理论体系，为马克思主义哲学的中国化作出了重大贡献。

习近平新时代中国特色社会主义思想在新的历史条件下坚持并发展了辩证唯物主义和历史唯物主义。坚持并发展了实事求是这一马克思主义的精髓和最

根本的观点。强调实事求是是马克思主义的根本观点和根本要求，是基本的思想方法、工作方法、领导方法；坚持实事求是方法是做好各项工作的前提和根据，能否坚持和运用实事求是方法，是判断工作得失成败的根本准绳。坚持并发展了辩证唯物主义矛盾分析方法。强调在推进改革中要坚持辩证法，处理好解放思想和实事求是的关系、整体推进和重点突破的关系、全局和局部的关系、顶层设计和摸着石头过河的关系、胆子要大和步子要稳的关系、改革发展稳定的关系。坚持并发展了马克思主义辩证思维方法，提出和阐述了战略思维、系统思维、辩证思维、创新思维、法治思维、历史思维、底线思维、精准思维等科学方法。坚持并发展了唯物史观。深入分析我国当前社会基本矛盾运动的新特点，揭示我国当前社会主要矛盾发生的转变，明确我国社会发展新的历史方位，明确全面深化改革的重点和目标；鲜明提出以人民为中心的思想，强调发挥人民群众主体作用，坚持人民群众是历史创造者的观点，丰富发展了群众观点和群众路线。

其次，政治立场的一脉相承。《共产党宣言》强调：无产阶级的运动是绝大多数人的，为绝大多数人谋利益的独立的运动。马克思主义是人民的理论，人民立场是马克思主义最根本的政治立场。马克思主义博大精深，归根到底就是一句话，为人类求解放。马克思主义之所以具有跨越国度、跨越时代的影响力，就是因为它植根人民之中，指明了依靠人民推动历史前进的人间正道。从马克思列宁主义、毛泽东思想、邓小平理论、"三个代表"重要思想、科学发展观到习近平新时代中国特色社会主义思想，其中贯穿着一条一脉相承又与时俱进的政治立场，这就是：为绝大多数人谋利益，致力于实现最广大人民的根本利益。

习近平指出："人民立场是马克思主义政党的根本政治立场，人民是历史进步的真正动力，群众是真正的英雄，人民利益是我们党一切工作的根本出发点和落脚点。"[①] 习近平新时代中国特色社会主义思想坚持马克思主义的人民观，强调新时代坚持和发展中国特色社会主义，必须坚持人民至上、人民主体地位，一切为了人民，一切依靠人民，人民利益高于一切；强调把增进人民福祉、促进人的全面发展、朝着共同富裕的方向稳步迈进作为出发点和落脚点，等等。这些重要论述鲜明地表达了"为绝大多数人谋利益"的马克思主义根本

---

① 《习近平谈治国理政》第 2 卷，外文出版社 2017 年版，第 189 页。

立场和原则。坚持人民至上、人民利益高于一切，坚持以人民为中心的发展，是习近平新时代中国特色社会主义思想的根本特征和价值所在。

再次，基本原则的一脉相承。习近平指出，马克思主义是科学的理论。马克思创建了唯物史观和剩余价值学说，揭示了人类社会发展的一般规律，揭示了资本主义运行的特殊规律，使社会主义由空想变成科学。马克思和恩格斯系统全面阐述了科学社会主义的基本原理和基本原则。正如列宁指出的，马克思和恩格斯具有世界历史意义的伟大功绩，在于他们用科学的分析证明了，资本主义必然崩溃，资本主义必然过渡到不再有人剥削人现象的共产主义。马克思主义在根本性质上就是科学社会主义，坚持马克思主义，最根本的就是要坚持科学社会主义的基本原则。以毛泽东为主要代表的中国共产党人把科学社会主义基本原理和基本原则与中国实际相结合，领导中国人民取得了新民主主义革命的伟大胜利，建立了新中国，确立了社会主义制度，对社会主义建设道路进行了艰辛探索。以邓小平、江泽民、胡锦涛为主要代表的中国共产党人把科学社会主义基本原则与改革开放和社会主义现代化具体实践相结合，开辟了中国特色社会主义道路，形成了中国特色社会主义理论体系，丰富发展了科学社会主义，将科学社会主义推进到 21 世纪。

习近平指出，中国特色社会主义理论体系，是科学社会主义基本原则同中国实际和时代特征相结合的产物。我国改革开放的进程和当今中国社会的现实充分证明，中国特色社会主义理论体系坚持了马克思列宁主义关于科学社会主义的重要思想，遵循了科学社会主义基本原则。我们说中国特色社会主义理论体系同马克思列宁主义是一脉相承的，这个"脉"，就包括科学社会主义基本原则。习近平新时代中国特色社会主义思想坚持科学社会主义基本原则，科学回答了新时代坚持和发展中国特色社会主义的重大课题，是科学社会主义在当代中国的创新发展。强调科学社会主义基本原则不能丢，丢了就不是社会主义，中国特色社会主义是社会主义而不是其他什么主义，是根植于中国大地、反映中国人民意愿、适应中国和时代发展进步要求的科学社会主义。强调要把共产主义远大理想与中国特色社会主义共同理想统一起来，同我们正在做的事情统一起来，坚定道路自信、理论自信、制度自信、文化自信，不为任何风险所惧，不为任何干扰所惑，始终坚守共产党人的理想信念。

最后，理论品格的一脉相承。马克思主义具有与时俱进的理论品格，是不断发展的开放的理论，始终站在时代前沿。一部马克思主义发展史，就是马克思、恩格斯以及他们的后继者们不断根据时代、实践、认识发展而发展的历史。马克思主义经典作家反复强调要随着客观实际和历史条件的变化，不断推进理论的发展，要以科学态度对待自己创立的理论。毛泽东旗帜鲜明地指出，"马克思活着的时候，不能将后来出现的所有的问题都看到，也就不能在那时把所有的这些问题都加以解决。俄国的问题只能由列宁解决，中国的问题只能由中国人解决。"① 邓小平也指出："不以新的思想、观点去继承、发展马克思主义，不是真正的马克思主义者。"② 江泽民和胡锦涛也反复重申，马克思主义不是教条，只有正确运用于实践并在实践中不断发展才具有强大的生命力。

习近平新时代中国特色社会主义思想是与时俱进的典范。这一思想强调，马克思主义理论的每一次重大突破，社会主义实践的每一次历史性飞跃，都是马克思主义基本原理与具体实践相结合进行理论创新的结果。理论的生命力在于不断创新，推动马克思主义不断发展是中国共产党人的神圣职责。强调，坚持用马克思主义观察时代、解读时代、引领时代，用鲜活丰富的当代中国实践来推动马克思主义发展，用宽广视野吸收人类创造的一切优秀文明成果，坚持在改革中守正出新、不断超越自己，在开放中博采众长、不断完善自己，不断深化对坚持和发展新时代中国特色社会主义基本规律的认识，不断开辟马克思主义发展的新境界。

二、当代中国马克思主义、21 世纪马克思主义

习近平新时代中国特色社会主义思想坚持和运用马克思主义基本原理，对马克思主义作出了一系列原创性重大贡献，构建了具有鲜明特征的全新的理论形态，是当代中国马克思主义、21 世纪马克思主义，在马克思主义发展史上占有独特而又重要的地位。

习近平新时代中国特色社会主义思想是马克思主义在中国发展的新阶段。中国共产党人坚持从中国国情出发，坚持马克思主义与中国的具体实际相结合，不断推进马克思主义中国化的历史进程。在新民主主义革命时期，以毛泽东为代表的中国共产党人坚持从中国半殖民地半封建的国情出发，实现了马克思主义基本原理与中国具体实际相结合的第一次飞跃，创立了马克思主义中国

---

① 《毛泽东文集》第 8 卷，人民出版社 1999 年版，第 5 页。
② 《邓小平文选》第 3 卷，人民出版社 1993 年版，第 291—292 页。

化的第一个理论成果——毛泽东思想。在毛泽东对社会主义探索的基础上，以邓小平为代表的中国共产党人从社会主义初级阶段的国情和实际出发，用广阔的眼光观察世界、观察时代，创立了邓小平理论。经过"三个代表"重要思想、科学发展观不断完善，形成了中国特色社会主义理论体系。党的十八大以来，根据我国社会发展呈现出的阶段性特征和中国发展起来后出现的新情况，以习近平同志为核心的党中央，顺应中国特色社会主义新时代的发展要求，创立了习近平新时代中国特色社会主义思想。这一思想既坚持了科学社会主义的基本原则，又增添了许多符合时代特点和中国实际的崭新内容，对社会主义的认识提高到了一个新的科学水平。这一思想在马克思主义发展史上，在马克思主义中国化的历史进程中具有里程碑意义，是中国共产党人在新的历史起点上续写的马克思主义新篇章。

习近平新时代中国特色社会主义思想对马克思主义理论作出了原创性的重大贡献。中国特色社会主义进入新时代，在这个新时代，决胜全面建成小康社会、全面建设社会主义现代化强国、实现全体人民共同富裕、实现中华民族伟大复兴中国梦、为人类作出更大贡献，是我们党和国家在新时代坚持和发展中国特色社会主义的宏伟目标和根本任务。如何实现这些目标和任务，进一步坚持和发展中国特色社会主义，没有现成的答案，迫切需要在实践基础上的理论创新。习近平新时代中国特色社会主义思想顺应时代和实践的要求，对马克思主义哲学、政治经济学、科学社会主义等作出全方位的原创性贡献，极大地丰富和发展了马克思主义。

创造性地提出"中国特色社会主义进入新时代"的重大论断和新时代坚持和发展什么样的中国特色社会主义，怎样坚持发展中国特色社会主义的时代课题，并给予创造性的科学解答，使党和国家事业发展明确了新的历史方位，而且开创了中国特色社会主义发展的新阶段。这是对马克思主义时代观和社会主义观的原创性发展，更是对中国特色社会主义理论体系的重大理论创新。

对马克思主义哲学的原创性贡献主要有：第一，对马克思主义社会矛盾学说的新发展。习近平在党的十九大报告中，作出了中国特色社会主义进入新时代，我国社会主要矛盾已经转化为人民日益增长的美好生活需要和不平衡不充分的发展之间的矛盾这一重大政治论断，为科学认识我国发展新的历史方位提供了基本的客观依据。对我国社会主要矛盾的科学分析，开辟了马克思主义关于社会主义社会矛盾学说的新境界。第二，对马克思主义自然观的新发展。

习近平强调，自然是生命之母，人与自然是和谐共生的生命共同体，人类必须敬畏自然、尊重自然、顺应自然、保护自然。提出绿水青山就是金山银山的理念，开创了我国生态文明建设新局面，创新发展了马克思主义人与自然关系的学说。第三，对马克思主义科学方法论的新发展。习近平强调要胸怀大局、把握大势、着眼大事，坚持抓大事、谋全局，抓战略问题，做到因势而谋、应势而动、顺势而为。这些重要论述，是唯物辩证法全面、联系、发展观点的创造性运用，也是中国优秀传统文化中哲学思维方法的创新性发展。坚持问题导向，抓重点，抓牛鼻子的科学方法论。强调，面对改革的复杂形势和繁重任务，要牵住改革"牛鼻子"，既抓重要领域、重要任务、重要试点，又抓关键主体、关键环节、关键节点。关系全局的改革，特别是涉及重大制度创新的改革，要统一行动，任何时候不能放松、不能滞后。强调，要坚持问题导向，哪里矛盾和问题最突出，哪个疙瘩最难解，就重点抓哪项改革，以重点带动全局。这是对改革实践经验和规律的科学总结，是推进全面深化改革实践的科学方法论，是对马克思主义认识论和实践论的新贡献。

对马克思主义政治经济学的原创性贡献集中体现在，把马克思主义政治经济学基本原理创造性地运用于中国特色社会主义经济建设实践，形成了习近平新时代中国特色社会主义经济思想，其中主要有：第一，确立新发展理念。创新、协调、绿色、开放、共享的发展理念是针对我国发展中的突出矛盾和问题提出来的，是关系我国发展全局的一场深刻变革。强调，创新是引领发展的第一动力，协调是持续健康发展的内在要求，绿色是永续发展的必要条件和人民对美好生活追求的重要体现，开放是国家繁荣发展的必由之路，共享是中国特色社会主义的本质要求。强调，生态环境保护和经济发展不是矛盾对立的关系，保护生态环境就是保护生产力、改善生态环境就是发展生产力。这是对马克思主义生产力理论的丰富发展。第二，提出坚持完善社会主义基本经济制度，使市场在资源配置中起决定作用，更好地发挥政府的作用。党的十八届三中全会明确提出，要让市场在资源配置中起决定作用。习近平在党的十九大报告中进一步指出，使市场在资源配置中起决定作用，更好地发挥政府的作用。市场决定资源配置是市场经济的一般规律，市场经济本质上就是市场决定资源配置的经济。我国实行的是社会主义市场经济体制，仍然要坚持发挥社会主义制度的优越性、发挥党和政府的积极作用。这标志着社会主义市场经济发展进入了一个新阶段。第三，提出建设现代化经济体系。习近平指出，建设创新引领、协同发展的产业体系，统一开放、竞争有序的市场体系，体现效率、促进公平的收入分配体系，彰显优势、协调联动的城乡区域发展体系，资源节约、环境友好的绿色发展体系，多元平衡、安全高效的全面开放体系，充分发挥市场作用、更好发挥政府作用的经济体制。这几个体系是统一整体，要一体建设、一体推进。第四，提出推动供给侧结构性改革。习近平指出，推进供给侧结构性改革，是在全面分析国内经济阶段性特征的基础上调整经济结构、转变经济发展方式的治本良方，是培育增长新动力、形成先发新优势、实现创新引领发展的必然要求。要把推进供给侧结构性改革作为当前和今后一个时期经济发展和经济工作的主线。第五，提出加快构建以国内大循环为主体、国内国际双循环相互促进的新发展格局。构建新发展格局是根据我国新发展阶段、新历史任务、新环境条件作出的重大战略决策，关键在于实现经济循环流转和产业关联畅通，根本要求是提升供给体系的创新力和关联性，解决各类"卡脖子"和瓶颈问题，畅通国民经济循环。这是供给侧结构性改革的递进深化，是我国以往发展战略的整合提升。第六，提出推动形成全面开放新格局。习近平指出，推动全面开放，要以"一带一路"建设为重点，坚持"引进来"和"走出去"并重，遵循共商共建共享原则，加强创新能力开放合作，形成陆海内外联动、东西双向互济的开放格局，等等。以上经济思想作为习近平新时代中国特色社会主义经济思想的重要内容，大大丰富和发展了马克思主义政治经济学说，标志着我们党对中国特色社会主义经济规律的认识达到了一个新高度。

对科学社会主义的原创性贡献主要有：第一，对马克思主义建党学说的丰富发展。提出坚持党的全面领导，党政军民学，东西南北中，党是领导一切的，是最高的政治领导力量。中国共产党领导是中国特色社会主义最本质的特征、是中国特色社会主义制度的最大优势。提出勇于自我革命是我们党最鲜明的品格，我们党要永远立于不败之地，就要不断推进自我革命。提出把政治建设纳入党的建设总体布局并摆在首位，明确政治建设在新时代党的建设中的战略定位，等等。第二，对马克思主义国家学说的创新发展。提出坚持完善中国特色社会主义制度，推进治理体系和治理能力的现代化，推动构建系统完备、科学规范、运行有效的制度体系，国家治理体系和治理能力是一个有机整体，两者相辅相成；提出全面依法治国是国家治理的一场深刻革命，全面推进依法治国总目标是建设中国特色社会主义法治体系、建设社会主义法治国家，是坚持和发展中国特色社会主义的本质要求和重要保障；提出加强和创新社会治理，把系统治理、综合治理、依法治理、源头治理、专项治理结合起来，坚定不移走中国特色社会主义社会治理之路，打造共建共治共享的社会治理格局。第三，对马克思主义世界历史理论的创新发展。指出人类交往的世界性比过去任何时候都更深入、更广泛，各国相互联系和彼此依存比过去任何时候都更频繁、更紧密。单靠某个国家或某些国家的力量无法应对人类面临的各种挑战，世界各国应当携起手来，在追求本国利益的同时兼顾别国利益，在寻求自身发展的同时兼顾别国发展；倡导建立平等相待、互商互谅的伙伴关系，营造公道正义、共建共享的安全格局，谋求开放创新、包容互惠的发展前景，促进和而不同、兼容并蓄的文明交流，构筑尊崇自然、绿色发展的生态体系；强调各个国家应该根据自己的历史文化传统和国情自主地选择自己的发展道路，不同国家和民族之间既有特殊价值，又有人类共同价值；提出"一带一路"倡议，积极参与气候变化国际合作、进一步扩大开放等，主张各国之间通过平等协商、互利共赢的合作来建立新型国际关系。这是着眼人类发展和世界前途提出的中国理念、中国方案。

习近平新时代中国特色社会主义思想对马克思主义的原创性贡献还集中体现在：把马克思主义生态思想创造性地运用于中国特色社会主义生态文明建设实践，形成了习近平生态文明思想；把马克思主义军事理论创造性地运用于中国特色社会主义军事和国防建设实践，形成了习近平强军思想；把马克思主义国际关系理论创造性地运用于中国特色社会主义外交实践，形成了习近平外交思想；把马克思主义法学原理创造性地运用于中国特色社会主义法治建设实践，形成了习近平法治思想；等等。

习近平新时代中国特色社会主义思想在理论上实现了重大突破和创新，体现了马克思主义理论逻辑和中国特色社会主义发展历史逻辑的辩证统一，体现了马克思主义基本原理与当代中国实际、中国优秀传统文化、人类文明有益成果的有机结合。

习近平新时代中国特色社会主义思想构建了具有鲜明特征的新的理论形态。习近平新时代中国特色社会主义思想继承和发扬马克思主义理论品质，贯穿坚定信仰信念、鲜明人民立场、强烈历史担当、求真务实作风、勇于创新精神和科学方法论，呈现出当代中国马克思主义的鲜明理论特色。

一是坚守真理、传承文明的继承性。习近平新时代中国特色社会主义思想没有丢掉老祖宗，始终坚持马克思主义立场观点方法，处处闪耀着马克思主义真理光辉。特别是在许多重大原则问题上旗帜鲜明坚持和捍卫马克思主义，理直气壮驳斥各种奇谈怪论。习近平新时代中国特色社会主义思想贯穿着坚定的马克思主义理想信念，在世界上高高举起中国特色社会主义伟大旗帜，使科学社会主义在 21 世纪中国焕发出强大生机活力，向世人鲜明昭示了，中国共产党是高举马克思主义精神旗帜的政党，马克思主义信仰、共产主义理想是中国共产党人的命脉、灵魂和精神支柱，是我们战胜一切困难，夺取胜利的力量源泉，批驳了"共产主义虚无缥缈论""共产主义过时论"等错误思想。这一思想继承和吸收中华民族五千多年文明历史所孕育的中华优秀传统文化，承续了中华文化中的杰出智慧和优秀思想，蕴含着丰富的中华民族价值共识、精神追求、政治智慧、历史经验。这一思想，充分吸收人类文明有益成果，积极借鉴别国经验，展现出宽广视野和博大胸怀。

二是与时俱进、引领未来的创新性。习近平新时代中国特色社会主义思想弘扬马克思主义与时俱进的理论品格，紧密结合我国国情的变化和新时代特征大力推进理论创新，不断推进马克思主义中国化。以我们正在做的事情为中心，直面前进道路上的各种困难和矛盾、风险和挑战，着力探索破解难题、推进事业发展的新理念新思想新战略，讲了许多老祖宗没有讲过的新话，具有强烈的时代气息和现实针对性。这一思想洞察时代风云，把握时代大势，站在人类发展前沿引领时代潮流，关注世界和平与发展，关注人类前途与未来，注重从全球视野审视世界和中国，蕴含开放的品格，展现互惠的胸襟，积极探索关系人类前途命运的重大问题，为应对当今世界面临的全球性挑战、解决人类面临的共性问题贡献了中国智慧和中国方案。

三是不忘初心、践行宗旨的人民性。习近平新时代中国特色社会主义思想将坚持以人民为中心作为新时代坚持和发展中国特色社会主义的基本方略之一，始终坚持人民主体地位，顺应我国社会主要矛盾转化的新要求，下大力气解决发展不平衡不充分的问题，更好满足人民日益增长的美好生活需要，把让老百姓过上好日子作为全部工作的出发点和落脚点；坚持人民利益高于一切，把维护公平正义、增进人民福祉作为发展的根本目的；尊重人民首创精神，调动人民群众的积极性、创造性和主动性；注重从人民群众中汲取智慧和力量，时刻关注人民群众的喜怒哀乐，体现了亲民、爱民、忧民、为民的真挚情怀。这一思想始终为人民代言、为人民立言，充分体现了立党为公、执政为民的执政理念，体现了为中国人民谋幸福、为中华民族谋复兴的使命担当，体现了人民至上的价值追求。

四是实事求是、把握规律的科学性。习近平新时代中国特色社会主义思想紧密结合新的时代条件和实践要求，坚持解放思想、实事求是、与时俱进、求真务实，提出了许多具有原创性、开创性、时代性的重大思想观点，实现了马克思主义基本原理同中国具体实际相结合的新飞跃。这一思想立足社会主义初级阶段这个最大实际，准确把握我国发展的阶段性特征和我国社会主要矛盾的新变化，坚持一切从实际出发，勇于破除一切不合时宜的思想观念和体制机制弊端。这一思想积极探索规律、自觉遵循规律，按照客观规律要求谋划事业发展，正确处理尊重客观规律与发挥主观能动性的关系，使我们党对共产党执政规律、社会主义建设规律、人类社会发展规律的认识达到了新的高度。

三、当代中国发展进步的行动指南

实践性是马克思主义理论区别于其他理论的显著特征，也是习近平新时代中国特色社会主义思想的鲜明品格。习近平新时代中国特色社会主义思想植根于坚持和发展中国特色社会主义新的伟大实践，坚持理论和实践相统一，在指导实践、推动实践发展中展现出强大真理力量，是当代中国发展进步的行动指南。

第一，为新时代坚持和发展中国特色社会主义提供了根本指引。习近平新时代中国特色社会主义思想接续几代中国共产党人实现国家富强、民族振兴、人民幸福的不懈追求，围绕新时代坚持和发展什么样的中国特色社会主义、怎样坚持和发展中国特色社会主义谋篇布局，在不断推进"四个伟大"的实践过程中，提出了一系列具有开创性意义的新理念新思想新战略，精准回应了人民群众关切的许多重大思想理论和发展实践问题，完成中国共产党为实现中华民族伟大复兴所作的顶层设计，指导党和国家事业取得历史性成就、发生历史性变革，开启和引领了中国特色社会主义的新时代、新发展。党的十八大以来，正是在这一重要思想指引下，党团结带领全体人民沉着应对国内外风险挑战明显增多的复杂局面，办成许多大事要事、解决许多急事难事，书写了世所罕见的经济快速发展和社会长期稳定"两大奇迹"。中国经济快速发展、社会总体稳定有序、人民生活不断改善、社会文明水平不断提升，用事实证明了这一理论的科学性。习近平新时代中国特色社会主义思想必将有力指引全面建设社会主义现代化国家伟大目标的实现。

第二，为新时代治国理政提供了基本遵循。"怎样治理社会主义社会这样全新的社会，在以往的世界社会主义中没有解决得很好。"① 马克思、恩格斯没有遇到全面治理一个社会主义国家的实践；列宁在俄国十月革命后不久就过世了，没有来得及深入探索这个问题；苏联在这个问题上进行了探索，取得了一些实践经验，但也犯下了严重错误，没有解决这个问题。当代中国既是一个历史悠久、正向社会主义现代化强国迈进的文明古国，又是世界上最大的发展中国家和最大的社会主义国家，治国理政所面临的困难和挑战世所罕见。习近平新时代中国特色社会主义思想顺应时代潮流，把握发展大势，坚持把人民对美好生活的向往作为奋斗目标，准确把握我国发展的阶段性特征和我国社会主要矛盾的新变化，直面前进道路上的各种困难和矛盾、风险和挑战，勇于破除一切不合时宜的思想观念和体制机制弊端，就坚持和发展中国特色社会主义制度、推进国家治理体系和治理能力现代化作出一系列重大部署，科学回答了"如何实现国家治理现代化"的重大问题，为推进国家治理体系和治理能力的现代化提供了基本遵循，反映了我们党对治国理政规律认识的进一步深化。在这一重要思想指导下，我国创造了既不同于历史上其他社会主义国家，又不同于西方资本主义的治理模式，体现了中国特色社会主义制度治理国家的有效性、优越性，形成了对比于西方国家治理的独特优势，也为世界上其他国家实现科学治理提供了可资借鉴的成功经验。

第三，为全面从严治党、把党建设成为中国特色社会主义事业的坚强领导核心提供了强大思想武器。习近平新时代中国特色社会主义思想鲜明提出全面加强党的领导，强调党是最高政治领导力量，坚持党中央权威和集中统一领导，增强政治意识、大局意识、核心意识、看齐意识，确保党始终总揽全局、协调各方；鲜明提出全面从严治党，明确新时代党的建设总要求，强调以政治建设为统领，坚持思想建党和制度治党同向发力，全面推进党的政治建设、思想建设、组织建设、作风建设、纪律建设，以零容忍态度惩治腐败，构建起体现马克思主义政党本质、符合时代发展和长期执政要求系统完备的党建理论体系，为应对"四大考验"、战胜"四种危险"，始终保持党的先进性和纯洁性提供了思想保证。这一思想深刻把握"伟大工程"在"四个伟大"中的决定性作用，体现了推进社会革命和自我革命相统一的高度自觉，在管党治党实践中引

---

① 《习近平谈治国理政》，外文出版社 2014 年版，第 91 页。

领党的革命性锻造，实现全党思想上统一、政治上团结、行动上一致，极大增强党的凝聚力、战斗力和领导力、号召力，为中国共产党完成好新时代的历史使命提供了根本指引。

四、推动世界文明进步的强大真理力量

"中国共产党是为中国人民谋幸福的政党，也是为人类进步事业而奋斗的政党。中国共产党始终把为人类作出新的更大的贡献作为自己的使命。"[①] 习近平新时代中国特色社会主义思想坚持当今时代主题是和平与发展的科学判断，以为人类谋发展、为世界谋大同的高远境界，鲜明提出"构建人类命运共同体"理念，创造性回答了"世界怎么了、我们怎么办"这一时代之问，为解决当今全球发展问题贡献了中国智慧、中国理念、中国方案。

第一，贡献推进全球治理的中国智慧。当今世界经济增长需要新动力，发展需要更加普惠平衡，贫富差距鸿沟有待弥合，地区热点问题此起彼伏，和平赤字、发展赤字、治理赤字困扰全世界。面对摆在全人类面前的共同挑战，习近平新时代中国特色社会主义思想把握世界发展大势，着眼于长远的制度性安排，主张建立以"合作共赢"为核心的新型国际关系，提出遵循共商共建共享原则积极推进全球治理体系变革的思想。具体而言，在经济层面，着眼于推动经济全球化朝着开放、包容、普惠、平衡、共赢的方向发展，减少全球发展不平等、不平衡现象，提出新型经济全球化方案、"一带一路"倡议、世界经济复苏方案等，为改写全球发展观念、强化全球经济治理、加快世界经济复苏作出了突出贡献；在制度层面，倡导"一带一路"国际合作机制，倡导建立亚投行等多边金融架构，为改革和完善全球治理体系提出了崭新思路；在价值观层面，倡导摒弃单边主义、反对霸权主义、超越西方中心主义，维护人类共同价值，尊重人类文明多样性，为推动全球经济持续发展、消解经济全球化的负面影响提供了合理的价值引领。"构建人类命运共同体"理念受到国际社会高度评价和热烈响应，已多次被写入联合国文件，产生了日益广泛而深远的国际影响。实践充分证明，习近平新时代中国特色社会主义思想为促进人类和平与发展、建设更加美好的世界指明了前进方向，为应对人类和平与发展中的种种问题、推动全球治理变革提供了中国智慧，展现了中国对于人类和平与发展的

---

① 《习近平谈治国理政》第 3 卷，外文出版社 2020 年版，第 45 页。

责任担当。

第二，提供实现现代化的中国方案。长期以来，西方国家凭借话语霸权赋予其现代化道路"普世性"。第二次世界大战后，大多数发展中国家选择了资本主义现代化道路，却往往落入现代化陷阱，以致经济畸形发展、社会矛盾凸显、政局动荡不安。中国独立自主地选择了从自己实际出发的现代化道路，推动中国社会主义现代化建设取得举世瞩目的成绩。习近平新时代中国特色社会主义思想，概括了中国坚持"走自己的路"的宝贵经验，强调世界上没有放之四海而皆准的发展模式，中国的社会主义现代化道路不是国外现代化发展的翻版，"设计和发展国家政治制度，必须注重历史和现实、理论和实践、形式和内容有机统一"①，在政治上不能搬来政治制度的"飞来峰"；强调广大发展中国家应根据本国人民的意愿自主选择适合自己国情的发展道路，"一个国家发展道路合不合适，只有这个国家的人民才最有发言权"，在关乎根本利益的问题上坚守自己的原则。这一思想强调中国的现代化具有鲜明中国特色和特征，是物质文明和精神文明相协调的现代化，是全体人民共同富裕的现代化，是人与自然和谐共生的现代化，是走和平发展道路的现代化，打破了对西方现代化道路的盲目崇拜和路径依赖，拓展了发展中国家走向现代化的途径，为世界上那些既希望加快发展又希望保持自身独立性的国家和民族提供了全新方案。

第三，展示推动世界社会主义运动发展的中国力量。苏东剧变后，世界社会主义运动遭受挫折、处于低潮。我国顶住压力，坚定不移坚持和发展中国特色社会主义，科学社会主义在曲折中奋起。2008年国际金融危机后，西方资本主义国家在世界上的影响力不断下降，呈现出"东升西降"的态势。习近平新时代中国特色社会主义思想科学分析当代资本主义国家社会主要矛盾的新变化、新特点，深入回答在两种社会制度并存的历史条件下，坚定不移地走社会主义道路，充分发挥社会主义制度的比较优势等问题，深刻指出社会历史发展的总趋势没有改变，引领了中国特色社会主义理论与实践的发展，在世界上高高举起了中国特色社会主义伟大旗帜，使科学社会主义在21世纪的中国焕发出强大生机活力，展现了社会主义的光明前景。

习近平新时代中国特色社会主义思想不仅要指导我们党领导全国各族人民建成社会主义现代化强国和实现中华民族伟大复兴的全过程，而且要为建成发

---

① 《习近平谈治国理政》第2卷，外文出版社2017年版，第285页。

达的社会主义进一步奠定理论基础。习近平新时代中国特色社会主义思想的指导、创新发展，是中国特色社会主义真正光明灿烂的首要的和根本的希望寄托所在，是推动世界百年未有之大变局和构建人类命运共同体加快发展的强大真理力量。

习近平新时代中国特色社会主义思想是马克思主义中国化的最新成果，是中国共产党人在新的历史起点上续写的马克思主义新篇章，充分展现出马克思主义的真理力量和强大生命力，在马克思主义发展史上、在马克思主义中国化的历史进程中具有里程碑意义。在当代中国，坚持习近平新时代中国特色社会主义思想就是坚持马克思主义。新时代坚持和发展中国特色社会主义必须不断推进马克思主义理论创新，深入推动马克思主义与当代中国发展的具体实际相结合，在全面建设社会主义现代化国家新征程中不断开辟当代中国马克思主义、21世纪马克思主义发展新境界。

思考题

1. 试述习近平新时代中国特色社会主义思想创立的历史条件。
2. 简述习近平新时代中国特色社会主义思想的主要内容。
3. 简述习近平新时代中国特色社会主义思想对马克思主义的原创性贡献。
4. 试述习近平新时代中国特色社会主义思想的历史地位和重大意义。

结　束　语

170多年来，马克思主义在波澜壮阔的发展进程中，始终保持着强大的生命力，创造了人类思想文化史上的奇迹。马克思主义的生命力源自何处，马克思主义发展史有哪些宝贵经验，马克思主义如何在应对新的时代挑战中开拓前进，这些都是在学习掌握马克思主义发展历史的基础上，需要进一步认真思考的重要问题。

一、马克思主义发展的历史经验

习近平指出："《共产党宣言》发表170年来，马克思主义在世界上得到广泛传播。在人类思想史上，没有一种思想理论像马克思主义那样对人类产生了如此广泛而深刻的影响。"[①] 马克思主义170多年的发展历史证明，马克思主义之所以能够极大地推进人类文明进程，永葆生机活力，其奥妙所在和最基本的经验，就是它坚定不移、始终一贯地与时代同步伐，与人民共命运，关注和回答时代和实践提出的重大课题。坚定不移、始终一贯地坚持与各国具体国情相结合、不断推进马克思主义的民族化、时代化、大众化，形成具有民族特点和民族形式的理论形态，从而指导各国革命、社会主义现代化建设和改革取得胜利。

19世纪80年代，恩格斯在给查苏利奇的信中明确指出："马克思的历史理论是任何坚定不移和始终一贯的革命策略的基本条件；为了找到这种策略，需要的只是把这一理论应用于本国的经济条件和政治条件。"[②] 列宁指出，马克思主义不是一成不变的和神圣不可侵犯的东西，"因为它所提供的只是总的指导原理，而这些原理的应用具体地说，在英国不同于法国，在法国不同于德国，在德国又不同于俄国"[③]。毛泽东也说过："马克思主义必须和我国的具体特点相结合并通过一定的民族形式才能实现。马克思列宁主义的伟大力量，就在于它是和各个国家具体的革命实践相联系的。"[④] 列宁主义、毛泽东思想和中国特

① 习近平：《在纪念马克思诞辰200周年大会上的讲话》，人民出版社2018年版，第10页。
② 《马克思恩格斯文集》第10卷，人民出版社2009年版，第532页。
③ 《列宁选集》第1卷，人民出版社2012年版，第274—275页。
④ 《毛泽东选集》第2卷，人民出版社1991年版，第534页。

色社会主义理论体系，是马克思主义民族化的典范。反之，如果马克思主义不能实现民族化，就会给革命和建设事业带来严重危害，如"左"倾教条主义曾使中国革命陷入绝境，长期把马克思主义教条化、把苏联经验神圣化是东欧国家发生剧变的重要原因。历史充分证明，不断推进马克思主义民族化，是马克思主义永葆生机与活力的根本原因。

马克思主义时代化，就是把马克思主义基本原理与时代特征相结合，使马克思主义能够始终立足时代条件、体现时代精神、回答时代课题、引领时代潮流。由于时代条件的不同，马克思主义在不同的历史阶段会有不同的理论形态和表现形式。一部马克思主义发展史就是马克思主义基本原理与时代特征相结合并不断创新发展的历史。

"一切划时代的体系的真正的内容都是由于产生这些体系的那个时期的需要而形成起来的。"① 19 世纪上半叶，资本主义社会基本矛盾不断激化，工人运动蓬勃发展，无产阶级革命成为时代要求，马克思主义应运而生。列宁主义是立足于帝国主义时代垄断资本主义的发展变化，深入回答经济文化比较落后国家无产阶级革命以及社会主义建设的形式、特点、规律，而最终形成的。毛泽东思想紧紧围绕帝国主义时代无产阶级革命和民族解放运动高涨的新形势，回答解决了新民主主义革命、社会主义革命和建设的一系列问题。中国特色社会主义理论体系是在和平与发展成为时代主题的情况下，坚持科学社会主义基本原则，又根据改革开放的实际和社会主义初级阶段的基本国情，把马克思主义推进到了一个新的历史阶段。十八大以来，以习近平同志为主要代表的中国共产党人，顺应时代发展，从理论和实践结合上系统回答了新时代坚持和发展什么样的中国特色社会主义、怎样坚持和发展中国特色社会主义这个重大时代课题，创立了习近平新时代中国特色社会主义思想。习近平新时代中国特色社会主义思想实现了马克思主义基本原理与中国具体实际相结合的新飞跃，是 21 世纪中国的马克思主义，是马克思主义中国化最新成果，在马克思主义中国化进程中具有开创性意义。时代发展永无止境，马克思主义必将随着时代、实践和科学的发展而不断与时俱进。

马克思主义大众化，就是马克思主义要始终坚持无产阶级和劳动人民的根本立场，反映和维护最广大人民的根本利益，并通过群众喜闻乐见的形式，使

---

① 《马克思恩格斯全集》第 3 卷，人民出版社 1960 年版，第 544 页。

马克思主义为人民大众所掌握，成为其认识世界和改造世界的强大精神力量。马克思主义是来自实践、指导实践的科学理论，人民群众是社会实践的主体，因此马克思主义民族化、时代化的过程必然伴随马克思主义大众化。

马克思主义经典作家一贯注重马克思主义理论与人民大众的结合，马克思主义大众化贯穿了马克思主义发展史。马克思说过："批判的武器当然不能代替武器的批判，物质力量只能用物质力量来摧毁；但是理论一经掌握群众，也会变成物质力量。"① 早在十月革命前夕，为了向工人灌输政治知识，列宁指出："最高限度的马克思主义＝最高限度的通俗化和简单明了。"② 在他的倡导下，当时的苏维埃俄国曾经编写了大批通俗理论读物。毛泽东也是推进马克思主义大众化的杰出典范。他大量引用生动的历史和成语典故去说明深刻的道理，《愚公移山》《为人民服务》《纪念白求恩》等都是脍炙人口的杰作。邓小平也善于以通俗生动的语言表述深刻的道理。在习近平新时代中国特色社会主义思想中这一特色亦十分鲜明。能不能做到马克思主义大众化，不仅是一个认识问题，更是一个立场问题、对人民群众的感情问题。马克思主义如果脱离人民群众，脱离实践，就会成为无本之木、无源之水，就必然丧失发展动力和影响力。

马克思主义的民族化、时代化、大众化是马克思主义历史发展的基本经验，也是今后继续坚持和发展马克思主义必须遵循的根本准则。不断推进马克思主义中国化、时代化、大众化，是马克思主义者的重大使命。

二、马克思主义在当代面临的重大课题

由于时代变化和实践发展，马克思主义在当代面临许多新的问题，这既是对马克思主义的挑战，也为马克思主义的发展提供了机遇。

经济全球化深入发展。马克思和恩格斯提出"历史向世界历史的转变"③ 这一命题，已经深刻地预见到经济全球化的发展趋势。他们认为，资产阶级"开拓了世界市场，使一切国家的生产和消费都成为世界性的了"④。他们指出："无产阶级只有在世界历史意义上才能存在，就像共产主义——它的事

① 《马克思恩格斯文集》第 1 卷，人民出版社 2009 年版，第 11 页。
② 《列宁全集》第 36 卷，人民出版社 1959 年版，第 467 页。
③ 《马克思恩格斯文集》第 1 卷，人民出版社 2009 年版，第 541 页。
④ 《马克思恩格斯文集》第 2 卷，人民出版社 2009 年版，第 35 页。

业——只有作为'世界历史性的'存在才有可能实现一样。"① 根据马克思关于世界历史的论述和思想，世界历史性的进程是向共产主义转变的必经环节，只有共产主义目标的实现，才能实现真正意义上的全球化。

经济全球化已经成为当今世界发展的客观趋势和基本特征，突出表现为：国际分工不断深化和扩展，各种资源在全球进行配置，各国经济相互交流、相互依存日益加深。经济全球化是人类社会生产力发展的必然产物，具有推动社会生产的历史进步性。同时必须看到，当今世界的经济全球化在很大程度上是资本主义生产方式在全球的扩张过程。这必然伴随着资本主义基本矛盾在全球范围的扩展，必然伴随着发达国家和发展中国家之间一系列矛盾和冲突的加剧，也伴随着传统安全中的战争威胁问题，以及非传统安全中的恐怖主义、贫富分化、金融危机、环境恶化、资源紧缺、重大自然灾害以及严重疾病等一系列全球性问题。

经济全球化给人类社会发展既带来了巨大的机遇，又带来了严峻的挑战，这些都是马克思主义必须面对和回应的。经济全球化在给当代资本主义带来深刻影响，使发达资本主义国家攫取巨大经济利益的同时，也加剧了资本主义在全球范围内的矛盾和冲突，因此没有也不可能从根本上改变资本主义的历史宿命。马克思主义要深刻揭示经济全球化条件下资本主义矛盾的新特点和发展趋势，推动社会主义国家趋利避害，加快自身发展，建立公正合理的国际经济政治新秩序，使经济全球化成为实现共产主义和全人类解放的机遇和条件。要特别指出的是，21 世纪以来，以中国为代表的新兴市场国家和发展中国家迅速崛起，国际力量对比出现"东升西降"的历史性变化，西方国家霸占的世界权力、主导的国际格局也随之发生着深刻变化。现在，美国政府已成为名副其实的国际秩序搅局者，而以中国为代表的新兴市场国家和发展中国家则成为坚定的国际秩序维护者，主张通过调整和改革，使现有国际秩序和全球治理体系朝着更加公正、合理的方向发展。

科技革命日新月异。科学技术的发展是马克思主义的重要源泉和推动力量。恩格斯曾说过，"甚至随着自然科学领域中每一个划时代的发现，唯物主义也必然要改变自己的形式"②。进入 21 世纪，科学技术越来越成为社会生产

① 《马克思恩格斯文集》第 1 卷，人民出版社 2009 年版，第 539 页。
② 《马克思恩格斯文集》第 4 卷，人民出版社 2009 年版，第 281 页。

力发展和人类社会进步的强大动力。信息化、网络化、数字化时代的来临，要求马克思主义从理论到方法都有所突破。新科技革命深刻影响了人类的生产活动和社会结构，改变了人们的生活方式、行为模式和意识形态等，极大增强了人类认识和改造自然的能力，同时也带来了一些严重后果，甚至可能给人类带来灭顶之灾。例如，核扩散、核污染的严重危害，克隆技术带来的生命伦理问题，转基因技术运用中某些不可预测的后果，网络技术应用中的社会责任和道德自律问题，等等。如何抓住新科技革命的机遇，创新理论形态和表达方式，更好地指导推动社会全面发展，更加有力地回应和解决新科技革命带来的问题和挑战，已成为马克思主义的一项重大课题。

当代资本主义出现新变化。国际垄断成为当代资本主义发展的重要趋势，引起当代资本主义从经济基础到上层建筑发生一系列新变化。在社会生产力方面，资本流动全球化、社会生产信息化和经济构成虚拟化成为重要特征。在生产关系方面，联合起来的垄断资本集团的占有，发展为代表整个资本主义国家的占有，国家经营或国家与私人共同经营成为占有的重要方式。在分配关系方面，资本主义国家普遍建立了社会福利与保障制度，劳资矛盾有所缓和，并出现了新的样态。在阶级结构方面，传统意义上以产业工人为主体的工人阶级的范围不断缩小，中等收入阶层呈现迅速扩大趋势。在国家职能方面，资本主义国家改变统治形式、调整统治方式，在继续强化、更新军队和警察等国家机器装备的同时，特别加强了意识形态领域的控制。

当代资本主义的新变化并没有从根本上改变其本质和固有矛盾，没有改变其最终走向灭亡的历史趋势。经济社会方面，资本对雇佣劳动的剥削日益隐蔽，贫富分化更加严重，金融和经济危机频发，高失业率、公共债务攀高成为顽症。政治方面，利益集团操纵政治与主权在民的矛盾，私有制与民有、民享的矛盾，资产阶级的统治权力的统一性与内部分权制衡等矛盾交织。文化方面，物质文明的日益发展与精神世界的日益衰落、科学技术的日益发展与个人生活世界的日益萎缩、社会整体的高度发展与个人主义价值观的极端化并存。如何正确认识当代资本主义出现的新变化，科学把握其基本矛盾新的表现形式，深化对当代资本主义本质的批判，进一步揭示其必然走向灭亡的历史趋势，是马克思主义的重大历史使命。

社会主义发展面临挑战。马克思主义的命运总是同社会主义联系在一起的。苏东剧变后世界社会主义总体处于低潮，虽然各社会主义国家克服了许多暂时性困难，在建设和改革的道路上取得了积极进展，特别是中国特色社会主义取得了辉煌成就。但从全球来看，资本主义在经济、科技等方面的优势地位没有根本改变，社会主义仍然面临着巨大压力。同时，西方资本主义国家实施的西化、分化战略，是社会主义国家长期面临的现实威胁。社会主义国家在探索适合本国国情的建设道路、深化体制机制改革、完善社会主义基本制度、充分发挥社会主义优越性、增强社会主义吸引力凝聚力等方面，还存在诸多困难和问题。如何深入总结社会主义建设的经验教训，特别是汲取苏东剧变的教训，不断深化对什么是社会主义、怎样建设社会主义的认识，积极探索当代社会主义建设的道路和规律，推动社会主义走出低潮、走向复兴，是马克思主义面临的重大历史责任。

各种社会思潮碰撞交锋。当前有几种西方思潮，在世界观、历史观、政治观和价值观方面，对马克思主义形成严重挑战，特别是新自由主义、民主社会主义和历史虚无主义影响最大，危害最严重。

新自由主义作为当代垄断资产阶级的价值理念，主张彻底私有化、经济自由化和完全市场化，代表了国际垄断资本的利益。新自由主义主要向社会主义国家、发展中国家推行，给接受其影响的国家带来严重危害。现在，虽然人们对新自由主义的危害有所认识，但仍然有很多人迷信新自由主义的神话，这就需要马克思主义者从理论上对其进行透彻的分析和批判，深刻揭示其本质，推动其从新自由主义的束缚中解脱出来，进而扩大马克思主义的影响。

民主社会主义（社会民主主义）思潮历史悠久。第二次世界大战以后，它逐渐融入资本主义制度，演变成为资本主义的共生者。民主社会主义仅仅把社会主义看成是一种道德需要，否认社会主义代替资本主义的历史必然性，主张对资本主义制度进行改良，其实质是充当资本主义病床前的医生，维护资本主义制度。民主社会主义在理论上排斥以马克思主义为指导；在政治上否定工人阶级领导，否定无产阶级革命，特别是无产阶级专政；在经济上否认公有制的主体地位，主张实行以私有制为主体的混合经济。民主社会主义的思想理论和政治主张，与科学社会主义是根本对立的，与马克思主义背道而驰。但由于它打着社会主义的旗号，在西方以左翼的面目出现，对人民群众具有很大的迷惑性和欺骗性。对马克思主义来说，引导人民群众认清民主社会主义的本质和危害，与其划清界限，是一项长期艰巨的历史任务。

历史虚无主义是一种主观唯心主义思潮，也是一种反党反社会主义的政治思潮。它应西方反共主义的需要，在 20 世纪 80 年代泛起，在苏联解体、苏共垮台过程中起过非常坏的作用。在当代中国，历史虚无主义否定改革开放，歪曲、丑化、否定党的历史、中华人民共和国历史、人民军队的历史、党的领袖和英雄模范，以图搞乱人们的思想，其要害是从根本上否定马克思主义指导地位和中国走向社会主义的历史必然性，否定中国特色社会主义制度，否定中国共产党的领导。为了维护和捍卫党和国家的历史，坚决捍卫党的基本路线，必须旗帜鲜明地反对和抵制历史虚无主义。

三、在迎接挑战中开拓前进

马克思主义在 170 多年的发展过程中，曾经历过无数风浪，克服过许多挑战，正是在战胜风浪、克服挑战中，马克思主义逐步成熟，不断开创出新的境界。人类已经进入 21 世纪，在社会大变革、科技大发展、文化大碰撞的时代背景下，新事物、新问题层出不穷，马克思主义有了更多的发展机遇，也遇到了更为严峻的挑战。面对这种形势，是勇敢面对，还是畏怯退缩；是在迎接挑战中继续开拓前进，还是在挑战面前裹足不前，是对马克思主义的新的考验。"千击万磨还坚韧，任尔东西南北风。"马克思主义者立于 21 世纪的时代高度，以无比坚定的信念，笑迎风浪和挑战。

笑迎风浪和挑战，知难而上，靠的是信念和智慧，这种信念和智慧源于马克思主义普遍原理和客观实际的结合。这是马克思主义攻坚克难、克敌制胜的法宝。依靠这个法宝，马克思主义在过去克服了重重困难，赢得了伟大胜利；依靠这个法宝，马克思主义也一定能在今后战胜各种挑战，继续阔步前进。挑战对马克思主义的发展是一种威胁，但同样也可以成为马克思主义进一步发展的机遇和动力。能不能战胜挑战，不在挑战本身，而在于马克思主义能不能结合不断发展的实践和时代，在理论上有所突破、有所创新，能不能使挑战转化为机遇，使困难转化为动力。一部马克思主义发展史恰恰是不断实现这种转化的历史。

马克思主义发展史是马克思主义实现更大发展的根基。其中包含着一代又一代马克思主义者不断推进马克思主义发展的政治智慧和基本经验。今天马克思主义要在迎接挑战中开拓前进，就要求马克思主义者及其研究者紧密结合现实，尤其是意识形态领域的斗争实际，深入研究、提炼和吸取前人的政治智慧和基本经验。其中有两个方面特别值得注意：

一是要坚定不移、始终一贯地坚持和发展革命的科学的马克思主义，不搞机会主义。这是马克思主义的本质所在，也是马克思主义发展中的一条成功的基本经验。无论是右倾机会主义，还是"左"倾机会主义，都是危害工人阶级解放事业和人民群众利益，同马克思主义格格不入的。我们必须坚持马克思主义严格、高度的科学性同革命性相结合的本质特征，旗帜鲜明地反对右倾或是"左"倾机会主义。马克思主义在发展中越是遇到困难和挑战，越要注意反对右倾或是"左"倾机会主义。

二是要坚定不移、始终一贯地坚持和发展创造性的马克思主义，不搞教条式的马克思主义，这是马克思主义从创立和开始传播时就遇到的重大问题，也是马克思主义和教条主义斗争的焦点之一，在后来的列宁阶段，以及马克思主义中国化的不同发展时期，马克思主义同教条主义的斗争也从未停止过。是以教条主义的态度对待马克思主义，还是以创造性的态度对待马克思主义，成了真假马克思主义的分水岭，成了全部马克思主义发展史中的一个核心问题。今天，中国共产党倡导的马克思主义的中国化、时代化、大众化，归结起来仍然是这个问题。170 多年马克思主义的历史能不能继续谱写，马克思主义的生命力和创造力能不能进一步延续，就看今天的马克思主义者能不能坚定不移、始终一贯地继承马克思主义发展史上这一优良传统，继续以科学的态度和创新的精神对待马克思主义。

中国特色社会主义的巨大成功，以不可辩驳的事实有力证明了中国共产党是坚持和发展马克思主义的典范，也彰显了马克思主义的独特创造力和强大生命力。中国特色社会主义道路为社会主义注入了强大生机和活力，中国特色社会主义理论体系开辟了马克思主义发展的新境界，中国特色社会主义制度凸显了社会主义的优越性，中国特色社会主义文化彰显了鲜明的民族性。中国特色社会主义的伟大实践证明，马克思主义的历史没有终结，也不会终结。习近平新时代中国特色社会主义思想就是马克思主义中国化的最新成果，是 21 世纪的马克思主义，正在指导着 14 亿多中国人民创造更加光明的未来。

新时代的青年大学生学习马克思主义发展史，要牢记习近平总书记的教导："理论的生命力在于不断创新，推动马克思主义不断发展是中国共产党人的神圣职责。我们要坚持用马克思主义观察时代、解读时代、引领时代，用鲜活丰富的当代中国实践来推动马克思主义发展，用宽广视野吸收人类创造的一切优秀文明成果，坚持在改革中守正出新、不断超越自己，在开放中博采众长、不断完善自己，不断深化对共产党执政规律、社会主义建设规律、人类社会发展规律的认识，不断开辟当代中国马克思主义、21世纪马克思主义新境界"，"让马克思、恩格斯设想的人类社会美好前景不断在中国大地上生动展现出来！"①

思考题

    1. 马克思主义发展史有哪些基本经验？

    2. 马克思主义在当代面临哪些重大课题？

    3. 怎样认识马克思主义发展的光明前景？

---

① 习近平：《在纪念马克思诞辰200周年大会上的讲话》，人民出版社2018年版，第28页。

阅 读 文 献

■ 马克思：《论犹太人问题》，《马克思恩格斯文集》第 1 卷，人民出版社 2009 年版。

■ 马克思：《〈黑格尔法哲学批判〉导言》，《马克思恩格斯文集》第 1 卷，人民出版社 2009 年版。

■ 马克思：《1844 年经济学哲学手稿》，《马克思恩格斯文集》第 1 卷，人民出版社 2009 年版。

■ 马克思：《关于费尔巴哈的提纲》，《马克思恩格斯文集》第 1 卷，人民出版社 2009 年版。

■ 马克思：《哲学的贫困》，《马克思恩格斯文集》第 1 卷，人民出版社 2009 年版。

■ 马克思：《雇佣劳动与资本》，《马克思恩格斯文集》第 1 卷，人民出版社 2009 年版。

■ 马克思：《关于自由贸易问题的演说》，《马克思恩格斯文集》第 1 卷，人民出版社 2009 年版。

■ 马克思：《1857—1858 年经济学手稿·导言》，《马克思恩格斯文集》第 8 卷，人民出版社 2009 年版。

■ 马克思：《〈政治经济学批判〉序言》，《马克思恩格斯文集》第 2 卷，人民出版社 2009 年版。

■ 马克思：《资本论》第一、二、三卷，《马克思恩格斯文集》第 5 卷、第 6 卷、第 7 卷，人民出版社 2009 年版。

■ 马克思：《哥达纲领批判》，《马克思恩格斯文集》第 3 卷，人民出版社 2009 年版。

■ 马克思：《法兰西内战》，《马克思恩格斯文集》第 3 卷，人民出版社 2009 年版。

■马克思:《巴枯宁〈国家制度和无政府状态〉一书摘要》(摘录),《马克思恩格斯文集》第3卷,人民出版社2009年版。

■马克思:《给〈祖国纪事〉杂志编辑部的信》,《马克思恩格斯文集》第3卷,人民出版社2009年版。

■马克思:《给维·伊·查苏利奇的复信》,《马克思恩格斯文集》第3卷,人民出版社2009年版。

■恩格斯:《国民经济学批判大纲》,《马克思恩格斯文集》第1卷,人民出版社2009年版。

■恩格斯:《卡·马克思〈资本论〉第一卷书评——为〈民主周报〉作》,《马克思恩格斯文集》第3卷,人民出版社2009年版。

■恩格斯:《论权威》,《马克思恩格斯文集》第3卷,人民出版社2009年版。

■恩格斯:《反杜林论》,《马克思恩格斯文集》第9卷,人民出版社2009年版。

■恩格斯:《社会主义从空想到科学的发展》,《马克思恩格斯文集》第3卷,人民出版社2009年版。

■恩格斯:《家庭、私有制和国家的起源》,《马克思恩格斯文集》第4卷,人民出版社2009年版。

■恩格斯:《路德维希·费尔巴哈和德国古典哲学的终结》,《马克思恩格斯文集》第4卷,人民出版社2009年版。

■恩格斯:《自然辩证法》,《马克思恩格斯文集》第9卷,人民出版社2009年版。

■恩格斯:《〈论俄国的社会问题〉跋》,《马克思恩格斯文集》第4卷,人民出版社2009年版。

■恩格斯:《法德农民问题》,《马克思恩格斯文集》第4卷,人民出版社2009年版。

■恩格斯:《卡·马克思〈1848年至1850年的法兰西阶级斗争〉一书导言》,《马克思恩格斯文集》第4卷,人民出版社2009年版。

■ 马克思、恩格斯：《神圣家族》，《马克思恩格斯文集》第 1 卷，人民出版社 2009 年版。

■ 马克思、恩格斯：《德意志意识形态》，《马克思恩格斯文集》第 1 卷，人民出版社 2009 年版。

■ 马克思、恩格斯：《共产党宣言》，《马克思恩格斯文集》第 2 卷，人民出版社 2009 年版。

■ 列宁：《俄国资本主义的发展》，《列宁专题文集　论资本主义》，人民出版社 2009 年版。

■ 列宁：《社会民主党纲领草案及其说明》，《列宁专题文集　论无产阶级政党》，人民出版社 2009 年版。

■ 列宁：《什么是"人民之友"以及他们如何攻击社会民主党人?》，《列宁专题文集　论辩证唯物主义和历史唯物主义》，人民出版社 2009 年版。

■ 列宁：《怎么办?》，《列宁专题文集　论无产阶级政党》，人民出版社 2009 年版。

■ 列宁：《唯物主义和经验批判主义》，《列宁专题文集　论辩证唯物主义和历史唯物主义》，人民出版社 2009 年版。

■ 列宁：《论工人政党对宗教的态度》，《列宁专题文集　论无产阶级政党》，人民出版社 2009 年版。

■ 列宁：《哲学笔记》，《列宁专题文集　论辩证唯物主义和历史唯物主义》，人民出版社 2009 年版。

■ 列宁：《论欧洲联邦口号》，《列宁专题文集　论社会主义》，人民出版社 2009 年版。

■ 列宁：《帝国主义是资本主义的最高阶段》，《列宁专题文集　论资本主义》，人民出版社 2009 年版。

■ 列宁：《国家与革命》，《列宁专题文集　论社会主义》，人民出版社 2009 年版。

■ 列宁：《俄共（布）纲领草案》，《列宁专题文集　论无产阶级政党》，人民出版社 2009 年版。

■ 列宁：《民族和殖民地问题委员会的报告》，《列宁专题文集　论资本主义》，人民出版社 2009 年版。

■ 列宁：《论粮食税》，《列宁专题文集　论社会主义》，人民出版社 2009 年版。

■ 列宁：《论我国革命》，《列宁专题文集　论社会主义》，人民出版社 2009 年版。

■ 列宁：《宁肯少些，但要好些》，《列宁专题文集　论社会主义》，人民出版社 2009 年版。

■《斯大林选集》（上、下卷），人民出版社 1979 年版。

■ 毛泽东：《在省市自治区党委书记会议上的讲话》，《毛泽东文集》第 7 卷，人民出版社 1999 年版。

■ 毛泽东：《共产党人对错误必须采取分析的态度》，《毛泽东文集》第 7 卷，人民出版社 1999 年版。

■ 毛泽东：《增强党的团结，继承党的传统》，《毛泽东文集》第 7 卷，人民出版社 1999 年版。

■ 邓小平：《解放思想，实事求是，团结一致向前看》，《邓小平文选》第 2 卷，人民出版社 1994 年版。

■ 邓小平：《党和国家领导制度的改革》，《邓小平文选》第 2 卷，人民出版社 1994 年版。

■ 邓小平：《在武昌、深圳、珠海、上海等地的谈话要点》，《邓小平文选》第 3 卷，人民出版社 1993 年版。

■ 邓小平：《建设有中国特色的社会主义》，《邓小平文选》第 3 卷，人民出版社 1993 年版。

■《邓小平年谱（1975—1997）》，中央文献出版社 2004 年版，第 1332—1335 页。

■ 江泽民：《外交工作要坚定不移地维护国家和民族的最高利益》，《江泽民文选》第 1 卷，人民出版社 2006 年版。

■江泽民:《切实加强社会治安工作》,《江泽民文选》第 3 卷,人民出版社 2006 年版。

■江泽民:《在毛泽东同志诞辰一百周年纪念大会上的讲话》,《江泽民文选》第 1 卷,人民出版社 2006 年版。

■江泽民:《科学对待马克思主义》,《江泽民文选》第 3 卷,人民出版社 2006 年版。

■江泽民:《高举邓小平理论伟大旗帜,把建设有中国特色社会主义事业全面推向二十一世纪》,《江泽民文选》第 2 卷,人民出版社 2006 年版。

■江泽民:《全面建设小康社会,开创中国特色社会主义事业新局面》,《江泽民文选》第 3 卷,人民出版社 2006 年版。

■胡锦涛:《树立和落实科学发展观》,《十六大以来重要文献选编》(上),中央文献出版社 2005 年版。

■胡锦涛:《做好当前党和国家的各项工作》,《十六大以来重要文献选编》(中),中央文献出版社 2006 年版。

■胡锦涛:《在纪念毛泽东同志诞辰一百一十周年座谈会上的讲话》,《十六大以来重要文献选编》(上),中央文献出版社 2005 年版。

■胡锦涛:《高举中国特色社会主义伟大旗帜,为夺取全面建设小康社会新胜利而奋斗——在中国共产党第十七次全国代表大会上的报告》,人民出版社 2007 年版。

■胡锦涛:《坚定不移沿着中国特色社会主义道路前进,为全面建成小康社会而奋斗——在中国共产党第十八次全国代表大会上的报告》,人民出版社 2012 年版。

■习近平:《在纪念邓小平同志诞辰 110 周年座谈会上的讲话》,人民出版社 2014 年版。

■习近平:《在学习〈胡锦涛文选〉报告会上的讲话》,《人民日报》2016 年 9 月 29 日。

■《关于无产阶级专政的历史经验》,《建国以来重要文献选编》第 8 册,中央文献出版社 1994 年版。

■《再论无产阶级专政的历史经验》，《建国以来重要文献选编》第 9 册，中央文献出版社 1994 年版。

■《中国共产党中央委员会关于建国以来党的若干历史问题的决议》，《三中全会以来重要文献选编》（下），人民出版社 1982 年版。

■ 刘洪才：《当代世界共产党党章党纲选编》，当代世界出版社 2009 年版。

■ 俞可平、许宝友：《世界主要政党规章制度文献——越南、老挝、朝鲜、古巴》，中央编译出版社 2016 年版。

■ 潘金娥：《马克思主义本土化的国际经验和启示》，社会科学文献出版社 2017 年版。

■［美］赫伯特·马尔库塞：《单向度的人》，刘继译，上海译文出版社 1989 年版。

■［德］卡尔·柯尔施：《马克思主义和哲学》，王南湜、荣新海译，重庆出版社 1989 年版。

■［意］安东尼奥·葛兰西：《实践哲学》，徐崇温译，重庆出版社 1990 年版。

■［匈］格奥尔格·卢卡奇：《历史与阶级意识》，杜章智、任立、燕宏远译，商务印书馆 1992 年版。

■［意］安东尼奥·葛兰西：《狱中札记》，曹雷雨、姜丽、张跣译，中国社会科学出版社 2000 年版。

■［德］尤尔根·哈贝马斯：《合法化危机》，刘北成、曹卫东译，上海人民出版社 2000 年版。

人名译名对照表

［德］	阿多诺	Theodor Wiesengrund Adorno
［法］	阿尔都塞	Louis Althusser
［俄］	巴枯宁	Михаил Александрович Бакунин
［德］	倍倍尔	August Bebel
［德］	伯恩施坦	Eduard Bernstein
［俄］	查苏利奇	Вера Ивановна Засулич
［德］	恩格斯	Friedrich Engels
［苏联］	戈尔巴乔夫	Михаил Сергеевич Горбачёв
［意］	葛兰西	Antonio Gramsci
［德］	哈贝马斯	Jürgen Habermas
［苏联］	赫鲁晓夫	Никита Сергеевич Хрущёв
［德］	黑格尔	Georg Wilhelm Friedrich Hegel
［德］	霍克海默尔	Max Horkheimer
［德］	康德	Immanuel Kant
［德］	考茨基	Karl Kautsky
［德］	柯尔施	Karl Korsch
［意］	拉布里奥拉	Antonio Labriola
［法］	拉法格	Paul Lafargue
［德］	拉萨尔	Ferdinand Lassalle
［德］	李卜克内西	Karl Liebknecht
［法］	列斐伏尔	Henri Lefebvre
［俄］	列宁	Владимир Ильич Ленин
［匈］	卢卡奇	Lukács György
［德］	卢森堡	Rosa Luxemburg
［德］	马尔库塞	Herbert Marcuse
［德］	马克思	Karl Marx
［德］	梅林	Franz Mehring
［法］	庞蒂	Maurice Merleau-Ponty
［俄］	普列汉诺夫	Георгий Валентинович Плеханов

［法］	蒲鲁东	Pierre-Joseph Proudhon
［法］	萨特	Jean-Paul Sartre
［苏联］	斯大林	Иосиф Виссарионович Сталин

后　记

　　《马克思主义发展史》教材是马克思主义理论研究和建设工程重点教材。在编写过程中，得到了马克思主义理论研究和建设工程咨询委员会的指导，得到了中央有关部门和有关专家学者的帮助和支持。同时，广泛听取了高校马克思主义发展史课程教师和大学生的意见和建议。

　　本教材由首席专家邢贲思主持起草、修改和统稿，首席专家梅荣政、张雷声、艾四林协助。参加初稿撰写的有邢贲思、梅荣政、张雷声、艾四林、张新、杨谦、赵甲明、康沛竹、叶险明、蔡乐苏、刘敬东、王峰明、王贵贤、冯务中。参加统稿修改工作的有邢贲思、梅荣政、张雷声、艾四林、张新、杨谦、刘敬东、康沛竹、赵甲明、王贵贤，张静参加了校改工作。张磊主持了工程办公室组织的审改和统稿工作。宋凌云、邵文辉、王昆、田岩、冯静、宋义栋、山郁林、任文启、魏学江、范为、潘顺照、吴伟珍、李军等参加了修改和统稿工作。参加教材审看并提出修改意见的有：庄福龄、赵家祥、杨春贵、曹长盛、张中云、闫志民、许全兴、陈占安、李崇富、黄传新、丰子义、吴潜涛、安启念、仰海峰、侯才、李惠斌、周凡、杨生平、胡大平、宫敬才、陈先奎、韩庆祥等。

2013 年 4 月

第二版后记

组织全面修订马克思主义理论研究和建设工程重点教材，是推动习近平新时代中国特色社会主义思想和党的十九大精神进教材、进课堂、进头脑的重要举措。《马克思主义发展史》（第二版）是在第一版教材基础上修订而成的。在教材修订过程中，得到了马克思主义理论研究和建设工程咨询委员会的指导，得到了中央有关部门和有关专家学者的帮助和支持。同时，也广泛听取了高校专业课程教师和学生的意见和建议。

教材修订课题组由梅荣政、张新、康沛竹、杨谦任首席专家，梅荣政主持修订，艾四林、俞良早、孙来斌、张乾元、杨军、汪亭友、王贵贤、刘娜作为主要成员参加修订。何成主持了工程办公室组织的审改定稿工作。王昆、王勇、石文磊、田岩、冯静、曹守亮、刘小丰、陈瑞来、薛向军、刘一、聂大富等参加了审改。参加集中审阅并提出修改意见的有：杨金海、颜晓峰、王幸生、王东、王永贵、徐世澄、柴尚金、刘淑春、潘金娥、王立强、张文成、刘敬东、郇庆治、张秀琴等。

2021 年 3 月

读者意见反馈

为收集对教材的意见建议，进一步完善教材编写并做好服务工作，读者可将对本教材的意见建议通过如下渠道反馈至我社。

咨询电话　400-810-0598
读者服务邮箱　gjdzfwb@pub.hep.cn
通信地址　北京市朝阳区惠新东街 4 号富盛大厦 1 座
　　　　　高等教育出版社总编辑办公室
邮政编码　100029

防伪查询说明

用户购书后刮开封底防伪涂层，使用手机微信等软件扫描二维码，会跳转至防伪查询网页，获得所购图书详细信息。

防伪客服电话　（010）58582300